Nina Sutton

Bruno Bettelheim

Auf dem Weg zur Seele des Kindes

Aus dem Französischen von
Brigitte Große

Hoffmann und Campe

Die Originalausgabe erschien 1995 unter dem Titel *Bruno Bettelheim. Une vie* bei Editions Stock, Paris.
Für die vorliegende Übersetzung wurde die von der Autorin überarbeitete englische Fassung hinzugezogen.

Die Deutsche Bibliothek – CIP-Einheitsaufnahme

Sutton, Nina:
Bruno Bettelheim : auf dem Weg zur Seele des Kindes / Nina Sutton.
Aus dem Franz. von Brigitte Große.
– 1. Aufl. – Hamburg : Hoffmann und Campe, 1996
Einheitssacht.: Bruno Bettelheim <dt.>.
ISBN 3-455-08604-7

Schutzumschlaggestaltung: Werner Rebhuhn unter Verwendung eines Fotos von Ian Berry/Magnum/FOCUS
Satz: Utesch Satztechnik GmbH, Hamburg
Gesetzt aus der ITC Garamond
Druck und Bindung: Graphischer Großbetrieb Pößneck GmbH
Printed in Germany

Inhalt

Einleitung

Als ich im Juli 1990 seine Biographie zu schreiben begann, bewunderte ich in Bruno Bettelheim den genialen Erfinder einer einzigartigen Behandlungsmethode des kindlichen Autismus, den ersten Pädagogen, der eine auf der Freudschen Lehre beruhende Milieutherapie entwickelt hatte und damit als einer der Pioniere in der Geschichte der Psychoanalyse gelten konnte.

Ich wußte, daß er nach dem Wien Freuds das Wien Hitlers kennengelernt hatte und daß er vor seiner Emigration in die Vereinigten Staaten durch die Lager von Dachau und Buchenwald gegangen war. Und anscheinend die Schicksalhaftigkeit des Holocaust leugnete und sogar den Vater Anne Franks kritisierte.

Schließlich mochte ich den weisen Liebhaber der Märchen, der sich hinter seinem strengen Äußeren noch so viel von dem kleinen Jungen bewahrt hatte, der er einmal war, daß er den Helden unserer Kindheit ihre Macht zurückgab, uns leben zu lehren.

Aber vor allem hatte mich dieser feine alte Mann selbst beeindruckt und was er sagte, seine noble Gesinnung und strenge Logik, aber auch seine Schlichtheit und Menschlichkeit.

Und was sagte er damals – oder besser: was hörte ich ihn sagen? Daß der Wahnsinn nicht existiere. Daß »verrücktes« Verhalten in Wahrheit eine Sprache sei – die einzige Sprache derer, die zu sehr leiden, um sich anders ausdrücken zu können. Daß es unsere Aufgabe sei, diese Sprache zu dechiffrieren. Daß wir eine Verbindung herstellen könnten zu der »leeren Festung«, in der diese Menschen sich verschanzt haben. Daß dafür Einfühlungsvermögen, vollkommene Verfügbarkeit, ständige Wachsamkeit gegenüber den eigenen Motiven und viel Zeit nötig seien. Und schließlich, daß Kinder, ob verrückt oder nicht, stets Respekt verdienten.

Dieser Rückblick erscheint mir nötig, weil ich in der viereinhalb Jahre dauernden Spurensuche von Wien über Chicago, Jerusalem, Basel und Sydney bis Los Angeles so viel Schreckliches über Bruno Bettelheim gehört habe, daß ich manchmal ganz vergaß, wovon ich ausgegangen war. Außerdem wurde ich - nicht nur von außen - ständig mit der Frage konfrontiert, warum ich dieses Buch eigentlich schreiben wollte. Ich denke, ich sollte sie hier ein für allemal beantworten - vor allem für den Leser, der sich entschlossen hat, mich auf dem Weg durch das Gestrüpp von Wahrheiten zu begleiten, aus denen das Leben eines Menschen besteht - in diesem Fall eines außergewöhnlich vielschichtigen Menschen.

Bruno Bettelheim ist in der französischen Öffentlichkeit besonders gegenwärtig. Erstens, weil 1974 wegen eines Streiks auf allen Kanälen dasselbe Hauptabendprogramm lief: die hervorragende vierstündige Reportage von Daniel Karlin über die Orthogenic School in Chicago.[1] Der Film entstand kurz bevor Bruno Bettelheim endgültig die Leitung der Schule niederlegte, und wirkt daher wie ein Testament. In den Vereinigten Staaten durfte er nicht gesendet werden, um die minderjährigen Patienten zu schützen - nur unter dieser Bedingung hatte Karlin überhaupt die Dreherlaubnis erhalten. So kam das französische Fernsehpublikum exklusiv in den Genuß, die Orthogenic School von innen zu sehen - ein Privileg, das bis dahin nur wenigen zuteil geworden war.

Und noch etwas hat zu dem besonderen Verhältnis Frankreichs zu Bettelheim beigetragen: 1973 erschien unter dem Titel *La folie des autres* - »Der Wahnsinn der anderen« - ein Erfahrungsbericht von Geneviève Jurgensen, die zwei Jahre als Erzieherin an der Orthogenic School gearbeitet hatte. Auch dieses Buch vermittelt ein sehr lebendiges Bild vom Leben in der Schule, obwohl die Autorin betont, ihre ganz persönlichen Erfahrungen aus einer ihr bis dato unbekannten Welt zu schildern. Dieses Buch ist der amerikanischen Öffentlichkeit aus denselben Gründen wie Karlins Film unbekannt geblieben.

Als ich mit meinen Recherchen begann, stand ich vor einem Monument: einem Menschen, der sechzehn Bücher und eine beachtliche

1 Der Text dieser Dokumentation wurde, mit einem Vorwort Bruno Bettelheims versehen, von Daniel Karlin unter dem Titel: *Un autre regard sur la folie* 1975 bei Stock, Paris, veröffentlicht.

Anzahl von Essays und Artikeln über so gewichtige Themen wie Wahnsinn, Antisemitismus, Totalitarismus und Freiheit und die Beziehung zwischen Eltern und Kindern verfaßt und über ein Drittel seines sechsundachtzigjährigen Lebens der Rettung kranker Kinder gewidmet hat - mit der geradezu magischen Vorstellung, aus dem absoluten Bösen (dem Nationalsozialismus) könnte ihnen Heilung erwachsen.

Bald aber trat hinter dem Denkmal ein Mensch mit all seinen kleinen Lügen und großen Wutausbrüchen hervor. Eine Enttäuschung, die wahrscheinlich keinem Biographen erspart bleibt. Empörung über die Wirklichkeit, die sich weigert, den hehren Erwartungen zu entsprechen. Kurz, ich war gerade dabei, mit dem Objekt meines Buches Bekanntschaft zu schließen, als mit einemmal die »Affäre Bettelheim« losbrach, was den natürlichen Fortgang dieses Kennenlernens unmöglich machte.

Ich sage »Affäre«, weil der ungeheure, maßlose Skandal, der unmittelbar nach dem Tod Bettelheims ausbrach und sechs Monate lang hauptsächlich die USA erschütterte, in der akademischen Welt und der Welt der Psychoanalyse seinesgleichen sucht. Nicht etwa, daß Haß in diesen Kreisen unbekannt wäre, aber normalerweise wird er nicht so schnell so öffentlich ausgetragen. Und man muß schon zurückgehen bis zu der Zeit, als Wilhelm Reich ins Gefängnis kam, um auf ein so verheerendes Durcheinander von Schmähungen und Verrat zu stoßen, auf soviel rachsüchtige Zerstörung.

Im Dezember 1990 wußte ich gar nicht mehr, was ich von Bruno Bettelheim halten sollte. Und ich war nicht die einzige: Viele von denen, die ich in den letzten zwei Monaten interviewt hatte, weil sie viel über ihn wußten, waren völlig ratlos und stellten mehr Fragen über ihn, als sie mir Antworten gaben. Einer, der Bettelheim besonders gegen Ende seines Lebens sehr nahe stand, bat mich, ihm etwas Zeit zu lassen; er wisse einfach selbst nicht mehr, wie er über ihn denke.

Das ist nicht verwunderlich. Binnen sechs Monaten war das Monument geschleift. Bettelheim hatte immer Gegner gehabt, auch Feinde. Er provozierte gern, er vertrat prononcierte Meinungen zu vielen umstrittenen Themen, und er duldete Verrücktheit eher als Dummheit. Kurz, er war nicht gerade ein Mensch, der stille Eintracht um sich verbreitete.

Aber jetzt ging es um etwas anderes. Innerhalb kürzester Zeit war wirklich jeder Aspekt seines Ansehens unter Beschuß geraten: Der

Psychoanalytiker wurde zum Scharlatan, der gütige, verständnisvolle Erzieher zur sadistischen Bestie, und der Autor internationaler Bestseller erschien plötzlich als gemeiner Plagiator.

Gott sei Dank liegt Paris ziemlich weit von Chicago entfernt, und als ich am Ende dieser ersten Reise in die Vereinigten Staaten nach Hause kam, hatte ich genügend Distanz, um über alles nachzudenken. Abseits des Tumults und der Polemiken ging ich nun meine Notizen und Interviews noch einmal durch, verglich die unterschiedlichen Standpunkte und begann, ein wenig von dem zu entschlüsseln, was zwischen den Wörtern stand. Danach konnte ich in die Vereinigten Staaten zurückkehren und mir in aller Ruhe die Geschichten anhören, die mir meine amerikanischen Gesprächspartner zu erzählen hatten.

Dabei fiel mir bei allen, die mit ihm verkehrt hatten, die ihn gekannt, geliebt oder auch verabscheut hatten, dieselbe Gier nach Wissen auf, dasselbe Bedürfnis, diesen Mann endlich in seiner Gesamtheit zu begreifen. Er gab wenig von sich preis, nur gelegentlich erzählte er eine Anekdote aus seinem Leben, zum Spaß oder um eine Behauptung zu belegen, um die anderen zum Nachdenken zu bringen oder um als Sieger aus einer Diskussion hervorzugehen. Er war in der Lage, gleichzeitig sehr intensive, sehr unterschiedliche Beziehungen zu sehr unterschiedlichen Leuten zu pflegen, die voneinander oft nichts wußten.

In den Augen mancher suchte Bettelheim nach Bewunderung für den hervorragenden Menschen, der er gern gewesen wäre. Für manche, meist Frauen, war er Vater, Meister, Guru. Manchen begegnete er freundlich herablassend und wußte immer besser, was mit ihnen los war, als sie selbst. Er maß sich gern mit Ebenbürtigen und freute sich, wenn er gewann. Bei manchen, gewöhnlich Männern, fand er die Klarheit und Sicherheit, die er in seinem lebenslangen Kampf gegen die Depression so dringend benötigte. Es gab Menschen – oft solche, die er sehr liebte –, deren Blick ihm als Spiegel diente für das, was er an sich selbst verabscheute. Und manchen von ihnen gestand er sogar seine Schwächen. Schließlich gab es noch seine Kinder, die gezwungen waren, in eine andere Richtung zu gehen, um an seiner Seite bestehen zu können.

Bei allen oder fast allen dieser Menschen spürte ich die gleiche Neugier, denselben Wunsch, endlich herauszufinden, wer er wirklich war – um ihn besser hassen oder aufrichtiger lieben zu können. Aber nachdem ich vier Jahre damit zugebracht habe, ihnen zuzuhören, bin ich jetzt vollkommen überzeugt: Selbst wenn er – was allerdings schwer vorstellbar ist, mit oder ohne Hitler – sein ganzes Leben als Holzhändler in Wien zugebracht hätte, wozu er nach dem Tod seines Vaters immerhin zwölf Jahre lang verdammt war, wäre es trotzdem schwierig gewesen, die Wahrheit über ihn zu erfahren. Seine jüngste Tochter Naomi erklärt das so: »Wenn mein Vater etwas sagte, sprach er mindestens auf drei verschiedenen Ebenen. Darauf reagierte der, der nur die erste Ebene hörte, auf eine bestimmte Weise, einer, der die Ebenen eins und zwei hörte, auf eine andere, und so weiter. Wundern Sie sich also nicht, wenn es schwierig ist, alle Ansichten über ihn auf einen Nenner zu bringen!«

Um die Verwirrung zu vervollkommnen, oder ganz einfach, weil das Leben eines komplizierten Menschen erst dann so richtig erfüllend und befriedigend verläuft, wenn es sich in komplexen Situationen und in Gesellschaft anderer komplizierter Menschen entfalten kann, hat Bettelheim auch noch den Wahnsinn zum Schwerpunkt seiner Arbeit gemacht – eine Welt voller Zerrspiegel, wo jede Geste, jedes Wort seinen Sinn erst durch die Wirkung auf den Empfänger erhält.

Ich habe lange darüber nachgedacht, welche Form der Skandal in diesem Buch bekommen soll. In Paris riet man mir, ihn einfach stillschweigend zu übergehen. Der ganze Wirbel sei bedeutungslos, ein Medienereignis, an dem bloß die Schmarotzer an Bettelheims Werk sich labten wie Maden am Speck. Aus Amerika dagegen wurde gefordert, ich müßte mich entscheiden: »Sie schreiben also eine Biographie über Bettelheim«, hieß es. »Und auf welcher Seite stehen Sie?«

Um mir eine Antwort zu ersparen, fragte ich mich lieber, was wohl Bettelheim selbst darüber gedacht hätte – das war schließlich das mindeste, was ich ihm schuldig war, nachdem ich in seiner Post herumgestöbert hatte, jede seiner Behauptungen im Standesregister oder anderswo noch einmal nachgeprüft, seine Handlungen unter die Lupe genommen und alle, die mit ihm gearbeitet hatten, über seine kleinsten Eigenheiten ausgehorcht, kurz, nachdem ich mir Zugang zu seinem stets eifersüchtig gehüteten Privatleben verschafft hatte.

Bruno Bettelheim, der darin dem Vorbild Freuds folgte, hielt wenig von Biographien, auch wenn er einige mit Vergnügen gelesen hatte, und er wollte vor allem nicht, daß seine Biographie geschrieben würde. Das hat er mehrfach geäußert, öffentlich in seiner Kritik an der Freud-Biographie von Ernest Jones[2] und privat in den Briefen, die ich einsehen konnte[3]. Gegen Ende seines Lebens gab er dem Drängen eines alten Freundes und Bewunderers nach und erklärte sich damit einverstanden, ihm einige Fragen auf Tonband zu beantworten. Aber schon das fiel ihm entsetzlich schwer, wie er kurz vor seinem Tod tief deprimiert seiner Tochter Naomi anvertraute.

Aus diesem Grund hat er ohne Zweifel auch so viele Unterlagen vernichtet bei den drei Umzügen, die seine letzten Lebensjahre so einschneidend veränderten, und damit seine künftigen Biographen um wertvolles Material gebracht. Auch Freud tat das – zumindest ansatzweise[4] –, aber er hinderte Jones nicht an seiner Arbeit. Bettelheim jedenfalls hat, absichtlich oder nicht, ständig kleine Steinchen fallen lassen wie Hänsel in seinem Lieblingsmärchen und so für jeden, der danach suchte, verschiedene Spuren gelegt, vorzugsweise solche, die sich im Dickicht der Bettelheimschen Fabulierkunst verlieren – das war wohl, davon bin ich überzeugt, die letztgültige Variation seines Sprechens auf drei Ebenen.

Ziemlich schnell wurde mir klar, daß ich mich nicht ernsthaft mit Bettelheims Leben auseinandersetzen konnte, bevor ich diese »Affäre« irgendwo untergebracht hatte. Ich wollte sie nicht vertuschen, aber sie sollte auch nicht alles überschatten, was ich noch herausfinden würde. Also beschloß ich, vor drei Jahren etwa, daraus eine Art Prolog zu machen. Hier gehört sie hin: an den Rand von Bettelheims Leben, denn schließlich konnte er die Angriffe nicht mehr selbst erwidern. Mittlerweile bin ich davon überzeugt, daß all diese Angriffe gegen Bettelheim, von denen manche auch unter die Gürtellinie zielten, nicht nur seine Schwächen zeigten, sondern auch das Geheimnis seiner Größe.

Ich habe also keine der Anschuldigungen ausgelassen, die auf Bettelheim niederprasselten, kaum daß er tot war – auch auf die Gefahr hin, damit manchen Leser zu verstören. Denn die schlimmsten Vorwürfe stammen nicht von außenstehenden Widersachern, sondern von Menschen, die ihm als Kinder anvertraut waren. Daher

2 Siehe die Rezensionen in *The American Journal of Sociology* vom Januar 1957 und *The New Leader* vom 1. Mai 1958, die später überarbeitet und in *Themen meines Lebens* wiederveröffentlicht wurden.

3 Siehe den Epilog.

4 Eine Anspielung darauf findet sich in dem berühmten Brief an Martha Bernays, Freuds spätere Frau, vom April 1885.

gehören sie, ob gerechtfertigt oder nicht, zu diesem Leben, sie sind ein Teil der Geschichte, denn sie verraten etwas von dem Leiden der Kinder und ihren Beziehungen zu ihm, die er, ihr Erzieher und Therapeut, einseitig beendet hat, als er sich in jener Nacht vom 12. auf den 13. März 1990 das Leben nahm. Und dafür muß er immer noch bezahlen.

Prolog. Die »Affäre«

»Keine noch so verführerische Wahrscheinlichkeit schütze vor dem Irrtum; selbst wenn alle Teile eines Problems sich einzuordnen scheinen wie die Stücke eines Zusammenlegspiels, müßte man daran denken, daß das Wahrscheinliche nicht notwendig das Wahre sei und die Wahrheit nicht immer wahrscheinlich.«

Freud, *Der Mann Moses und der Monotheismus*

13. März 1990, 11 Uhr: »Der bekannte Kinderpsychoanalytiker Bruno Bettelheim wurde heute morgen tot aufgefunden. Der Hausmeister des Altersheims in Silver Spring, Maryland, wo Bettelheim erst vor kurzem eingezogen war, hat die Leiche mit einer Plastiktüte über dem Kopf entdeckt. Nach ersten polizeilichen Erkenntnissen ist der Tod Bettelheims auf Selbstmord durch Ersticken zurückzuführen.«

Der erste Leserbrief erscheint am 6. April im *Reader*, einem kostenlosen Chicagoer Wochenblatt – ohne Unterschrift. Er schildert Bettelheims Wutanfälle und wie er die Kinder in der Orthogenic School schlug und gemein beschimpfte. Die Verfasserin des Briefes sei mit fünfzehn selbst zum Opfer eines solchen Ausbruchs geworden: Sie stand gerade unter der Dusche, erzählt sie, als Dr. B., wie ihn alle in der Schule nannten, in den Duschraum stürzte, sie bei den Haaren packte und sie, nackt und tropfnaß, in einen Raum voller Leute zerrte, wo er sie vor aller Augen schlug. Stärker als der körperliche Schmerz sei ihr die entsetzliche Demütigung im Gedächtnis geblieben, die sie dabei empfand. Bis heute wisse sie nicht, was sie damals eigentlich angestellt habe, um eine solche Behandlung zu verdienen.

Dieser Brief bringt den Stein ins Rollen. Vierzehn Tage zuvor hatte die gesamte Presse einhellig den großen Psychoanalytiker und Erzieher gepriesen, der auf der ganzen Welt für seine »Wärme und Weisheit« berühmt sei (*Washington Post*), den »Pionier in der Behandlung geistiger Störungen bei Kindern« (*New York Times*). Doch die Briefe im *Reader* kratzen an diesem Bild und lassen immer stärker die Züge eines Ungeheuers erahnen. Die Leserbriefseite des *Reader* wird zum Forum einer heftigen Auseinandersetzung zwischen ehemaligen Patienten und ehemaligen Erziehern der Orthogenic School, anfangs beteiligen sich auch ein paar Außenseiter, die voller Empörung und Anteilnahme die wohlklingenden Absichtserklärungen Bruno Bettelheims den nun gegen ihn erhobenen Anschuldigungen entgegenhalten ...

Die Ankläger sind zahlreicher als die Verteidiger. Sie würdigen einander, gratulieren sich gegenseitig zu ihrem Mut und beziehen sich jeweils auf die Briefe der anderen, oft, als würden sie einander nicht kennen. Ihre Gegner reagieren meist ein wenig verhalten, weil sie einerseits Bettelheim verteidigen wollen, andererseits aber als ehemalige Erzieher und Therapeuten nicht ihre Ex-Patienten bloßstellen können, indem sie das, was sie von ihnen und ihren psychischen Störungen wissen, in die Diskussion bringen. Ihre Argumentation wirkt im besten Fall schwammig, im schlimmsten verhüllend.

Die Debatte schwillt an und wird zusätzlich angeheizt von den Feinden der Psychoanalyse im allgemeinen und denen, die immer schon gegen Bettelheim waren, im besonderen, außerdem solchen, die behaupten, Geisteskrankheit habe weder mit der familiären Umgebung noch mit der Erziehung zu tun, sondern sei ausschließlich organisch oder genetisch begründet.

Bald ist Chicago zu einem Schlachtfeld geworden, auf dem es kein Pardon mehr gibt. Die Feindschaft zwischen beiden Lagern, die Verständnislosigkeit und der tiefe Groll, die Bettelheim-Gegner von Bettelheim-Anhängern trennen, sind der Stellung, die Bettelheim dreißig Jahre lang in Chicago einnahm, durchaus angemessen. Man redet nicht mehr miteinander, sondern geht sich aus dem Weg. Die einen mauern sich in einem hilflosen Schweigen ein, die anderen dagegen reden und reden und reden sich um Kopf und Kragen …

Am 26. August schließlich explodiert der Streit außerhalb Chicagos. Charles Pekow, einem freien Journalisten, der elf Jahre lang in der Orthogenic School war, gelingt es, einen Artikel in der Sonntagsausgabe der *Washington Post* unterzubringen – unter dem provokanten Titel: »Der andere Dr. Bettelheim: Der bewunderte Psychologe hatte eine dunkle, gewalttätige Seite«.

Nach einer kurzen Erwähnung der volltönenden Lobeshymnen, die die Presse Bettelheim nach dessen Tod zuteil werden ließ, holt Pekow zu einer regelrechten Anklagerede aus: Bettelheim sei nicht nur eine grausame und sadistische Bestie gewesen, behauptet er, sondern auch ein Rassist, denn schwarze Kinder habe es an der Orthogenic School nicht gegeben; ein Scharlatan, dessen Ruhm Fehldiagnosen und Machtmißbrauch verschleiert habe, ein Mann, dessen größte Fähigkeit die Eigenwerbung gewesen sei.

Zum Beleg seiner Anschuldigungen zitiert Pekow jene Frau, die die Diskussion im *Reader* losgetreten hat und deren Anonymität mittlerweile gelüftet ist: Alida Jatitch. Sie war zur selben Zeit an der Orthogenic School wie er selbst. »Eine ganz normale Pubertätskrise reichte aus, und man wurde als Psychotiker abgestempelt.« Oder: »Was mich am meisten störte, mehr als die Schläge, die Beschimpfungen und das alles, war, daß ich wie eine Zweijährige behandelt wurde.« Den Internatsschülern, erläutert Pekow, seien Sport, Musikunterricht und alles andere verweigert worden – unter dem Vorwand, daß man keine Zeit verschwenden dürfe, die der »Rekonstruktion der Persönlichkeit« dienen könne.

Darauf spielte auch der frühere Erzieher Bill Blau mit einer Bemerkung an, die Pekow ebenfalls zitiert: »Ich würde das damalige Klima an der Orthogenic School mit den Anfängen einer Sekte vergleichen, und Dr. B. war der Guru.«

Wie ein Echo darauf klingt die Bemerkung von Jacquelyn Sanders, die dreizehn Jahre lang als Erzieherin an der Orthogenic School gearbeitet und nach dem Weggang Bettelheims im Jahre 1973 die Leitung übernommen hatte: »Ich glaubte blind an ihn. Aber ich sehe mich nicht gern als jemanden, der blind an etwas glaubt, egal woran.«

Man könnte sich darüber wundern, daß Frau Sanders sich in einem Artikel zitieren läßt, in dem Bettelheim so wüst angegriffen wird; sie würde darauf antworten, daß sie ehemaligen Patienten niemals ein Gespräch verweigere, weder Charles Pekow noch sonst jemandem. Man hätte wohl auch von ihr eine etwas entschiedenere Verteidigung jenes Mannes erwartet, der vierzehn Jahre lang ihr Lehrer war und ihr dann seine Nachfolge anvertraute. Das sollte nicht das letzte Mal sein, daß Jacquelyn Sanders' öffentliche Einlassungen zu Bruno Bettelheim ganz offen ihre Ambivalenz ihm gegenüber spiegelten.

So schreibt sie im September einen Brief an die *Chicago Sun-Times* mit dem erklärten Ziel, gegen einen feindseligen Artikel zu protestieren, nützt aber gleichzeitig diese Gelegenheit, um hervorzuheben, daß »Bettelheim der Zunft einen Bärendienst erwiesen hat, indem er das Thema der Disziplin nicht grundsätzlicher diskutiert hat«; daß sie selbst in der Schule die Anwendung jedweder körperlichen Züchtigung, selbst einer Ohrfeige, verboten habe; daß sie seit Jahren keine autistischen Kinder mehr aufnehme; daß schließlich »ein grandioser und gewaltiger Mann« auch »einige grandiose und gewaltige Fehler« begehen könne.[1]

Der Skandal nahm nationale Ausmaße an, internationale sogar, denn Charles Pekows Artikel wurde von der *International Herald Tribune* und nach und nach auch von anderen großen ausländischen Zeitungen abgedruckt. Er wurde weltweit mit Bestürzung und einer gewissen Skepsis zur Kenntnis genommen.

In den Vereinigten Staaten zog der Skandal immer weitere Kreise. Außer für jene, die in ihr gelebt oder gearbeitet hatten, war die Orthogenic School immer ein großes Geheimnis geblieben. Unter Berufung auf die für die Fortschritte der Kinder nötige Ruhe und die Gefahr der Verunsicherung durch die geringste Störung der täglichen Routine hatte Bettelheim nur sehr wenigen Besuchern den Zutritt durch die berühmten Brandschutztüren gestattet, die den Empfang vom Wohntrakt des Gebäudes trennten. Und im Laufe der Jahre hatte sich die Schule immer stärker abgeschottet.

In der letzten Zeit ließ Bettelheim keinen Gast – selbst wenn es sich um Kollegen handelte, um Psychiater, Ärzte oder Psychoanalytiker – weiter vordringen als bis zum Konferenzraum. Solche Umstände begünstigen Phantasien aller Art und geben den Privilegierten, die die Schule von innen kennen, die Möglichkeit, ohne Angst vor Widerspruch ein beliebiges Bild von ihr zu zeichnen. Gegendarstellungen sind notwendigerweise genauso subjektiv – oder wo-

1 *Chicago Sun-Times*, 25. September 1990.

möglich defensiv, etwa wenn sie von Erziehern kommen, die selbst in die Schußlinie geraten sind. Früher hatte das Geheimnis um die Schule den Eindruck entstehen lassen, daß dort Wunschträume wahr würden, doch mit einemmal erschien sie als Ausgeburt der schlimmsten Alpträume.

Nachdem die Debatte nun auch in der internationalen Arena eröffnet ist, schnurrt sie, was die Argumente betrifft, auf das Format einer Karikatur zusammen. Bald ist sie auf eine einzige Frage reduziert: Hat Bruno Bettelheim, der sich immer so kategorisch gegen körperliche Züchtigung aussprach, die ihm anvertrauten Kinder geschlagen oder nicht? Und fast ebenso schnell steht die Antwort zweifelsfrei fest: Ja, es kam vor, daß er Ohrfeigen verteilte, manchmal, um die Reaktion eines Kindes zu erzwingen, das vollkommen eingemauert war in seiner inneren Welt, manchmal aber offenbar auch aus kaum beherrschter Wut. Übrigens gab er das selbst zu, als ihn 1984 ein Journalist direkt danach fragte: »Das ist eine Angelegenheit zwischen mir und den Kindern«, sagte er.[2]

Dieses halbe Geständnis, vor langer Zeit in einer kleinen Tageszeitung erschienen, reicht allerdings nicht aus, um die krankhafte Neugier zu befriedigen, die von dieser Affäre geweckt worden ist. Also setzt man auf den Vorwurf der Brutalität noch den der Heuchelei obendrauf. Und da in Amerika die Dinge gleich ganz schwarz oder ganz weiß sein müssen, vertiefen sich die Gräben zwischen Angreifern und Verteidigern. Entweder man ist für Bettelheim oder gegen ihn, der Mittelweg ist verbarrikadiert und für Zweifel kein Platz mehr.

»Beno Brutalheim?« An dieser Schlagzeile läßt sich das Ausmaß des Skandals ermessen. Sie stand am 10. September 1990 in der Zeitschrift *Newsweek* – weniger als ein halbes Jahr nach dem hymnischen Nachruf. Der nachfolgende Artikel erhebt Anspruch auf Ausgewogenheit und Objektivität, doch sein Schluß lautet: »Bettelheims Erfahrungen in den Konzentrationslagern haben seine Methoden wahrscheinlich beeinflußt.« Untermauert wird das mit einer Bemerkung von einem der besten Freunde Bettelheims: »Er erlebte einen Diktator, der Menschen vernichtete, und wurde zu einem Diktator, der Menschen retten wollte.«

2 Interview im *New Haven Register* vom 8. April 1984, anläßlich des Erscheinens von Tom Wallace Lyons' Buch *The Pelican and After*. Zu diesem Buch siehe auch Kapitel 14.

Anfang Oktober ist Ronald Angres an der Reihe, sich öffentlich zu Wort zu melden, im *Commentary*, einem konservativen Monatsblatt des jüdischen Establishments in den Vereinigten Staaten, und zwar mit noch schwereren Vorwürfen als Charles Pekow. »Wer war Bruno Bettelheim wirklich?« lautet der Titel der klugen, weniger verbitterten Stellungnahme, die die Anschuldigungen distanzierter vorbringt, gleichzeitig aber viel persönlicher ist, viel konkreter und daher viel anrührender.

Ronald Angres stellt sich als Doktorand am Fachbereich International Affairs der George Washington University vor und berichtet gleich zu Beginn, die Nachrufe der Zeitungen auf Bruno Bettelheim hätten ihm, wie Charles Pekow, einen Schock versetzt – den »Schock des Nicht-Erkennens«. Damit wendet er Bettelheims Begriff des »Erkenntnisschocks« gegen dessen Urheber.

Ronald war sieben, als er in die Orthogenic School kam, und neunzehn, als er sie verließ. Auch bei ihm spürt man, ohne daß er sie formuliert, dieselben bohrenden Fragen wie bei so vielen anderen: Warum hat man mich dorthingebracht? War ich wirklich so krank, wie man damals sagte? (»Man«, das heißt, mein Vater, meine Mutter, Bruno Bettelheim und wer noch alles?) Und wie steht es damit heute wirklich? Fragen, die um so beängstigender sind, als Ronald zu jenen berühmt gewordenen Autisten zählt, die der Bettelheimschen Methode zu Ansehen verholfen haben. Zumindest wurde er von Jacquelyn Sanders, die sieben Jahre lang seine Erzieherin war, in ihrer Dissertation entsprechend präsentiert.[3]

Auch wenn Angres an Bettelheim kein gutes Haar läßt – selbst der ahnungsloseste Leser muß doch denken: Was für ein Triumph für Bettelheim, wenn dieser junge Mann wirklich vor ein paar Jahren noch autistisch war und heute einen solchen Artikel schreiben kann! Welche Eltern (oder Erzieher) autistischer Kinder träumten nicht davon, daß ihre Bemühungen von einem solchen Ergebnis gekrönt würden? Das sollte übrigens zum Argument vieler Leser des *Commentary* werden, die versuchten, dieses schreckliche Zeugnis zu entschärfen.

Das Problem ist, daß Ronald Angres die Diagnose aus dem Jahr 1959, also zu einer Zeit, da die Definition des kindlichen Autismus

3 »A case study of a brilliant autistic boy with total reading disability; an investigation of the causes of this condition and the steps that led to his being able to overcome it«, University of Chicago, Department of Education, September 1964, von Jacquelyn Seevak (der Mädchenname von Jacquelyn Sanders).

ohnehin noch sehr ungenau war, für sich verwirft. Und er tut das mit so offensichtlicher Gewandtheit, daß im Leser seines Artikels nach und nach Zweifel aufkeimen. Zweifel an der Eingangsdiagnose und dann an allem anderen ...

Angres findet viele konkrete Beispiele für die »Tyrannei« Bettelheims, der ihn zwölf Jahre lang in Angst und Schrecken gehalten habe: »Angst vor seinen Schlägen, Angst vor dem Hallen seiner Schritte auf dem Flur - eine hündische, abstoßende Angst ... « Die Comics des Jungen wurden konfisziert, der kleine Zug, den er von zu Hause mitgebracht hatte und an dem er sehr hing, als »blödes Spielzeug« abgetan. Als er sich einmal in einen etwas abseits stehenden Sessel setzte, um auf das Essen zu warten, statt auf die überfüllte Bank, auf der sich die anderen Kinder drängelten, wurde ihm Größenwahn vorgehalten, und als er einen Mitschüler im Spiel mit einem Ball am Kopf traf, setzte es Ohrfeigen.

Die Liste ist lang und besonders schockierend, wenn man weiß, wie Bettelheim selbst seine Schule geschildert hat: als einen Ort, wo die goldene Regel lautet, den Kindern jede Freiheit zu lassen (außer sich körperlichen Schaden zuzufügen), um aus ihrem Handeln die Sprache ihres »Wahnsinns« zu entschlüsseln, indem man jedes Symptom als Element ihres Codes liest.

Es gibt natürlich Haltepunkte, an die sich der Leser klammert in seinem Bemühen, den Dingen gerecht zu werden und die »Wahrheit« zwischen den Zeilen zu entdecken. Wenn er zum Beispiel in den Büchern Bettelheims belehrt wurde, daß man das Bettnässen eines Kindes hinnehmen müsse, um ihm mit dieser ersten notwendigen Geste zu verstehen zu geben, daß man es liebt, wie es ist, daß man mehr um seine Genesung besorgt ist als um die Hygiene, dann wundert er sich kaum, daß Ronald Angres über den Uringestank klagt, der in den Schlafräumen der Jüngsten hing.

In anderen Fällen gibt es einfach zwei verschiedene Standpunkte. Etwa bei der ersten Begegnung zwischen Angres und Bettelheim: »Ich zeichnete ihm ein Männchen. Ich erinnere mich nicht mehr, ob er mich dazu aufgefordert hatte, aber da alle Psychologen für diese Art Zeichnungen schwärmen, habe ich vielleicht versucht, das Eis zwischen uns zu brechen. ›Was für eine blöde, häßliche Zeichnung‹, bellte er (ich wußte damals noch nicht, daß er sich für einen Kunstkenner hielt). ›Du hast seine Hände nicht gezeichnet!‹ - ›Die sind hinter seinem Rücken‹, erklärte ich. ›Du kannst wohl keine Hände zeichnen! Weißt du, was das bedeutet, wenn ein kleiner

Junge keine Hände zeichnen kann?‹ Ich wußte es nicht, und ich weiß es bis heute nicht.[4] ... Um ihn zu besänftigen, machte ich die Zeichnung noch einmal mit Händen und gab mir viel Mühe, alle fünf Finger deutlich auszuführen. ›Lächerlich!‹ schimpfte er, ›deine Hände sind völlig unproportioniert. Sie sind ja viel größer als der Kopf!‹ Und wieder gab er mir mit dieser rätselhaften Bemerkung das Gefühl, ich hätte die verhängnisvolle Bedeutung der falschen Proportionen kennen müssen ...«

Ronald Angres ist unzweifelhaft mit einem weit über das Mittelmaß hinausreichenden Verstand begabt[5], er schreibt gut, und die Anschuldigungen, die er gegen Bettelheim erhebt, überzeugen – ungeachtet aller Interpretationen, die ein Fachmann dazu abgeben könnte. Ganz besonders wirft Ronald Angres dem Mann, unter dessen Herrschaft seine gesamte Jugend und ein Teil seiner Kindheit standen, den »analytischen« Blick vor, den er ständig auf sich lasten fühlte, auch wenn er immer wieder auf die Schläge zurückkommt.

So erläutert er etwa, wie er es nach ein paar Jahren schließlich aufgegeben habe, Baseball zu spielen, obwohl seine mangelnde körperliche Gewandtheit eines seiner größten Handicaps gewesen sei: »Wir wurden daran gehindert, Mannschaften zu bilden, uns die Mitspieler auszusuchen und Punkte zu sammeln«[6], und vor allem: »Jeder Ball, der ein anderes Kind traf, wurde als vorsätzlicher Angriff gewertet, der eine Strafe nach sich zog – daß die Absicht nicht ›bewußt‹ sein mußte, versteht sich von selbst. Obwohl die meisten von uns sehr tolpatschig waren, um nicht zu sagen ›behindert‹ (das war, wie er kurz vorher erwähnt, eines der Adjektive, mit denen Bettelheim ihn regelmäßig fertiggemacht habe), stattete man unser ›Unbewußtes‹ mit übermenschlichen Kräften aus und dem zwanghaften Wunsch, anderen Kindern mit Tennisbällen den Schädel einzuschlagen.«

Paranoid ist dieser Bericht vielleicht, aber auch beunruhigend.

4 Ein Junge, der vergißt, die Hände zu zeichnen, versucht zweifellos unbewußt, eine Handlung zu verbergen, die er für tadelnswert hält – und ein Freudianer würde hier insbesondere an die Masturbation denken.

5 Ein Jahr nach seinem Eintritt in die Schule (er war damals ein bißchen älter als sieben Jahre) wurde sein IQ mit 168 Punkten bewertet (Stanford-Binet Form L) – obwohl er nicht lesen konnte und in diesem Test kein Ausgleich für diesen Mangel vorgesehen ist.

6 Bettelheim war der Ansicht, daß der Wettbewerbsgeist die Kinder daran hindere, ihrer Hauptaufgabe in der Schule nachzukommen, nämlich der Rekonstruktion ihres Ichs.

Ronald Angres ist der Sohn eines Psychoanalytikers, er zitiert Freud, stellt Parallelen zwischen Bettelheim und Wilhelm Reich auf, kurz, er vermittelt den Eindruck, irgendwie dazuzugehören. Wenn er das Leiden des kleinen Jungen oder des Jugendlichen beschreibt, der sich zwölf Jahre lang analysiert, überwacht, diagnostiziert fühlte bis in die unbedeutendsten Gesten, Zeichnungen oder Worte hinein, wird der Fachmann das wahrscheinlich als Wahnvorstellung klassifizieren; der gewöhnliche Leser aber kann auch beim besten Willen die ideale Schule nicht mehr wiedererkennen, die Bettelheim so oft beschrieben hat.

Man kann sich leicht ausmalen, wie ein derartiges Zeugnis von den Feinden der Psychoanalyse ausgeschlachtet wurde. Ronald Angres' Artikel ist ein wenig von seinen Gesprächen mit dem Sanskrit-Professor und ehemaligen Analytiker Jeffrey Moussaiev Masson anzumerken, einem Symbol des antifreudianischen Kampfes in den Vereinigten Staaten. Einst hatte Kurt Eissler, der Leiter des Freud-Archivs, mit Billigung Anna Freuds Masson zu seinem Stellvertreter gemacht. Nach seinem Abfall von der reinen Lehre wurde er ebenso schnell verstoßen, wie er vorher in den Olymp aufgestiegen war.

Masson, auch er offensichtlich eine komplizierte Persönlichkeit, die andere ebenso zur Weißglut treiben konnte wie für sich einnehmen, wird zur zentralen Instanz, bei der die Hilferufe der verlorenen Kinder Bruno Bettelheims nach und nach zusammenlaufen. Sie suchen Gehör und eine Fahne, unter der sie ihren Rachefeldzug führen können. Masson schreibt an die Leiterin der Orthogenic School: Er wüßte gern ein paar Einzelheiten aus dem Leben Bruno Bettelheims, damit er den Artikel, den er ihm in seiner Anthologie der Psychoanalyse widmen wolle, verbessern könne.

In der Zwischenzeit hat eine Gruppe von vierzehn ehemaligen Erziehern und Lehrern der Schule die Angriffe Charles Pekows in der *Washington Post* erwidert. Ihr Brief, der am 6. Oktober erscheint, trägt die Unterschrift von zweien der berühmtesten Mitarbeiterinnen Bettelheims: Fae Tyroler, die »Joey«, den Maschinenjungen, betreute, und Karen Zelan, die mit Bettelheim zusammen *Kinder brauchen Bücher* geschrieben hat und bekannt wurde als Erzieherin der kleinen »Marcia«, die wie Joey in der *Geburt des Selbst* vorkommt. Doch die Verteidigung Bettelheims mutet seltsam schwach an und scheint an den Anschuldigungen Angres' und Pekows irgendwie vorbeizugehen. Die *Washington Post* stellt die Erwiderung neben einen zweiten Brief Pekows, in dem dieser einer anderen Erzieherin antwortet. Diese Leserbriefdebatte wird zu einer regelmäßigen Einrichtung unter der Überschrift »Bettelheim, wie wir ihn kannten (Forts. folgt)«.

Tyroler, Zelan und die anderen halten zu große Distanz zu den Anklägern Bettelheims, als daß sie deren Argumente entschärfen könnten. Sie haben überwiegend als Psychologen, Psychoanalytiker oder Pädagogen Karriere gemacht, und ihre Zurückhaltung ist wohl etwas wie ein professioneller Reflex. Angesichts des Zorns, des Schmerzes, der Angst dieser Menschen, die ihnen einst als Kinder anvertraut waren, macht sie jedoch einen seltsam unprofessionellen Eindruck: Offensichtlich wirkungslos auf der untersten Ebene des Kampfes, wo man seinen Gegner zu vernichten sucht, fördert dieser Diskussionsstil auch nicht den Konsens auf der Ebene der Ideen und der großen Prinzipien, denn gerade Herzlichkeit und persönliches Engagement sind laut Bettelheim Merkmale eines guten Erziehers, deren Fehlen, aus welchem Grund auch immer, nur die Kluft zwischen Ideal und Wirklichkeit bestätigt. Statt über den Streitereien zu stehen, was offenbar das angestrebte Ziel war, wirken die Helfer hilflos.

Zuerst heben sie das Ansehen der Chicagoer Universität hervor: Es sei doch unglaubwürdig, daß Bettelheim in einer der größten Forschungseinrichtungen der Welt heimlich ein solches »Konzentrationslager« hätte einrichten können. Dann, ohne ein einziges Detail des Alltagslebens zu erwähnen, dessen Schilderung doch den Darlegungen der Ankläger erst Gewicht verlieh, verbürgen sie sich ganz allgemein für die Qualität der Arbeit Bettelheims und seinen Beitrag zum Verständnis und zur Behandlung von Kindern, die als unheilbar galten.

Am Ende gehen sie in einem viel zu kurzen Absatz auf die Gefühle ein, die das Verhalten dieser Kinder hervorrief: »Bettelheim war zutiefst erschüttert von dem inneren Chaos, der Wut, dem Elend und dem Schrecken der Kinder, die sich oft in extremen Verhaltensweisen äußerten, manchmal gefährlich für sie selbst und andere, manchmal absurd und unbegreiflich. Und selbstverständlich antwortete er darauf mit einem breiten Spektrum von Gefühlen und von Handlungen.« Jedenfalls, fügen sie hinzu, »ermutigte uns Bettelheim, niemals in unseren Bemühungen nachzulassen, denn selbst das abstoßendste und bizarrste Verhalten sei zu verstehen und vielleicht zu verbessern.«

Währenddessen kämpft Pekow weiter an vorderster Front und

feuert aus allen Rohren. Der Golfkrieg wird vorbereitet – und er vergleicht die Orthogenic School mit dem Irak Saddam Husseins! Was zum Dialog werden sollte, endet als Predigt vor tauben Ohren. Und für das an einfache Botschaften gewöhnte Publikum, das möglichst schnell Ergebnisse sehen möchte, steht die Verteidigung schlecht da.

Gegen Ende des Herbstes 1990 hat der Kampf seinen Höhepunkt erreicht. Binnen sechs Monaten ist es unmöglich geworden, den Namen Bettelheim auszusprechen, ohne sofort eine ausufernde, feindselige, beleidigende Polemik zu provozieren, die sich letztlich gegen alle Beteiligten richtet: gegen jene, die versuchen, das Denkmal des großen Vorsitzenden zu schützen, das längst vom Sockel gestürzt ist, aber auch gegen jene, die einst seine Schüler oder Patienten waren.

Auf denen ruht jetzt nämlich der inquisitorische Blick der Öffentlichkeit: Warum haben sie gewartet, bis Bettelheim tot war, um das alles zu erzählen? Diese Frage liegt natürlich auf der Hand. Weil uns vorher niemand zuhören wollte, antworten sie einhellig gekränkt. Charles Pekow habe ja versucht, sich Gehör zu verschaffen, er wollte erst gar nicht selbst schreiben, sondern einen Journalisten zu einem Artikel über die Orthogenic School veranlassen; als er einen fand, der sich dafür interessierte, ließ der nach einem Gespräch mit dem Chefredakteur die Sache fallen – was wiege schon die Aussage eines ehemaligen Geisteskranken gegen die eines in der ganzen Welt angesehenen Mannes?

Ein Toter kann keine Beleidigungsklage mehr erheben, heißt es im anderen Lager, um mit den Worten einer etwas zynischen (oder zu ehrlichen) Journalistin das plötzliche Medieninteresse zu erklären. Und an diese Stelle paßt auch eine Bemerkung von Bill Blau: »Ganz klar, mit seinem Selbstmord hat Bettelheim uns in die Hände gespielt.«[7]

Das ist das Gerüst der »Affäre Bettelheim«. Alles, was nun geschieht, ergibt sich aus dem Drama um das Gespenst Bruno Bettelheims und einige seiner früheren Patienten.

Aufmerksam geworden, treiben einige Journalisten die Recherche über die Orthogenic School hinaus und beginnen Dinge in Frage zu stellen, die bisher außer Zweifel standen: die Kindheit Bet-

7 Persönliches Interview in Chicago, November 1990.

telheims, seine Ausbildung und seine Lagererfahrung. So enthüllt die *Chicago Tribune* am 11. November 1990, nicht einmal seine engsten Mitarbeiter hätten genau gewußt, was Bettelheim eigentlich studiert habe. Einer der Befragten habe sogar behauptet, Bettelheim sei in Wien keineswegs als Psychologe, sondern vor allem als ambitionierter Geschäftsmann bekannt gewesen ...

Ron Grossman, der Autor des Artikels, ist ein ehemaliger Universitätsprofessor. Ronald Angres hat bei ihm studiert. Dessen Artikel im *Commentary* war für Grossman nicht neu, er hatte ihn schon vor Jahren gelesen, in einer viel längeren und wirreren Version, die er eines Tages auf seinem Schreibtisch gefunden hatte, nachdem er sich wochenlang bemüht hatte, das Vertrauen dieses Studenten zu gewinnen, der mündlich so glänzend war wie schriftlich ungenügend. Danach machte Ronald Angres seine Hausarbeiten wie alle anderen auch.

Ron Grossman war durch diese Erfahrung höchst irritiert und auf Bettelheim neugierig geworden. Sein Artikel ist also hervorragend dokumentiert. Als ernsthafter Forscher wollte er alle Seiten hören. Er befragte neunzehn frühere Schüler der Orthogenic School und mindestens ebenso viele ehemalige Mitarbeiter, außerdem Psychoanalytiker und sogar den einstigen Leiter des Fachbereichs Erziehungswissenschaften an der University of Chicago, Ralph Tyler, der Bettelheim in den vierziger Jahren die erste Stelle in Amerika angeboten hatte. Aus all diesen widersprüchlichen Zeugenaussagen entsteht das Bild eines sonderbaren Kauzes, halb Genie, halb Blaubart, auffallend intelligent, ungeheuer ehrgeizig, nicht übermäßig skrupulös und ziemlich eitel.

In diesem Stadium ist Bettelheim nur noch als Autor unangefochten. Aber nicht mehr lange. Im Februar 1991 wirft ein Anthropologe der Berkeley University im *Journal of American Folklore* (Bd. 104, Nr. 411, Winter 1991) Bettelheim vor, er habe sich für seinen Bestseller *Kinder brauchen Märchen* schlicht und einfach die verworrene Theorie eines gewissen Dr. Julius Heuscher, eines Professors für Psychiatrie, zu eigen gemacht. Unter Mithilfe der sensationslüsternen Medien verbreitet sich diese Unterstellung rasch und wird bald von den großen internationalen Presseagenturen aufgegriffen – noch vor Erscheinen des Artikels und somit im einzelnen nicht überprüfbar.

Der einzige Lichtstrahl in der Flut von Artikeln, die sich in der Folge über Bettelheim ergoß, war die Haltung Heuschers selbst: Er habe *Kinder brauchen Märchen* kurz nach dessen Erscheinen gelesen (also vor fünfzehn Jahren!) und habe dabei keineswegs den Eindruck gehabt, seine Arbeit sei geplündert worden, gibt er den Journalisten umgehend zur Antwort. Nein, er habe Bettelheim nicht persönlich gekannt. Und dann sagt er noch: »Wir sind alle Plagiatoren, ich ganz besonders. Oft erinnere ich mich gar nicht mehr daran, woher eine Idee stammt, ob aus meinem Kopf oder aus dem eines anderen ... Armer Bruno Bettelheim! Ich war nicht immer mit ihm einer Meinung, aber ich würde mich schämen, wegen so etwas seine Totenruhe zu stören. Ich freue mich, wenn ich ihn beeinflußt habe ...« Schlichte und kluge Worte, die eine schöne Conclusio wären für viele Artikel zu dieser Affäre. Ergebnis: Im Gegensatz zu den vorangegangenen ist dieser »Skandal« fast ebenso schnell wieder eingeschlafen, wie er hervorgerufen wurde. Nur ein schwacher Nachgeschmack von Betrug bleibt zurück.

Der Ausgang dieser Geschichte wirft eine letzte Frage auf: Wie kam es, daß die besten Entlastungszeugen für Bettelheim Menschen waren, die ihn nicht kannten, während seine Mitarbeiter, die ihn bewunderten und die am meisten darunter litten, wie sein Bild bald nach seinem Tod entstellt wurde, so schlechte Verteidiger seines Andenkens waren?

Auch sie hätten einfache Worte finden können und allgemein verständliche Argumente. Ohne ihr Berufsgeheimnis zu verletzen, hätten sie etwa darauf hinweisen können, daß Charles Pekow, Ronald Angres, Alida Jatitch und, mit einer Ausnahme, alle anderen, die Bettelheim öffentlich angegriffen haben, derselben »Generation« von Kindern in der Orthogenic School angehörten: Sie waren die letzten, die Bettelheim gekannt hatten, er hatte sie zweifellos ein wenig vernachlässigt, während er sich mit dem schwierigen Problem der Nachfolge herumschlug, vor allem aber waren sie diejenigen, die er verlassen hat, als er seinen Abschied nahm.

Viel mehr wäre gar nicht nötig gewesen, um deutlich zu machen, daß man nichts von dem, was in der Orthogenic School geschah, nicht einmal die Ohrfeigen, beurteilen kann, ohne den Kontext zu berücksichtigen; daß es zwischen einem Therapeuten und seinen Patienten weder Schwarz noch Weiß gibt. Und die Voreiligen zu vorsichtigeren Schlußfolgerungen anzuhalten.

Aber offenbar waren Bettelheims Getreue unfähig, den richtigen Ton zu finden, um über ihn zu reden, und selbst nach Jahren noch nicht in der Lage, ihn als normalen Menschen zu begreifen, mit all seinen Stärken und Schwächen.

Sie hatten die Möglichkeit, sein immenses klinisches Einfühlungsvermögen mitzuerleben. Sie hörten, wie er die richtigen Worte fand, um ein von Schrecken überwältigtes Kind zu beruhigen, nachdem alle anderen es versucht hatten und gescheitert waren. Sie haben selbst die Leuchtkraft erfahren, die manchmal von seinen Interpretationen ausging: Jeder von ihnen erinnert sich noch an die Erleichterung, in einer blockierten Beziehung zu einem Kind dank Bettelheim plötzlich Zugang zu finden zu einer eigenen schmerzlichen Erinnerung, die dieses Kind geweckt hatte.

Aber sie waren auch manchmal verstört von seinem mitunter unbegreiflichen, ja brutalen Verhalten. Sie wußten auch, wie verletzend manche seiner Analysen sein konnten. Die meisten von ihnen waren sehr jung, als sie ihn kennenlernten; sie verdankten ihm viel, aber oft konnten sie nicht richtig erklären, was ... Die Orthogenic School war ein einzigartiger Ort, an dem eine besondere, schwer zu beschreibende Atmosphäre herrschte. Sie arbeiteten dort nicht nur, sie lebten dort. Anderswo verwahrt man Psychotiker in Anstalten, die das Personal nach Dienstschluß verläßt. Oder man schickt sie abends zu ihren Eltern zurück. In Chicago nahmen die Erzieher jahrelang am Alltagsleben dieser oft sehr schwierigen Kinder teil, und da Bettelheim sie ständig dazu anhielt, sich selbst zu erforschen, wußten sie manchmal gar nicht mehr so genau, was sie eigentlich von den Kindern unterschied. Ihr Arbeitstag war nie zu Ende, und sie waren vom Leben draußen praktisch abgeschnitten. Wie sollten sie das alles Außenstehenden verständlich machen?

Wie diesen unberechenbaren Mann erklären, der gebildet war, großzügig, rücksichtsvoll und aufmerksam, aber auch launisch und cholerisch, dessen Intelligenz so schnell dominant wurde, wie sollten sie seine Wirkung schildern? Die Jahre in der Schule sind in jedem von ihnen vergraben wie eines jener besonderen Geheimnisse, die ein Leben prägen, über die man aber kaum sprechen kann. Zwei oder acht oder zwölf Jahre lang haben sie den Traum eines außergewöhnlichen Menschen geträumt. Außergewöhnlich in seinem Ehrgeiz, ausgerechnet die zu retten, die als unheilbar galten, aber auch in den Dimensionen seiner Persönlichkeit. Bettelheim war ein Mensch aus einer anderen Zeit, einer anderen Welt, die sie nie ganz verstanden haben.

Erster Teil
Lehrjahre

1. Wien: Es war einmal ...

Wien, das 1938 an die Nazis gefallen ist, dann von der amerikanischen Luftwaffe heftig bombardiert und schließlich 1945 von sowjetischen Truppen besetzt wurde, ist nicht gerade der ideale Ort, um einen Stammbaum zurückzuverfolgen, insbesondere einen jüdischen. Ein paar verstreute Dokumente, fast zufällig entdeckt unter Bergen von Archivmaterial. Ein paar Besichtigungen nach zahllosen Warnungen: »Ach, wissen Sie, das hat sich doch sehr verändert«, oder schlimmer: »An dem Haus können Sie gar nichts sehen, das ist nach dem Krieg wiederaufgebaut worden.« Ein paar Erinnerungsstücke, den Kindern anvertraut ... Und schließlich die Schriften Bruno Bettelheims.

Die Wurzeln seiner Familie scheinen Bettelheim nicht sehr interessiert zu haben, er erwähnt sie nur flüchtig in *Themen meines Lebens.* Offenbar glaubte er wie die meisten Bettelheims, mit denen ich sprechen konnte, daß der ganze Stamm in Preßburg entsprungen ist, dem heutigen Bratislava, Hauptstadt der Slowakei und einstiger Hinterhof Wiens, von dem es nur rund fünfzig Kilometer entfernt liegt.

Über die Herkunft ihres Namens sind die Bettelheims geteilter Meinung. Einige vermuten, daß er von »Bethlehem« komme, das sich im Laufe der Zeit zu »Bettelheim« abgeschliffen habe. Bruno jedoch vermutet eine andere Etymologie. In *Themen meines Lebens* erzählt er von seinem Großvater, dessen Herkunft in der Familie ein großes Geheimnis war: »Er sprach nie über seine Eltern, sei es, weil er so früh Waise geworden war, daß er nichts über sie wußte, sei es, weil er unehelich geboren und von seiner Mutter verlassen worden war.« So habe Jakob Morris seinen Namen wohl von dem Waisenhaus, das ihn aufnahm, dem Waisenhaus einer wohlhabenden Familie, die zu Beginn des 19. Jahrhunderts sich einfach unter dem Namen behördlich erfassen ließ, der dem Waisenhaus aus Gewohnheit zugewachsen war: »Bettel-Heim«.

Aufgrund dieser Geschichte, erzählte Bettelheim, hätten seine Onkel, die Brüder seines Vaters, nach dessen Tod versucht, eine Verwandtschaft mit dieser Familie zu konstruieren, die ausgestorben war, ohne daß etwas über einen Erben bekannt geworden wäre. Vergebliche Liebesmüh, denn Jakob Morris, auch das besagt die Familienlegende, habe eines Tages alle Dokumente, die einen Bezug zu seiner Geburt aufwiesen, vernichtet. Er sei nämlich tatsächlich der illegitime Sproß eines Adligen und darauf bedacht gewesen, seinen wirklichen Vater nicht in Verruf zu bringen.

Eine hübsche Geschichte, die sicher auch Ernst Kris gefallen hätte, dem Kunsthistoriker und Psychoanalytiker, der in den dreißiger Jahren, als Sigmund Freud mit dem Gedanken spielte, aus Moses den natürlichen Sohn des Königs von Ägypten zu machen[1], seinerseits darüber nachgrübelte, wieso eigentlich in den Biographien großer Künstler immer zumindest ein Vorfahre mysteriöser Herkunft auftaucht, der durch die Lumpen der Armut hindurch eine aristokratische, ja vielleicht sogar königliche Abstammung verrät.[2]

Doch das Standesregister der israelitischen Kultusgemeinde in Wien gibt genaue Auskünfte: Jakob Morris Bettelheim wurde am 21. März 1825 im ungarischen Pest geboren, nicht in Preßburg. Sein Vater Markus und seine Mutter Lewia müssen ehrbare Leute gewesen sein, denn Markus übte die angesehene Funktion eines Notars der jüdischen Gemeinde aus, die damals so einflußreich war, daß sie

1 Diese These führt Freud in *Der Mann Moses und der Monotheismus* aus. Eine großartige Interpretation dieser Entscheidung Freuds liefert René Major in *De l'élection* (Paris 1986). Eine ausführliche Diskussion des rein psychoanalytischen Textes wäre hier fehl am Platz, aber er hat einiges mit dem zu tun, worum es in diesem Kapitel geht. Zu Beginn geht Major auf die oft mißverstandene These Freuds ein, das jüdische Volk habe mit der Selbstbezeichnung »auserwähltes Volk« den tödlichen Neid anderer Völker auf sich gezogen, die selbst auf der Suche nach einem identitätsstiftenden Mythos gewesen seien. Aus dieser These leitete sich laut Major Freuds Wunsch ab, Moses, das Symbol dieser Privilegierung, gleichsam zu entjudaisieren (damals sagte man in Wien auch nicht jüdische Religion, sondern mosaisches Glaubensbekenntnis) – in einer Zeit, als die Deutschen, frisch vereint und zutiefst gedemütigt durch den Vertrag von Versailles, Adolf Hitler an die Macht gebracht hatten (der, wie Major erwähnt, einmal zu Hermann Rauschning sagte: »Es kann keine zwei auserwählten Völker geben. Wir sind das Volk Gottes. Diese paar Worte entscheiden alles.«).

2 1934 erschien Ernst Kris' Studie *Die Legende vom Künstler*, die Bettelheim übrigens auch in seiner Dissertation zitiert.

der ungarischen Hauptstadt den Spottnamen »Judapest« eintrug.[3] In Preßburg gab es seit Beginn des 18. Jahrhunderts tatsächlich den Namen Betlehem, später Bethlehem und schließlich Bettelheim.[4] Preßburg stand damals unter ungarischer Verwaltung, ich konnte allerdings in keinem Register einen Hinweis darauf finden, daß Jakob Morris Bettelheim in einem Waisenhaus aufgenommen wurde.

Unter den von Bettelheim - nicht für die Öffentlichkeit, nur für seine Familie - aufgestellten Hypothesen lassen sich nur zwei mit den vorhandenen Dokumenten vereinbaren: Erstens könnten die Eltern von Jakob Morris sehr jung gestorben sein und niemand sonst aus der Familie sich seiner angenommen haben; zweitens könnte Jakob Morris das Ergebnis eines Ehebruchs seiner Mutter gewesen sein, die dieses Symbol ihrer Schande loswerden wollte. Und da die zweite Möglichkeit dem Geheimnis der Abstammung mehr Raum ließ, scheint Bettelheim sie vorgezogen zu haben, obwohl sie ja nicht nur einen Fehltritt seiner Großmutter voraussetzte, sondern auch die Überlieferung eines widerrechtlich angeeigneten Namens ...

Zweifellos hat Bruno Bettelheim nie auch nur den geringsten Versuch unternommen, die Wahrheit der in seiner Familie kursierenden Geschichten zu überprüfen. Der kurze Bericht übrigens, wie seine beiden Großväter nach Wien »hinauf« gingen, um dort ihr Glück zu machen, trägt alle Züge jener Märchen, die er so gern mochte. In beiden Fällen beginnt die Geschichte in Elend und Unglück und nimmt schließlich in der schönen Stadt »Sissis« und des Kaisers Franz Joseph eine glückliche Wendung. Bettelheim hebt selbst hervor, daß er die beiden Geschichten im Kapitel »Kindliche Wahrnehmung der Stadt« hauptsächlich erzählt, um jenes wunderbare Wien zu schildern, dessen Bild er von seiner Mutter übernommen und lange Zeit für sich bewahrt hat.

Daß es den Juden unter Franz Joseph so gut ging wie nie zuvor, war damals in Wien sprichwörtlich. Kurz nach dessen Thronbesteigung wurde Wien zu einem Pol von magischer Anziehungskraft für alle Juden des Kaiserreichs, die das Schtetl verlassen wollten. Bis zu

3 Erst fünfzig Jahre nach der Geburt von Jakob Morris Bettelheim wurde aus dem Schloß Buda und dem Dorf Pest, die endlich durch eine Donaubrücke miteinander verbunden waren, die Stadt Budapest.

4 Wie auch in dem Buch *Die Juden und die Judengemeinde Bratislava* nachzulesen, zu dem ein Samuel Bettelheim aus Budapest das Kapitel »History of the Jeshiva of Bratislava« beigesteuert hat.

diesem Zeitpunkt durften sie in der Hauptstadt nur mit einer Sondergenehmigung Eigentum erwerben. Dennoch war das Los der Juden hier erträglicher als etwa in Rußland, wo Pogrome immer noch zum Ghettoleben gehörten. Franz Joseph, der den Thron mitten in den Revolutionswirren von 1848 übernahm, als die zerbrechliche Konstruktion des Habsburgerreichs durch den aufkeimenden Nationalismus allenthalben vom Zerfall bedroht war, hatte schnell begriffen, welche Vorteile es bot, auf die Juden zu setzen, die über das ganze Reich verstreut lebten.

Österreich hatte sich als feudaler, barocker und tief katholischer Staat bisher den von der Aufklärung ausgehenden sozialen und politischen Reformen weitgehend verschlossen. Der junge Herrscher wollte diese Chance nutzen und gab den Liberalen, das heißt vor allem den deutschsprachigen und städtischen Eliten des Reichs, mehr Macht. Und die Juden, die miteinander mehr durch die Überlieferung verbunden waren als durch ihre geographische Herkunft, sprachen entweder Deutsch oder Jiddisch, ein altertümliches Deutsch mit hebräischen und slawischen Brocken. Wenn man sie gut behandelte, konnten sie also zu wichtigen Verbündeten werden - neben der deutschstämmigen Bourgeoisie, auf die Franz Joseph sich vor allem stützen wollte, um den Zusammenhalt der Habsburgermonarchie zu gewährleisten, die das Erbe des Heiligen Römischen Reiches Deutscher Nation angetreten hatte.

Nachdem er sich 1868 in Budapest hatte zum ungarischen König krönen lassen, um die rebellischen Ungarn zu besänftigen, gestand Franz Joseph also den Juden alle Bürgerrechte zu - sie durften ihren Beruf frei wählen, Eigentum erwerben und wurden von der Sondersteuer befreit, die ihnen bisher auferlegt war. Da die neue Verfassung außerdem allen Bürgern die gleiche Bewegungsfreiheit zusicherte, setzte nun eine massenhafte Wanderung in Richtung Hauptstadt ein. Zwischen 1857 und 1890 stieg der Anteil der Juden an der Wiener Bevölkerung von unter zwei auf ungefähr zwölf Prozent. Die Juden erwiesen sich als eine sehr heterogene Bevölkerungsgruppe. Verallgemeinert könnte man sagen, daß sie um so weniger assimiliert waren, von je weiter her sie kamen, aber wenn sie erst einmal in Wien waren, dauerte es selbst bei den Konservativsten meist nur zwei, drei Generationen, bis sie den Verlockungen der Anpassung nachgegeben und die jiddische Sprache, den langen schwarzen Kaftan, die runden Hüte und die Schläfenlocken, die ihre auffallende Erscheinung abrundeten, abgelegt hatten. Der

Wunsch der Juden nach Integration und die Möglichkeiten, sich diesen Wunsch auch zu erfüllen, waren selten so groß wie im Wien der zweiten Hälfte des 19. Jahrhunderts.

Diese Entwicklung stand im Einklang mit den allgemeinen Veränderungen in Europa. Überall war die Religion auf dem Rückzug, und die Vernunft begann, den Glauben zu ersetzen. Die napoleonische Armee hatte den Geist der Französischen Revolution in die Länder getragen, in die sie einmarschiert war, und dort gewöhnlich die Juden gleich mit emanzipiert.[5] Auch unter den Juden setzte sich die Aufklärung durch und ermutigte die Abenteuerlustigsten, ihr Schtetl zu verlassen, um ein Leben als freie Bürger zu führen.

Ein Stadtplan aus jener Zeit zeigt deutlich den Verlauf der Assimilation. Das »Ghetto«, in dem am Anfang des Jahrhunderts rund ein Drittel der Wiener Juden lebte, ist der II. Bezirk, die Leopoldstadt. Sie zieht sich zwischen Donau und Donaukanal im Osten an der Altstadt entlang und grenzt nördlich an den XX. Bezirk, wo sich viele jüdische Familien aus weitabgelegenen Dörfern in Galizien oder der Bukowina niedergelassen hatten, die heute polnisch beziehungsweise russisch sind. Dort wohnten die strenggläubigsten Juden. In manchen Straßen herrschte Armut, andere waren sehr chic, besonders die am Augarten und am Prater, zwei großen kaiserlichen Parks, die schon Kaiser Joseph II. der Öffentlichkeit zugänglich gemacht hatte und in denen man immer noch viele Adlige zu Pferd oder in der Kutsche sah.

Die Praterauen geben zu Beginn unseres Jahrhunderts ein treues Abbild der Wiener Gesellschaft: die Alleen mit den Reitwegen sehr aristokratisch, der große Vergnügungspark volkstümlich, das Bürgerliche überwiegt in den Kaffeehäusern und Musikpavillons, wo man fast ausschließlich Straußwalzer spielt, die gerade sehr in Mode sind. Man geht hier sonntags oder an den Sommerabenden mit der Familie spazieren, Liebespärchen kommen hierher, um sich zu vergnügen oder der Welt zwischen zwei Rendezvous ein Schnippchen zu schlagen, Intellektuelle, um zu debattieren, und die Bettler können hier die Nacht verbringen, sofern sie sich anständig benehmen. Man begegnet sich, grüßt und geht wieder seines Weges. Wien ist eine tolerante Stadt, in der die Form zählt, man verkehrt mit seines-

5 Nicht aus Liebe, sondern mit dem Ziel, sie zur Abkehr vom Judentum zu bewegen und aus ihnen Bürger wie alle anderen zu machen. Siehe dazu *Geschichte des Antisemitismus*, Bd. 2: Das Zeitalter der Verteufelung und des Ghettos von Léon Poliakov, Frankfurt/Main 1989.

gleichen, läßt aber auch die anderen nach ihrer Fasson selig werden, man ist wohlerzogen, freundlich, nur ein klein wenig scheinheilig und davon überzeugt, in einer der beiden zivilisiertesten Städte der Welt zu wohnen – die andere ist Paris, selbstverständlich.

Von der Leopoldstadt muß man nur den Donaukanal überqueren, um in den I. Bezirk zu gelangen, das Herz Wiens, die Altstadt mit der Hofburg, der Oper und dem Stephansdom. Hier befinden sich auch die große Synagoge und die Einrichtungen der jüdischen Gemeinde. Die Judengasse übrigens erinnert daran, daß vor der Stadterweiterung das Wiener Ghetto hier seinen Platz hatte, im Zentrum. Der Anteil der Juden in der Innenstadt ist am Ende des 19. Jahrhunderts immer noch hoch, zwischen zehn und vierundzwanzig Prozent, ebenso wie im IX. Bezirk, dem nördlich davon gelegenen Ärzteviertel. Aber je weiter man vom Ring nach außen kommt, desto stärker nimmt der Anteil der Juden ab, um in den Außenbezirken auf unter fünf Prozent zu fallen.

Stefan Zweig beschreibt die soziale Gliederung dieser Stadt, in der Bruno Bettelheim im Jahr 1903 geboren wurde, folgendermaßen: »Die kaiserliche Burg war das Zentrum ... Um diese Burg bildeten die Palais des österreichischen, polnischen, tschechischen, ungarischen Hochadels gewissermaßen den zweiten Wall. Dann kam die ›gute Gesellschaft‹, bestehend aus dem kleineren Adel, der hohen Beamtenschaft, der Industrie und den ›alten Familien‹, darunter dann das Kleinbürgertum und das Proletariat. Alle diese Schichten lebten in ihrem eigenen Kreise und sogar in eigenen Bezirken, der Hochadel in seinen Palästen im Kern der Stadt, die Diplomatie im dritten Bezirk, die Industrie und die Kaufmannschaft in der Nähe der Ringstraße, das Kleinbürgertum in den inneren Bezirken, dem zweiten bis neunten, das Proletariat in dem äußeren Kreis.«[6] Und man kann in der Tat feststellen, daß zu Beginn des 20. Jahrhunderts die Juden auf allen Ebenen der Wiener Gesellschaft vertreten sind. Bettelheims Geschichten über seine Vorfahren entsprechen, ob wahr oder erfunden, ganz und gar dem Geist jener Zeit. Und man sollte sie auch ernst nehmen, denn – das hat Bettelheim selbst immer wieder geschrieben und gesagt – das Seelenleben eines Kindes beginnt mit seinen Großeltern.

Zunächst erzählt Bettelheim von Adolf Seidler, seinem Groß-

6 Stefan Zweig, *Die Welt von Gestern. Erinnerungen eines Europäers*, Frankfurt/Main 1970, S. 33.

vater mütterlicherseits: Geboren 1847 im böhmischen Redschkau, hatte er früh seine Mutter verloren, und bald befand er sich in der gleichen Situation wie Hänsel im Märchen: Er wurde von seiner bösen Stiefmutter, die alles für sich und ihre eigenen Kinder behalten wollte, schlecht behandelt und schließlich aus dem Haus gejagt. Der Vater war Hausierer, unter der Woche besuchte er die Dörfer in der Umgebung und kam erst am Freitagabend wieder heim; den Sabbat verbrachte er als gläubiger Jude in der Synagoge. Seine Frau überredete ihn, den Sohn aus erster Ehe hinauszuwerfen. Mit dreizehn Jahren stand Adolf Seidler nun auf der Straße, sein gesamtes Gepäck bestand aus dem Anzug, den er zu seiner Bar-Mizwa bekommen, und einem silbernen Fünf-Gulden-Stück (etwa zweieinhalb Dollar, erläuterte Bettelheim), das ihm sein Vater heimlich zugesteckt hatte. Epilog: »Um sein einziges Paar Schuhe zu schonen, legte der Junge die hundert Meilen von seinem Dorf bis zur Großstadt Wien barfuß zurück. Dort gelang es ihm schließlich nach harten Anstrengungen, ein großes Vermögen zu erwerben.«[7]

Im privaten Kreis erzählte Bettelheim etwas ausführlicher, auf welche Weise sein Großvater mütterlicherseits reich geworden war. Auch diese Geschichte klingt wie ein Märchen, ein eher unmoralisches allerdings. In Wien fand Adolf Seidler Unterschlupf bei einem entfernten Verwandten, einem Schlosser, bei dem er Lehrling wurde. Die Familie war so arm, daß er in der Werkstatt schlafen mußte. Aber er lernte rasch, und er war nicht dumm. Als die ersten Singer-Nähmaschinen nach Wien kamen, ahnte er sofort die Möglichkeiten, die diese Erfindung mit sich brachte, und wollte gleich die Konzession dafür erwerben. Aus Amerika erhielt er die Antwort, die bekäme er nur, wenn er ein guter Schlosser und Inhaber einer Werkstatt sowie eines Kapitals von etwa zehntausend Gulden sei.

Weder der junge Seidler noch sonst irgend jemand, den er kannte, verfügte über eine solche Summe. Aber er verlor nicht den Mut, sondern bat seinen Vetter und all seine Freunde um Hilfe, die sie ihm, beeindruckt von seinen Fähigkeiten (und wohl auch von seiner Chuzpe), zusicherten. Also fanden sich eines schönen Tages alle in der Bank ein, zahlten ihre Ersparnisse auf ein Konto unter dem Namen Adolf Seidler ein und warteten so lange, bis dieser

7 Bruno Bettelheim, *Themen meines Lebens. Essays über Psychoanalyse, Kindererziehung und das jüdische Schicksal.* Stuttgart 1990, S. 164.

eine formelle Bestätigung darüber in Händen hielt. Dann hoben sie ihr Geld schnell wieder ab, weil sie einander nicht trauten, fügte Bettelheim hinzu. Durch diesen Trick – Bettelheim sprach manchmal sogar von Betrug – konnte der junge Adolf Seidler das erste Singer-Geschäft in Wien eröffnen. Aber das war nur der Anfang. Schnell hatte Seidler begriffen, wie man wirklich reich wird: Da er nicht die Mittel hatte, viele Nähmaschinen gleichzeitig zu importieren, suchte er sich mit Vorliebe Kunden, die den Eindruck vermittelten, als würden sie ihren Kredit nicht zurückzahlen können. Wenn es soweit war, holte er sich die Maschine wieder und behielt natürlich die Summe, die sie als Sicherheit hinterlegt hatten, und die ersten Raten ein. Dann polierte er die Maschine wieder auf und verkaufte sie für neu – zwei-, dreimal hintereinander. Die Mutter Bruno Bettelheims erinnerte sich, als kleines Mädchen ihren Vater fluchen gehört zu haben, wenn zu viele Kunden pünktlich ihre Raten zahlten.

Die alten Dokumente widersprechen der Familiensage nur in einem Punkt: Die amerikanischen Nähmaschinen, die Adolf Seidler anfangs verkaufte, stammten nicht von der Firma Singer, sondern von Neuest. Sein Geschäft eröffnete er mit einundzwanzig Jahren, im Jahr 1875, und zwar nicht allein, sondern zusammen mit einem gewissen Adolf Gizidi (wahrscheinlich sein Vetter, der Inhaber der Werkstatt), der drei Jahre später aber wieder aus dem Handelsregister verschwunden ist. Unbestreitbar scheint jedenfalls, daß Adolf Seidler eine Hand für Geschäfte hatte und daß er bald sehr reich wurde. Zehn Jahre nach der Geschäftsgründung verkaufte er neben den Nähmaschinen auch Schmuck und Silberwaren, und drei Jahre später wurde er sogar Bauunternehmer, bevor er den Titel eines Immobilienhändlers annahm und Geld ins Schlossereigewerbe steckte. Er wohnte in der Lerchenfelderstraße, einer schönen bürgerlichen Straße im VII. Bezirk.

1875 heiratete Adolf Seidler ein junges Mädchen aus dem böhmischen Luk, das ihm erst einen Sohn und dann, im Dezember 1877, ein Mädchen gebar, das auf den Namen Pauline getauft, aber bald Paula gerufen wurde und eines Tages zur Mutter Bruno Bettelheims werden sollte.

Die Geschichte von Jakob Morris Bettelheim ist eindeutig erbaulicher. Seine große Intelligenz beeindruckte die Lehrer derart, daß er Rabbiner werden sollte. Zur selben Zeit suchte Baron Anselm von Rothschild – »der reichste Mann des Reiches«, erläutert Bettelheim - einen Hauslehrer für seine drei Söhne. Der junge Mann wurde ihm vorgestellt, und so gelangte Jakob Morris mit einem Schlag aus »einem Leben in schrecklicher Armut in das großartige Wiener Palais der Rothschilds«. »Dort unterrichtete er seine Zöglinge, und diese waren ihm dann so zugetan und von seinen Fähigkeiten so beeindruckt, daß sie ihn, nachdem sie die Leitung der Rothschild-Bank übernommen hatten, mit vielen wichtigen Aufgaben betrauten.«[8] Später kam die ganze Familie Bettelheim in den Genuß ihrer Dankbarkeit: Die Rothschilds hätten sich verpflichtet, immer zumindest einen seiner Nachkommen in eine Vertrauensstellung zu berufen, erzählte Bettelheim seinen Kindern.

Anselm von Rothschild starb 1874 und überließ die Direktion dem jüngsten seiner Söhne, Albert, der damals dreißig Jahre alt war. Er machte Jakob Morris Bettelheim, damals neunundvierzig, wirklich zu seinem Güterdirektor, das heißt zum Verwalter seines gesamten Grundbesitzes - was nicht so verwunderlich ist, denn in der Zwischenzeit hatte dieser als Holzhändler gearbeitet, und die Rothschilds besaßen riesige Wälder. Auch an ihr Versprechen bezüglich Bettelheims Familie haben die Rothschilds sich offenbar gehalten: Richard, einer der zehn Söhne von Jakob Morris, war bis zum Anschluß Prokurist der Bank - ein sehr verantwortungsvoller Posten, denn die Rothschilds hafteten gewöhnlich mit ihrem Privatvermögen.

Anläßlich seines Aufstiegs erhielt Jakob Morris Bettelheim den Ehrentitel Kommerzialrat und wurde Mitglied der Handelskammer. Er wohnte in einem schönen Haus in der Glockengasse, im bürgerlichen Teil der Leopoldstadt. 1859 heiratete er Eleonor Frankl, die auch aus Pest stammte und zwölf Jahre jünger war als er. Bruno Bettelheim äußerte später oft seine Bewunderung für sie. Sie wurde sechzehnmal schwanger und gebar elf Kinder, ein Mädchen und zehn Jungen.

Anton Bettelheim, geboren am 4. April 1869, war anscheinend der fünfte in der Reihe der Brüder.[9] Auch er sollte Holzhändler werden. Als er vierzehn war, traf die Familie Bettelheim ein Unglück, das Antons Hoffnung auf ein Universitätsstudium zunichte machte: Sein ältester Bruder Morris, der Jura studierte, wurde bei einem

8 Ebd., S. 165.

9 »Anscheinend« deshalb, weil im Personenstandsregister der israelitischen Kultusgemeinde in Wien nur von sieben der zehn Söhne Jakob Morris Bettelheims Spuren aufzufinden waren.

Duell tödlich getroffen.[10] »Ich habe meine Söhne nicht großgezogen, daß sie sich von Gojim umbringen lassen!« Mit diesen Worten nahm Jakob Morris die Nachricht auf, erzählte Bruno Bettelheim, und von diesem Tag an schickte er kein einziges seiner Kinder mehr auf die Universität.

Es ist nicht bekannt, ob Morris Bettelheim Theodor Herzl kannte, der etwa zwölf Jahre später die zionistische Bewegung gründete, aber das ist ziemlich wahrscheinlich: Sie hatten dasselbe Alter, stammten beide aus der jüdischen Bourgeoisie Budapests und studierten beide Jura. Und das studentische Milieu war von 1880 an einer der ersten Resonanzräume des anschwellenden Antisemitismus, der durch den Zustrom der Juden nach Wien genährt wurde. Jüdische Studenten durften sich nicht mehr duellieren und wurden aus den wichtigsten Studentenverbindungen ausgeschlossen. Aufgrund dieser Entwicklung soll Theodor Herzl sich seines Judentums bewußt geworden sein.

Zum Ende des Jahrhunderts nimmt der Antisemitismus in Europa allgemein zu. In Berlin jagt eine antijüdische Ausschreitung die nächste, und als 1880 Nietzsches Schwager eine Sonderzählung der Juden und deren Entfernung aus allen öffentlichen Ämtern und dem Unterrichtswesen fordert, erhält er dafür in wenigen Wochen 250000 Unterschriften. In Wien entstehen im selben Jahr die ersten antisemitischen Massenparteien: der Alldeutsche Verband in Österreich des Georg von Schönerer, eines kleinen Tiroler Landjunkers, der mit seinen antimonarchistischen und antikatholischen Parolen an der Spitze von einundzwanzig Abgeordneten 1901 ins Parlament einzog, und vor allem die Christlich-Soziale Partei des sehr populären, sehr populistischen Karl Lueger, der 1897, nachdem Kaiser Franz Joseph zweimal vergeblich versucht hatte, seine Wahl zu verhindern, im Triumphzug das Wiener Bürgermeisteramt übernahm. Und in der Zwischenzeit hatte die Dreyfusaffäre deutlich gemacht, daß selbst im Land Napoleons Juden noch immer keine Bürger waren wie alle anderen.

Zu der Zeit, als Morris Bettelheim und Theodor Herzl an der Wiener

10 Obwohl in der Sterbeurkunde von Tuberkulose die Rede ist, halte ich, vor allem in diesem Punkt, die Familienlegende für stichhaltiger als die Akten: Wie mir der Archivar der Israelitischen Kultusgemeinde in Wien bestätigte, war es damals üblich, die Todesursache zu verschleiern, und sich in einem Duell töten zu lassen war für eine jüdische Familie nicht ehrenvoll. Morris Bettelheim ist sicher an einer Brustverletzung gestorben!

Universität waren, studierte dort auch der spätere Schriftsteller Arthur Schnitzler Medizin. In seinen autobiographischen Aufzeichnungen spiegelt sich deutlich, wie sehr dieser Anstieg des Hasses die ersten Generationen nach der Assimilation belastete, die so weit wie möglich ferngehalten worden waren von den Traditionen des Schtetls. Man merkt, wie sehr diese jungen Juden aus guter Familie, wienerisch bis zu den wohlmanikürten Nägeln, liberal, fortschrittlich und meist atheistisch, von dieser brutalen Erinnerung an ihre »ethnische« Abstammung erschüttert wurden. In einer Anmerkung zu seinen Tagebüchern schrieb Schnitzler später: »In diesen Blättern wird viel von Judentum und Antisemitismus die Rede sein, mehr als manchem geschmackvoll, notwendig und gerecht erscheinen dürfte. Aber zu der Zeit, in der man diese Blätter möglicherweise lesen wird, wird man sich, so hoffe ich wenigstens, kaum mehr einen rechten Begriff zu bilden vermögen, was für eine Bedeutung, seelisch fast noch mehr als politisch und sozial, zur Zeit, da ich diese Zeilen schreibe, der sogenannten Judenfrage zukam. Es war nicht möglich, insbesondere für einen Juden, der in der Öffentlichkeit stand, davon abzusehen, daß er Jude war, da die andern es nicht taten, die Christen nicht und die Juden noch weniger. Man hatte die Wahl, für unempfindlich, zudringlich, frech oder für empfindlich, schüchtern, verfolgungswahnsinnig zu gelten. Und auch wenn man seine innere und äußere Haltung so weit bewahrte, daß man weder das eine noch das andere zeigte, ganz unberührt zu bleiben war so unmöglich, als etwa ein Mensch gleichgültig bleiben könnte, der sich zwar die Haut anaesthesieren ließ, aber mit wachen und offenen Augen zusehen muß, wie unreine Messer sie ritzen, ja schneiden, bis das Blut kommt.«[11]

Das Bild mag überraschen und ist für den Medizinstudenten wahrscheinlich unmittelbarer einleuchtend als für seinen Leser, aber wenn man bedenkt, daß es rund zwanzig Jahre nach der in Frage stehenden Zeit auftauchte, kann man ermessen, wie tief die Wunde sich ins Herz des mittlerweile hochangesehenen Schriftstellers eingegraben hatte.

Denn das Wien, in dem Bruno Bettelheim zwanzig Jahre nach dem Tod seines Onkels Morris geboren wird, hat den Höhepunkt der Ambivalenz gegenüber den Juden erreicht, auch wenn die meisten von ihnen das, anders als Schnitzler, lieber nicht zur Kenntnis

11 Arthur Schnitzler, *Jugend in Wien. Eine Autobiographie*, hg. von Therese Nickel und Heinrich Schnitzler, Frankfurt/Main 1981, S.322.

nehmen. Es ist jenes legendäre Wien, jene »Wetterwarte fürs Weltenende«, wie es der Polemiker Karl Kraus beschrieb, jener vielsprachige Nährboden, auf dem im Schatten einer eher aufgeklärten als autokratischen Monarchie all die großen Ideen keimen, an denen das 20. Jahrhundert noch lange zu knabbern haben wird. Und daß die Juden eine führende Rolle bei diesem »fröhlichen Weltuntergang«[12] spielen, zeugt eher davon, wie sehr sie selbst auf die Assimilation setzen, als davon, daß dieser Prozeß auch von den Menschen ihrer Umgebung akzeptiert wird.

Wenn Arthur Schnitzler, Sigmund Freud, Theodor Herzl und andere ihr Judentum annehmen und mit ihm leben, aber gleichzeitig den mosaischen Ritus als Überbleibsel eines früheren Zeitalters ablehnen, wenn Gustav Mahler, Hugo von Hofmannsthal, Karl Kraus und andere mit ihrer Herkunft gebrochen haben durch Konversion oder eine Mischehe, wenn sie auch alle glauben, daß Kunst und Wissenschaft über den Zufälligkeiten der Abstammung stehen – in den Augen ihrer Mitbürger bleiben sie doch Juden, ob diese es nun aussprechen oder nicht. Und am Ende des 19. Jahrhunderts wird es oft ausgesprochen.

Viele bemerkenswerte Werke wurden der Untersuchung dieses Phänomens gewidmet, angefangen mit dem berühmten »Wien der Jahrhundertwende« von Carl E. Schorske oder William Johnstons »Geist von Wien«[13], und hier ist nicht der Platz, dieses Thema allzu

12 Anspielung auf den Titel des Buches, in dem der Aufsatz »Das Wien Sigmund Freuds« zum erstenmal veröffentlicht wurde; es hieß *Vienne, l'apocalypse joyeuse* (A.d.Ü.).

13 Carl E. Schorske, *Wien: Geist und Gesellschaft im Fin de Siècle,* München 1994; William Johnston, *Österreichische Kultur- und Geistesgeschichte: Gesellschaft und Ideen im Donauraum 1848*–1938, Köln 1992. Die Liste der Werke zu dieser Frage ist außerordentlich lang. Da ich sie nicht alle hier aufzählen kann, beschränke ich mich auf die, mit denen ich selbst gearbeitet habe. Außer Stefan Zweigs *Die Welt von Gestern*, den Werken Arthur Schnitzlers, Martin Bubers und einigen anderen waren das vor allem zwei in Frankreich erschienene Bücher, aus deren eingehenden Analysen ich eine Menge verstanden habe von der Vielschichtigkeit dieses multikulturellen Nährbodens und der Zwiespältigkeit des Lebens, in denen Bettelheim seine Wurzeln hat. Es handelt sich um die viel zu kurze Studie *Vienne 1900* von Michael Pollak, Paris 1984, und die sehr gelehrte *Modernité viennoise et Crises de l'identité* von Jacques Le Rider, Paris 1990. Ohne den reichhaltigen Katalog der Ausstellung »Paris–Wien«, Paris 1986, im Centre Pompidou zu vergessen, in dem auch jener Essay Bruno Bettelheims ursprünglich erschienen ist, der später zum ersten in *Themen meines Lebens* wurde; der englische Titel wird dem Inhalt des ganzen Bandes allerdings besser gerecht, er lautet: »Freud's Vienna and other Essays«.

ausführlich zu behandeln. Aber das Judentum, der Antisemitismus und der »Geist des Ghettos«, kurz: die Frage nach der jüdischen Identität, nahmen im Leben, im Werk und im Ansehen Bettelheims einen so großen Raum ein, daß wir hier einen Augenblick lang verweilen wollen bei der Vielschichtigkeit der Verhältnisse, die einen assimilierten Juden im Wien jener Zeit bei seiner Geburt erwarteten.

Es besteht kein Zweifel daran, daß Bruno Bettelheim zwiespältige Gefühle für seine Heimatstadt hegte und daß der Hauptgrund für diesen Zwiespalt der Antisemitismus war. Dem idealisierten Bild in den Essays seines letzten Werks steht die Enttäuschung gegenüber, die aus Bettelheims gelegentlichen bitteren Bemerkungen zu Freunden sprach und, wenn er Wien besuchte, in Interviews und Vorträgen anklang.[14] Und wenn Bettelheim in einer Kritik der Freud-Biographie von Ernest Jones aus den fünfziger Jahren auf die Gefühle eingeht, die der Vater der Psychoanalyse für Wien empfand – »So dürfte Freuds angeblicher ›Haß‹ auf Wien Ausdruck einer tiefsitzenden alten Liebe gewesen sein, die dann im frühen 20. Jahrhundert durch den Antisemitismus eine große Enttäuschung erlebt hatte, um so stärker empfunden, da die alte Liebe nie erloschen war«[15] –, dann kann man sich des Eindrucks nicht erwehren, daß darin Autobiographisches zu Wort kommt.

Was die Besonderheit des Wiener Antisemitismus zur Jahrhundertwende ausmacht, ist nicht sozialer oder wirtschaftlicher Natur, wie Arthur Schnitzler anmerkt. Trotz der massenhaften, von der Verfassungsreform ausgelösten Zuwanderung ist das Problem nicht in erster Linie die Überschreitung einer hypothetischen »Toleranzschwelle«, die Juden werden nicht nur deshalb abgelehnt, weil sie plötzlich einen zu prominenten Platz in der Hauptstadt einnehmen. Sicher, manche regen sich darüber auf, und diese Unruhe hat wohl auch eine nicht unwichtige Rolle gespielt bei der Wahl des offen antisemitischen Karl Lueger zum Bürgermeister, für den vor allem die kleinen Händler gestimmt haben. Aber das ist nicht das Wichtigste für die Juden, die damals in Wien aufwachsen. Diese Art Fremdenfeindlichkeit, der »ganz gewöhnliche Rassismus«, so widerlich er auch ist,

14 Etwa anläßlich der Wahl Kurt Waldheims zum österreichischen Bundespräsidenten trotz seiner Nazivergangenheit: »Die Österreicher verdienen ihren Waldheim.« (Interview in *Illustrierte Neue Welt*, November/Dezember 1987).

15 Bruno Bettelheim, *Themen meines Lebens,* a.a.O.

hätte das Selbstbild der Juden nicht so tiefgreifend verändern können, daß sie schließlich in der Vorstellung zahlreicher Schriftsteller zur Verkörperung des jüdischen »Selbsthasses« wurden.

Wichtiger erscheint mir das inhaltliche Zusammenfallen der Fragen, die damals, im Wien der Jahre 1880 bis 1920, Künstler, Schriftsteller, Wissenschaftler und Philosophen beschäftigten, mit dem Tenor des antisemitischen Diskurses. Dieser Diskurs ist damals noch nicht ausschließlich rassistisch (sagte doch der »schöne Karl«, wie man Lueger nannte: »Wer ein Jude ist, bestimme ich!«) und – am Ende dieses rationalistischen und positivistischen Jahrhunderts – auch nicht religiös, obwohl der Gottesmord, dessen man die Juden anklagt, oft als Anlaß zu Ausfällen dient.

Was den Juden vorgeworfen wird, ist nicht so sehr, was sie sind oder woran sie glauben, sondern eher, wie sie denken, und manchmal sogar, was sie fühlen. In dem vom Nationalismus aufgeheizten Klima wird ihnen mangelnde Bodenständigkeit angekreidet, ihr sogenannter »Kosmopolitismus«.[16] Aber vor allem macht der antisemitische Diskurs jener Zeit den schlecht verdauter Nietzsche-Lektüre entsprungenen »jüdischen Geist« für die Korrumpierung der edlen deutschen Seele verantwortlich.

Inspiriert von ihrem »Gott Wagner«[17], der im vorgerückten Alter fieberhaft nach Spuren des »Judentums in der Musik«[18] suchte und seine unüberwindliche Abneigung gegen den jüdischen Geist damit begründete, daß dieser für die musikalische Unfruchtbarkeit unserer Epoche verantwortlich sei, klagen die Antisemiten der Jahrhundertwende die Juden gleichermaßen der Gefühlsduselei wie negativen, zersetzenden Denkens an. Der größte Fehler des Juden ist in ihren Augen nicht seine große Nase, sondern sein kritischer Geist, diese Art, dauernd Fragen zu stellen. Und diese ständige Fragerei höhlt die natürliche Kraft der Deutschen aus wie der Wurm den Apfel, sie ist das Werkzeug, mit dem die wahre Stärke des deutschen Volkes unterminiert wird, die nur aus der Bindung an die Scholle

16 Und dabei vergessen, daß sie bis zu Beginn des 19. Jahrhunderts dazu verdammt waren, in Ghettos zu leben.

17 So nannte ihn Claude Lévi-Strauss, um den Kult zu beschreiben, dessen Objekt der Komponist war.

18 So der Titel eines Pamphlets, das 1850 anonym und 1869 dann unter seinem Namen erschien. Darin verlieh er erstmals öffentlich seinem Antisemitismus Ausdruck, nachdem er sich während seiner »revolutionären« Periode (zumindest behauptet er das in seiner Autobiographie) für die Emanzipation der Juden eingesetzt hatte.

erwachsen kann. Die Anklage ist nicht frei von Bewunderung – im Falle Wagners könnte man auch von Neid sprechen –, und die Antisemiten sind die ersten, die den Juden für überlegen halten in der Kunst, nicht nur mit Geld, sondern auch mit abstrakten Grundbegriffen umzugehen – so läßt sich auch besser der hinterhältige Charakter seines schädlichen Tuns anprangern. Sein Verstand ist in ihren Augen die Mitgift eines Menschen, der permanent im Exil lebt, des vaterlandslosen Gesellen, dessen höchstes Ziel es ist, das zu zerstören, was andere auf ihrer Scholle aufgebaut haben.[19]

In jener Zeit um die Jahrhundertwende findet aber auch die größte epistemologische Revolution unserer Kulturgeschichte statt: In allen Bereichen beginnen Wissenschaftler und Philosophen, die Gewißheiten in Frage zu stellen, die die Grundlage des Rationalismus der Aufklärung gebildet hatten, insbesondere den Glauben an Fortschritt und Wissenschaft. Wien ist sicher nicht das einzige Zentrum dieser Bewegung, die die Werkzeuge der Erkenntnis unbrauchbar macht, aber es ist eines ihrer wichtigsten Lager, wo Künstler und Intellektuelle einträchtig an dem großen Unternehmen mitwirken, das seinen vollendetsten Ausdruck in Robert Musils *Mann ohne Eigenschaften* finden wird.

In Wien trifft diese große Umwälzung im Bereich der Ideen und der Kunst mit der Auflösung des ältesten europäischen Kaiserreichs zusammen. Berlin ist zur gleichen Zeit die Hauptstadt eines Staates im Stadium der Expansion, während in Paris nicht einmal das Scheitern Napoleons am Bild der Nation kratzen konnte. Die Wiener dagegen müssen hilflos zusehen, wie die vielen Völker in alle Himmelsrichtungen auseinanderstreben, die, ohne daß sie das vorher immer ganz verstanden hätten, bis zu diesem Zeitpunkt irgendwie das Besondere ihres Nationalgefühls ausmachten. Das könnte erklären, wieso das, was anderswo die Belle Époque war, in Wien die Züge einer Apokalypse annahm.[20]

19 Auch zu diesem Thema sind die Bücher Legion. Aber für einen Gesamtüberblick der Entwicklung antisemitischen Denkens ist nichts so lehrreich wie das bereits erwähnte ausgezeichnete Buch Léon Poliakovs.

20 Vgl. den klugen Hinweis von Jean Clair in seiner Einleitung zum Katalog der Ausstellung »Paris–Wien« auf den großen Unterschied zwischen »Indépendance« (Unabhängigkeit), wie die Reformkünstler jener Zeit ihren Pariser Ausstellungsraum nannten, und »Sezession« (Spaltung), wie dessen Wiener Pendant hieß. Im ersten Fall geht es darum, Verbindungen zu kappen, um Neuland zu betreten, voranzugehen, nach außen hin zu handeln, zu erobern. Sezession dagegen ist ein Rückzug, ein innerer Bruch.

Nichts ist mehr sicher. Mit den Thesen Ernst Machs hat es begonnen, eines Physikers und Philosophen, der in seinen Vorlesungen, die nicht nur Wissenschaftler anzogen (wie Albert Einstein, dem sie den Weg zur Relativitätstheorie wiesen), sondern auch Literaten und sogar Künstler, die Unterscheidung zwischen Subjekt und Objekt der Erkenntnis, zwischen subjektiver und objektiver Welt in Frage stellte. Rund zwanzig Jahre nach den Naturwissenschaften war es dann die Sprache, die allen möglichen Verdächtigungen ausgesetzt wurde. Und in der Zwischenzeit hatte auch noch Sigmund Freud die Basis aller rationalistischen Gewißheit untergraben, indem er zeigte, daß das denkende Ich Descartes' nur wie ein Deckel auf einem Topf sitzt, in dem die Triebe brodeln.

Die Welt zerfällt: Das Kaiserreich löst sich auf und das Individuum desgleichen. Licht wird zu kleinen Pünktchen auf Stoffen, und die Seele ist nur noch ein mehr oder weniger explosiver Cocktail aus widersprüchlichen Kräften. Wo sind die Grenzen zwischen mir und der Welt? Wie erkenne ich die Wirklichkeit? Kann ich mich auf meine Sinne verlassen? Ist die Wahrheit nur in der Sprache zu finden? Die Grenze zwischen den Geschlechtern ist verwischt, die Identität wird immer unklarer. Was bin ich, Mann oder Frau? Deutsch, moldauisch, mährisch, ruthenisch – was ist das, ein Österreicher?

Für den Antisemiten ist jedenfalls eines klar: Solche Fragen können nur aus einer verjudeten Kultur stammen. Offensichtlich von Neugier getrieben, kommt auch der amerikanische Rassist Stewart Houston Chamberlain 1889 nach Wien, um hier sein Hauptwerk *Die Grundlagen des 19. Jahrhunderts* fertigzustellen, das bald zum Nachschlagewerk Adolf Hitlers wird. Und tatsächlich sind unter denen, die sich all diese Fragen stellen, die Juden im Verhältnis zu ihrem Anteil an der Gesamtbevölkerung deutlich überrepräsentiert. Mit den Gründen dafür haben sich andere beschäftigt[21], wir wollen uns damit nicht aufhalten. Wichtiger ist hier, welchen Einfluß das auf einen jungen Juden hatte, der zu dieser Zeit geboren und erzogen worden ist. Wie konnte diese an- und aufregende Atmosphäre, die ihm so wunderbare Vorbilder für alles bot, was auch immer er anstrebte, ihm dennoch wie eine Bestätigung all jener Worte der Verachtung, ja des Hasses erscheinen, die wie ein Fluch über sein Volk hereinfielen und daher, was er auch tat, über ihn?

Als Bruno Bettelheim geboren wird, am Freitag, dem 28. August

21 Siehe z. B. *Philosophie de l'antisémitisme* von Michel Herszlikowicz, Paris 1985.

1903, heißt der autokratische Direktor der Wiener Oper Gustav Mahler, und der ist, wie alle Welt weiß, ein konvertierter Jude. Ein anderer, Emil Steinbach, wird wenige Monate später zum Präsidenten des Obersten Gerichtshofs berufen. Im Burgtheater spielt man den »Reigen« von Arthur Schnitzler, und der Star der *Neuen Freien Presse*, der großen Wiener Tageszeitung für das gebildete, liberale und fortschrittliche Publikum, ist sein Feuilletonist Theodor Herzl. Ernst Mach ist kein Jude, aber die Herkunft Sigmund Freuds ist ebenso klar wie die eines anderen Wühlers jener Zeit, Karl Marx – obwohl der in seinen Schriften Juden und Kapitalisten in denselben Sack steckte, um sie gemeinsam zu schlagen. Und schließlich der, der gegen alle diese Leute hetzt, aber mit einer solchen Brillanz, daß man ihm seine literarischen Brandsätze geradezu aus den Händen reißt – auch Karl Kraus ist Jude, selbst wenn seine Glaubensgenossen oft die liebsten Zielscheiben seines Sarkasmus sind.

Es ist damals nicht selten, daß sich in den Chor der Antisemiten auch die Stimmen von Juden mischen. Dafür gibt es mehrere Gründe. Als Deisten oder Atheisten verwerfen die Partisanen der Assimilation alle Riten und alle äußeren Zeichen einer religiösen Besonderheit als rückschrittlich, als Hindernisse auf dem Weg des Fortschritts. Zu diesem prinzipiellen Einwand kommen natürlich Sorge, Scham oder einfach Angst vor dieser Erinnerung an die Tradition ihrer Vorfahren, denn da sie ihnen nicht von den Eltern vermittelt wurde, kennen sie nur ihre negativen Aspekte. Das Leiden daran hat sich selten, aber sehr klar auch in Bruno Bettelheims Schriften niedergeschlagen.

In einem Artikel aus dem Jahr 1963 über ethnische Beziehungen in den Vereinigten Staaten erwähnt er folgende Erinnerung: »In Wien gab es einen ›Karl‹, mit dem ich jeden Tag gemeinsam zur Schule ging. Er war mein Freund, und dennoch schlug er mich eines Tages und erklärte mir, jetzt seien wir quitt, denn mein Volk habe Jesus getötet. Es gab Jungen, die uns Geld aus der Tasche zogen: Sie schlugen uns, wenn wir es ihnen gaben, weil wir feige waren, und sie schlugen uns, wenn wir es ihnen nicht gaben, weil wir dreckige geizige Juden waren ... Das war das normale Los des Juden, oder zumindest schien es mir so, als ich klein war.«[22]

Diese Geschichte muß sich um 1910 zugetragen haben. Die Historiker sehen zu dieser Zeit eher eine Beruhigung an der Antisemi-

|22 Bruno Bettelheim, »Class, Color and Prejudice«, *The Nation*, 19. Oktober 1963.

tismusfront – zwischen dem Schub in den achtziger Jahren des 19. Jahrhunderts und dem weit schlimmeren, der gegen Ende des Ersten Weltkriegs einsetzte. Menschen, die den Antisemitismus nicht anders kennengelernt haben als in der entschärften Form, den er nach der Entdeckung der Todeslager annehmen mußte, können sich kaum vorstellen, mit welch unvermeidlicher, schicksalhafter Gewalt er über das eben erst dem schützenden Kokon der Familie entschlüpfte Kind hereinbrach, und je mehr die Eltern auf die Assimilation gesetzt hatten, desto schlimmer war es, denn um so weniger hatten sie ihr Kind darauf vorbereitet. Jeder versucht, mit diesem Fluch – der übrigens auch das Bild des Kindes von seinem Vater beschädigt, was hier nur kurz erwähnt sein soll, da wir später darauf zurückkommen – zu leben, so gut es eben geht, und im Zuge dieser Anpassung entsteht das, was man nach Theodor Lessing üblicherweise den »jüdischen Selbsthaß«[23] nennt.

Der »jüdische Selbsthaß« kann verschiedene Formen annehmen, aber er entsteht immer daraus, daß der junge Jude, der dem von den Antisemiten entworfenen Bild des Juden nicht entsprechen will, es schließlich zu seinem eigenen macht, zumindest teilweise. Also bekämpft er bewußt oder unbewußt an sich selbst alles »Jüdische«, alles, was daran erinnern könnte, daß sein Vater, sein Großvater oder dessen Vater einmal im Schtetl gelebt haben. Manche verraten sich durch ihre besonders gewählte Kleidung, ihr Dandytum (Herzl, Schnitzler), andere durch den abfälligen Ton, in dem sie über ihre orthodoxen Brüder spotten. Fast alle bemühen sich darum, die Sprache Goethes vollendet zu beherrschen, denn das »Jiddeln« ist zum Inbegriff aller geistigen und körperlichen Laster geworden, die mit dem Judentum verbunden sind.

Bei manchen steigert sich der »Selbsthaß« bis zu den krassesten Auswüchsen, wie die Geschichte des jungen Schriftstellers und Philosophen Otto Weininger zeigt, dessen Selbstmord – eine Woche nach der Geburt Bruno Bettelheims – in den jüdischen Intellektuellenkreisen Wiens eine tiefe Verstörung hervorrief. Weininger stammte aus der gehobenen jüdischen Bourgeoisie, er verkehrte

23 Theodor Lessings Buch *Der jüdische Selbsthaß*, 1930 erschienen, wurde vom Großteil der assimilierten Wiener Juden abgelehnt, besonders von Sigmund Freud, der dennoch in einem Brief an Kurt Hiller aus dem Jahr 1936 schrieb: »Glauben Sie nicht, daß der Selbsthaß, wie ihn Theodor Lessing beschreibt, ein typisch jüdisches Phänomen ist? Ich glaube wirklich, daß es so ist.« (zit. nach Le Rider, a.a.O.).

unter den Schriftstellern des Jung-Wiener Kreises, geißelte aber bald heftig ihre Leidenschaft für »L'art pour l'art« als Zeichen einer in Auflösung begriffenen Kultur. Mit dreiundzwanzig Jahren unterzog sich dieser ebenso begabte wie gequälte Schriftsteller einer mystischen Konversion – aber nicht zum Katholizismus, der Religion der Habsburger, also auch Österreichs, sondern zum Protestantismus Kants und der siegreichen Preußen. Ein paar Wochen darauf mietete sich Otto Weininger in jenem Haus an der Schwarzspanierstraße ein, in dem Beethoven gestorben war (und nur wenige hundert Meter von der Stelle entfernt, wo sie in die Berggasse übergeht, in der Freud wohnte), und schoß sich eine Kugel in den Kopf. Seine im Jahr zuvor beendete Dissertation war, etwas überarbeitet, gerade als Buch mit dem Titel *Geschlecht und Charakter* erschienen, das von 1904 bis 1920 zwanzigmal wieder aufgelegt und so zu einem der ersten Bestseller des Jahrhunderts wird.

Geschlecht und Charakter ist eine Zusammenfassung aller wesentlichen Verunsicherungen dieser Zeit. Die Dekadenz und Unbeständigkeit, die zu jener Zeit in Wien regieren, haben Weiningers Meinung nach zwei tieferliegende Ursachen: die Vorherrschaft des Weiblichen in der Wiener Gesellschaft und den Einfluß des jüdischen Geistes. Die Bisexualität sei in der Tat in jedes Individuum eingeschrieben[24], und das Leben des Menschen wie das der menschlichen Gesellschaft werde abwechselnd vom männlichen oder vom weiblichen Prinzip beherrscht. Das Weibliche (Sinnlichkeit und Luststreben) aber sei das Los des Menschen, sofern er es nicht durch Geist, Askese oder Genie überwinde: Nur die Kraft des Männlichen könne eine Gesellschaft vor der Dekadenz retten. Der Jude dagegen »verseuche« die Gesellschaft mit seinem Krämergeist und seinem Luststreben; er habe auf die Gesellschaft den gleichen Einfluß wie die Frau – mit dem einen Unterschied, bemerkt Poliakov, daß nach Weininger die Frau zumindest an etwas glaube, nämlich an den Mann, während der Jude völlig ohne jeden Glauben sei.[25]

Der Fall Otto Weininger wurde durch das Leid, das aus ihm spricht, und die krankhafte Übersteigerung für viele Autoren zum

24 *Geschlecht und Charakter* gab übrigens den Anlaß zum Bruch zwischen Sigmund Freud und dem bevorzugten Vertrauten seiner Selbstanalyse, Wilhelm Fließ. Dieser nämlich warf Freud vor, einem Freund Weiningers offenbart zu haben, was er als seine eigene Entdeckung betrachtete: die Bisexualität.

25 Léon Poliakov, *Geschichte des Antisemitismus*, a.a.O.

Paradebeispiel für den »jüdischen Selbsthaß«. Dennoch ist dieser Fall zu außergewöhnlich, um Aufschluß zu geben über den allgemeinen Verlauf jenes schleichenden Prozesses, der praktisch alle assimilierten Juden jener Epoche, selbst die wohlhabendsten, allmählich mit etwas infizierte, das ich zutreffender als »Selbstverleugnung« beschreiben möchte. *Geschlecht und Charakter* - ein Werk, dessen Vorzüge selbst von jenen anerkannt wurden, die davon am meisten schockiert waren, etwa von Sigmund Freud - aber hat immerhin die Pole benannt, um die diese Verleugnung kreist: Körper und Geist, Mann und Frau, Juden und Ungläubige (man spricht damals noch nicht von Ariern); im Hintergrund die Vorstellung von einer erlösenden Natur, einem Ort der Verwurzelung, der Wiederbelebung und Kräftigung (im Gegensatz zur rohen Natur der Frau und des Juden).

Bruno Bettelheim entging der Problematik, die zwischen diesen Polen aufgespannt ist, genausowenig wie alle anderen Juden seiner Zeit. Er gehörte, wie wir gesehen haben, zu jenen Juden, die sich, wie Schnitzler, des Antisemitismus ihrer Umgebung bewußt waren und ihn nicht verharmlosten. Dennoch ist bei ihm die Neigung zu erkennen, sich seine Antisemiten auszusuchen. In der erwähnten Kritik der Freud-Biographie etwa wirft er Ernest Jones vor, er habe nicht ausreichend hervorgehoben, »daß die führende Aristokratie gegen den kleinbürgerlichen Antisemitismus à la Lueger war«[26]. Die Wiener Adligen waren (im allgemeinen) tatsächlich aufgeschlossener gegenüber dem gesellschaftlichen Aufstieg der Juden, sie konnten sich aber auch ihres Standes und ihrer Privilegien sicher sein. Wie uns Musils Geschöpf Graf Leinsdorf lehrt, kam ihr Antisemitismus in dem Augenblick wieder hoch, wenn der Jude, und sei er noch so reich, noch so begabt, noch so klug, den Anspruch erhob, ihnen gleich zu sein. Selbst im Reich der Kunst, in dem nach und nach die großen jüdischen Familien die Rolle der Mäzene von der Aristokratie übernahmen, schloß die Bewunderung Vorurteile nicht aus. Um sich davon zu überzeugen, muß man nur die Tagebücher Alma Mahler-Werfels lesen.[27] Sie war die Tochter des Malers Emil Schindler und wuchs in den besten Kreisen auf. Aber obwohl sie zweimal mit Juden verheiratet war und des »aktiven« Antisemitismus somit unverdächtig, gab sie gelegentlich ärgerliche Äußerungen ge-

26 Bruno Bettelheim, *Themen meines Lebens,* a.a.O.
27 Alma Mahler-Werfel, *Mein Leben,* Frankfurt/Main 1990.

gen den »jüdischen Geist« oder die »jüdische Musik« von sich, die ein wenig an ihr Idol Richard Wagner erinnerten. Und es war auch nicht Naivität, die Gustav Mahler dazu veranlaßte, in dem Brief, in dem er sich um die Leitung der Wiener Staatsoper bewarb, hervorzuheben, daß er angesichts der augenblicklichen Lage in Wien es nicht für überflüssig halte, darauf hinzuweisen, daß er einer früh gehegten Absicht entsprechend bereits vor sehr langer Zeit zum Katholizismus übergetreten sei.

Spuren von »Selbsthaß« wollen einige Kritiker auch in dem Ton entdeckt haben, mit dem Bettelheim das »Ghettodenken« kritisierte, die Initiativlosigkeit von Anne Franks Vater etwa oder allgemein die Passivität der traditionalistischen Juden angesichts des Vorrückens der Nazis. Bettelheim wurde Arroganz vorgeworfen: Es sei einfach, die anderen zu kritisieren, wenn man deutschsprachig war und die Möglichkeit hatte, sich auf die Auswanderung vorzubereiten. Auch wies man darauf hin, er habe sich für seine Analyse von allen Schülern Freuds ausgerechnet Richard Sterba ausgesucht, einen der ganz wenigen Nichtjuden unter den Wiener Psychoanalytikern seiner Zeit. Und einige schließlich empörten sich darüber, daß an der Orthogenic School in Chicago, obwohl ziemlich viele Patienten Juden waren, zwar Weihnachten gefeiert wurde, aber keine jüdischen Feste.

All diese Dinge sind, das läßt sich nicht leugnen, Zeichen dafür, daß Bruno Bettelheim als Jude nicht ohne Ambivalenz war. Man kann sie gleichermaßen als Ausdruck seiner geistigen Freiheit lesen wie als Beweis für eine unausgesprochene Ablehnung seiner jüdischen Identität. Eines ist allerdings gewiß: Zu keinem Zeitpunkt seines Lebens hat Bruno Bettelheim seine Herkunft geleugnet. Er ist als Jude geboren und ist - sehr eindeutig - Jude geblieben bis zum Ende seines Lebens, auch wenn es nicht modern war und selbst als es gefährlich war. Und in dem erwähnten Interview zur Wahl des ehemaligen Nazis Kurt Waldheim zum österreichen Bundespräsidenten bekannte er sich ohne Emphase dazu:

»Wenn Hitler nicht gekommen wäre, wären meiner Ansicht nach die deutschen und österreichischen Juden innerhalb von drei oder vier Generationen fast verschwunden ... Freud in seinem Optimismus hat ja geglaubt, daß die Religion, diese Illusion, vollkommen verschwinden wird. Andererseits aber hat er *Der Mann Moses und der Monotheismus* geschrieben. Das ist eben die Ambivalenz des assimilierten Juden. Man kommt nicht davon weg, daß man Jude ist.

– Wollten Sie jemals davon wegkommen?
– Nein ... eigentlich nicht. Das bin ich, das ist meine Geschichte, meine Entwicklung. Als Psychoanalytiker weiß ich doch, daß man von seinen Eltern nie loskommt.«[28]

Seine Eltern, erzählt er, hätten sich so weit von ihrem Judentum entfernt, daß sie nie einen Fuß über die Schwelle der Synagoge gesetzt hätten. Doch auf den sehr schlichten Grabsteinen von Anton und Jakob Morris Bettelheim kann man, wenn schon keine hebräische Inschrift, so doch eine kleine schlanke Kanne finden, das Symbol Levis, des zweiten Stammes Israels, der Diener des Tempels. Und als einziger Sohn Antons hatte Bruno Bettelheim sicher ein Wörtchen mitzureden bei der Grabgestaltung. Auch dieses Symbol gehört also zu den Zeichen, die noch zu entschlüsseln sind, um die vielschichtigen Beziehungen Bettelheims zu seinem Judentum zu verstehen.

Und noch ein Zeichen erscheint mir wichtig in dieser Hinsicht, auch wenn es sich um eine späte und wie im Vorübergehen fallengelassene Erinnerung Bettelheims handelt: In einem Essay aus dem Jahr 1987, der später in *Themen meines Lebens* aufgenommen wurde, bestätigt Bettelheim, wie entsetzlich ungerecht die jungen Juden, die wie alle anderen erzogen waren, die regelmäßigen Einbrüche des Antisemitismus in ihr Leben fanden und wie ihr Leiden dadurch verschärft wurde, daß sie das Judentum gar nicht kannten, das heißt, sie wußten überhaupt nichts von dem, was ihnen diese Schikanen einbrachte. Dieser Essay handelt von den Büchern, die Bettelheims Leben geprägt haben, und er erwähnt darin, wie er am Ende der Adoleszenz die Schriften Martin Bubers entdeckte, eines zionistischen Schriftstellers, Mystikers und Atheisten, der für einen Dialog zwischen Juden und Christen eintrat. Buber, der im extrem religiösen Milieu der Chassidim aufgewachsen ist, lehnte alles Dogmatische des Kultus ab, wollte aber die Kultur der Mythen bewahren, jener Geschichten, die im Schtetl erzählt wurden und denen er den größten Teil seines Werks gewidmet hat.

Bettelheim schreibt: »Als ich versuchte, mich aus der Welt meiner Eltern freizukämpfen, was eher aufs Geratewohl geschah als planmäßig, lernte ich Bücher von Martin Buber kennen, die mir von der Welt der Chassidim erzählten, die so fremd und exotisch war wie jene Sphäre der utopischen Romane, welche ich in meinem Streben

28 *Illustrierte Neue Welt*, November/Dezember 1987.

nach Wirklichkeitsflucht gelesen hatte. Aber dies war die Welt meiner Vorfahren, und doch fand sich im Leben meiner Eltern, die kaum zwei Generationen entfernt waren von jener Welt, die Buber beschrieb, nicht die geringste Spur. Da meine gesamte Familie ein angepaßtes Leben führte, war mir über das Judentum nur das bekannt, was ich und meine engsten Freunde, von denen die meisten ebenfalls Juden waren, zu erleiden hatten: die spöttischen Bemerkungen, die Zurückweisung und manchmal die offene Aggression unserer christlichen Mitschüler und selbst einiger unserer Lehrer. *Jetzt hatte mein Judentum plötzlich einen positiven Inhalt.*«[29]

29 *Themen meines Lebens,* a.a.O. (Hervorhebung der Autorin).

2. Eine große Familie

»Die Motivation der Menschen, die sich wie Korczak der Aufgabe widmen, eine bessere Welt für die Kinder zu schaffen, liegt meist in ihrer eigenen unglücklichen Kindheit. Was sie erlitten haben, hinterläßt in ihrem Leben einen bleibenden Eindruck; folglich streben sie nach Veränderungen, damit andere Kinder nicht ein ähnliches Schicksal erleiden müssen.«

Bruno Bettelheim, *Themen meines Lebens*

Anton Bettelheim war fast neunundzwanzig Jahre alt, als er im Februar 1898 Pauline Seidler heiratete, die gerade zwanzig geworden war. Die Hochzeit war arrangiert. Anton Bettelheim machte zu der Zeit in einem Sägewerk eine Ausbildung für den Handel mit Bauholz[1] - trotz seines Reichtums hat Jakob Morris seine Söhne offenbar nicht verhätschelt. Das Umfeld, in dem Bruno Bettelheim seine Kindheit verbrachte, läßt sich nicht genau bestimmen, da seine Eltern zu Beginn ihres ehelichen Lebens - entgegen den Gewohnheiten des damals außerordentlich seßhaften Wiener Bürgertums - anscheinend oft umgezogen sind.

1 Diese Informationen sind dem Empfehlungsschreiben eines anderen Holzhändlers an die Handwerkskammer aus dem Jahr 1921 entnommen, als Anton Bettelheim Kommerzialrat werden wollte wie sein Vater, was ihm aber nicht gelungen ist.

Zur Zeit ihrer Eheschließung und bei Brunos Geburt wohnten Pauline und Anton Bettelheim in der Rampengasse 3 im XIX. Bezirk. Doch als Margarethe geboren wurde, Brunos vier Jahre ältere Schwester, verzeichnet das Register der Kultusgemeinde eine bessere Adresse im III. Bezirk. Es folgen eine Anschrift im V. und eine im VII. Bezirk, bis sich die Bettelheims 1911, als Bruno acht Jahre alt wurde, schließlich dauerhaft niederließen. Eine plausible Erklärung für die vielen Umzüge läßt sich einerseits in den geschäftlichen Mißerfolgen Anton Bettelheims finden, der, kaum verheiratet, die ansehnliche Mitgift seiner Frau in einer Fehlinvestition verloren hatte, andererseits in den Immobiliengeschäften von Paulines Vater Adolf Seidler.

Die Rampengasse, in der Bettelheim geboren wurde, ist eine winzige Straße in der Verlängerung einer Fußgängerbrücke, die von der Leopoldstadt aus den Donaukanal überquert. Vielleicht hat Anton Bettelheim diese Wohnung wegen ihrer Lage zwischen dem Kanal und der Bahn genommen, weil das die Holzanlieferung vereinfachte, aber das wissen wir nicht. Das Viertel wurde im Krieg völlig zerstört und besteht heute nur noch aus Lagerhallen.

Pauline Bettelheim brachte ihren Sohn Bruno am 28. August 1903 zu Hause zur Welt, unterstützt von einer Hebamme wie bei der Geburt ihrer Tochter vier Jahre zuvor. Nostalgisch bemerkt Bruno Bettelheim dazu, er sei seines Wissens der letzte seiner Familie gewesen, der das Licht der Welt außerhalb der sterilen Krankenhausatmosphäre erblickt habe. Danach übergab man ihn, wie in den bürgerlichen Familien jener Zeit üblich, einer Amme, einem deutschen Bauernmädchen, das das eigene Kind in der Obhut der Mutter zurückgelassen hatte. Unerfahren sei sie gewesen, erzählte Bettelheim später, habe ihn aber mit liebevoller Fürsorge geradezu überschüttet. Da sie irgendwo gelesen habe, daß Bier den Milchfluß fördere, habe sie meist einen kleinen Schwips gehabt.

Auch wenn er seine Amme in einem Interview einmal als »übelriechende, schwankende Person« oder gar als »junge Verbrecherin« bezeichnete, die ihr eigenes Kind schmählich im Stich gelassen habe, stellt er sie in seinem Buch *Ein Leben für Kinder*[2] doch als warmherzig und sanftmütig dar. Sie war von aller Hausarbeit entbunden und nur für ihn da, und nach dem Brauch durfte sie eine

2 Alle nicht näher gekennzeichneten Zitate dieses Kapitels stammen aus diesem Buch; übersetzt von Liselotte Mickel, München, 4. Aufl., 1993.

ansehnliche Mitgift erwarten, wenn sie ihre Sache gut machte. »Der Respekt, den meine Amme vor meinen Eltern hatte, und ihre Freude darüber, daß sie zu unserer Familie gehörte, trugen wesentlich dazu bei, daß ich glücklich darüber war, dieses Zuhause zu haben.« Natürlich, gibt Bettelheim zu, wäre er lieber von Paula gestillt worden – als leidenschaftlicher Verfechter des mütterlichen Stillens ist er sich des Dilemmas durchaus bewußt –, aber, meint er, die Mutter hätte wegen ihrer gesellschaftlichen Verpflichtungen nicht soviel Zeit für ihn aufbringen können wie die Amme, die sich ausschließlich um sein Wohlergehen kümmerte.

Der Amme folgten ein Kindermädchen und eine Gouvernante, aber wenn Bruno krank war – und das war er oft –, kümmerte sich Paula um ihn. »Sie beschäftigte sich stundenlang mit mir, sorgte für meine Unterhaltung und fütterte mich bei allen Mahlzeiten.« Abends beim Zubettbringen erzählte sie ihm Märchen. Wenn er nicht schlafen konnte, waren sie oder der Vater zur Stelle, um ihn in den Armen zu halten, bis er eingeschlafen war. Und wenn er aus einem Alptraum hochschreckte, setzte sich Paula an sein Bett, sprach oder spielte mit ihm oder erzählte eine Geschichte, bis er sich wieder beruhigt hatte.

Bruno Bettelheims Eltern scheinen auch instinktiv gewußt zu haben, was der künftige Analytiker immer wieder seinem amerikanischen Publikum klarzumachen versuchte: daß ihre eigene Angst das Kind mehr verängstigen konnte als jedes äußere Ereignis. Als Bruno Bettelheim sechs Jahre alt war, zerstörte ein Brand das gegenüberliegende Haus. Die Straße war schmal, und die Feuerwehrleute besprengten alle benachbarten Häuser mit Wasser, um eine Ausbreitung der Flammen zu verhindern. Bruno schlief friedlich in einem hinteren Zimmer. Die Eltern weckten ihn und holten ihn ans Fenster. »Da sie ruhig waren und sich über die verschiedenen Farben und Formen der Flammen unterhielten, kam es mir nicht in den Sinn, Angst zu bekommen ... Nachdem das Haus abgebrannt war, brachten sie mich wieder ins Bett, und ich schlief ruhig wieder ein.«

Noch stärker vielleicht als die Fürsorge seiner Eltern hebt Bruno Bettelheim das Glück hervor, in einer großen Familie zu leben. Später beklagte er an Amerika vor allem, daß die Familien auseinandergerissen wurden, wie dieser Brief aus dem Jahr 1980 belegt: »Ich bin in einer großen Familie aufgewachsen, mein Vater hatte zehn lebende Geschwister und meine Mutter vier. Und wenn da auch nicht immer alles geklappt hat, man war eine Familie, auch im Streiten und mit Eifersüchten. Hier sind wir sehr allein, und so sind es auch unsere Kinder.«[3]

Jedes Jahr kamen alle Enkel zum Geburtstag Eleonor Bettelheims zusammen, um bei ihr zu Hause ein Theaterstück aufzuführen, das sie heimlich einstudiert hatten. Bruno war stolz darauf, an diesem Gemeinschaftswerk mitzuwirken, und behielt diese Feste sein Leben lang im Gedächtnis. Eine andere Feiertagserinnerung ist folgende: »Zu meinen glücklichsten Kindheitserinnerungen gehört, wie ich und meine etwa gleichaltrigen Vettern und Kusinen - ›die Kleinen‹, wie wir genannt wurden - unter dem riesigen Tisch spielten, um den ein Dutzend oder noch mehr erwachsene Familienmitglieder sich versammelt hatten, wobei wir oft vergaßen, daß wir uns buchstäblich unter ihnen befanden. Wir spielten zusammen in der gemütlichen Dunkelheit, verborgen vom riesigen Tischtuch, das fast bis auf den Fußboden herabhing. Während wir spielten, hörten wir die Gespräche und Argumente derer, die wir ›die Großen‹ nannten. Wir unterhielten uns - jeder auf seiner Ebene - jeden Sonntag aufs beste.«

Unter seinen zahlreichen Vettern gab es auch einen, der schizophren war. Er war nicht gefährlich, er redete nur komisch und machte seltsame Dinge. Bruno, der ihn oft sah, wunderte sich darüber und fragte eines Tages seine Tante, was sie darüber denke: »Hör mal, mein Junge«, antwortete sie, »ich habe zehn Kinder. Eins von zehn, das ist kein schlechter Durchschnitt ...« Diese Antwort hielt Bettelheim für ein schönes Beispiel jener Lebensklugheit, die oft mit einer großen Nachkommenschaft einhergehe - im Gegensatz zu den Ängsten und dem Wunsch nach Perfektion, die Eltern von Einzel- oder wenigen Kindern oft hegen.[4]

Eine große Familie bedeutet auch Solidarität. Um das zu erläutern, führt Bettelheim das Beispiel eines anderen Cousins an, der »auf die schiefe Bahn« geraten war, als Bruno noch ein Kind war. »Natürlich sah man darin ein schreckliches Unglück«, schreibt er, »aber in jenen Tagen gab niemand seinen Eltern die Schuld daran.«

3 Brief an E. R., September 1980.
Die Briefe an E. R. und die später zitierten Briefe aus den Lagern Dachau und Buchenwald hat Bruno Bettelheim auf deutsch geschrieben. Offensichtliche Fehler wurden stillschweigend korrigiert. Alle anderen (auch die an Ernst Federn) sind aus dem Englischen übersetzt (A. d. Ü.).

4 Diese Erinnerung erzählte Bettelheim Denise Bombardier, sie ist veröffentlicht in *Le Point* vom 28. Mai 1988.

Im Gegenteil, die ganze Sippe von etwa zwei Dutzend Familien tat sich zusammen, um den Unglücksraben zu trösten und zu beraten, wie sie ihn aus der Affäre ziehen wollten. Dann legten sie ihr Geld zusammen, damit er sich in den Vereinigten Staaten ein neues Leben aufbauen könnte. »Durch diese unerwartete Hilfe ermutigt, faßte mein Vetter neuen Mut und hatte bald dort Erfolg, wo er zuvor versagt hatte. Weil seine Eltern von der großen Familie Mitgefühl und Unterstützung erwiesen bekamen, als sie es am nötigsten hatten, fiel es auch ihnen leichter, ihren Sohn mit ihrem Segen und nicht mit Vorwürfen ziehen zu lassen.«

Etwa zwanzig Jahre später gab es einen ähnlichen Zwischenfall, aber nun lagen die Dinge schon anders. Nicht mehr die ganze Sippe nahm an der Rettungsaktion teil, sondern nur die engsten Verwandten des Übeltäters (der noch nicht einmal in kriminelle Machenschaften verstrickt war, sondern bloß leichtsinnig war und über seine Verhältnisse lebte), die ihm danach grollten. Ergebnis: »Der junge Mann wurde nach Südamerika geschickt, um dort sein Glück zu machen. Da ihm aber die Unterstützung und der Segen der ganzen Verwandtschaft fehlten, behielt er seine geringe Meinung über sich selbst bei ... und hatte in der Neuen Welt nicht mehr Erfolg als in der Alten.«

Jakob Morris Bettelheim starb zwei Monate nach Antons Hochzeit; Bruno hat seinen Großvater nie kennengelernt. Später schrieb er: »Meine Großeltern väterlicherseits waren die letzten Mitglieder unserer Familie, die daheim in ihrem Bett, umgeben von allen ihren Kindern, starben. Meine anderen Verwandten starben entweder in einer Klinik oder zu Hause, doch waren weder ihre Kinder noch ihre Enkel anwesend. Die Familie traf sich nach ihrem Tod bei der Beerdigung. Anstatt eines Übergangsritus, bei dem die Familie den Tod eines lieben Angehörigen tatsächlich miterlebte, handelte es sich jetzt bei der Trauerfeier darum, die Hinterbliebenen zu trösten.«

Die Sehnsucht nach den Riten, nach dem Leben von früher, dieses Ideal von der Sippe, von der großen Familie, in deren Schoß man hart arbeitete und einander beistand, wo man seinen Beruf von Vater oder Onkel lernte und dabei gleichzeitig Respekt vor den Älteren erwarb und den eigenen Charakter bildete, klingt im ganzen Leben und Werk Bruno Bettelheims nach. Je älter er wurde, desto offener äußerte er diese Sehnsucht, selbst in der Zeit, in der er seine revolutionärsten Gedanken formulierte und forderte, die Beziehungen zwischen Eltern und Kind zu unterbrechen, wenn sie dem Kind schadeten. *Ein Leben für Kinder* – das Buch, das ihm am schwersten fiel, weil er darin die Summe seines Lebens und seines Werks sah – liest sich manchmal wie eine Hymne auf die Vergangenheit, auf eine Epoche, in der die Eltern ganz von selbst ihre Kinder nach den Regeln großzogen, dic dic moderne Psychologie als richtig erkannt hat.

Zwischen diesem Bettelheim, der einer Zeit nachtrauert, in der Vater und Sohn Seite an Seite arbeiteten, und jenem, der Mütter wegen Mißbrauchs und mangelnder Liebe mit Schimpf und Schande übergießt, klafft ein Widerspruch, hinter dem sich zweifellos die schlecht verheilte Wunde des Exils verbirgt. Aber es gab noch andere Wunden, ältere, tiefere, besser verheimlichte …

»Im Alter von vier Jahren wäre ich fast an der Ruhr gestorben, und zwar zur selben Zeit, als mein Vater erfuhr, daß er an einer Krankheit litt, deren tödlicher Ausgang unvermeidlich war. Das versetzte meine Eltern in einen Zustand tiefster Angst, dem trotz all ihrer Bemühungen auch ich und meine Schwester nicht entgingen; immerhin hatte sie vor diesen Ereignissen acht schöne Jahre gehabt. Von diesem Moment an war das Leben meiner Eltern ein Alptraum, den sie vor allen verborgen hielten, eingeschlossen ihre Eltern und Geschwister. Sie haben schweigend gelitten.«

Bruno Bettelheim sprach wenig über die Wunden aus seiner Kinderzeit, und auch das erst im Alter, als er keinen Ausweg mehr sah aus seiner Depression. In meiner vier Jahre dauernden Recherche habe ich außer ein paar vertraulichen Mitteilungen an die Kinder einen einzigen – für Bettelheims Verhältnisse erstaunlich intimen – Brief gefunden, in dem etwas davon sichtbar wird, obwohl er ein wichtiges Detail unterschlägt. Der Brief trägt das Datum November 1986, da arbeitet Bettelheim gerade an der Fahnenkorrektur von *Ein Leben für Kinder*, eine unangenehme Pflicht, denn der Verleger verlangt einschneidende Kürzungen dieses Werks, in das Bettelheim soviel von sich hineingelegt hat – es sei zu hart für den amerikanischen Leser.

Der Brief, aus dem oben zitiert wurde, ist an Dr. Carl Frankenstein gerichtet, einen israelischen Psychoanalytiker und Pädagogen deutscher Herkunft, der im Alter einer von Bettelheims besten Freunden wurde. Er wird uns – auch durch seine Lücken – als Leitfaden dienen, um die hinter dem Bild einer glücklichen Kindheit im legendären Wien verborgenen Sorgen, Ängste und Schmerzen aufzuspüren, aus denen sich vierzig Jahre später die Einfühlungskraft des Kindertherapeuten speisen sollte.

Da sind zunächst Brunos Krankheiten. Er muß ein sehr anfälliges Kind gewesen sein, die Liste seiner Kinderkrankheiten ist beeindruckend: »Scharlach, Diphtherie, Röteln, Mumps und andere Infektionen, ganz zu schweigen von den schweren Grippen und Anginen, die mich manchmal wochenlang ans Bett fesselten.« Und nicht zu vergessen die Ruhr: »Ich erinnere mich, wie ich im Alter von vier Jahren so krank wurde, daß man mich sofort zu unserem Hausarzt brachte. Ich mußte mich gleich auf den Diwan in seinem Wohnzimmer legen, das an sein Sprechzimmer angrenzte. Vier Tage lang betreute er mich rund um die Uhr in seinem Haus, eilte immer wieder zwischen meinem Bett und seinem Sprechzimmer hin und her, bis die Gefahr gebannt war.«[5]

Es ist nicht möglich, mit Sicherheit festzustellen, ob Anton Bettelheim wirklich genau in dem Moment, als sein Sohn mit der Ruhr kämpfte, erfuhr, daß er selbst an einer unheilbaren Krankheit litt. Aber es ist auch nicht entscheidend; wichtig daran ist, daß diese beiden Ereignisse sich im Gedächtnis Bruno Bettelheims übereinandergeschoben haben, wahrscheinlich, da die Vorfälle weit zurückliegen, als Echo auf die Angst seiner Mutter.

Die wenigen Zeugen, die bei den Bettelheims verkehrten, erinnern sich alle an die dort herrschende depressive Atmosphäre. Über Paula sagen sie wenig, außer daß sie »ihren Männern« immer eine liebevolle Fürsorge angedeihen ließ, besonders wenn sie krank waren. Kränklich, schwächlich, extrem kurzsichtig, wurde Bruno Bettelheim wohl ziemlich verhätschelt. Seine erste Frau erinnert sich an einen Sommerurlaub in den italienischen Alpen und erzählt mit leisem Spott, wie ihre Schwiegermutter nach dem Frühstück, das die beiden Frauen allein eingenommen hatten, ihrem Sohn seinen Platz bereitete und dabei auch das Kissen auf dem Stuhl nicht vergaß. Da war Bruno bereits ein verheirateter Mann!

Pauline Bettelheim war eine tapfere Frau. Als sie erfuhr, daß sie jeden Moment als Witwe mit zwei kleinen Kindern dastehen konnte, war sie gerade dreißig. Sie führte weiter ihr Haus, so gut sie es vermochte, hielt alles von ihrem Mann fern, was sein Leiden verschlimmern konnte, versuchte die Kinder vor der Krankheit des Vaters zu schützen. Und vor allem: Sie stand das alles ganz alleine

5 »Women: Emancipation is Still to Come«, in *New Republic*, 7. November 1964.

durch. Nicht einmal ihre Eltern bat sie um Hilfe, sondern tat so, als wäre alles in Ordnung; über Antons Krankheit verlor sie kein Wort. Fünfzig Jahre später wundert sich ihre Nichte immer noch darüber: »Sogar als ihr Mann gestorben war, hat die arme Frau das vor meinen Großeltern geheimgehalten, weil sie alt und krank waren. Ich weiß nicht, wer ihr dieses Schweigen auferlegt hat, grausam ist das! Das war die übliche Geheimniskrämerei und Heuchelei in unseren Familien – angeblich, um niemandem Kummer zu machen.«[6]

Die Atmosphäre bei den Seidlers war allerdings düster genug, um sie nicht auch noch durch Antons Krankheit zu belasten. Adolf Seidler war sehr reich, mindestens bis zum Ersten Weltkrieg, aber er hatte einen miserablen Charakter. Seine ebenfalls arrangierte Ehe war nicht glücklich, und er tyrannisierte seine Familie, so daß alle außer Paula ihn mieden. Als Kind wollte Bruno seine Mutter nie zu den Großeltern begleiten, und diese beklagten sich darüber, da Bruno anscheinend Adolfs Liebling war.[7] Obwohl die Großeltern sich nicht offen zankten, fand Bruno die Spannungen zwischen ihnen sehr unangenehm. Die Großmutter verschanzte sich mehr und mehr hinter ihren heftigen Asthma-Anfällen, die ihr, kaum daß die Kinder groß waren, Gelegenheit boten, Wien und ihren despotischen Mann hinter sich zu lassen und sich mehrere Monate im Jahr auf Kururlaub zu begeben. Paulas Schwester Jenny eiferte dem Beispiel ihrer Mutter nach, und ihre schwere Herzkrankheit war wie durch Zauberei verschwunden, als sie den Boden der Vereinigten Staaten betrat.

Das Drama Adolf Seidlers bestand darin, daß seinen Söhnen jeglicher Geschäftssinn fehlte. Wenn er sie nicht so terrorisiert hätte, meint Bettelheim, hätten sie sich zweifellos in dem Bereich verwirklicht, für den sie alle Anlagen zeigten: in der Kunst. Statt dessen gab Adolf Seidler viel Geld aus, damit sie selbständige Unternehmer würden, und jedesmal machten sie Pleite. So streckte er 1908 Anton Bettelheim noch einmal die Summe von Paulas verlorener Mitgift vor, verlangte aber als Gegenleistung die Aufnahme seines jüngsten Sohnes Rudolf als Kompagnon in die neu zu gründende Firma.

Rudolf war Brunos Lieblingsonkel, ein großer Wagnerliebhaber und der einzige Nachkomme Seidlers, der eine glückliche Ehe

6 Edith Buxbaum, Unveröffentlichte Erinnerungen.
7 Ein Eindruck, der sich sowohl seinen eigenen Äußerungen als auch denen seiner Cousine Edith Buxbaum entnehmen läßt.

führte. Aber er war ein so schlechter Kaufmann, daß Anton immer wütender auf ihn wurde. Seine Abneigung gegen Rudolf war so groß, daß er sogar mit Paula deswegen Krach bekam. Auch wenn die Ehe seiner Eltern nicht allzu glücklich gewesen sei, erzählte Bruno Bettelheim später seinen Kindern, sei das ihr einziger Streit gewesen. Die Brüder gingen geschäftlich getrennte Wege, als das Unternehmen zu Beginn des Ersten Weltkriegs aus dem Handelsregister gestrichen wurde. Später behauptete Bruno Bettelheim, seine Onkel hätten versucht, ihm nach dem Tod seines Vaters dessen Firma wegzunehmen.

Über Paula Bettelheim ist nur wenig zu erfahren. Die Bekannten aus ihrer Wiener Zeit können nicht viel über sie sagen, außer daß sie ihren Sohn abgöttisch geliebt habe. Einer erinnert sich daran, daß sie eine gute Köchin war, ein anderer, daß sie im fortgeschrittenen Alter Italienisch lernte. Im großen und ganzen erscheint sie als unauffällige, sanfte und tapfere Frau. Aber wie sie wirklich war, ist schwer herauszukriegen, denn zu dieser Zeit begegnete man einer Hausfrau und Mutter mit mehr Vorurteilen als Aufmerksamkeit.

Was war das für eine Frau, die einen so strengen Richter über die Mütter großgezogen hat? Auch wenn Bruno Bettelheim nie den Müttern allein die gesamte Verantwortung für die psychischen Störungen ihrer Kinder aufbürdete, wie ihm oft vorgeworfen wurde, war er doch den Müttern seiner Patienten gegenüber unerbittlich und forderte, das Wohl der Kinder müsse stets Vorrang haben vor ihren eigenen Interessen. Und seine Mutter?

Auf den ersten Blick erscheint alles, was er über sie geschrieben hat, ausgesprochen positiv. Dennoch lassen sich einige unausgesprochene Vorwürfe entdecken, etwa wenn er schreibt, seine Mutter habe sich ihren »gesellschaftlichen Verpflichtungen« nicht entziehen können, um nur für ihn dazusein. Und wenn er Paula recht gab, ihn einer Amme anzuvertrauen, warum trat er dann so vehement dafür ein, daß alle Kinder von der Mutter gestillt werden sollten? Seinen eigenen Kindern gegenüber spottete er manchmal über seine Mutter: »Als ich klein war«, erzählte er, »hat es mich sehr beeindruckt, daß meine Mutter nicht wie die anderen Frauen höchstens eine oder zwei Federn auf ihrem Hut trug, sondern gleich einen ganzen Vogel.«

Wie Bruno Bettelheim Paula seinen Kindern gegenüber schildert, läßt eine Frau von viel entschiedenerem Charakter vermuten als die farblose Person, die uns aus seinen Büchern oder aus den Erinnerungen von Freunden entgegentritt. Sechzehn Monate nach Adolf Seidlers erstem Sohn geboren, war Paula ganz die Tochter ihres Vaters. Als glänzende Schülerin hätte sie sich gern ins Geschäftsleben gestürzt. Das sei damals der einzige Karriereweg gewesen, erläuterte Bettelheim, der einer ehrgeizigen jungen Frau offenstand. In den Augen Adolf Seidlers allerdings ließen die Erfolge seiner Töchter (denn auch Jenny lernte gut) das Scheitern seiner Söhne nur um so schärfer hervortreten. Also nahm er die Töchter von der Schule und verheiratete sie bei der erstbesten Gelegenheit. Pflichtbewußt fügte sich Paula dem Diktat ihres Vaters und heiratete den Mann, den er für sie ausgesucht hatte. Als ihr Vater krank wurde, kam sie jeden Nachmittag zu ihren Eltern – außer Freitag, da traf sie sich mit ihren Freundinnen zum Kaffee, und Sonntag, wenn sich die Bettelheimsche Sippe versammelte.

Die wenigen, die Paula Bettelheim in Chicago erlebt haben, wenn sie ihren Sohn besuchte, erinnern sich an eine stattliche Frau – »wie die Königin von Rumänien« – mit strengem Gesicht und deutlichem Akzent. Zwei Hinweise können das Bild noch vervollständigen: Der erste ist ein Brief Paulas an ihren Sohn.[8] Der Inhalt des Briefes ist relativ belanglos, der Stil um so auffälliger: In einer langgezogenen, deutlichen Handschrift, die ein bißchen an die ihres Sohnes erinnert, altertümlichem Deutsch und vor allem einer Sprache von bemerkenswerter Klarheit und Eleganz geschrieben, zeigt er, daß Paula Bettelheim – ungeachtet der Rolle, die das Schicksal ihr zugedacht hatte – eine gebildete und intellektuell anspruchsvolle Frau war.

Der zweite Hinweis, der Bettelheims Bild von einer Mutter, die vor allem anderen um das Wohl ihrer Kinder besorgt ist, ein wenig zuwiderläuft, stammt von Joan Little, einer der ersten Erzieherinnen an der Orthogenic School. Ende der vierziger Jahre nutzte sie ein verlängertes Wochenende in New York, um mit einer Kollegin einen der ersten öffentlichen Vorträge Bruno Bettelheims zu besuchen. Den beiden jungen Frauen, die Tag für Tag an seiner Seite arbeiteten, fiel auf, daß er Lampenfieber hatte. Als er längst angefangen hatte zu reden, betrat eine Dame in reiferen Jahren den Hörsaal, und statt sich auf den nächstbesten Platz zu setzen, ging sie, auf ihren Stock gestützt und ganz ohne Eile, quer durch den Raum, um sich in der ersten Reihe niederzulassen. Joan ärgerte sich darüber. »Das ist die

8 Er ist datiert vom 1. November, die Jahreszahl fehlt.

Mutter von Dr. B.«, flüsterte ihre Kollegin, und Joan dachte, daß Bettelheims Verhältnis zu ihr wohl nicht ganz unkompliziert sei.

Als Kind grollte Bettelheim seiner Mutter, daß sie sich nicht genug um ihn kümmerte. Das stand sogar in seinem Leserbrief an das *New York Times Magazine*, mit dem er 1970 einer Anekdote widersprechen wollte, die über ihn in Umlauf war: Bettelheim, als tyrannischer Professor verschrien, habe eine Studentin, die während der Vorlesung strickte, angeschnauzt: »Fräulein, haben Sie noch nie etwas davon gehört, daß Stricken ein Ersatz für Masturbation ist?« Die Studentin aber habe ihm ganz gelassen geantwortet: »Doktor Bettelheim, wenn ich masturbiere, dann masturbiere ich; aber wenn ich stricke, stricke ich.« Alles nur Legende, meint Bettelheim in seinem Brief und behauptet, seit Beginn des Jahrhunderts würde sie immer wieder über verschiedene Analytiker erzählt.

»Aber bei einer meiner ersten Vorlesungen an der Universität von Chicago geschah etwas anderes«, fährt er fort. »Tatsächlich strickte eine Studentin in der ersten Reihe, und da ich damals noch jung und unsicher war, störte das meine Konzentration. Ich zögerte, etwas zu sagen, dann beschloß ich, den Studenten ein Beispiel der Selbsterkenntnis zu geben. Ich bat das Mädchen darum, die Strickarbeit wegzulegen, da ich sonst abgelenkt würde. Das sei offensichtlich auf eine unzulänglich verarbeitete Kindheitserfahrung zurückzuführen, denn meine Mutter habe sich, als ich klein war, viel zu selten von ihrer Stickerei oder Strickerei etc. ablenken lassen, wenn ich mit ihr spielen oder einfach ihre ungeteilte Aufmerksamkeit haben wollte.«[9]

Der Vater von einer unheilbaren Krankheit befallen, die Mutter zu beschäftigt, um sich ihrem Sohn zu widmen, wenn er nicht gerade krank ist – und zu alldem ist der kleine Bruno noch mit einem weiteren Übel geschlagen: seiner um vier Jahre älteren Schwester Margarethe; von denen, die sie kannten, wird sie als unabhängiges, ehrgeiziges, aber auch verwöhntes und launisches Mädchen geschildert, das zum Beispiel entsetzliche Wutausbrüche bekommen konnte, wenn das Geburtstagsgeschenk nicht haargenau seinen Vorstellungen entsprach. Die Rivalität zwischen den beiden Kindern war groß, ihr Verhältnis turbulent. Bruno fand Bundesgenossen in seinen Cousinen Kitty, der gleichaltrigen Tochter seines Onkels Adolf Bettelheim, und Edith Buxbaum, der um ein Jahr älteren Tochter seiner Tante Jenny. »Wir sind wie Geschwister aufgewachsen«,

9 *The New York Times Magazine*, 8. Februar 1970.

erzählte Edith kurz vor ihrem Tod. »Seine große Schwester Margarethe vertrug sich nicht mit ihm und schrieb mir nur, um meine Hilfe gegen ihn in Anspruch zu nehmen ... Aber Bruno und ich mochten einander sehr gern.«[10]

Zeugen aus dieser Zeit sind nicht mehr am Leben. Um sich eine Vorstellung von der Atmosphäre bei Anton und Paula Bettelheim zu machen, müssen wir auf die wenigen Erinnerungen zweier Freunde Bruno Bettelheims zurückgreifen, die aber erst später seine Eltern besuchten. Und wieder steigen die gleichen Bilder auf: ein von der Außenwelt abgeschirmter, freudloser Haushalt, wo man freundlich aufgenommen wurde, aber immer das Gefühl hatte zu stören; und Zornausbrüche, Türenknallen, meist von Margarethe, oft auch von Bruno.

Bruno war im allgemeinen still und in sich gekehrt, aber manchmal überfielen ihn Wutattacken, die ihm selbst angst machten. Im Alter von zehn Jahren fand er ein paar Münzen, die irgendwer, wer, sagt er nicht, herumliegenlassen hatte. Einer plötzlichen Eingebung folgend, nahm er das Geld und trug es den ganzen Tag mit sich herum, »immer voller Angst, der Diebstahl könnte entdeckt werden, und es würde herauskommen, daß ich der Missetäter war, während ich gleichzeitig hoffte, daß man es entdecken möge, damit die Sache erledigt wäre«. Vierundzwanzig Stunden später legte er das Geld wieder zurück. »Ich war sehr erleichtert, aber nun fragte ich mich mehr und mehr, warum ich es überhaupt gestohlen hatte, da ich nicht vorgehabt hatte, es auszugeben. Allmählich ärgerte ich mich darüber, daß ich von jemandem in Versuchung geführt worden war, der noch dazu so nachlässig war, daß er nicht einmal gemerkt hatte, daß das Geld fehlte. Und – so jung ich war – ich spürte doch, daß ich ihn dafür habe bestrafen wollen, daß er mich in Versuchung geführt hatte. Das muß mein Motiv gewesen sein.«

Eine andere Erinnerung Bettelheims gibt näheren Aufschluß über sein Verhältnis zu den Eltern: »Ich habe vergessen, worüber ich mich geärgert hatte, aber ich habe einmal etwas Kränkendes zu meiner Mutter gesagt. Es bestürzte und verletzte sie, aber sie sagte und unternahm nichts. Als sie es meinem Vater erzählte, war dieser sichtlich empört darüber. Er fragte mich mit großem Nachdruck: ›Muß ich dich tatsächlich strafen, damit du in Zukunft darauf achtest, wie du mit deiner Mutter sprichst?‹ Das war alles, aber es machte tiefen

10 Edith Buxbaum, Unveröffentlichte Erinnerungen.

Eindruck auf mich, einen viel tieferen, glaube ich, als jede Strafe vermocht hätte. Der Gedanke, mich bestrafen zu müssen, betrübte meinen gütigen Vater offensichtlich. Und das quälte mich, nicht die Tatsache, daß ich bestraft werden könnte – was nie vorkam –, sondern daß ich meinen Vater so aufgeregt und betrübt hatte.«

Das Auffälligste an dieser Anekdote ist, daß alle Gewissensbisse Brunos den Vater betreffen. Daß er seine Mutter »bestürzt und verletzt« hat, tut ihm offenbar gar nicht leid – als hätte das keine Folgen, als wäre sie stark genug, das auszuhalten, während Anton unbedingt beschützt und seine männliche Autorität um jeden Preis verteidigt werden muß. Diese ungleiche Behandlung läßt sich fast überall wiederfinden, wo Bettelheim von seinen Eltern erzählt. Wenn er über seine Mutter spricht, dann im allgemeinen über Dienste, die sie ihm geleistet hat, nie über einen Austausch mit ihr. Dagegen läßt das Wenige, das er über seinen Vater schreibt, das Bild eines milden, wohlwollenden Einverständnisses entstehen, und oft sind es die Erinnerungen an den Vater, die Bettelheim zu Erziehungsratschlägen inspirieren.

Wie viele Männer seiner Zeit spielte Anton in seiner Freizeit gern Karten. Bruno durfte, wenn er still war, dabei zuschauen, und wenn Anton gewann, teilte er den Gewinn mit seinem Sohn. An verregneten Tagen spielte Anton manchmal auch mit den Kindern, aber er spielte dann nicht, um zu gewinnen, sondern übernahm »die Rolle des Vaters, der Spaß am Spielen hat, weil es seinen Kindern Freude macht ... Aus derartigen Erfahrungen lernte ich, daß es etwas anderes ist, wenn ein Vater mit seinem Kind spielt. Wenn Vater und Kind – beide aus eigenen Gründen – sich für das Spiel begeistern, kann das ihre Beziehung intensiver und reicher machen«, schreibt Bruno Bettelheim in dem Kapitel, das der Bedeutung des Spiels für die Persönlichkeitsentwicklung gewidmet ist.

Das Bild der Mutter dagegen bleibt an den wenigen Stellen, wo in seinen Büchern von ihr die Rede ist, leblos, flach, wie gefroren. Bettelheim läßt sie, wenn überhaupt, nur in indirekter Rede sprechen. In vier Jahren habe ich nur einen einzigen Satz finden können, den er Paula in den Mund gelegt hätte. 1986, in einem Interview mit Geneviève Jurgensen – da war er sich seines Publikums sicher und fühlte sich offensichtlich wohl mit seiner ehemaligen Mitarbeiterin –, sagte Bettelheim unvermittelt zu dem Fotografen, der um ihn herumtänzelte: »Verschwenden Sie nicht Ihren Film, junger Mann, ich bin ein unbrauchbares Motiv. Bei meiner Geburt schrie meine Mutter: ›Gott sei Dank, es ist ein Junge!‹«

Diese überraschende Bemerkung ließ Bettelheim halb belustigt, halb zerknirscht fallen wie jemand, der einer unabwendbaren Tatsache ins Auge blickt, und zog damit die Lacher auf seine Seite – aber das beweist nichts, es sei denn, daß er sich in achtzig Jahren eine gewisse Gewandtheit angeeignet hatte, Dinge zu tarnen, die ihn schmerzten. Das entscheidende ist die Bedeutung, die er diesem Satz verleiht. Denn wenn zu Beginn dieses Jahrhunderts eine Frau erst ein Mädchen zur Welt gebracht hatte und beim zweitenmal ausrief: »Gott sei Dank, es ist ein Junge!«, war das keineswegs ungewöhnlich, besonders dann nicht, wenn der Großvater dieser Frau ein frommer Jude war, der nach dem alten Brauch jeden Tag mit den Worten beginnen mußte: »Gesegnet seist Du, mein Gott, daß Du mich nicht zur Frau gemacht hast.«

Für Bruno Bettelheim aber hatte dieser Satz nur eine einzige Bedeutung: Er war die Bestätigung seiner Häßlichkeit. Wie auch immer er davon erfahren haben mag – diese Bemerkung schlug eine Wunde, die sein ganzes Leben lang nicht verheilt ist. Fünfundachtzig Jahre später, niedergeschlagen und mit dem Gedanken an Selbstmord spielend, beklagte er einem Psychoanalytiker in Los Angeles gegenüber immer noch seine, wie er es sah, unheilbare Häßlichkeit.

Sein Leben lang kämpfte er darum, dieses Gefühl zu überwinden. Im April 1977 sagte er in seiner Dankesrede an die Jury des National Book Award, die ihm für sein Buch *Kinder brauchen Märchen* den Prize for Contemporary Thought verliehen hatte: »Es war einmal in einem fernen Land auf der anderen Seite des Ozeans eine sehr alte Stadt ... von Wäldern umsäumt. Dort wurde in einem kleinen Haus vor sehr langer Zeit ein kleiner Junge geboren. Seine Mutter, die sich ein anderes Kind wünschte, war sehr glücklich gewesen, als sie von seiner Ankunft erfuhr. Sie war eine Frau, die die Poesie liebte, die aber auch einen gesunden Wirklichkeitssinn hatte. So stieß sie, nachdem sie ihren Sohn lange eingehend untersucht hatte, einen Seufzer der Erleichterung aus: ›Gott sei Dank, es ist ein Junge!‹

Diese Mutter erzählte ihren Kindern viele Märchen. Und da sie im hintersten Winkel der deutschen Lande wohnten, erzählte sie ihnen die Geschichten der Brüder Grimm, nicht die von Hans Christian Andersen. So erfuhr der kleine Junge niemals, daß aus häßlichen kleinen Entlein manchmal wunderschöne Schwäne werden können. Und das war gut so und ersparte ihm viele Enttäuschungen, denn sein Aussehen veränderte sich kaum und blieb jenem sehr ähnlich, das er hatte, als seine Mutter ihn zum erstenmal erblickte ...«

Im Jahr 1911 ziehen die Bettelheims in eine schöne, geräumige und komfortable Wohnung in der Neubaugasse im VII. Bezirk, wo Paula bis nach dem Anschluß wohnen bleibt. Zwei Jahre zuvor, mit sechs Jahren, kam Bruno in die Grundschule. »Der erste Schultag ist für ein Kind nicht eine neue Erfahrung unter den vielen anderen, die es bereits hinter sich hat, so aufregend diese auch gewesen sein mögen«, schreibt Bettelheim am Anfang von *Kinder brauchen Bücher*, »dieser Tag fügt vielmehr seinem Leben eine neue Dimension hinzu, denn von nun an wird es nie mehr so sein wie früher in seinem Leben.«

Wenig später wurde Bruno von seinem Freund Karl verprügelt. Der Schulbeginn bedeutet für das Kind zunächst die Entdeckung der Welt außerhalb der Familie - in Bettelheims Fall wohl vor allem des Antisemitismus. Obwohl seine Eltern erklärte Atheisten waren, mußte er den Religionsunterricht besuchen, das war Pflicht, und noch im Jahr seiner Reifeprüfung, der Matura, standen zwei Semester Religion auf dem Stundenplan. Ein halbes Jahrhundert später, als er Israel erkundete, fiel es ihm sehr schwer zu akzeptieren, daß aus dem Hebräischen eine lebendige Sprache geworden war.

Klein, schwächlich, empfindsam und verträumt, hat Bruno Bettelheim nichts von einem König des Schulhofs an sich. Er spielt gern mit seinen Schulkameraden, aber er ist völlig unsportlich. Er muß eine Brille tragen, die ihm Minderwertigkeitsgefühle einflößt und außerdem nicht hilft. Er ist kurzsichtig und astigmatisch, den Ball sieht er erst, wenn es schon zu spät ist - zehn Jahre später wird er erfahren, daß die Gläser seinen Augen gar nicht angepaßt waren. Bis dahin leidet er unter seiner Ungeschicklichkeit. Der Übergang aus der warmen, geschützten Atmosphäre seines Elternhauses in das kalte, unpersönliche Klima der Schule ist hart. Abends will er seine Hausaufgaben nirgendwo anders machen als am Eßtisch neben seiner Mutter. Er ist ein sehr guter Schüler, ernst und fleißig.

»Als ich zum Beispiel zur Schule ging, hatte ich in allen Grundschuljahren Schönschreiben. Ich würde sagen, daß meine Handschrift im großen und ganzen ein bißchen lesbarer, vielleicht sogar ein bißchen schöner ist als die Handschrift der Kinder, die wir heute erziehen. Dagegen hatte ich überhaupt keine Sozialkunde und nur sehr wenig Naturgeschichte. Sie verstehen vielleicht, wenn ich in manchen Naturwissenschaften so schreckliche Lücken habe, denn die Zeit wurde für das Schönschreiben gebraucht ... worum es mir geht, ist, daß man für alles einen Preis bezahlen muß.«[11]

Bettelheim wendet sich später heftig gegen die Art und Weise, wie Kindern Schreiben und Lesen beigebracht wird, indem man sehr viel mehr Wert auf technische Fähigkeiten wie Schönschreiben legt, als das Interesse der Kinder an den Inhalten zu wecken. Er selbst litt erheblich an dem eintönigen, langweiligen Unterricht seiner Kinderzeit. Doch er hatte früh gelernt, worauf es ankam: »Früher, als Lesenlernen in noch viel stärkerem Ausmaß die Hauptaufgabe des Elementarunterrichts war, konnte man sich die Aufmerksamkeit und das Lob des Lehrers hauptsächlich und oft ausschließlich dadurch erwerben, daß man gut lesen lernte. Das Kind sah ein, daß es lesen lernen mußte, wenn es gelobt werden wollte, und das war oft der einzige Grund, weshalb es ihm vernünftig schien, in die Schule zu gehen.«[12]

Im September 1914 kommt Bruno auf das Bundesrealgymnasium in der Albertgasse im VIII. Bezirk, zehn Minuten von seinem Zuhause entfernt und gleich neben dem Gymnasium, auf das seine Cousine Edith Buxbaum geht. Das Gymnasium ist das modernste in ganz Wien. 1905 eröffnet, bietet es im Gegensatz zu den Nobelschulen, wie man zu den fünf vornehmsten Etablissements in Wien sagt, einen auf die Zukunft ausgerichteten Unterricht, Schwerpunkte sind Mathematik und Fremdsprachen. Viele junge Juden auf dem Weg zur Assimilation kommen hierher - so viele, daß die Direktion, als sie nach dem Krieg die Ehemaligen zusammentrommeln will, feststellen muß, daß ganze Schulklassen verschwunden sind.[13]

Die Klasse Bruno Bettelheims besteht aus vierundfünfzig Schülern, darunter Hans Willig und Walter Neurath, die trotz Hitler und Exil zeit ihres Lebens seine besten Freunde bleiben sollten. Bruno haßt das Gymnasium, die überfüllten Klassen, die strenge Zucht, den autoritären, langweiligen Unterricht - all das wird für ihn zu einem Exempel, wie man es nicht machen sollte. Später wird er die Neigung vieler Eltern scharf angreifen, ihre Kinder zur Schule zu drängen und sie auf Kosten ihrer Urteilsfähigkeit und emotionalen Reife zu Lernmaschinen zu trimmen.[14]

11 Bruno Bettelheim, *Gespräche mit Müttern,* München 1977.
12 *Kinder brauchen Bücher. Lesen lernen durch Faszination*, Stuttgart 1982.
13 Mitteilung des derzeitigen Direktors des Gymnasiums.
14 Ebenso wandte er sich gegen Schulen für Hochbegabte, die er als Ghettos anderen Typs ansah mit dem Hauptziel, die Kinder von ihresgleichen fernzuhalten.

Die Frage der Bildungsreform steht auf der Tagesordnung. Das Gären einer Kultur im Umbruch und die Fortschritte in der Psychologie durch Freud und andere haben dazu geführt, daß zahlreiche Wiener Intellektuelle das Problem der Erziehung unter einem neuen Gesichtswinkel sehen: dem des Kindes. Diese Überlegungen münden 1918, als die Sozialisten in Wien an die Macht kommen, in eine Bildungsreform, die für mehr Demokratie, eine Verbannung der Religion in all ihren Erscheinungsformen und einen Unterricht sorgen soll, der die Kinder respektiert.

Bis dahin treibt die Reform alle den Sozialdemokraten nahestehenden Kreise um, ganz besonders die damals zahlreichen Jugendbewegungen. Bruno Bettelheim ist etwa dreizehn, als er auf Anregung von Hans Willig und Edith Buxbaum dem Jung-Wandervogel beitritt.[15] Die Jugendlichen verbringen ihre Sonntage im Wienerwald, wo sie wandern, picknicken und vor allem darüber diskutieren, wie die Welt von morgen aussehen soll. Merkwürdigerweise steht der Jung-Wandervogel, eine Bewegung, die 1901 in Deutschland begründet wurde und dort als konservativ und nationalistisch gilt, in Österreich den Sozialdemokraten nahe und ist daher pazifistisch (mitten im Krieg!), sozialistisch und antimonarchistisch, wie Bettelheim betont. Die Gruppe sei relativ klein gewesen, erzählt er, die Mitgliederzahl schwankte zwischen fünfzig und hundert.

Warum aber geht Bruno ausgerechnet zum Wandervogel, der bei seiner Gründung beschlossen hat, »judenrein« zu bleiben? Weil es nur eine Alternative gibt: die Jungzionisten. Und die jungen Atheisten mit ihren sozialistischen Ideen glauben felsenfest an die Assimilation. Die langen Wanderungen und leidenschaftlichen Diskussionen, die ersten Kontakte mit jungen Mädchen außerhalb des Familienkreises nehmen einen wichtigen Platz im Leben Bettelheims und seiner Gefährten ein. Sie tragen ihre Freude an der Natur und ihren Geschmack an einfacher Kleidung wie die Fahne der Revolution vor sich her. »Dort haben wir angefangen, uns von unseren Eltern zu emanzipieren«, schreibt Edith Buxbaum. Walter Neurath ist der Spaßvogel der Gruppe, »Hans und Bruno waren die Gewissenhaften«, erzählt Wanda, die später Hans Willig heiraten sollte.[16] »Sie diskutierten die ganze Zeit.«

15 Dieses Alter nennt er in *Themen meines Lebens*. Seine Freundin Wanda Willig dagegen glaubt, daß er schon etwas älter war.

16 Interview mit Wanda Willig, November 1990 in New York.

An den Sonntagen schaffen sie die Welt neu und träumen von einem sokratischen Unterricht, der auf Respekt gründet, im Gymnasium dagegen arrangieren sie sich mit der Welt, wie sie ist. Im ersten Jahr ist Bruno Klassenbester, im nächsten überholt ihn sein Freund Neurath. Vier Jahre nach seinem Eintritt ins Gymnasium leistet sich Bettelheim den einzigen ernsthaften Streich seiner Schulzeit, eine Begebenheit, die »einen so tiefen Eindruck auf mich gemacht (hat), daß sie mir heute, nach über fünfundsechzig Jahren, lebhaft vor Augen steht«, schreibt Bettelheim in *Ein Leben für Kinder:*

»Ich war ein sehr guter Schüler, ein ruhiger, introvertierter, braver Junge, bis mich eines Tages einer unserer Lehrer so provozierte, daß ich ihn – ohne es mir vorher überlegt zu haben – plötzlich packte und mit Hilfe einiger Mitschüler, die mein Beispiel anfeuerte, aus dem Klassenzimmer hinauswarf. Er verhielt sich so ganz anders als alle unsere bisherigen Lehrer, und wir hatten uns schon längere Zeit über ihn geärgert. Aber unmittelbar danach war ich sehr erschrokken über das, was ich getan hatte. Es paßte so gar nicht zu meinem üblichen Betragen. Ich wußte nur, daß ich so empört gewesen war, daß ich ganz einfach *irgend etwas* tun mußte. Was meine Tat aber ausgelöst hatte, welche Motive – abgesehen von meiner Wut – in mir am Werk gewesen waren, ahnte ich nicht, genauso wenig wie ich wußte, was meine Wut erregt hatte.«

Das Kapitel, in dem sich diese Anekdote befindet, trägt die Überschrift: »Die Frage ›Warum?‹« Bettelheim unterstreicht, daß Eltern nicht auf einer Erklärung für eine schockierende Handlung oder Haltung ihrer Kinder pochen sollten, denn »natürlich besteht immer die Möglichkeit, daß das Kind selbst seine Gründe nicht kennt«.

Er hat Glück, der Direktor des Gymnasiums fragt ihn nicht nach den Gründen für sein Benehmen und wirft ihn entgegen seinen Erwartungen auch nicht aus der Schule. Nicht einmal die Eltern forschen nach seinen Motiven – jedenfalls kann er sich nicht daran erinnern. Statt ihn einem Verhör zu unterziehen, überlegen sie abends ganz ruhig mit ihm gemeinsam, wo er hingehen könnte, wenn er relegiert würde. Am nächsten Morgen geschieht etwas sehr Ungewöhnliches: Der Direktor begibt sich persönlich in Brunos Klasse. Die Schüler nehmen Habtachtstellung ein, und der Direktor erteilt ihnen allen eine scharfe Rüge – Brunos Kameraden, weil sie ihn nicht zurückgehalten hätten, und Bruno, weil sein bisher untadeliges Betragen offenbar Heuchelei gewesen sei. Bruno ist verletzt. Aber es folgt nicht der erwartete Schulverweis, sondern das Eingeständnis des Direktors, der fragliche Lehrer habe sich seiner Aufgabe wohl nicht gewachsen gezeigt. Brunos Strafe: »Sie werden morgen zwei Stunden nachsitzen und sich selbständig mit einem Lehrstoff beschäftigen, den Dr. X Ihnen so interessant hätte machen sollen, daß für eine solche Ungezogenheit kein Platz gewesen wäre.«

Bruno Bettelheim ist erleichtert wegen des guten Ausgangs der Angelegenheit und beeindruckt von der Fähigkeit des Direktors, einen Fehler zuzugeben. Dennoch liegt er die ganze Nacht wach und grübelt, was er ihm hätte antworten können, wenn er sein Verhalten hätte erklären müssen. Er versteht überhaupt nicht, was ihm da eingefallen ist. Das wird er erst ein Vierteljahrhundert später begreifen ... auf der Couch seines Psychoanalytikers.

Aber zurück zu dem Brief, in dem Bettelheim Carl Frankenstein von den Schicksalsschlägen erzählt, die ihn in seiner Kindheit heimsuchten. Nachdem er von seiner Ruhr berichtet hat, von Antons Krankheit und dem lastenden Schweigen, das über seinem Zuhause lag, schreibt Bettelheim: »Ein Teil des Problems war, daß unsere Eltern gute Eltern waren und daß sie versuchten, uns vor den Auswirkungen dieser Familientragödie zu schützen, und das bedeutete, daß wir nicht auf sie wütend sein konnten ... Als ich dreizehn Jahre alt war, hatte mein Vater als Folge seiner Krankheit einen schweren Anfall, weswegen er vierzehn Tage lang weder reden noch sich rühren konnte. Das war das nächste Trauma für mich, da ich in diesem Alter ja nicht verstand, was passierte. Er erholte sich zwar einigermaßen, aber in den folgenden zehn Jahren bis zu seinem Tod – als er starb, war ich dreiundzwanzig – hatte er doch ziemlich abgebaut.«

Selbst diesem engen Freund verschweigt Bruno Bettelheim im November 1986, welche Krankheit sein Vater hatte. Zwei Jahre später, als verzweifelter alter Mann, gibt er diese Zurückhaltung auf.

24. November 1988. Die Szene spielt in Los Angeles, einer Stadt, die Bruno Bettelheim noch nie leiden konnte, weil sie für ihn alle Laster Amerikas verkörpert. Diese Hauptstadt des Showbiz mit all ihrem Glamour erscheint ihm oberflächlich, leer, selbstbezogen und ihrem einzigen Gott, dem Geld, sklavisch ergeben. Er lebt allein dort, fühlt sich körperlich sehr geschwächt und hat ständig Selbstmordgedanken. Für die Therapeutin Connie Katzenstein, eine seiner ehemaligen Schülerinnen, ist das kaum zu übersehen: Jedesmal, wenn sie ihn ins Konzert oder zum Arzt begleitet, redet er nur noch

davon. Es bekümmert sie, ihn so deprimiert zu sehen, und so hat sie ihn zum Thanksgiving-Fest zu sich nach Hause eingeladen. Sie will ihm eine Freude bereiten, aber daraus wird nichts. Bettelheim schafft es nicht, die steile Holztreppe zu ihrem Haus hinaufzukommen, und muß sich von Connies Mann und einem anderen Gast fast hochtragen lassen. Er ist wütend. Er, der Feiern immer so gern mochte, fragt sich die ganze Zeit, was er da soll, weit weg von seinen Lieben, umgeben von Leuten, die er nicht kennt und die nichts oder fast nichts über ihn wissen, außer daß er irgendeine alternde Berühmtheit ist. Ein Speiseröhrendivertikel hindert ihn am Essen, und so sitzt er mit verdrießlicher Miene am Tisch und sagt kein Wort. Irritiert vom nicht gerade liebenswürdigen Benehmen ihres Ehrengastes, wird Connie Katzenstein ein wenig nervös. Aber nach einigen vergeblichen Vorstößen, die Bettelheim stets hochmütig zurückgewiesen hat, kümmern sich die anderen Gäste nicht weiter um ihn und vertiefen sich in ihre Gespräche. Ein Thema kam damals in Los Angeles zwangsläufig zur Sprache, der große Schrekken der achtziger Jahre: Aids und wie man sich davor schützen kann. An dieser Stelle plötzlich erhebt Bettelheim seine Stimme, übellaunig und überheblich: »Als ich vier Jahre alt war, entdeckte mein Vater, daß er Syphilis hatte. Daraufhin hat er zwanzig Jahre lang meine Mutter nicht mehr angerührt. Die Aidskranken brauchen gar nichts anderes zu machen.«

Durch den kaum verhehlten Groll des alten Mannes klingt hier die Stimme des Dreizehnjährigen[17], der gerade aufgestanden ist, sich gewaschen und angezogen hat und wie jeden Tag seinem Vater einen guten Morgen wünschen will, bevor er zur Schule geht – und ihn plötzlich reglos und stumm dasitzen sieht, als Opfer einer der gefürchtetsten Krankheiten jener Epoche.

Er verdrängt sein Entsetzen, geht ins Gymnasium und läßt sich den ganzen Tag nichts anmerken. Er redet mit niemandem darüber. Der Zustand Anton Bettelheims bleibt eine Woche lang unverändert, dann beginnt er sich langsam zu bessern. Der Hausarzt, für den Bruno die größte Hochachtung empfindet (er hat damals seine Ruhr kuriert), erklärt, der Vater könne noch zehn Jahre lang ein halbwegs normales Leben führen.

Bruno Bettelheim war damals noch nicht »offiziell« darüber in Kenntnis gesetzt, was für eine Krankheit sein Vater hatte. Aber ein

17 Vielleicht war er auch ein oder zwei Jahre älter, wie er seinen Kindern sagte.

Kind, das betonte er später immer wieder, weiß stets, was die Erwachsenen vor ihm zu verbergen suchen, besonders wenn es ihnen selbst Angst macht. Mit dreizehn versteht es noch nicht alles, aber es weiß ziemlich viel, was es hier und da aufgeschnappt hat; was es nicht weiß, nährt nur seinen Schrecken vor seiner erwachenden Sexualität. Da fällt es nicht allzu schwer, sich aus dem vorwurfsvollen Schweigen der Mutter und dem schuldbewußten Blick des Vaters das Schlimmste zusammenzureimen - vor allem im bürgerlichen Wien zu Beginn des 20. Jahrhunderts.

Man muß nur in den Erinnerungen Stefan Zweigs blättern, dessen Jugend zwischen die von Anton und die von Bruno Bettelheim fiel, um ermessen zu können, wie sehr die Verheimlichung alles Geschlechtlichen die Neugier und die wirren Gedanken von Jugendlichen anstachelte. Das Mittelalter hatte, indem es diese Dinge verteufelte, wenigstens den Mut, ihre Existenz anzuerkennen. Aber im aufgeklärten Wien, das nicht mehr an den Teufel glaubt und alles verbannen möchte, was irgendwie Unruhe stiften könnte - auch in Liebesdingen -, ist vollkommene Verleugnung Pflicht. »In Wirklichkeit«, schreibt Stefan Zweig, »steigerte und verschwülte nichts unsere Neugier dermaßen wie jene ungeschickte Technik des Verbergens.«[18] Kein Zaun, der nicht mit obszönen Inschriften beschmiert war; in jedem Wirtshaus boten Hausierer Halbwüchsigen unter dem Tisch Aktfotos nackter Frauen an; in den meisten Schwimmbädern waren in die Holzwände zum Damenbad Gucklöcher gebohrt; und hinter der eleganten Ringstraße lagen dunkle Gassen, die alle möglichen Phantasien nährten, und wenn man dort einem Bekannten begegnete, wandte man den Blick ab. In so einer Atmosphäre nistete die Angst vor der Syphilis in allen Köpfen. Mehr noch als heute Aids galt die »Lustseuche« als Strafe Gottes. Die besseren Familien schämten sich ihrer Kranken, die in der Endphase der Syphilis oft entstellt waren und an Gehirnerweichung litten, die zur völligen Verblödung führen konnte, und steckten sie in eine der unzähligen kleinen Kliniken, die in der Wiener Vorstadt aus dem Boden schossen.

Wie hätte Bruno Bettelheim, der ein sensibler Junge war, ein guter Beobachter und offensichtlich sehr stark geprägt von den moralischen Werten, die in seiner Familie gepredigt wurden, nicht ahnen sollen, woran sein Vater litt - noch dazu, wo Anton nach einer fehl-

18 Stefan Zweig, *Die Welt von Gestern*, a.a.O., S. 95.

geschlagenen Behandlung immer wieder ins Krankenhaus mußte?

Außerdem durchdrang die Angst vor der Ansteckung das gesamte häusliche Leben: »Die wissenschaftlichen Abhandlungen sind gespickt von Warnungen und Ermahnungen, die das ganze häusliche Zusammenleben betreffen: vor dem unsauberen Handtuch, dem Toilettensitz, der schmutzigen Badewanne, der Rasierklinge, der Tasse, dem Gedeck ..., man soll keine Geldstücke in den Mund stecken, keine Küsse tauschen und den Kindern nicht mit Spucke ins Gesicht fahren ...«[19]

Noch dazu hatte man kurz zuvor entdeckt, daß die Syphilis in ihrer Endphase verantwortlich war für die völlige Degeneration des gesamten Nervensystems, und jetzt stellten die größten medizinischen Kapazitäten bereits ernsthaft die Frage nach der Möglichkeit einer Vererbung dieser Krankheit. Das mißgebildete, debile Kind, ein unschuldiges Opfer des »Fehltritts« eines seiner Vorfahren, fand Eingang in Literatur und Chansons. 1914, zwei Jahre vor Antons Anfall, läßt der Kriegsminister in allen Militärakademien des Kaiserreichs ein Theaterstück mit dem Titel »Die Beschädigten« des französischen Autors Eugène Brieux aufführen, das hauptsächlich von der Syphilis und ihrer Übertragung auf die Kinder handelt.[20] Und Bruno war von zarter Gesundheit und ständig krank.

Wie lange er wohl wußte, ohne zu wissen, das Schlimmste vermutete und hoffte, sich zu irren, und das alles vermutlich, ohne daß er sich je getraut hätte, darüber zu reden? Diese Fragen lassen sich nicht beantworten, wir können aber lesen, was er einmal über die Adoleszenz geschrieben hat: »Wie die Jugendlichen müssen auch wir lernen, in ständiger Unsicherheit zu leben.« Die Adoleszenz sei jenes Alter, in dem man »sich danach sehnt, die Bindungen zu den Eltern abzustreifen, aber es sich nicht leisten kann«[21]. Über das Erwachen der Sexualität in der Pubertät sagt Bettelheim, es sei ein Irrtum zu glauben, der Jugendliche sei einfach frustriert, weil er seine Wünsche nicht sofort befriedigen könne, denn »in Wahrheit jagt alles grob Sexuelle den meisten Jugendlichen einen heillosen Schrecken ein«. Was sie vor allem bräuchten, das wiederholt Bettelheim mehrfach, seien fundierte Informationen. Bekämen sie die nicht, besorgten sie sich selbst welche. Aber diese Wissenssuche des

19 J. P. Bardet et al., *Peurs et Terreurs face à la contagion*, Paris 1988.

20 Nach J. P. Bardet, a. a. O.

21 Alle Zitate in diesem Abschnitt stammen aus »The Social Studies Teacher and the Emotional Needs of Adolescents«, *School Review*, Dezember 1948.

Jugendlichen stehe unter einem schlechten Stern: »Da man ihm nichts gesagt hat, nimmt man an, daß er von nichts weiß. Also wird er sich schuldig fühlen, wenn er Erkundigungen einholt.«

Über die Syphilis seines Vaters hat Bruno Bettelheim offenbar nie etwas geschrieben.[22] Seinem Sohn erzählte er, Anton Bettelheim habe sich bei einer Prostituierten angesteckt; der Unfall sei passiert, als die Familie gerade auf Sommerfrische in den Alpen weilte. Das mag stimmen oder auch nicht, jedenfalls ist es sicher die annehmbarste Erklärung, die er für diesen Fehltritt seines Vaters finden konnte, denn die Prostitution »stellte gewissermaßen das dunkle Kellergewölbe dar, über dem sich mit makellos blendender Fassade der Prunkbau der bürgerlichen Gesellschaft erhob«, um noch einmal Stefan Zweig zu zitieren.[23]

Später wird Bettelheim heftig die Heuchelei in Wien anprangern, wo außen an den Fenstern der Bürgerhäuser kleine Spiegel angebracht waren, durch die man wie durch ein Periskop ständig beobachten konnte, was auf der Straße vor sich ging, ohne selbst gesehen zu werden.[24] Er erzählte auch folgende Anekdote: »Einmal, ich war jung und bildete mir viel auf meine hehren Absichten ein, empörte ich mich über die Legalisierung der Prostitution. Mein viktorianischer Vater erwiderte mir: ›Diese Mädchen schützen anständige Frauen wie deine Mutter davor, daß ihnen Gewalt angetan wird.‹«[25] Es ist nicht allzu verwunderlich, daß diese Geschichte in einem Artikel mit dem Titel »Was Kinder über Gewalt wissen sollten« auftaucht, in dem Bettelheim die Eltern davor warnte, ihren Kindern die idealisierte Vorstellung einer heilen Welt zu vermitteln.

Zweifellos hing Bruno Bettelheim an seinem Vater, der im allgemeinen als liebenswürdig, lustig und freundlich beschrieben wird. Wie sollte der kleine Bruno dieses Bild mit dem eines »von Begierde, Scham, Bestürzung, ja Verzweiflung zerfressenen Syphiliti-

22 Mit Ausnahme von Eric Bettelheim, der mir spontan davon erzählt hat, ist es mir nur in Los Angeles passiert, daß das Thema angesprochen wurde, ohne daß ich es erwähnt hätte. Gina Weinmann, Bettelheims erste Frau, sagte zu mir: »Ich hätte diese Sache niemals angeschnitten, wenn Sie nicht selbst damit angefangen hätten.« Ich sehe darin eine Bestätigung dafür, daß diese Krankheit in den Augen all dieser emanzipierten und liberalen Wiener doch ein »schmähliches Geheimnis« war.

23 Stefan Zweig, *Die Welt von Gestern*, a.a.O., S. 103f.

24 Bruno Bettelheim, »The Right to Privacy is a Myth«, *Saturday Evening Post*, 27. Juli 1968.

25 »Children Should Learn about Violence«, *Saturday Evening Post*, 11. März 1967.

kers«[26] übereinbringen? Wahrscheinlich hatte Anton Bettelheim intellektuelle Ansprüche. Aber auch in diesem Bereich waren die Gespräche mit seinem Sohn wohl durch unausgesprochene, beklemmende Fragen vergiftet. Die Syphilis war im 19. Jahrhundert in literarischen und künstlerischen Kreisen weit verbreitet und wurde oft als Nachweis der Genialität angesehen[27] - um so mehr, als »die progressive Paralyse in ihrem typischen Verlauf am Anfang mit geistiger Erregung, Größenideen und unkontrollierten Handlungen einhergeht.«[28]

Wieviel von sich selbst hat Bruno Bettelheim wohl in sein Porträt des großen polnischen Pädagogen Janusz Korczak gelegt? Nach den zwei Sätzen, die diesem Kapitel als Motto vorangestellt sind, fährt Bettelheim fort: »Was die äußeren Umstände angeht, verbrachte Henryk seine Kindheit in sehr angenehmen Verhältnissen, nämlich in dem stattlichen Haus seiner zur oberen Mittelklasse zählenden Eltern. Dennoch waren ihm emotionelle Probleme von klein an nicht fremd: Sein Vater hatte oft großartige und unrealistische Vorstellungen von der Welt und konnte manchmal nicht mit der Wirklichkeit zurechtkommen ... Als Henryk erst elf Jahre alt war, machten sich bei seinem Vater ernste geistige Störungen bemerkbar, und er mußte schließlich in eine Heilanstalt eingeliefert werden. Er starb dort, als Henryk achtzehn Jahre alt war. Die Familie geriet in finanzielle Schwierigkeiten, als sich der Zustand des Vaters verschlechterte. Henryk mußte zuerst einen Beitrag zum Lebensunterhalt der Familie leisten und dann ganz für sie aufkommen.«[29] Die Gemeinsamkeiten sind so zahlreich, daß Bettelheim versucht sein mußte, sich mit diesem bewundernswerten Menschen zu identifizieren, der lieber auf eine ungewisse Rettung verzichtete, statt die Waisenkinder im Stich zu lassen, die er im Warschauer Ghetto betreut hatte, und mit ihnen in die Gaskammern von Treblinka ging.

26 Bardet et al., a. a. O.

27 Besonders bei Maupassant, aber auch bei Stendhal oder Flaubert; in Deutschland war Nietzsche als Syphilitiker verschrien.

28 Bardet et al., a. a. O.

29 Bruno Bettelheim, »Janusz Korczak: Ein Gerechter in unserer Zeit«, in *Themen meines Lebens*, a. a. O. Dieser Text war zuerst ein Vortrag, wurde dann gekürzt als Vorwort zur amerikanischen Ausgabe in Korczaks Buch »König Hänschen der Erste« veröffentlicht und schließlich in *Themen meines Lebens* aufgenommen. Henryk ist der jüdische Vorname Korczaks; mit zwanzig »polonisierte« er diesen Namen zu Janusz, um an einem literarischen Wettbewerb teilnehmen zu können.

Korczak hat sich nach den Aussagen seiner amerikanischen Biographin übrigens lange Zeit gefragt, ob sein Vater nicht Syphilis hatte.

Kurz nach dem Anfall seines Vaters verfiel Bruno Bettelheim zum erstenmal in Depressionen. Als würdiger Sohn seiner Mutter wußte er den Schein zu wahren und ein angemessenes Benehmen zur Schau zu tragen: Er ging zur Schule, brachte sogar gute Noten nach Hause und traf sich auch weiterhin mit seinen Freunden, kurz, er »funktionierte« mehr oder weniger normal, wie er später seinen Kindern erklärte, aber völlig mechanisch, seelenlos, ohne Vergnügen daran zu finden. Wenn er aus der Schule kam, schloß er sich sofort in sein Zimmer ein und saß dort stundenlang im Dunkeln, ohne etwas zu tun. Soweit er sich erinnerte, dachte er damals nicht an Selbstmord, er war nur niedergeschlagen und davon überzeugt, daß das Leben ihm nichts mehr zu bieten habe. Dieser Zustand dauerte anderthalb bis zwei Jahre.

Ungefähr mit fünfzehn, also zu der Zeit, auf die er seinen Wutausbruch im Gymnasium datiert, gestand Bruno Bettelheim sich vielleicht nach und nach die Vermutungen ein, die er zweifellos schon seit längerem über die Krankheit seines Vaters hegte. Im Lichte seiner Psychoanalyse gab er folgende Erklärung für diesen Vorfall: »Dr. X war eine lächerliche Figur mit der Stimme eines Eunuchen gewesen ... Wir waren damals in einem Alter, in dem unsere aufkeimende Männlichkeit uns mit Zweifeln und Ängsten erfüllte, und wir brauchten männliche Figuren, mit denen wir uns identifizieren konnten. Dr. X war für uns kein geeignetes Identifikationsobjekt. Er vergrößerte noch unsere Angst, später als Mann zu versagen, und erfüllte uns mit den schlimmsten diesbezüglichen Befürchtungen.« Beim jungen Bettelheim wurde diese Angst noch durch den unlängst erfolgten Anfall seines Vaters vertieft: »Ich sah mich mit der Möglichkeit konfrontiert, in die Fußstapfen meines Vaters treten zu müssen, da ich außer ihm das einzige männliche Mitglied unserer Familie war ... Ich fürchtete, ich könnte am Ende jemand wie Dr. X werden. Dieser Gedanke war unerträglich.«

Ein Vater, der zwanzig Jahre lang seine Frau nicht anrührte (woher wußte Bruno das überhaupt?), ein unerträglicher Lehrer mit Kastratenstimme und ein Junge, der von seiner Mutter immer wieder zu hören und zu fühlen bekam, er werde bald die Verantwortung seines Vaters tragen und dessen Platz übernehmen müssen[30] –

30 Edith Buxbaum, Unveröffentlichte Erinnerungen.

ein Freudianer wird in dieser Konstellation ohne Mühe die Erklärung für die tiefe Depression und den großen Zorn des Jungen finden. Aber man muß sich nicht auf die verschlungenen Pfade des Ödipuskomplexes begeben, um zu verstehen, was Bruno Bettelheim sagen will, wenn er die »persönliche Neigung« erwähnt, die seinem Interesse für die autistischen Kinder zugrunde lag: »Was mich als erstes verwirrte und mein Interesse für diese Kinder weckte, war die Tatsache, daß sie offenbar der Menschheit und der Gesellschaft vorsätzlich den Rücken kehren.«[31]

Während die Erde bebte, klammerte sich die Bourgeoisie immer fester an ihre etablierten Werte und die Vorurteile ihrer repressiven Gesellschaft. Die Jugend, mit dieser Heuchelei konfrontiert, durchschaute sie um so schneller: »Eine einzige Unwahrhaftigkeit bei Lehrern oder Eltern treibt den jungen Menschen unvermeidlich an, seine ganze Umwelt mit mißtrauischem und damit schärferem Blick zu betrachten«, stellt Stefan Zweig fest. Und die Krise des Erwachsenwerdens »zeigte zugleich ein Erwachen in einem anderen Sinne, denn sie lehrte uns zum erstenmal jene gesellschaftliche Welt, in der wir aufgewachsen waren, und ihre Konventionen mit kritischerem Sinn zu beobachten«.[32]

In seiner Beklemmung zwischen der Familientragödie um ein schmähliches Geheimnis und dem strengen, autoritären Unterricht, der ausschließlich auf gedankliche Abstraktion gerichtet ist, flüchtet sich Bruno Bettelheim in die Literatur, er berauscht sich geradezu daran: Abenteuerromane, Geschichte und Philosophie ... Und wie der Zufall so spielt, hat auch Walter Neurath, einer seiner besten Freunde, etwas zu verbergen und zweifelt an seinem Vater: Neuraths Mutter führt eine wilde Ehe mit ihrem Liebhaber in der ehelichen Wohnung, Neuraths Vater hat sich in die hinteren Zimmer zurückgezogen. So träumen diese jungen Leute von einer besseren, fröhlicheren und gerechteren Welt, in der die Menschen in Übereinstimmung mit den hehren Grundsätzen handeln, die sie predigen. Neurath wird bald zu einem militanten Marxisten. Bettelheim bleibt skeptisch.

»Zu persönlichen Erfahrungen in meiner Familie und dem Wirrwarr meiner Jugend kam der Schrecken des Krieges, und ich geriet

31 Bruno Bettelheim, *Die Geburt des Selbst. The Empty Fortress. Erfolgreiche Therapie autistischer Kinder,* München 1977.

32 Stefan Zweig, *Die Welt von gestern*, a. a. O.

dem Leben und mir selbst gegenüber in einen tiefen Pessimismus.«[33] Es ist sehr bewegend, Bettelheims Essay über »Wichtige Bücher im Leben« im Lichte einiger späterer Informationen über seine Kindheit wiederzulesen: »Der Fortschrittsglaube, den meine Eltern mir beigebracht hatten und der vom Geschichtsunterricht der Schule untermauert worden war«, fährt Bettelheim fort, »konnte angesichts dessen, was sich in der Welt zutrug, nicht aufrechterhalten werden.« Schließlich erläutert er die entscheidende Rolle, die die Entdeckung Theodor Lessings, F. A. Langes und Hans Vaihingers für sein Leben spielten.

Theodor Lessing habe ihm, insbesondere mit seinem Werk *Geschichte als Sinngebung des Sinnlosen*, offenbart, »daß Geschichte nicht darlegt, wie sich der Mensch im Laufe der Zeit fortentwickelt, sondern daß dieser Fortschritt und der Sinn historischer Ereignisse nur Projektionen des Wunschdenkens darstellen«. Vaihingers *Philosophie des Als-ob* rechtfertigte Bettelheims Pessimismus, der ihm nun nicht mehr destruktiv erschien, sondern als Quelle moralischer Kraft, die ihn zum Weiterleben befähigte. Lessing, schreibt Bettelheim, habe ihn gelehrt, die Dichtung als ein Mittel zu betrachten, mit dem man sich das Leben erträglicher gestalten und entgegen allen Zweifeln auf die Hypothese setzen könne, daß der Kosmos eine Ordnung habe. Bei Vaihinger habe er erfahren, wie notwendig und nützlich es sei, sein Handeln auf Fiktionen zu gründen. »Von diesen beiden Autoren erhielt ich die Anleitung, die ich am meisten brauchte: wie man trotz innerer Zweifel ein sinnvolles Leben führen kann. Diese Lektion hat ihren Wert in meinem gesamten Leben unter Beweis gestellt.«

Was Bruno Bettelheim hier mit fünfundachtzig Jahren geschrieben hat, beherrschte in der Tat sein geistiges Leben: mit dem Verstand über das Leiden zu siegen und allem, was ihm und um ihn geschah, einen Sinn zu geben. Am Anfang der *Erziehung zum Überleben* schreibt er: »Je größer die Not, desto dringlicher wird diese Frage ... Wenn wir den tieferen Sinn des Lebens begreifen würden, dann, so scheint es, könnten wir auch die wahre Bedeutung unserer Leiden – und damit auch der Leiden anderer – ergründen, und das würde auch die brennende Frage beantworten,

33 Bruno Bettelheim, »Wichtige Bücher im Leben«, zuerst erschienen in der Genfer Zeitschrift *Le Temps stratégique,* Winter 1987/Frühjahr 1988, dann vollständig wiederaufgenommen in *Themen meines Lebens,* a. a. O.; alle Zitate des folgenden Abschnitts stammen aus diesem Essay.

warum wir diese Leiden erdulden müssen und weshalb sie über uns gekommen sind.« Wenn seine inneren Zweifel den Sieg davonzutragen drohten und eine vernichtende Interpretation der Ereignisse nahelegten, appellierte er stets an seine Moral oder auch an seine Phantasie, um trotz allem einen positiven Sinn zu finden, den er anderen vermitteln konnte – bis zu dem Tag, an dem ihm das nicht mehr gelang, weil Alter und Einsamkeit allzu schwer auf ihm lasteten.

Zur selben Zeit wie Vaihinger und Lessing, schreibt Bettelheim, habe er auch die chassidischen Geschichten Martin Bubers entdeckt. Das war sicher kein Zufall. Die Begegnung mit Buber weckte nicht nur sein Interesse für die jüdische Welt, die seine Eltern verleugneten, sondern sie hatte zweifellos auch das Verdienst, dem ratlosen Jungen, der er damals war, die Wirklichkeit seines Alltagslebens meistern zu helfen, indem sie diesem einen Sinn verlieh. Sie schenkte ihm eine Familie, die er bis dahin nicht gekannt hatte, und erinnerte ihn gleichzeitig an die Märchen seiner Kinderzeit. Der Weg von den Märchen zu den jüdischen Geschichten ist nicht sehr weit, führt aber näher an die Wirklichkeit heran: Man nehme der Prinzessin ihre Krinoline und ersetze das Schloß des Prinzen durch die engen Gäßchen im Schtetl – wo man den weisen Alten ebenso wiederfindet wie den jungen Leichtfuß, Hexen an ihrem Zauberkessel und eitle, launische Mädchen (die die Amerikaner übrigens »Jewish princesses« nennen) –, ziehe ein paar Wunder ab und füge etwas Humor dazu, dann ist auch die Moral nicht mehr weit, nur der Ausgang ist meist bodenständiger.[34]

Das Familiendrama im Hause Bettelheim findet vor dem Hintergrund der Weltkatastrophe statt. Bruno ist noch keine elf Jahre alt, als im Juni 1914 Erzherzog Franz Ferdinand in Sarajevo ermordet wird und einen Monat später der Krieg ausbricht, dessen erstes Opfer die österreichisch-ungarische Monarchie wird. Die Kaisertreue der Juden geht so weit, daß die meisten – trotz der vorhersehbaren Folgen des Krieges – dem Beispiel der anderen Österreicher folgen und sich ohne zu zögern unter der Fahne des Kaiserreichs

34 Das ist nicht bloß ein Bild: Nachdem ich diesen Absatz geschrieben hatte, erfuhr ich, daß das Zentrum für volkskundliche Studien an der Universität von Tel Aviv unter der Leitung von Dov Noy eine vergleichende Untersuchung von Märchen mit jüdischen Geschichten vorgenommen und eine Übereinstimmung in den Themen von achtzig Prozent gefunden hat.

sammeln: Sie zeichnen massenhaft Kriegsanleihen und stellen sich der Generalmobilmachung.

Zwei Jahre später, als der alte Kaiser in Schloß Schönbrunn, in dem er sechsundachtzig Jahre vorher geboren wurde, sein Leben aushaucht, hat sich das Klima gewandelt. Die industrielle Rückständigkeit der Monarchie rächte sich von den ersten Kriegsmonaten an. Nun häufen sich die militärischen Rückschläge, und die Produktion, der die Arbeitskräfte fehlen, verlangsamt sich in bedrohlichem Ausmaß. Die ungelöste Nationalitätenfrage untergräbt die Moral der Truppen und die Inflation die der Zivilisten. Viele von den Juden, die am 21. November 1916 zuhauf zum Stephansdom geströmt sind, um ihrem Franz Joseph die letzte Ehre zu erweisen, sind - wie Anton Bettelheim und Adolf Seidler - bankrott, seit die österreichischen Kriegsaktien abgestürzt sind.

»Daß mein Vater am Anfang des Krieges ein Vermögen verlor, machte die Dinge nicht besser, denn bisher war er wenigstens davon überzeugt, daß seine Familie, auch wenn er bald sterben würde, keine Not leiden müßte. 1914 hat alles verändert ...« schrieb Bruno Bettelheim seinem Freund Carl Frankenstein.

Der Krieg ist noch nicht vorbei, als das Reich zerbricht, und der Tod des Kaisers, der das letzte Symbol des Zusammenhalts war, beschleunigt das Ende. Nacheinander lösen sich die Tschechen, die Slowaken, die Serben, die Kroaten, die Polen, die Italiener vom Kaiserreich, um einen eigenen Staat zu bilden oder sich mit einem anderen zusammenzuschließen. 1919 ist Österreich nur noch ein Wasserkopf ohne Körper, unfähig, das eigene Überleben zu gewährleisten.

Vom Herbst 1918 an herrscht in Wien eine regelrechte Hungersnot. Die Wiener, die 1913 900000 Liter Milch konsumiert haben, müssen sich 1919 mit 100000 Litern begnügen. Im Oktober 1918 erhält die Wiener Bevölkerung vierzig Gramm Fett und ein Kilo Kartoffeln pro Woche und Person. Ein paar Monate später schrumpfen die Rationen mangels Vorräten auf die Hälfte. Das Brot ist fünfzehnmal so teuer wie vor dem Krieg und ungenießbar. Es gibt keine Kohlen mehr und nur noch einen halben Liter Petroleum pro Woche.[35]

Wie alle anderen frieren die Bettelheims im Winter und müssen unendlich lange Schlange stehen, um zu ihrem Kanten Brot zu kom-

35 Nach Felix Kreissler, *L'Autriche de 1878 à 1938*, Paris 1971.

men. Zu Kriegsbeginn konnte sich Anton noch bei seinen Lieferanten mit Holz eindecken, aber bald war es mit diesem Vorteil auch vorbei, denn die schnell vorrückenden Russen steckten die Sägewerke in Brand und unterbrachen die Verbindungen zwischen Wien und den Ostprovinzen.

Eine Welt geht in Konkurs. Das zivilisierte Wien ist nur noch eine barocke Erinnerung in diesem Klima des Rette-sich-wer-kann, wie eine Meldung in der *Reichspost* vom 17. April 1919 unter der Rubrik »Vermischtes« zeigt: »Als Schüsse fielen, wurde auch das Pferd eines Polizisten getroffen; das Pferd brach zusammen, und der Polizist verletzte sich beim Sturz. Sofort stürzte sich die Menge auf das Pferd, das auf der Erde lag, ein Matrose gab ihm mit seinem Messer den Rest und redete den Leuten zu, sich doch einen billigen Braten mit nach Hause zu nehmen. In Windeseile war das Pferd zerlegt, Männer und Frauen zankten sich um die Beute, wenige Augenblicke später stoben sie wieder auseinander mit den noch dampfenden Fleischstücken in ihren Händen.«

Bei dem jungen Bruno Bettelheim verschärft das äußere Chaos nur die inneren Konflikte: »Es fällt schwer, sich gegen Eltern aufzulehnen, deren Welt in die Brüche gegangen ist«, schreibt er in *Aufstand gegen die Masse*. »Die Rebellion gegen die Eltern ist aber um so weniger vermeidbar, wenn der Heranwachsende sich verraten fühlt, wenn er feststellt, daß der Vater, den er für einen zwar tyrannischen, aber auch schützenden Helden gehalten hatte, in Wirklichkeit nur ein Popanz war. Er kann seinen neuen, noch unerprobten Lebensstil nicht an den Lebensmaximen der Eltern messen. Plötzlich fühlt er sich der Hilfe nicht nur seiner Eltern, sondern auch jener Werte beraubt, die sie ihm eingeflößt haben, und dies geschieht ausgerechnet in dem Augenblick, da der halb Erwachsene ihrer als eines Ausgangspunktes bedarf, von dem aus er seine ersten erregenden Schritte in die Selbständigkeit wagen kann.« Oft hat Bettelheim gesagt, sein Vater habe sich niemals von dem Ruin erholt, in den ihn der Erste Weltkrieg gestürzt hatte. Schlimmer, er habe nicht begreifen können, daß ein Kapitel der österreichischen Geschichte ein für allemal abgeschlossen und die Welt, in der er groß geworden, verschwunden war.

Bis zu seinem Tod versucht Anton Bettelheim, Ersatz für die erlittenen Verluste zu bekommen. Aber die von den Russen eroberten Provinzen waren in der Zwischenzeit kommunistisch geworden, und so erhielt er nichts. Doch bleibt er währenddessen nicht untätig. Bereits im Januar 1919, als der Hunger noch in Wien wütet und große Streiks den ganzen österreichischen Süden lahmlegen, läßt er eine neue Holzhandelsgesellschaft en gros unter seiner Geschäftsführung ins Handelsregister eintragen. Dieses Mal ist der Teilhaber nicht sein Schwager, sondern ein gewisser Hans Schnitzer, damals zwanzig Jahre alt. Die Büro- und Lagerräume der Firma befinden sich im 12. Bezirk, am Gaudenzdorfergürtel 3 a, an der Ausfallstraße nach Graz. Mit dreiundzwanzig Jahren sollte Bruno die Geschäftsführung für diese Firma von seinem Vater übernehmen.

Der Jung-Wandervogel hat Bruno gutgetan und ihn aus seiner Depression geholt. Nach dem Vorbild seiner großen Cousine Edith Buxbaum, von der er sich nie wieder trennen wird, beginnt er sich leidenschaftlich für die soziale und politische Lage zu interessieren. Ohne zu zögern, ergreift er in der Öffentlichkeit das Wort und wird sogar zum Leiter eines jener Gesprächskreise, die sich gegen Ende des Krieges in der Wanderbewegung bilden. Die jungen Leute reden dort über alles, über Politik, Kunst, Literatur, sogar über Sexualität, die Augen auf jene neue Welt gerichtet, die sich eines Tages aus den Ruinen erheben soll. Um diese neue Welt zu bauen, brauchen sie vor allem anderen den Frieden, und Bruno Bettelheim erzählte später seinen Kindern, wie er damals mit seinen sozialistischen Genossen die von der Front heimkehrenden Soldaten mit pazifistischen Parolen empfing und ihnen Brot anbot im Austausch für ihre Gewehre, damit sie ohne Waffen nach Wien kämen.

Die Monarchie hat den Krieg nicht überlebt. Am 17. Oktober 1918 erläßt Kaiser Karl I., Großneffe und Nachfolger Kaiser Franz Josephs, das sogenannte Völkermanifest zur Umwandlung Österreichs in eine Föderation von Bundesstaaten. Am 21. Oktober gründen die deutsch-österreichischen Reichsratsabgeordneten eine provisorische Nationalversammlung, um hinter den Selbstbestimmungsbestrebungen von Polen, Tschechen und Slowaken nicht zurückstehen zu müssen, und am 12. November rufen sie die demokratische Republik Deutsch-Österreich aus. Der Kaiser dankt ab, ein Staatsrat mit dreiundzwanzig Mitgliedern übernimmt die Staatsgewalt.

Das Ende der alten Welt ist für die jungen Wiener auch deshalb so augenscheinlich, weil im Krieg auch das andere große Reich Europas unterging: Die bolschewistische Revolution hat den Zaren gestürzt. Die Not macht die Situation explosiv. Aber in ihrer Mehrheit mißtrauen die Österreicher der Gewalt, und ihr Sozialismus bleibt gemäßigt. Da sie den demokratischen Weg der Revolution vorziehen, entschließen sich die Sozialdemokraten zu einer Teilnahme an der Koalitionsregierung, und Karl Renner wird sogar Bundeskanzler. Die sozialen Reformen beginnen schon vor den ersten Wahlen der Republik: Arbeitslosengeld, Verbot der Kinderarbeit, Einführung des Achtstundentags, und im Dezember 1918 wird die große Schulreform in Angriff genommen, von der Bruno Bettelheim und seine Freunde träumten.

Es gibt aber noch eine andere Wirklichkeit in diesem zerstörten, zerstückelten, am Hunger und an der Kälte leidenden Nachkriegsösterreich, die den jungen Leuten nicht verborgen bleiben kann: ein seit 1916 spürbares Zunehmen des Antisemitismus. Im Krieg beschimpfte man die Juden als Drückeberger, danach als Kriegsgewinnler. Ohnehin als ewige Sündenböcke geschmäht, sehen sie nun den paar hunderttausend Ostjuden mit Sorge entgegen, die auf der Flucht vor den russischen Truppen massenhaft aus den Ostprovinzen nach Wien strömen und, anders als die Emigrantengenerationen vor ihnen, nicht Anpassung im Sinn haben, sondern Sicherheit.

Diese orthodoxen Juden aus Galizien mit schwarzem Kaftan und Schläfenlocken kommen zum falschen Zeitpunkt: Sie bieten den Antisemiten ein willkommenes Angriffsziel und verschärfen die inneren Widersprüche ihrer assimilierten Glaubensgenossen, von denen manche zu den glühendsten Germanophilen der »Deutsch-Österreicher« gehören, die sich die Rettung und Modernisierung Österreichs nur durch einen Zusammenschluß mit Deutschland vorstellen können. Die Ankunft der Flüchtlinge aus den Schtetln des Ostens erfolgt just zu dem Zeitpunkt, als die Antisemiten dabei sind, den Volkszorn auf die assimilierten Juden zu lenken, was die Lage nicht gerade vereinfacht. Die eingesessenen Juden sind davon überzeugt, nichts mit den Neuankömmlingen gemeinsam zu haben, weder die religiösen Überzeugungen, denn sie sind Freidenker, noch die Bräuche, die ihnen geradezu mittelalterlich vorkommen, und schon gar nicht die Sprache - nicht einmal Theodor Herzl konnte sich vorstellen, daß man in jenem Zion, von dem er träumte, etwas anderes sprechen könnte als Deutsch. Den jungen Bruno Bettelheim jedoch, der gerade die Bücher Martins Bubers entdeckt hat, kann es nicht unberührt gelassen haben, als die Flüchtlinge auf den Druck antisemitischer Kreise hin 1919 aus Wien ausgewiesen wurden. Es passierte allerdings nicht viel, da es zuwenig Transportmöglichkeiten gab.

Die äußere Welt zersetzt sich wie eine überreife Frucht und läßt eine Zukunft erahnen, die ganz anders ist als alles Bisherige, aber immer noch an den alten Vorurteilen trägt; zu Hause ein Drama, über das nicht geredet werden darf; der Vater, der immer schwächer wird, versucht tapfer, seiner Rolle als Ernährer der Familie weiterhin gerecht zu werden, aber jeder fragt sich heimlich, wie lange er das noch schafft – schwierige Bedingungen, unter denen sich der junge Bettelheim, nach einem kurzen Rückfall in die Depression mit siebzehn, im Frühjahr 1921 auf die Reifeprüfung vorbereiten muß. Er hilft seiner Cousine Edith Buxbaum und deren bester Freundin Annie Pink in Mathematik (und die beiden unterstützten ihn dann ein Jahr später in Latein). Am 12. Juli 1921 nimmt er sein Maturazeugnis mit der Gesamtnote »Gut« in Empfang. Auf die Frage: »Und was wollen Sie später machen?«, antwortet er: »Philosophie.« Ganz so, als wäre nichts geschehen, als hätte er alle Zeit der Welt, um sich zu bilden und eines Tages ein guter und geistreicher Mensch zu werden.

Fünfundsechzig Jahre später faßte er Carl Frankenstein gegenüber die Geschichte seiner Kindheit folgendermaßen zusammen: »Meine Eltern haben offenkundig gelitten, aber sie taten alles dafür, sehr gute Eltern zu sein, und versuchten sogar, uns für das alles zu entschädigen. So konnten wir ihnen nicht böse sein, und wenn es doch manchmal geschah, daß wir gegen die Niedergeschlagenheit aufbegehrten, die ihr Leben durchdrungen hatte, fühlten wir uns schuldig, weil sie gute Eltern waren, weil sie sich Mühe gaben, besser zu sein, als die Umstände es eigentlich erlaubten ... So, nun kennst Du die Geschichte meines Lebens und weißt, warum ich es so beharrlich dem Versuch gewidmet habe, Kindern bei der Überwindung jener Schäden zu helfen, die ihre früheren Erfahrungen verursacht haben.«[36]

|36 Brief an Carl Frankenstein vom 19. November 1986.

3. Gina

Gina Weinmann, geborene Altstadt, erinnert sich nicht mehr genau, wo sie Bettelheim kennengelernt hat – in einer Ausstellung vielleicht oder in einem Konzert ... Sicher ist sie sich allerdings, daß sie zu keiner Zeit in ihn verliebt war. »Er war nie sehr schön, wissen Sie«, sagt sie fast entschuldigend, »aber ich mochte seine Stimme, seine Manieren ...«[1]

Er muß etwa neunzehn gewesen sein, sie war zweieinhalb Jahre jünger als er. Beide liebten die schönen Dinge, das Theater, die Malerei. Sie war beeindruckt von seiner Bildung, seinem Verstand und wie er den großen Herrn gab. Er war entzückt von dem zierlichen Mädchen mit den hinreißenden Beinen, das so zerbrechlich wirkte und dennoch ein sicheres Urteil und einen unabhängigen Geist ahnen ließ. Aber Gina war mehr als hübsch, sie war kokett und schelmisch, immer tadellos gekleidet, hochmütig und anspruchsvoll – sie hatte einfach Klasse. Auf der Stelle hatte sie Brunos Herz erobert. Er überhäufte sie mit Geschenken, führte sie überallhin aus, stellte sie seinen Freunden vor und hatte, scheint's, nur noch einen Gedanken im Kopf: sie zu heiraten.

Es war nicht das erste Mal, daß Bruno sich verliebt hatte. In *Themen meines Lebens* erwähnt er seine »allererste Jugendliebe« aus der Wandervogel-Gruppe. Wie er viel später Wanda Willig anvertraute, handelte es sich um Lisl Lazarsfeld[2], deren älterer Bruder Paul damals einer der Führer der sozialdemokratischen Schülerbewegung war.[3]

1 Gespräche vom Dezember 1990, Juli 1991 und Mai 1993.

2 Diese Information hat Bettelheim 1987 anläßlich eines Vortrags, den er auf Einladung der Freud-Gesellschaft in Wien hielt, offiziell bestätigt. Wanda Willig übrigens, die damals ebenfalls in der Wanderbewegung war, war von dieser Mitteilung höchst überrascht.

3 Später wurde er zu einem der führenden Köpfe der Sozialpsychologie.

An einem Sonntag kurz vor dem Ende des Ersten Weltkriegs, schreibt Bruno Bettelheim in *Themen meines Lebens*, hatte sich ein junger Soldat in Uniform der Wandervogel-Gruppe angeschlossen. Er war fünf Jahre älter als Bruno Bettelheim, hieß Otto Fenichel und war früher selbst ein aktives Mitglied der Bewegung. Er hatte gerade seine Entlassung vom Militärdienst erwirkt, um sein Medizinstudium beenden zu können. Otto Fenichel, der später zu einer tragenden Säule der freudianischen Linken werden sollte, erzählte von Freuds Vorlesungen an der Universität und hatte damit schnell die Aufmerksamkeit seiner jungen Wandergefährten erobert, die nach neuen Ideen gierten. So ließ er sich nicht allzu lange bitten, seine Berichte auch noch durch ein paar Analysen ihrer Träume zu veranschaulichen.

Besonders Lisl Lazarsfeld war fasziniert, und das kränkte Bruno Bettelheim. Andererseits machten ihn Fenichels meist sexuell gefärbte Traumanalysen ebenfalls neugierig. Das Thema war zwar ein bißchen peinlich, aber die sexuelle Befreiung der Jugend, für die Otto Fenichel so leidenschaftlich eintrat, war ein wesentlicher Bestandteil der Debatte über die Erziehung. Fenichel schrieb damals Dinge wie: »Die Bestätigung des Selbst ist die Bestätigung seiner Sexualität«, oder: »Nur die Verwandlung der Sexualität kann die gesellschaftliche Lähmung beenden.«[4] Für die Jüngeren waren diese schönen Grundsätze reine Theorie. Bruno und seine Genossen übten sich hauptsächlich in der Verdrängung und beriefen sich dabei auf eine höhere Art der Sittlichkeit – Bruno, von seiner Häßlichkeit überzeugt und mit der Krankheit seines Vaters geschlagen, sicher noch ein bißchen mehr als die anderen. Er war ebenso verwirrt wie eifersüchtig, und abends schlief er voller Haß auf Fenichel und Verachtung für die Psychoanalyse ein. Am nächsten Tag beschloß er, den Kampf aufzunehmen: Kaum war die Schule zu Ende, rannte er durch die schmalen Gassen hinter der Oper zu Deuticke, der Buchhandlung, die die Schriften der Gesellschaft für Psychoanalyse verlegte. Er kaufte sich so viele Bücher Freuds, wie sein Taschengeld erlaubte, nämlich *Psychopathologie des Alltagslebens*, *Der Witz und seine Beziehung zum Unbewußten* und, da er sich für die bildende Kunst interessierte, auch noch *Eine Kindheitserinnerung des Leonardo da Vinci* und *Der »Moses« des Michelangelo*.

4 Zit. nach Russell Jacoby, *Otto Fenichel, Destins de la gauche freudienne*, Paris 1986.

Diese erste Begegnung mit der Psychoanalyse bekam rasch den Beigeschmack der Sünde: »Bald wurde mir klar, daß man bei mir zu Hause, wo man, obwohl einige aus unserer Familie mit den Freuds persönlich bekannt waren, ein bißchen sittenstreng war, höchst schockiert wäre, mich beim Lesen so obszöner Literatur anzutreffen. Also ließ ich diese zu Hause nicht sehen und nahm sie mit in die Schule, um sie dort während des Unterrichts zu studieren, den ich im Vergleich dazu stinklangweilig fand.« In einer Woche hatte er alle Bücher gelesen.

Am nächsten Wochenende war Bettelheim bereit, sich – mit seinem neuen Wissen gewappnet – im Kampf um Lisls Aufmerksamkeit mit Fenichel zu messen. Die fiel ihm aber ins Wort und erklärte dezidiert, ein Sonntag Psychoanalyse reiche, und sie sollten sich doch lieber miteinander beschäftigen. Die Geschichte von Bruno und Lisl endet hier: »Die junge Dame und ich«, schreibt Bettelheim, »verloren einige Zeit später die romantischen Gefühle füreinander, blieben jedoch gute Freunde.«

Warum Bettelheim diese Jugendliebe erwähnt, ist nicht schwer zu erraten: um über die Psychoanalyse zu sprechen. »Eine Woche völliger Konzentration auf die Psychoanalyse, und ich war ihr fürs ganze Leben verfallen.« Doch dazu später.

Was Bettelheims Liebesleben betrifft, erfahren wir darüber kaum etwas aus seinen Werken. Auch wenn er sich freimütig über die Sexualität äußert, bleiben seine eigenen Erfahrungen weitgehend ausgespart. Und das nicht nur seinen Lesern gegenüber. Erst Mitte der fünfziger Jahre erfahren seine beiden mittlerweile halbwüchsigen Töchter von ihren Eltern, daß deren alte Wiener Freundin Gina Weinmann, die mit einem Kollegen ihres Vaters verheiratet ist, mit der sie immer Weihnachten und Thanksgiving gefeiert haben und manchmal sogar auf Urlaub gefahren sind, Bruno Bettelheims erste Frau war.[5]

Zur Zeit ihrer Begegnung mit Bruno Bettelheim wohnte Gina Altstadt mit ihrer Mutter und ihrem drei Jahre älteren Bruder in der Burggasse, nicht weit vom Ring, gleich hinter den alten Hofstallungen. Ihr Vater, ein schöner Mann mit Schlag bei den Frauen, der seine Tochter abgöttisch liebte, starb an Tuberkulose, als Gina vierzehn Jahre alt war.

5 Und das, behauptet Naomi, die jüngere der beiden Schwestern, auch nur deshalb, weil ihre Eltern Angst hatten, sie könnten es sonst von Ginas Tochter erfahren.

Im Sommer darauf fuhr sie mit ihrer Mutter in die Dolomiten und lernte dort Dolf kennen, einen jungen Maler, in den sie sich Hals über Kopf verliebte. Die Kunst, die atemberaubende Landschaft, die langen Spaziergänge durch die Wälder, die ersten zärtlichen Regungen – alles war wie geschaffen dazu, Gina ihren Kummer und ihre Angst vergessen zu machen. Stundenlang lag sie auf der Wiese, sah Dolf beim Malen zu und träumte von der Schönheit, vom Absoluten, von den großen Dingen ...

Als sie nach Wien zurückgekehrt war, holte die Wirklichkeit sie wieder ein. Die Professoren an der Kunstakademie, wo Dolf sich gerade eingeschrieben hatte, legten ihm nahe, der Kunst seine ungeteilte Aufmerksamkeit zu widmen. Jedenfalls behauptete er das Gina gegenüber, als er mit ihr brach. Möglicherweise war das nicht der einzige Grund; vielleicht spielten ja auch Standesunterschiede eine Rolle und die Tatsache, daß Gina Jüdin war. Gina kann sich nicht an derartiges erinnern. Außerdem redet sie wie viele Wiener Juden nicht gern über solche Dinge.

Bald nach dieser ersten Enttäuschung machte Gina die Bekanntschaft Bruno Bettelheims. Der Bruch mit Dolf, nicht lange nach dem Tod ihres Vaters, hatte sie in eine tiefe Niedergeschlagenheit gestürzt. Tagelang saß sie auf dem Balkon, stickte und träumte vor sich hin. Sie hatte jegliches Interesse an der Wirklichkeit verloren und lebte in einer Phantasiewelt. Die Musik liebte sie leidenschaftlich, ihr Bruder (»er war sehr schön«, betont sie) spielte Geige. Als der Vater ihrer Freundin Lotte, eines Wunderkindes, das seit seinem dreizehnten Lebensjahr Konzerte gab, ihr vorschlug, ebenfalls Einzelunterricht zu nehmen wie Lotte, gab sie freudig das Gymnasium in der Langegasse auf. Sie dachte nicht an ihre Zukunft, sie träumte.

Die Gegenwart war auch nicht einfach. Anders als die Bettelheims, die seit zwei Generationen in Wien lebten, waren die Altstadts erst vor relativ kurzer Zeit dorthin gezogen. Gina kam Weihnachten 1905 in Lemberg zur Welt. Lemberg, das heute Lwow heißt und eine der wichtigsten Städte der Ukraine ist, war die Hauptstadt Galiziens am äußersten Ende des Kaiserreichs, um das Österreich, Rußland und Polen sich jahrhundertelang gezankt hatten. Die österreichischen Offiziere waren vom eleganten Leben in der Garnisonsstadt so begeistert, daß sie Lemberg den Ehrentitel »Klein-Wien« verliehen. Doch aus den Ghettos von Lemberg kam auch ein großer Teil jener frommen »Ostjuden«, die von ihren Wiener Glaubensgenossen so herablassend behandelt wurden.

Ginas Eltern lebten als assimilierte Juden im österreichischen Teil der Stadt und sprachen Deutsch und Polnisch, nie hörte Gina zu Hause auch nur ein Wort Jiddisch, das sie für eine Art entstelltes Deutsch hielt und entsprechend verachtete. Es berührte sie auch seltsam, wenn ihre Großeltern, die sie später in der Wiener Leopoldstadt besuchte, von Österreichern als von den »anderen« sprachen, von »Feinden« gar: »Manche meiner Schulkameraden waren keine Juden, aber deswegen waren sie doch nicht meine ›Feinde‹!«

Ginas Vater Max Altstadt war der älteste von zahlreichen Brüdern. Als sein jüngster Bruder Moritz, der in der Familie als Finanzgenie galt, ihn rief, brach er von Lemberg ins weit entfernte Wien auf. Da war Gina zwei Jahre alt. Sie kann sich noch daran erinnern, wie sie stundenlang im Hof ihres Hauses auf ihn wartete, mit einer ordentlichen blauen Schleife im Haar. Und an die Trauer ihrer Mutter. Die war früher Näherin gewesen, hübsch, sensibel und klug, aber aus bettelarmer Familie. Wahrscheinlich dachte sie, ihr Mann habe sie wegen ihrer mangelnden Bildung zurückgelassen. Gina weiß nicht genau, ob ihr Vater in Wien eine Geliebte hatte, sie hat nur einen verschwommenen Eindruck von sauber beschnittenen Fotos ihres Vaters auf dem Buffet der Großeltern behalten, so als wäre vorher noch jemand anderer darauf gewesen …

Als Gina fünf war, holte der Vater sie, ihre Mutter und den Bruder nach Wien. Allerdings sah sie ihn danach auch nicht viel öfter, denn zu Kriegsbeginn hatte ihn Onkel Moritz, der zu einem reichen Schuhindustriellen geworden war, gebeten, eine Fabrik in Böhmen zu leiten. Gina verlebte wunderbare Zeiten mit ihrem Vater, aber die waren selten und nicht von langer Dauer. Zweifellos habe der Vater die Mutter geliebt, aber es sei doch zu verstehen, daß er auch noch etwas anderes wollte, ausgehen, flirten, Freunde treffen im Kaffeehaus, Karten spielen … Seine Frau kümmerte sich derweilen um den Haushalt und war jederzeit bereit, ihre diversen Schwager zu bewirten.

Eines Tages kam Max Altstadt mit einem schlimmen Husten nach Hause. Der Arzt konstatierte eine Rippenfellentzündung. Seine Frau legte ihm immer wieder nasse Handtücher auf, um ihm das Atmen zu erleichtern. Dann brachte man ihn ins Krankenhaus, wo Gina ihn besuchte. Eines Tages sagte er: »Ich muß nach Italien, um mich auszukurieren«, und fuhr nach Brioni. Wenig später kam seine Frau nach, um ihm in den letzten Augenblicken seines Lebens beizustehen. Gina hat ihren Vater nicht mehr wiedergesehen.

Als er Gina traf, machte Bruno Bettelheim sich große Sorgen um seinen Vater, auch wenn er nicht einmal mit seinen besten Freunden darüber sprach. Im September 1921 nahm er, seinem Herzenswunsch entsprechend, ein Studium an der Wiener Universität auf. Aber gleichzeitig hatte er sich ein paar Tage nach der Matura an der Hochschule für Welthandel eingeschrieben, um Betriebsführung zu lernen – es wurde immer klarer, daß er bald an die Stelle seines Vaters treten und die Familie ernähren mußte.

In *Themen meines Lebens* erwähnt er eine merkwürdige Erinnerung an diese Zeit: »Die Berggasse ist eine uninteressante, sich durch nichts hervorhebende Straße in einem gleichermaßen unscheinbaren Teil des IX. Wiener Stadtbezirks. Und was für die Straße gilt, trifft auch für das Haus Nr. 19 zu ... Als junger Mensch ging ich oft an dem Haus vorbei, wählte nicht selten einen Umweg durch die wenig reizvolle Straße, bloß weil Freud dort lebte. Schaute ich zu seinen Fenstern empor, fragte ich mich stets, warum dieser große Mann sich ausgerechnet hier niedergelassen hatte, wo Wien doch so viele Straßen hatte, die attraktiver waren, schönere Häuser hatten oder wenigstens historisch Interessantes boten.« Erst später sei er auf die Idee gekommen, die Lage des Freudschen Hauses auf halber Höhe der Berggasse als ein Symbol seines Lebensweges anzusehen: Auf der einen Seite der Donaukanal, nicht weit entfernt vom Übergang zur Leopoldstadt, wo Freuds Eltern lebten, und der Tandelmarkt, ein Flohmarkt von armen Hausierern meist jüdischer Herkunft; oben auf dem Berg dagegen die Universität, wo einige der schönsten und vornehmsten Viertel der Stadt beginnen, aus denen die meisten von Freuds Patienten kamen.

Abgesehen von dieser geistreichen Interpretation fällt an diesem Abschnitt besonders der herablassende Ton auf. Die Berggasse 19 wirkt tatsächlich eher mittelständisch[6] – in Freuds Wohnung hatte vor ihm der Sozialistenführer Victor Adler gelebt –, aber es wird sich vom damaligen Wohnhaus der Bettelheims im VII. Bezirk nicht allzusehr unterschieden haben. Später entdeckte ich, daß die Hochschule für Welthandel dem Freud-Haus fast gegenüberliegt, und verstand die Ambivalenz in Bettelheims Ton besser. Sie hat wohl weniger mit Freuds gesellschaftlichem Stand zu tun als mit der Enttäuschung des jungen Bettelheim, der von hohen akademi-

6 Durch das Autohaus, das heute darin untergebracht ist, sieht es wahrscheinlich auch noch nach mehr aus als mit der Fleischerei im Parterre zu Zeiten Freuds.

schen Ehren träumte und statt dessen kaufmännische Buchhaltung büffeln mußte. Der angeblich freiwillige »Umweg« durch die Berggasse war jahrelang sein normaler, alltäglicher Weg – der »Umweg« über die Hochschule für Welthandel, den ihm die Krankheit seines Vaters auferlegt hatte.

Auch wenn diese Interpretation zutreffend wäre, hätte Bettelheim das niemals zugegeben. An Carl Frankenstein schreibt er 1986: »Du redest von Kafka? Auch sein Vater war zweifellos ein recht guter Vater, aber er konnte sich erlauben, das nicht zu sehen. So konnte er Zorn gegen ihn empfinden ...« Das klingt doch ein wenig neidisch. Bettelheim dagegen gestand sich nie das Recht zu, seinem Vater zu zürnen, der sterbenskrank war und sich ständig Sorgen um seine Kinder machte. Bruno war sich der Ängste des Vaters nur allzusehr bewußt. Später bedauerte er es lebhaft, daß sein Vater zu früh gestorben war, um seine Erfolge noch zu erleben. Und seine Mutter, bedauerte er in seinem Brief an Carl Frankenstein, habe zwar die Anfänge mitbekommen (sie starb 1953), doch habe sie nach ihrem langen leidvollen Leben nicht mehr allzuviel davon gehabt.

Es gibt eine Eigenschaft Bettelheims, die ihm nicht einmal seine Feinde absprachen: Er hat immer viel gearbeitet. Nun versuchte er, seinen Traum zu vereinbaren mit den unangenehmen Sohnespflichten. Und sicher hatte er dabei eine gewisse Wut im Bauch, wie seine spätere Korrespondenz bezeugt. Man kann sich gut vorstellen, wie keiner ihn bei der Arbeit stören durfte und wie die ganze Familie sich dem Diktat seines gedrängten Zeitplans zu beugen hatte. Einmal spielte er selbst darauf an: »Als ich studiert habe, junger Mann, mußte meine Tür stets geschlossen sein, und Lärm durfte es auch nicht geben. Nur unter diesen Bedingungen konnte ich mich vollkommen auf mich und meine Arbeit konzentrieren.«[7] Deshalb hat Bettelheim wohl schon in sehr jungen Jahren die Gewohnheit angenommen, nachts zu arbeiten.

Aber selbst wenn er seine Familie ein bißchen tyrannisierte, immerhin hatte er wegen des Unglücks seiner Eltern und der Ver-

7 »The Right to Privacy is a Myth«, in *Saturday Evening Post,* 27. Juli 1968. In diesem Artikel geht es um den Respekt vor dem Recht auf Privatsphäre, und Bettelheim relativiert das vorher Gesagte gleich wieder, indem er schreibt: »Aber meine Kinder können besser bei offener Tür und mit der Stereoanlage auf voller Lautstärke arbeiten. Unter diesen völlig anderen Voraussetzungen lernen sie ebensoviel wie ich.«

pflichtung, eines Tages die Nachfolge seines Vaters anzutreten, ein Doppelleben auf sich genommen: An der Hochschule absolvierte er seine Kurse in kaufmännischem und internationalem Rechnungswesen, Handelsrecht, Wirtschaftswissenschaft und dem, was man heute Marketing nennt, Statistik, Wirtschaftsgeographie und Devisenhandel, außerdem französische Korrespondenz und sogar Stenotypie. An der Universität dagegen befriedigte er sein Streben nach einem Wissen, das weit entfernt war von der Sphäre der Geschäfte.

Seine Auswahl der Vorlesungen zeigt in der Tat eine ausgesprochene Vorliebe für »noble« Inhalte: So hatte er unter anderem fünf Wochenstunden Latein und legte im Juli 1923 eine Ergänzungsprüfung in dieser Sprache ab, die am modernen Gymnasium in der Albertgasse nicht unterrichtet worden war, ohne die sich aber ein junger Wiener damals nicht wirklich gebildet fühlen durfte. Ferner belegte er drei Stunden Geschichte der deutschen Literatur des 17. Jahrhunderts, eine Stunde Moderne Literatur und eine Stunde Lektüre dramatischer Werke, die dem Studium von Gerhart Hauptmanns realistischem Roman *Vor Sonnenaufgang* gewidmet war.

Für Kunstgeschichte, schreibt Bettelheim in *Themen meines Lebens*, habe er sich erst später interessiert. Doch seine Neigung zu den schönen Künsten wird hier schon deutlich – Bettelheim belegte nämlich nicht weniger als vier Vorlesungen dazu mit lauter bekannten Vortragenden: zwei Wochenstunden »Beschreibung einer Reise nach Italien« mit Julius von Schlosser, einem Spezialisten für die Geschichte der Kunstliteratur, der damals Direktor der Skulpturenabteilung des Kunsthistorischen Museums war; eine Stunde »Betrachtungen über die Kunst« bei Josef Strzygowski, dem ersten Historiker, der versuchte, einen Gesamtüberblick über die Kunst seiner Zeit zu geben, und in seiner »Genealogie« die europäische, asiatische und arabische Kunst auf eine gemeinsame griechisch-römische Wurzel zurückführte[8]; eine Stunde »Buddhistische Kunst in Ostasien«; zwei Stunden verbrachte er ferner damit, »Die Musikdramaturgie Richard Wagners« zu studieren. Und seine philosophischen Vorlesungen beschäftigten sich mit den »Großen Weltentwürfen«, der »Geschichte und Kritik des Sozialismus« und dem »Allgemeinen Studium der Rassen«.

Im zweiten Semester war Bettelheims Auswahl schon gezielter. Seine Vorliebe für das Theater, die deutsche Literatur, die Kunstge-

8 Vgl. Katalog der Ausstellung Paris-Wien, a.a.O.

schichte und die Ideengeschichte (diesmal widmete er vier Wochenstunden den »Religionen der Aufklärung« und der indischen Philosophie) hatte sich verfestigt. Manche Vorlesungen besuchte er gemeinsam mit seiner Cousine Edith Buxbaum, die im selben Jahr ihr Studium begonnen hatte, sich aber weniger für Kunst und mehr für Geschichte interessierte. Die beiden waren unzertrennlich, Bruno verbrachte mehr Zeit bei ihr als bei seinen Eltern. Seine Tante Jenny spielte, wenn sie nicht gerade krank war, ausgezeichnet Klavier, und so entdeckte er in ihrem Hause die Musik. Später lernte er bei den Buxbaums auch den glänzenden, ungestümen Wilhelm Reich kennen, der Ediths beste Freundin Annie Pink erst analysierte und dann heiratete.

Außer mit Edith und ihren Freunden pflegte Bruno Bettelheim kaum Umgang mit Studenten. Manchmal sah man ihn im Landtmann, dem berühmten Kaffeehaus gegenüber der Universität, dessen Miteigentümerin die Mutter Walter Neuraths war. Aber während die anderen hier stundenlang herumhingen, Zeitung lasen, Karten spielten oder diskutierten, hetzte er in ständiger Zeitnot von einer Vorlesung zur nächsten.

Am Ende des ersten Studienjahres hatte er überall hervorragende Ergebnisse aufzuweisen. In der Hochschule für Welthandel gab es nur ein einziges Fach, in dem er nicht besser als »Genügend« zensiert wurde: »Buchhaltung und praktische Büroarbeiten«. In allen anderen Fächern lag er zwischen »Gut« und »Sehr gut«. Daraufhin schenkten ihm seine Eltern zur Belohnung eine Reise nach Italien. Es war nicht sein erster Auslandsaufenthalt - nach der Reifeprüfung hatte er Berlin erkundet. Aber es war das erste Mal, daß er die Wiege jener künstlerischen und kulturellen Bewegung kennenlernen durfte, die ihm in den nächsten zehn Jahren am meisten bedeuten sollte: der Renaissance.

Kaum war er nach Wien zurückgekehrt, trat Bruno Bettelheim im August 1922 seine erste Stelle an: Er absolvierte ein einjähriges Praktikum in der Versicherungsgesellschaft Riunione Adriatica de Sicurita - eine Voraussetzung für die Verleihung des Hochschuldiploms, mit dem er das Recht erwarb, ein eigenes Unternehmen zu führen. Ein Jahr später war das erledigt, er kündigte seine Stellung und konnte nun wenigstens ein paar Monate lang ein nahezu klassisches Studentenleben führen - auch wenn er, das Diplom in der Tasche, sich wahrscheinlich schon von seinem Vater in die Abläufe des Familienunternehmens einführen ließ.

Gina gegenüber ließ Bruno nicht allzuviel davon durchblicken, wie hart sein Leben war. So erfuhr sie nie, daß er an der Hochschule für Welthandel studierte, auch nicht von seiner Arbeit bei der Versicherung – im Gegenteil: Bruno spielte den großen Herrn mit viel Muße. Wenn er auch nicht allzuviel begriff von den Leiden des jungen Mädchens, erkannte er doch die Gefühle der Ohnmacht und Schuld wieder, die Gina angesichts der tiefen Trauer ihrer Mutter empfand. Lange Zeit verschwieg er ihr Antons Krankheit. Mit Gina teilte er nicht seine Sorgen, sondern übernahm die Beschützerrolle, halb Krösus, halb Pygmalion. Er ging mit ihr aus und zeigte ihr, daß das Leben anderswo war. Sicher hoffte er, bald die beiden Männer ersetzen zu können, die sie verloren hatte. Aber vielleicht hatte er auch einen Mangel, eine ihm vertraute Angst erahnt, die er selbst so gern besiegt hätte ...

Gina fand Vergnügen an seiner Gesellschaft, aber obwohl er sehr verliebt in sie war, muß er doch bemerkt haben, daß sie sich nicht besonders zu ihm hingezogen fühlte. Sie habe es sich damals nicht eingestehen wollen, sagt Gina, aber sie betete eben die Schönheit an, und in seinem Gesicht sei davon nichts zu finden gewesen. Sie schätzte seine moralischen und vor allem seine intellektuellen Qualitäten, aber um ihr wirklich zu gefallen, hätte er auch noch schön sein müssen – wie ihr Bruder, ihr Vater und Dolf.

Diese Reserviertheit hat Brunos Gefühle wahrscheinlich nur um so stärker angefacht. Wie er seinen Kindern gegen Ende seines Lebens gestand, flößte ihm die Sexualität damals große Angst ein. Das war der Grund, aus dem er mit seiner zweiten Freundin, Lilly Krugh, brach. Immer noch wußte er »offiziell« nichts von der Syphilis seines Vaters, aber er habe geahnt, daß die depressive Atmosphäre, die in seinem Elternhaus herrschte, mit dem Geschlechtlichen zusammenhing, daß das der Grund für sein Unglück sei. Lilly war eine Schulkollegin Edith Buxbaums, die diese ihm auf ihrer Maturafeier vorgestellt hatte. Sie kamen einander bald näher und waren zwei Jahre lang dauernd zusammen. Lilly war eine Revolutionärin. An der Seite eines früheren Freundes, eines Trotzkisten, hatte sie den Kommunismus entdeckt. Bruno wollte sich nicht indoktrinieren lassen. Vor allem aber befürwortete Lilly die sexuelle Freiheit und konnte nicht verstehen, warum Bruno sich einer so wunderbaren Sache verweigerte. Er gab es selbst zu, seine Angst, seine Hemmungen waren stärker als er, und obwohl er Lilly sehr mochte, stellte er sie doch lieber Walter Neurath vor, den er für reifer hielt, als sich von ihrem Charme überwältigen zu lassen. Und er sollte recht behalten mit seiner Vermutung; sechzig Jahre später war er immer noch stolz darauf, die Ehe zwischen Lilly und Walter gestiftet zu haben.

Bei Gina, die er wohl bald nach dieser entmutigenden Erfahrung kennengelernt hatte, war dergleichen ja nicht zu befürchten. Sie war keine Amazone, keine männermordende Passionaria, sondern ein deprimiertes junges Mädchen mit damenhaftem Äußeren. Um sie zu verführen, versuchte er sie zu zerstreuen. Sie wohnten nahe beieinander, und das Hin und Her zwischen Burggasse und Neubaugasse gab ihnen Gelegenheit zu endlosen Gesprächen, in deren Verlauf Bruno mit seinen neuerworbenen Kenntnissen im Bereich der Kunst, der Geschichte und der Literatur glänzen konnte. Es war zwar nicht die totale Gemeinsamkeit, die sie mit Dolf zu spüren vermeinte, aber es waren immerhin kleine Reisen in die Welt der Schönheit und des Geistes. Er ging mit ihr ins Kino, die neueste Attraktion in Wien, in Konzerte, wofür sie schwärmte, und ins Theater, das seine alte Leidenschaft war. Auch mochte Gina Brunos Familie, in der sie freundlich aufgenommen wurde. Anton war offensichtlich sehr empfänglich für ihren Charme, und die aufgeschlossene, liberale Atmosphäre in dieser großen, trotz ihres Unglücks warmherzigen Familie tat ihr gut.

Die Begegnung mit Bruno war für Gina aber auch der Eintritt in eine ganz unbekannte Welt: die Welt der Wanderbewegung. Wanda Willig erinnert sich noch an die makellosen Handschuhe aus weißem Perkal, die Gina trug, als Bruno die beiden miteinander bekannt machte. Auch Gina hat diesen Abend im Konzert nicht vergessen: »Ich war ganz schön aufgedonnert – elegantes Kleid und natürlich weiße Handschuhe ...«, dann lachte sie ein bißchen verlegen und fuhr fort: »Die beiden waren beim Wandervogel! So etwas hätten die nie angezogen!«[9]

Für Politik interessierte sich Gina nicht allzusehr, aber sie war hungrig nach neuen Ideen. Das Leben hatte ihr hart zugesetzt, und obwohl sie jünger war als Bruno, hatte sie bereits lernen müssen,

9 Die Begegnung zwischen Gina und Wanda war übrigens der Beginn einer Freundschaft, die bis heute hält. Wanda kam auch aus Lemberg und studierte Medizin, was Gina sehr beeindruckte, und während Hans und Bruno die Welt veränderten, hatten die beiden, die ein gemeinsames Interesse für die Psychoanalyse und ihr gesunder Sinn für Humor verbanden, oft Gelegenheit, herzlich zu lachen.

die Zähne zusammenzubeißen und ihren Kummer zu verschweigen, um nicht den der Erwachsenen noch zu vertiefen. Wie er suchte sie die Antwort auf ihre inneren Dramen im Hehren und Schönen, aber während er schon in den Büchern einen Weg gefunden hatte, war sie noch auf der Suche nach dem ihren. Die Welt der Kunst zog sie an, aber perfektionistisch, wie sie war, konnte sie sich nicht vorstellen, in diesem Bereich Erfolg zu haben. Da eröffnete ihr der geistige Aufbruch der sozialistischen Jugend plötzlich eine ganz unerwartete Perspektive.

Alles war im Umbruch, die Welt von gestern mit ihren Konventionen und Ungleichheiten am Ende. Jahrhunderte des Konformismus hatten zum Gemetzel des Krieges und in den Ruin geführt. Die jungen Intellektuellen hatten nur Verachtung übrig für die bestehende Ordnung. Sie träumten von einer Zukunft, die auf Gerechtigkeit und einem tieferen Verständnis des Menschen gründete. Und vor ihren Augen begann eine neue Welt zu entstehen, zumindest konnte man in diesem Rest Österreich daran glauben, dessen Wasserkopf, mehr und mehr isoliert von seiner Umgebung, nicht aufhörte, an seiner friedlichen Revolution zu weiterzuspinnen.

In Moskau und Budapest, sogar in München hatten die Bolschewisten bereits die Macht übernommen. In Wien mündeten die Auseinandersetzungen der Jahre 1918 und 1919 in einen Kompromiß. Als Vertreter einer legalistischen Revolution stellten sich die Sozialdemokraten, die in der Nachkriegszeit an der Regierung beteiligt waren, einigen Arbeiteraufständen ohne übertriebene Repressionsmaßnahmen entgegen und versuchten, die Konflikte mit einem ehrgeizigen Programm sozialer Reformen zu entschärfen. Dann traten sie aus der Regierungskoalition aus, behielten aber die Macht in Wien. Und hier versuchten sie auch ihren Traum vom friedlichen Aufbau einer sozialistischen Gesellschaft zu verwirklichen. Zu Beginn der zwanziger Jahre begann es in Wien ein kleines bißchen besser zu gehen. Das Alltagsleben war zwar immer noch hart, aber dafür gab es jeden Monat eine neue Reform in der früheren Habsburgerhauptstadt, die nun zum roten Wien geworden war.

Die ersten Sozialwohnungen wurden gebaut, die Arbeit strengen Vorschriften (über Frauen- und Kinderschutz, Nachtarbeit und bezahlten Urlaub usw.) unterworfen und neue Ansätze in der Erziehung entwickelt. Mit dem »Austromarxismus«, der sich als Aushängeschild eines zweiten Weges zum Sozialismus präsentierte, und dem Werk Sigmund Freuds, das bereits Neugierige aus aller Welt nach Wien lockte, waren die jungen Menschen sicher, Werkzeuge in den Händen zu halten, um eine wahrhaft neue Welt zu bauen, die von wahrhaft neuen Menschen bevölkert sein würde. Sie stritten darüber, ob man erst den Menschen ändern sollte oder doch erst die Gesellschaft, aber sie zweifelten keinen Augenblick daran, daß sie sich an jenem geschichtsträchtigen Ort befanden, wo die künftige Welt aus den Trümmern der alten Ordnung sich erheben würde, die ihre Väter für ewig gehalten hatten.

Bruno Bettelheim war, was den Sinn der Geschichte im allgemeinen und der sozialistischen Ideen im besondern betraf, etwas skeptischer als die meisten seiner Freunde. Er hatte gerade Oswald Spenglers *Untergang des Abendlandes* gelesen, ein Werk, das er zu den »wichtigen Büchern« seines Lebens zählt. Die deutsche Kultur, schreibt Spengler, sei »von Natur aus« sozialistisch (im Gegensatz etwa zur englischen, die individualistisch sei), aber in Wahrheit habe die Menschheitsgeschichte keinen Zweck und keinen Sinn. Die Zivilisationen folgten aufeinander, setzten einander jedoch nicht fort, ihr Lebenszyklus dauere rund tausend Jahre und durchlaufe dabei verschiedene Phasen, von denen einige einander entsprächen. Das Spenglersche Verdikt: Deutschland (und natürlich gehört dazu auch die »Republik Deutschösterreich«) befinde sich im Stadium der Dekadenz, deren Kennzeichen Sterilität und Morbidität und Demonstration äußerer Macht seien. Der Niedergang sei unausweichlich. Aber wie auf die griechische Dekadenz der Triumph der römischen Kultur gefolgt sei, werde die ausklingende abendländische Zivilisation einem anderen Gipfelsturm weichen: dem *Imperium germanicum*.

Das ist also eines jener Bücher, die Bettelheim am Ende seines Lebens für »wichtig« hielt. Um sie von jenen zu unterscheiden, die zwar eine Bedeutung für ihn hatten, nicht aber sein Leben beeinflußten, erwähnt Bettelheim den »Erkenntnisschock«, den er beim Lesen empfunden habe, gleichgültig, ob die Bücher gut oder schlecht waren – »bei manchen wußte ich schon, als ich sie las, daß es keine großen Werke waren«[10]. Wesentlich wurden sie dadurch, »daß sie in diesem Moment meine drängendsten Probleme in der

10 Alle Hinweise auf Bettelheims Lektüre in diesem Abschnitt sowie alle Zitate stammen aus dem Essay »Wichtige Bücher im Leben«, der in *Themen meines Lebens* aufgenommen wurde.

Orientierung meines Lebens klärten«. Den »Erkenntnisschock« vergleicht Bettelheim mit jenem, den er später auf der Couch seines Psychoanalytikers erfahren sollte, mit dem Gefühl: »Das ist es!«, und »dieses ›es‹ war etwas, mit dem ich lange gekämpft hatte, manchmal fast besessen, ohne zu wissen, was in meinem Kopf vorging«, und, noch später, wenn er bei seinen Patienten den Moment kommen sah, »wo alles seinen Platz bekommt, wo die Verwirrung der Klarheit weicht«. Die Romane Dostojewskis verschlang er, ohne sie aus der Hand legen zu können, und die Lektüre von Sinclair Lewis' *Arrowsmith* führte dazu, daß er drei Tage lang alles hinwerfen und medizinische Forschung betreiben wollte – dennoch waren die Bücher für ihn zu weit weg, um ihn dauerhaft beeinflussen zu können. Dagegen hätten Goethe und Freud, Theodor Lessing, Friedrich-Albert Lange und Hans Vaihinger in seinem Leben eine wichtige Rolle gespielt, auch Oswald Spengler zählt er zu diesen Autoren, und die vier letzten hätten auch zur stärker philosophischen Ausrichtung seines Studiums nach den ersten zwei Jahren an der Universität beigetragen.

Das ist ziemlich deutlich und sagt wahrscheinlich mehr über Bettelheim aus, als man auf den ersten Blick glauben möchte. Obwohl er Pazifist war und zutiefst geprägt von der absurden Grausamkeit des Krieges von 1914, war er anscheinend nicht in der Lage, sich mit Herz und Seele in jenen Hoffnungstaumel fallenzulassen, der mindestens zehn Jahre lang die Wiener Intellektuellen zum Tanzen brachte. Walter Neurath und Lilly Krugh waren gerade dabei, mit anderen Paaren eine jener auf den Grundlagen der Gleichheit und der sexuellen Freiheit basierenden Kommunen zu gründen, die die Welt von morgen vorwegnehmen sollten. Viele Freunde Bruno Bettelheims verschrieben sich der Psychoanalyse, die sich nun, nach der Pionierphase, als Bewegung zu etablieren begann. Sie sollte den Menschen, indem sie sie aus ihren unbewußten Konflikten erlöste, erlauben, eine neue Gesellschaft zu schaffen. Wanda Willig, die bereits Medizin studierte, setzte all ihre Hoffnungen darein, auch Gina, die von der Entdeckung des Unbewußten fasziniert war, und vor allem Edith Buxbaum, die sich politisch stark engagierte[11]. 1925 begann sie eine Analyse bei Her-

11 Und zwar so sehr, daß bei Kriegseintritt der Vereinigten Staaten ihr Name auf einer FBI-Liste verdächtiger Ausländer auftauchte, die angeblich »eine Gefahr für die nationale Sicherheit« darstellten.

mann Nunberg, ihre Freundin Annie Pink ging zu Wilhelm Reich, der mit Otto Fenichel zu denen gehörte, die versuchten, zwischen Psychoanalyse und Marxismus eine Brücke zu schlagen.

Und ausgerechnet in dieser Zeit, gibt Bruno Bettelheim uns zu verstehen, entdeckte er in der apokalyptischen Vision Oswald Spenglers die Antwort auf die Fragen, die ihn am meisten beschäftigten. Dabei hatte zu jener Zeit sogar einer seiner Lieblingsjournalisten, Karl Kraus nämlich, seinen beißenden Spott vorübergehend abgelegt, um die Sozialisten zu unterstützen. Und just gegenüber den Büro- und Lagerräumen der Handelsgesellschaft Bettelheim & Schnitzer errichtete das rote Wien wunderbare Sozialwohnungen, solide und komfortabel – ein Triumph des Gedankens, daß auch arme Leute das Recht auf ein Badezimmer haben. Bruno Bettelheim muß diese Anfänge einer anderen Gesellschaft wahrgenommen haben. Aber offensichtlich weigerte sich etwas in ihm, daran zu glauben, als ob er hinter der besseren Zukunft schon die Apokalypse ahnte.

Gegen 1925 hatte sich Anton Bettelheims Zustand so sehr verschlechtert, daß er in eine Klinik in Tulln, vor den Toren Wiens, eingeliefert werden mußte. Die genaueren Umstände konnte ich nicht in Erfahrung bringen, denn die Klinik und deren Archiv wurden zerstört, und weder Gina noch Wanda haben daran die geringste Erinnerung. Bei Wanda ist das nicht weiter verwunderlich, denn so nahe sie und ihr Mann auch Bruno Bettelheim standen, über die Krankheit seines Vaters hat er mit ihnen nie geredet. Möglicherweise, meint sie, sei Hans unterrichtet gewesen, habe aber das Geheimnis gewahrt. Gina hat eine vage Erinnerung an einen mehrere Monate dauernden Kampf mit dem Tod, »aber«, sagt sie, »Paula war wirklich sehr beschützend ihrem Mann gegenüber«. Vielleicht rührte ja auch die Tatsache, daß dieser Mann, den sie gern hatte, fern von ihr starb, an eine schmerzhafte Erinnerung, die ihr Gedächtnis auslöschen wollte. Vielleicht hat Bruno Bettelheim alles dafür getan, um ihr das zu ersparen – was nicht allzu schwierig gewesen sein dürfte, da sie damals noch nicht zusammenlebten und sowenig Zeit wie möglich bei den Eltern verbrachten.

Edith Buxbaum macht sich Vorwürfe, daß sie zwar irgend etwas gewußt habe von einer Krankheit von Brunos Vater, jeden Gedanken daran aber aus ihrem Kopf verbannt habe. Und seit Bruno mit Gina zusammen war, hätten ihre Beziehungen auch nachgelassen, sie hatten nicht mehr dieselben Freunde und nicht mehr ganz dieselben Interessen. Daher fiel es ihr leicht, nicht daran zu denken. So kam es, daß die Beerdigung Antons, die erste in ihrem Leben, ein Schock für sie war.

Bettelheim hat es ihr, wie er später zugab, sehr übelgenommen, daß sie ihn damals so im Stich ließ. Seinen Kindern erzählte er, er habe sehr gelitten in diesen zwei Jahren. Margarethe, seine Schwester, hatte das Elternhaus früh verlassen, um Schauspielunterricht zu nehmen. Sie hielt sich meist in Deutschland auf, aber auch wenn sie nach Wien kam, ging sie häufig aus. Sie hatte viele Freunde in Journalisten- und Theaterkreisen. So war Bruno Bettelheim oft mit seiner Mutter allein in dieser schweren Zeit. Je näher das Ende der Zehnjahresfrist rückte, desto öfter mußte er wohl auch an die Worte des alten Hausarztes denken. Sicher ist jedenfalls, daß das Ende eines Syphilitikers eine schwere Prüfung ist für die Seinen und daß Bruno vom langsamen geistigen und körperlichen Verfall des Vaters für alle Zeit gezeichnet wurde. Anton Bettelheim starb am 13. April 1926. Der Hausarzt hatte bis auf ein paar Monate recht behalten.

Am 11. Juni desselben Jahres trat Bruno offiziell die Nachfolge seines Vaters in der Firma Bettelheim & Schnitzer an. Im folgenden Herbst schrieb er sich wieder an der Universität ein, aber sein Tagesablauf ließ ihm nur noch wenig Zeit zum Studieren, und im Frühjahr 1927 taucht sein Name im Register nicht mehr auf. Drei Monate früher, im Februar, war sein Großvater Adolf Seidler gestorben. Nun war Bruno Bettelheim die einzige Stütze im Leben seiner Mutter.

Die Zeit der großen Entsagungen brach an, und er war doch gerade erst vierundzwanzig. Er wollte eigentlich Universitätsprofessor werden, das hatte er immer wieder gesagt. Diesen Ehrgeiz sollte er nun endgültig der schnöden Wirklichkeit zum Opfer bringen, dachte er damals, wie er schon mit sechzehn wegen seiner schlechten Augen den Traum aufgeben mußte, Architekt zu werden. Es hieß jetzt, Aufgaben und Verantwortung zu übernehmen und die Wünsche der Pflicht unterzuordnen. Wahrscheinlich war die Entscheidung Bettelheims nicht nur ein Opfer. Gina weist darauf hin, daß er neben allem anderen unbedingt heiraten wollte, und dazu brauchte er Geld. Sein Studium aufzugeben war für ihn auch eine Möglichkeit, sich zu beweisen, sich der Familie zu entziehen und seine eigene Welt zu schaffen. Außerdem war Juden damals die Universitätslaufbahn verschlossen[12] – besonders in den Fächern, die Bruno Bettelheim interessierten. Das war übrigens der Grund, den er später anführte, um zu erklären, warum er diesen Weg nicht weitergegangen war.

Daran ist jedenfalls nicht zu rütteln, die Daten und die Dokumente beweisen es: Nur wenige Monate nach dem Tod seines Vaters hat Bruno Bettelheim sein Studium aufgegeben, um offiziell Holzgroßhändler zu werden. Über seinen Geschäftspartner Hans Schnitzer gibt es nur wenige Informationen. Er war sieben Jahren zuvor in das Unternehmen eingetreten, mit nicht einmal einundzwanzig Jahren. Aber mit der Krankheit Antons wuchs zweifellos seine Macht. Er wird nicht sehr glücklich gewesen sein, als Bruno kam, fünf Jahre jünger als er, aber Hauptaktionär – ganz abgesehen davon, daß er Bruno an Bildung unterlegen war und dieser mit seinem Diplom in der Tasche womöglich nicht allzuviel Takt an den Tag legte, als er den Platz seines Vaters einnahm. Wie auch immer, die zwei Männer mochten sich nicht, und bis er Wien verlassen mußte, beklagte sich Bruno über seinen Geschäftspartner, den er aller möglichen Quertreibereien bezichtigte.

Parallel dazu entwickelte sich die Beziehung mit Gina. Endlich waren die beiden ein Liebespaar geworden. Als sie 1927 mit den frischverheirateten Willigs verreisten, war Wanda sehr erstaunt, als sie einmal ohne anzuklopfen in Ginas Zimmer kam und sie mit Bruno im Bett fand. Den ersten Gedanken, der ihr in den Kopf schoß, gesteht sie allerdings nur widerwillig: »Wie kann sie mit so einem häßlichen Jungen schlafen!«[13] Bettelheims Obsession war also nicht ganz unbegründet. »Der Unterschied zu Hans war, daß der auch nicht gerade athletisch gebaut war, aber ein sehr schönes Gesicht hatte.« Die letzte Bemerkung ist von Gina.

Die Zwiespältigkeit des jungen Mädchens war immer noch sehr stark. Sie verstand sich gut mit ihm. Er war großzügig und wußte immer Rat, wenn sie über ihre Zukunft nachgrübelte. So schlug er ihr zum Beispiel vor, die Psychoanalyse zu bezahlen, von der sie träumte, aber nicht wagte, ihre Mutter zu fragen. Kurz darauf schenkte er ihr sogar die Freud-Gesamtausgabe in einer schönen,

12 Selbst Sigmund Freud mußte fünfzehn Jahre lang als Privatdozent unterrichten, und es bedurfte der Intervention eines seiner einflußreichen Patienten, daß er endlich den Lehrstuhl erhielt, der ihm zukam.

13 Wenn Gina mich nicht darauf gebracht hätte, hätte ich nie daran gedacht, Wanda diese Frage zu stellen.

ledergebundenen Ausgabe. Aber sie hätte sich gewünscht, ihre Beziehung wäre platonisch geblieben. Nicht, daß der Status einer jungen Emanzipierten ihr mißfallen hätte, im Gegenteil, sie war stolz darauf, einem Kreis von Intellektuellen anzugehören, die die bürgerlichen Konventionen mißachteten. Aber sie konnte den Anblick Brunos nur schwer aushalten. Das äußerte sich in ständigen Bemerkungen über sein Benehmen. Und vor allem gestalteten sich ihre sexuellen Beziehungen, da sie beide auf diesem Gebiet Anfänger waren, nicht sehr erfreulich, zumindest, was Gina betraf.

Gina stellt zwar nicht ausdrücklich eine Verbindung her zwischen diesem Problem und ihrer Neigung zur Psychoanalyse, aber die gab es sicher. Denn obwohl das Freudsche Denken, besonders im Ausland, nach und nach als bahnbrechende Entdeckung anerkannt wurde, war es doch immer noch ziemlich anrüchig. Wer von der Psychoanalyse redet, redet hauptsächlich von der Sexualität, so dachte die Mehrheit. Die künftigen Psychoanalytiker, die einmal die zweite Generation bilden sollten, bekamen das tagtäglich zu spüren, besonders an der medizinischen Fakultät der Wiener Universität, wo der berühmte Professor Wagner von Jauregg[14], der der Psychiatrie vorstand, ständig sarkastische Bemerkungen über die Ideen Freuds machte – mit dem er im übrigen freundschaftliche Beziehungen pflegte.

Die Analytiker der zweiten Generation – denen später auch Bettelheim gern zugerechnet wurde – waren deutlich anders als die Pioniere. Sie waren die ersten, die die Psychoanalyse als Beruf gewählt hatten, und die ersten, die eine richtige Ausbildung im 1925 gegründeten Institut erhielten. Noch wichtiger war, daß sie, anders als ihre Vorgänger, selbst die Erfahrung einer Psychoanalyse gemacht hatten.

Auf der Couch hatten sie – weit über ihre intellektuellen Spielereien hinaus, weit über das hinaus, was sie bisher dank ihres Verstandes von sich selbst begriffen hatten (und manchmal auch trotz dieser Einsichten) – nach und nach gelernt, die Überlagerungen, die unbewußten Freuden und Ängste, die Verkürzungen und Wiederholungen zu erkennen, die allein es erlauben, die Landkarte des Unbewußten zu entziffern und jene allerersten Antriebe wiederzufinden, die hinter allem anderen stehen. Und eben weil sie diese Erfahrung

14 Wagner von Jauregg erhielt den Nobelpreis für seine Entdeckung der Heilfieberbehandlung Progressiver Paralyse (Spätstadium der Syphilis) durch Impfmalaria.

nicht nur mit ihrem Verstand gemacht haben, sondern vermittelt durch die Beziehung zu ihrem Analytiker, haben sie die Auswirkungen ganz konkret in ihrem eigenen Leben zu spüren bekommen. Daher die Leidenschaft der meisten Junganalytiker, weiter zu gehen, die Technik zu verbessern und die Ziele der Psychoanalyse immer weiter zu stecken.

Das Büchlein *Erinnerungen eines Wiener Psychoanalytikers*[15], das jener Richard Sterba, der Gina und Bruno Bettelheim auf seiner Couch hatte, an seinem Lebensende publizierte, gibt gut den Geist wieder, der diese Analytikergeneration, auch das »Kinderseminar« genannt, beseelte: »Der Feuereifer, mit der wir uns der ›Sache‹ verschrieben, unser gemeinsamer Stolz, eine Rolle zu spielen in der Verbreitung von Freuds Entdeckungen und Theorien, all das erweckte in uns ein Gefühl der Begeisterung, unmittelbar an der gewaltigen Arbeit Freuds teilzunehmen. Selbst wenn wir mit ihm persönlich keinen direkten Kontakt hatten, waren wir seinem schöpferischen Genie und seinem machtvollen Geist nahe.« Oder, nach dem internationalen Psychoanalytikerkongreß in Salzburg 1924: »Die Atmosphäre auf diesem Kongreß gab mir das Gefühl, an einer Sache teilzunehmen, die, wenn sie erst einmal anerkannt wäre, enorme Auswirkungen auf die Menschheit haben und das gesamte Feld der Humanwissenschaften beeinflussen würde.«

Um ihre Psychoanalyse in Angriff zu nehmen, wandte sich Gina erst an Grete Lehner Bibring, eine der ersten Analytikerinnen am psychoanalytischen Ambulatorium. Nach Ginas Erinnerung war Grete Bibring zwar bereit, sie als Analysandin zu nehmen, aber nur unter einer Bedingung: daß sie die Beziehung zu Bruno abbreche, bis klar wäre, wohin ihre Analyse führen würde. Trotz der Vorbehalte, die sie gegen ihren Geliebten hatte, wollte sich Gina diesem Diktat nicht beugen.

Dann kam sie zu Richard Sterba. Er war kaum älter als Bruno, ein Schüler Eduard Hitschmanns, und auch er hatte die eingesessenen Mitglieder der Wiener psychoanalytischen Vereinigung so sehr beeindruckt, daß sie ihm eine der ersten bezahlten Stellen im Ambulatorium anboten. Obzwar er sozialistischen Ideen anhing und Wilhelm Reich nahestand, trieb er keine Politik. Richard Sterba war charmant und, wenn es nach Ginas Erinnerung geht, geradezu ver-

15 Richard Sterba, *Erinnerungen eines Wiener Psychoanalytikers*, Frankfurt/Main 1985.

führerisch, außerdem hatte er den in ihren Augen großen Vorzug, Musiker zu sein. Sie war sofort bezaubert (heute noch, ein halbes Jahrhundert später, kann sie bei der Erinnerung an ihre erste Begegnung ein Lächeln nicht unterdrücken) und ging von da an fünfmal die Woche, wie es damals in Wien üblich war, in seine Praxis an der Mariahilferstraße, um die verborgenen Abgründe ihrer Seele zu erkunden.

Immer noch wußte Gina nicht genau, was sie mit ihrem Leben anfangen wollte. Das Klavierspielen hatte sie aufgegeben, überzeugt, sie würde nie gut genug sein, um als Pianistin Karriere zu machen. Eine Weile hatte sie Tanzunterricht bei einer Schülerin Isadora Duncans genommen. Das machte ihr großen Spaß, aber auch hier, das hatte Gina schnell herausgefunden, waren andere talentierter als sie.

Kurz vor oder bald nach dem Beginn ihrer Psychoanalyse – Daten bleiben in ihrem Gedächtnis eher zufällig hängen – begann Gina eine Montessori-Ausbildung. Die Gemeinde Wien experimentierte mit zahlreichen Erziehungsmodellen. Auf dem Rudolfsplatz im I. Bezirk war gerade das legendäre Haus der Kinder erbaut worden, das vollkommen den Grundsätzen der damals weltbekannten Maria Montessori entsprach. Ihre revolutionäre Unterrichtsmethode stützte sich nicht nur auf das Gedächtnis, sondern auch auf das Empfinden der Kinder und überließ ihnen selbst die Initiative der Entdeckung. Das ganze Haus der Kinder, Eingang, Klassenzimmer, Mobiliar, war auf die Größe der Kinder zugeschnitten. Schluß mit Bänken, schwarzen Tafeln, rigiden Strukturen, die den Kleinen die Logik der Erwachsenen aufzwingen sollten! Hier war das Kind König, und seine Sicht der Dinge entschied über die Art und Weise, in der ihm die Lehrer beibrachten, die Welt der Erwachsenen zu entziffern. Hier durfte es seiner Kreativität und seinem Bewegungsdrang freien Lauf lassen, hier konnte es selbst wählen, und die Lehrer mußten seine Spiele ernst nehmen.

Die Ideen der großen italienischen Pädagogin schlugen im fortschrittlichen, experimentierfreudigen Wien, in dem man schon seit hundert Jahren die Erziehung als vorrangiges Problem ansah, ein wie eine Bombe. Obwohl Maria Montessori sich nicht auf die Psychoanalyse berief, mußte ihre Methode Freud und seine Schüler interessieren, und das nicht nur, weil sie sich viel von der Beobachtung der Kinder beim Lesen-, Schreiben- und Rechnenlernen versprachen. Damit nämlich der neue Mensch die in ihn gesetzte Hoffnung erfüllen konnte, nach der fortschreitenden Entschlüsselung der Mechanismen des Unbewußten das Antlitz der Welt stärker zu verändern als eine Horde Bolschewiken, war seine Erziehung von entscheidender Bedeutung. Freud selbst konnte dem Studium der Kinder wenig abgewinnen, aber viele seiner jüngeren Schüler stürzten sich geradezu darauf. In großer Zahl eroberten sie die Seminare, die in der Montessori-Schule zur Ausbildung der Erzieher veranstaltet wurden, allen voran Anna Freud, die in den dreißiger Jahren dort jede Woche einen Vortrag hielt.

Falls Bruno Bettelheim von den Vorbehalten Ginas etwas bemerkt haben sollte, so zeigte er es zumindest nicht. Verliebter als jemals, wollte er endlich heiraten, um sich ein eigenes Reich nach seinen Wünschen zu schaffen. Er drängte Gina, sie erfand immer neue Ausreden, er ließ nicht locker, Gina wurde krank, er verdoppelte seine Aufmerksamkeiten. Jeden Tag kam er zu Besuch, beladen mit Blumen und Geschenken. Schließlich sagte sie ja.

Dann kam Leopold Altstadt, der seit einigen Jahren die Schuhfabrik seines Onkels in New York vertrat, für ein paar Tage nach Wien. Gina betete ihren Bruder an, er war der Mann, der alles verkörperte, was sie bewunderte: Musik, Schönheit, Geist ... Eines Abends, kurz vor einem Abendessen im Haus ihrer Mutter, blickte Gina auf und sah in einem Spiegel die elegante Silhouette ihres Bruders, der sich im Gespräch mit Bruno befand. Der Gegensatz zwischen den beiden Männern traf sie wie ein Schlag. Nie würde sie sich überwinden können, ihr Schicksal an einen so unbeholfenen Mann mit einem so abstoßenden Äußeren zu ketten. Als Leopold abgereist war, beschloß sie, ihm zu folgen. Die Würfel waren gefallen, auch sie würde ihr Leben in den Vereinigten Staaten verbringen, unter den Fittichen ihres großen Bruders.

In Paris zerplatzte der schöne Traum. Ginas Gedächtnis läßt sie im Stich, sie fängt an, vom schrecklichen Tod ihres Bruders zu reden, und dann, mit ihren Widersprüchen konfrontiert, beginnt sie nach und nach, sich wieder daran zu erinnern ... Sie sieht sich auf der Terrasse eines Cafés sitzen, ihr gegenüber ein Freund Leopolds. Ein älterer Mann. Sie weiß nicht mehr genau, was er zu ihr sagte, aber hier fiel ihre Entscheidung, nach Wien zurückzukehren und Bruno zu heiraten. Hat der Mann ihr an diesem Tag eröffnet, daß ihr Bruder homosexuell war? Sie behauptet, nein. Jedenfalls nicht so deutlich. Aber wie dem auch gewesen sein mag, die Botschaft war klar: Nach ihrem Vater und Dolf ließ nun auch Leopold sie im Stich. Er konnte die Verantwortung für seine kleine Schwester nicht übernehmen. Der einzige Mann, der ihr noch geblieben war, treu und zuverlässig trotz all seiner Schwächen, war Bruno. Zwei Jahre später beging Leopold Altstadt in seinem New Yorker Hotelzimmer Selbstmord. In der *New York Times* war von Depression und einer Überdosis Morphium die Rede. Aber daran kann Gina sich nicht mehr erinnern. In der Zwischenzeit, am 30. März 1930, war sie die Frau Bruno Bettelheims geworden. Auf dem Standesamt mußten Gina und Bruno sich die Eheringe von Hans und Wanda Willig leihen, die als Trauzeugen fungierten. Ihre eigenen waren nicht rechtzeitig fertig geworden.

Die Heirat beseitigte ihre Differenzen nicht, im Gegenteil. In Taormina, wo sie ihre lange Hochzeitsreise beendeten, wurde Gina sogar ein bißchen krank. Alles schien die beiden zu entzweien. Sie fühlte sich zu den Bergen hingezogen, er sah nur das Meer. Sie wollte laufen, klettern, auf Entdeckungsreise gehen in der zauberhaften Landschaft um den Ätna; er las lieber *Richard III.* und ging höchstens einmal baden. Und wenn sie endlich doch einmal zusammen eine mittelalterliche Burg besichtigten oder ein griechisches Theater, konnte sie es sich nicht verkneifen, über sein ständiges Bedürfnis zu spotten, dabei planmäßig vorzugehen und die Schönheit der Dinge, die sie bewunderten, in seinem Baedeker zu überprüfen. Sie dagegen liebte das Unvorhergesehene und traute ihrem Gefühl.

Der Essay »Wichtige Bücher im Leben« in *Themen meines Lebens* gibt implizit seine Version der Ereignisse wieder: »Im folgenden Jahr reiste ich nach zwei Studiensemestern nach Italien, und dazu war ich hauptsächlich von der Lektüre Burckhardts motiviert worden. Sein Buch ›Der Cicerone‹ war dabei mein Ratgeber; ich übertreibe nicht, wenn ich sage, daß es über ein Jahrzehnt lang meine Bibel darstellte. Ich bemühte mich, jedes Jahr mindestens eine, manchmal auch zwei längere Italienreisen zu unternehmen und hatte dabei stets den ›Cicerone‹ in der Hand.«[16] Offensichtlich hatten die Jungvermählten ziemlich unterschiedliche Vorstellungen von dem, was sie in Sizilien suchten.

Andere Aspekte seiner Persönlichkeit begannen Gina auf die Nerven zu fallen, kaum daß sie zusammenlebten. Sie war anspruchsvoll

16 *Themen meines Lebens*, a.a.O.

in geistigen Angelegenheiten und ertrug es schlecht, wie ungeniert er ihrer Meinung nach mit Büchern verfuhr. Früher hatte sie seine Bildung beeindruckt. Nun, da sie ihn besser kannte, mußte sie feststellen, daß er manchmal nur die ersten und die letzten fünfzehn Seiten überflog und vielleicht noch zehn in der Mitte, um daraufhin über das Buch zu reden, als hätte er es ganz gelesen. Und statt zu erkennen, wie wertvoll eine solche Fähigkeit ist, sah sie darin ausschließlich die geistige Unredlichkeit.

Selbst ihre gemeinsamen Vorzüge gaben nur der Zwietracht Nahrung, zum Beispiel die Intuition. Gina besaß diese Fähigkeit, andere zu entziffern, die von ihrer Analyse noch geschärft wurde, schon in hohem Ausmaß, als sie noch nach ihrem Weg suchte. Einmal, als sie D. H. Lawrences *Liebhaber und Söhne* ausführlich erläutert hatte, ließ Bruno die Bemerkung fallen: »Du solltest ein Buch schreiben.« Aber statt ihr zu schmeicheln, ärgerte sie dieser Rat: Was für eine Arroganz, dachte sie, sich vorzustellen, man könnte ein Buch schreiben, nur weil man die Personen eines Romans durchschaut!

Nach ihrer Rückkehr zogen Bruno und Gina Bettelheim in eine schöne Wohnung in der Gloriettegasse, die mit ihrem Stil und ihrer Eleganz alle Freunde tief beeindrucken sollte. Gina hatte sie gefunden, als sie aus Paris gekommen war, in einer hübschen, von Bäumen gesäumten Straße in Hietzing, dem XIII. Wiener Bezirk. Diesem ruhigen Viertel mit dem vielen Grün merkte man an, daß es vor einem halben Jahrhundert noch ziemlich ländlich war, fernab des städtischen Massenbetriebs und geprägt von Leuten mit Geschmack. Hundert Meter weiter erhoben sich die Mauern des Schönbrunner Schlosses, das den Habsburgern als Sommerresidenz gedient hatte. Durch die Tore, die allen Wienern offenstanden, gelangte man in einen französischen Park, dessen lange Alleen Gelegenheit boten, sich unter Zypressen der Meditation oder einer leidenschaftlichen Diskussion geistiger Angelegenheiten hinzugeben, ein kleiner Zoo diente der Zerstreuung, und für die Musikliebhaber gab es im Sommer Aufführungen der Wiener Kammeroper in dem kleinen Schloßtheater, das zwar ziemlich rokoko, aber ganz entzükkend war.

Die Wohnung der Bettelheims war ihrer Umgebung würdig. Auf Anregung Ginas hatte Bettelheim die Zimmer während ihrer Hochzeitsreise vollständig umgestalten lassen: Friese, Holzverkleidungen, Trennwände, alles, was den beiden zu bürgerlich oder zu altmodisch erschien, war verschwunden. Statt dessen maßgefertigte

Einbaumöbel und eine gigantische Bibliothek, die der ganze Stolz der Bettelheims war. An den Wänden hingen einige schöne Bilder zeitgenössischer Künstler, hauptsächlich Lithographien von Käthe Kollwitz und Egon Schiele (der übrigens früher auch in Hietzing wohnte), später sogar ein Gemälde von ihm. Große Spiegel gaben mit ihren Lichtspielen den Räumen Tiefe, das Mobiliar war elegant und schlicht, schmeichelnde Orientteppiche bedeckten die Böden, und draußen erging man sich in einem Garten ... Was auch immer ihre Vorstellungen gewesen sein mochten, Gina und Bruno lebten so, wie eben Bürger mit Geschmack um 1930 lebten, und sie lebten nicht schlecht.

Übrigens war Bruno Bettelheim der erste in seinem Freundeskreis, der ein Automobil besaß, einen grauen Steyr Baby 50 Kabriolett.[17] Und darauf war er ziemlich stolz. Autos waren damals noch selten und zeugten von einem beeindruckenden sozialen Status. Sicher träumte Bruno weiterhin von akademischen Weihen und großen Erfolgen auf geistigem Terrain, aber offensichtlich wußte er auch die Genugtuung zu schätzen, die einem Geld verschaffen kann. Und er wußte auch gut damit umzugehen, war geschmackvoll und großzügig. Wenn es darum ging, seine Lieben zu beschenken, war ihm nichts zu teuer. Und wenn es darum ging, die anderen zu beeindrucken, auch nicht.

Dieser Hang, sich in den Vordergrund zu spielen, war sicherlich das, was Gina an ihrem Mann mehr als alles andere verabscheute. Sie war übrigens nicht die einzige, die sich davon verletzt fühlte, wie eine wahrscheinlich erfundene Anekdote in *Tante Jolesch*[18] bezeugt, dem kleinen humorigen Buch, in dem der österreichische Schriftsteller Friedrich Torberg seine Erinnerungen an Wien festgehalten hat. Die Geschichte spielt in den dreißiger Jahren, im steirischen Sommerdomizil der Pädagogin Eugenie Schwarzwald. Es treten auf: der Essayist Egon Friedell und ein gewisser Dr. B., der späterhin »ein allseits geschätzter Seelenarzt« wurde. Man ist gerade bei der Jause. Der erwähnte Doktor B. zeigt auf ein Körbchen mit den berühmten »Baunzerln«, einem Gebäck mit ausgeprägten Hügeln und einer Furche dazwischen, und behauptet steif und fest,

17 Er hatte dafür einen Kredit der Autokredit-Gesellschaft aufgenommen, den er bis auf 1500 Reichsmark abbezahlt hatte, als das Auto 1938 beschlagnahmt wurde.

18 Friedrich Torberg, *Die Tante Jolesch*, München 1975; veröffentlicht wurde das Buch, lange nachdem es geschrieben war, nach Torbergs Rückkehr aus dem amerikanischen Exil.

daß es sich dabei fraglos um ein weibliches Sexualsymbol handle. Worauf Friedell erwidert: »Dem Reinen ist alles rein. Für mich ist das ein Kinderpopo.«

Die Beschreibung Torbergs läßt vermuten, daß er Bettelheim nicht in Wien, sondern, wenn überhaupt, sehr viel später kennengelernt hat und daß an dieser Geschichte nichts Wahres ist – außer vielleicht den Gefühlen des Autors, die sich aus seiner kurzen Vorstellung des Doktor B. erschließen lassen: »Damals, eben erst mit den psychoanalytischen Weihen versehen, lauerte er auf jede Chance, sein Fachwissen anzuwenden.« Tatsächlich gelang es Bruno Bettelheim sein ganzes Leben lang, einigen Leuten auf die Nerven zu gehen mit seinem Bestreben, sich zu behaupten, mit seinem Snobismus, manche sagten dazu auch »Größenwahn«. Andere, die für die darunterliegende Unsicherheit empfänglicher waren, übergingen diesen Aspekt seiner Persönlichkeit mit Humor oder sonstwie, um sich dem Rest zuzuwenden. Aber viele konnten die so entstandene Distanz nicht mehr überwinden. Die erste von ihnen war Gina.

Bruno Bettelheim selbst bezieht sich äußerst selten auf seine erste Ehe. In *Themen meines Lebens* erwähnt er flüchtig eine Krise in seinem Eheleben, die ihn zur Psychoanalyse geführt habe. Anderswo spricht er von seiner »schlechten Ehe«. Die sie zusammen gesehen haben, schildern den Eindruck eines Paares, das sich nichts schenkt. Ginas Perfektionismus, den sie schon sich selbst gegenüber bewiesen hatte, überschlug sich bei Bruno geradezu. Er gab sich viel Mühe, ihr zu gefallen: die Wohnung, die Möbel, die Bilder, aber es wurde nichts draus, sie war nie zufrieden, sagt einer der Zeugen. Man könnte meinen: Er war nicht schön genug, nicht vornehm genug, um die Prüfung zu bestehen. Und selbst wenn sie ihm das nicht so offen sagte, war er sich sichtlich dessen bewußt.

Aber für eine unglückliche Ehe sind immer zwei verantwortlich, wie Bettelheim in einem Brief an eine alte Freundin selbst zugestand, fünfzehn Jahre nach seiner Scheidung: »Meine Beziehung zu Gina, wie Du ja wohl weißt, war sehr schwierig, und das war wohl Ginas und meine Schuld.«[19] Bruno litt zweifellos sehr darunter, daß er bei Gina nie den bewundernden Blick fand, den er brauchte, um sich gut zu fühlen und sein Bestes zu geben. Aber er verweigerte ihr auch, wonach sie sich leidenschaftlich sehnte: ein Kind. In dem

19 Brief an E. R., 10. September 1954.

einzigen offenen Streit, an den Wanda sich erinnert, ging es um dieses Thema.

Es war wieder auf einer Reise. Als sie früh aufstand, um die Morgenluft zu genießen, hörte sie zufällig eine lautstarke Auseinandersetzung zwischen Bruno und Gina; erst später erfuhr sie von Gina, worum es dabei ging. Bruno lieferte eine bizarre Begründung für seine Weigerung: »Wenn wir ein Kind haben, wirst du mich verlassen.« Gina behauptete natürlich das Gegenteil. Aber sie interessierte sich nicht mehr genug für Bruno, um sich nach seinen wahren Gründen zu fragen. Auch diesbezüglich liefert das, was Bruno Bettelheim über Janusz Korczak geschrieben hat, Stoff zum Nachdenken: »Soweit uns bekannt ist, begründete er nie, warum er sich gegen eine Heirat und gegen eigene Kinder entschieden hatte; zu vermuten ist, daß er befürchtete, er habe von seinem Vater die Tendenz zur Geisteskrankheit geerbt und daß er diese nicht weitergeben, vor allem aber verhindern wollte, daß ein Kind in jene Lage geriete, in die er durch die geistige Labilität seines Vaters gekommen war.«[20]

Der Sinn dieser Bemerkung wird deutlich, wenn man sie mit den Erinnerungen Edith Buxbaums vergleicht: »Bruno gestand mir eines Tages, er befürchte, sein Vater habe ihn mit der Syphilis angesteckt, er wisse nämlich nicht, ob er davor oder danach gezeugt wurde. Welche Strafe für verbotene Träume!«

Im Rückblick erscheint diese Ehe, vor allem nach Ginas Erinnerungen, als Irrtum von Anfang an. Die beiden paßten offensichtlich schlecht zusammen, die Ängste des einen drückten sich oft in dem Verhalten aus, das am besten dazu geeignet war, die Ängste des anderen zu schüren. Als er etwas Abstand gewonnen hatte, schrieb Bruno Bettelheim: »Ich kann es kaum verstehen, warum wir einander je so wichtig waren, noch viel weniger, warum wir einander das Leben schwermachten.«[21] Aber man sollte nicht von einem Fiasko sprechen. Gina, die meist verantwortlich war für die Meinungsverschiedenheiten, die sie entzweiten, ist eine anspruchsvolle Frau und kann sich nicht mit Halbheiten zufriedengeben. Wenn sie eine Verbindung beschreiben soll, die zerbrochen ist, neigt sie dazu, nur noch die Elemente der Zwietracht zu sehen, die schmerzhaften Sei-

20 *Themen meines Lebens,* a.a.O.
21 Brief an E. R., 10. September 1954.

ten – um so mehr, als sie ihrem Ex-Gatten, wie sie selbst einräumt, wegen seines späteren Verhaltens lange Zeit zürnte. Aber wenn sie von Wien erzählt und dabei auch auf andere Dinge zu sprechen kommt als ihre ehelichen Auseinandersetzungen, offenbart sie gelegentlich auch etwas von dem geistigen Einverständnis, ja der Freundschaft, die sie wohl auch mit ihrem ersten Mann verbanden. Weist man darauf hin, gibt sie schließlich zu: »Es ist auch wahr, daß wir uns gut verstanden, daß wir viele Dinge miteinander teilten und daß wir in Wien ein schönes Leben hatten.« Und wenn man sie daran erinnert, daß sie, nachdem sie zehn Jahre lang ein Liebespaar waren, bis zum Ende Freunde blieben, gesteht sie mit einem bezaubernden Lächeln: »Das ist klar ... Ohne Hitler hätten wir uns bestimmt nicht scheiden lassen.«

Bruno Bettelheim hat sich die Frage gestellt, welche Rolle die Psychoanalyse für ihre Trennung spielte. Eine legitime Frage, auch wenn sie nicht zu beantworten ist. Als Grete Bibring Gina nahelegte, ihre Beziehung zu Bruno auf Eis zu legen, bis sie in ihrer Seele klarer sähe, tat sie nichts anderes als die goldene Regel anzuwenden, die Freud selbst aufgestellt hatte: keine großen Verpflichtungen, keine großen Veränderungen während der Psychoanalyse. Ein Gebot der Vorsicht: Was auch immer auf der Couch passiert, die Erfahrung sollte symbolisch bleiben und keine unmittelbaren Auswirkungen auf das wirkliche Leben haben. Aber zwischen Theorie und Praxis klafft ein Abgrund, der nur zu leicht die menschlichen Gefühle verschlingen kann, besonders wenn die heftigen Turbulenzen der psychoanalytischen Übertragung losbrechen, bevor sie erkannt sind.

Als Gina aus Paris zurückgekehrt war, hatte sie ihr Leben in Wien wieder aufgenommen, als wäre nichts gewesen. Sie hatte nur den Analytiker gewechselt.

4. Patsy

Bruno Bettelheim verfolgte die Entwicklung seiner Frau mit einiger Distanz. Über diesen Abschnitt seines Lebens hat er fast nichts geschrieben. Außerdem gibt es kaum noch Dokumente aus dieser Zeit; die ich gefunden habe, lassen vermuten, daß er seine Geschäfte gut führte. Unter seiner Leitung wurden die Aktivitäten der Firma Bettelheim & Schnitzer vielfältiger und umfaßten nun auch die Herstellung einiger Möbel. Er hatte sich die Welt des Handels nicht ausgesucht, aber er bewegte sich gewandt darin. Er hatte ein Händchen für Geschäfte, wie man sagte. Womöglich hieß es damals auch, daß er nach seinem Großvater Seidler geraten sei, was ihn wahrscheinlich weniger freute. Aber egal, er lebte gut, er hatte Geld, und es machte ihm anscheinend Spaß, auszugehen oder Gäste zu empfangen in seiner schönen Wohnung, die dank Gina immer eine tadellose Eleganz ausstrahlte.

Seine alten Freunde Hans und Walter hatte er noch, seine Familie sah er seltener. Vor allem seine Verbindung mit Edith Buxbaum war abgeflaut. Sie war eifersüchtig auf Gina, gibt sie in ihren Erinnerungen zu, obwohl sie es sich damals nicht eingestand; sie war ihr böse, weil sie ihr Bruno weggenommen hatte. Der besuchte übrigens auch seine alten Freunde aus der Wanderbewegung kaum, die jungen Psychoanalytiker sowenig wie die politisch Engagierten. Seine Verwandlung in einen Geschäftsmann hatte sicherlich nicht seine jugendliche Sehnsucht nach Höherem ausgelöscht, er las auch immer noch viel, aber daß sich die Welt und die Menschen noch einmal zum Besseren verändern könnten, glaubte er weniger denn je.

Und die äußeren Ereignisse konnten diesen Pessimismus nur verstärken. Nachdem sich die soziale Lage um die Mitte der zwanziger Jahre etwas verbessert hatte, ging es mit Österreich nun ständig abwärts. Die regierenden Christdemokraten erwiesen sich als unfähig, diesem Abstieg Einhalt zu gebieten. 1927 wurde die Hauptstadt von einer Welle von Aufständen überrollt, die stärker war als alle zuvor. Zwei Jahre später kam es zum Börsenkrach an der Wall Street, und dessen Auswirkungen verschlimmerten noch die Misere. Zwar schlug das Herz der Wiener weiterhin links, aber der Rest der Österreicher verlangte immer heftiger nach einem starken Mann, der in der Lage wäre, die angenehm stabilen Verhältnisse wiederherzustellen, die mit der Habsburgerdynastie untergegangen waren.

So hellsichtig er auch war, ein Prophet war Bruno Bettelheim nicht. Selbst als 1932 Engelbert Dollfuß zum Kanzler gewählt wurde, bald »Millimetternich« genannt, da er die Wünsche der Österreicher in einer klerikalen Diktatur zu verwirklichen trachtete, sah Bettelheim nicht die umstürzenden Ereignisse voraus, die nur wenige Jahre später über sein Leben hereinbrechen sollten. Wenn er sonntags seinen Onkel Moritz in dessen schöner Hietzinger Villa, nicht weit von der Gloriettegasse, besuchte, dann fing er an zu träumen und erwog auch die Möglichkeit, in den Vereinigten Staaten ein neues Leben anzufangen. Aber da Onkel Moritz anscheinend nicht bereit war, das Abenteuer zu finanzieren, blieben diese Pläne Hirngespinste, und Bruno mußte sich mit dem zufriedengeben, was er hatte.

Seine intimen Beziehungen mit Gina hatten sich nicht verbessert seit der Hochzeitsreise. Es gab wenig Zank und genügend gemeinsame Interessen, um die Zwistigkeiten nicht öffentlich werden zu lassen, aber kein gemeinsames Schlafzimmer. Eines dürfte Bruno gefreut haben: daß Gina die Couch von Richard Sterba mit der seiner Frau vertauschte. Gina sagt allerdings gleich, sie habe sich Richard Sterba näher gefühlt als seiner damals siebenunddreißigjährigen Frau, er sei einfühlsamer und künstlerischer gewesen. Sein Charme habe sie nicht kalt gelassen (und umgekehrt, meint sie, war es wohl ebenso). Vor allem habe Richard so wunderbar Geige gespielt. Dennoch ging die Analyse bei Editha Sterba schneller voran.

Editha Sterba, geborene von Radanowicz-Hartmann, Vater und Großvater gehörten dem Offizierskorps an, war drei Jahre älter als ihr Mann und eine Frau von Charakter. »Ein bißchen maskulin«, befand Gina, fühlte sich aber sicher in der Obhut dieser starken Persönlichkeit. Editha Sterba war als Kind viel herumgekommen und hatte dennoch eine solide Ausbildung erhalten. Sie hatte Musikwissenschaft und Psychologie studiert und einige Zeit als Sekretärin für Otto Rank gearbeitet, den später entthronten Lieblingsschüler Freuds.

Obwohl Ginas Ausbildung an der Montessori-Schule beendet war, ging sie weiter ins Haus der Kinder am Rudolfsplatz, und zwar aus zwei Gründen: Eine Weile lang arbeitete sie dort ehrenamtlich im Kindergarten, aber vor allem nahm sie am Seminar Anna Freuds teil. Dabei entdeckte sie, daß ihr bisher ziemlich unklarer Lebensweg zu einem faszinierenden Beruf führen könnte. Viele Analytiker hatten übrigens nicht Medizin studiert, Editha Sterba zum Beispiel, und die Psychoanalytische Vereinigung hatte ihr dennoch die Leitung des Kinderambulatoriums anvertraut. Der Großteil der Laienanalytiker[1] kam wie Anna Freud aus dem Erziehungsbereich. Gina war so begeistert, daß sie auch Vorträge am Psychoanalytischen Institut besuchte. Dort lernte sie einen jungen Lehrer kennen, Fritz Redl. Er machte ihr den Hof, sie fand ihn charmant, und daß auch er ein ehemaliger Patient Richard Sterbas war, förderte zweifellos ihr Interesse.

Anni Haček, Ginas etwas ältere Freundin und Kollegin, die ihren Beruf an einer der fortschrittlichen Ausbildungsstätten der Gemeinde Wien gelernt hatte, machte den Vorschlag, ihrer beider Erfahrungen zu nutzen und einen eigenen Kindergarten aufzumachen. Es gab damals viele Ausländer in Wien, vorwiegend Amerikaner, die aus persönlichem Interesse oder aus beruflichen Gründen eine Analyse machen wollten; einige hatten ihre Kinder mitgenommen, und die mußten nun untergebracht werden. Dorothy Burlingham, eine Freundin und Unterstützerin Anna Freuds, hatte gerade zusammen mit dem jungen Psychoanalytiker Peter Blos eine Elementarschule für diese Kinder eröffnet. Anni Haček wollte in ihrem Kindergarten die Jüngeren von ihnen mit kleinen Österreichern aus den untersten Schichten zusammenbringen, wobei die Eltern der einen die Kosten für die anderen übernehmen sollten. Die kleine Einrichtung wäre auf die Bedürfnisse der Kinder zugeschnitten und beruhte ausschließlich auf den Richtlinien von Maria Montessori. Sie würde die Kreativität der Kinder fördern und nutzen und außerdem zum Schmelztiegel sozialer Integration werden. Angeregt von den Entdeckungen der ersten Kinderanalytiker, schlug Gina voll Elan vor, das Experiment noch um eine Dimension zu erweitern und auch noch ein paar Problemkinder aufzunehmen.

1 Dieser Ausdruck bezeichnet üblicherweise jene Analytiker, die kein Medizinstudium absolviert haben.

Auf Ginas Bitte hin kümmerte sich Bruno Bettelheim um die Finanzierung des Unternehmens. Die neue Welt, die sich seine Frau erschloß, reizte ihn. Besonders mit Fritz Redl freundete er sich bald an. Sie hatten viele gemeinsame Interessen und paßten gut zusammen, obwohl sie ganz unterschiedliche Hintergründe hatten. Fritz Redl kam aus einer katholischen Familie, hatte auch Philosophie studiert und als hervorragender Student aufgrund seiner Dissertation über die »Epistemologischen Grundlagen der Kantschen Ethik« bereits mit dreiundzwanzig seinen Doktortitel erhalten. Der Philosoph Hans Vaihinger - derselbe, von dem Bruno Bettelheim sagte, seine Werke hätten ihm geholfen, aus seiner Depression herauszukommen - war von dem jungen Redl so beeindruckt, daß er ihn eingeladen hatte, die Ferien bei ihm in Deutschland zu verbringen.

Auch Fritz Redl hatte eine schwere Kindheit: Als er fünf war, mußte er mit ansehen, wie seine Mutter beim Brand ihres Hauses ums Leben kam. Doch Redl neigte nicht zur Depression, im Gegenteil, er war ständig auf Festen anzutreffen und meist deren Mittelpunkt. Nach seinem Philosophiedoktorat machte er die Lehramtsprüfung und verdiente dann seinen Lebensunterhalt als Professor für Literatur und Philosophie an einem Realgymnasium. Er verfaßte einige Handbücher, auch eines über Psychologie. Die Beobachtung seiner Schüler, erklärte er, habe zu seinem Interesse am Funktionieren der Psyche geführt. Also begann er eine Analyse und besuchte gleichzeitig die Vorlesungen Professor Karl Bühlers, der gemeinsam mit seiner Frau Charlotte das Institut für Psychologie leitete und in Wien als höchste Autorität auf diesem Gebiet anerkannt war. Aber Fritz Redl war nicht der Mann, der sich mit Theorien begnügt hätte. Sogleich wandte er die neuen Kenntnisse auf seine Schüler an. Aus der Beobachtung wurde Beratung, mehr und mehr beschäftigte er sich mit Problemfällen unter den Jugendlichen. Das brachte ihm allmählich den Ruf eines Spezialisten ein, und bald übte er für mehrere Schulen Beraterfunktionen aus.

Wahrscheinlich stammte die Idee, im Sommer 1932 mit einer Gruppe schwer erziehbarer Kinder aus armen Familien auf Urlaub zu fahren, von Fritz Redl. Anni Haček und Gina Bettelheim waren begeistert, aber sie hatten weder Geld noch eine Unterkunft dafür. Also baten sie Bruno um Hilfe, und wieder einmal fand er eine Lösung. Er ließ seine Beziehungen spielen und erwirkte die Erlaubnis, das Ferienlager auf der Schallaburg aufzuschlagen, einem ungenutzten herrschaftlichen Anwesen. Das Gebäude war verfallen, einen Monat lang kampierte die Gruppe zwischen Trümmern, aber die Umgebung war prachtvoll und der Aufenthalt ein voller Erfolg. Gina war beeindruckt von Fritz Redls Gewandtheit im Umgang mit Gruppen, während sie besser mit einzelnen arbeiten konnte.

Gina begann, sich in ihrem neuen Leben einzurichten, bis eines Tages - wahrscheinlich im Herbst desselben Jahres, aber da ist sie sich nicht so ganz sicher[2] - Editha Sterba ihr zum erstenmal von einer kleinen amerikanischen Patientin erzählte, für die sie eine Schule suchte. Patricia (»Patsy«) war damals sieben Jahre alt, wirkte aber wie zwei oder drei, sie war fast vollständig von der Außenwelt abgekapselt und redete so gut wie gar nicht. Patsys Mutter Agnes Piel entstammte in zweiter Generation einer großen deutschen Bierbrauerfamilie in Connecticut. Sie war in großer Sorge, daß Patsy so zurückgeblieben war, und hatte bereits unzählige amerikanische Spezialisten konsultiert. Schließlich war sie, vom Ruf Sigmund und Anna Freuds angezogen, nach Wien gekommen. Anna Freud war gerade dabei, eine Kindertagesstätte einzurichten, Patsy schien ihr aber zu alt oder zu schwierig, jedenfalls hatte sie sie an Editha Sterba weiterempfohlen, die zu der Zeit das Kinderambulatorium des Psychoanalytischen Instituts leitete.

Gina war sofort bereit, das Kind in ihrem Kindergarten aufzunehmen. Die erste Begegnung ist auch nach über sechzig Jahren noch unversehrt in ihrem Gedächtnis geblieben. Da saß dieses zerbrechliche Mädchen mit dem verängstigten Blick unter dem dunklen Pagenkopf und spielte abwesend und offensichtlich ohne sich dessen bewußt zu sein mit seinen Fingern, während die Mutter alle Diagnosen herunterbetete, die über ihr Kind erstellt worden waren. Gina war berührt von dem Mädchen, es interessierte sie mehr als die verschiedenen Etiketten. Sie gab ihm Buntstifte, es begann, Tiere zu zeichnen, und Gina bemerkte eine künstlerische Begabung. Sie streckte ihre Arme aus, und nach einem kurzen Zögern kam Patsy auf sie zu. Instinktiv fühlte Gina, daß ein Bad das Kind beruhigen würde, es wehrte sich nicht, und nach und nach entspannte es sich im warmen Wasser, während Gina daneben saß und leise mit ihm sprach.

Patsy war ein stilles, sicher ein zu stilles Kind. Aber abgesehen von ihren manchmal abrupten Bewegungen und ihrem meist abwe-

2 Jedenfalls nennt Bettelheim dieses Datum, etwa in der *Geburt des Selbst*, und es paßt auch zu den wenigen Dokumenten, über die ich verfüge, vor allem zur polizeilichen Anmeldung von Patsys Mutter Agnes Piel Crane in Wien.

senden Blick wirkte ihr Verhalten nicht »verrückt«. Also bat Gina August Aichhorn um seine Einschätzung, dessen Erfahrung im Umgang mit gestörten Kindern am Psychoanalytischen Institut allgemein bewundert wurde. August Aichhorn, damals vierundfünfzig, war ursprünglich Lehrer, hatte sich jedoch als so geschickt erwiesen im Umgang mit kriminellen und schwierigen Jugendlichen, daß ihn die Gemeindeverwaltung schon in ganz jungen Jahren mit der Leitung zweier Erziehungsanstalten betraut hatte. Seine Erfolge hatten Anna Freud derart beeindruckt, daß sie ihn einlud, am Institut die Psychoanalyse kennenzulernen. Zehn Jahre später übertrug ihm die Psychoanalytische Vereinigung ihre Erziehungsberatung. »Wenn man nicht entscheiden kann, ob ein Kind normal ist oder nicht, muß man sich auf das Urteil der anderen Kinder verlassen«, sagte Aichhorn zu Gina. Bei Patsy führte dieser Test zu einem eindeutigen Ergebnis: Die anderen Kinder behandelten sie als Außenseiterin, ließen sie allein in ihrer Ecke sitzen und gaben schnell jeden Versuch auf, sie da herauszuholen.

Die erste Woche überstand Patsy halbwegs. Doch das Wochenende unter all den unbekannten Kindern in einer absolut fremden Umgebung verstörte sie ganz und gar. »Wir hatten nicht viel Geld, und die Lebensbedingungen im Kindergarten waren, verglichen mit denen, die Patsy gewohnt war, ziemlich einfach«, erklärt Gina.

Deshalb und vielleicht auch aufgrund der Zuneigung, die sie inzwischen zu dem Mädchen gefaßt hatte, bot Gina Agnes Piel an, Patsy am folgenden Wochenende zu sich nach Hause zu nehmen. Nach ein paar gemeinsamen Wochenenden konnte es Patsy auch nachts nicht mehr im Kindergarten aushalten, bald wohnte sie praktisch in der Gloriettegasse, und schließlich entschieden sich die Bettelheims, Patsy ganz bei sich aufzunehmen – sehr zur Erleichterung Agnes Piels, die sich nach ihrem bereits mehrere Monate dauernden Aufenthalt in Wien nach ihren Freunden und ihrem Zuhause in Greenwich Village sehnte.

So bekam Gina, die vor kurzem noch alles aufgeben wollte, das Kind, das Bruno ihr verweigert hatte. Sie umsorgte und liebte es hingebungsvoll, spielte und sprach mit ihm, als wäre es ihr eigenes.[3] Diese reizbare, oft provokante und verletzende Frau wurde durch

3 Im Lauf unserer Gespräche verwechselte Gina mehrmals Patsys Namen mit dem ihrer Tochter aus zweiter Ehe – eine so oft wiederholte Fehlleistung, daß sie ihr schließlich selbst auffiel.

Patsy mit einem Schlag zur Sanftmut in Person. Dabei ließ sie Patsy keineswegs alle Launen durchgehen, im Gegenteil, sie legte Wert auf Gehorsam, ordentliches Benehmen und Anwesenheit, und wenn sie es für nötig hielt, hatte sie genausowenig Bedenken wie jede andere Wiener Mutter ihrer Zeit, ihr eine Ohrfeige zu geben. Doch ihre Zuneigung war unübersehbar. Die Geduld, die sie Patsy gegenüber an den Tag legte, verblüffte alle, die sie kannten. Stunden um Stunden brachte Gina mit dem Versuch zu, an Patsy heranzukommen und herauszufinden, was ihr so entsetzliche Angst machte.

Nach dem Kindergarten kam Patsy in die Montessori-Grundschule in der Grünentorgasse im IX. Bezirk. Nach ein paar Monaten ließ Gina sie den weiten Weg mit dem Autobus allein machen. Doch da sie befürchtete, Patsy könnte sich verfahren, wenn sie so versunken sei in ihre Innenwelt, begleitete sie sie lange Zeit heimlich, stieg hinten in den Bus ein und folgte ihr unbemerkt bis zur Schule. Im Lauf der Jahre lernte Patsy schließlich Lesen und Schreiben und, was das wichtigste war, wenigstens ein Minimum an Kontakten mit anderen herzustellen.

Patsy scheint ihre Wiener Jahre in guter Erinnerung behalten zu haben – mit einer Ausnahme: »Ich wollte bei meiner Mutter sein. Ich konnte nicht verstehen, wieso sie mich nicht bei sich behalten hatte.«[4] Die Erinnerung an dieses Leiden klingt – sechzig Jahre danach – irritierend frisch. Und es ist derselbe Protest, dieselbe Klage, dieselbe Verständnislosigkeit, die die Kinder an der Orthogenic School in Chicago immer wieder äußerten. Es läßt sich kaum vermeiden, hier eine Grenze der Milieutheorie Bruno Bettelheims zu sehen, selbst wenn in Patsys Worten vielleicht noch das Schuldgefühl des empfindsamen Mädchens mitschwingt, das mit einer anderen Frau glücklicher war als mit seiner Mutter.

Agnes Piel wies gewisse Ähnlichkeiten mit jenen Müttern auf, die in den fünfziger und sechziger Jahren ihre Kinder zu dem berühmten Dr. B. brachten. Sie war das einzige Mädchen unter sechs Brüdern, ehrgeizig, fordernd, getrieben von intellektuellen Ansprüchen – sie träumte davon, eine erfolgreiche Schriftstellerin zu werden; das bißchen Ansehen, das sie sich mit ein paar hie und da veröffentlichten Artikeln erworben hatte, reichte ihr nicht, um ihre Größenphantasien zu befriedigen. Sie war nicht die einzige Exzentrikerin ihrer Familie, führte aber sicher das extravaganteste Leben. Sie war

4 Interview vom 5. August 1991.

intellektuell und emanzipiert, aber ruhelos, sie ging ständig auf Parties, rauchte, trank und sammelte Abenteuer. Zu Beginn der dreißiger Jahre stand sie zwischen zwei Männern. Die quasi mutistische Patsy mit ihrem unkontrollierten Verhalten erschien ihr schließlich als lebender Beweis ihres Versagens, womöglich als Opfer ihres schlechten Einflusses. So war Agnes Piel wie viele andere Eltern bereit, alles zu tun, um dieses Schuldgefühl loszuwerden. In den Artikeln, die sie schrieb, ging es übrigens bezeichnenderweise meist um Erziehungsthemen.

So muß ihr ein Stein vom Herzen gefallen sein, als sie ihre Tochter Gina Bettelheim anvertrauen konnte, die nicht nur psychoanalytisch versiert war, sondern außerdem eine kluge, einfühlsame und elegante Dame. Deren Mann würde für gesicherte materielle Verhältnisse sorgen, und Patsy könnte in einer »normalen« Familie mit einer starken Vaterfigur aufwachsen. Ich glaube nicht, daß Agnes über Ginas unerfüllten Kinderwunsch Bescheid wußte, aber ich kann mir gut vorstellen, wie beruhigend Brunos offensichtliches Verantwortungsgefühl für sie war.

Diese seltsame Amerikanerin, die da plötzlich vom Himmel fiel und so ganz anders war als alle Frauen, die Bruno Bettelheim bisher kennengelernt hatte, faszinierte ihn zweifellos, und wahrscheinlich ließ er ihr gegenüber seinen ganzen intellektuellen Charme spielen. Reich, bestimmend, aber auch verzweifelt angesichts der Probleme, die Patsy ihr aufgab, verkörperte sie für ihn Amerika, die neue Welt, von der so viele seiner Freunde träumten und an die er Gina fast verloren hatte. Noch ahnte er nicht, was ihm die Zukunft bringen würde, doch er machte bereitwillig von der Möglichkeit Gebrauch, etwas über dieses ihm unbekannte Land und dessen Einwohner zu erfahren.

Was wußte er denn von Amerika? Daß es ein reiches und starkes Land war, das während des Krieges viele Wiener vor der Hungersnot gerettet und durch sein Eingreifen letztlich den Konflikt beendet hatte. Er kannte Amerika aus dem Kino und aus den Büchern Karl Mays, der sich die edle, mythische Welt des Wilden Westens erträumt hatte, ohne je dort gewesen zu sein – er hatte Bilder im Kopf von einem riesigen, reichen und großzügigen, aber auch ungeschlachten und brutalen Land, einem Land der Cowboys und Selfmademen, in dem es jeder vom Tellerwäscher zum Millionär bringen konnte. Sicher kannte er die Geschichten von reich und berühmt gewordenen europäischen Einwanderern wie John Davidson

Rockefeller, sein Großvater Adolf Seidler wird ihm wahrscheinlich von dem Wiener Juden Isaac Merritt Singer erzählt haben, der in Amerika durch den Handel mit Nähmaschinen zu sagenhaftem Reichtum gekommen war, und Agnes Piels Großvater Godfried, der sich 1883 aus einem kleinen Dorf in Deutschland nach Amerika aufgemacht hatte, war dort binnen weniger Jahre zu einem der größten Brauereiunternehmer aufgestiegen.

Agnes Piel zeigte den Bettelheims ein anderes Amerika: das elegante New York mit der intellektuellen und musikalischen Boheme von Greenwich Village. Diese Entdeckung war irritierend und dämpfte ein wenig ihren Hochmut gegenüber den Amerikanern, deren naive Schwärmerei für Adel und Geschichte für den gebildeten Europäer eine Quelle der Erheiterung darstellte. Noch heute erinnert sich Gina daran, wie sie mit Bruno gelacht hatte über den Film *Ein Gespenst geht nach Amerika* von René Clair, in dem die Mißgeschicke reicher Amerikaner geschildert werden, die ein altes schottisches Schloß gekauft haben und es Stück für Stück nach Amerika importieren - mitsamt seinem Gespenst.

Eine Zeitlang wohnte Agnes Piel bei den Bettelheims, Gina hatte ihr ihr eigenes Zimmer abgetreten und schlief auf der Couch im Wohnzimmer. Agnes nutzte ihren Wien-Aufenthalt zu einer Analyse bei Richard Sterba. Sie ging oft aus und verließ sich darauf, daß Gina sich schon um ihre Tochter kümmern würde, während sie, wenn sie zu Hause war, sich lieber einem anregenden Gedankenaustausch mit ihren Gastgebern und deren Freunden hingab. Dabei wurde immer Deutsch gesprochen, obwohl Bruno Bettelheim ein wenig Englisch konnte. Agnes mochte Gina gern und war offensichtlich beeindruckt vom Lebensstil der Bettelheims. In den Vereinigten Staaten, klagte sie, sei es praktisch unmöglich, Dienstboten zu finden wie Bettelheims Hedwig, die abends aufblieb, um ihnen nach einem Theaterbesuch noch etwas zu essen zu machen. Dennoch: Als sie sicher sein konnte, daß ihre Tochter in guten Händen war, fuhr Agnes Piel wieder nach Hause.

Im Juni 1936 reiste Gina mit Patsy in die Vereinigten Staaten, um sie zu besuchen. Gleich nach ihrer Ankunft schickte Agnes die beiden für einen Monat in ein Ferienlager in Wellfleet auf Cape Cod, das von einem ihrer Freunde geleitet wurde. Gina war dort als Erzieherin, mußte sich aber ausschließlich um Patsy kümmern.

Im folgenden Monat erwies sich Agnes als großartige Gastgeberin. Gina war entzückt von der bezaubernden Landschaft Neuenglands und las Henry James' *Maisie*, um sich in die angemessene Stimmung zu versetzen. Aber sie wußte auch die kleine Spritztour zu schätzen, auf der ihr Agnes' kleiner Bruder Paul, der Maler war und in Greenwich Village lebte, die »andere Seite Amerikas« zeigte, die Armenviertel in Harlem und der Bronx. Agnes jedoch zürnte ihrem Bruder wegen dieser Eskapade, denn sie hatte einen Hintergedanken: Sie wollte die Bettelheims überreden, sich in den Vereinigten Staaten niederzulassen, damit Gina die Arbeit fortführen konnte, die sie mit Patsy begonnen hatte. Sie träumte davon, ein großes Haus zu kaufen, in dem sie alle zusammen leben würden; dann könnte Bruno seinen Geschäften nachgehen und Gina sich um Patsy kümmern. Gina hatte keine Lust, aber Agnes ließ nicht locker: »Seien Sie doch vernünftig, Sie sehen doch, was in Deutschland passiert«, sagte sie. »Wie lange, glauben Sie, wird es denn noch dauern, bis Hitler Österreich angreift?«

Gina blieb standhaft, sie konnte sich nicht vorstellen, anderswo zu leben als in Wien oder höchstens noch in Paris. So schiffte sie sich im Oktober zusammen mit Patsy wieder Richtung Europa ein. In Wien angekommen, stellte sie fest, daß sich Bruno irgendwie verändert hatte, gelassener wirkte und mehr in sich selbst ruhte. Er war entschlossen, sich wieder an der Universität einzuschreiben und die Geschäftsführung Hans Schnitzer zu überlassen.

Die Geschichte mit Patsy wird in Zukunft eine bedeutende Rolle spielen - nicht für Gina, sondern für Bruno Bettelheim. Seine Version weicht allerdings erheblich von der ab, die sich hauptsächlich auf der Grundlage von Ginas Aussagen, aber auch eines halben Dutzends anderer Personen, darunter Patsy selbst, rekonstruieren läßt. Was die Abfolge der Ereignisse anbelangt und die Beziehungen zwischen Agnes, Patsy und Gina, bin ich mir fast vollkommen sicher, daß sie so waren, wie ich sie hier geschildert habe. Bleibt das Verhältnis zwischen Bruno und Patsy, die immerhin etwa sechs Jahre lang unter einem Dach lebten. Und das ist nicht leicht zu ergründen, da es kaum einen wirklich verläßlichen Zeugen dafür gibt.

Einmal in den Vereinigten Staaten angekommen jedenfalls, wird Bruno Bettelheim sich Zug um Zug der Geschichte Patsys bemächtigen, als hätte nicht Gina sich um das Mädchen gekümmert, sondern er. Er präsentierte sich sogar als Patsys Psychoanalytiker und eliminierte auf diese Weise nicht bloß Gina, sondern auch Editha Sterba stillschweigend aus der Geschichte. Und keine der Frauen trat dieser Darstellung öffentlich entgegen. Der Protest erschöpfte sich in einer sibyllinischen Fußnote in Richard Sterbas Erinnerungen. Am Vorabend des Anschlusses, berichtet Sterba, habe er Bettelheim um Hilfe gebeten für eine Amerikanerin, deren Tochter bei seiner Frau in Behandlung war. Und in einer Fußnote merkt er an: »Dieses Kind stand, glaube ich, am Ursprung von Bettelheims Interesse für die Autisten.« Eine sehr wienerische Art, der Wahrheit zu ihrem Recht zu verhelfen!

Gina Bettelheim konnte ihrem Mann diese Kränkung nicht verzeihen, denn sie empfand seine Äußerungen nicht bloß als Lüge, sondern als eine vollständige Verleugnung ihrer Person. Diese Verletzung ist um so tiefer, als Gina während der rund fünfzig folgenden Jahre es nie über sich brachte, Bruno Bettelheim darauf anzusprechen.

Ihr Urteil ist vernichtend: »Brunos Beziehung zu Patsy? Praktisch nicht vorhanden, wie bei jedem anderen europäischen Mann und seinen Kindern: Er sah sie kurz beim Abendessen. In der restlichen Zeit las er viel, und sie störte ihn nicht, sie war ja ein stilles Kind.« Gina bestreitet nicht nur jegliche Bindung zwischen Bruno und Patsy, sondern verneint auch kategorisch die Möglichkeit, er könnte sich, und sei es von ferne, für ihr merkwürdiges Verhalten interessiert haben. Und hier übertreibt sie zweifellos.

Denn da Bettelheim einen richtigen Roman aus dem machte, was später als Patsys Autismus diagnostiziert werden sollte, muß er sie beobachtet haben, als sie bei ihm lebte, auch wenn es nicht diesen Anschein hatte. Damals war er voller Selbstzweifel – wie hätte ihn dieses Kind unberührt lassen können, das in jeder Hinsicht von ihm vollkommen verschieden war und doch »der Menschheit und der Gesellschaft vorsätzlich den Rücken kehrte«, wie er es rund zwölf Jahre vorher selbst getan hatte? Erweckte das Drama dieses kleinen Mädchens, das ganze Tage lang eingeschlossen blieb in die Welt seiner Vorstellungen, nicht notwendig seine Erinnerung an die vielen Stunden, die er im Dunkeln saß und nichts denken konnte?

Der »Roman«, den Bettelheim um Patsy baute, entwickelte sich im Lauf der Zeit, er wurde immer lebendiger, immer ausführlicher – als habe das Schweigen derer, die ihm widersprechen konnten, Bettelheim ermutigt, das Thema immer weiter auszuspinnen. Die vollendetste Form erhielt die Geschichte in seinem *Leben für Kinder*, aber auch diese Version schmückte er im Laufe einiger Interviews nach dem Erscheinen des Buches noch weiter aus, als ihm aufmerksam gewordene Journalisten dazu ein paar Fragen stellten.[5] Denn Bruno Bettelheim erzählte gern Geschichten und konnte nie nein sagen, wenn seine Fabulierkunst gefragt war.

In seinem Buch berichtet er von »einem achtjährigen autistischen Mädchen«, das »praktisch sein ganzes Leben lang« nicht gesprochen habe: »Es dauerte länger als ein Jahr, in dem wir ihren Wunsch, in Ruhe gelassen zu werden, sorgsam respektierten, während wir uns die ganze Zeit Mühe gaben, sie zärtlich und liebevoll zu umsorgen, bis sie endlich ihre völlige Isolierung ein wenig aufgab und gelegentlich eine Annäherung zuließ, wenn sie auch immer noch nicht sichtbar darauf reagierte.« Am Ende habe Patsy sich sogar darauf eingelassen, Guck-guck zu spielen, »das Merkmale des Versteckspiels und des Spiels ›Wo ist das Baby‹ trug«. Bei der Beschreibung dieses Spiels wechselt Bettelheim vom »wir« zum »ich«:

»Schließlich versteckte sie sich tatsächlich hinter einem Vorhang und lugte sogar hervor, wobei sie das nachahmte, was ich unzählige Male bei meinem Suchspiel getan hatte.« Nach dieser Episode habe Patsy sich zum erstenmal spontan und ohne zurückzuzucken von ihm in die Arme nehmen lassen. Begeistert habe Bruno Bettelheim dieses Experiment an den folgenden Tagen wiederholt, und während einer dieser Spielphasen habe Patsy, behauptet er, nicht nur zum erstenmal in ihrem Leben gesprochen, sondern gleich einen vollständigen Satz von sich gegeben, und das, obwohl alle um sie herum Deutsch redeten, noch dazu in perfektem Englisch: »Give me the skeleton of Washington«, sagte sie – »Geben Sie mir Washingtons Leiche!«

Bettelheim ist nicht der einzige, der so etwas beschrieben hat: Wenn Autisten aus ihrem Mutismus erwachen, formulieren sie manchmal vollständige Sätze – Sätze, die es zu entschlüsseln gilt, will man ihnen helfen, denn, sagt Bettelheim, sie offenbaren im allgemeinen, woran sie am meisten leiden, was am Ursprung ihres Rückzugs aus der Welt steht. Glücklicherweise verstand Bettelheim, was Patsy sagen wollte: »Die Tragödie ihres Lebens bestand darin, daß der Vater unbekannt war, und zwar nicht nur ihr, sondern aufgrund sehr seltsamer Umstände auch ihrer Mutter.« Diese Umstände erläuterte Bettelheim etwa im Interview mit Daniel Karlin: Agnes

5 Besonders im letzten Fernsehinterview, das er am 18. und 19. März 1989 Daniel Karlin gab, und drei Tage später auf einem Kolloquium in San Francisco, das Karlin ausschnittweise in seinem Film zeigte.

habe ihre Tochter auf einer feuchtfröhlichen Party empfangen, und um den Skandal zu vertuschen, hätten ihre Eltern sie schnell verheiratet, nachdem sie selbst mehrere Abtreibungsversuche unternommen habe. Als Patsy fünf Jahre alt gewesen sei, habe Agnes unter dem Druck ihrer Schuldgefühle nach einem Therapeuten gesucht. Doch die Tochter habe natürlich die Ablehnung der Mutter gespürt. Daher ihr sibyllinischer Satz: Da sie einen Vater brauchte und Amerikanerin war, »konnte sie als Lösung ihres Problems nur an die Vaterfigur ihres Heimatlandes denken. Da ihr unbekannter Vater das streng gehütete Familiengeheimnis war, das man im Englischen als ›skeleton in the cupboard‹ (auf deutsch: Leiche im Keller) bezeichnet, bat sie um Washingtons Leiche.«

Welch wunderbare Geschichte! Welch reiches Feld für den Psychotherapeuten und Pädagogen! Das Problem ist nur, daß sie keinerlei Berührungspunkte aufweist mit dem, was ich erfahren konnte. Alle, die in Wien mit den Bettelheims verkehrt haben, versichern, daß es Gina war, die sich um Patsy gekümmert hat, und zwar ausschließlich Gina. Was das betrifft, ist auch Patsy völlig eindeutig: »Die ganze Pflege und die ganze Erziehung war allein Ginas Werk.« Und Gina geht noch weiter: »Als ich mich um Patsy kümmerte, interessierte sich Bruno überhaupt nicht für ihre seelische Entwicklung. Er stellte mir keine Fragen, wir redeten kaum darüber. Das war meine Aufgabe, er hatte genug mit seiner Firma zu tun.« Der Bericht über Patsys »erste Worte« bringt sie zum Lachen: »Nie habe ich Bruno mit Patsy spielen gesehen. Und Patsy war weder stumm, noch hätte sie jemals einen solchen Satz gesagt.« Andere Aussagen bestätigen, daß Patsy gesprochen hat, als sie nach Wien kam, wenig und schlecht zwar und mit schnarrender Stimme, aber sie redete. Heute würde sie nicht als Autistin diagnostiziert werden. Diesbezüglich ist Bruno Bettelheim allerdings nichts vorzuwerfen, die Diagnose – Familie Piel kann das bestätigen – stand schon vorher fest, nachdem Agnes Piel die größten Psychiater ihrer Zeit konsultiert hatte.

Auch was den Ursprung von Patsys Problem angeht, scheinen die Fakten (und die Aussagen der Familie) der Bettelheimschen Version zu widersprechen. Als Patsy geboren wurde, lebte Agnes mit ihrem ersten Mann zusammen, dessen Namen Patsy übrigens später wieder angenommen hat. Zumindest offiziell also war sie ein eheliches Kind. Es läßt sich natürlich nicht ausschließen, daß Agnes Piel Bruno Bettelheim Geheimnisse anvertraut hat, von denen sonst niemand wußte, vor allem nicht ihre Verwandten. Besonders einige zeitliche Widersprüche in den Akten lassen es möglich erscheinen, daß die Dinge nicht so waren, wie sie dargestellt wurden.[6] Aber wäre es in diesem Fall nicht wahrscheinlicher, daß Agnes Gina davon erzählt hätte, die sich viel mehr um Patsy kümmerte? Oder unterhielt Agnes mit Bruno engere Beziehungen, als in ihrer Umgebung vermutet wurde? Hat er ein Geheimnis erahnt und Fragen gestellt?

Es ist auch nicht auszuschließen, daß Bruno Bettelheim, ohne daß er die Verantwortung für Patsy trug, mit ihr einen gewissen Austausch pflegte, selten, aber gerade darum besonders bedeutsam. Wie ein typischer Vater seiner Zeit war er für Patsy vielleicht einfach jemand, der ihr ab und zu etwas Schönes schenkte oder mit ihr etwas Besonderes unternahm. So erwähnte seine spätere zweite Frau einen Nachmittag, den sie mit Bruno und Patsy im Wiener Prater verbrachte, als Gina einmal etwas anderes zu tun hatte. Auch an einer Jause in der Schule zur Feier von Patsys Geburtstag nahm Bettelheim teil. Das sind zwar nur kleine Gesten, aber sie zeugen zweifellos von einer Beziehung zwischen den beiden.

Vor allem aber hat Patsys Aufenthalt in Wien Bruno Bettelheim den Stoff zu seinem ersten »Märchen« geliefert, das er um so ungenierter verbreiten konnte, als auf Agnes' Wunsch weder Bruno noch Gina jemals die Identität des kleinen Mädchens preisgegeben haben.

Gina kam nicht zu der Jause in der Montessori-Schule, die vermutlich zu Patsys elftem Geburtstag im April 1936 veranstaltet wurde. Die kleine Schule in der Grünentorgasse war im ersten Stock einer früheren Knabenhauptschule untergebracht. Es gab nur zwei Klassen, Patsy war damals bei den Großen, die Emma (»Nuci«) Plank betreute, die Leiterin der Schule und eine Pionierin der Bewegung. Bei den Kleineren gab es auch einen Patienten Editha Sterbas, einen schwer gestörten Jungen[7]; hier hatte bis zum vorhergehenden Jahr Emarina (»Emmi«) Vischer unterrichtet, eine junge Schweizer Lehrerin, die nach Wien gekommen war, um eine Analyse zu machen

6 Tatsächlich läßt sich eine Differenz von einem Jahr feststellen zwischen dem offiziellen und dem in den Akten der Wiener Fremdenpolizei vermerkten Geburtsdatum Patsys.

7 Er ist wahrscheinlich das Vorbild für »Fränzchen«, den Bettelheim in *Themen meines Lebens* im Kapitel »Wie ich zur Psychoanalyse kam« erwähnt.

und die neuartigen Erziehungsmodelle zu erkunden, die hier erprobt wurden.

Von Richard Sterba, der als Medizinstudent in den zwanziger Jahren, während in Wien die Hungersnot herrschte, regelmäßig bei den Vischers in der Schweiz zur Erholung gewesen war, hatte Emmi so viel darüber gehört, daß sie neugierig geworden war. Nach seiner Hochzeit im Jahre 1926 wollte er unbedingt Editha seinen Wohltätern vorstellen, und bei der Gelegenheit hatte er Emmi eingeladen, nach Wien zu kommen, wann immer sie Lust dazu haben sollte. Sie folgte dieser Einladung 1931 und hatte in kurzer Zeit all ihre Vorhaben verwirklicht. Kaum war ihre Montessori-Ausbildung zu Ende, vertraute ihr Nuci Plank die Klasse der Jüngeren an. Parallel dazu vervollkommnete Emmi ihre Kenntnisse in der Psychoanalyse, indem sie an Anna Freuds Seminaren im Haus der Kinder und am Psychoanalytischen Institut teilnahm. Hier lernte sie auch August Aichhorn, Fritz Redl und Gina Bettelheim kennen.

Der unaufdringliche Charme der schüchternen, nach eigenem Bekunden naiven, aber hübschen jungen Frau blieb nicht unbemerkt. Auf einem Kongreß in Rom, wo alle hingefahren waren, um Maria Montessori persönlich kennenzulernen und ihre »Casa dei Bambini« zu besuchen, hielt Fritz Redl sogar um Emmis Hand an. Emmi mochte ihn gern, aber er war nicht ihr Typ, und außerdem war sie bereits dem Mann begegnet, den sie bald heiraten würde: Editha Sterbas Bruder Hubert von Radanowicz, Ingenieur und Siemens-Repräsentant in Madrid. Im Frühjahr 1935 verließ Emmi Wien, um ihm dorthin zu folgen. Ihre Schulklasse übernahm Gertrude Weinfeld, die zwei Jahre lang ihre Stellvertreterin gewesen war.

Trude Weinfeld war damals vierundzwanzig, ein Jahr jünger als Emmi Vischer. Sie war traurig, als Emmi wegging, denn obwohl die beiden, wenn man von der Schüchternheit absieht, wenig gemeinsam hatten, waren sie im Laufe ihrer Zusammenarbeit doch gute Freundinnen geworden. Trude hatte sehr viel gelernt von Emmi, und auf Emmis Anregung hin hatte sie auch eine Analyse bei Editha Sterba begonnen. Das hatte sie ihre erste große Liebe gekostet, denn ihr Verlobter wollte nicht zulassen, daß sie ihre intimsten Geheimnisse einer Fremden anvertraute, während sie schließlich zu der Überzeugung kam, sie könne sich nicht mit einem Mann verstehen, der die Notwendigkeit nicht einsah, die Mechanismen des Unbewußten zu entdecken. Für Trude mit ihrer extremen Schüchternheit war die Psychoanalyse eine Offenbarung. Doch sie sprach mit niemandem in ihrer Familie darüber, sie wußte, daß keiner sie verstanden hätte.

Trudes Vater war Wirtschaftsprüfer, und trotz finanzieller Schwierigkeiten während des Krieges und der großen Wirtschaftskrise verlebte Trude eine glückliche Kindheit im XVIII. Wiener Gemeindebezirk. Ihre Eltern, liberale assimilierte Juden, verstanden sich gut, und obwohl die Mutter ein wenig den jüngeren Bruder vorzog, der während der Gefangenschaft des Vaters in Sibirien zur Welt gekommen war, fühlte sich Trude nicht vernachlässigt. Einmal, als Trude, die sonst ein braves Mädchen war, in der Schule schwätzte und sich daraufhin zur Strafe in die Ecke stellen mußte, veranlaßte ihre Mutter sofort, daß sie in eine andere Schule kam. Vor allem aber hatte Trude als älteste Tochter ein wunderbares Verhältnis zu ihrem Vater, einem zärtlichen, liebevollen Mann, den sie keinesfalls enttäuschen wollte. Sie war gut in der Schule, hatte aber eher soziale als intellektuelle Neigungen. Nach der Matura besuchte sie ein paar Vorlesungen an der Universität und stellte bald fest, daß das nicht ihr Weg war. Unter dem Einfluß der Lektüre Goethes und Schillers zog sie es vor, Fürsorgerin zu werden.

Im Zuge eines Praktikums lernte Trude die Montessori-Schule kennen. Sie war davon so beeindruckt, daß sie sofort nach Beendigung ihrer ersten Ausbildung eine weitere im Haus der Kinder anschloß. Das sollte sich bald als kluge Entscheidung erweisen, denn als sie 1933 mit ihrem Fürsorgerinnendiplom in der Tasche auf Arbeitssuche ging, mußte sie erkennen, daß es unter dem Dollfuß-Regime schwierig geworden war, als Jüdin eine Stelle zu finden. So kam sie dank ihrer Ausbildung am Haus der Kinder in der Montessori-Schule unter und wurde dort Emmis Stellvertreterin.

Bruno Bettelheim und Trude Weinfeld lernten sich bei der Jause zu Patsys Geburtstag kennen. Vielleicht haben sie sich über Emmi unterhalten, die Bruno durch Gina und Fritz Redl kennengelernt hatte und für die er, wie er später gestand, eine gewisse Neigung empfunden, aber nicht zu äußern gewagt hatte. Vielleicht wurden sie einander von Brunos alter Freundin Lilly Krugh vorgestellt, die ebenfalls an der Schule arbeitete. Jedenfalls begleitete Bruno Bettelheim Trude Weinfeld am Abend noch nach Hause, und danach begann er, mit ihr auszugehen, wenn Gina beschäftigt war. Einmal lud er sie auch ein, mit ihm und Patsy in den Prater zu gehen. Und an diesem Nachmittag hatte Trude das Gefühl, daß eine aufrichtige Freundschaft zwischen ihr und Bruno entstand. Das erzählte sie später ihren Kindern, kurz vor ihrem Tod, als die sie gebeten hatten, die Geschichte ihrer Jugend für sie auf Band zu sprechen.

Und was empfand Bruno Bettelheim für diese junge Frau, die so verschieden war von seiner eigenen? Schwer zu sagen. Auf jeden Fall hat er damals keine Sekunde lang mit dem Gedanken gespielt, daß sie der Grundstein seines zweiten Lebens werden könnte. Eine Scheidung kam damals in Wien ohnehin nicht in Frage, zumindest nicht in seinen Kreisen. Und wenn es anders gewesen wäre, hätte er dann darüber nachgedacht? Wahrscheinlich nicht, denn dann hätte er sich eingestehen müssen, daß er gescheitert war.

Bruno Bettelheim war nicht glücklich, er selbst gebrauchte in *Aufstand gegen die Masse* Erik Eriksons Begriff »psychosoziales Moratorium«, um diese Phase seines Lebens zu beschreiben. Er lebte zwar im Wohlstand, er war stolz darauf, als einziger unter seinen Freunden ein Auto zu besitzen, wie Gina anmerkt. Aber das ließ ihn nur noch deutlicher spüren, wie unbefriedigend sein Leben war. Was nützt es, eine begehrenswerte Frau zu haben, wenn die einen nicht begehrt, es sei denn, um vor anderen damit anzugeben? Und was nützt es, viel Geld zu haben, wenn man dafür all seine jugendlichen Ambitionen opfern mußte? Das Elend Bettelheims zeigte sich darin, daß er sich nach und nach von den meisten seiner Freunde zurückzog, die weiterhin ihren Idealen nachhingen und sich der Psychoanalyse oder der Politik verschrieben hatten.

Nur Hans Willig mußte sich genauso den Zwängen der Realität fügen; auch er war Geschäftsmann geworden und hatte nur noch in seinen Mußestunden Zeit für die Musik. Er ging 1935 mit Wanda nach Prag. Bruno Bettelheim hatte praktisch keine Freunde mehr, als er Trude begegnete. Die einzigen Intellektuellen, mit denen er noch verkehrte, hatte er über Gina kennengelernt. Seit Patsy bei ihnen wohnte, hatten sich auch die Machtverhältnisse zwischen Gina und Bruno verändert, ohne daß sie darüber geredet hätten. Gina trug nun auch finanziell zum gemeinsamen Haushalt bei, was ihr viel Sicherheit gab. Ihr Kindergarten hatte zwar bald wieder geschlossen, aber sie empfing nun Patienten bei sich zu Hause, vor allem eine sehr deprimierte chinesische Dame, mit der sie jeden Nachmittag mehrere Stunden beschäftigt war. Und dann begann Gina, nachdem sie Bruno in den ersten Jahren ihrer Ehe treu geblieben war, sich ein wenig umzusehen. Der Wunsch, zu verführen, zu gefallen, ergriff immer stärker von ihr Besitz.

»Meine Beziehung zu Gina war sehr schwierig«, schrieb Bruno

Bettelheim sehr viel später an eine Freundin.[8] »Ich kann es kaum verstehen, warum wir einander je wichtig waren, noch viel weniger, warum wir einander das Leben schwermachten.«

Trude Weinfeld war das Gegenteil von Gina, eine große, kräftige Frau mit braunen Haaren, die ihre Schüchternheit hinter einem eher sportlichen Äußeren verbarg. Sie war anziehend, aber nicht kokett, intelligent, aber ohne ausgeprägten intellektuellen Ehrgeiz. Sie war hilfsbereit und großzügig, tarnte das aber gern als praktischen, nüchternen Sachverstand. Bei aller Tatkraft machte sie einen besonnenen, zurückhaltenden Eindruck, hinter dem aber ein eiserner Wille steckte und eine gewisse Selbstsicherheit. Menschen, die sie kannten, erwähnen oft ihren aufrechten Gang und manchmal auch, daß etwas Einschüchterndes von ihr ausging.

In Trude, denke ich, fand Bruno Bettelheim zunächst eine Freundin, und die unkomplizierte Beziehung war für ihn ein Trost. Sie rivalisierte nicht mit ihm, sie hörte ihm zu und nahm Anteil an seinen Gedanken und Gefühlen. Auf einmal waren Psychoanalyse und Kindererziehung nicht mehr Ginas Privatrevier, sondern spannende Gesprächsthemen, zu denen auch er etwas beitragen konnte. Und Trude hörte ihm nicht bloß zu, sondern bewunderte auch, was er sagte. Wo die kritische, ungeduldige Gina nur Angabe und Abklatsch sehen konnte, entdeckte Trude den Keim neuer Vorstellungen und origineller Ideen. Und da sie klug war, verlieh sie ihnen Glaubwürdigkeit und gab ihnen so die Kraft zu wachsen. Sie war es, die in jenem Sommer, als Gina mit Patsy in den Vereinigten Staaten war, Bruno ermutigte, sein Studium wiederaufzunehmen und den Doktortitel zu erwerben.

Die Beziehung zwischen Bruno und Trude entwickelte sich ganz allmählich. Nachdem sie ein paarmal im Konzert und im Theater waren, gingen sie regelmäßig miteinander ins Schwimmbad. Einmal nahm Bruno Trude ins Grüne mit und ließ sie seinen Wagen chauffieren – eine denkwürdige Erfahrung für die junge Frau, denn niemand, den sie sonst kannte, besaß ein Auto. Nach und nach kamen sie einander näher. Nach Ginas Rückkehr nutzte Trude die große Schulpause, um Bruno in seinem Büro anzurufen. Sie fühlte sich schuldig, eine Beziehung zu einem verheirateten Mann zu unterhalten, aber das machte die Angelegenheit nur noch spannender.

Nach einem Faschingsball wurde Trude klar, wie verliebt sie war.

8 Brief an E. R. vom 10. September 1954.

Gina und sie hatten sich als kleine Mädchen mit langen Zöpfen verkleidet und sich gemeinsam geschminkt. Den ganzen Abend machte ein junger Zahnarzt namens Peter Weinmann Trude den Hof, und sie unterhielt sich prächtig. Es wurde spät, und damit sie nicht ans andere Ende Wiens nach Hause fahren mußte, bot Gina ihr das Bett im Hinterzimmer an. Dort lag Trude die ganze Nacht wach, weil sie ständig an Bruno denken mußte, der nebenan war - mit seiner Frau.

Die Psychoanalyse hatte Trude nicht nur ihrem ersten Geliebten entfremdet, sondern sie auch von den Hemmungen eines braven Mädchens befreit. Bei Editha Sterba, erzählte sie später ihren Kindern, habe sie in einem Buch zum erstenmal Bilder von nackten Menschen gesehen. »Da war ich schon über fünfundzwanzig!« Nicht, daß Trude noch unberührt gewesen wäre - sie war ein Kind ihrer Zeit, überzeugt von der Notwendigkeit, mit den Tabus der viktorianischen Gesellschaft zu brechen, und das Verhältnis mit ihrem Verlobten hatte schon begonnen, als sie noch im Gymnasium war. Aber erst, als sie Bruno kennenlernte, konnte sie ihre Bedürfnisse als Frau wirklich verstehen und annehmen. Ich weiß nicht, wann genau aus der Freundschaft eine Liebesbeziehung wurde, aber schon, weil die Angst vor der Syphilis Bruno immer noch zusetzte, glaube ich, daß es Trude war, die den ersten Schritt machen mußte.

Daß Trude trotz ihrer zurückhaltenden Art schon eine gewisse sexuelle Erfahrung hatte, trug zweifellos dazu bei, Bruno etwas mehr Sicherheit und Selbstvertrauen zu geben. Auch hier ist der Unterschied zwischen Gina und Trude frappant: Mit ihrem viel weiblicheren Äußeren schien Gina zur Liebe geradezu einzuladen, und doch war sie vollkommen unerfahren, als sie Bruno kennenlernte, und die Ungeübtheit beider in diesem Bereich hat zweifellos zum Scheitern der Beziehung beigetragen. Wie auch immer - im vollen Bewußtsein der Tatsache, daß eine Scheidung ausgeschlossen war, wurden Bruno und Trude im Jahr 1936 ein Liebespaar, und etwa zur gleichen Zeit traf Gina den Mann ihres Lebens.

Patsy hatte Zahnschmerzen, und auf Empfehlung der Sterbas suchte Gina mit ihr die Praxis Dr. Joseph Peter Weinmanns auf. Peter Weinmann war gerade vierzig, genoß aber in Medizinerkreisen bereits großes Ansehen. Er hatte soeben Sigmund Freuds Prothese erneuert, eine heikle Aufgabe, da der Krebs und mehrere Operationen die eine Hälfte des Kiefers schon ziemlich verwüstet hatten. Seine Forschungsarbeiten hatten Weltniveau, und später wurde an der Universität von Illinois speziell für ihn der Lehrstuhl »Orale Pathologie« geschaffen. Er war ein charmanter Mann und, zumindest in Ginas Augen, der Anti-Bruno schlechthin, zurückhaltend und sehr viel mehr an seiner Arbeit interessiert als an den Ehren, die sie ihm eines Tages einbringen könnte.

Gina und Peter Weinmann fühlten sich sofort zueinander hingezogen. Aber sie waren beide verheiratet und daher eher vorsichtig mit der Anknüpfung ihres Verhältnisses. Es begann mit einem ausgedehnten Flirt, zu dem die Besuche in seiner Zahnarztpraxis und einige gesellschaftliche Ereignisse reichlich Gelegenheit boten. Peter Weinmann war ein guter Freund Richard Sterbas, und da die Etikette in psychoanalytischen Kreisen, die private Begegnungen zwischen Analytikern und Analysanden verhindern soll, noch nicht so streng war wie heute, trafen sie sich oft alle zusammen auf einen Kaffee in dem Restaurant, wo die Weinmanns immer aßen. Oder auf dem Faschingsball, wo Peter mit Trude flirtete, vielleicht auch, um Brunos Wachsamkeit zu täuschen ... Gina erinnert sich vor allem an eine Reise mit den Weinmanns in die Provence, ein paar Monate vor dem Anschluß, auf der sie die ganze Tiefe ihrer Liebe zu Peter erfuhr, der sich auch für die Musik, die Natur und die schönen Dinge begeisterte und wie sie eigene Entdeckungen den im Reiseführer verzeichneten Sehenswürdigkeiten vorzog. Aber natürlich dachten weder Peter noch sie an Scheidung.

»Obwohl einige meiner engsten Freunde Psychoanalytiker geworden waren, hatte ich Bedenken, ihrem Beispiel zu folgen. Erstens mochte ich kein Nachahmer sein, und zweitens war ich nicht beeindruckt von dem, was dieser Beruf ihnen persönlich brachte«, schreibt Bruno Bettelheim in *Themen meines Lebens*. »Was mich bewog, eine Psychoanalyse in Erwägung zu ziehen, waren also rein private Dinge, Unzufriedenheit mit meinem Leben, ... den letzten Ausschlag (gab) dann eine Krise in meiner Ehe.« Erst nachdem er sich als erfolgreicher Geschäftsmann etabliert hatte, vereinbarte Bruno Bettelheim ein Vorgespräch mit Richard Sterba. Wie diese Sätze aus seinem letzten Buch beweisen, war er voller Vorbehalte; er wollte zunächst nur ein paar Erkundigungen einholen, die ihn zu nichts verpflichteten. Er könnte ja seine Meinung jederzeit wieder ändern.

Nachdem die praktischen Dinge (Sitzungszeiten und Honorar) geregelt waren, brachte Bettelheim seine Zweifel vor. Ob er überhaupt eine Analyse nötig habe, fragte er. Er habe keine Ahnung, erwiderte Sterba, erst in ein, zwei Jahren könne er dazu etwas sagen, aber dann würde Bettelheim das selbst wissen. Auch auf die Frage, ob ihm die Psychoanalyse wenigstens helfen könne, antwortete Sterba in diesem Sinne.

Bis hierher handelt es um ein klassisches Einführungsgespräch zwischen Analytiker und potentiellem Klienten. Interessant ist die folgende Frage, ein allerletzter Versuch Bettelheims, da die bisherigen Antworten Sterbas seine Zweifel nicht zu besänftigen vermochten: Welchen Grund es dann für ihn überhaupt gebe, eine Analyse zu machen? Mit seiner Antwort traf Sterba den entscheidenden Punkt und enthüllte nebenbei, daß er mehr verstanden hatte, als er zeigen wollte: »Aus unserer Unterhaltung habe er entnommen, daß ich mich schon seit Jahren für Psychoanalyse interessiere. Deswegen glaube er, mir immerhin eines versichern zu können, daß ich nämlich meine eigene Analyse hochinteressant finden werde, denn ich würde dabei Dinge über mich selbst entdecken, von denen ich vorher nichts wußte. Das befähige mich dann zu einem besseren Verständnis meiner selbst und mache mir viele Aspekte meines Lebens und Verhaltens begreiflich.« Mit dieser Antwort hatte Sterba das getroffen, was für Bettelheim die stärkste Versuchung war: den Sinn im scheinbar Sinnlosen zu entdecken. Nach diesen Worten sei er sicher gewesen, schreibt Bettelheim, sich Richard Sterba anvertrauen zu können, und er beschloß, das Wagnis einzugehen.

Aber wann hat dieses Gespräch stattgefunden, und wie lange dauerte die Psychoanalyse Bruno Bettelheims? Es scheint unmöglich, diese Fragen genau zu beantworten. Er selbst hat sich darüber nur vage geäußert und von »mehreren Jahren« gesprochen, aber gerade hier sind seine Angaben besonders unzuverlässig, da er immer wieder »dazuerfunden« hat, um seinen Lebenslauf abzurunden. Gina Weinmann dagegen neigt zur Untertreibung: »Weniger als ein Jahr, da bin ich sicher.« Ihrem Gedächtnis ist jedoch aus anderen Gründen genausowenig zu trauen. Auch von anderen Zeugen, die zur Wahrheitsfindung beitragen könnten, ist keine klare Auskunft zu erwarten. Immerhin liegt das Ereignis über fünfzig Jahre zurück und betraf sie nicht unmittelbar, aber vor allem ist fast keiner unparteiisch: Die einen wollen um jeden Preis das Andenken Bettelheims bewahren und ihm nicht in einem ihrer Meinung nach entscheidenden Punkt widersprechen, die anderen, die angesichts seiner Übertreibungen widerwillig stillhielten, solange er lebte, machen ihm heute ihr damaliges Schweigen zum Vorwurf.

Wanda Willig, die mir als zuverlässigste Zeugin von allen erscheint, da ihre Zuneigung zu Bettelheim so klar ist, daß sie es auch nicht für notwendig hält, die Wahrheit zu entstellen, kann zu dieser Angelegenheit wenig beitragen: Sie weiß nur, daß seine Psychoanalyse nicht sehr lange dauerte, aber Genaueres kann sie nicht sagen, da sie mit Hans im Jahr 1935 Wien verlassen hat. Was nur beweist, daß Bettelheim zu dieser Zeit noch nicht bei Sterba in Behandlung war.

Seinen Kindern gegenüber versuchte Bettelheim zu erklären, wieso er nicht, »wie es logisch gewesen wäre«, zur gleichen Zeit eine Analyse anfing wie seine Cousine Edith Buxbaum und viele ihrer Freunde, nämlich in der Mitte der zwanziger Jahre, als sein Interesse an der Freudschen Lehre besonders groß war. Im wesentlichen nannte er zwei Gründe dafür: Einerseits befürchtete er, die Entdeckungen, die er auf der Couch machen würde, könnten seine tiefe Depression wiederbeleben, der er zu dieser Zeit gerade entronnen war. Andererseits hatte er das Gefühl, bevor er nicht das Geheimnis gelüftet hätte, das auf dem Leben seiner Eltern lastete, wäre es ohnehin zwecklos, damit anzufangen. Für die Analyse bei Sterba habe er sich wegen seiner Ehekrise und seiner beruflichen Unzufriedenheit entschieden.

Wenn man ein Steinchen zum anderen fügt, läßt sich daraus schließen, daß er den Sprung Ende 1936 oder Anfang 1937 gewagt hat. Zu dieser Zeit mußte er bereits den Argwohn hegen, daß Gina sich nicht mehr damit zufriedengab, mit ihren Freunden bloß zu flirten, sondern dabei war, sich ernstlich zu verlieben. Ob er ahnte, in wen? Gina meint, nein. Aber es ist schwer zu glauben, daß auf der Reise in die Provence, die die Bettelheims mit den Weinmanns zusammen unternahmen und die Gina noch so lebhaft im Gedächtnis geblieben ist, Bruno, der so empfänglich war für die Gefühle anderer, blind gewesen sein sollte gegenüber denen seiner eigenen Frau.

Und noch etwas bringt mich zu der Annahme, daß Bettelheims Psychoanalyse um die Jahreswende 1936/37 anfing: der Einfluß Trudes. Da sie ihn dazu überreden konnte, sein Studium wiederaufzunehmen und abzuschließen, erscheint es auch naheliegend, daß sie mit diesem Mann, den sie so sehr liebte und bewunderte, die Begeisterung teilen wollte, die sie angesichts ihrer eigenen Analyseerfahrung empfand. Damit hat sie wohl nicht nur seine Neugier geweckt, sondern auch seine Angst ein wenig besänftigt. Seinen Kinder gegenüber erwähnte Bettelheim übrigens auch seinen Mangel an Selbstvertrauen als Grund dafür, vor der eigenen Analyse so lange gezögert zu haben.

Wenn meine Hypothese stimmt, dauerte Bettelheims Analyse, die im Frühjahr 1938 durch den Anschluß abrupt beendet wurde, kaum länger als ein Jahr – allerdings ein Jahr nach der intensiven Wiener Methode mit fünf (wie Gina sagt) oder sechs (wie Bruno meint) Sitzungen pro Woche.

Eine andere Frage, die Bettelheims Analyse aufwirft, ist die, warum er zu Richard Sterba ging. Bettelheim selbst beantwortet sie folgendermaßen: »Daß ich mit so vielen aus der kleinen Gruppe der jüngeren Wiener Psychoanalytiker gut bekannt war, erwies sich als ein Handikap, denn es galt ja einen zu finden, zu dem ich kein persönliches Verhältnis hatte. Ich fand ihn schließlich in Dr. Richard Sterba; einer seiner Berufskollegen, gleichzeitig ein Freund von mir, dessen Urteil ich vertraute, hatte ihn mir aufs wärmste empfohlen.«

Diese Begründung ist etwas verwirrend. Auch wenn Bettelheim keine persönliche Beziehung zu Richard Sterba hatte[9], wußte er doch, daß sowohl Gina als auch Agnes Piel bei ihm eine Analyse begonnen hatten und daß Gina, Patsy und Trude bei Editha Sterba waren.[10] Das klingt ja geradezu, als hätte es Mitte der dreißiger Jahre in Wien nicht mehr als ein halbes Dutzend Psychoanalytiker gegeben.

Auch die Entscheidung Richard Sterbas, Bettelheim unter den gegebenen Umständen nicht an einen Kollegen zu verweisen, ist merkwürdig. Die Psychoanalyse war zwar noch jung, die Regeln waren noch nicht so ausgeprägt, doch den Mann einer früheren Patientin anzunehmen war wohl auch damals schon fragwürdig. Und wenn sich zur Not noch Bettelheims – wahrscheinlich unbewußter – Wunsch verstehen läßt, seine schmutzige Wäsche nicht in der Öffentlichkeit zu waschen und den Kreis der in sein peinliches Familiengeheimnis und in seine ehelichen Zwistigkeiten Eingeweihten nicht zu

9 Das ist wahrscheinlich, stellt aber gleichzeitig seine anderswo gemachten Behauptungen über seine enge Beziehung zu Wilhelm Reich in Frage, denn die beiden Analytiker pflegten nicht nur beruflich regelmäßig Kontakt miteinander, sondern gingen auch viel zusammen aus.

10 Gina wußte nichts davon, daß Trude bei Editha Sterba eine Analyse machte, aber sie kannten einander auch kaum.

erweitern, bereitet es doch größere Schwierigkeiten anzunehmen, daß ein Analytiker vom Range Sterbas nicht geahnt haben soll, welche Verwirrung – und das heißt, Schaden für den potentiellen Patienten – diese Entscheidung stiften könnte. Er war mit Sicherheit im Bilde über die widersprüchlichen Gefühle Ginas für Bruno, und er konnte am besten die Stärke ihrer Übertragung auf ihren Analytiker beurteilen. Hätte er nicht ahnen können, welche Motive Bettelheim dazu bewogen, seine Seele auf der Couch eines Rivalen bloßzulegen? Leider habe ich keine Antwort auf diese Frage, da sich die Familie Sterbas kategorisch weigerte, mit mir zu reden.

Sogar wenn Bettelheim, ohne sich das selbst wirklich einzugestehen, von Richard Sterba die magische Formel erfahren wollte, mit der er seine Frau zurückgewinnen konnte, war das nicht sein einziger Beweggrund, und zweifellos hat die Analyse, wie kurz sie auch gewesen sein mag, ihm wirklich erlaubt, einige verborgene Winkel seiner Seele zu erhellen. Selbst Gina gibt zu, in dieser Zeit eine deutliche Veränderung seines Verhaltens bemerkt zu haben. Bettelheim selbst hebt etwas anderes hervor: »Ich kann meiner Analyse nicht den Vorwurf machen, sie habe nicht genügend bewirkt, denn sie machte mich bereit für meine Beziehung zu Trude, und Trude verdanke ich meine Rettung.«[11]

Bei mehreren Gelegenheiten, vor allem am Ende seines Lebens und besonders nach Trudes Tod, äußerte Bettelheim, seine Analyse habe ihm die Gründe für seine Depression erhellt, wenn sie ihm auch nicht erlaubt habe, die Depression zu überwinden. Carl Frankenstein gegenüber hat er etwas von diesen Gründen durchblicken lassen und auch seinen Kindern davon erzählt, ohne Einzelheiten preiszugeben, aber anscheinend um Aufrichtigkeit bemüht. Auf Richard Sterbas Couch hat Bettelheim offenbar die Rolle erkannt, die das »schmähliche Geheimnis« (*»the shameful secret«*) in seinem Seelenleben spielte. In seiner kindlichen Vorstellungswelt scheint sich die sorgsam verborgene Krankheit seines Vaters mit dem Geheimnis um die Herkunft seines Großvaters zu dem Eindruck verschränkt zu haben, daß auf dem väterlichen Erbe ein Makel lastete. Dieser Makel war um so schwerer zu ertragen, als das über der Familie lastende Schweigen den kleinen Jungen daran hinderte herauszufinden, was mit seiner Familie eigentlich los war. Genauso war es mit seinem Judentum, von dem er auch kaum etwas wußte – außer daß es ihm

11 Brief an Carl Frankenstein vom 14. Dezember 1986.

ständig abwertende Bemerkungen einbrachte. Daher sein geringes Selbstvertrauen.

Mehr sagte er zu diesem Thema nicht. Allenfalls kann man noch hinzufügen, daß der junge Bruno, dem seine Mutter ständig vorhielt, er müsse bald die Aufgabe seines Vaters übernehmen, großen Mangel litt an positiven männlichen Vorbildern – wenn man sich an seine Darstellung hält, aber nur die ist im Rahmen der Analyse von Belang. Der einzige Mann in seiner Umgebung, der wirklich Erfolg hatte und dabei nichts zu verbergen, war Adolf Seidler, sein Großvater mütterlicherseits. Bei ihm lagen die Leichen nicht im Keller, sie pflasterten seinen Weg, er war ein Haustyrann, der seine Frau ihr Lebtag buchstäblich krank machte, der seine Söhne kastrierte – keinem von ihnen gelang es, ihm die Stirn zu bieten und einen Beruf nach seinen Neigungen zu wählen – und seinen Töchtern trotz ihrer Begabung die Ehe aufzwang. Außerdem beruhte der geschäftliche Erfolg Adolf Seidlers auf zweifelhaften Methoden, um nicht zu sagen auf schlichtem Betrug. Wie Bettelheim von ihm erzählt, gibt Aufschluß über seine Ambivalenz: Er war stolz auf den Erfolg seines Großvaters, stolz auch darauf, daß er so gerissen war, und hielt ihn doch für einen schrecklichen Menschen, mit dessen Welt und dessen Methoden er nichts zu schaffen haben wollte.

Auf der väterlichen Seite sah es etwas besser aus, aber auch beängstigender. Zwar war der Erfolg von Jakob Morris Bettelheim auf ehrenwerte Weise zustande gekommen, aber da er bei Brunos Geburt schon tot war und das eifersüchtig gehütete Geheimnis seiner Herkunft mit sich ins Grab genommen hatte, war das Bild, das Bruno von ihm überliefert wurde, von Verbitterung und einem Gefühl der Ungerechtigkeit überlagert. Wenn Jakob Morris als Kind im Stich gelassen worden war, dann war das jedenfalls nicht seine Schuld. Vielleicht erklärt das die langen, vergeblichen Bemühungen seiner Söhne, ihre Verwandtschaft mit der großen Familie Bettelheim in Preßburg nachzuweisen. Wenn Bruno Bettelheim die Geschichte erzählte, betonte er stets, daß dieser Versuch gescheitert sei – soll heißen: Das Unrecht wurde nicht wiedergutgemacht.

Brunos Vater konnte die befleckte Familienehre auch nicht retten, im Gegenteil, er büßte mit seinem Leben dafür – dieses Bild entsteht aus den Beschreibungen Bruno Bettelheims. Anton Bettelheim erscheint als guter, liebevoller, anständiger Mann, der sich um die Zukunft seiner Kinder sorgte, aber auch als Schwächling und Unglücksrabe. Zuerst verlor er die Mitgift seiner Frau in einer Fehlspekulation und mußte deshalb den tyrannischen Adolf Seidler erneut um Unterstützung bitten, die er durch die Zwangspartnerschaft mit seinem Schwager teuer genug erkaufte. Dann zog er sich die geheimnisvolle, unnennbare Krankheit zu, die seine Familie zerstörte. Und wenn Bruno Bettelheim, zweifellos aus dem Bedürfnis, das Ansehen seines Vaters zu schützen, dessen Syphilis darauf zurückführt, daß er eine Sommernacht im Stundenhotel zur Pflege geschäftlicher Kontakte nutzte und so zum »unglücklichen Opfer eines schlimmen Zufalls« wurde, wie Stefan Zweig das ausdrückte, trägt das nur zum Bild eines schwachen, vom Pech verfolgten Mannes bei, der zum Opfer des Familienfluchs wurde. Der Zwischenfall im Gymnasium wird noch klarer, wenn man annimmt, daß die Angst, die Dr. X mit seiner Eunuchenstimme in Bruno Bettelheim hervorrief, von Zweifeln an der Potenz des Vaters durchsetzt war, der über Jahre hinweg seine Frau nicht anrührte.

Es läßt sich natürlich nicht genau sagen, was in den Sitzungen mit Dr. Sterba passierte, und das ist um so bedauerlicher, als die Beziehungen zwischen Analysand und Analytiker in diesem Fall ziemlich komplex waren. Von anderen Patienten Sterbas und aus seinem Erinnerungsbüchlein ist immerhin ein wenig über seine Technik zu erfahren: Streng freudianisch in seinem Vorgehen, intervenierte er sehr selten während der Sitzungen – darüber beklagte sich Gina, die dieses Schweigen bedrückend fand. Er war aber durchaus bereit, gegen den orthodoxen Kanon zu verstoßen, wenn es ihm notwendig erschien. So genehmigte er einer jungen Kandidatin zwei Sitzungen pro Tag, damit sie ihre Analyse vor der Emigration in die Vereinigten Staaten zu Ende bringen konnte. »Das wäre nicht mit jedem gegangen. Aber wahrscheinlich wußte er, daß es mit mir gehen würde«, sagt sie heute dazu.[12] Mit der Psychoanalytischen Gesellschaft in Detroit hatte Richard Sterba später einige Auseinandersetzungen bezüglich seiner Honorare. Aber alles in allem wird von niemandem bestritten, daß er ein sehr guter Analytiker war.

Was für eine Art Analysand Bruno Bettelheim war, läßt sich auch nur vermuten, und seine Bemerkungen zur Psychoanalyse, die er hie und da fallenließ, helfen kaum weiter. Später, als er, vom Exil begünstigt, unangefochten den Titel eines Psychoanalytikers führen und sich als Experte zu solchen Angelegenheiten äußern konnte, reichten seine Stellungnahmen von einer grundsätzlichen Infra-

12 Gespräch mit Dr. Maria Kramer am 26. Mai 1993.

gestellung zentraler Punkte des Freudschen Denkens (etwa der Bedeutung des Kastrationskomplexes) über eine Reihe von Seitenhieben (in der Einleitung zum *Aufstand gegen die Masse* beispielsweise), die von einer sehr »amerikanischen« Auffassung der Psychoanalyse zeugten, bis zur leidenschaftlichen Verteidigung der klassischen Lehre gegen alle amerikanischen Entstellungen (in *Freud und die Seele des Menschen*). Nach gründlicher Abwägung erscheint allerdings am merkwürdigsten die Art, wie er das »Mysterium« des analytischen Weges wiederentdeckt, den er nach dessen abruptem Ende durch den Einfall der Nazis in Wien nie wieder aufgenommen hat.

Zwei Passagen in Bettelheims Schriften geben der Spekulation darüber, was sich im Jahr 1937 auf Doktor Sterbas Couch abgespielt haben könnte, Nahrung. Eine davon steht im ersten Teil der *Geburt des Selbst*, einem Markstein in Bettelheims Leben, der zwischen den *Symbolischen Wunden* und *Freud und die Seele des Menschen* erschienen ist. Nachdem Bettelheim den »Rückzug« des autistischen Kindes im Verlauf seiner Ichentwicklung geschildert hat, kommt er zum »Geheimnis der psychoanalytischen Technik«. Der Analysand sei gezwungen, seine Phantasien so weit zu ordnen, daß sie sich in Sätze fassen ließen. »Folglich«, schreibt er, »sind unsere freien Assoziationen, wenn wir sie formulieren, nicht mehr frei, sondern geordnet.« Etwas später fügt er hinzu, da Sätze die einzige Form seien, in der sich die Gedanken verknüpften, könnten nur Sätze als analytisches Material dienen.

In dieser Definition scheint sich anzudeuten, daß Bettelheim selbst im Verlauf seiner Analyse nie dahin gelangt ist, seinen Phantasien freien Lauf zu lassen. Denn in Wirklichkeit sind es die Wörter, die dem Patienten auf seiner Couch manchmal, wenn er sie entstellt oder vergessen hat, wie durchsichtige Spiegel einen flüchtigen Blick in die Landschaft seines Unbewußten gewähren. Ihre Zusammenstellung zu Sätzen jedoch setzt voraus, daß das Bewußtsein wieder die Kontrolle übernommen hat und den Blick nach innen verstellt, der nur möglich ist, wenn die Kontrolle aussetzt und die Wörter in ihr ursprüngliches Chaos auseinanderbrechen – ganz besonders bei einem Mann, dessen Geist ständig daran arbeitet, dem Geschehen um ihn und seinem Leben einen Sinn zu geben (und es damit zu ordnen).

Wenn man die wenigen Kindheitserinnerungen Bruno Bettelheims zusammenfügt, wird daraus zumindest eines klar: Sosehr er auch verhätschelt wurde, konnte er doch praktisch kaum Kind sein. Schon mit vier Jahren war er dazu ausersehen, die Zukunft der Familie zu gewährleisten – das Erbe des Familienfluchs. Mit vier aber steckt man nach Freud in der Hochphase des Ödipuskomplexes, wo die Phantasien um den Tod des Vaters kreisen. So ist es nicht erstaunlich, daß Bettelheim danach stets systematisch sein Innenleben zu kontrollieren und zu ordnen versuchte. Wenn man so gefährliche Phantasien hat (oder besser, wenn einem das Leben so übel mitspielte, daß es sie in Erfüllung gehen ließ), muß man sie fortan an der Kandare halten. Und es braucht Zeit, Geduld und Vertrauen in den Analytiker, bevor man sie wieder an die Oberfläche kommen läßt.[13] Und da es ihm an alldem mangelte, konnte Bruno Bettelheim diese schwierige Arbeit in Wien nicht zu einem Ende bringen; und wie sollte er vollkommenes Vertrauen zu seinem Analytiker entwikkeln, wenn man die Verwicklungen zwischen den beiden Männern bedenkt?

Eine zweite Bemerkung scheint mir etwas über Bettelheims psychoanalytische Arbeit zu verraten. Sie stammt aus *Freud und die Seele des Menschen*, einem schmalen Bändchen, in dem Bettelheim am Ende seines Lebens die englischen Übersetzer der Freudschen Schriften angreift, denen er vorwirft, die Seele des Freudschen Denkens standespolitischen Rücksichten geopfert zu haben. Trotz einiger Wiederholungen vibriert dieser Essay geradezu vom Atem des gerechten, berechtigten Zorns. Er zeugt vor allem von einem Verständnis Freuds, das weit über jedes Bücherwissen hinausgeht.

Bettelheim wütet gegen den inflationären Gebrauch der psychoanalytischen Sprache, um damit eine »permissive« Gesellschaft zu

13 All das ist übrigens kein Widerspruch zu dem, was Bettelheim selbst in der zitierten Passage zeigen will. Er spricht darin nämlich von psychotischen Kindern und erklärt allein deren Versuch, ihre Gefühle in Sätze zu fassen, um sie einem Außenstehenden mitzuteilen – in diesem Fall dem Therapeuten –, schon zu einem Zeichen der Besserung, weil er einen auf die Außenwelt gerichteten Akt darstelle. Aber da er sich dabei auf das »Geheimnis der psychoanalytischen Technik« beruft, sind wir berechtigt, den Anwendungsbereich seiner Definition auszuweiten. Wenn die Bildung von Sätzen auch sicher einen Fortschritt darstellt für ein Kind, das bisher unfähig war, mit der Außenwelt überhaupt zu kommunizieren, zeugt es meines Erachtens doch von einem sehr eingeschränkten Verständnis des psychoanalytischen Prozesses, darin den Schlüssel zu sehen, mit dem man die Seele eines ausreichend in der wirklichen Welt verankerten Erwachsenen, wie es Bruno Bettelheim zu Beginn seiner Analyse war, erschließen könnte.

rechtfertigen. Das sei ein Mißverständnis von Freuds tragischer Überzeugung, daß die zerstörerischen Tendenzen des Menschen aus einer dunklen Seite seiner Seele aufsteigen. Dieser ebenso schöne wie düstere Satz spielt auf eine Etappe auf Freuds Weg zur Entdeckung des Todestriebes an - ein Begriff, der bei den amerikanischen Psychoanalytikern in der Tat nicht gerade beliebt war. Dieser Satz scheint weniger einer Vorstellung zu entspringen als einer im Inneren gründenden Erkenntnis - von der Art der Erkenntnisse, die die psychoanalytische Übertragung ermöglicht. Aber meiner Meinung nach hat Bruno Bettelheim diese Entdeckung nicht 1937 in Wien gemacht.

Nach diesem Ausflug ins Reich der Spekulationen kehren wir zu dem zurück, was Bettelheim selbst über seine Psychoanalyse gesagt hat: Auf Dr. Sterbas Couch habe er auch seine Angst vor der Sexualität erkannt. In all den Jahren, als man vor ihm verbarg, welcher Art die Krankheit seines Vaters war, habe er den Verdacht gehegt, daß die Sexualität dabei eine Rolle spiele. Deshalb, erklärte er seinen Kindern, hätten ihn Lillys Avancen so sehr erschreckt. Dieses Geständnis erklärt Bettelheims Behauptung, die Analyse habe seine Beziehung zu Trude möglich gemacht. Es läßt auch seine Begegnung mit dem Werk Freuds anklingen (das zu obszön war, um es zu Hause zu lesen), den Haß und die Faszination, die diese erste Berührung auslöste: »Heute meine ich«, schließt Bettelheim seine Schilderung dieses Erlebnisses in *Themen meines Lebens*, »auf so persönliche Weise zur Psychoanalyse gekommen zu sein, mit so starkem emotionalen Betroffensein, jedoch nicht minder starker Ambivalenz, war ein Start unter günstigsten Bedingungen.« Unter günstigen Bedingungen vielleicht, man könnte aber auch denken, unter bemerkenswert »familiären«, um nicht zu sagen, inzestuösen Umständen.

5. Aufbruch

Im Herbst 1936 nahm Bruno Bettelheim sein Studium wieder auf, im Frühjahr 1937 schrieb er sich für das zweite Semester an der Universität ein. Das politische Klima hatte sich merklich verändert. Auf dem Inskriptionsformular wurde neben der Rubrik »Religion«, die es schon seit zehn Jahren gab, neuerdings auch nach der Volkszugehörigkeit gefragt. Hinter »mosaisch« trug Bettelheim also »jüdisch« ein. Zu diesem Zeitpunkt war der Nationalsozialismus noch auf Deutschland beschränkt, und Hitler hatte in *Mein Kampf* versichert, er würde seinen glühendsten und innigsten Wunsch, nämlich die Vereinigung seines geliebten Heimatlandes mit dem gemeinsamen Vaterland, nicht in die Tat umsetzen.

Diesmal wählte Bettelheim seine Vorlesungen gezielter aus. Neben Kunstgeschichte konzentrierte er sich auf die Fachbereiche Philosophie und Psychologie, wobei er ausschließlich Vorlesungen bei den Professoren Reininger und Bühler belegte, die damals der philosophischen Fakultät vorstanden und sich in den zwanziger Jahren rege an der Diskussion über eine Unterrichtsreform beteiligt hatten.

Reininger, Bettelheims Doktorvater, war vor allem Philosoph. Sein bekanntestes Werk handelte von der Liebe, es trug den Titel *Das psychophysische Problem* und stand in der Tradition Ernst Machs, insbesondere dessen Analyse der Empfindungen. Am Institut für Psychologie, das Karl Bühler und seine Frau Charlotte leiteten, forschte Reininger auch über die soziale Organisation in Schulklassen – Psychologie und Soziologie waren damals philosophische Disziplinen wie Logik oder Ästhetik. Bei Reininger studierte Bettelheim im ersten Semester das Denken der Renaissance, den Rationalismus und die Philosophie Nietzsches, im zweiten Semester Aristoteles und den Empirismus.

Die Vorlesungen Karl Bühlers nahmen mehr Zeit in Bettelheims Stundenplan ein. Bereits im Frühjahr 1925 hatte er vier Wochenstunden bei Bühler belegt, aber damals war Anton Bettelheim gerade im Krankenhaus, und so hat Bruno wohl nicht sehr gewissenhaft studiert, denn als er sich 1936 reimmatrikulieren ließ, wurden ihm nur vier von neun Studiensemestern angerechnet. Nun belegte er vier Wochenstunden Allgemeine Psychologie und zwei Stunden Sprachtheorie im ersten Semester und im Frühjahr 1937 vier Stunden Erkenntnistheorie (Logik und Epistemologie) bei Bühler.

Karl Bühler, dessen Schriften großen Einfluß hatten auf Roman Jakobson und die anderen Linguisten des Prager Kreises, war unbestreitbar eine bedeutende Persönlichkeit innerhalb der Universität. Die philosophische Tradition orientierte sich in Österreich eher an Leibniz als an Kant, daher war sie (im Gegensatz zum deutschen Idealismus) eher analytisch orientiert und räumte der Experimentalpsychologie einen bevorzugten Platz ein. Die Sprachtheorie bildete einen Grundpfeiler der Bühlerschen Lehre. Nach seiner Ansicht mußte man alle Lebewesen unter dem Blickwinkel des Kreativitätsprinzips betrachten, das heißt bezüglich ihrer Fähigkeit, neue Formen wahrzunehmen und zu schaffen. Das machte ihn zu einem Pionier der Gestaltpsychologie, die davon ausgeht, daß die Wahrnehmung der Form bestimmten Gesetzen unterworfen ist.

Bühler vertrat eine biologistische Auffassung des Psychischen, die mit der Psychoanalyse schwer zu vereinbaren war. Dennoch besuchten zahlreiche Schüler Freuds seine Vorlesungen. Psychologie und Psychoanalyse, die sich beide im Stadium der Entdeckung befanden, waren damals noch nicht so scharf voneinander abgegrenzt, die Psychoanalyse galt als ein Zweig der Psychologie, eine spezielle und wegen der Freudschen Auffassung, der Sexualtrieb sei die Hauptquelle menschlichen Strebens, in der von der katholischen Kirche und ihren Konventionen geprägten österreichischen Gesellschaft eher unbedeutende Forschungsrichtung.

Auch in akademischen Kreisen herrschte eine starke Ambivalenz gegenüber der Psychoanalyse. Unter den wichtigsten Professoren jener Zeit ahnten viele, welche bedeutenden Erkenntnisfortschritte von ihr ausgehen könnten. Und doch waren sie – auf ihren Lehrstühlen thronend und damit als einzige befugt, durch die Verleihung akademischer Grade über Seriosität und wissenschaftliche Kompetenz zu richten – die ersten, die sie als gefährliche Randerscheinung verteufelten. Die jungen Menschen, die von der Psychoanalyse angezogen wurden, standen also vor einem Dilemma. Wenn sie die Medizinerlaufbahn einschlugen, lagen die Dinge noch etwas einfacher, sie absolvierten, gleichzeitig oder nacheinander, zwei unterschiedliche Ausbildungen. Doch das Konzept der Laienanalyse gewann an Boden, Sigmund Freud distanzierte sich mehr und mehr von seiner Vergangenheit als Arzt, und wenn man die Versammlungsprotokolle der Gesellschaft für Psychoanalyse aus den dreißiger Jahren studiert, gewinnt man den Eindruck, daß eine profunde klassische Bildung in den Diskussionen bei weitem hilfreicher war als ein Doktorat der Medizin.

Wollten die Aspiranten der Psychoanalyse allerdings nicht Medizin studieren, hatten sie nur zwei Möglichkeiten. Entweder sie schlugen den von Anna Freud und August Aichhorn eröffneten Weg zur Kinderpsychoanalyse ein und wurden Lehrer wie Bruno Bettelheims Cousine Edith Buxbaum und sein Freund Fritz Redl. Oder sie neigten eher zur Theorie, dann besuchten sie die Psychologievorlesungen an der Universität. Das zeitigte ein paradoxes Ergebnis: Obwohl die Psychologie Bühlers objektiv unvereinbar war mit der Psychoanalyse, waren die Freudianer unter seinen Studenten dermaßen zahlreich, daß der Witz kursierte, durch die Hintertür des Psychologischen Instituts gelange man direkt ins Psychoanalytische Institut.

Das alles muß nicht unbedingt bedeuten, daß Bruno Bettelheim in einer Vorahnung der Zukunft mit dreiunddreißig Jahren beschlossen hätte, in seinem nächsten Leben Psychoanalytiker zu werden. Aber es läßt sich auch nicht ausschließen. Wenn es stimmte, wären viele seiner späteren Behauptungen, die heute als Lügen erscheinen, in Wirklichkeit bloß Halbwahrheiten, die nur deshalb nicht zu ganzen Wahrheiten wurden, weil Hitler Österreich zu früh überfallen und dadurch Bruno Bettelheim gehindert hat, sein Vorhaben zu Ende zu bringen. Ob es so war, läßt sich nicht entscheiden. Aber wenn er nicht vorhatte, sein Leben zu ändern, was wollte er dann als etablierter, wohlhabender Geschäftsmann an der Universität, wo er doch angesichts des in Österreich herrschenden Klimas nicht darauf hoffen konnte, eines Tages eine Professur zu erhalten?

Diesmal verfolgte Bruno Bettelheim mit seinem Studium ein konkretes Ziel: Er wollte sein Doktorat machen. Und tatsächlich meldete er am 19. Mai 1937, acht Monate nach seiner Rückkehr an die

Universität, seine Dissertation an: *Das Problem des Naturschönen und die moderne Ästhetik*.[1]

Die ästhetische Wahrnehmung, so lautet der Grundgedanke der Arbeit, die in ihrer ursprünglichen Form eine Landschaft (die Natur) zum Gegenstand habe, führe zu einer Auflösung der Grenzen zwischen Subjekt und Objekt. Im ersten Teil zeigt Bettelheim aus einem historischen Blickwinkel, wie mit der Entwicklung der städtischen Zivilisation und der Sozialisation die Natur nach und nach zu einem ästhetischen Vergnügen wurde. Die moderne Ästhetik gestehe allerdings der Natur, sofern sie sie nicht völlig aus ihrem Bereich verbanne, nur den zweiten Platz zu, weit hinter der Kunst, kritisiert Bettelheim. Der zweite Teil stellt die Unterscheidung zwischen dem Schönen in der Kunst und in der Natur in Frage und schlägt statt dessen die Unterscheidung zwischen menschlichen Werken, Lebewesen und Landschaften vor. In der Moderne werde die Kunst der Natur vorgezogen, und zwar aus historischen Gründen (Kunstgeschichte sei älter als Ästhetik) und aus systematischen Gründen (das Kunstwerk sei als geordnetes Objekt viel einfacher vom Subjekt zu begreifen als die Natur, in der alles seiner Subjektivität überlassen bleibe).

In der modernen Ästhetik seien zwei Tendenzen vorherrschend, der Idealismus und der Formalismus. Der Idealismus beschäftige sich ausschließlich mit dem ideellen Gehalt eines Werkes und betrachte die Natur als minderes ästhetisches Objekt (Hegel, Vischer), da in ihr die Manifestation der Idee durch kontingente Elemente verunreinigt sei, während für die Formalisten nur die Form des Objekts zähle (die Beziehungen zwischen seinen Teilen, die Harmonie der Farben oder Töne, der Rhythmus); ihr Ziel sei eine Wissenschaft der Geschmacksurteile, ausgehend von einer Analyse der elementaren Relationen, die jedem komplexen Eindruck zugrunde liegen. Bettelheim nähert die Experimentalpsychologie dem Formalismus an und wirft ihr vor, sie beschränke sich auf die einfachsten ästhetischen Hervorbringungen und habe keine objektiven Kriterien für ästhetische Werte.

Dann gibt Bettelheim einen Überblick über die verschiedenen Tendenzen des Formalismus. Für die meisten von ihnen könne die Landschaft nur in dem Maße zum ästhetischen Objekt werden, wie

1 Seltsamerweise – leider ist es mir nicht gelungen, den Grund dafür herauszufinden – steht im Universitätsregister Ginas Unterschrift über der Brunos.

das Subjekt menschliche Gefühle in sie projiziere und sie auf diese Weise belebe bzw. beseele, entweder unmittelbar oder durch die Vorstellungen, die sie in ihm erwecke. Der strengste Formalismus verknüpfe die ästhetische Wirkung mit Gesetzen wie Einheit in der Vielfalt, Ausgewogenheit, Gleichgewicht der Proportionen, Harmonie usw. und verwerfe das Naturschöne als Randphänomen. Doch die Wahrnehmung der Natur sei eine ästhetische Wahrnehmung aus eigenem Recht – das versucht Bettelheim in den beiden folgenden Teilen zu demonstrieren. Zunächst weist er darauf hin, daß die ästhetischen Normen stets aus der Analyse existierender Kunstwerke abgeleitet worden seien und daher keinen Anspruch auf Allgemeingültigkeit hätten. Dennoch entspreche das Naturerleben einigen dieser Gesetze: Die Natur weise eine Einheit in der Vielfalt auf, besitze einen spezifisch menschlichen Gehalt, Nützlichkeitserwägungen des Subjekts seien ausgeschaltet usw.

Die Schwierigkeit, eine strenge Definition der Natur als ästhetisches Objekt zu geben, sei der Grund dafür, daß sie nicht als solches gelte. Die Wahrnehmung einer Landschaft beruhe auf einer Vielzahl von Faktoren: dem Blickwinkel des Subjekts, dem Bildausschnitt, dem Wetter, der Tages- und Jahreszeit, dem augenblicklichen physischen und psychischen Zustand des Subjekts; nicht nur der Gesichtssinn, auch Gehör, Geruch und die anderen Sinne des Subjekts (etwa bei der Temperaturempfindung) spielten eine Rolle.

Im Falle des Kunstwerks führe der Künstler die für einen einheitlichen Eindruck unbedingt erforderliche Reduktion der Wahrnehmungen herbei. In der Natur dagegen müsse der Betrachter das selbst tun. Daher sei das Naturerleben eine authentischere ästhetische Erfahrung, da sie ohne Vermittlung eines Dritten zustande komme. Es sei auch vollständiger, da es alle Sinne fordere. Schließlich sei es ursprünglicher, da das Objekt noch nicht durch die Arbeit des Künstlers gestaltet sei.

Im fünften Teil seiner Dissertation entwickelt Bettelheim eine eigenständige Theorie außerhalb des idealistischen und des formalistischen Denkens. Dazu überträgt er die psychophysische Theorie Reiningers (über die Liebe) auf die Ästhetik. Um der Ästhetik gerecht zu werden, postuliert er, müsse man den Schwerpunkt auf die Wahrnehmung selbst legen statt ausschließlich auf das Subjekt (idealistisch) bzw. auf das Objekt (formalistisch). Die ästhetische Wahrnehmung stelle eine Wechselbeziehung zwischen dem Ich und dem Objekt her, in welcher das Objekt die äußere Welt repräsentiere. Im Augenblick der Wahrnehmung verschmölzen Ich und Welt zu einem Ganzen, und aus dieser Transzendierung der Dualität zwischen Ich und Welt erwachse das ästhetische Vergnügen. Weder Idealisten noch Formalisten hätten erkannt, daß diese Transzendierung rationales Denken verhindere, fährt Bettelheim im sechsten Teil fort. Die konstitutiven Kräfte des Ich (Wille und Denken) verlören sich im ästhetischen Erleben, es gebe keinen Gegensatz mehr zwischen Innen und Außen, zwischen Subjekt und Objekt; ästhetisches Erleben finde in einer Sphäre statt, in der die dualistischen Gegensätze des rationalen Denkens (beseelt/unbeseelt, Person/Ding, geistig/materiell, innen/außen) nicht mehr existierten. Die Gesetze der Ästhetik seien infolgedessen gleichermaßen objektiv und subjektiv: Das Objekt müsse ebenso bestimmten ästhetischen Normen entsprechen wie das Subjekt psychologischen Gesetzen.

Die Eigenart der Natur in diesem Prozeß bestehe darin, daß das ästhetische Objekt ohne Vermittlung durch einen Künstler vollständig vom Subjekt selbst konstruiert werde. Der Betrachter einer Landschaft verfüge über dieselbe Spontaneität und Handlungsfreiheit wie der Künstler, der sein Werk nach seinen Eindrücken von der Natur schaffe. Mit dem einen Unterschied, daß im Falle des unvermittelten ästhetischen Erlebnisses das Objekt die äußere Welt nicht bloß repräsentiere, sondern deren integraler Bestandteil sei.

In der Conclusio hebt Bettelheim hervor, das ästhetische Erlebnis sei ein unabdingbares Gegengewicht zur rationalen Erkenntnis, besonders in den komplexen sozialen Strukturen, innerhalb derer eine Synthese immer schwieriger werde. Dabei begünstige die Natur ein unverfälschteres und vollkommeneres ästhetisches Erleben als die Kunst, da diese nicht ganz frei sei von Eingriffen des Verstandes. In der Natur *denke* man nicht die Welt, man *lebe* sie – jenseits aller Widersprüche und Fragen, die sie aufwerfe. Das ästhetische Naturerleben sei daher von fundamentaler Bedeutung für den Menschen, da es ihm erlaube, sein Menschsein zu transzendieren.

Diese Dissertation ist eine sehr akademische Arbeit im Geist der damaligen Zeit, in welcher der Autor demonstriert, daß er nicht nur mit den zeitgenössischen Hauptrichtungen der Ästhetik, sondern auch mit der Kunstgeschichte und den vorherrschenden Tendenzen in den Humanwissenschaften, insbesondere der Psychologie, vertraut ist. Sie ist sehr stringent und mit großer geistiger Gewandtheit durchgeführt und erzielt durch wirkungsvolle Kurzschlüsse verblüffende Ergebnisse. Allerdings läßt sie nicht den geringsten Einfluß der Psychoanalyse erkennen, außer daß Bettelheim in den Quellenangaben Ernst Kris mit seiner *Legende vom Künstler* zitiert, die drei Jahre zuvor erschienen ist. Die Dissertation wurde von Reiniger mit »sehr gut« und von Bühler und zwei weiteren Prüfern als »herausragend« beurteilt.

Eine letzte Überlegung noch, die nichts mit dem Akademischen zu tun hat: Alle, die Bettelheim kannten, bestätigen, daß er die Natur liebte, aber dabei nicht übertrieb. Er ging gern spazieren, aber er brachte nicht Stunden mit der Betrachtung einer schönen Landschaft zu. Das leistet dem Gedanken Vorschub, daß Trude Weinfeld Einfluß auf die Entwicklung seiner Thesen gehabt haben könnte. Sie interessierte sich weniger für die Kunst, begeisterte sich aber leidenschaftlich für die Natur. Vielleicht kam ihm die Idee zu seinem Thema, als er sie auf ihren gemeinsamen Waldspaziergängen beobachtete und ihr zuhörte, wenn sie von ihren Empfindungen sprach. Sicher ist jedenfalls, daß er seine Überlegungen nicht mit Gina teilte.

Diese Zeit ist eine weitere Periode im Leben Bruno Bettelheims, in der er gleichzeitig zwei fast völlig voneinander unabhängige Leben führte. Während er an seiner Dissertation arbeitete, ging er täglich ins Büro, und wenn er auch die Geschäftsführung der Firma Bettelheim & Schnitzer offiziell abgegeben hatte, führte er doch weiter die Bücher - wie die Revision ergab, die die Nazis ein Jahr später vornahmen. 1937 war eines jener Jahre, in denen Bettelheim seine Fähigkeit bewies, ungeheuer viel binnen kürzester Zeit zu schaffen, wenn er sich etwas in den Kopf gesetzt hatte. Darüber hinaus ging er täglich zur Analyse und pflegte neben seinem Eheleben auch noch sein Verhältnis zu Trude Weinfeld.

Gina erinnert sich, eine deutliche Veränderung im Verhalten ihres Mannes festgestellt zu haben, die sie der Psychoanalyse zuschrieb. Sie hatte ihren Kopf woanders und wußte nichts von seiner Beziehung zu Trude Weinfeld. Wahrscheinlich war 1937 eines der Jahre, in denen Bruno Bettelheim wirklich glücklich war, weil ihm kaum die Zeit blieb, sich seinen Zweifeln hinzugeben. Es hat vielleicht nichts damit zu tun, aber im Februar 1937 schloß er eine Lebensversicherung über fünftausend Schilling ab - eine stattliche Summe, und die Beiträge, zweihundert Schilling pro Jahr, waren gesalzen. Der Vertrag lief über fünfundzwanzig Jahre. Die Zukunft mochte ungewiß sein, aber eine Versicherung schien sie ihm doch wert.

Nach der Annahme seiner Dissertation mußte Bruno Bettelheim

noch die mündlichen Prüfungen absolvieren, in Philosophie am 17. Juli 1937, in Kunstgeschichte am 16. Januar 1938. Beide wurden als »herausragend« gewertet, und am 2. Februar 1938 verlieh die »Universitas Vindobonae« an »Brunonem Bettelheim« den Doktortitel der Philosophie »summa cum laude«. Gleich am nächsten Tag ließ der so Gelobte Karten drucken, mit denen er unverzüglich all seine Freunde und Bekannten über das Ereignis informierte.

Die Empfänger der Karten hatten angesichts des in Wien herrschenden Klimas zweifellos andere Sorgen, doch für Bettelheim war dieser Titel – einer der letzten akademischen Titel, die vor dem Krieg noch an Juden vergeben wurden – das Ticket, das ihm erlauben sollte, das sinkende Schiff zu verlassen, dem Wien jeden Tag ein wenig mehr glich. Wenn er in näherer oder fernerer Zukunft gezwungen sein würde, alles hinter sich zu lassen, konnte er wenigstens sicher sein, nicht mit leeren Händen irgendwo anzukommen.

Seine Cousine Edith Buxbaum war vor einer drohenden Verhaftung wegen ihrer politischen Aktivitäten schon ein halbes Jahr zuvor in die Vereinigten Staaten geflohen. Innerhalb weniger Monate hatte sie sich eine Existenz als Lehrerin aufgebaut und war im Begriff, sich in New York als Psychoanalytikerin niederzulassen, obwohl sie nicht Medizin studiert hatte. Fritz Redl war schon einige Monate vor ihr in die Neue Welt gekommen; er war nicht in Gefahr gewesen, sondern von der Rockefeller-Stiftung angeworben worden. Ohne ihre Diplome hätten die beiden keine Chance gehabt.

Am Freitag, den 11. März 1938, einen guten Monat nach der Verleihung des Doktortitels, waren Peter Weinmann und seine Frau bei den Bettelheims zum Essen eingeladen. Es war einer ihrer letzten Abende in Wien. Angesichts der immer konkreter werdenden Bedrohung durch einen Einmarsch der Hitlerarmee hatten sie beschlossen, demnächst über Paris, wo Emmi und Hubert von Radanowicz mittlerweile lebten, nach London zu fliehen. Ein eisiger Wind fegte durch die Stadt, aber es war nicht die Kälte, die an diesem Abend vielen Wienern das Blut in den Adern gefrieren ließ.

Am Nachmittag konnten sich Optimisten noch in der Hoffnung wiegen, daß die von Dollfuß' Nachfolger Kurt von Schuschnigg initiierte Abstimmung über die Unabhängigkeit Österreichs – ein letzter Versuch, die Annexion doch noch zu verhindern – positiv ausgehen würde. Da das Hauptargument Hitlers für den Anschluß der

Schutz der Deutschösterreicher war, hätte ein massives »Ja« zur Unabhängigkeit ihn zum Rückzug zwingen müssen. Und in Wien schien sich ein überwältigendes Votum für die Unabhängigkeit abzuzeichnen.

Das Schicksal, das Hitler den Wienern zugedacht hatte, läßt sich einer Passage über das Ende seiner Wiener Zeit im Jahr 1913 aus *Mein Kampf* leicht erraten. Hitler sprach von seiner Abneigung gegen den Habsburgerstaat, »diese Mischung aus Tschechen, Polen, Ungarn, Ruthenen, Serben und Kroaten, und überall das Ungeziefer, das die menschliche Gemeinschaft« zersetze, der Jude. Er fühlte sich abgestoßen von diesem »wimmelnden Haufen fremder Völker, die begonnen hatten, sich am alten Nährboden der deutschen Kultur zu mästen«.

Ziemlich genau einen Monat vorher hatte Hitler den österreichischen Bundeskanzler in seinen Berchtesgadener »Adlerhorst« zitiert, ihn erst stundenlang warten lassen, dann ausgiebig beschimpft und ihm schließlich seine Bedingungen diktiert – insbesondere die Ernennung von Arthur Seyß-Inquart, einem Wiener Anwalt und Führer der Österreichischen NSDAP, zum Innenminister mit unumschränktem Zugriff auf die Polizeikräfte, ferner die Entlassung aller Nazis (auch der Mörder von Dollfuß) aus dem Gefängnis, eine Zollunion mit Deutschland und die Legalisierung der NSDAP. Widerspruch war nicht möglich. Hitler gab Schuschnigg drei Tage Zeit, seine Forderungen zu erfüllen, um eine Annexion zu vermeiden. Und Schuschnigg tat, was von ihm verlangt wurde.

Aber er befreite mit den Nazis auch gleich die Sozialdemokraten und die Kommunisten aus dem Gefängnis. Nach vergeblichen Versuchen, im restlichen Europa Hilfe zu finden, schlug der christlichsoziale Kanzler seinen früheren Feinden, den Gewerkschaftern und aktiven Linken, die schon unter Dollfuß verfolgt worden waren, die Beteiligung an einem breiten Bündnis zur Abwehr der äußeren Bedrohung vor. Und im Gegenzug zur Wiederherstellung ihrer politischen Rechte stimmten sie zu. Daraufhin kündigte Schuschnigg die Volksabstimmung über die Unabhängigkeit Österreichs für den folgenden Sonntag an.

Seit zwei Tagen hatten sich alle Gegner der Nazis, gleich welcher politischen Couleur, hinter Schuschnigg gesammelt. In ganz Österreich war plötzlich eine Atmosphäre heiliger Eintracht ausgebrochen, vorwiegend allerdings war die Hauptstadt davon befallen, die der damals siebzehnjährige Schriftsteller George Clare folgendermaßen schildert: »Am zehnten März erwachte Wien in fieberhaftem patriotischen Eifer. Die Maltrupps der Vaterländischen Front hatten die ganze Nacht gearbeitet: Wände und Straßen waren übersät von Schuschnigg-Porträts, riesigen Jas, Kreuzen und Parolen. Jede freie Fläche war verziert mit Symbolen der Vaterländischen Front und Aufrufen, für die Regierung zu stimmen. Flugzeuge warfen über der Stadt Flugblätter ab. Lastwagen in den Nationalfarben rollten durch die Straßen, gestopft voll mit Männern und Frauen, die ›Rot-weiß-rot bis in den Tod‹ schrien ... Vergleichbare Szenen hatte es in Wien seit dem Jubel über die Kriegserklärung 1914 nicht mehr gegeben.«[2] Daß am darauffolgenden Tag, am Freitag, der Führer der revolutionären Sozialisten, Karl Hans Sailer, im Radio sprechen und die Arbeiter auffordern sollte, mit »Ja« zu stimmen, zeigt, wie breit die Koalition war.

Doch die Rede fiel aus. Im Laufe des Nachmittags war das Gerücht aufgekommen, die Abstimmung werde annulliert. Am frühen Abend wurde das zur Gewißheit: Das Radio, das am Morgen noch Nachrichten und kämpferische Lieder gesendet hatte, gab nur noch getragene klassische Musik von sich. Alle österreichischen Haushalte blieben auf Empfang.

Um zwanzig Uhr verkündete Kurt von Schuschnigg, der sich noch einen Tag lang vergeblich bemüht hatte, Hilfe im Ausland zu finden, mit gebrochener Stimme seine Abdankung. Hitler drohe mit seinem Einfall in Österreich, wenn das Kanzleramt nicht sofort einem Mann seiner Wahl übertragen würde. Es war eine ergreifende Ansprache, die allen, die sie hörten, im Gedächtnis geblieben ist. Die ganze Tragik Schuschniggs wurde darin deutlich, als er kurz vor der Kapitulation alle, die ihre Hilfe verweigert hatten, als Verantwortliche beim Namen nannte.[3] Er schloß mit den Worten: »Präsident Miklas hat mich gebeten, dem österreichischen Volk mitzuteilen, daß wir der Gewalt weichen. Weil wir selbst in dieser schrecklichen Stunde ein Blutvergießen vermeiden wollen, haben wir unseren Truppen den Befehl erteilt, keinen Widerstand zu leisten.«

Schon seit zwei Stunden randalierten demonstrierende Naziban-

2 George Clare, *Dernière valse à Vienne*, Paris 1984.

3 Der englische Premierminister Neville Chamberlain wollte sich nicht in eine »innerdeutsche Angelegenheit« einmischen; Mussolini und die Regierung der Tschechoslowakei, die eigentlich mit Österreich durch einen Beistandspakt verbunden waren, hatten sich von Hitlers Versprechungen einlullen lassen; und Frankreich hatte nach dem Rücktritt von Léon Blum einfach andere Sorgen.

den bierselig und gewalthungrig in der Innenstadt, während ihre Führer die Regierungsgebäude umstellten und in der Tat nicht auf den geringsten Widerstand stießen. In dem Moment, als Schuschnigg sich an seine Mitbürger wandte, gab Göring von Berlin aus Seyß-Inquart telefonisch grünes Licht zur Machtübernahme. Und knapp eine Stunde später erteilte Hitler der Wehrmacht den Befehl, am nächsten Tag bei Morgengrauen die Grenze zu überschreiten, »um weiteres Blutvergießen in Österreichs Städten zu verhindern«.

Obwohl die Gloriettegasse etwas abseits des Zentrums liegt, wußten die Bettelheims und ihre Gäste sicherlich, daß dort der Pöbel tobte. Nach der Ansprache Schuschniggs hatte Seyß-Inquart seine Machtübernahme verkündet und wiederholt, daß die österreichische Armee dem Einmarsch der deutschen Truppen keinerlei Widerstand entgegensetzen werde. Das war de facto die Bestätigung, daß Hitlers Ultimatum nur ein Köder war und die Invasion trotz der bedingungslosen Kapitulation der österreichischen Regierung schon beschlossene Sache war.

»Gina, Patsy muß zu ihrer Mutter zurück. Warum fährst du nicht mit den Weinmanns, wenn sie in zwei Tagen abreisen?«

»Nein, ich warte lieber, bis du mit uns kommst. Ich werde nicht ohne dich fahren.«

»Ausgeschlossen. Ich habe hier noch viele Dinge zu erledigen, und allein komme ich besser zurecht. Ich werde später nachkommen.«

So etwa verlief nach Ginas Erinnerung das Gespräch zwischen ihr und ihrem Mann. »Bruno wäre niemals aus Wien weggegangen und hätte seine Mutter allein zurückgelassen«, sagt sie. Trude und Bruno Bettelheim schildern den Verlauf des Abends allerdings anders. »Die ersten, die (nach dem Anschluß) abreisten, waren Gina und Patsy, weil Patsys Mutter aus Amerika angerufen hatte. Bruno wollte mit ihnen weg, aber vor kurzem habe ich erfahren, daß seine Schwester damals verrückt spielte, als er versuchte, ihr und der Mutter beizubringen, daß er geht. Also ist er geblieben ...« erzählt Trude in ihren Erinnerungen.

Trude war zwar nicht dabei, aber in dem, was sie sagt, klingt an, was Bettelheim Ende der siebziger Jahre Marylin Garner anvertraute, einer Erzieherin an der Orthogenic School: »Meine Mutter hat zweimal fast meinen Tod verschuldet, das erste Mal am Tag nach dem Anschluß: Kurz vor der Abreise mit meiner Frau und der kleinen Amerikanerin, die wir betreuten, beging ich den Fehler, meine Mutter anzurufen, um ihr auf Wiedersehen zu sagen. Danach hatte ich nicht mehr den Mut wegzufahren ...«[4]

Die vorhandenen Unterlagen scheinen dagegen Gina recht zu geben. Während sie ihr Visum bereits am nächsten Tag bekam, am 12. März 1938, scheint Bruno seinen Antrag erst einige Wochen später gestellt zu haben. Patsy erinnert sich nur noch an ein einziges Ereignis dieses Abends: den Anruf ihrer Mutter. Agnes hatte im Radio von der Situation erfahren. Sie war außer sich, und das Gespräch mit Gina dauerte lange. Manchmal schrie Agnes so laut, daß alle mithören konnten. Sie könne nicht dulden, daß ihre Tochter auch nur einen Tag länger in Österreich bleibe. Gina versuchte mit ihr zu verhandeln, erklärte, wie langwierig und schwierig es sei, alle Papiere zu bekommen und für so eine Reise zu packen ... Aber nichts verfing. Agnes wollte nichts hören, sie bat nicht, sie befahl, daß Patsy sofort nach Hause kommen müsse. Und erinnerte Gina an ihre Warnungen im Sommer 1936: »Wenn Sie auf mich gehört hätten, wären Sie heute in New York ...«

Nach dem Essen begleiteten die Bettelheims ihre Gäste, die in der Nähe der Innenstadt wohnten, nach Hause. Unterwegs mußten sie erleben, wie schlecht es bereits stand. Kaum hatte Schuschnigg seine Ansprache beendet, karrten Lastwagen schon SS- und SA-Leute auf den Ring, und ein schreckliches Gebrüll erhob sich über Wien: »Heil Hitler, Heil Hitler!« Und bald darauf: »Juda verrecke!« Unter den Schreihälsen waren auch welche, die am Morgen Flugblätter für das Ja zur Unabhängigkeit verteilt hatten. Andere steckten sich triumphierenden Blicks die Naziabzeichen ans Revers, die sie bisher darunter verborgen hatten.

Wien spielte verrückt. Selbst jene, die am Vortag noch ihre Stimme für Schuschnigg und die Unabhängigkeit Österreichs abgeben wollten, schienen nur mehr einen Wunsch zu haben: die Ankunft Hitlers zu erleben. Unweit davon stand zur selben Zeit George Clare am Fenster der elterlichen Wohnung im IX. Bezirk, die Lichter gelöscht, damit man ihn nicht entdeckte, und beobachtete den Schutzmann, dessen freundliches »Grüß Gott« ihn die Kinderzeit hindurch auf seinem Schulweg begleitet und in Sicherheit gewiegt hatte, wie er wütend auf einen Unglückseligen eindrosch, der gegen den Einfall der Hakenkreuzler protestieren wollte ...

4 Interview mit M. Garner im Mai 1993.

Gegen zwei Uhr morgens hatte die Wehrmacht bereits die Grenze überschritten. Unmittelbar danach begannen in Wien die judenfeindlichen Ausschreitungen: Geschäfte wurden geplündert, harmlose Passanten von Nazihorden überfallen und gezwungen, auf dem Bürgersteig kniend die Aufrufe der Vaterländischen Front wegzuschrubben – mit Zahnbürsten und einem scharfen Lösungsmittel, das ihnen die Hände verätzte; Beschimpfungen prasselten auf sie ein: »Das ist die richtige Arbeit für die Juden! Wir sollten unserem Führer danken, daß er endlich eine Arbeit für die Juden gefunden hat!«, und die österreichische Polizei sah dem Treiben zu, gleichgültig oder in geheimem Einverständnis ...

Aus dem uns interessierenden Personenkreis war nur die Mutter Trude Weinfelds einmal dieser entwürdigenden Behandlung ausgesetzt. Aber auch Bruno Bettelheim mußte bald Bekanntschaft machen mit den neuen Methoden, die ihn am 12. März 1938 sein Auto kosteten. Denn an diesem Tag, berichtete der Korrespondent des *Daily Telegraph* nach London, »wurden den Juden ohne Ausnahme alle Autos gestohlen, und die Diebe verlangten von den Besitzern auch noch Geld dafür, sei es als einmaligen Betrag oder als regelmäßige Zahlung, um ›Benzin zu kaufen‹«.[5]

Die Kreisleitung III, die Nazi-Ortsgruppe im XII. Bezirk, wo die Firma Bettelheim & Schnitzer ansässig war, konfiszierte Bruno Bettelheims Wagen, auf den er so stolz war, sogar noch vor dem Einzug der Deutschen in Wien – zur gleichen Zeit übrigens, so scheint es, wie den Wagen seines Partners Hans Schnitzer. In einer brieflichen Bestandsaufnahme seines Besitzes, den er seiner Mutter später aus Dachau schickte, schrieb Bettelheim allerdings, die Polizei habe seinen Wagen kassiert. Vielleicht war das eine List, um die Lagerzensur zu umgehen; es kann aber auch bedeuten, daß die Polizei im XII. Bezirk schon für die Nazis arbeitete oder zumindest nicht auf dem Posten war, als sie kamen. Wie auch immer, jedenfalls erregte Bettelheim als Firmeninhaber schon in den ersten Stunden des Anschlusses die Gier der Sieger.

Allenthalben wurden die gewalttätigen Übergriffe immer schlimmer, die Wiener waren wie taub vom unaufhörlichen Gedröhn der Wehrmachtsbomber, die in geringer Höhe über die Stadt donnerten und Flugblätter abwarfen. Aus dem Radio, das mittlerweile in der

5 Zit. nach Anthony Rea und David Fisher, *Kristallnacht – Unleashing the Holocaust*, London 1989.

Hand der Nazis war, tröpfelten »Erfolgsmeldungen«: in den ersten Morgenstunden die Ankunft des SS-Führers Heinrich Himmler und seines Adjutanten Reinhard Heydrich in Wien; mittags die Botschaft von Reichspropagandaleiter Goebbels an das österreichische Volk, es werde bald eine »wirkliche« Abstimmung geben, bis dahin garantierten die von der österreichischen Regierung »gerufenen« deutschen Truppen die »Unabhängigkeit« des Landes. Abends um halb acht endlich traf Hitler nach einem kurzen Abstecher in seine Heimatstadt Braunau in Linz ein. Das stolze Habsburgerreich war auf eine gewöhnliche deutsche Provinz geschrumpft.

Währenddessen hatte Gina viel zu tun. In wenigen Stunden mußte sie alles packen, was sie und Patsy für ihre lange Reise brauchten, von der sie vielleicht nie wieder zurückkehren würden; der treuen Hedwig, die die Wertsachen der Bettelheims verwahren und versuchen wollte, sie ihnen nachzuschicken, letzte Anweisungen erteilen; Abschied nehmen und vor allem die restlichen für die Reise erforderlichen Unterlagen organisieren. Auf dem amerikanischen Konsulat, vor dem sich eine in Panik versetzte Menschenmenge drängelte, wurde Gina bevorzugt behandelt und erhielt ihr Visum noch am selben Tag. Doch die amerikanischen Behörden legten angesichts der immer stärker wachsenden Zahl von Menschen, die vor den Nazis zu fliehen versuchten, bereits eine gewisse Zurückhaltung an den Tag: Gina erhielt nur ein Touristenvisum. Da half auch das Affidavit nichts, die Erklärung Agnes Piels, sie werde für Ginas Unterhalt aufkommen, bis diese Arbeit gefunden habe. Als einfache Touristin bestieg Gina mit Patsy am nächsten oder übernächsten Tag den Expreßzug nach Paris, Abfahrt 21 Uhr 45, via Innsbruck und Zürich. Dieses Detail sollte ungeahnte Folgen haben.

Auf dem Bahnhof verabschiedeten sich Gina und Patsy inmitten des um sich greifenden Chaos von Bruno – und von Richard Sterba, der die Weinmanns begleitet hatte. Da sie nicht im selben Waggon reisten, verabredete sich Gina mit den Weinmanns in Paris. Ginas Herz war schwer, sie wußte, der Aufschub der Trennung war nur von kurzer Dauer, schließlich wollten die Weinmanns nach London. Patsy, die Ginas trauriges Gesicht ihrem Abschied von Bruno zuschrieb, war noch artiger als sonst. Sie meint sich zu erinnern, daß Gina ein wenig den Kopf verloren hat, als kurz vor der schweizerischen Grenze Nazioffiziere einstiegen; sie habe einen Umschlag mit Dollars, den Bruno ihr gegeben hatte, aus dem Fenster geworfen. Es war verboten, größere Geldsummen aus dem Reich mitzunehmen, und Gina wollte auf dem Weg in die Freiheit kein Risiko eingehen. Gina allerdings bestreitet den Vorfall.

Anscheinend hatte der Anschluß Bruno Bettelheim nicht so unvorbereitet getroffen wie viele andere Wiener. Als seine Firma arisiert wurde, ergab die Revision durch die Nazis, daß seit 1937 einige Geschäftsvorgänge nicht durch die Bücher gelaufen waren. Außerdem hatte Bettelheim eine Hypothek auf seine Lebensversicherung aufgenommen. Er selbst behauptete, er habe eine ansehnliche Summe (10 000 Dollar) mit Hilfe eines ihm bekannten amerikanischen Journalisten außer Landes geschmuggelt. Vielleicht ist das übertrieben, aber es ist kaum möglich, es zu überprüfen, da Gina sich an nichts dergleichen erinnert.

Weder die Geschehnisse in Deutschland seit 1933 noch der Anschluß ließen die grausame Verfolgung erwarten, die von einem Tag auf den anderen über die österreichischen Juden hereinbrach – selbst das *Schwarze Korps*, die Wochenzeitung der SS, lobte die überschäumende Begeisterung der Österreicher, denen in einer Nacht gelungen sei, was die Deutschen aus dem schwerfälligen, langsamen Norden noch immer nicht geschafft hätten. In Österreich müsse der Boykott der Juden nicht organisiert werden – das Volk selbst führe ihn mit aufrechter Freude an.

Manche Nazigegner hatten bereits, sofern sie es sich leisten konnten, Geld ins Ausland transferiert, besonders seit dem Deutsch-österreichischen Abkommen im Juli 1936. So hatte Richard Sterba den Vater eines kanadischen Patienten in weiser Voraussicht schon vor drei Jahren gebeten, ihm das Honorar in die Schweiz zu überweisen. Auch George Clare berichtet, wie sein Vater – aber der war Bankier! – das Exil von langer Hand vorbereitete. Viele andere hatten nicht die Mittel für solch weitsichtiges Handeln. Oder sie erkannten nicht die Notwendigkeit, weil sie überzeugt waren, es würde ihnen schon nichts geschehen, sofern sie sich aus allem heraushielten. Selbst der zionistische Journalist und Historiker Josef Kastein hatte in dem berühmten, nach seiner Rückkehr aus Berlin 1935 in Wien veröffentlichten Artikel »Was nun?« prophezeit, daß die Juden schlimmstenfalls wie im Mittelalter in Ghettos gesperrt würden und einen gelben Stern tragen müßten, falls die Nazis an die Macht kämen. Jedenfalls seien diese vorübergehenden Probleme kein Grund zur Emigration. Deshalb empfahl Kastein nur jungen Juden die Auswanderung nach Palästina, die Älteren sollten warten, bis sich das Gewitter verzogen hätte … Und diese Ansicht war ziemlich verbreitet.

Angesichts der Position, die Bruno Bettelheim später dazu einnahm, der Schärfe, mit der er die Sorglosigkeit vieler Opfer des Nationalsozialismus aufs Korn nahm, ist die Frage durchaus berechtigt, was er eigentlich vor dem Anschluß getan hat, aber leider müssen wir uns mit sehr spärlichen Informationen begnügen, die nicht wirklich Aufschluß darüber geben - um so mehr, als Bettelheims Behauptungen oft im Widerspruch stehen zu den Erinnerungen anderer Zeugen. Da ist zum Beispiel seine Aussage im Büro von Richter Jackson, dem amerikanischen Ankläger bei den Nürnberger Prozessen: »Sofort nach der Annexion am 12. März 1938 wurde mir klar, daß ich in Österreich nicht mehr in Frieden leben könnte. Also beschloß ich wegzugehen. Meine Frau und ich verließen Wien am 12. oder 13. März, wurden aber noch am selben Abend an der tschechisch-ungarischen Grenze aufgehalten. Am nächsten Tag wollten wir Wien mit dem Zug verlassen. Meine Frau durfte die Reise fortsetzen, ich wurde festgenommen. Die Polizei erteilte mir den Befehl, in Wien zu bleiben, und entzog mir meinen Paß. Ein, zwei Tage später wurde meine Wohnung von der Polizei durchsucht, ich wurde lange vernommen, konnte aber wieder gehen, da ich nach polizeilichem Dafürhalten die österreichischen Gesetze nicht übertreten hatte. Drei oder vier Wochen später wurde ich erneut von der österreichischen Polizei festgenommen und drei Tage lang über meine politischen Aktivitäten verhört. Am Ende diktierte der Polizeibeamte, der die Vernehmung geführt hatte, ins Protokoll, es bestehe offenbar kein Grund, weiter gegen mich zu ermitteln. Daraufhin ließ man mich laufen. Zwei Wochen später wurde ich verhaftet und eingesperrt, angeblich auf Befehl der Gestapo in Berlin. Drei Tage war ich in Wien im Gefängnis, dann wurde ich ins Konzentrationslager Dachau gebracht …«[6]

Gina äußert sich dazu eindeutig: Niemals, weder per Bahn noch per Flugzeug, hätten sie versucht, in die Tschechoslowakei zu gelangen. Das Auto Bettelheims wurde ja am 12. März konfisziert. Gina erinnert sich nicht mehr genau, ob es am Abend des 13. oder des 14. war, als sie Wien verließ[7], sicher ist aber, daß sie und Patsy am

6 *Nazi Conspiracy and Aggression*, U.S. Government Printing Office, Washington 1946, Bd. VII (S. 818-839).

7 Richard Sterba behauptet in seinen *Erinnerungen eines Wiener Psychoanalytikers*, er habe Peter Weinmann am 12. März zum Bahnhof begleitet, das würde bedeuten, auch Gina und Patsy sind schon an diesem Abend gefahren. Aber Sterba irrt sich öfter in diesem Abschnitt.

17. März in Le Havre an Bord der *President Roosevelt* waren, als das Schiff den Anker lichtete. Davor hatten sie einen Tag und eine Nacht in Paris verbracht, bei den Radanowicz. Es wäre also kaum Zeit gewesen für eine Fahrt Richtung Bratislava.

Möglich ist, daß Bettelheim - nach Ginas Abreise - Trude mitgenommen hat. Das allerdings hätte Trude sicher in ihren Erinnerungen erwähnt (in denen dieser Lebensabschnitt sehr ausführlich behandelt wird). Was wirklich geschah, bleibt unergründlich und wird noch verwirrender, wenn man die Geschichte für erfunden hält, denn ein Zweck ist nicht ersichtlich. Es wäre mithin der einzige mir bekannte Fall einer von Bettelheim »rekonstruierten« Erinnerung, die sich nicht mit einfachen, unmittelbar verständlichen Überlegungen erklären ließe, etwa mit der Notwendigkeit, Arbeit zu finden, oder mit dem Wunsch Bettelheims, besser oder wichtiger zu erscheinen. Die paar Österreicher, die in der Tschechoslowakei Zuflucht gesucht hatten - immerhin ein demokratisches Land mit einer offensichtlich gut funktionierenden Armee -, bedauerten bald, daß sie den Osten dem Westen vorgezogen hatten. Die Geschichte könnte daher nicht einmal als Beleg weiser Voraussicht dienen. Welchen Reim soll man sich darauf machen?

Diese Frage wird leider unbeantwortet bleiben müssen - im Moment jedenfalls. Eine Aktenrecherche ist unmöglich, da das Wiener Polizeiarchiv die Aufzeichnungen aus dieser Zeit heute noch vor der Öffentlichkeit verschlossen hält. Deshalb ist auch nicht herauszufinden, unter welchen Umständen Bruno Bettelheim vor seiner Deportation zweimal verhaftet und wieder freigelassen wurde, wie er in der Zeugenaussage ebenfalls behauptet.

Unbestreitbar ist jedenfalls, daß am Samstag, den 28. Mai, die Gestapo Bruno Bettelheim in seiner Wohnung verhaftet hat. Das geschah im Rahmen der von Berlin aus angeordneten »Juden-Aktion«. Während dieses drei Monate dauernden Pogroms nach dem Anschluß wurden siebzigtausend österreichische Juden festgenommen, überwiegend in Wien.[8] Viele wurden verhört und nach zwei, drei Tagen wieder freigelassen, aber die Schikanen und »Hausbesuche« - Nachbarn und Hausmeister gingen dabei den Plündertrupps der Nazis oft kräftig zur Hand - nahmen kein Ende und wurden

8 Zu Beginn der »Juden-Aktion« lebten 192 000 Juden in Österreich, davon 95 Prozent in Wien (sie bildeten dort die drittgrößte jüdische Gemeinde Europas nach Warschau und Budapest). Ende 1938 waren es 64 000, sechs Jahre später, beim Einmarsch der Roten Armee, 200.

während des Pessach-Festes sogar noch schlimmer. Aus Berlin erging der Befehl, zweitausend Intellektuelle zu verhaften, die Listen mit den Namen hatten die österreichischen Nazis schon lange vorher erstellt. Die Verhafteten wurden nach Dachau verschleppt, Bruno Bettelheim war am 2. Juni dabei. Schon am 1. April waren in einer Aktion, die die öffentliche Meinung in den ersten Tagen nach dem Anschluß beeinflussen sollte, alle führenden Persönlichkeiten der jüdischen Gemeinde und zahlreiche angesehene Persönlichkeiten (auch nichtjüdische übrigens) aus Politik, Medien und Wirtschaft, denen man Unterstützung der Vaterländischen Front vorwarf, in dieses Konzentrationslager gebracht worden.

Bettelheim behauptete später, er habe den Untergrundkampf der Sozialdemokraten unterstützt. Das ist jedoch schwer nachzuprüfen, da solche Aktivitäten üblicherweise nicht schriftlich festgehalten werden. Zeugen, die darüber etwas wissen könnten, sind nicht mehr am Leben. Das einzige nachweisbare politische Engagement Bettelheims ist seine Zugehörigkeit zur Vaterländischen Front, der in den letzten Monaten vor dem Anschluß Nazigegner jedweder Richtung massenhaft beigetreten sind. Aus der »Inhaftierungsbescheinigung« des Roten Kreuzes aus dem Jahr 1958 allerdings geht hervor, daß der Grund für die Deportation wohl einfacher und tragischer war: Bruno Bettelheim, dieser feingeistige Intellektuelle mit seiner Liebe zur deutschen Literatur und zur modernen Malerei, ist wahrscheinlich nur deshalb verhaftet worden, weil er Jude war – und Mitinhaber eines blühenden Unternehmens.

Das Schicksal der Firma Bettelheim & Schnitzer bestätigt diese Auslegung: Sie wurde am 7. Juli 1938 offiziell geschlossen und eine Woche später wieder eröffnet. Der Mann, unter dessen Namen sie von da an im Handelsregister erscheint, war ein gewisser Nikolaus Lackner, geboren 1902 im kroatischen Zagreb. Lackner hatte die besten Voraussetzungen, um das Unternehmen zu »arisieren«: 1933 war er in die NSDAP eingetreten. Er galt als zuverlässig, als vorbildlicher Parteigenosse und war sogar befugt, eine Waffe zu tragen – wie einem Empfehlungsschreiben der NSDAP vom September 1938 zu entnehmen ist. Lackner kannte die Firma gut, schließlich war er Buchhalter bei der Hausbank von Bettelheim & Schnitzer gewesen. Er bekam, was er wollte, und führte die Firma – der Verkauf wurde am 22. September 1938 rechtskräftig – ohne Unterbrechung weiter bis zum Dezember 1955.

In einem auf den 9. Juni 1938 datierten Vertrag – eine Woche nach

Bruno Bettelheims Deportation – trat Nikolaus Lackner als Käufer der Firma Bettelheim & Schnitzer auf. Hans Schnitzer, der anders als Bettelheim mit einer Arierin verheiratet und offensichtlich nicht verhaftet war, hatte die für den »Verkauf« notwendigen Unterlagen vorbereitet. Danach war der Wert der Firma auf 28055 Reichsmark angesetzt. In einem anderen Dokument vom Juni 1938 versichert die Arbeitsgemeinschaft der Holzverarbeitenden Betriebe, daß die Kaufvereinbarung zwischen der jüdischen Firma Bettelheim & Schnitzer und Nikolaus Lackner schon vor langer Zeit beschlossene Sache gewesen sei, die Verhaftung Bettelheims jedoch die Ausführung verzögert habe. Schließlich ist einem dritten Dokument aus dem Jahr 1942 zu entnehmen, daß Lackner die Summe von 28055 Reichsmark über mehr als zwei Jahre in vier Raten auf ein Konto unter den Namen Bettelheim & Schnitzer bei der Bank, in der er arbeitete, eingezahlt hat. Die Herren Bettelheim und Schnitzer hatten allerdings kein Zugriffsrecht auf dieses Konto!

Ein klassischer Fall von Arisierung also – das heißt, ein Diebstahl unter dem mittels zahlreicher Unterlagen fingierten Deckmantel des Verkaufs. Solche Fälle gab es damals in Österreich zu Tausenden. Im allgemeinen wurden jüdische Vermögenswerte in den ersten Monaten nach dem Anschluß auf etwa fünfzig Prozent ihres wahren Werts geschätzt (später sank der Prozentsatz immer weiter), doch trotz einer vollständigen Revision der Bettelheimschen Firma durch die Nazis ist heute schwer zu ermitteln, in welchem Verhältnis die bezahlte Summe zum Wert der Firma stand. Völlig unmöglich ist es, den Anteil Bettelheims am Verkauf zu eruieren. Als er dessen Unvermeidlichkeit begriffen hatte, sah er sich wahrscheinlich gezwungen, das Spiel mitzuspielen, um die Dinge so schnell wie möglich zu regeln. In Wien bleiben konnte er nicht mehr. Seine Frau war schon in den Vereinigten Staaten, wo er auf einige gute Freunde zählen konnte und dank Patsy mit Sicherheit sofort ein Dach über dem Kopf haben würde. Hatte Agnes Piel nicht schon vor zwei Jahren den Vorschlag gemacht, ein großes Haus zu kaufen, in dem sie alle zusammen leben könnten? Außerdem hatte er den Holzhandel noch nie gern betrieben, er war ihm aufgebürdet worden und hatte ihn daran gehindert, seinen Traum zu verwirklichen. Sich seiner zu entledigen barg in Bettelheims Augen wohl auch einige Vorzüge. Was er allerdings sicher nicht ahnte – das beweisen die Briefe, die er später aus Dachau schrieb–, ist, daß er von dem vorgeblichen Verkauf keinen Groschen sehen würde.

Bevor er Wien verließ, wollte Bettelheim alles geregelt haben. Die Vorstellung, all die schönen Möbel zurückzulassen, die eigens für seine Wohnung angefertigt worden waren, konnte er schlecht ertragen. Selbst in Dachau ließ ihm dieser Gedanke keine Ruhe. Er schrieb an seine Mutter, sie möge die Möbel in einem Speicher unterstellen, wobei er betonte, sie seien Ginas Eigentum (das heißt durch deren Wohnsitz in den USA vor einer eventuellen Beschlagnahmung geschützt).

Neben seinem Bemühen, die Überbleibsel des bürgerlichen Lebens zu retten, das er mit seiner Frau geführt hatte, versuchte Bruno Bettelheim, Verwandten und Bekannten die Ausreise zu ermöglichen. Agnes Piel konnte nicht für alle, die er in Sicherheit bringen wollte, Affidavits ausstellen, denn ihre finanziellen Mittel waren begrenzt, und zudem hatte die Prohibition das Vermögen der Piels angegriffen. Kurz nach der Ankunft von Gina und Patsy telegrafierte sie aber an das amerikanische Konsulat in Wien, man möge das Affidavit, das sie Gina ausgestellt hatte, doch für Bruno verwenden, da es ja nicht benutzt worden sei.

Am 5. Mai gelang es Jenny Buxbaum, nach New York zu kommen, wo sie von ihrer Tochter Edith erwartet wurde. Paula Bettelheim würde also einen Anlaufpunkt haben, falls ihr Sohn sie nicht unterstützen könnte. Brunos Schwester Margarethe hatte Verbindungen nach England. Aber da war noch Ginas Mutter Mina. Und Trude. »Die Qualen, die Furcht und die Angst, aus denen das Leben der Juden nun bestand, lassen sich kaum beschreiben«, sagt sie in ihren Erinnerungen. Auch Trude Weinfeld hatte einiges zu tun. Am Tag des Anschlusses war ihr Vater auf Geschäftsreise in der Schweiz. Als er die Nachricht hörte, wollte er sofort nach Wien zurückkehren, aber Trude gelang es schließlich, ihn davon abzubringen. Mit ihrer Mutter hatte sie es schwerer. Vergeblich versuchte sie sie davon zu überzeugen, so schnell wie möglich dem Vater zu folgen. Erst das schreckliche Erlebnis, unter den Beschimpfungen der Nazis auf Knien den Gehsteig schrubben zu müssen, konnte sie umstimmen. Bald darauf erfuhr Trude vom Selbstmord einer ihrer Tanten, einer Schwester ihres Vates, die dessen Weggang nicht ertragen konnte.

Trude selbst erwog natürlich auch die Emigration, aber sie wußte nicht, wohin. In den USA kannte sie niemanden, der für sie bürgen könnte. Sie hatte schon an die Schweiz gedacht, aber ihre Eltern machten gerade die Erfahrung, daß das Land keineswegs all jenen Zuflucht bieten wollte, die im Dritten Reich keine Daseinsberechtigung mehr hatten. Der Schweizer Justizminister persönlich schlug den deutschen Behörden vor, die Pässe von Juden mit einem großen roten »J« zu versehen, damit man sie schneller erkenne. Und schließlich war Bruno noch in Wien, also hatte sie es nicht so eilig.

Außerdem quälten sie andere Sorgen. Die Montessori-Schule hatte von Anfang an den Argwohn der Besatzer auf sich gezogen, sie galt als Schlupfwinkel für Juden und Linke. Die Stadt Wien als Besitzerin des Gebäudes in der Grünentorgasse kündigte der Schule die Räume, trotzdem gelang es den Lehrerinnen dank ihrem Erfindungsgeist und ihrer Opferbereitschaft, das Schuljahr zu Ende zu bringen. Zu diesem Zweck hatte Nuci Plank einen christlichen Freund gebeten, pro forma Direktor der Schule zu werden. Er war eigentlich Kustos in einem Museum, offenbar warmherzig und gebildet und dürfte einigermaßen repräsentativ gewesen sein für jenen Teil der nichtjüdischen Wiener Bevölkerung, der entsetzt war über die herrschenden Verhältnisse. Solche Menschen gab es, wenn auch weit weniger, als manche nach der Niederlage der Nazis behaupteten.

In den Wirren jener Zeit hatte Bruno Bettelheim auch seinen Psychoanalytiker verloren. Richard Sterba war im November 1936 Zeuge jenes Treffens geworden, bei dem der Deutsche Felix Boehm Sigmund Freud zu überzeugen versuchte, daß er der Säuberung der Psychoanalytischen Vereinigung in Berlin von allen jüdischen Mitgliedern nur deshalb zugestimmt hätte, um die Psychoanalyse in Deutschland zu retten. Da Sterba der einzige Nichtjude unter den Wiener Analytikern war, fürchtete er, daß die Nazis ihn für die Rolle des Verräters ausersehen könnten. Er verließ Wien am 16. März Richtung Schweiz, nachdem er vorher seine Patienten telefonisch über seine Abreise in Kenntnis gesetzt hatte.

Bruno Bettelheim wartete unterdessen immer noch auf sein Visum für die Vereinigten Staaten, das sich durch unvorhergesehene Komplikationen verzögerte. Am 26. März, als Gina und Patsy in New York an Land gegangen waren, hatte Agnes Piel (die mittlerweile den Namen Crane trug) den amerikanischen Konsul gebeten, die Bruno betreffenden Formalitäten zu beschleunigen. Sie hätte sich wohl besser direkt an die Visaabteilung im State Department gewandt, denn einigen Mitgliedern der Wiener Gesandtschaft wurde später Antisemitismus vorgeworfen. Ob der Vorwurf begründet ist oder nicht, jedenfalls sagten die Diplomaten angesichts der Flut von Visumsanträgen und des massenhaften Ansturms verängstigter Menschen zuerst einmal immer nein. Und obwohl Bruno Bettelheim jede erforderliche Unterstützung nachweisen konnte und alle Eigenschaften eines »guten Emigranten« besaß, wurde sein Ansuchen nicht zügiger behandelt als das aller anderen, in der ersten Zeit zumindest.

Nachdem Generalkonsul John Wiley am 8. April den Erhalt des Affidavits bestätigt hatte, das Agnes für Bruno geschickt hatte, scheint er es verschlampt zu haben. Das wurde jedenfalls Bruno Bettelheim mitgeteilt, als er sich am 20. April auf Einladung im Konsulat einfand. Nachdem er Agnes Crane darüber informiert hatte, begann sie Wien und Washington mit Briefen zu traktieren. Zu diesem Zeitpunkt, das heißt Anfang Mai, schlug sie vor, das für Gina ausgestellte Affidavit Bruno zuzuerkennen. Aber genau das, erhielt sie zur Antwort, sei unmöglich: Man könne nicht einem Mann den Immigrantenstatus verleihen, dessen Frau einfach als Touristin in die Vereinigten Staaten gekommen sei! Es war zum Verzweifeln, und wenn Agnes in ihren Briefen auch weiterhin einen höflichen Ton anschlug, so kochte sie doch innerlich. Die Situation verschärfte sich dramatisch, als just in dem Moment, da dieses »technische« Problem auftauchte, Bruno Bettelheim verhaftet und drei Tage lang eingesperrt wurde.

Daraufhin vervielfachte Agnes ihre Briefe und Telefonate nach Washington. Sie hob hervor, daß Gina nur mit einem Touristenvisum eingereist sei, um ihr die Tochter schneller wiederzubringen; sie sicherte sich die Unterstützung des Nationalen Hilfskomitees für Flüchtlinge aus Deutschland und (über Edith Buxbaum) der New Yorker Psychoanalytischen Gesellschaft, kurz, sie tat ihr bestes und machte sogar den Vorschlag, alle Telegramme zu bezahlen, die zur Regelung dieser Angelegenheit vonnöten seien – ein Angebot, das das State Department übrigens dankbar annahm.

Trotz all ihrer Bemühungen kam die Angelegenheit nicht voran, bis am 28. Mai die Polizei in der Gloriettegasse 15 an Brunos Tür klopfte. In seinem letzten Brief erklärte der Leiter der Visaabteilung im State Department Agnes Crane sehr höflich, Bruno werde erst dann ein Immigrantenvisum bekommen, wenn Gina vorher die Vereinigten Staaten verlassen und selbst auf einem Konsulat im Ausland einen Einwanderungsantrag gestellt hätte. Freundlicherweise wies er noch darauf hin, daß das nicht notwendigerweise in Wien geschehen müßte.

6. Dachau – Geburt eines Überlebenden

Das Jahr im Konzentrationslager, nun da es ja glücklich vorbei ist und fünfzehn Jahre hinter mir, kann ich es ja zugeben, hat mir gutgetan.« Nicht ohne zu zögern habe ich diesen gewichtigen, heiklen Satz aus einem Brief Bruno Bettelheims an den Eingang der Kapitel über seine Zeit in Dachau und Buchenwald gestellt. Die zehn Monate und elf Tage, die er in den Konzentrationslagern verbracht hat, spielten eine zentrale Rolle in seinem Leben. Wie alle Überlebenden blieb auch er davon gezeichnet. Wie bei allen anderen prägte der unauslöschliche Eindruck des Lagers seine Seele, den Menschen, der er wurde, und zweifellos noch sein zwanghaftes Bedürfnis, selbst über den Tod zu bestimmen. Aber für ihn hatte diese Erfahrung auch spürbare materielle Konsequenzen. Um es ganz unverblümt zu sagen, wie er es selbst gelegentlich tat: Sie öffnete ihm den Weg zu seinem »zweiten Leben«, das er in diesem Brief an eine lange verlorene Freundin vom 10. September 1954 beschreibt.

Lange bevor *Liebe allein genügt nicht, Die Geburt des Selbst* und all seine anderen Werke über psychotische Kinder erschienen, bevor er überhaupt einen Fuß in die Orthogenic School gesetzt hatte, war Bettelheim mit seinen Schriften über die Konzentrationslager und den Antisemitismus bekannt geworden. Mit ihnen machte er sich in den Vereinigten Staaten einen Namen als Spezialist für das Studium menschlichen Verhaltens. Seine Beobachtungen trugen dazu bei, der amerikanischen Öffentlichkeit die Realität des Nationalsozialismus bewußt zu machen, und zeigten auf eindrucksvolle Weise Bettelheims scharfen Blick und sein tiefes Verständnis für die Seele des Menschen. Diese Schriften machten ihn von Anfang an zur moralischen Instanz.

In Dachau und Buchenwald wurde unter dem Druck von Angst, Leiden und ständiger Erniedrigung aus dem Holzhändler mit philosophischem Doktorgrad, dessen Analyse durch den Anschluß so abrupt unterbrochen worden war, der Psychoanalytiker Bruno Bettelheim. Hier verschränkten sich seine Freud-Lektüre, seine Erfahrungen mit Richard Sterba, seine Diskussionen mit Gina und sein Leben mit Patsy, um ihm den Weg zur Rettung zu weisen, auf kurze wie auf lange Sicht.

Deshalb erschien es mir entscheidend, die Umstände seiner Lagerhaft so genau wie möglich zu rekonstruieren. Das ist fünfzig Jahre danach allerdings nicht ganz einfach, und zwar aus verschiedenen Gründen. Da sind zunächst die praktischen Probleme: Es gibt nur noch wenige Zeugen und wenige Unterlagen aus dieser Zeit, und obwohl Bettelheim viel über die Lager geschrieben hat, erwähnte er kaum Einzelheiten des alltäglichen Lebens und zog sich immer lieber auf deren Analyse zurück.

Ein anderes, subtileres Hindernis taucht auf, wenn wir die Atmosphäre der Lager Dachau und Buchenwald in den Jahren 1938/39 zu begreifen suchen: die Bilder, die wir seit der Entdeckung von Auschwitz durch die sowjetischen Truppen im Jahr 1945 im Kopf haben. Auch Bruno Bettelheim hat auf den Unterschied zwischen der Logik des Konzentrationslagers und der Logik des Vernichtungslagers hingewiesen, selbst wenn jenes in diesem seine Vollendung fand, zumindest was die Juden betraf, selbst wenn Dachau das Versuchslabor für Auschwitz war.

Ich habe drei verschiedene Arten von Quellen für diese Rekonstruktion benutzt: erstens die Artikel und Äußerungen Bettelheims, seine im Juli 1945 in Washington aufgenommene, für die Nürnberger Prozesse bestimmte Zeugenaussage, die neunzehn Briefe, die er seiner Mutter aus Dachau und Buchenwald geschickt hat, und das wenige, das er seiner Familie später erzählte; zweitens Bücher und andere öffentlich zugängliche Dokumente über die Lager[1]; und drittens die Aussagen von Hans Bandler[2] und Ernst Federn[3]. Ernst Fe-

1 Besonderen Dank schulde ich Frau Barbara Distel von der Dachau-Gedenkstätte und Herrn Vidar Jakobson vom Centre de documentation juive contemporaine in Paris für ihre wertvolle Hilfe.

2 Hans Bandler hat (kurz) über seine Verhaftung und Deportation berichtet – in einem Erinnerungsbuch der österreichischen Gemeinde Australiens mit dem Titel *Strauss to Matilda, 1938–1988*, Sydney 1988. Ich habe ihn am 9. und 11. Oktober 1991 in London getroffen.

3 Ernst Federn hat den Bericht von seiner Begegnung mit Bettelheim in seiner Essaysammlung *Witnessing Psychoanalysis*, London 1990, veröffentlicht. Ich interviewte ihn im Oktober 1990 und im Juni 1992 in Wien.

dern, der Sohn eines der engsten Mitarbeiter Sigmund Freuds[4], war achtundzwanzig, als er Bettelheim in Buchenwald kennenlernte; er blieb dort bis zur Befreiung 1945. Hans Bandler, ein angehender Ingenieur, war zehn Jahre jünger als Bettelheim und kam mit demselben Transport nach Dachau; er hatte fast denselben Leidensweg, wurde aber drei Monate früher befreit.

Dreierlei Quellen ergeben dreierlei Material, das leider nicht immer zusammenpaßt. Erst versuchte ich es zur Deckung zu bringen oder irgendwie hierarchisch zu ordnen, um ein stimmiges Bild zu erhalten, aber schließlich sah ich ein, daß ich die widersprüchlichen Aussagen nebeneinander bestehen lassen mußte. Die Wirklichkeit der Lager ist nur durch die Gesamtheit aller Zeugnisse zu erfassen. Aus den Äußerungen Bettelheims, die zwar nicht immer mit den Fakten übereinstimmen, aber uns Aufschluß darüber geben, was in seinem Kopf vor sich ging, und denen der beiden Männer, die von ihm ebenso verschieden sind wie voneinander, taucht eine Welt auf, die man besser verstehen kann, wenn man sie erst erspürt und dann analysiert.

Mehr als einmal verwendet Bettelheim den Ausdruck »dreamlike«, um das Geschehen in den Lagern zu charakterisieren. Auch bei anderen ehemaligen Deportierten taucht dieser Begriff oft auf. »Dreamlike«, das heißt, das Geschehen erscheint wie ein Traum, ein Alptraum zweifellos, von einer irrealen Welt, die keinen Berührungspunkt hat mit irgend etwas davor, einer Welt, in der alle Gesetze der menschlichen Gesellschaft außer Kraft gesetzt sind, wie Hermann Langbein schreibt.[5] Es ist eine Welt, in der ganz alltägliche Wörter wie gut, schlecht, Arbeit, Ehre, Recht, Verdienst, Mensch, Jude etwas anderes bedeuten als üblicherweise, manchmal sogar genau das Gegenteil. Und da sich deshalb darüber mit anderen nicht sprechen läßt, ist es eine buchstäblich unsagbare Welt.

Wer die Lager der Nazis nicht erlebt hat, muß sich damit zufriedengeben, daß alles, was er darüber in Erfahrung bringen kann, nie ganz wirklich sein wird oder vollkommen rational (aus ebendiesem Grund können gewisse Leute es wagen zu behaupten, der Genozid habe nicht stattgefunden). Objektive Wahrheit gibt es nur über Fak-

4 Nach der Entdeckung seiner Krebserkrankung übertrug Freud 1923 Paul Federn praktisch die Leitung der Wiener Psychoanalytischen Vereinigung.

5 Siehe Hermann Langbein, ... *nicht wie die Schafe zur Schlachtbank: Widerstand in den nationalsozialistischen Konzentrationslagern 1938-1945*, Frankfurt/Main 1995.

ten wie die Anzahl der Pritschen oder die Fahrpläne der Züge, und selbst dieses Wissen ist unvollständig. Alles andere, das Wesentliche also, müssen wir aus den Zeugnissen von Menschen erschließen – Lagerinsassen und ihren Wärtern –, die vorsätzlich daran gehindert wurden, zu erfassen, was mit ihnen geschah. Diesen entscheidenden Aspekt der Lager hat Bettelheim als einer der ersten verstanden oder zumindest erklärt.

Als Bruno Bettelheim nach Dachau kam, war dieses Lager, das als Modell für alle späteren dienen sollte, noch ausschließlich von Deutschen bevölkert. 1933 in den Hallen einer ehemaligen Munitionsfabrik nahe München in Oberbayern eingerichtet, war es ursprünglich für fünftausend Gefangene gedacht, im wesentlichen Kommunisten. Bald kamen Sozialdemokraten dazu und schließlich alle, die den Nazis nicht paßten: Behinderte, Priester, Zeugen Jehovas, Homosexuelle, »Arbeitsscheue«, Kriminelle. Aber noch wenige Juden.

Die Österreicher, die unmittelbar nach dem Anschluß von April bis Juni 1938 hierher kommen, sind die ersten größeren Gruppen von Juden, die nur deshalb ins Konzentrationslager gebracht werden, weil sie Juden sind. Bettelheim erwähnt diese Tatsache beiläufig in *Erziehung zum Überleben*, läßt sich aber nicht weiter darüber aus. Als er das »Ghettodenken« der Juden kritisierte, das sie an der Flucht gehindert und ihre massenhafte Vernichtung erleichtert habe[6], wurde ihm Hochmut, ja Antisemitismus vorgeworfen. »Und du?« fragten manche und vergaßen dabei, daß Bruno Bettelheim zwar das Glück hatte, ziemlich schnell wieder aus dem Lager herauszukommen, daß er aber auch zu den ersten gehörte, die die Rassenpolitik der Nazis am eigenen Leibe erlebten.

Obgleich die deutschen Juden schon seit Hitlers Machtergreifung im Jahre 1933 unter Schikanen, Verfolgungen und Plünderungen zu leiden hatten, kamen sie bis zum Frühjahr 1938 ausschließlich wegen ihrer (politischen oder kriminellen) Aktivitäten beziehungsweise seit Herbst 1935 auch wegen Verstoßes gegen die Nürnberger Gesetze, die jede sexuelle Beziehung zwischen Juden und Nichtjuden untersagten, ins Lager. Natürlich zielten die Nürnberger Gesetze aus-

6 Besonders in »Freedom from Ghetto Thinking«, veröffentlicht im März 1962 in der Zeitschrift *Midstream*, und in einer Kritik von Jean-François Steiners Buch *Treblinka* im *New Republic* vom 1. Juli 1967; die beiden Artikel faßte Bettelheim später unter der Überschrift »Befreiung vom Gettodenken« zum letzten Kapitel seines Essaybandes *Themen meines Lebens* zusammen.

schließlich gegen die Juden, aber es ist ein großer Unterschied, ob man mißhandelt wird, weil man ein Gesetz übertreten hat - und sei es noch so ungerecht - oder weil man ist, was man ist.

Die Österreicher, die mit diesen Transporten unmittelbar nach dem Anschluß in Dachau eingeliefert werden, sind auch die ersten ausländischen Gefangenen im Lager, was die Bewacher allerdings nicht so sehen. Sie behandeln alle gleich, Politiker, Kaufleute, Arbeiter, Künstler, Intellektuelle aller Altersstufen und Kategorien - das ist der erste Schock für die Wiener, die derlei soziales Durcheinander so gar nicht gewöhnt sind.

Bruno Bettelheim kommt am Freitag, den 3. Juni 1938 nach Dachau und wird unter der Nummer 15029 und den Buchstaben Sch.D.J. im »Zugangsbuch« erfaßt. J bedeutet Jude, selbstverständlich; das D steht für Deutsch, die Annexion Österreichs ist damit besiegelt; Sch bedeutet Schutzhaft. Zu dieser Kategorie von Menschen gehören solche, die wie Federn aktiv am Widerstand gegen die Nazis beteiligt waren, aber auch Sympathisanten und solche, die einmal eine Petition unterschrieben oder ein bißchen Geld gespendet haben für den Untergrundkampf. Bettelheim, meint Federn, gehörte zur dritten Gruppe. So wird Bruno Bettelheim auf seiner gestreiften Sträflingsjacke einen zweifarbigen Davidstern tragen wie Federn und Bandler: oben das rote Dreieck, das politische Gefangene kennzeichnete, unten das gelbe für die Juden.

Mit den Formalitäten nahmen es die Nazis bekanntlich ganz genau. Stundenlang müssen die Neuankömmlinge unter den wachsamen Blicken der SS mit ihren Habseligkeiten bei Fuß anstehen, um ihre Zugangsformulare auszufüllen: Name, Vorname, Glaubensbekenntnis, Rasse, genaue Anschrift, Angehörige, Wohnort der Eltern, Parteizugehörigkeit, Vorstrafen und so weiter. Und wehe dem, der falsche Angaben macht!

Drinnen dehnt sich das Lager mit seinen Einheitsbaracken links und rechts der Lagerstraße. Es ist heiß an diesem 3. Juni 1938. Doch nach der qualvollen zwanzigstündigen Reise ist das lästige Warten eine Atempause voll »beruhigender Gleichgültigkeit«, wie David Rousset[7] sagte. Niemand weiß, was im Lager sein wird, aber alle haben Angst davor.

Die meisten Gefangenen sind gebildet, viele haben schon von den Lagern gehört, aber sie zweifeln noch, räumt Bettelheim in

7 *The Other Kingdom*, New York 1947.

Erziehung zum Überleben ein, was sie davon glauben sollen. Einige lassen sich womöglich von dem in das Gittertor geschmiedeten »Arbeit macht frei« einlullen. Unter anderen Umständen hätte Bruno Bettelheim sicher den schwarzen Humor dieses Slogans zu würdigen gewußt. Und gespottet über den anderen Sinnspruch, der in großen weißen Lettern auf das Dach des Verwaltungsgebäudes gemalt war: »Es gibt einen Weg zur Freiheit. Seine Meilensteine heißen: Gehorsam, Fleiß, Ehrlichkeit, Ordnung, Sauberkeit, Nüchternheit, Wahrhaftigkeit, Opfersinn und Liebe zum Vaterlande!« Doch im Moment ist ihm nicht danach: Im Zug wurde er übel zugerichtet, auf den Kopf geschlagen und durch ein Bajonett verwundet.

Schon am Vorabend des Transports machte er die ersten Erfahrungen mit den entmenschlichenden Praktiken der Nazis – nicht weit entfernt von der Firma, die noch für einige Tage seinen Namen trug, auf dem Wiener Westbahnhof, von dem Gina und Patsy vor zweieinhalb Monaten nach Paris abgereist waren. Hätte sich der Transport um zwanzig Stunden verzögert, wäre Bruno Bettelheim und seinen Leidensgenossen womöglich der alte Freud über den Weg gelaufen, der mit seiner Frau und seiner Tochter Anna im Orient-Expreß den Weg ins Exil antrat.[8]

Nach der Verhaftung brachte man die Gefangenen kurzfristig in den Räumen einer Schule unter. Sie wurden zwar nicht gerade mit Glacéhandschuhen angefaßt, aber auch nicht besonders grausam behandelt. Sie litten vor allem darunter, daß sie nicht wußten, was mit ihnen geschehen sollte. Aber wie Bettelheim waren viele seit dem Anschluß schon ein oder mehrere Male festgenommen und nach ein paar Stunden oder ein paar Tagen wieder freigelassen worden. Man hatte sie mißhandelt, aber immerhin waren sie in der Stadt geblieben, in der Nähe ihrer Freunde, ihrer Familie.

»Ich erwartete jeden Moment, nach Hause geschickt zu werden«,

8 Eine kleine Anekdote zeigt, wie riskant es für Biographen ist, die Handlungen ihres Objekts aus der Distanz zu beurteilen. Obwohl nämlich Sigmund Freud in seinem Tagebuch den 3. Juni, 15 Uhr 25, als Abreisetag angab, behauptet sein erster Biograph, Ernest Jones, Freud habe sich getäuscht, er sei erst am 4. gefahren. Peter Gay schließt in seinem Buch *Freud. Eine Biographie für unsere Zeit* (Frankfurt/Main 1989) daraus auf Freuds Ambivalenz bezüglich des Exils. Harald Leupold-Löwenthal wiederum, der Vorsitzende der Wiener Freud-Gesellschaft, hat alle Daten minutiös nachgeprüft (unter anderem weist er darauf hin, daß der Orient-Expreß den Wiener Westbahnhof ganz genau um 15 Uhr 14 verließ!) und festgestellt, daß Ernest Jones irrte, woraus er wiederum dessen Ambivalenz gegenüber der Ankunft des Meisters in London ableitet.

erzählte mir Hans Bandler. »Vor Dollfuß war ich bei den Jungsozialisten. Und als die Nazis durch die Straßen marschierten, sah ich aus dem Fenster ein paar ehemalige Genossen. Das Ganze erschien mir absurd ... Sie kamen mir vor wie Buben, die den starken Mann spielen. Ich dachte ständig: ›Wann kommen sie wieder zur Vernunft?‹«

Der Alptraum begann am späten Nachmittag des 2. Juni. Plötzlich und unerwartet wurden die Gefangenen in die berüchtigten »Schwarzen Marias« gesteckt, Polizeiautos mit geschwärzten Scheiben; so konnten sie nicht sehen, wohin man sie brachte.

Zum folgenden Transport, der die Gefangenen durch halb Österreich und den Süden Deutschlands führte, merkt Bruno Bettelheim in einer Fußnote zu Beginn von *Erziehung zum Überleben* an: »Auf der Zugfahrt von Wien nach Dachau, die eine Nacht und einen guten halben Tag dauerte, wurden alle Gefangenen schwer mißhandelt. Von den 700 bis 800 Gefangenen dieses Transports wurden in der Nacht mindestens 20 getötet. Fast niemand blieb unverletzt, und viele wurden schwer verwundet.«

Drei lakonische Sätze, die von allen Überlebenden dieses Transports bestätigt werden, zumindest, was die extreme Brutalität der SS betrifft. Die Gefangenen wurden mit Gewehrkolbenhieben in die Waggons getrieben, um sie herum schreckliches Getöse, Gedränge, Schläge, Befehlsgebrüll, und immer derselbe Ton: »Du da, Jude, los, stehenbleiben, Blick nach oben ...« – egal, wie alt einer war oder welche Verdienste er sich erworben hatte.

Die Maschinengewehre im Anschlag, zwingt man sie, die ganze Fahrt über in das grelle Licht der Lampen zu starren, die im Rhythmus der Schwellen schaukeln. Bettelheim erwähnt übrigens, die Birnen seien ausgetauscht worden, damit sie noch stärker blendeten. Wer erschöpft den Kopf sinken läßt oder einschläft, riskiert Schläge, manchmal den Tod. Hans Bandler, der beim selben Transport war, weiß nicht, wie viele Tote es gegeben hat. Die Augen starr zur Decke gerichtet, sah er nicht, was um ihn herum geschah. Aber er wurde Zeuge, wie einer ums Leben kam, der aus dem Fenster in die schützende Nacht sprang. Die Wachen hielten den Zug an und erschossen ihn an Ort und Stelle. Später stellte Bandler fest, daß er ihn gekannt hatte: Er war mit ihm zur Schule gegangen.

Bettelheim entdeckt schnell ein System im Verhalten der SS: Körper und Geist werden im Wechsel malträtiert, die Gefangenen müssen sich von Zeit zu Zeit gegenseitig prügeln, ihren Gott verfluchen oder ihre Frauen und Mütter als Huren beschimpfen. Den Beweis dafür, daß diese Behandlung nicht willkürlich ist, findet Bettelheim in der Tatsache, daß die Grausamkeiten im Lauf der Zeit abnehmen und erst nach dem Schichtwechsel wieder mehr werden. Etwa zwölf Stunden nach Beginn der Fahrt hört Bettelheim den Befehl: »Mit den Mißhandlungen aufhören«, und mit einem Schlag ist es vorbei damit bis zur Ankunft im Lager.

Zweierlei Zweck sieht Bettelheim in diesem System: Einerseits soll es den Widerstand der Deportierten brechen, andererseits dient es der Festigung der jungen SS-Leute, die meist frisch vom Land kommen; ihnen muß bewiesen werden, daß die Gefangenen, die oft einem ganz anderen Milieu entstammen und sie durchaus beeindrucken könnten, tatsächlich so minderwertige Wesen sind, wie die offizielle Ideologie behauptet.

Bettelheim wird anscheinend schon zu Beginn der Reise verletzt. Er erzählt nicht, wie es zu dem Zwischenfall kam, meint aber, seine Brille habe ihn zur Zielscheibe gemacht. Die Hornbrille, die ihn in den Augen der SS als Intellektuellen ausweist, zerbricht beim ersten Schlag auf seinen Kopf. Er verliert sehr viel Blut, im Verlauf der Bahnfahrt wird er immer schwächer, er ist vollkommen erschöpft. Und fassungslos. Wie Hans Bandler begreift er nicht, daß so etwas möglich ist. Gleichzeitig spürt er eine merkwürdige Distanziertheit in sich aufsteigen, er fragt sich, »ob der Mensch soviel aushalten kann, ohne Selbstmord zu begehen oder wahnsinnig zu werden«.

Ohnmacht als Schutz gegen den Schmerz scheidet aus; allen ist klar, daß Bewußtloswerden selbstmörderisch ist: »Wer unfähig war, Befehle zu befolgen, wurde getötet.« Außerdem scheint es ihm lebensnotwendig, alles zu beobachten.

Er kämpft gegen das Gefühl der Unwirklichkeit, das ihn überkommt. Nein, es ist kein Alptraum, redet er sich zu, was mir widerfährt, ist Wirklichkeit. Er fragt sich, ob die Wachen dumm sind oder einfach sadistisch. In kurzen Augenblicken gelingt es ihm, sich damit zu trösten, daß sie völlig phantasielos sind; es belustigt ihn, wenn sie immer wieder sagen, sie würden die Häftlinge lieber totschlagen als erschießen, denn eine Kugel koste sechs Pfennige, und soviel sei so jemand gar nicht wert. Es bereitet ihm eine gewisse Genugtuung, daß sie sich ganz genau so verhalten, wie er es von ihnen erwartet.

Doch eine Hauptsorge Bettelheims überschattet alles andere – jedenfalls in seiner Erinnerung, als er drei Jahre danach in seinem ersten Artikel über die Lager diese Episode beschreibt: Er möchte »sein Ich so erhalten, daß er, wenn er das Glück hätte, seine Freiheit wiederzuerlangen, in etwa die gleiche Person sein würde, die er vor seiner Freiheitsberaubung gewesen war«.[9]

Als Bettelheim begann, sich mit seinen Mithäftlingen zu unterhalten, um zu verstehen, was im Lager geschah, fand er tatsächlich bei allen Neuankömmlingen denselben Wunsch: Sie wollten beim Erwachen aus diesem Alptraum sich und die Welt unverändert wiederfinden. Dieser Wunsch war so überwältigend, daß sie sich manchmal sogar darüber aufregten, wenn irgend etwas von ihrem Besitz veräußert wurde – selbst zu dem Zweck, sie freizukaufen. Und als Bettelheim später seine Gedanken stärker zu strukturieren versuchte, um sie aufzuschreiben, machte er aus diesem Wunsch, Ich und Welt zu bewahren, eines der Hauptkennzeichen der »neuen Gefangenen«, die weniger als ein Jahr im Lager waren.

Nach der Erfassung müssen die Häftlinge in die Kleiderbaracke. Dort bekommen sie je eine Unterhose, ein Hemd, eine Hose, eine Jacke, ein Käppi und ein Paar Schuhe ohne Ansehen ihrer Maße. Man befiehlt ihnen, sich nackt auszuziehen, und unterwirft sie einer ebenso genauen wie entwürdigenden Leibesvisitation. Dann müssen sie die Kleider und alles, was sie bei sich haben, den dafür zuständigen Häftlingen übergeben. Wertgegenstände wie Uhren und Schmuck kommen in ein Stoffsäckchen mit ihrem Namen. Dann können sie endlich in ihre Unterkünfte.

Bruno Bettelheim hat so viel Blut verloren, daß ihn der Blockälteste von Block 22, in dem er untergebracht ist, am Tag nach seiner Ankunft mit ein paar anderen zum Krankenrevier schickt. Ein Arzt untersucht ihn und verschreibt ihm »drei Tage völlige Ruhe und anschließend eine Woche Schonung«. Das habe ihm wohl das Leben gerettet, meint Bettelheim, diese Chance, sich zu erholen, bevor er sich dem Lageralltag aussetzen mußte. »Was mir, auf Dauer gesehen, noch mehr geholfen haben dürfte, war, daß ich nun Gelegenheit hatte, diese ganze Erfahrung zu überprüfen und mir Gedanken darüber zu machen, wie diese Zwangslage sich auf mich und meine Kameraden auswirkte ... Wäre ich – wie meine Kameraden – sofort in die schrecklich zerstörerische Maschine aus tödlichen Mißhand-

9 In dem Abschnitt von *Erziehung zum Überleben* (Stuttgart 1980), in dem er über den Transport berichtet, verwendet Bettelheim in der Tat die dritte Person, wenn er von sich spricht.

lungen und schwerster Sklavenarbeit hineingeraten, ich wüßte nicht, ob es mir im gleichen Maße gelungen wäre, einige Mechanismen meines psychischen Schutzsystems wiederherzustellen.«

In Dachau beginnt der Tag um vier Uhr morgens: Aufräumen in der Baracke – die SS legt großen Wert darauf, daß alle Betten akkurat gemacht sind, was nicht einfach ist auf Stockbetten mit je drei unförmigen Strohsäcken. Manchmal, schreibt Bettelheim, schliefen Häftlinge lieber am Boden, als ihr wohlgebautes Bett zu zerstören.[10] Morgenwäsche – Gerangel um die wenigen Becken. Erster Appell vor dem Block. Um 5 Uhr 15 Zählappell auf dem großen Lagerplatz. Im Prinzip sollen die Arbeitskolonnen um sechs Uhr ausrücken, aber die Appelle dauern immer länger als vorgesehen, ständig verzählen sich die Männer der SS, die Gefangenen fragen sich schon, ob das Absicht war, und dann heißt es wieder von vorn anfangen.

Nach dem Appell Brotfassen für den Tag – mit einem halben Pfund muß man bis zum Abend auskommen und auch noch aufpassen, daß einem keiner etwas davon stiehlt. Dann schweigend in Dreierreihen zur Arbeit. Eine Stunde Mittagspause, wo man den Hunger bezähmen muß, um nicht den ganzen Brotkanten auf einmal aufzuessen. Um achtzehn Uhr Rückmarsch, um neunzehn Uhr Abendappell. Ein Teller Suppe, in dem an Glückstagen eine Scheibe Wurst schwimmt oder ein Brocken zähes Fleisch. Um einundzwanzig Uhr wird das Licht gelöscht.

In dieser Phase geht es für das Nazi-Regime noch nicht darum, die kostenlose Arbeitskraft der Gefangenen maximal auszubeuten, zuerst will man sie brechen und ihnen das letzte Fünkchen Stolz austreiben auf das, was sie waren und was sie können. So macht man aus Klempnern Friseure (jeder Häftling wird bei der Ankunft geschoren), aus Schneidern Tischler, und die Intellektuellen aus Wien schleppen den ganzen Tag riesige Steine von einem Ende des Lagers zum anderen und am nächsten Tag wieder zurück.

Kolonnen von Männern mit gesenktem Blick und mechanischen Bewegungen, eingespannt wie Lastochsen, allen möglichen Unfällen ausgeliefert und, was schlimmer ist, den Launen von Kapos und SS – diese Männer tun alles, um mit der Masse zu verschmelzen und nicht aufzufallen. »Das Gefährlichste war«, sagt Hans Bandler, »wenn

10 Die Beschreibung des Lagerlebens und die Zitate im folgenden sind, sofern nicht anders gekennzeichnet, aus dem vierten Kapitel »Verhalten in Ausnahmesituationen« aus *Aufstand gegen die Masse, Die Chance des Individuums in der modernen Gesellschaft*, München 1966.

man austreten mußte. Und bei dem Essen im Lager passierte das oft. Einen Augenblick lang zumindest mußte man den Aufsehern den Rücken zukehren, und man war nie sicher, daß sie einem nicht eine Kugel hineinjagten. Diese Art Mord fiel unter der Rubrik ›Auf der Flucht erschossen‹.«

Dachau ist nicht Treblinka oder Auschwitz, die systematische Vernichtungsmaschinerie ist noch nicht in Gang gesetzt. Doch der Tod ist schon überall präsent. Der willkürliche Tod, wie ihn Bandler beschreibt. Der Erschöpfungstod. Der Tod aus Verzweiflung – manche werfen sich in einer letzten Geste des Aufbegehrens in den elektrisch geladenen Stacheldrahtzaun. Aber die meisten geben einfach auf, sie sterben, weil sie nicht mehr die Kraft haben, für ihr Überleben zu kämpfen. Das fällt Bruno Bettelheim von Anfang an auf: daß nicht das Leben die Norm ist und der Tod ein Unfall wie in der Welt, aus der er kommt, sondern umgekehrt, daß bereits in den Lagern der Anfangszeit eine Umkehrung der Werte stattgefunden hat.

Das Überleben ist nicht selbstverständlich, es erfordert ständige Wachsamkeit. Vielleicht muß Bettelheim mit bitterer Ironie an das langsame Sterben seines Vaters denken, an die zwei langen Jahre, in denen er ihn leiden und immer schwächer werden sah, ohne etwas für ihn tun zu können. Anton Bettelheim hatte sich trotz seiner furchtbaren Krankheit, trotz seiner Schmerzen, trotz des fortschreitenden Verfalls seines Körpers und seiner geistigen Fähigkeiten zäh an das Leben geklammert. Vielleicht bestärkte die Erinnerung an dieses lange, aussichtslose Ringen Bruno Bettelheim sogar in seinem unbändigen Willen, sich nicht unterkriegen zu lassen, durch keinen noch so niederträchtigen Feind, von der Syphilis nicht und von den Nazis auch nicht. Vielleicht hat er sich wieder einmal gesagt: Das wird mir nicht passieren!

Eines Abends, kurz nach seiner Ankunft in Dachau, starrt Bettelheim, der noch an seinen Verletzungen laboriert, angewidert auf seine Suppe und kann sich nicht zum Essen überwinden. Da fährt ihn ein deutscher Kommunist an, der seit vier Jahren interniert ist: »Hör zu, entscheide dich, ob du am Leben bleiben oder ob du sterben willst. Wenn es dir egal ist, dann iß das Zeug nicht. Willst du aber am Leben bleiben, dann gibt es nur einen Weg: bring dich dazu, zu essen, immer, wenn dazu Gelegenheit ist, und soviel zu kannst, und wenn es noch so ekelhaft ist. Geh bei jeder Gelegenheit austreten, damit du eine Garantie hast, daß dein Körper arbeitet. Und jede

Minute, die du für dich hast, quatsch nicht, sondern lies etwas oder hau dich hin und schlaf.« Um diese Überlebenslektion zu verdauen, sagt Bettelheim, habe er mehrere Jahre gebraucht. Aber von diesem Abend an ist für ihn das Auslöffeln einer scheußlichen Suppe ein Akt der Freiheit, keine von den Nazis aufgezwungene Gemeinheit mehr, sondern eine Konsequenz aus seiner Entscheidung, am Leben zu bleiben.

Weil er klein, schwach und kurzsichtig war, hatte er schon auf dem Schulhof immer Ärger; in Dachau ist das ausgesprochen gefährlich. Außerdem ist er schwierig und gänzlich unbegabt für jede Art körperlicher Arbeit; damit gehört er von Anfang an zur Kategorie der Gefangenen mit hohem Gefährdungsgrad, zu denen, die oft die ersten Wochen im Konzentrationslager nicht durchstehen. Wahrscheinlich derselbe Lagergenosse, der ihm die erste Überlebenslektion erteilt hat, gibt Bettelheim noch einen zweiten Rat: »Wenn du drei Monate am Leben bleibst«, sagt er, »dann wirst du die nächsten drei Jahren leben.« Ab sofort sorgt Bettelheim dafür, daß er nicht mit Arbeiten beauftragt wird, die seine Kräfte bald erschöpfen könnten.

Hans Bandler glaubt sich daran zu erinnern, daß Bettelheim, nachdem er ein paar Tage an seiner Seite schwere, mit Steinen beladene Karren geschoben hatte, wenigstens für eine gewisse Zeit dem Latrinenkommando angehörte. Dieses Kommando mit dem Spottnamen »Kolonne 4711« bot zwei enorme Vorteile: Angewidert von den üblen Gerüchen, kam die SS mit ihren Maschinengewehren den Männern mit den stinkenden Kübeln niemals zu nahe, und diese hatten außerdem noch Anrecht auf eine heiße Dusche pro Abend. Obwohl Bettelheim nie genau angegeben hat, welche Arbeiten er während seiner Lagerhaft ausführte, findet diese Erinnerung Bandlers eine indirekte Bestätigung durch eine Einzelheit, die Eugen Kogon in seinem Buch *Der SS-Staat* erwähnt. Er berichtet nämlich, daß der Latrinendienst zwar den Juden vorbehalten war, in Dachau aber eine Zeitlang auch Max und Ernst Hohenberg dem Kommando angehörten, die Söhne des ermordeten Erzherzogs Franz Ferdinand. Dabei muß ihnen auch Bettelheim begegnet sein, der in seinem ersten Artikel über die Lager in *Erziehung zum Überleben* von seinem Umgang mit »zwei österreichischen Herzögen« spricht, »die eng verwandt mit dem einstigen Kaiser waren«. Und viel später, in *Aufstand gegen die Masse*, kommt er noch einmal darauf zurück: »Einmal arbeitete ich neben einem Grafen, dem

Sproß einer der adligsten Familien Deutschlands«, und berichtet gleich danach von einem Zwischenfall, bei dem »der Herzog von Hohenberg, der Großneffe des österreichischen Kaisers, grausam mißhandelt und gedemütigt wurde«. Die relative Ruhe im Latrinendienst begünstigt Gespräche. Bettelheim beobachtet an den Mitgliedern des Hochadels ein Gefühl ungeheurer Überlegenheit, das diese gegen die allgemeine Entwürdigung schützt – trotz der ausgesuchten Schikanen durch ein paar SS-Angehörige.

»In diesem einen Jahr habe ich viel gelernt, so viel, daß ich durchaus nicht sicher bin, ob ich die lehrreichen Erlebnisse in den Lagern schon in ihrer Tiefe erfaßt habe«, schrieb Bettelheim 1960 in *Aufstand gegen die Masse*, als er zu bestimmen versuchte, welcher Platz dem Lageraufenthalt in der Gesamtheit seines Lebens zukam. Zu dieser Frage muß man die Veranlagung haben. Während andere leiden, ohne sich allzu viele Gedanken zu machen, hat Bettelheim sofort das Bedürfnis nach Kontrolle über das, was mit ihm geschieht. Und angesichts der Ohnmacht, in der sich der KZ-Häftling befindet, bleibt Bettelheim nur eine einzige Möglichkeit: Er muß versuchen, die Situation mit seinem Verstand zu beherrschen, das Geschehen zu begreifen und ihm einen Sinn zu verleihen.

Diese Schutzreaktion setzte, wie wir gesehen haben, schon bei der Verhaftung ein: Sofort bemühte sich Bettelheim, das Verhalten seiner Peiniger zu erklären. Noch bevor er überhaupt ermessen konnte, was ihm bevorstand, mußte er das System, dem er ausgeliefert war, beobachten, prüfen, analysieren. Das war sein Weg, sich nicht geschlagen zu geben gegenüber Männern, denen er zwar weder Macht noch Intelligenz absprach – in diesem Punkt sind alle seine Schriften ganz eindeutig –, die er jedoch bereits in hohem Maße für beschädigt hielt durch den Prozeß der Entmenschlichung, dem sie ihre Opfer unterwerfen mußten.

Bald jedoch wurde seine Beobachtungsgabe von einem viel bedeutenderen Gegenstand angezogen als dem Verhalten der Nazis: ihm selbst. »Fast mit dem Augenblick, als ich festgenommen wurde, und besonders während des Transports nach Dachau und in den ersten Tagen im Lager fiel mir auf, daß nicht nur mein Handeln, sondern, was noch viel wichtiger war, meine Gefühle sich gegenüber vorher geändert hatten.« Seine Stimmungsschwankungen zu beobachten, sein eigenes Verhalten zu studieren, um sich zu versichern, »normal« zu sein, ist eine Aufgabe, mit der Bettelheim durch seinen langen Kampf gegen die Depression vertraut ist. Besser als jeder andere weiß er die Alarmsignale zu deuten.

»Zuerst versuchte ich mir einzureden, daß dies nur oberflächliche Veränderungen seien, die meine eigentliche Persönlichkeit nicht berührten. Bald aber wurde mir klar, daß das, was mit mir geschehen war - zum Beispiel die Spaltung in ein Ich, das beobachtete, und ein anderes, dem Dinge zustießen –, ein typisches Beispiel von Schizophrenie war. Ich fragte mich daher: ›Bin ich im Begriff, geisteskrank zu werden, oder bin ich es bereits?‹«

Wir sollten nicht vergessen, daß Bruno Bettelheim Analysand war, als die Nazis Wien besetzten. Eine Analyse zu beenden erfordert einige Jahre Zeit, die widerspenstigen Pforten zum Unbewußten, die man manchmal so mühsam aufschließen muß, kann man nicht so einfach wieder zuwerfen. Der Blick, den der Analysand monatelang, jahrelang so beharrlich auf die geheimsten, schmerzhaftesten und daher bestgehüteten Wunden seines Inneren richtete, läßt sich nicht von einem Tag auf den anderen abwenden. Die Gewohnheit, jede Geste, jeden Traum, jeden Gedanken zu hinterfragen, verschwindet nicht plötzlich, weil der Analysand eines schönen Tages beschließt, ob mit oder ohne Zustimmung seines Analytikers, den Nachforschungen ein Ende zu setzen. Warum sollte das leichter sein unter der Wirkung des Schocks von Anschluß, Trennung, Enteignung und Internierung in einem Konzentrationslager?

Diese innere Unruhe gab Bruno Bettelheim den Anstoß zu jener Untersuchung, die ein paar Jahre später seinen Ruf in den Vereinigten Staaten begründete. Der Einfall kam ihm am Ende seines ersten Monats in Dachau: »Eines Tages, früh am Morgen, ... war ich gerade dabei, mich in der beliebtesten Freizeitbeschäftigung, dem Austausch unserer Leidensgeschichten und der Weitergabe von Gerüchten über Veränderungen in den Lagerbedingungen und über etwaige Befreiung zu ergeben. Zu diesen Gesprächen hatten wir nur ein paar Minuten zur Verfügung, aber das hinderte uns nicht daran, uns völlig darin zu vertiefen. An diesem Morgen wechselte meine Stimmung, wie das schon vorher bei solchen Gelegenheiten geschehen war, zwischen großer Hoffnung und tiefer Verzweiflung. Die Folge war, daß ich schon seelisch erschöpft war, noch bevor der Tag begonnen hatte, ein Siebzehnstundentag, den zu überleben ich meine ganze Energie brauchte. Während wir also unsere Geschichten austauschten, ging mir plötzlich der Gedanke durch den Kopf: ›Das treibt mich zum Wahnsinn‹, und ich merkte, daß ich, wenn ich so weitermachte, wirklich wahnsinnig würde. In dem Augenblick entschloß ich mich, statt an die Gerüchte zu glauben, den Versuch zu machen, zu erkennen, was psychologisch hinter ihnen steckte.«

Bettelheim ist befremdet vom Verhalten seiner Mitgefangenen, an denen doch nichts darauf hindeutet, daß sie vor ihrer Verhaftung anders gewesen wären als alle anderen. In Dachau aber, stellt er fest, sind sie zu krankhaften Lügnern geworden, sie können ihre Gefühle nicht mehr beherrschen und scheinen jede Fähigkeit verloren zu haben, zwischen Phantasie und Wirklichkeit zu trennen. Er befürchtet, genauso zu werden wie sie. Vielleicht ist das, was ihn an sich beunruhigt, nicht der Beginn einer Geisteskrankheit, sondern ganz einfach ein Anpassungsprozeß an die besonderen Umstände im Lager. Dann aber stellt sich eine andere Frage: Wie kann er sich gegen diese Entwicklung schützen?

Angesichts der Krankheit seines Vaters bediente er sich seines Verstandes, um sich gegen eine deprimierende, schicksalhafte und zutiefst ungerechte Situation zu wehren. Hinter den Stacheldrahtzäunen der Nazis reagiert er genauso. Um zu überleben, kann er sich weder auf seine Körperkraft verlassen noch auf seinen Charme, nicht einmal auf seinen praktischen Verstand, der ohnehin nicht sehr ausgeprägt ist. Was bleibt, ist sein Geist, dieser Teil seiner selbst, der schon seit langem daran gewöhnt ist, der Welt, die ihn umgibt, Sinn abzuringen.

»Mein ganzes Denken, meine ganzen Energien konzentrierten sich auf den verzweifelten Kampf, den Tag zu überleben, und darauf, depressive Stimmungen abzuwehren, den Widerstandsgeist lebendig zu halten, winzige Vorteile zu ergattern, die das eigene Überleben ein bißchen wahrscheinlicher machten. Außerdem mußten wir uns ständig gegen die gnadenlosen SS-Männer wehren, die den Lebenswillen der Gefangenen zu brechen versuchten. Wenn ich von allen diesen Bemühungen nicht zu erschöpft oder zu niedergedrückt war, versuchte ich zu begreifen, was in mir und in den anderen vor sich ging, denn das interessierte mich.«[11] Damit hat Bruno Bettelheim einen Weg gefunden, wie er seine beiden drängendsten Fragen auf einmal beantworten kann: Er will das Verhalten seiner Mithäftlinge ebenso erforschen wie sein eigenes. So wird aus einer spontanen Reaktion ein bewußter Vorsatz.

11 *Erziehung zum Überleben*, a.a.O.

Jedesmal, wenn sich ihm die Gelegenheit dazu bietet, knüpft er ein Gespräch mit seinen Lagergenossen an. Er läßt sie von ihrem Leben erzählen, von ihrer Familie, ihren Hoffnungen, er befragt sie nach ihrem Beruf. Wenn eine Unterhaltung unmöglich ist, versucht er, sich jede Einzelheit ins Gedächtnis einzuprägen, da er nichts aufschreiben kann. Dabei entdeckt er, daß er auf diese Weise noch ein anderes Problem gelöst hat: »Dadurch, daß ich mich in meiner freien Zeit mit interessanten Problemen befaßte, daß ich mich mit meinen Mitgefangenen unterhielt und dabei ein bestimmtes Ziel im Auge hatte und daß ich mich in den endlosen Stunden der Schwerstarbeit, die keiner geistigen Konzentration bedurfte, mit meinen Befunden auseinandersetzen konnte, durch all diese Dinge gelang es mir, die Zeit so totzuschlagen, daß ich das Gefühl hatte, sie doch auch zu nutzen.«[12] Manchmal gelingt es ihm sogar, für ein paar Augenblicke zu vergessen, daß er sich in einem Konzentrationslager befindet.

Und was noch wichtiger ist: Durch diese konstruktive Tätigkeit findet Bettelheim seine Selbstachtung wieder. Immerhin war seine Forschungsarbeit »eine der wenigen Befriedigungen, die die SS-Leute mir nicht verbieten konnten«[13]. Dieser Triumph über den Feind, der natürlich geheimgehalten werden muß, rettet Bettelheim vor dem Abgleiten in die Depression, die in dieser Lage zweifellos fatal gewesen wäre. Er hat seine eigene Weise gefunden, sich an diese buchstäblich wahnsinnige Welt anzupassen.

Am Sonntag müssen die Gefangenen in Dachau nicht arbeiten. Wenn sie nicht gerade für irgend etwas bestraft werden sollen, dürfen sie mehr oder weniger frei miteinander reden, Zeitung lesen und an ihre Familie schreiben – zweimal im Monat. Für die Briefe gibt es normierte kleine Seiten mit je zwölf Zeilen, auf der ersten Seite nimmt ein Auszug aus den Lagerregeln fast cin Viertel des Platzes ein. Die Briefe, die Bruno Bettelheim an seine Mutter schickt, sind fehlerlos, seine große, geneigte Schrift füllt den ganzen verfügbaren Platz aus, er schreibt sehr leserlich (für die Zensur wahrscheinlich) und gewöhnlich sehr bestimmt. Auch der Ton ist bestimmt, meist geht es um sehr konkrete Fragen: Formulare müssen ausgefüllt, Schulden beim Schneider oder beim Hemdenmacher beglichen und Schritte unternommen werden, um eines der

12 Ebd.
13 Ebd.

unzähligen Dokumente zu erlangen, die für eine Freilassung notwendig sind.

Nie erwähnt Bettelheim sein körperliches und seelisches Leiden – sei es wegen der Zensur oder um seiner Familie keine Sorgen zu bereiten. Auf den ersten Blick wirken diese Briefe, wäre nicht die seltsame Aufmachung, als ob ein Firmendirektor auf Geschäftsreise seiner Sekretärin aus der Ferne Anweisungen erteilte. Liest man sie jedoch zum zweitenmal, stechen einem plötzlich die wenigen Stellen ins Auge, wo Bettelheim etwas von seinen Qualen und seinen Sorgen durchschimmern läßt: »Sorgt Euch nicht zu viel, es hat keinen Sinn, da es nichts nützt.« (3. Juli). »Von mir ist nicht viel zu berichten, mein Leben hier ist ausgefüllt von Arbeit und der Sehnsucht nach Euch ... Denkt nur an Eure Zukunft, nicht an meine, denn das wäre auf die Dauer ein zu großer Ballast ...« (17. Juli). »Die Sehnsucht verzehrt mich ... Gina sagt, daß alle meine Hoffnungen auf einer Zukunft beruhen, die sie so gut vorbereitet.« (31. Juli)

Nach und nach weicht das Bild vom robusten Geschäftsmann, der aus der Ferne regiert und ungehalten wird, wenn seine Anordnungen nicht umgehend ausgeführt werden, einem ganz anderen Bild, dem Bild eines Mannes, der verzweifelt darum kämpft, mit der Außenwelt in Berührung zu bleiben; eines Mannes, der beschlossen hat, Kummer und Sehnsucht zu unterdrücken, um nicht darin unterzugehen; eines Mannes, der nur ein Ziel hat: sicherzustellen, daß alles, aber auch wirklich alles unternommen wird, um ihn herauszuholen, und daß in diesem Papierkrieg nichts, aber auch wirklich nichts ihm den Weg ins Exil verbauen kann, wenn er jemals die Chance haben sollte, freizukommen.

Noch am Morgen seiner Verhaftung hat Bruno Bettelheim einem Cousin die Vollmacht erteilt, seine Angelegenheiten zu regeln: Der Anwalt Norbert Bettelheim kümmert sich um den »Verkauf« der Firma, verfaßt die Vermögenserklärung und überwacht die Bemühungen um die Freilassung Bruno Bettelheims. Er ist mit einer Arierin verheiratet und zum Protestantismus übergetreten, hat zahllose Beziehungen und müßte, so sieht es zumindest unmittelbar nach dem Anschluß aus, eigentlich von Schikanen verschont bleiben. Aber Bruno Bettelheim dauert das alles zu lange, er wird ungeduldig. Ende Juli zum Beispiel wundert er sich, daß seine Vermögenserklärung noch nicht erledigt ist, wo er doch unmittelbar nach seiner Ankunft in Dachau Paula eine weitere Vollmacht erteilt und eine vollständige Liste seines gesamten Besitzes und aller Schulden erstellt hat.[14]

Und was ist mit seinem Visum? Seinen Steuerangelegenheiten? Und der Unbedenklichkeitserklärung, ohne die niemand mehr Österreich verlassen kann? Er denkt an alles, bombardiert Mutter und Schwester mit einer Flut von Anweisungen, ohne jemals eine Einzelheit aus den Augen zu verlieren. Und bedenkt dabei trotz seiner eigenen Erfahrungen offensichtlich überhaupt nicht, welchen Schikanen und Entbehrungen die Juden in Wien ausgesetzt sind. Wie er nichts von seinen Qualen im Lager schreibt, verschweigt Paula ihm, daß sie gezwungen war, zu den Nachbarn zu flüchten, und daß sie, da sie das Geld aus dem Verkauf der Firma nicht antasten wollte, ihren Schmuck verkaufen mußte.

Gleichzeitig macht sich Bruno Bettelheim Sorgen um das Schicksal seiner Familie, Trude inbegriffen. Warum hat sie Österreich nicht schon längst verlassen? Und Tante Grete soll sofort die Gelegenheit beim Schopf packen und nach Honduras gehen. Kümmert sich eigentlich jemand um Ginas Mutter Mina? Als Familienoberhaupt wacht er aus der Entfernung über das Wohl seiner Lieben und vergißt keinen Geburtstag. Am wichtigsten ist ihm, daß trotz der Zensur, die er aber offenbar zu umgehen weiß, seine Botschaft durchkommt: Es gibt keinen anderen Ausweg mehr, für niemanden, als das Exil.

Am 23. September, nach dem Morgenappell, erhalten die Häftlinge Order, ihre Sachen zu packen. Dann werden sie - völlig überraschend, wie sich Hans Bandler erinnert - auf Militärlastwagen getrieben: »Schnell, schnell!« Sie bekommen einen Kanten Brot, einen Wurstzipfel und eine winzige Ration Margarine, und dann geht die Fahrt mit unbekanntem Ziel in einem Höllentempo Richtung Norden.

Am Vorabend seines Münchner Treffens mit Daladier und Cham-

14 Da war er allerdings falsch informiert: Am 16. Juli hatte Norbert Bettelheim eine Erklärung abgegeben, in der außer Bruno Bettelheims Firmenanteil und seinem Wagen zwei goldene Uhren (mit einem geschätzten Wert von 200 RM), ein Silbertablett (80 RM) und ein Gemälde (200 RM) aufgeführt waren. In einer zweiten Erklärung vom Dezember erwähnte der Anwalt eine Schuld von 452 RM, versehen mit einer Zahlungsaufforderung des Hietzinger Bezirksgerichts. Davon abgesehen, hatte Bettelheim keine Schulden außer denen für sein Auto (etwa 1500 RM) und seine Lebensversicherung (189 RM).

berlain und mit der Aussicht auf die baldige Invasion der Tschechoslowakei ließ Hitler lieber die bayrischen Lager räumen, die ihm für den Fall eines englisch-französischen Gegenschlags zu exponiert erschienen. Daher der Rückzug ins Innere Deutschlands; die Gefangenen wurden in die Lager Sachsenhausen und (die Juden) Buchenwald verfrachtet.

Als Bettelheim in Buchenwald ankommt, wird das 1937 eröffnete Lager, das zumindest im Reich schon als eines der schlimmsten KZs berüchtigt ist, gerade vergrößert. Die Arbeiten sind in vollem Gange. Sie werden von Häftlingen ausgeführt, deren Ausbeutung eine der Grundlagen des nationalsozialistischen Lagersystems ist.

Eines Tages erhält das Kommando, dem auch Ernst Federn zugeteilt ist, den Befehl, eine Menschenkette zu bilden, um die Maurer mit Ziegeln für die neuen Unterkünfte zu versorgen. Die Männer stehen gerade so weit voneinander entfernt, daß sie die Ziegel nicht von Hand zu Hand weitergeben können. Federn ärgert sich bald über seinen Nebenmann, der jedesmal den Stein fallen läßt, den er ihm zuwirft. Er kennt ihn nicht, aber was er macht, ist gefährlich. Entweder er wird sich den Fuß zerschmettern, oder ein Wärter wird auf ihn aufmerksam. Federn weist ihn zurecht.

»Sind das vielleicht Ihre Ziegel?« fragt der Angesprochene.

Nach dem Austausch von zwei, drei Freundlichkeiten dieser Art wirft Federn dem anderen ein »Du Niemand!« an den Kopf.

»Wer bist du denn«, kommt es zurück, »mich einen Niemand zu nennen? Ich bin Bettelheim!«

»Und ich bin Federn.«

»Federn? Verwandt mit Paul Federn?«

»Das ist mein Vater.«

Daraufhin »drückten wir einander die Hand, und von diesem Tag an blieben wir Freunde – ich würde sogar sagen, besonders gute Freunde, denn ich glaube, daß ich der einzige Mensch auf der Welt bin, dem gegenüber Bettelheim nie laut geworden ist«, schließt Federn in *Witnessing Psychoanalysis*. Der Grundton der Beziehung zwischen den beiden Männern ist angeschlagen, eine Mischung – zumindest den Briefen nach, die Federn mir gezeigt hat – aus herzlicher Freundschaft und einer gewissen Rivalität.

Zwischen Dachau und Buchenwald besteht ein merklicher Unterschied. Das preußische Lager ist größer, es hat die Ausmaße eines kleinen Dorfes. Und es ist dreckig. Der Boden aus gestampfter Erde,

Dauerregen und Bauarbeiten führen zu dem ständigen Schmutz, der den Gefangenen das Leben schwermacht. Man wird ihn nicht los. Den ganzen Winter über waten sie draußen im Kot, der ihnen oft bis zu den Knien reicht. Manche lachen über ihre Leidensgenossen, die am Ende des Tages nicht mehr die Kraft haben, ihre Füße zu heben, die hinfallen und nicht mehr aufstehen können, festgehalten von dem schwärzlichen, zähen Schlamm, der ihnen als Symbol ihres Untergangs erscheint. In den Blocks verbringen sie die meiste Zeit damit, zu kehren, zu wischen, Schuhe zu putzen, um sich nicht zusätzlich Schläge und Beschimpfungen der SS und ihrer Stellvertreter einzuhandeln. Denn zu allem Überfluß waren damals die Aufseher in den Baracken »Berufsverbrecher«, also Kriminelle.

Ein wichtiges Prinzip der Nazis bestand darin, die Konzentrationslager von den Häftlingen selbst verwalten zu lassen. Da gab es eine Hierarchie von den Kapos (den Führern der Arbeitskommandos) über die Blockältesten (den Aufsehern der Baracken) und so weiter bis zum Lagerältesten, dem Gegenstück zum Lagerkommandanten, die in gewisser Weise die Hierarchie der SS widerspiegelte. Zum Preis zahlreicher materieller Vergünstigungen (bessere Ernährung, größere Bewegungsfreiheit, manchmal sogar das Recht auf Besuche im Lagerbordell) schob die SS die tägliche Drecksarbeit auf einige ihrer Opfer ab, die willkürlich ausgewählt wurden und ständig damit rechnen mußten, ebenso willkürlich wieder all ihrer Funktionen enthoben zu werden. Dieses System schützte die deutsche Lagerleitung vor dem Haß der Häftlinge[15] und wahrscheinlich auch vor dem eigenen Ekel, diente aber vor allem dazu, die Gefangenen zu brechen, zu kompromittieren und ihre Solidarität zu zerstören.

Bruno Bettelheim hat nirgends über seine Ankunft in Buchenwald berichtet. Aber ein anderes Zeugnis verdient es, zitiert zu werden, das des sozialistischen deutschen Journalisten Walter Poller, der 1934 für seine antifaschistischen Aktivitäten zu vier Jahren Haft verurteilt worden war und nach der Verbüßung seiner Strafe in verschiedenen normalen Gefängnissen zwei Monate nach den »Dachauer Juden« in Buchenwald landete. Seine Beschreibung erinnert in vielem an die Berichte der Wiener von ihrem ersten Transport: Von

15 Bruno Bettelheim und andere haben festgestellt, daß diese Strategie bei vielen Häftlingen Erfolg hatte, die selten direkt mit der SS zu tun hatten und sich gern vorstellten, daß einzelne SS-Männer die Mißhandlungen ablehnten, denen die Juden ausgesetzt waren.

der SS ständig mit Kolbenhieben zur Eile angetrieben, mußten sie durch eine lange, schmale Straße, die »Karachogasse«, zwischen den Verwaltungsgebäuden laufen, ohne auf die Stürzenden zu achten. Und am Ende hörten sie den Satz, der zum Leitmotiv der Arbeitslager wurde: »Ihr seid hier nicht im Sanatorium! Und denjenigen, die das bis jetzt nicht begriffen haben, bringen wir es auch noch bei, da könnt ihr sicher sein!«

Nachdem er seine Eindrücke mit denen vieler anderer verglichen hatte, kam Bettelheim zu dem Schluß, daß alle »Neuen«, woher sie auch kamen, systematisch dieser »Initiation« durch Terror unterworfen wurden. So bemerkte er bei seiner Ankunft in Dachau, daß die Wärter den alteingesessenen Häftlingen, wenn sie sich unter die Gruppe mischten, nicht mit derselben Brutalität begegneten wie den neuen. Wahrscheinlich blieb den »Dachauer Juden« deshalb bei ihrer Ankunft in Buchenwald das Schlimmste erspart. Doch auf Dauer konnten sie sicher nicht jenen Lagerregeln entgehen, die Poller beschrieben hat.

Politische Diskussionen sind ebenso verboten wie jede Art von Versammlung. Wer einen Akt des Ungehorsams beobachtet, ist verpflichtet, das sofort zu melden. Jeder Häftling, der nicht bis an die Grenzen seiner Kraft schuftet, wird bestraft – und in Buchenwald besteht die normale Bestrafung, das sollten sie bald erfahren, aus fünfundzwanzig Peitschenhieben oder Stockschlägen, für die der Delinquent bäuchlings auf einen Bock aus rohem Holz in einer Ecke des großen Appellplatzes geschnallt wird. Wer Geld hat, darf davon zehn Mark behalten, der Rest muß abgegeben werden, wer das nicht tut, wird ausgepeitscht. Die Aufenthaltsdauer in Buchenwald ist unbegrenzt und hängt davon ab, wie man sich führt. Die Häftlinge dürfen fünfzehn Zeilen an ihre Familie schreiben, sofern nichts über das Lager und nichts Politisches darinsteht. Bald haben sie die Lektion gelernt, die Poller so umreißt: »Hier seid ihr keine Gefangenen, ihr seid bloß in Haft, und was das bedeutet, werdet ihr schon noch erfahren! Ihr seid ehrlos und schutzlos! Vogelfrei! Ihr seid Sklaven, das ist alles!«

Walter Pollers Zeugnis ist nicht nur deshalb so aufschlußreich, weil es sehr konkrete Einzelheiten enthält, sondern weil er seinen Blick von außen auf die »Judenbaracken« richtete. Aus seiner privilegierten Stellung als nichtjüdischer Deutscher, der unter dem diskreten Schutz seiner politischen Freunde stand, die im Lager bereits ein Widerstandsnetz aufgebaut hatten, konnte er den Abgrund ermessen, der zwischen dem Leben der Juden und seinem eigenen klaffte. Ihr Schicksal war in jeder Hinsicht schlimmer als das aller anderen Gefangenen: weniger Essen, noch weniger Platz und zusätzliche Einschränkungen bei der geringsten sich bietenden Gelegenheit.

Bettelheim beschreibt die Unterschiede zwischen Dachau und Buchenwald in *Aufstand gegen die Masse*, seinem ausführlichsten Bericht über dieses Thema, ziemlich abstrakt. Er hebt hervor, daß die Häftlinge in Buchenwald, das er einer späteren Entwicklungsphase der Lagerwelt zuordnet, nicht mehr als Individuen behandelt werden; die Bestrafung erfolgt fast immer kollektiv, was die Gruppe gegen den »Übeltäter« aufbringt; so können auch keine Helden oder Märtyrer entstehen. Nie erzählt Bettelheim Einzelheiten aus seinem Leben in Buchenwald. Oft betont er, er wolle den Schilderungen der Greuel nicht noch eine weitere hinzufügen. Wenn er überhaupt von einem persönlichen Erlebnis berichtet, tut er das meist in Fußnoten. So wird auch hier wieder sein Wunsch deutlich, die materielle Ebene, das physische Erleben hinter sich zu lassen.

Dennoch ist es kaum vorstellbar, wie Bettelheim so vollkommen von der Wirklichkeit seines Lagerlebens abstrahieren konnte, besonders wenn man die Zeugnisse anderer Gefangener aus Buchenwald kennt. Immerhin war Bettelheim ein halbes Jahr dort, ohne zu wissen, ob er das Lager je wieder verlassen würde. Seine Briefe sind kürzer als die aus Dachau, und die Bestimmtheit, mit der er seine Befreiung weiter vorantreibt, bildet einen frappierenden Widerspruch zu dem konfusen, wilden Gekrakel, das an die Stelle seiner gleichmäßigen, langgezogenen Schrift getreten ist. Man kann also vermuten, daß Bettelheim trotz seines vernünftigen Tons zumindest körperlich am Ende seiner Kraft war.

Der Überlebende Bruno Bettelheim hat zweifellos aus seinem viermonatigen Aufenthalt in Dachau gelernt. Bald ist es ihm gelungen, unter geschickter Ausnutzung der unglaublichen Korruption in Buchenwald einen »Druckposten« zu ergattern. Zumindest sieht Ernst Federn das so. Beim Strümpfestopfen saß er nämlich erstens im Warmen, was in diesem kalten Winter sehr vorteilhaft war, und unterstand zweitens der Aufsicht eines eher gutmütigen politischen Kapos, das heißt – und Federn bestätigt, daß das entscheidend war –, er blieb zumindest tagsüber von Schmähungen verschont. Bettelheim sagt nicht klar, daß er in dieser Werkstatt arbeitete, berichtet aber in *Aufstand gegen die Masse* von Gesprächen »in sehr sicheren Kommandos wie bei den Gruppen, die Socken stopften, wo die Häftlinge ziemlich bequem an Tischen saßen und langsam ihrer Aufgabe nachkamen«.

Und dennoch – in den sechs Monaten Buchenwald hat Bettelheim wie alle anderen die Enge in den Baracken erlebt, wo die Häftlinge aus Platzmangel selbst ihre abendliche Suppe im Stehen auslöffeln mußten. Er schlief auf den widerlichen Strohsäcken, auf denen die Häftlinge so gedrängt lagen, daß einer, der sich im Schlaf umdrehte, immer seine Nachbarn aufweckte. Er mußte an den berüchtigten »Sportstunden« teilnehmen, bei denen zum Vergnügen der SS einige Häftlinge zu Tode geschunden wurden. Wie alle anderen mußte er die grauenhaften Latrinen benutzen, tiefe Löcher zwischen zwei Baumstrünken, auch hier drängten sich die Männer, denen vor langer Zeit jede Scham abhanden gekommen war, von den Wartenden zur Eile getrieben, immer in Angst, von einer falschen Bewegung oder einem Ellbogenstoß aus dem Gleichgewicht gebracht, einen grauenhaften Tod sterben zu müssen. Das ist eine der Ängste, die Hans Bandler heute noch heimsuchen.

In dem Lager mit dem hübschen, trügerischen Namen Auf dem Ettersberg, der bis dahin hauptsächlich Musik- und Literaturliebhabern ein Begriff gewesen war, da Bach, Goethe und Schiller dort gern spazierengingen, erlebte Bettelheim nicht enden wollende Appelle in der Eiseskälte des Winters 1938. Zumindest zweimal während seiner Zeit dauerten sie die ganze Nacht, die Schwächsten starben dabei vor den Augen ihrer Gefährten, die ihnen nicht helfen konnten, wenn sie nicht ihren eigenen Tod riskieren wollten. Ohnmächtig mußte er zusehen, wie einige Selbstmord begingen, andere totgeprügelt oder als »Untermenschen« abgeknallt wurden. Er wurde auch Zeuge der verheerenden Typhusepidemie, die kurz nach der Ankunft der »Novemberjuden«, die nach der »Reichskristallnacht« ins Lager kamen, ausbrach.

Und nicht zu vergessen das Blutbad, das die SS zur Begrüßung der neu eingetroffenen »Dachauer Juden« veranstaltete. In jener Nacht verloren siebzig Neuankömmlinge den Verstand – sie wurden in Vierergruppen erschossen.

Bettelheims auffallende Distanziertheit hat zumindest zwei einfache und leicht voneinander zu trennende Erklärungen: einerseits seinen Willen, die Situation während seiner Gefangenschaft mit seinem Verstand zu meistern, und zweitens die lange Zeit, die er ganz bewußt zwischen seinen Erlebnissen und dem Bericht darüber verstreichen ließ – er schrieb ihn erst, nachdem er sich in den USA niedergelassen hatte.

Aber in einer Bemerkung, die er über die ersten Stunden seiner Deportation gemacht hat, zeichnen sich noch die Umrisse einer dritten Erklärung ab: In *Erziehung zum Überleben* findet sich unmittelbar nach der Beschreibung des traumatischen Transports nach Dachau folgende Passage, wieder in der dritten Person, die so irritierend wirkt, wo es sich um so persönliche Erfahrungen handelt[16]: »Der Autor zweifelt nicht daran, daß er den Transport und alle Mißhandlungen nur deshalb überstand, weil er schon ganz am Anfang zu der Überzeugung gelangte, daß diese schrecklichen und entwürdigenden Erfahrungen nicht ›ihm‹ als Subjekt, sondern nur ›ihm‹ als Objekt zustießen.«

Es gibt eine Dimension, über die Bettelheim besonders wenig sagt: den Ton, in dem die Nazis die Juden anredeten. Und man muß die Zeugnisse anderer heranziehen, um nicht zu vergessen, daß Bettelheim an diesen endlosen Tagen, während er mangels Papier seine ganze geistige Energie daran verwandte, sich seine Beobachtungen einzuprägen, wie alle anderen ununterbrochen mit »Judenschwein«, »Scheißjude« und so weiter beschimpft wurde von Männern, denen gegenüber er sich zwar den Luxus der Verachtung gönnte, die aber deshalb nicht weniger mächtig waren und über seinen Körper verfügen konnten – »Vorwärts, du dreckiger Itzig ... Zurück! Lauf, spring ... Auf die Knie, auf den Bauch, Sohn einer Judensau ...«

Welche Auswirkungen hatte diese tägliche Flut rassistischer Obszönitäten auf den assimilierten Juden, der sich sein ganzes bisheriges Leben den deutschen Intellektuellen stets geistig näher gefühlt hatte als den Talmudisten mit den langen Bärten aus der Leopoldstadt? In *Themen meines Lebens* schreibt Bettelheim, die Tatsache, daß Martin Bubers Werke seinem Judentum einen positiven Inhalt verliehen hätten, habe ihm vielleicht das Leben gerettet. Aber auch auf diese Frage läßt sich die Antwort möglicherweise in Bettelheims eben zitierter Beobachtung finden.

Vielleicht spiegelt sich in seiner Überzeugung, nicht Subjekt, sondern bloß Objekt zu sein, das Gefühl wider, »diese schrecklichen und entwürdigenden Erfahrungen« widerführen nicht ihm, Bruno Bettelheim, sondern einem anderen, der ihm gleicht, aber nicht er

16 In *Aufstand gegen die Masse* steht fast dasselbe in Ichform.

ist, dessen Spiegelbild er in den Augen aller Nazis wiederfindet, die seinen Weg kreuzen – dem Juden Bettelheim.

Aus dem Kerker auszubrechen, in den ihn der Blick der Schergen zwingt, nicht zu vergessen, daß er zwar Jude von Geburt, daß das aber nicht seine einzige Bestimmung ist, ist zweifellos eine entscheidende, eine der lebens-, ja überlebensnotwendigen Grundlagen seiner wilden Entschlossenheit, zu beobachten, zu analysieren, zu verstehen, was über das Konkrete hinaus geschieht, was das Körperliche transzendiert, diesen Leib, der, von den Feinden erniedrigt, sich nicht zu seiner wahren Größe erheben kann. Dieser Leib, in den das Beschneidungsmesser des Rabbis sein Judentum im Guten, aber vor allem im Schlechten auf ewig eingeschrieben hat.

7. Buchenwald, der Preis der Freiheit

»Alle Schmerzen sind erträglich, macht man daraus eine Geschichte.«

Isak Dinesen[1]

Am 14. Dezember 1938 warten die Gefangenen nach dem Abendappell vergeblich auf den Befehl, in ihre Baracken zurückzukehren. Am frühen Nachmittag hat die SS einen Fluchtversuch zweier[2] »Grüner«, zweier Krimineller, entdeckt und beschlossen, alle Gefangenen exemplarisch zu bestrafen. Neunzehn Stunden lang stehen sie im Licht der Scheinwerfer im Schneesturm, in ihren gestreiften Häftlingskleidern, ohne Kopfbedeckung, mit nassen Füßen und leerem Magen nach einem zwölfstündigen Arbeitstag. Die Ältesten, die Schwächsten fallen einer nach dem anderen um. Wer versucht, ihnen zu helfen, wird erschossen. Die SS-Männer sind wütend, den ganzen Tag über mußten sie nach den Entflohenen suchen, jetzt prügeln und morden sie beim geringsten Anlaß.

Dieser Exzeß der Grausamkeit, der ganz offensichtlich darauf abzielt, alle Solidarität unter den Lagerinsassen zu zerstören, erreicht allerdings das Gegenteil: Wer zwanzig Menschen sterben gesehen hat, ohne etwas tun zu können, schreibt Bettelheim, wird teilnahmslos gegenüber seinem Schicksal. Sein Ich spaltet sich, ein Teil beobachtet, was dem anderen geschieht. Die Überlebenschancen sind so gering, daß selbst der Tod seinen Schrecken verliert. Jeder fühlt den Mut in sich wachsen, die Bereitschaft, den anderen zu

1 Zit. nach Hannah Arendt, *Vita activa* (La Condition de l'homme moderne)
2 Bei Eugen Kogon ist von dreien die Rede, aber Bandler wie Bettelheim erwähnen nur zwei.

helfen. Die Drohungen der Wachen verhallen wirkungslos. Merkwürdigerweise sind die Gefangenen fast glücklich. Als endlich der Befehl ertönt, in die Baracken zu gehen, sind sie erleichtert, aber gleichzeitig überfällt sie wieder die Angst, von der sie diese außergewöhnliche Tortur befreit hatte, und sie verlieren das Gefühl der Solidarität, das auf dem Appellplatz kurzzeitig erwacht war. Am nächsten Tag werden achtzig Tote[3] gezählt, Hunderte haben so schwere Erfrierungen, daß ihnen später Hände oder Füße amputiert werden müssen.

Eine Woche danach schreibt Bettelheim seiner Mutter und bittet sie um »eine gute Brille« in einem »guten Brillenbehälter«. Unter welchen Umstände seine Brille zerbrochen ist, erwähnt er nicht. Aber er denkt daran, Paula zum Geburtstag zu gratulieren und allen frohe Weihnachten zu wünschen. Außerdem benötigt er dreißig Mark.

Am Weihnachtsabend erwartet die Häftlinge eine Überraschung. Als sie wie üblich in Fünferreihen auf dem Appellplatz antreten, entdecken sie einen Galgen neben dem Prügelbock – der SS-Kommandant will sie am Schauspiel einer Hinrichtung teilhaben lassen. Hans Bandler erinnert sich noch daran; es war nicht die erste und nicht die letzte Hinrichtung, aber sie scheint die Gefangenen mehr berührt zu haben als alle anderen. Es handelte sich um einen Offizier, der im Mai in die Tschechoslowakei geflohen und nach der Invasion an die Nazis ausgeliefert worden war.

Wenn es keine Hinrichtungen gibt, amüsieren sich die SS-Männer damit, eine Gruppe von Juden auf eine Gruppe von Bibelforschern zu hetzen und die anderen zur Beobachtung des Spektakels zu verdonnern. Oder sie ordnen an, einen Kreis zu bilden, und greifen sich willkürlich einzelne heraus, die sie vor den anderen schikanieren oder abknallen wie Kaninchen, je nachdem, wozu sie Lust haben. SS-Kommandant Rödl ist auf die Idee verfallen, daß das Lager eine Hymne braucht. Und so dauern an manchen Abenden die Appelle stundenlang – die Hymne muß einstudiert werden.[4] Inzwischen wird in den Baracken die dünne Suppe kalt …

3 Diese Zahl steht in *Erziehung zum Überleben*, dem letzten Buch Bettelheims zu diesem Thema. In *Aufstand gegen die Masse* spricht er von ungefähr fünfzig Toten. Eugen Kogon schreibt von über sechzig.

4 Offiziell wurde das »Moorsoldatenlied« dem Kapo der Poststelle zugeschrieben, tatsächlich aber stammt es von zwei österreichischen Juden: der Text vom Librettisten Franz Lehárs, Löhner-Beda, die Melodie von dem Wiener-Lieder-Komponisten Hermann Leopoldi.

Vierzehn Tage nach Weihnachten erläutert Bettelheim seiner Mutter in allen Einzelheiten, wie sie beglaubigte Unterschriften für seine Paßfotos bekommen kann, seine Papiere sollen fertiggestellt und sein Schiffsbillett dem Notar übergeben werden. Außerdem bittet er Paula, einer gewissen Frieda Goldstein in Berlin einhundertfünfzig Mark zu schicken – »Diese Überweisung ist für mich Ehrensache und daher wichtig.« Er erkundigt sich nach Ginas Adresse in New York und nach Trude, die Wien endlich verlassen hat.

Eine Woche später gelingt es ihm wieder, einen Brief zu schicken. Der ist im Ton noch drängender und enthält noch mehr Forderungen. Diesmal will er auch ein Englisch-Wörterbuch. Je schrecklicher die Umstände in Buchenwald, desto nachdrücklicher versucht Bettelheim anscheinend die Fiktion aufrechtzuerhalten, er habe die Situation fest im Griff. Nur seine Schrift verrät ihn: Trotz der neuen Brille, die er bekommen hat, hält die Schrift sich nicht an die Linien, ist gehetzt und fahrig.

Bei dem allgegenwärtigen Dreck in Buchenwald infiziert sich jede Verletzung, und in der äußersten Entbehrung, die dort herrscht, kann die geringste Infektion Brand und Tod bedeuten. Am Tag nach der »Reichskristallnacht« erfahren die jüdischen Häftlinge zu ihrem Entsetzen, daß sie – außer nach Arbeitsunfällen – nicht mehr aufs Krankenrevier dürfen.

Zu Beginn des harten Winters 1938 haben fast alle Gefangenen scheußliche Frostbeulen, die sie sich entweder beim ungeschützten Arbeiten in den Steinbrüchen in der Nähe des Lagers oder während der Abendappelle zugezogen haben und die sich ohne Behandlung sofort entzünden. Auch Bettelheim leidet daran[5], und so beschließt er, ungeachtet des Verbots sein Glück bei der Krankenstation zu versuchen. Er ist nicht der einzige – die Schlange vor dem Revier ist so lang wie immer.

Die Entscheidung darüber, ob ein Häftling hinein darf oder nicht, hängt von der Laune des SS-Manns ab, der am Eingang postiert ist. Die Juden in der Schlange vor Bettelheim, die im eisigen Wind mit den Füßen stampfen, haben nur ein Gesprächsthema: den jeweiligen, minutiös ausgefeilten Plan, das Behandlungsverbot zu umge-

5 Siehe Bruno Bettelheim, »The Dynamism of Anti-Semitism in Gentile and Jew«, *The Journal of Abnormal and Social Psychology*, April 1947; der Artikel wurde später in *Aufstand gegen die Masse* aufgenommen.

hen. Einige wollen sich auf ihren Rang in der deutschen Armee während des letzten Krieges berufen, ihre Medaillen beziehungsweise Verwundungen anführen, andere eine Geschichte erfinden, etwa einfach behaupten, ein SS-Offizier habe ihnen befohlen, sich im Revier zu melden.

Von Nebenstehenden befragt, antwortet Bettelheim, er habe noch keine Strategie, er wolle erst das Verhalten des Wachhabenden beobachten, bevor er entscheide, was er ihm erzähle. Außerdem, setzt er hinzu, sei es so schwierig, die Reaktionen eines Menschen vorherzusehen, den man nicht kenne, daß man sein Vorgehen wohl besser nicht allzusehr festlegen sollte. Diese Bemerkung bringt ihm Spott und Schmähungen ein: Die Gestapomänner[6] seien doch alle gleich boshaft und dumm, meinen die einen, und andere argwöhnen, er wolle bloß seine Strategie für sich behalten oder, schlimmer noch, von den Plänen der anderen profitieren.

Allen, die das gelbe Dreieck tragen, wird der Zugang verweigert. Bettelheim stellt fest, daß der SS-Mann um so heftiger wird, je drängender der Häftling sein Ansuchen vorträgt; Schmerzbekundungen amüsieren ihn offenbar, Waffentaten, die ein Jude in deutscher Uniform geleistet haben will, scheinen ihn regelrecht zu beleidigen, und er beschuldigt die Häftlinge der Lüge. Er sei nicht der Mann, sich von einem Juden zum besten halten zu lassen, verkündet er stolz, die Zeit sei Gott sei Dank vorbei, da die Juden durch Jammern alles erreichen konnten, was sie wollten ...

Bettelheim zieht seine Schlüsse aus diesen Beobachtungen: »Als ich an die Reihe kam, fragte er mich schrill, ob ich wüßte, daß Juden nur wegen Arbeitsunfällen zugelassen würden, und ob ich wegen eines solchen Unfalls käme. Ich erwiderte, daß mir die Vorschriften bekannt seien, daß ich jedoch nicht arbeiten könne, wenn das erstorbene Fleisch nicht von meinen Händen abgelöst würde. Da Häftlingen der Besitz von Messern nicht erlaubt war, bitte ich darum, mir das tote Fleisch wegzuschneiden. Ich versuchte, ganz sachlich zu sein, und vermied jedes Bitten, jede Unterwürfigkeit oder Arroganz. Er erwiderte: ›Wenn das alles ist, was du willst, werde ich dir das Fleisch selber abreißen.‹ Und er begann, die eitrige Haut abzuziehen. Da das nicht so leicht ging, wie er vielleicht erwartet hatte,

6 Diese Formulierung verwendete Bettelheim anfangs, ersetzte sie aber in *Aufstand gegen die Masse* durch SS. Ernst Federn dagegen ist sicher, daß die Wache vor dem Revier ein Häftling war.

oder vielleicht auch aus einem anderen Grund, bedeutete er mir, daß ich ins Revier gehen könne. Drinnen warf er mir einen mißgünstigen Blick zu und stieß mich in den Behandlungsraum. Dort sagte er einem Krankenwärter, er solle nach meiner Wunde sehen. Während dies geschah, beobachtete er mich genau, ob ich irgendwelche Anzeichen von Schmerz zeigte, doch ich konnte sie unterdrücken. Sobald die Operation vorüber war, schickte ich mich an, das Revier zu verlassen. Er war überrascht und fragte mich, ob ich nicht weiterbehandelt werden wollte. Ich sagte, ich hätte erhalten, worum ich gebeten habe, worauf der SS-Mann dem Krankenwärter sagte, er solle in meinem Fall eine Ausnahme machen und meine Hand behandeln. Nachdem ich den Raum verlassen hatte, rief er mich zurück und gab mir eine Karte, die mich zu weiterer Behandlung und zum Zutritt ins Revier ohne weitere Prüfung berechtigte.«[7]

Verweilen wir noch etwas bei dieser Episode. Als sie im April 1947 erstmals veröffentlicht wurde, verursachte sie einigen Aufruhr. Einige unterstellten Bettelheim, er erzähle die Unwahrheit, andere warfen ihm mangelnde Solidarität mit seinen Mithäftlingen vor. Bettelheim wollte aber mit dieser Geschichte zeigen, daß das stereotype Bild, das die Juden den von den Nazis propagierten Klischees über die Juden entgegensetzten – »Die Nazis sind alle gleich, stumpfsinnige Bestien, die man leicht aufs Kreuz legen kann« –, ihre Situation nur noch schlimmer machte, da es die überlebensnotwendige Anpassung an die Wirklichkeit verhinderte. Und er verfocht diese These brillant in seinem Artikel mit dem provokanten Titel »Dynamik des Antisemitismus bei Juden und Nichtjuden«.

Zehn Monate später schrieb er über das gleiche Thema in der jüdischen Zeitschrift *Commentary* – diesmal unter dem Titel: »The Victim's Image of the Anti-Semite: the Danger of Stereotyping the Adversery« und für ein fachlich weniger spezialisiertes Publikum – knapper, direkter, stringenter; seine Gedanken hatten Zeit gehabt zu reifen. Um sie zu erläutern, verwendet Bettelheim denselben Zwischenfall, verzichtet aber auf überflüssige Details und steuert geradewegs auf sein Ziel zu. Die Geschichte umfaßt nur halb so viele Zeilen wie beim erstenmal und bricht an der Stelle ab, wo der SS-Mann ihm widerstrebend den Zugang zum Revier freigibt. Erstaunlich ist allerdings, daß der Protagonist diesmal ein gewisser »N« ist, den der Autor in Buchenwald kennengelernt habe, ein ausgebildeter Psychologe,

7 *Aufstand gegen die Masse,* a.a.O.

»fähig, geistige Prozesse in ihrem Ablauf mit der gehörigen Portion Objektivität zu beobachten«. Als Bettelheim die Episode zwölf Jahre später in *Aufstand gegen die Masse* (1960 auf englisch erschienen) nochmals aufnahm, kehrte er zur ursprünglichen Fassung zurück.

Ist es wesentlich, ob »N« und »BB« dieselbe Person sind, ob es wirklich Bettelheim war, dem dieses Erlebnis widerfahren ist, ob er es von einem Leidensgenossen gehört oder erfunden hat, um seine These zu erläutern? Psychoanalytiker, die später mit den Überlebenden gearbeitet haben, kennen das Phänomen, daß vielen die Dinge im Rückblick verschwimmen, daß sie nicht mehr genau wissen, ob sie ihnen passiert sind oder anderen. Und das nicht aus Anmaßung, sondern weil diese Unterscheidung keine Bedeutung mehr hatte. In der Masse von Juden, die mit Nummern versehen und ihrer Identität beraubt waren, reduziert auf ihr Leiden und ihre Erniedrigung, konnten sich die Grenzen zwischen dem eigenen Körper und dem des nächsten gelegentlich verwischen.

Dennoch ist diese Uneindeutigkeit bei Bettelheim von Interesse, da von allen Vorwürfen, die nach seinem Tod gegen ihn laut wurden, der gefährlichste der ist, daß er gelogen habe. Er hat ja in der Tat seine Biographie an bestimmten Stellen nachgebessert, und wenn sich dieser Vorwurf als wahr herausstellte, würde er allen anderen größeres Gewicht verleihen, auch den am wenigsten überprüfbaren. Meiner Meinung nach hat er der Wahrheit nur in einem sehr speziellen Kontext, zu einer bestimmten Zeit und in einem begrenzten Bereich nachgeholfen (Näheres in Kapitel 10). Übrigens sagt selbst Gina Weinmann, eine seiner strengsten Kritikerinnen, Bettelheim habe während ihrer Zeit in Wien nicht gelogen.

Deshalb kommt mir diese Geschichte wie eines der hellen Kieselsteinchen vor, die Bettelheim auf seinem Lebensweg fallen ließ, obwohl er so oft versuchte, die Spuren zu verwischen. Weil die Zeit im Konzentrationslager bestimmend war für den Menschen, der er in Amerika werden, und das Denken, das er dort entwickeln sollte. Weil die barbarische, abgeschlossene Welt der Lager der ideale Nährboden war für seine überlebensgroßen, überlebensnotwendigen Geschichten. Aber auch, weil all seine Arbeiten über die Lager genau dem Zweck dienten, dieser wahnsinnigen, wahnsinnig machenden Welt etwas Wirklichkeit abzuringen.

Den Zweifler überfallen angesichts dieser Episode natürlich die unterschiedlichsten Gedanken. So dürfte man beim Strümpfestopfen auf den ersten Blick doch weniger frostgefährdet sein als andere.

Ernst Federn kann sich jedenfalls nicht daran erinnern, daß Bettelheim an Frostbeulen gelitten hätte; allerdings waren die beiden nicht in derselben Baracke, und Bettelheim hat nicht seine ganze Zeit im Schutz der Werkstatt verbracht – Federn glaubt, daß das seine letzte Beschäftigung in Buchenwald war. Außerdem kann er sich die Erfrierungen auch während der Appelle zugezogen haben.

Hans Bandler weiß weder von Frostbeulen noch vom Strümpfestopfen. Dafür kann er sich kaum vorstellen, daß ein SS-Mann so lange mit einem Häftling sprach. Seiner Erinnerung nach waren solche Unterredungen immer einseitig und bestanden ausschließlich aus Beleidigungen und gebellten Befehlen. Aber auch hier kommt es auf den Menschen an – was für den jungen und ein wenig naiven sozialistischen Ingenieursschüler Hans Bandler zutraf, war bei Bruno Bettelheim, damals schon ein ausgewachsener Mann, scharfsinnig, gebildet und in der Geschäftswelt erfahren, vielleicht anders. Wie man sieht, ist es vergebens, hier Gewißheit erlangen zu wollen.

Fest steht, daß es im November 1938 entsetzlich kalt war in Buchenwald, daß Frostbeulen häufig und manchmal tödlich waren und daß das Behandlungsverbot auf dem Krankenrevier ein zusätzlicher Angstfaktor war für die erschöpften, ausgehungerten Männer. Fest steht auch, daß der Rekurs auf vorgefertigte Bilder nie der beste Weg ist, um sich aus einer gefahrvollen Lage zu befreien. Denn das ist das einzige, was wirklich zählt, und, wie ich meine, der Schlüssel zu dieser Angelegenheit: Bruno Bettelheim las rasch, in Menschen wie in Büchern, er begriff schnell und interessierte sich, auch wenn er alles beobachtete, nur für das Wesentliche. Er wollte seine Lage zumindest geistig beherrschen, gab sich nur mit Dingen ab, denen ein Sinn zu entlocken war (man könnte auch sagen: eine Moral), und vernachlässigte die faktischen Einzelheiten zugunsten der vollendeten Geschichte – so läßt sich, scheint mir, Bruno Bettelheims Verhältnis zur Wahrheit nach der Erfahrung der Lager zusammenfassen.

Die Sache mit der Brille war wohl ähnlich. Nach Bettelheims Briefen ist zu vermuten, daß die Brille in Buchenwald zerbrochen ist und nicht, wie er behauptet, ein halbes Jahr vorher auf dem Transport nach Dachau[8] – unter welchen Umständen, ist nicht

8 Ganz abgesehen davon ist es kaum vorstellbar, wie er vom Juni bis zum Dezember 1938, als er die Erlaubnis erhielt, eine neue zu verlangen, ohne Brille hätte bleiben können; wenn man bedenkt, daß er auf jedem Auge neun Dioptrien brauchte und außerdem astigmatisch war, ist das wenig wahrscheinlich.

mehr herauszufinden. Jedenfalls hat er eine Woche nach dem furchtbaren Dezemberappell seine Mutter um eine neue Brille gebeten. Aus seiner Schrift geht deutlich hervor, daß diese Zeit die schlimmste seiner gesamten Internierung war. Als Bettelheim nach Dachau eingeliefert wurde, wog er achtundsechzig Kilogramm, als er entlassen wurde - drei Monate nach diesem Brief - nur noch neununddreißig. Er hatte fast alle Haare verloren (aber, da es kaum Spiegel im Lager gab, es noch nicht bemerkt), seine Zähne waren in einem schrecklichen Zustand, und ein Magengeschwür machte ihm zu schaffen.

Zwei Monate zuvor, Mitte Oktober, erhielt seine Mutter eine von ihm unterschriebene Karte mit dem Vordruck: »Ich habe bis auf weiteres Postsperre, darf daher weder Briefe, Karten und Pakete empfangen noch absenden. Anfragen an die Kommandantur des Lagers sind verboten und verlängern das Schreibverbot.«

Am 22. November wurde ihm gestattet, ihr selbst eine kleine Karte von acht Zeilen zu schreiben, danach kamen seine Briefe wieder im üblichen Rhythmus, alle vierzehn Tage. Aber die Schrift in diesen Briefen ist besonders unstet, fahrig und wirr. Die »Reichskristallnacht« und die grausamen Szenen in ihrem Gefolge würden vielleicht ausreichen, das zu erklären, aber das Schreibverbot erging drei Wochen früher. Es muß also etwas mit Bettelheim geschehen sein in dieser Zeit. Vielleicht hat er damals die Schläge auf den Kopf erhalten, durch die, wie er sagt, seine Brille zerbrochen ist - auch wenn er zwei Monate warten mußte, bevor er an seine Familie schreiben durfte.

Als er um die Genehmigung für eine neue Brille bittet, berichtet er, ist ihm sehr wohl bewußt, daß man sich über Mißhandlungen nicht beklagen darf. Also begnügt er sich, als er gefragt wird, mit der Antwort, seine Brille sei zerschlagen worden. Darauf beginnt der SS-Offizier auf ihn einzuprügeln und brüllt ihn an: »Was, hast du gesagt, ist geschehen?« Bettelheim begreift, daß er einen Fehler gemacht hat, und antwortet, er habe seine Brille zufällig zerbrochen. Sofort hören die Schläge auf, der SS-Mann sagt: »In Ordnung, denk in Zukunft dran«, setzt sich hin und stellt die Erlaubnis aus.[9] Der Wechsel im Verhalten ist so abrupt, daß Bettelheim folgert, er könne nicht spontan erfolgt sein: »Kein Sadist, der Befriedigung sucht, wird sofort mit der Mißhandlung einhalten, wenn er die richtig

9 *Aufstand gegen die Masse*, a.a.O.

formulierte Antwort erhält. Nur ein Mensch, der ein bestimmtes Ziel verfolgt, wird auf diese Art handeln.«

Die Affäre mit der Brille ermöglicht Bettelheim drei Beobachtungen. Erstens, hält er fest, ist es gefährlich aufzufallen: »Ich hatte einen Teil meiner Lektion bereits gelernt und bat um das einfachste und billigste Brillenmodell, das es gab. Obwohl ich diese Brille dann auch bekam, zog ich es doch vor, sie immer dann zu verstecken und ohne sie auszukommen, wenn die SS-Männer herumwüteten. Auf diese Weise war ich weniger gefährdet. Das war nur eine unter den vielen Vorsichtsmaßnahmen, die der Gefangene lernen mußte, wenn er seine Überlebenschancen erhöhen wollte.«[10]

Zweite Beobachtung: Es gibt nur eines, das noch gefährlicher ist als aufzufallen – etwas zu merken. »Oft war diese passive Willfährigkeit – nichts zu sehen und nichts zu wissen – nicht genug. Um am Leben zu bleiben, mußte man tatsächlich vortäuschen, nichts zu wissen, was die SS nicht als wissenswert verlangte.«[11]

Schließlich stellt Bettelheim fest, daß die Totenkopf-Verbände der SS, die die Konzentrationslager bewachen, nicht bloß aus grausamen Bestien bestehen. Offensichtlich führen diese Männer exakte Anweisungen aus. Die Grausamkeiten, die Foltern, die Schmähungen sind bis auf wenige Ausnahmen nicht Ausdruck ungezügelter Leidenschaften, sondern eines kalten Kalküls.

Dank der Geschichte mit der Brille konnte Bettelheim seine schwierigste Botschaft vermitteln und sie bereits zwei Jahre vor der Entdeckung der Lager den Amerikanern zugänglich machen: daß die Verfolgungen durch die Nazis nicht bloß Exzesse sind, wie sie in jedem Krieg vorkommen, sondern Teil eines spezifischen Systems. Dieses System wird er später, wenn der Zusammenbruch des Dritten Reichs und Hunderte von anderen Zeugnissen seine Behauptungen erhärtet haben, als Prototyp des modernen Massenstaates darstellen, der die geballte Macht des wissenschaftlichen und technischen Fortschritts einsetzt, um das Individuum zu unterwerfen.

»Ich habe erlebt, wie Gefangene wieder zum Leben erwachten, wenn Bruno von seinem erzählte«, berichtete Hans Bandler, der am 19. Januar 1939 aus Buchenwald befreit wurde, einige Monate später Trude Weinfeld, die er in Australien kennenlernte. Kann man

10 *Erziehung zum Überleben*, a.a.O.
11 *Aufstand gegen die Masse*, a.a.O.

diesem Mann dann noch böse sein, wenn er gelegentlich die Wahrheit ein bißchen frisierte?

Buchenwald war natürlich nicht Auschwitz, und zu der Zeit, als Bettelheim dort war, sprachen alle Gefangenen dieselbe Sprache, das erleichterte den Austausch. Dennoch lautete die goldene Regel des Überlebens auch damals schon, sich vor allem um seine eigenen Bedürfnisse zu kümmern. So war die Tatsache, daß Bettelheim seinen Mitgefangenen einfach zuhörte, ein Geschenk – auch wenn er es zunächst, wie er selbst hervorhebt, nur deshalb tat, um nicht wahnsinnig zu werden. Hans Bandler ist ihm heute noch dafür dankbar: »Man kann über Bruno sagen, was man will, ich werde für ihn immer die größte Hochachtung haben, weil er uns dazu brachte, von unserem früheren Leben zu erzählen. Er war der einzige, der das tat. Und die Möglichkeit, über das zu reden, was ich kannte, und jemandem etwas beibringen zu können, der sich gar nicht hätte für meinen Beruf als Ingenieur interessieren müssen, war für mich eine große Hilfe, um zu überleben. Das gab mir meine Selbstachtung wieder, wo doch alles in den Lagern darauf ausgerichtet war, uns klein zu machen, vor den anderen und vor uns selbst. Dafür werde ich ihm ewig dankbar sein …«

Hans Bandler ist also, ohne es zu wissen, eines der »Forschungsobjekte« Bruno Bettelheims. Ihre Gespräche finden oft nach dem Abendappell statt, in der Baracke Nr. 17, wo Bandler und Bettelheim – in ihrer Ordnungsmanie sortierten die Nazis die Gefangenen nach Alphabet – untergebracht sind. In Dachau haben sie miteinander geredet, wenn sie Seite an Seite die Schubkarren mit den Steinen schoben. Hans ruft sich Vorlesungen und Praktika ins Gedächtnis; er erklärt Bruno Bettelheim, wie man eine Brücke baut und was man alles bedenken muß, damit sie nicht einstürzt. Bettelheim hört zu, fragt nach. Und wenn er dran ist mit dem Erzählen, redet er über die Psychoanalyse, über Freud und Wilhelm Reich … Hans, der davon noch nie etwas gehört hat, ist fasziniert.

Eine der ersten Beobachtungen Bettelheims in den Gesprächen mit seinen Mithäftlingen ist, daß sie über die alltäglichen Torturen im Lager anders sprechen als über die Ausnahmen, die er später als »Extremsituationen« bezeichnet: die besonders schrecklichen Erlebnisse wie den Appell vom 14. Dezember oder die »Initiation« der neuen Gefangenen ins Lagerleben.

Über Schikanen, Beschimpfungen, Ohrfeigen, Fußtritte und andere Demütigungen, die sie jeden Tag über sich ergehen lassen müssen, sprechen die Lagerinsassen nicht gern, als schämten sie sich, manchmal leugnen sie sie einfach. Wenn die Mißhandlungen jedoch das »normale« Maß überschreiten, wollen sie alles haarklein erzählen – allerdings ohne auf ihre Gefühle einzugehen. Und wenn sie es doch versuchen, finden sie nur vage Ausdrücke dafür, als müßten sie sich rechtfertigen, nichts zu ihrer Verteidigung unternommen zu haben. Bettelheim erkennt darin Spuren jenes Gefühls von Unwirklichkeit, das ihn selbst in solchen Momenten überfällt. Aber auch darüber können sie nichts sagen. Er schließt daraus, daß es sich um einen natürlichen Abwehrmechanismus des Selbst handeln müsse, wenn dessen Integrität auf unerträgliche Weise bedroht sei. Viele Häftlinge, schreibt Bettelheim, reagierten auf diese Prüfungen so, als hätte ihr Dasein im Lager überhaupt keine Beziehung zu ihrem »eigentlichen« Leben, als sagten sie sich ständig: »›Was ich hier tue und was hier geschieht, zählt nicht; hier ist alles erlaubt, solange und insofern es dazu beiträgt, mein Leben zu erhalten.‹«[12] Ihr Blick auf sich und andere hat sich verändert.

Bettelheim bemerkt auch einen deutlichen Unterschied zwischen »alten« und »neuen« Häftlingen. Die »neuen« verwenden ihre ganze Kraft und all ihr Geld darauf, den Kontakt zu ihrer Familie, ihren Freunden aufrechtzuerhalten. Ihr gesamtes Denken ist nach außen gerichtet. Für die »alten« Häftlinge dagegen hat das Lagerleben Priorität, ein neuer Kapo interessiert sie mehr als die Ergebnisse der Münchner Konferenz. Äußere Ereignisse können sie nicht einschätzen, als wären sie von ihnen gar nicht mehr betroffen. Und in Buchenwald fällt dieser Rückzug um so leichter, als die Gefangenen keine Zeitschriften bekommen dürfen.

In Dachau konnte Bettelheim wenigstens am Sonntag die Tageszeitung lesen, die Paula für ihn abonniert hatte[13], und die *Frankfurter Zeitung*, um die er sie gebeten hatte – offensichtlich, um über die Entwicklung in Deutschland auf dem laufenden zu bleiben. In Buchenwald gibt es das nicht mehr, außerdem müssen die Gefangenen oft den halben Sonntag arbeiten.

Bettelheim ist nicht der einzige, der den Unterschied zwischen den neuen und den alten Gefangenen bemerkt hat. Alle kennen ihn, manche fassen den Entschluß, lieber zu sterben, bevor sie zu »Mu-

12 Ebd.

13 In seinen Briefen spricht er von der »Presse«, es ist nicht klar, ob es sich um die *Neue Freie Presse* handelt oder um eine andere Zeitung.

selmännern« werden. So berichtet Bettelheim vom Selbstmord eines Mannes, der beschlossen hatte, am sechsten Jahrestag seiner Einlieferung zu sterben, und diesen Beschluß trotz aller Bemühungen seiner Kameraden auch ausführte.

Die »alten« Gefangenen wollen weder an ihr früheres Leben noch an ihre Familie erinnert werden. Wenn sie darüber reden, dann meist mit Bitterkeit, denn sie fühlen sich von ihren Verwandten im Stich gelassen oder verraten. Deshalb ist Bruno Bettelheim entsetzt, als er eines Tages bei sich selbst eine ähnliche Reaktion feststellt: Als er in einem Brief seiner Mutter liest, »einer meiner Kollegen habe eine Arbeit eingereicht, in der er einige meiner Gedanken verwendet habe, und die Arbeit sei wohl aufgenommen worden«. Einerseits weiß er, daß Paula ihm damit eine Freude machen will. »Trotzdem versetzte es mich in hellen Zorn, indem ich daran dachte, daß mein Kollege sich seines Erfolges erfreute, während ich hier in solchem Elend lebte.«[14] Anstatt ihn zu ermutigen, ruft der Brief Wut in ihm hervor, die er nur gegen sich selbst richten kann (das heißt, in die Depression zu verfallen, wie er es seit seiner Kindheit gewohnt ist, aber das schreibt er nicht). Dieser Zwischenfall sollte sich in Bettelheims Gedächtnis als das zweite Mal (nach der verhinderten Reise ins Exil) einprägen, da seine Mutter fast seinen Tod verursacht hätte.

Etwas verblüfft Bettelheim: Da er lange Zeit wieder und wieder von einem Autounfall träumte, der ihm vor einigen Jahren einen tiefen Schock versetzt hatte, vermutete er zu Beginn seiner Internierung, er werde schreckliche Alpträume haben. Aber er hat keine. Weder der Transport nach Dachau noch andere, schrecklichere Episoden suchen ihn nachts heim. Selten träumt er vom Lager, und wenn, dann immer von kleineren Zwischenfällen, die ihm Gelegenheit geben, sich an der SS zu rächen. Er forscht bei seinen Mitgefangenen nach – es scheint allen ähnlich zu ergehen.

Lange behält Bettelheim seine Beobachtungen für sich. In Buchenwald vergleicht er sie mit denen anderer. »Leider fand ich nur zwei Häftlinge, die sowohl die Fähigkeit hatten als auch das Interesse aufbrachten, Beobachtungen zu machen und auszutauschen. Diese beiden waren ebenfalls mit mehreren hundert anderen Häftlingen zusammengekommen ... Jeden Tag, besonders vor und während der Appelle am Morgen und während wir darauf warteten, einer Arbeitsgruppe zugeteilt zu werden, tauschten wir unsere Be-

14 *Aufstand gegen die Masse*, a.a.O.

obachtungen aus und stellten Theorien auf ... Trotz der starken Gefühlsbetontheit dieser Unterhaltungen ... trugen sie sehr viel dazu bei, einseitige Ansichten zu korrigieren.«[15]

Einer der bevorzugten Gesprächspartner Bettelheims ist Ernst Federn; in dem ersten Artikel über die Lager allerdings erwähnt er seinen Namen nicht, denn im Oktober 1943 war Federn noch in Buchenwald. Über den zweiten Gesprächspartner, Dr. Alfred Fischer, gibt es nur wenige Informationen. Er ist kein Psychoanalytiker, sondern Allgemeinmediziner. Nach dem Archiv von Buchenwald stammt er auch aus Wien, ist Jude und gleichen Alters wie Bettelheim. Er wurde am 10. Mai 1939 befreit und arbeitete dann laut Bettelheim in einem englischen Lazarett; schließlich habe er ihn aus den Augen verloren.

Was diese gemeinsame Studie betrifft, können wir uns also nur auf die Aussagen Bettelheims und Federns stützen. Als sie sich in Buchenwald kennenlernen, ist keiner von beiden Psychoanalytiker. Aber während Bettelheims Interesse für die »neue Wissenschaft« im Laufe seiner Ausbildung und seines Lebens in Wien sich langsam entwickelte, wuchs Federn praktisch mit ihr auf. Als Kind saß er auf den Knien Sigmund Freuds, 1936 wurde er Sekretär bei seinem Vater Paul Federn. »Ich bin Psychoanalytiker von Geburt«, pflegte er lachend zu verkünden. Aber sein Humor darf nicht darüber hinwegtäuschen, was dieser Scherz an Verpflichtung barg. Ernst Federn nahm sein Erbe ernst und trat sein Leben lang für das Werk seines Vaters ein.

Ernst Federn war ein Idealist, wie der zweite Absatz von *Witnessing Psychoanalysis* verdeutlicht: »Sehr früh – genauer gesagt, im Alter von vierzehn Jahren – beschloß ich, mein Leben der Verbesserung der menschlichen Art zu weihen, eine romantische Idee, die ich von meinem Vater übernommen hatte ...« Er wurde schon früh politisch aktiv und träumte davon, Marx mit Freud zu versöhnen. Er hatte sich ganz dem Untergrundkampf gegen die Nazis verschrieben und wurde als einer der ersten in Wien verhaftet. Er trug das gelbe Dreieck, weil sein Vater Jude war, aber für ihn war klar: Man hatte ihn nach Dachau gebracht, weil seine Seite verloren hatte. Und, wie Bettelheim hervorhob: »Diejenigen unter den Gefangenen, die ... befürchtet hatten, man könnte sie wegen ihrer politischen Aktivitäten verhaften, zeigten sich zwar empört über ihr Los,

15 Ebd.

doch irgendwie akzeptierten sie es auch als etwas, das sie erwartet hatten ... Die politischen Gefangenen fühlten sich in ihrer Selbstachtung durch die Tatsache bestätigt, daß sie von der Gestapo offensichtlich für wichtig genug befunden wurden, um als Opfer ihrer Racheakte herzuhalten.«[16]

Bei Bruno Bettelheim war das anders. Keine seiner Handlungen rechtfertigte eine Verhaftung. Auch wenn er die Nazis genauso verachtete wie Ernst Federn, hatte er doch nichts getan, ihnen das auch zu zeigen, es sei denn mit seinem Beitritt zur Vaterländischen Front. In seinen Schriften allerdings faßt er seine Definition der politischen Gefangenen gerade so weit, daß er sich dazuzählen kann. Äußerlich betrachtet, hat er damit recht, weil er das rote Dreieck trug, und vor allem, weil er in der Tat zur Kategorie »politisch bewußter« Häftlinge zählte. Doch wenn er schreibt, die politischen Gefangenen hätten dank ihrer Selbstachtung das Trauma der Deportation besser ertragen, dann meint er damit eindeutig die politisch Aktiven.

Die beiden Männer befanden sich also auch nach Bettelheims Analyse in sehr verschiedenen Ausgangssituationen, als sie einander begegneten. Außer einem gewissen Sinn für Humor hatten sie nur eine Gemeinsamkeit: ihr Interesse an der Psychoanalyse. Die Tatsache, daß Ernst Federns Vater einer der ergebensten Getreuen Freuds war, ließ Bettelheim sofort aufmerken. Federn seinerseits fühlte sich zweifellos angezogen von Bettelheims Bildung und seinem Willen, allem einen Sinn zu geben, was um sie herum geschah.

Andererseits war Federn als politischer Aktivist nicht einverstanden damit, wie weit sein neuer Freund bereit war, sich mit dem Lagersystem zu arrangieren. »Ein Mann, der so schlecht darauf vorbereitet war, die praktischen Seiten des Lebens zu bewältigen«[17], muß er jedoch einräumen, hätte ohne solche Kompromisse Buchenwald wohl kaum überlebt. Seine Mißbilligung ist allerdings auch heute noch zu spüren, wenn er über Bettelheims Arbeit in der Werkstatt redet. »Er hat zuviel bezahlt!«, sagt er, »zwei Mark pro Woche!« Oder wenn er die Blindenarmbinde erwähnt, mit der er Bettelheim manchmal in Buchenwald gesehen hat.

Diese Armbinde – an die Hans Bandler sich nicht erinnern kann – scheint eine gewisse Rolle gespielt zu haben in der Bezie-

16 *Erziehung zum Überleben*, a.a.O.
17 Ernst Federn, *Witnessing Psychoanalysis*, a.a.O..

hung zwischen Bettelheim und Federn. Mir ist nicht bekannt, wann Bettelheim sie sich verschafft hat - wahrscheinlich, als er ohne Brille war. Und natürlich gegen Geld. In Buchenwald war alles käuflich - von den SS-Chargen bis zu den Kapos galt die Regel: Der Jude muß zahlen. Bettelheim gibt auch zu, daß er sein Geld dazu benutzt hat, sich gewisse Erleichterungen im Lager zu verschaffen. Die Armbinde erwähnt er jedoch nicht. Dabei war er ohne Brille wirklich fast blind - sein Führerschein aus dem Jahr 1932, einer Zeit also, wo er bei voller Gesundheit war, schrieb ihm das Tragen einer Brille mit beidseitig neun Dioptrien vor. Und sechs Monate Lagerhaft haben den Zustand seiner Augen sicher nicht verbessert. Dennoch war die Armbinde für Bettelheim ein Grund zur Scham.

Das gestand er Ernst Federn in einem Brief vom Januar 1969. Offensichtlich hat dieser ihn zuerst darauf angesprochen, denn Bettelheim antwortet: »Mit Deiner Bemerkung über das Verstecken hast Du recht, aber für mich war Verstecken nicht das Gegenteil von Mut. Es war ein vorübergehender Schutz, oft absolut unerläßlich, der aber, wenn er zur Gewohnheit wurde, zerstörerisch war. Und ich habe gesehen, wie das vor sich ging.« Dann erläutert er: »Zweimal während meiner Lagerzeit habe ich mich versteckt, was mir durch meine Blindenarmbinde erleichtert wurde ... Beide Male habe ich sie nach weniger als zwei Wochen abgenommen und aufgehört, mich zu verstecken, weil es mir zu selbstzerstörerisch war und weil ich gesehen habe, wie andere zerstört wurden. Das dazu.«[18]

Das ist typisch Bettelheim, sich einer unangenehmen Erinnerung zu stellen, um sie schnell aus dem Weg zu räumen. Doch diese wenigen Worte sagen in ihrer Unbeholfenheit, mit ihren Wiederholungen sehr viel über den Kampf, nicht abzugleiten in einen Zustand, der unter den gegebenen Umständen tödlich gewesen wäre, und sich den Lebenswillen und die Lebenskraft zu erhalten. Später schreibt Bettelheim, er habe die Zeugen Jehovas beneidet, die dank ihres unerschütterlichen Glaubens sich über die allgemeine Erniedrigung im Lager erheben konnten. Doch sein eigener Atheismus war zu tief verwurzelt; nicht einmal, um sein Leben zu retten, gelang es ihm, an ein Jenseits zu glauben. Er hätte sich wohl mit den politischen Idealen zufriedengegeben, mit deren Hilfe andere Häftlinge trotz aller Grausamkeiten und vor allem Demütigungen sie selbst bleiben konnten. Doch auch hier siegte seine Skepsis.

18 Brief an Ernst Federn vom 8. Januar 1969.

Die »Zerstörung«, die in diesem Brief immerhin dreimal in neun Zeilen vorkommt, beschreibt Bettelheim in seinem Buch *Aufstand gegen die Masse* unter der Überschrift »Die letzte menschliche Freiheit«: »Um als Mensch und nicht als wandelnde Leiche, als entwürdigtes und entehrtes, aber immer noch menschliches Wesen zu überleben, dazu mußte man sich vor allem anderen darüber klar sein, an welchem Punkt es kein Zurück mehr gab, wo man nie, unter keinen Umständen, dem Unterdrücker nachgeben würde, selbst wenn dies hieß, das Leben zu riskieren und zu verwirken. Damit war man sich bewußt: Wenn man um den Preis, diesen Punkt zu überschreiten, am Leben bliebe, würde man sich an ein Leben klammern, das jede Bedeutung verloren hätte. Es hieße überleben nicht mit weniger Selbstachtung, sondern ohne jegliche Selbstachtung.« Dieser Punkt sei in verschiedenen Phasen für jeden einzelnen jeweils ein anderer gewesen und habe sich im Laufe der Zeit von Äußerlichkeiten auf die wesentlichen inneren Überzeugungen verschoben. Entscheidend sei es gewesen, diesen Punkt stets im Bewußtsein zu bewahren.

»Eines Tages wird man Zeugnisse über die Konzentrationslager sammeln«, schreibt die französische Widerstandskämpferin und Deportierte Germaine Tillon, »und dann wird man sich ins Gedächtnis rufen müssen, daß es tausend Lager gab in jedem Lager und daß für viele Menschen das, was sie nicht unmittelbar betraf, nicht existierte.«[19] Dieses Zitat paßt hervorragend zu der Geschichte mit der Armbinde und dem Verhältnis zwischen Ernst Federn und Bruno Bettelheim. Auch wenn sie in ihrer Gefangenschaft dieselben Interessen hatten, sind doch kaum zwei unterschiedlichere Menschen denkbar. Und so waren ihre Erfahrungen in Buchenwald, einem Ort, an dem jeder seinen inneren Dämonen so ausgeliefert war, zweifellos völlig andere.

Nichts könnte besser diese Unterschiede beleuchten als der Briefwechsel zwischen Bettelheim und Federn. Federn erhebt Einwände gegen Bettelheims Artikel »The Ultimate Limit«, in dem dieser zwei Extremsituationen – Hiroshima nach dem Abwurf der Atombombe und das Leben in den Konzentrationslagern – miteinander vergleicht und erstmals definiert, was mit »Extremsituation« gemeint ist: »Wir befinden uns in einer Extremsituation, wenn wir in eine Lage hineinkatapultiert werden, in der unsere alten Anpas-

19 Zit. nach Annette Wieviorka, *Déportation et Génocide*, Paris 1992.

sungsmechanismen und Wertvorstellungen nicht mehr helfen, ja wo sogar einige von ihnen unser Leben gefährden, anstatt es wie früher zu schützen.«[20]

Der Titel des Artikels »Die äußerste Grenze« stammt aus dem vorangestellten Motto, einem Satz von Horaz: »Der Tod ist die äußerste Grenze aller Dinge.«[21] Bettelheim erläutert: »Die Gewißheit des Todes gibt dem menschlichen Leben seinen Sinn.« Das bestreitet Federn: Nach seiner Meinung gibt nicht der Tod, sondern die Liebe dem Leben seinen Sinn. »Ich gebe Dir vollkommen recht«, antwortet Bettelheim höflich[22], aber, wendet er ein, »ich bin davon überzeugt, daß ohne das Bewußtsein des Todes das, was wir ›Liebe‹ nennen, etwas ganz anderes wäre. Wenn die Liebe ohne Ende wäre und die Zeit, die einem dafür zur Verfügung stünde, grenzenlos, könnte sie wohl so anders sein, daß wir sie nicht wiedererkennen würden.«[23] Offensichtlich schwingen die beiden nicht auf derselben Wellenlänge, und die Ängste, die sie in Buchenwald bedrückten, waren sicher nicht die gleichen. Dennoch sind sie Freunde, und obwohl Federn sich gelegentlich über Bettelheim ärgert, ist er nach dessen Tod einer seiner engagiertesten Verteidiger.

Das Wort »Zerstörung« kommt in dem Artikel oft vor: Wenn jemand unerwartet die »extreme« Erfahrung des Todes macht, zerfällt

20 Zit. nach *Erziehung zum Überleben*, a.a.O., wo der Artikel in stark überarbeiteter Fassung abgedruckt ist. Seit seinem ersten Artikel hat Bettelheim den Begriff »Extremsituation« verwendet, um den Transport ins Lager und den Appell vom 14. Dezember 1938 zu beschreiben, ohne eine konkrete Definition zu geben. Selbst siebzehn Jahre später, in *Aufstand gegen die Masse*, begnügt er sich mit einer Aufzählung der Mißhandlungen, die folgendermaßen schließt: »All dies mag erklären, warum ich sage, die Häftlinge lebten in einer Extremsituation.« Erst in der *Geburt des Selbst* von 1967 findet sich auf Seite 102 eine psychologische Bestimmung des Begriffs: »So sieht die psychische Extremsituation aus: Wir reagieren auf eine – reale oder eingebildete – Gefahr von außen mit inneren Manövern, die uns faktisch noch mehr erschöpfen.«
(Der Begriff ist unterschiedlich übersetzt, in *Aufstand gegen die Masse* etwa mit »Ausnahmesituation«; mir scheint »Extremsituation« das Gemeinte besser wiederzugeben, daher habe ich nur diesen Begriff verwendet und auch in Zitaten eingesetzt; A.d.Ü.).

21 »Mors ultima linea rerum est« (Episteln, I).

22 Achtzehn Jahre vorher hatte er einen Artikel mit dem Titel »Liebe allein genügt nicht« verfaßt, der den Patienten der Orthogenic School gewidmet war; diesen Titel kritisiert Federn in *Witnessing Psychoanalysis*.

23 Als Beweis führt Bettelheim den Säugling an, der »noch kein Bewußtsein vom Tod hat und daher zur Liebe nicht fähig ist, obwohl er ein so großes Bedürfnis danach hat, und für den das Leben so selbstverständlich ist, daß es keinen Sinn hat«.

das Ich. So ergeht es dem Häftling, der die Körper seiner Gefährten auf einem immer höher werdenden Haufen sieht und sich fragt, warum seiner nicht darunter ist; so ergeht es auch dem Überlebenden von Hiroshima, der erkennen muß, zu welchen Verheerungen der Fortschritt jener Wissenschaft fähig ist, an die er glaubte, die sein Schild war gegen die Todesangst. Angesichts eines Massakers von diesem Ausmaß »ist das Überleben selbst das Problem – nicht die Leichen drumherum ... Das einzige, was man tun kann, um zu überleben, ist, sich nicht von seinen Gefühlen überwältigen zu lassen.«

Der Anblick eines Leichnams sei erschütternder als der von Tausenden Toten. Häftlinge, die in den Lagern mit Leichen hantieren mußten, schienen diese wie Holzklötze zu behandeln. Diese Fühllosigkeit sei die normale menschliche Reaktion auf die Zerstörung des Ichs: »Man legt seine normale Persönlichkeit ab, weil deren Reaktionen das Leben in Gefahr bringen würden ... denn das alte Ego, das alte Ich hat mit seinen Reaktionen gezeigt, daß es keine Hilfe ist angesichts dieser radikal neuen Erfahrung.« In einer Extremsituation, schließt Bettelheim, benötige man, wenn auch nur vorübergehend, »ein ebenso radikal neues Ich«.

Im Denken Bruno Bettelheims zu jener Zeit spielt das Ich die Rolle eines Dirigenten, der zwischen unbewußten Triebwünschen und anerzogenen Zielen und Verboten vermitteln muß. Manchmal gewinnen die unbewußten Strebungen und Ängste die Oberhand, und das Individuum verhält sich offensichtlich irrational, dann werden die Forderungen seines Ideals stärker, die Triebe unterdrückt, und es besteht die Gefahr, daß die Quellen des Lebendigen, Schöpferischen versiegen. Die seelische Gesundheit, die »Ichintegration«, liegt irgendwo zwischen diesen beiden Polen und hängt von einer feinfühligen, ausgewogenen Regulierung der unbewußten Strömungen ab.

In den Konzentrationslagern hatte das Ich keinen Platz, zumindest taten die Nazis alles dafür, um ihm die Grundlage zu entziehen. Indem man den Menschen der Freiheit beraubt, seine Leidenschaften den eigenen Wertvorstellungen gemäß zu beherrschen, macht man ihn zum »Untermenschen«, der seinen Instinkten ausgeliefert und auf ein Es reduziert ist. Daher kamen die Häftlinge mit den stärksten, den rigidesten Überzeugungen am besten davon, gleich ob das bestimmte politische, religiöse oder ethische Ideale waren oder, wie bei den Aristokraten, Stolz auf den Namen oder die Herkunft.

Daher verwundert es auch nicht, daß ein Mensch, der so streng mit sich umging wie Bettelheim, die Zerstörung fürchten mußte, wenn er sich schwächer machte, als er war. Daß er sich, wenn ihn der Mut verließ, hinter einer Blindenarmbinde versteckte, war bei seinen schlechten Augen sicher kein Verbrechen, nicht einmal eine Lüge. Man könnte es durchaus als einen Akt der Vernunft ansehen, als schlichte Vorsichtsmaßnahme, da es (anders als in Auschwitz) einen gewissen Schutz bedeutete. Doch für Bettelheim hieß das, den Spielraum seines Ichs noch etwas weiter einzuschränken. »Mit jedem solchen Erlebnis«, schrieb Bettelheim in *Aufstand gegen die Masse*, sei man »noch mehr von der Wirklichkeit isoliert, allein seinem Unbewußten verbunden und daher noch weniger Herr des Unbewußten«. Es hieß, sich der Angst und der Scham auszuliefern, statt das überlebensnotwendige »radikal neue Ich« aufzubauen. Es hieß, sich dem Bild anzunähern, das die Nazis entworfen hatten.

Sonntags, wenn sie nicht arbeiten mußten, oder abends zwischen Suppe und Lichtausmachen versuchten Federn und Bettelheim gemeinsam, ihre Beobachtungen zu analysieren. Ernst Federn erinnert sich, wie lächerlich ihnen teilweise das Verhalten der »alten« Gefangenen erschien. Ein Beispiel für deren Anpassung hat Bettelheim in *Aufstand gegen die Masse* beschrieben: »Oft kam es vor, daß ein SS-Mann für eine Zeit irgendeine unsinnige Bestimmung erließ, die ihren Ursprung nur in einer augenblicklichen Laune hatte. Für gewöhnlich wurde eine solche Bestimmung schnell wieder vergessen, doch es gab immer ein paar alte Häftlinge, die sich weiter an sie hielten und versuchten, sie bei anderen Häftlingen durchzusetzen, auch wenn die SS das Interesse daran schon lange wieder verloren hatte. Einmal kontrollierte ein SS-Mann z. B. die Kleidung der Häftlinge und stellte fest, daß einige Schuhe innen schmutzig waren. Er befahl, daß alle ihre Schuhe innen und außen mit Wasser und Seife waschen sollten. Derart behandelt, wurden die schweren Schuhe hart wie Stein. Der Befehl wurde nie mehr wiederholt, und viele Häftlinge hatten ihn nicht einmal das erstemal ausgeführt, da der SS-Mann, wie dies oft der Fall war, den Befehl gab, ein paar Minuten herumstand und schließlich wegging. Solange er wartete, befleißigte sich jeder Häftling, den Befehl auszuführen, um diese Tätigkeit sofort wieder aufzugeben, wenn er gegangen war. Trotzdem gab es einige alte Häftlinge, die nicht nur weiter jeden Tag ihre

Schuhe innen auswuschen, sondern die jeden, der es unterließ, als nachlässig und schmutzig beschimpften.«

Manche von den »alten« Häftlingen versuchten sogar, sich den Nazischergen äußerlich anzugleichen, indem sie ihre Sträflingsmontur mit Versatzstücken von Uniformen verzierten. Federn und Bettelheim machten sich darüber lustig, aber sie versuchten auch, einen Sinn darin zu finden. »Wer von uns als erster bemerkt hat, wie manche Häftlinge dazu neigten, das Verhalten der SS nachzuahmen, weiß ich nicht mehr so genau«, sagt Federn heute. »Übrigens war das nicht neu, Anna Freud und Sandor Ferenczi hatten so etwas schon erwähnt ...« Tatsächlich war *Das Ich und die Abwehrmechanismen* zwei Jahre vor der Verhaftung von Federn und Bettelheim erschienen. Darin spricht Anna Freud erstmals von der »Identifikation mit dem Aggressor«, beschreibt damit allerdings eine normale Phase in der seelischen Entwicklung des Kindes, das sich die Vorschriften und Werte der Eltern zu eigen gemacht hat, die Eltern nachäfft und die Aggression, die deren Vorwürfe in ihm hervorrufen, gegen jüngere Geschwister oder Spielgefährten richtet.

Insgesamt stellten die beiden Adepten der Psychoanalyse einen Prozeß der Infantilisierung durch die Lagerhaft fest: Die Häftlinge beschäftigten sich dauernd mit Nahrung und Ausscheidung; sie masturbierten, anfangs zur Befriedigung, bald jedoch, um sich ihrer Potenz zu versichern, die durch Entbehrung und Kastrationsdrohungen der SS gefährdet schien; das obligatorische Duzen, die Beschimpfungen, die Notwendigkeit, zu lügen (da es unmöglich war, alle Forderungen zu erfüllen) und sich zu verstecken (da Auffallen Schläge bedeutete); die ständigen Drohungen, die Angst; die gefährliche ohnmächtige Wut, unterdrückt, gegen sich oder gegen andere Häftlinge gerichtet – alles war darauf angelegt, die Gefangenen auf ihre Kindheit zurückzuwerfen. Die Auswirkungen eines solchen Regimes mit Anna Freuds aus der Kinderanalyse gewonnenen Erkenntnissen zu vergleichen war eine spannende Herausforderung. Auf diese Weise ließen sich nicht nur ein paar Stunden totschlagen, sondern auch die Fallen des Lagerlebens vermeiden und ein Gefühl der Überlegenheit entwickeln, das Bettelheim, wie er mehrfach hervorhob, unter derart erniedrigenden Bedingungen für überlebensnotwendig hielt.

Federn und Bettelheim beschlossen, ihre Beobachtungen der ganzen Welt mitzuteilen, sollten sie je das Lager wieder verlassen.

Wer zuerst freikäme, versprachen sie einander, würde alles niederschreiben, was hinter dem Stacheldraht auf dem Ettersberg vor sich gehe.

Daß er dank seiner Brille wieder sehen kann, hat Bruno Bettelheim offenbar neuen Lebensmut gegeben: Er muß aus dem Lager herauskommen, sonst wird es ihn zerstören.

Das wichtigste sind jetzt die Papiere für die Ausreise. Wenn Bettelheim »neue« Häftlinge befragte, wieso sie nicht früher weggegangen seien, antworteten sie oft: »Ja, wie denn? Wir hätten doch unser Zuhause, unsere Arbeit, unser Einkommen aufgeben müssen!«[24] Deshalb schärft er seiner Mutter immer wieder ein, geschäftliche Dinge seien nun zweitrangig (31. Juli), ihm sei es gleich, ob er tausend Mark mehr oder weniger für seine Firma bekomme (3. Juli). Es ist auch ohne Bedeutung, wohin man auswandert: »Wenn Grete irgend eine Möglichkeit hat wie Columbien, soll sie fahren« (28. August), oder: »Vielen Dank für Eure Bemühungen. Auch Honduras ist mir recht« (5. Februar).

Am Freitag, den 14. April 1939 nach dem Morgenappell dröhnt die Häftlingsnummer 9036 aus dem Lautsprecher – Bruno Bettelheim wird in die Verwaltung beordert. Ein solcher Befehl machte immer angst, berichtet Walter Poller, auch wenn man auf seine Freilassung hoffte, denn er bedeutete in jedem Fall unmittelbaren Kontakt mit der SS. Die Aufgerufenen mußten in ihrer Aufregung stundenlang vor den Wachen warten. Ein Zwischenfall war jederzeit möglich. Unzählige Häftlinge wurden so auf der Schwelle zur Freiheit erschossen …

Bruno Bettelheim hat allen Grund, zuversichtlich zu sein. Seine Bemühungen und eine Reise seiner Schwester nach Berlin haben Früchte getragen: Am 26. Januar wurde ihm endlich ein Reisepaß ausgehändigt, am 6. Februar kaufte seine Mutter das Schiffsbillet nach New York, und sein Visum für die Vereinigten Staaten liegt schon seit sechs Monaten auf dem amerikanischen Konsulat in Wien für ihn bereit.

Doch als seine Nummer aufgerufen wird, stellt er sich taub. Zu oft schon hat er gehofft, zu oft wurde er enttäuscht. Jetzt will er nicht mehr. Zweimal hatte er bereits seinen Sträflingsanzug abgelegt und Zivilkleidung angezogen – nur um schließlich wieder in

24 »Anne Frank – eine verpaßte Lektion«, in: *Erziehung zum Überleben*, a.a.O.

seine Baracke zurückgeschickt zu werden, erzählt er in *Aufstand gegen die Masse*. Diesmal verweigert er sich diesem Spielchen, das nur dazu da zu sein scheint, ihn zu brechen. Aber diesmal ist es ernst.

Mehr schreibt er über dieses Ereignis nicht. Aber immerhin konnte er noch darüber schreiben[25], also war dieser Anfall von Widerstand wohl eher unauffällig. Es ist auch schwer vorzustellen, daß die SS irgend jemanden dazu zwingen mußte, Buchenwald zu verlassen. Über die beiden vorhergehenden Aufrufe weiß ich nicht mehr, als er darüber schreibt: Das erste Mal wurden fast alle aufgerufenen Häftlinge entlassen. Daß man ihm die Freiheit verweigerte, erklärt er damit, er habe womöglich eine SS-Wache provoziert, sagt aber nicht, wie, was zu einem gewissen Zweifel berechtigt – in fast allen bekanntgewordenen Fällen, in denen ein Häftling kurz vor Verlassen des Lagers in letzter Minute getötet wurde, hatte dieser eine unliebsame Bemerkung gegenüber einem SS-Offizier gemacht. Beim zweitenmal, meint Bettelheim, sei zuwenig Geld in der Lagerkasse gewesen, um für alle Entlassenen die Zugkarte zu bezahlen – das klingt plausibel.

Die Gestapo hatte seine Mutter die ganze Zeit hingehalten: »Meiner Mutter wurden mehrmals Daten meiner Entlassung mitgeteilt, und sie waren jedesmal unrichtig. Einmal sagte man ihr, ich sei wahrscheinlich schon zu Hause, warte dort auf sie, und sie solle sich gleich nach Hause begeben. Ein anderes Mal ermutigte man sie, von Wien nach Weimar, der nächsten Stadt bei Buchenwald, zu reisen, um mich entweder bei der Entlassung in Empfang zu nehmen oder mich wenigstens zu besuchen. Sie kam nach Weimar, wo man sie mehrere Tage herumschickte, bis sie schließlich in ihrer Verzweiflung wieder nach Wien zurückkehrte.«[26] In *Erziehung zum Überleben* erwähnt Bettelheim noch einen Nazianwalt, den seine Familie bezahlen mußte, damit er ihn in Weimar abhole, aber auch das war umsonst.

Anfang März mußten Paula oder Margarethe das Datum auf Bettelheims Fahrkarte nach New York vom 18. März auf den 29. April ändern lassen. Norbert Bettelheim konnte ihnen zu diesem Zeitpunkt nicht mehr zur Seite stehen: Am 26. Januar, als Bruno Bettelheim endlich seinen Paß bekam, hatte ein Freund den Anwalt gewarnt,

25 In *Aufstand gegen die Masse*, a.a.O.
26 Ebd.

daß seine Verhaftung unmittelbar bevorstehe, woraufhin er sofort mit seiner Familie über die Schweiz nach Frankreich geflohen war.

Wie die Entlassung aus Buchenwald vonstatten ging, hat Dr. Georg Wilde beschrieben, der Großrabbiner von Magdeburg, einer der »Novemberjuden«, der elf Tage nach seiner Ankunft zusammen mit etwa zweihundert anderen in der »Reichskristallnacht« Verhafteten freikam. Erst hielt ein Gestapo-Charge eine Ansprache: »Wir lassen euch jetzt nach Hause gehen, damit ihr die Auswanderung vorbereitet. Aber wenn ihr ein Wort sagt über das Konzentrationslager, kommen wir wieder, um euch zu holen, und dann kommt ihr nie wieder raus. Und glaubt bloß nicht, ihr könntet im Ausland erzählen, was ihr wollt. Wir haben überall unsere Agenten, und die werden euch für immer zum Schweigen bringen.«

Dann wurden die Häftlinge von einem Arzt untersucht, und zwar ganz offensichtlich, bemerkt Rabbi Wilde, um festzustellen, ob die Mißhandlungen nicht allzu sichtbare Spuren hinterlassen hätten. Schließlich mußten alle eine Erklärung unterschreiben, daß es keinen Grund zur Klage gegeben habe und daß sie gut behandelt worden seien; außerdem mußten sie sich verpflichten, Außenstehenden nichts über das Lager zu erzählen. Danach erfolgte der Abmarsch der Gruppe ins nächstgelegene Dorf. Im Gasthof gab es Brot, Käse, Mineralwasser und Kaffee. Der Wirt schien zu wissen, was die Leute brauchten, die »vom Hügel« kamen. »Er war freundlich und stellte nicht die kleinste Frage«, schließt der Bericht.[27]

Warum Bruno Bettelheim eigentlich freikam, war nicht herauszufinden. Eine Woche später wurden zur Feier von Hitlers fünfzigstem Geburtstag in einer spektakulären Geste zweitausend Gefangene aus Buchenwald entlassen. Federn erinnert sich noch gut daran. Es war an einem Samstag. Die Häftlinge waren von der Arbeit freigestellt worden, den ganzen Tag über dröhnte aus dem Lautsprecher eine Nummer nach der anderen, und die Erwartung der Lagerinsassen wurde fast unerträglich. Bruno Bettelheim war am 22. April schon weit. Welchem Umstand aber verdankte er seine Freiheit?

Darüber gibt es zahlreiche verschiedene Versionen. Bettelheim selbst wich diesem Thema gern aus. Er behauptet nur, daß es damals für einen Juden oft leichter gewesen sei freizukommen als für an-

27 Rita Thalmann, Emmanuel Feinermann, *Die Kristallnacht*, Hamburg 1993.

dere – vorausgesetzt, er habe sich verpflichtet, sofort aus Deutschland zu verschwinden und seinen gesamten Besitz zurückzulassen. Aber da konnte man nie sicher sein, denn »der Terror in den Konzentrationslagern (wurde) noch durch die willkürliche Art verstärkt, in der die Gestapo manche Leute gefangensetzte und andere freiließ. Keiner vermochte zu sagen, weshalb der eine Gefangene nach einigen Monaten und ein anderer Gefangener mit dem gleichen Status erst nach einigen Jahren freigelassen wurde, während ein dritter Gefangener das Lager nie wieder verlassen sollte«, schrieb er in *Erziehung zum Überleben*.

Aus den verfügbaren Unterlagen[28] geht deutlich hervor, daß Agnes Crane in Washington so lange Druck machte, bis Bruno Bettelheim in den Vereinigten Staaten war. Weniger als vierzehn Tage nach seiner Deportation waren wie durch ein Wunder alle behördlichen Hindernisse für die Ausstellung eines Visums beseitigt – das zeigt, daß bereits im Sommer 1938 der Name Dachau in Washington einen furchteinflößenden Klang hatte. Agnes Crane ließ nicht locker. Ende Juli bedankte sie sich in einem langen Brief bei A. M. Warren, dem Leiter der Visaabteilung im State Department, für seine Hilfe und bat ihn, sich in der amerikanischen Botschaft in Berlin dafür einzusetzen, daß diese sich nach dem Schicksal ihres Schützlings erkundige. Die Antwort war höflich, aber deutlich: Bettelheim sei kein amerikanischer Staatsbürger, diplomatische Schritte seien daher nicht möglich.

Doch Agnes Crane war beharrlich. Als Bettelheim nach Buchenwald verlegt wurde, ging sie zum Angriff über. Während die Amerikanische Psychoanalytische Vereinigung in der Person ihres Sekretärs Lawrence Kubie erneut intervenierte, bombardierte sie Washington mit Briefen und Telefonaten. Anfang November gab Warren nach und bat das Wiener Konsulat – inoffiziell –, sich nach dem Schicksal Bettelheims zu erkundigen. Allerdings hielt er es für notwendig, diesen Schritt damit zu begründen, daß ja der erste Visumsantrag Bettelheims dort verlorengegangen sei. Zwei Tage später wurden Paula und Margarethe Bettelheim vom amerikanischen Generalkonsul in Wien empfangen und davon in Kenntnis gesetzt, daß die Verlegung der Gefangenen von Dachau nach Weimar (Buchenwald) eine allgemeine Maßnahme sei und keine persönliche

28 Besonders dem Briefwechsel zwischen Agnes Crane und dem Leiter der Visaabteilung im State Department, der sich noch im dortigen Archiv befindet.

Schikane darstelle. Gleichzeitig forderte er zusätzliche Informationen von seinem Amtskollegen in Berlin an. Dieser schickte Ende November ein Telegramm nach Washington mit dem Vermerk: »Diese Mitteilung darf nur paraphrasiert weitergegeben werden«; darin teilte er dem State Department mit, er habe den »Leiter der Geheimpolizei offiziell ersucht, (Bruno Bettelheim) freizulassen, mit der Zusicherung, daß dieser sofort emigrieren könnte«, schloß aber mit der wenig verheißungsvollen Bemerkung: »Glaube, daß Freilassung schwierig wird, da Verhaftung letzten Mai erfolgte.« Agnes, die den Text des Telegramms im Klartext zu Gesicht bekam, war beunruhigt und forderte sofortige Erläuterung. Das State Department übermittelte die Anfrage nach Berlin: Warum der Generalkonsul so pessimistisch sei? Das vorletzte Schriftstück dieses Falls im Archiv des State Department ist eine kryptische Mitteilung vom 12. Dezember aus Berlin: »Bettelheim nach Wien weitergeleitet.« Das letzte ist ein Dankesbrief Bruno Bettelheims, wohnhaft in New York, an M. Warren vom 16. Mai 1939.

Dieser Ablauf bestätigt die Aussage, die Bettelheim fünf Jahre später anläßlich des Nürnberger Prozesses machte (»Meine Freilassung verdanke ich einflußreichen Freunden in Amerika, die das State Department zu einer Intervention veranlaßten«), nicht aber das berühmteste Gerücht, Eleanor Roosevelt habe sich für ihn eingesetzt, das nach seinem Tod von den meisten Zeitungen aufgegriffen wurde. Dieses Gerücht wird, wenn nicht bestätigt, so doch gestützt von einer Anmerkung Bettelheims in *Erziehung zum Überleben*. Er wisse zwar immer noch nicht genau, warum er entlassen worden sei, doch: »Dazu beigetragen haben könnte, daß sich eine der prominentesten Erscheinungen der amerikanischen Öffentlichkeit persönlich für mich einsetzte.« Nach den Briefen Eleanor Roosevelts scheint mir dieses Gerücht allerdings jeder Grundlage zu entbehren; sie interessierte sich erst viel später für das Schicksal der europäischen Flüchtlinge.[29]

Ein anderer berühmter Name, der im Zusammenhang mit Bettelheims Befreiung aus Buchenwald immer wieder fällt, ist der des damaligen Gouverneurs im Staat New York, Herbert Lehmann. Lehmann war Jude und nahm als einer der ersten amerikanischen Poli-

29 Die Privatkorrespondenz E. Roosevelts befindet sich in der Franklin-D.-Roosevelt-Bibliothek, Hyde Park, N. Y. Aus ihren Mitteilungen an das State Department geht hervor, daß sie zu diesem Zeitpunkt das Ausmaß der Judenverfolgung in Europa noch gar nicht kannte.

tiker aktiv Anteil am Schicksal der europäischen Juden. Der Name Bettelheim aber taucht in seiner Korrespondenz nicht auf. Dagegen findet sich hier der Name Ernst Federn. Das wiederum ist nicht allzu verwunderlich: Paul Federn war nämlich 1914 für ein paar Monate nach New York gekommen, um Lehmann zu analysieren, der damals als junger Bankier von seinem schweren Stottern sehr behindert wurde. Und als Paul Federn selbst ins Exil ging, bat er selbstverständlich seinen ehemaligen Patienten um Hilfe bei der Befreiung seines Sohnes, der übrigens unmittelbar nach seiner Rückkehr aus New York geboren worden war. Der Nachlaß Lehmanns in der Columbia University umfaßt allerdings nur die Korrespondenz mit Federn nach dem Krieg – was den Vermutungen über Bettelheim zumindest einen kleinen Spielraum läßt.

Es ist nicht auszuschließen, daß Agnes Crane sich nicht länger vom State Department hinhalten lassen wollte und anderweitig Unterstützung suchte – wenn auch nicht gleich bei der Frau des Präsidenten. Das würde erklären, wieso der amerikanische Generalkonsul in Berlin den ziemlich bemerkenswerten Schritt unternommen hat, beim Gestapochef um die Freilassung eines Mannes nachzusuchen, der als deutscher Staatsbürger angesehen wurde. Gina erinnert sich übrigens, daß Warren persönlich nach Wien kam, um die Freilassung mehrerer Personen zu erreichen, darunter Bruno Bettelheim. Sicher ist jedenfalls, daß Bruno Bettelheims Familie und mehrere Freunde für seine Freiheit viel Geld an die Gestapo bezahlten und alle Unterlagen besorgten, die es ihm ermöglichten, die Bedingungen der Nazis zu erfüllen und unter Zurücklassung allen Besitzes binnen zwei Wochen das Reich zu verlassen.

Ein letztes Detail ist vielleicht noch von Interesse. In *Erziehung zum Überleben* weist Bettelheim darauf hin, daß Forderungen nach Freilassung von sehr hoher Ebene manchmal das Gegenteil zur Folge hatten: Einer seiner besten Freunde habe bis zum Ende in Buchenwald bleiben müssen, wohl weil die Nazis nach mehrfachen Interventionen eines »Mitglieds einer königlichen Familie« in ihm eine potentielle Geisel gesehen hätten. Dabei könnte es sich um Ernst Federn handeln, dessen Geschichte mit dieser bis auf wenige Einzelheiten übereinstimmt. Federn erfuhr nach seiner Entlassung von einem Brief, in dem Himmler persönlich angeordnet hatte, ihn weiter festzuhalten, denn so jemandem, an dem den Amerikanern soviel gelegen sei, könnte man vielleicht als Geisel gebrauchen.

Am 17. April ist Bettelheim wieder in Wien, wo er bis zum 27. April bleibt. Diese Daten jedenfalls läßt Paula im Rathaus eintragen. Und man muß nicht zu übertriebenen Interpretationen neigen, um zu bemerken, daß das Wort »New York« in der Rubrik »Bestimmungsort« triumphierend die ganze Aktennotiz beherrscht. Am 18. April erhält Bettelheim auf dem Konsulat der Vereinigten Staaten das Einwanderungsvisum QIV 14560.

Er hat also zehn Tage, um alle notwendigen Unterlagen einzuholen und sich von seiner Familie zu verabschieden, die er, wie man nach seinen Briefen aus Buchenwald annehmen kann, auch noch zur Flucht zu überreden versucht. Zehn Tage, um seine Schulden zu begleichen und sich auf die Abreise vorzubereiten, die endgültig sein wird, auf den vollständigen Bruch mit seinem bisherigen Leben. Zehn Tage lang muß er ständig befürchten, erneut verhaftet zu werden. Obwohl wir so gut wie nichts wissen über Bruno Bettelheims kurzen Aufenthalt in Wien, seine letzte Etappe zwischen Buchenwald und dem Exil, eines ist sicher: daß er hier seine wiedergewonnene Freiheit kaum genießen konnte.

Hans Bandler, der drei Monate früher freigekommen war, erinnert sich noch gut an die Angst, die ihm jedesmal den Hals zuschnürte, wenn er die Wohnung verlassen mußte, um die für die Abreise unabdingbaren Formalitäten zu erledigen. Entlassene Häftlinge waren auf der Straße sofort an ihrem kahlgeschorenen Kopf zu erkennen. Da sie kein Hakenkreuz am Aufschlag trugen, sah jeder, daß sie Juden waren, doch das Hakenkreuz zu tragen wäre noch gefährlicher gewesen. So drückten sie sich an den Häuserwänden entlang in der Hoffnung, nicht aufzufallen. Bandler war erschrokken, als er zu seiner Tante kam, die für ihn wie eine Mutter war: Die Wohnung war fast leer, alle Möbel und Nippes von Wert waren draufgegangen, um ihn freizukaufen.

Für Bettelheim ist der Schock wohl noch größer, denn die Wohnung seiner Mutter ist von den Nazis requiriert worden, sie mußte bei Nachbarn Unterschlupf suchen. Womöglich hat er in diesem Augenblick begriffen, daß er vom Verkauf der Firma überhaupt nichts bekommen wird.

Paula wird Europa erst am 25. September verlassen. Durch sie erfährt Bruno Bettelheim wahrscheinlich von Trudes Emigration. Trude wurde kurz nach seiner Verhaftung ins Gestapo-Hauptquartier im Hotel Metropol zitiert. Sie gehorchte und wurde einen ganzen Tag lang dort festgehalten. Offenbar interessierte sich die Gestapo für die Montessori-Schule. Zwischen den Verhören wurde sie ins Bad gesperrt. Sie fürchtete schon, nie wieder herauszukommen, doch zu ihrer großen Überraschung wurde sie noch am selben Abend freigelassen, und ein paar Tage später gab ihr die Gestapo sogar den Paß zurück.

Bis zu diesem Zeitpunkt hatte sie die Abreise immer wieder hinausgezögert. Sie hatte mehrfach versucht, etwas über Bruno zu erfahren oder direkten Kontakt zu ihm zu bekommen. Da sie wußte, wie sehr er körperliche Arbeit verabscheute und wie gering seine Kräfte waren, machte sie sich keine Hoffnung, daß er einen mehrmonatigen Lageraufenthalt überleben würde. Aber da sie nicht mit ihm verwandt war, konnte sie auch nichts für ihn tun.

Nach dem Tag im Hotel Metropol schlief sie nicht mehr zu Hause und betrieb ernstlich ihre Ausreise. Von ihren Vettern erfuhr sie den Namen eines Bergsteigers, der bereit war, ihr bei der Flucht in die Schweiz zu helfen. Dort würde sie Hilfe finden, denn kurz nach dem Anschluß war der Bruder Emmi Vischers nach Wien gekommen, um seine Unterstützung anzubieten. Eines schönen Tages also packte Trude ihren Rucksack und machte sich mit ihrem Führer auf den Weg; von den dankbaren Eltern ihrer Schüler hatte sie eine kleine Summe Geld bekommen, mit der sie ihn bezahlen konnte. Sie nahmen den Zug nach Tirol, es sollte so aussehen, als wollten sie nur einen Ausflug machen. Beim Übergang in die Schweiz gab es Schwierigkeiten, sie wurden von der Grenzpolizei verhaftet, und Trude mußte sich die ganze Nacht gegen die Übergriffe ihres Führers zur Wehr setzen. Schließlich kam sie doch wohlbehalten in der Schweiz an.

Bruno Bettelheim, der sich in seinen Briefen stets nach Trude erkundigt hatte, freute sich sicher über dieser gute Nachricht unter all den schlechten. Aber eigentlich dachte er nur an eines: Europa so schnell wie möglich zu verlassen und mit Gina ein neues Leben zu beginnen.

Fast die gesamte Familie Bruno Bettelheims ist den Nazis zum Opfer gefallen. Viele seiner Onkel und Vettern wurden 1942 in Wien verhaftet, das zu einer tödlichen Falle für Juden geworden war. Ob sie aus Geldmangel so lange geblieben sind oder aus Trägheit, konnte ich nicht herausfinden. Bruno Bettelheim jedenfalls hatte seit seiner Ankunft in Dachau alles getan, um sie zum Weggehen zu überreden. Daß ihm das nicht gelungen ist, hat ihn mit Sicherheit getroffen.

Unter den wenigen persönlichen Schriftstücken, die er bis zu seinem Tod aufbewahrte, befindet sich auch ein langer Brief, den Alfred Seidler im Januar 1941 an Brunos Mutter und seine Tante Jenny geschrieben hat. Darin berichtet Alfred Seidler seinen Schwestern vom mißglückten Versuch ihres Bruders Rudolf, Brunos geliebtem Onkel, der Wagner so schätzte, mit seiner Frau Grete die Grenze zu überschreiten. Die Flucht wäre fast gelungen, hätte Rudolf nicht in seinem Übermut eine Tiroler Hochzeitsgesellschaft auf sich aufmerksam gemacht. Und während Alfred in Wien auf die Rückkehr seines jüngeren Bruders wartete, schrieb er, um sich die Zeit zu vertreiben und seine Angst zu vergessen, diesen wunderbaren Brief an seine Schwestern in Amerika. Nur flüchtig und voll Nachsicht für seinen Bruder erwähnt Alfred seine verzweifelte Situation und macht sich sogar Gedanken über die Probleme seiner Schwestern mit ihrem neuen Leben. Es ist der Brief eines Mannes, der mit seinem Vater, dem schrecklichen Adolf Seidler, kaum etwas gemeinsam hat, am wenigsten dessen ehernen Willen, das Schicksal um jeden Preis zu meistern. Ein Jahr später schickte die Gestapo Alfred Seidler in ein Lager in der Ukraine, aus dem er nicht mehr zurückkehrte.

Am Samstag, dem 29. April 1939, geht Bruno Bettelheim in der holländischen Stadt Flessingen auf der Nordseeinsel Walcheren an Bord der *Gerolstein*, eines deutschen Dampfers unter der Flagge der amerikanischen Red Star Line, der von Antwerpen aus über die Schelde gekommen war. Für Bettelheim ist eine Kabine reserviert. Am Freitag, dem 11. Mai, geht er in New York an Land. Und das war höchste Zeit: Von August 1939 an erhielten jüdische Männer im Alter von achtzehn bis fünfundvierzig Jahren von den deutschen Behörden keine Ausreisebewilligung mehr.

8. Wiedersehen und Enttäuschung

Nein, Bruno, es ist aus. Ich will nicht mehr mit dir leben.« Mit zwei kurzen Sätzen macht Gina Bettelheim alle Hoffnungen ihres Mannes zunichte. Abgemagert und in schlechter Verfassung, die Augen glühend vom Rausch der wiedergewonnenen Freiheit, ist er zu Fuß quer durch New York zu ihrem Apartment gelaufen. Er redet und redet, versucht sie zu überreden: Er habe noch viel vor, er könnte in die Politik gehen, die Diplomatenlaufbahn einschlagen ... Er habe einen Fehler begangen, das sei ihm inzwischen klargeworden. Aber er habe sich geändert und wolle jetzt eine richtige Familie mit vielen Kindern. Gina beharrt auf ihrem Nein. Bruno gibt nicht nach, macht neue Pläne, neue Versprechungen. Die Auseinandersetzung dauert den ganzen Tag und die halbe Nacht.

Das ist die einzige Erinnerung Ginas an ihr Wiedersehen mit Bruno: eine lange, schmerzhafte Auseinandersetzung. Sie kann sich nicht entsinnen, ihn am Anleger abgeholt zu haben, als er endlich amerikanischen Boden betrat. Ich hätte mir von ihr so gern die ersten Minuten schildern lassen, die erste Berührung nach einem Jahr der Trennung, den ersten Blick nach der Hölle, die Bruno erlebte. Ich bohrte nach, selbst nach fünfzig Jahren könne man solche Eindrücke doch nicht vergessen haben: Wie die Flüchtlinge – bis auf eine Ausnahme lauter Juden aus Deutschland – am 11. Mai 1939, noch etwas verschüchtert vom Anblick der Freiheitsstatue, den sie so lange herbeigesehnt haben, aus dem Schiff quellen und ihren Fuß auf amerikanischen Boden setzen, in der einen Hand die Papiere, hoffend und zweifelnd, daß sie ihnen die Tür zur Neuen Welt öffnen, in der anderen den Koffer mit ihren Habseligkeiten. Unter ihnen, sicher ein bißchen abseits, ungeduldig, vielleicht etwas überheblich, jedenfalls wenig gewillt, sich unter die Menge zu mischen oder gar herumschubsen zu lassen, der Mann, mit dem Gina acht Jahre ihres Lebens teilte, Bruno Bettelheim, der vor drei Wochen noch in Buchenwald war.

Gina kramt in ihrem Gedächtnis - nichts. Verschwommene Bilder von einem Abendessen bei Brunos Tante Jenny Buxbaum, aber das muß später gewesen sein ... Alles ist überschattet von diesem endlosen Gespräch, in dem sie unerbittlich wiederholt: »Es ist aus. Ich will die Scheidung.« Und diese klaffende Gedächtnislücke läßt - mehr noch als das, was sie sagt - ahnen, wie traumatisch diese Zurückweisung auch für sie gewesen sein muß. Nur widerstrebend und ansatzweise räumt sie ein, daß es ihr weh tat, diesen Mann zu verletzen, der nicht zu ihr paßte, den sie nicht mehr haben wollte. Doch sie blieb hart. Sie hätte einen günstigeren Moment abwarten, Bruno ein wenig Zeit geben können, in den USA Fuß zu fassen. Aber es ging nicht, sie wollte nicht mehr sein Bett teilen, seine Träume, sein Leben. Natürlich wußte sie, daß ihre Umgebung ihr Verhalten mißbilligen würde. So läßt man keinen im Stich, der gerade den Lagern der Nazis entkommen ist. Die Kraft zu ihrer Entscheidung schöpfte sie wohl seltsamerweise aus ihrer Unsicherheit, wie es mit Peter Weinmann weitergehen würde. Der war mit seiner Frau Ende Juni in die Vereinigten Staaten gekommen und lebte in Chicago. Eine Scheidung war ziemlich unwahrscheinlich. Sie wollte ihr Leben in die eigenen Hände nehmen, ohne einen Mann zur Sicherheit. So traf sie ihre schwierige, grausame, aber auch mutige Entscheidung - in ihren Augen die einzig mögliche und die einzig angemessene.

Ginas erste Monate in den USA waren hart, am Anfang allerdings fast surreal. Nach zwei Tagen bei Emmi und Hubert von Radanowicz in Paris schiffte sie sich mit Patsy am 17. Mai 1938 in Le Havre auf der *President Roosevelt* ein. Am 26. Mai kamen sie in New York an, wo Agnes und ihr derzeitiger Mann Percy Ed Crane sie sofort unter ihre Fittiche nahmen. Angeblich hatte Agnes diesen Alkoholiker nur geheiratet, damit Patsy einen Vater bekam. Die Wohnung der Cranes in Greenwich, Connecticut, war zu klein für vier, also mietete Agnes kurzerhand für Patsy und Gina ein Zimmer in einem nahegelegenen Luxushotel.

Abends dinierten sie alle zusammen bei Agnes, wo Gina, voller Sorge um das Schicksal der Zurückgebliebenen und um ihre eigene Zukunft, dennoch stets in einer der eleganten Roben erschien, die Agnes extra bei Lord & Taylor für sie gekauft hatte. Vom Craneschen Apartment aus konnte man das Meer sehen und in der Ferne die

Nordspitze von Long Island. Nach dem Essen, wenn ihr Mann eingenickt war, spielte Agnes Gina bis spät in die Nacht Operetten von Gilbert and Sullivan vor. Gina kam das Ganze wie ein Traum vor. Das feine, leichte Leben ihrer reichen Beschützerin hatte für Gina durchaus seine Reize, aber sie mußte sich ziemlich zusammennehmen, um ihrer widersprüchlichen Empfindungen Herr zu werden.

Fast täglich bekam sie Post aus Wien; Freunde und Verwandte berichteten von den Greueltaten der Nazis und baten sie flehentlich, ein Affidavit für diesen oder jenen zu besorgen. Sie kannte einige Leute durch Agnes, mußte aber bald feststellen, daß die Lage in Deutschland nicht gerade zu den beliebtesten Gesprächsthemen zählte. Amerika war gerade der Wirtschaftskrise glücklich entronnen und wollte nichts von einem bevorstehenden Krieg hören. Natürlich mochten Agnes und ihre Freunde Hitler nicht, aber zwischen politischen Diskussionen auf Cocktailparties und einer direkten Einmischung in Europa lagen Welten – und Gott sei Dank auch noch der Atlantik. Gina hatte die Regeln schnell begriffen. Sie nutzte gesellschaftliche Ereignisse, um hie und da ein Affidavit zu ergattern, ohne durch allzu große Beharrlichkeit unangenehm aufzufallen.

Gleich nach ihrer Ankunft ging Gina auf Arbeitssuche. Agnes protestierte, sie hielt nach einem größeren Haus Ausschau, in dem sie alle Platz hätten, Patsy natürlich, aber auch Gina und Bruno, wenn er freikäme. Agnes träumte von einer erweiterten Familie, in der sie die Sorge um Patsy an Gina abgeben und ansonsten weiterleben könnte wie bisher. Von Peter Weinmann wußte sie nichts. Gina hatte ihr die Affäre verschwiegen, wohl weil sie ahnte, daß Agnes ihr die Zerstörung ihres schönen Traums nicht verzeihen würde. Sie mochte Agnes gern, aber sie hatte nicht die geringste Lust, von dieser herrschsüchtigen und launischen Frau abhängig zu sein. So schnell wie möglich wollte sie auf eigenen Füßen stehen und ihr neues Leben aufbauen.

In New York kannte Gina kaum jemanden. Fritz Redl war seit 1935 in den USA, lebte aber in Chicago. Doch sie war so wild entschlossen, ihre Unabhängigkeit wiederzuerlangen, daß sie dank einer Freundin von Agnes bereits nach drei Monaten eine Stelle als Sozialarbeiterin bei den Jewish Social Services gefunden hatte. Ihr Einfühlungsvermögen und ihre Kenntnisse der Psychoanalyse verhalfen ihr rasch zu Ansehen unter ihren Kollegen. Alle wollten etwas über diese neue Lehre wissen, manchmal wurde es Gina fast zuviel. »Die Leute kamen zu uns, weil sie eine Wohnung brauchten«, sagt sie, »nicht um ihre Kindheit loszuwerden.« Die New Yorker Arbeitswelt, in die sie so unversehens hineingeraten war, fand Gina faszinierend, aber anstrengend. Sie machte ihre Arbeit so gut, daß ihr oft die schwierigsten Fälle übertragen wurden. Doch ihr Englisch war schlecht, und so hatte sie große Schwierigkeiten, ihre Berichte auf Tonband zu diktieren. Später half ihr Wanda Willig dabei, aber anfangs war Gina ziemlich allein. Gott sei Dank war Mrs. Kamschell, die Leiterin der Jewish Social Services, sehr verständnisvoll, sie wußte um die aussichtslose Lage der deutschen und österreichischen Juden und gab Gina oft frei, damit sie Affidavits besorgen, die notwendigen Kontakte herstellen und die Formalitäten erledigen konnte, um möglichst viele Menschen zu retten – vor allem ihren Mann.

Eine Weile kam Gina noch jeden Abend nach Greenwich und kümmerte sich um Patsy. Doch das war auf die Dauer zu anstrengend. Außerdem wollte sie ab und zu Peter Weinmann sehen. Als Agnes schließlich von der Affäre erfuhr, tobte sie. Schon im Sommer 1936, als sich zwischen ihrem Bruder Paul und Gina eine Freundschaft entwickelt hatte, war sie nicht sehr erfreut darüber gewesen. Und es gefiel ihr auch nicht, als Fritz Redl auftauchte und mit Gina ausgehen wollte. Aber daß Gina ihren Mann betrog, während sie, Agnes, beim State Department um dessen Freilassung kämpfte, war der Gipfel. Der Konflikt zwischen den beiden Frauen ließ sich nicht mehr vermeiden. Er war kurz und heftig.

»Gina gab mir fünfzehn Minuten, um zu entscheiden, ob ich mit ihr gehen oder bei meiner Mutter bleiben wollte«, erzählt Patsy, die damals ein schüchternes Mädchen von knapp fünfzehn Jahren war. Sie hatte den Eindruck, eigentlich keine Wahl zu haben: »Ich tat das offenbar Angemessene und blieb bei meiner Mutter.« Der Ton ist bitter, die Verletzung noch nach fünfzig Jahren deutlich zu spüren. Sieben Jahre lang war Gina ihre Mutter gewesen, sie hatte sie lachen gelehrt und das Leben zu lieben, und Patsy hatte große Fortschritte gemacht. Sieben Jahre lang waren Gina und Patsy unzertrennlich gewesen. Seit diesem Tag haben sie sich nie wiedergesehen. Und bei beiden schmerzt die Narbe noch.

Kurze Zeit später erhielt Peter Weinmann das Angebot, ein Semester lang an der Columbia University in New York zu lehren. Gina erlebte eine glückliche Zeit, dann kehrte Peter nach Chicago zu seiner Frau zurück, die sich partout nicht scheiden lassen wollte. Ein paar Monate lang trafen sich Peter und Gina von Zeit zu Zeit auf halber Strecke zwischen Chicago und New York. Als sie von einem dieser gemeinsamen Wochenenden im Zug zurückfuhr, brach zum erstenmal die Krankheit aus, die Gina als ihre »Immigrantenkrankheit« bezeichnet: Magenkrebs. Sie verlor so viel Blut, daß sie sofort nach ihrer Ankunft in New York mit dem Rettungswagen ins Krankenhaus gebracht wurde. Kaum hatte Agnes davon erfahren, eilte sie herbei, um für Gina Blut zu spenden. Sehen wollte sie sie nicht. Dank der Freundin von Agnes, die ihr schon die Stelle vermittelt hatte, fand Gina schließlich eine Wohnung in uptown Manhattan, Ecke 83. Straße/Lexington Avenue. Dieses winzige Ein-Zimmer-Apartment war eigentlich für Dienstboten gedacht, doch für Gina war es die Freiheit.

In dieses Apartment kam Bruno Bettelheim, um Gina wiederzusehen, am Tag seiner Ankunft in den Vereinigten Staaten. Er konnte es kaum fassen, hier zu sein, ungläubig staunend lief er durch Manhattan, durch diese Stadt, über die er so oft gelesen, die er so oft im Film gesehen hatte, daß er vage den Eindruck hatte, sie bereits zu kennen. Es war Frühling, er war frei und auf dem Weg zu der Frau, die er liebte. Er hatte nichts mitnehmen dürfen, also steckte er seine Hände in die Taschen, in denen sich ganze drei Dollar befanden. Aber was machte das schon? Sie waren jung, gescheit und fleißig, Gina hatte schon einen Job, und er würde leicht einen finden. Sie konnten ihre Hoffnung in die Zukunft setzen, hier würden sie zusammen ein neues, besseres Leben aufbauen.

Dieses Leben würde sich grundlegend von dem unterscheiden, aus dem die Nazis sie herausgerissen hatten. Er war jetzt in Amerika, dem Land der Selfmademen, von dem er immer geträumt hatte. Seine Cousine Edith war dabei, sich als Psychoanalytikerin niederzulassen. Sein alter Freund Fritz machte in Universitätskreisen von sich reden. Das Schicksal hatte ihn von der Firma befreit, die er gar nicht haben wollte. Von nun an konnte er tun, wozu er Lust hatte. Keine Verpflichtungen mehr, keine Schulden. Als der Immigration Officer ihn nach seinem Beruf gefragt hatte, hatte er die erforderlichen Papiere vorgelegt und war als »Kaufmann« registriert worden. Doch er hatte auf seinem Doktortitel bestanden, der nachträglich mit der Hand über der getippten Berufsbezeichnung eingefügt wurde.

Bruno Bettelheim hat sich kaum zu seinen ersten Tagen in der Freiheit geäußert, und wenn, spielte er die Zurückweisung durch Gina meist herunter. Sehr viel später gestand er eines Abends niedergeschlagen einer Erzieherin der Orthogenic School: »Als ich nach Amerika gekommen bin, wollte meine Frau mich nicht mehr.« Aber gewöhnlich machte er einen gleichmütigen Eindruck, wenn er über dieses Ereignis sprach: Gina und er hätten lange und ruhig über ihre Eheprobleme geredet und danach den Entschluß gefaßt, sich zu trennen.

Und trotzdem ... Die Hoffnung, einen geliebten Menschen wiederzusehen, ist nach den Zeugnissen aller ehemaligen Lagerinsassen das einzige Mittel, das Lager zu überleben. Nach einer Weile, schreibt Bettelheim, hat der Häftling alle Probleme vergessen und sieht die Beziehung in verklärtem Licht. Diese Beobachtung Bettelheims wird durch seine eigenen Briefe bestätigt. Zuerst ist noch der Wunsch beherrschend, seine Angelegenheiten zu regeln, aber je mehr Zeit vergeht, desto größer wird der Raum, den die Botschaften an Gina einnehmen. »Sagt Gina, daß ich sehr froh und glücklich bin, daß sie eine Stelle hat, da ich über ihre Zukunft beruhigt bin, und daß ich an sie wie an Euch alle mit größter Liebe und Sehnsucht denke«, schreibt er im Juli 1938. Hier mahnt er noch: »Sie muß ebenso wie Ihr alle Pläne ohne jede Rücksicht auf mich machen, da meine Zukunft ganz ungewiß ist«, drei Wochen später hat sich der Ton geändert: »Sagt Gina, daß alle meine Hoffnungen auf einer Zukunft beruhen, die sie so gut vorbereitet.«

Von diesem Zeitpunkt an enthält jeder Brief an Paula eine Botschaft für Gina, Botschaften der Liebe, der Sehnsucht und einer lebendigen, wenn auch verhaltenen Hoffnung. Als Bettelheim erfährt, daß Paß und Visum für ihn bereitliegen, und an seine baldige Freilassung zu glauben beginnt, wird sein Ton immer drängender. Er will Ginas Adresse, um ihr direkt schreiben zu können. Offensichtlich kann er sich überhaupt nicht vorstellen, ohne sie zu leben. Auch von Trude spricht er in seinen Briefen oft und herzlich, wünscht ihr Glück und Erfolg. Aber es ist völlig klar, daß er nicht daran denkt, sein zweites Leben, so er eines haben wird, mit ihr zu teilen.

Trude war es schließlich, die ihm half, über die Verletzung hinwegzukommen, die Gina ihm zugefügt hatte. Im Februar 1977, als er Trude beinahe verlor, sagte er auf der Holocaust-Konferenz in San Jose: »Das stärkste Überlebensmotiv ist etwas, wofür man trotz aller

Gefahren unbedingt am Leben bleiben will ... Der Lebenswille allein kann nicht die Kraft ersetzen, die man aus der - wirklichen oder erträumten - Unterstützung von außen bezieht. Eine der unerwarteten Lehren aus den Lagern war, daß der Lebenswille, der Lebenstrieb, der *élan vital*, die Libido oder wie immer man das nennen will - anders, als ich geglaubt und der Darwinismus gelehrt hatte -, allein wenig hilfreich ist, wenn er sich nicht an einen geliebten Menschen, an eine große Idee wie den Zionismus oder den Kommunismus oder an eine religiöse Überzeugung klammern kann. Dagegen sind Rachegedanken oder der Wunsch, Zeugnis abzulegen, die so oft in der Literatur über die Überlebenden erwähnt werden, relativ bedeutungslos.«

Ginas Zurückweisung spielte eine wichtige Rolle in Bruno Bettelheims Leben, sosehr er auch versuchte, darüber hinwegzutäuschen. Gina empört sich über den »Größenwahn«, den er in dem alles entscheidenden Gespräch an den Tag gelegt habe: »Plötzlich wollte er in die Politik gehen. Er behauptete sogar, hier könnte er vielleicht eines Tages Präsident werden!« Wenn es sie nicht soviel Kraft gekostet hätte, ihre Verweigerung aufrechtzuhalten, hätte Gina die Verzweiflung hinter dieser Großsprecherei bemerken können - eine Verzweiflung, die sich, wie immer bei Bettelheim, mit Hochmut mischte. Er war stark genug gewesen, aus Buchenwald heraus- und ins Land der Freiheit zu kommen - berechtigte das etwa nicht zu den kühnsten Hoffnungen?

Als er einsehen mußte, daß Gina ihre Haltung nicht ändern würde, ging Bruno Bettelheim zu seiner Tante Jenny Buxbaum, die nur ein paar Straßen weiter wohnte. Hier traf er seine alte Freundin Edith wieder, die in den vergangenen Monaten alles ihr Mögliche unternommen hatte, um ihn aus dem Lager zu holen. Sie empfing ihn mit offenen Armen und, wie sie in ihren Erinnerungen gesteht, voll Freude, daß der Vetter, den ihr eine andere Frau weggenommen hatte, zu ihr zurückkehrte. Er war verzweifelt und in schlechter körperlicher Verfassung, sie nahm sich seiner an.

Edith Buxbaum lebte schon seit zwei Jahren in New York. Ende August 1937, als ihr die Verhaftung wegen ihrer politischen Aktivitäten drohte, war sie aus Wien geflohen. Sie kam durch die Cooperative School for Student Teachers als Lehrerin in die Vereinigten Staaten, aber wie ihr Vetter bestand sie darauf, daß ihr Doktortitel in ihren Einwanderungspapieren eingetragen wurde. Sie wollte nur zwei Dinge: als Kinderpsychoanalytikerin arbeiten und ihrer Mutter entkommen, die sie durch ihre Krankheit ständig moralisch unter Druck setzte. Letzteres schaffte sie nur kurze Zeit, seit Mai 1938 lebte Jenny bei ihr, aber in der Psychoanalyse hatte Edith es schon weit gebracht. Kaum in New York angekommen, nahm sie Patienten an und arbeitete als Beraterin für verschiedene Wohlfahrtsorganisationen, besonders die Community Service Society, eine der größten von New York. Und obwohl die meisten Psychoanalytischen Gesellschaften Amerikas eine Mitgliedschaft von Nichtmedizinern ausschlossen, unterrichtete Edith sogar am angesehenen, von Sandor Rado geleiteten psychoanalytischen Institut New Yorks.[1] Aufgrund dieser Kontakte war es ihr gelungen, die Amerikanische Psychoanalytische Vereinigung zur Unterstützung des Vorhabens zu mobilisieren, Bruno Bettelheim nach Amerika zu holen.

Die ersten Tage in New York widmete Bruno Bettelheim der Erholung. Er suchte verschiedene Ärzte und einen Zahnarzt auf, ging spazieren, genoß seine Freiheit, knüpfte neue Bekanntschaften und traf alte Freunde, die auch hatten fliehen können. Wahrscheinlich hat Bruno Bettelheim damals auch Paul Federn getroffen und ihm von dessen Sohn erzählt. Er sah alt aus. Hans und Wanda Willig, die zwei Monate vor Bettelheim über Schweden nach New York gekommen waren, berichten, daß er fast völlig kahl war.

Im Juli schlug Edith Buxbaum ihrem Vetter vor, das restliche Amerika zu erkunden. Der hatte nichts dagegen, es gab nichts, was ihn in New York zurückhielt, und Arbeit hatte er auch noch keine. Edith Buxbaum, die damals in eine komplizierte Affäre mit einem verheirateten Mann verstrickt war, der keine Anstalten machte, sich scheiden zu lassen, hatte dabei einen Hintergedanken, der ihr vielleicht selbst nicht ganz bewußt war: Sie wollte den wiedergewonnenen Bruno verführen.

Also brachen sie in Ediths altem Cadillac-Cabriolet auf, Amerika zu entdecken, – wie es sie einst als junge Wandervögel in die österreichischen Wälder gezogen hatte. Edith bezahlte alles. Aus Geldnot schliefen sie meist unter freiem Himmel, nur ab und zu stiegen sie in einem der kleinen Motels ab, die die amerikanischen Landstraßen säumen. Ihre erste Etappe war Chicago, wo Bruno seinen alten Freund Fritz Redl wiedersah und viele andere Wiener kennenlernte,

1 Diese Informationen stammen aus einem Interview, das Dr. Lawrence H. Schwartz 1978 mit Edith Buxbaum führte und das 1990 vom Psychoanalytischen Institut in Seattle veröffentlicht wurde.

die von der angesehenen Universität der Stadt angezogen worden waren.

Die Atmosphäre war hier ganz anders als in New York. Fast alle Freunde und Bekannten Bettelheims wohnten auf dem Campus, in einem Dorf namens Hyde Park. Diese kleine akademische Enklave, zwanzig Autominuten südlich von Chicago inmitten eines der größten schwarzen Ghettos der Vereinigten Staaten gelegen, hatte nichts gemein mit dem Bild, das Bettelheim sich von der Metropole des Mittelwestens gemacht hatte.

Er erzählt davon in *Themen meines Lebens*: Das Chicago seiner kinogeschulten Vorstellung war die Stadt Al Capones; eine wilde Mischung aus Fleischhandel, Geld und Gangstern spukte in seinem Kopf herum. Wie überrascht muß er gewesen sein von den Parks, den Alleen, den kleinen Privathäuschen inmitten blühender Gärten, die nicht einmal abgeschlossen wurden, wenn man zur Vorlesung ging. Im tiefsten Amerika fand er eine Insel europäischer Kultur, Oxford näher als dem wilden Westen. Und die bemerkenswert harmonische Architektur der Stadt kann selbst seinem europäisch herablassenden Blick auf Amerika nicht entgangen sein.

Keine drei Monate nach seiner Entlassung aus Buchenwald hatte Bettelheim für ein paar Tage die kultivierte und herzliche Atmosphäre früherer Tage wiedergefunden. Er traf hier Menschen, die sich für die gleichen Dinge interessierten, mit denen er sich vor nicht allzu langer Zeit in Wien selbst beschäftigt hatte. Sie gingen schwimmen, veranstalteten Picknicks am Seeufer und diskutierten über dieselben Ideen wie früher. Es gab nur einen Unterschied: Hier herrschte keine Weltuntergangs-, sondern Aufbruchstimmung; die Wirtschaftskrise war überwunden, und nun standen genügend Mittel bereit, um auf jede erdenkliche Art zu erforschen, was die Ursachen der Krise waren und wie man so etwas in Zukunft vermeiden konnte.

Wie früher engagierten sich Fritz Redl und seine Freunde für großangelegte Bildungsreformprojekte. Die offiziellen Ziele waren zwar weniger sozialistisch als früher, aber fast genauso sozial: Alle sollten die gleichen Bildungschancen bekommen. Es war das Amerika des New Deal, und viele junge Intellektuelle an dieser forschungsorientierten Universität hielten es für ihre vornehmste Aufgabe, die Mängel des Kapitalismus zu verstehen und zu beheben.

Mit einem von Fritz Redls Freunden verstand sich Bettelheim besonders gut – er hatte den gleichen Sinn für bissigen Humor und konnte auch unterscheiden zwischen fortschrittlichen Gedanken und purer Naivität. Er hieß George Sheviakov und war nach einigen phantastischen Abenteuern vor ein paar Jahren in Amerika gelandet; ursprünglich kam er aus Rußland, sein Vater war der letzte Bildungsminister des Zaren gewesen. Dank seiner außergewöhnlichen Intelligenz und seiner ungeheuren Energie wurde er bald zu einem der besten Lehrerausbilder der Vereinigten Staaten.

Als Bruno Bettelheim und Edith Buxbaum nach Chicago kamen, arbeitete Sheviakov an einem ehrgeizigen nationalen Reformprojekt für fortschrittliche höhere Schulen, das aufgrund seines zeitlichen Rahmens »Eight Year Study« genannt wurde. Außer einem Wissenschaftlerteam nahmen dreißig Schulen in elf Bundesstaaten daran teil, Schüler und Lehrer dienten als Versuchspersonen für die neuen Lehrpläne, an deren Entstehung sie mitbeteiligt waren. Leiter dieses Großprojekts war Ralph Tyler, der gerade zum Vorstand des pädagogischen Fachbereichs der University of Chicago geworden war.

Bruno Bettelheim wäre gern in Chicago geblieben. Hier fühlte er sich wohl. New York entsprach eher seiner Vorstellung von Amerika und war zweifellos aufregender. Chicago, das heißt Hyde Park, war freundlicher und weniger bedrohlich, es bot auch das kultivierte geistige Umfeld, an dem Bettelheim soviel lag. Hier wies niemand ihn ab. Und wenn es auch momentan keine Arbeit für ihn gab, hatten doch alle, besonders Sheviakov, versprochen, sie würden an ihn denken, wenn eine Stelle frei wäre.

Von Chicago aus ging es Richtung Westen. Edith versuchte Bruno aufzuheitern, ihn auf andere Gedanken zu bringen, doch er blieb mürrisch und schweigsam. Edith wollte ihm helfen, sich seine Lagererfahrungen von der Seele zu reden, doch er verweigerte hartnäckig alle Gesprächsangebote. Es dauerte vierzig Jahre, bis zum Erscheinen von *Erziehung zum Überleben* im Jahr 1979, ehe sie erkannte, wie plump ihre Tröstungsversuche waren. Daraufhin schrieb sie Bruno einen Brief. Er antwortete, er habe auch deshalb sowenig geredet, weil er Probleme damit gehabt habe, auf ihre Kosten zu leben.

Offizieller Grund für die Reise war Brunos Arbeitssuche. Von New York aus hatte er sich an unzähligen Schulen und Universitäten im ganzen Land als Professor beworben und mit seinen Qualifikationen nicht hinter dem Berg gehalten: Er könne Deutsch unterrichten, Philosophie, Psychologie und Kunstgeschichte oder die Grundlagen der Bildhauerei und Zeichenkunst, wenn keine andere Stelle frei sei. Der imponierende Lebenslauf, den er überallhin verschickte, läßt sich als ein weiteres Beispiel für seinen von Gina konstatierten Größenwahn interpretieren, aber auch als Zeugnis seiner verzweifelten Lage: Er war ein völlig mittelloser Ausländer in einem riesigen fremden Land, durch seinen Akzent zu allem Überfluß als hochnäsiger europäischer Intellektueller oder armer Einwanderer ausgewiesen - und beides stimmte.

Edith Buxbaum ärgerte sich über seine schlechte Laune und seine Halsstarrigkeit: »Er hatte sich Chicago in den Kopf gesetzt und war nicht bereit, sich mit weniger zu begnügen«, erinnert sie sich. In Bettelheims Gedächtnis stellt sich die Angelegenheit anders dar: Ein kleines College im kalifornischen Redlands habe ihm positiv geantwortet und nach einem kurzen Gespräch zu Schulbeginn Arbeit für mindestens zwei Jahre in Aussicht gestellt. Er habe sofort zugesagt, obwohl das bedeutete, weit weg zu gehen von allen, die er kannte, und noch weiter entfernt zu sein von denen, die wie seine Mutter noch nicht aus dem Einflußbereich Hitlers fliehen konnten. Daß seine Karriere dann doch nicht in Kalifornien ihren Ausgang genommen habe, sei darauf zurückzuführen, daß ihm während der Reise eine Professur für Deutsch in Oregon angeboten worden sei. Da die Stelle in Redlands von einem Hilfsfonds für jüdische Flüchtlinge subventioniert wurde, habe er dort sofort abgesagt, damit ein anderer Flüchtling von den Geldern profitieren könnte. Aber dann habe Hitler noch ein weiteres Mal in sein Leben eingegriffen: Im September, als er sich gerade auf den Weg nach Oregon machen wollte, habe man ihm per Telegramm mitgeteilt, daß die Stelle gestrichen sei; seit Kriegsausbruch habe die Zahl der Deutschstudenten so drastisch abgenommen, daß man keinen weiteren Lehrer brauche.

So war Bruno Bettelheim, als er am 9. Oktober 1939 auf dem Southern District Court in New York City seine »Declaration of Intention« unterschrieb, seine Absichtserklärung, amerikanischer Staatsbürger zu werden, immer noch arbeitslos und, da seine Frau nichts mehr von ihm wissen wollte, weiterhin gezwungen, seiner Cousine auf der Tasche zu liegen. Er, der immer für den Unterhalt anderer aufgekommen war und einen so hohen Preis für ein Leben in Wohlstand bezahlt hatte! Und jetzt sollte auch noch seine Mutter nach New York kommen. Eine knappe Woche vor dem Überfall auf Polen und dem Ausbruch des Krieges hatte sie schließlich doch noch ein Visum für die Vereinigten Staaten ergattert. Und da ihr Sohn sie nicht aufnehmen konnte, würde sie wohl bei ihrer Schwester Jenny wohnen müssen.

Zu den materiellen Umständen, die nicht gerade berauschend waren, kamen psychische Probleme. Jede Nacht wurde Bruno Bettelheim von Alpträumen heimgesucht, er sah sich wieder in Buchenwald, in der Falle, ohne Hoffnung zu entkommen. Und das Schlimmste war, daß er nicht darüber reden konnte. Wie Gina hatte er bald die Erfahrung gemacht, daß die Amerikaner, die gerade eine große Wirtschaftskrise überstanden hatten, nichts von den Greueln in Europa wissen wollten. Obwohl sie fast alle gegen Hitler waren, kamen ihnen die Horrorgeschichten über die Judenverfolgung doch ein wenig unglaubwürdig vor. Und die, die Bescheid wußten, die anderen Flüchtlinge, waren meist so sehr in Sorge um das Schicksal ihrer eigenen Angehörigen, daß sie nicht mehr genug Einfühlungsvermögen und Verständnis hatten, um sich auch noch die Geschichten eines Überlebenden aus Buchenwald anzuhören. Aber es fiel ihm überhaupt schwer, über seine Lagererfahrung zu reden, selbst mit Menschen, die bereit waren zuzuhören wie die Willigs. Er war reizbar geworden. »Die Lager haben ihn verändert«, sagt Wanda Willig. »Er war sehr nervös und ließ das natürlich an denen aus, die ihm am nächsten standen.«

In New York traf er wieder mit Gina zusammen. Sie wohnten nicht weit voneinander entfernt und waren manchmal aus formalen Gründen gezwungen, sich wiederzusehen. Gina war für ein paar Tage nach Kuba gefahren, um endlich als Immigrantin anerkannt zu werden. Jetzt erst konnte Bruno seine Einbürgerung vorantreiben – und gab dafür als Wohnsitz natürlich Ginas Adresse an.

Obwohl Bruno Bettelheim in diesen schweren Monaten unglücklich war, verfiel er nicht in Depressionen. In seinen letzten Interviews sagte er, die Zeit in den Lagern und unmittelbar danach sei die einzige Lebensphase ohne Selbstmordgedanken gewesen. Erst als sich sein Leben wieder einigermaßen stabilisiert hatte, kamen sie wieder.

Zunächst waren alle seine Kräfte aufs Überleben ausgerichtet. Gleich zu Beginn schrieb er Trude Weinfeld einen Brief. Der Kontakt mit ihr war nie ganz abgerissen, Paula hatte Trude immer auf dem laufenden über Bruno gehalten, wie er es sich gewünscht hatte. So erfuhr Trude auch im April 1939 telegraphisch von seiner Freilassung. Zu dieser Zeit war sie schon in Australien. Sie freute sich, wäre aber nie auf die Idee gekommen, daß diese Tatsache irgendeinen Einfluß auf ihr Leben haben könnte – schließlich war Bruno mit Gina verheiratet.

Nach ihrer abenteuerlichen Flucht über die Alpen suchte Trude zuerst Emmis Bruder auf. Der war zwar ungemein hilfsbereit und großzügig, aber in seinem kleinen Dorf hätte es einen ungeheuren Skandal gegeben, wenn er als Junggeselle die junge Frau bei sich aufgenommen hätte, die so überraschend hereingeschneit war. So kam Trude für drei Monate bei einer von Emmis Tanten in Basel unter. Freundlich und freigebig nahm deren Familie sie in ihr elegantes Haus mit dem großen Garten auf; sie habe diese Zeit sehr genossen, erzählte Trude später ihren Kindern, besonders weil sie von Basel aus gut ihre Eltern besuchen konnte, die es nach Tours verschlagen hatte.

Noch hoffte Trude auf ein Visum für die Vereinigten Staaten. Bruno Bettelheim hatte von Agnes Crane ein Affidavit auf ihren Namen erhalten. Aber auf dem amerikanischen Konsulat in Zürich wurde Trude noch schlechter behandelt als in Wien. Der Konsul zerriß das Empfehlungsschreiben von Anna Freud und Dorothy Burlingham vor ihren Augen und machte ihr unmißverständlich klar, sie werde sehr lange warten müssen, wenn sie unbedingt in die USA einwandern wolle. So beschloß die vernünftige Trude, nach Australien zu gehen, ein dünn besiedeltes Land, das vor allem weibliche Immigranten gern aufnahm - sofern sie weiße Haut hatten.

Die Reise war lang und erlebnisreich. In Neapel ging Trude an Bord eines riesigen Passagierdampfers voller Australier, die aus England in ihre Heimat zurückkehrten. Von ihnen erhielt sie ein paar Adressen in Sydney, außerdem hatten ihr die Sterbas, die sie in der Schweiz getroffen hatte, den einzigen praktizierenden Analytiker in Australien genannt. Trotz aller Sorgen um ihre Zukunft und die ihrer Lieben war Trude fasziniert von den exotischen Gegenden, durch die sie kam. Nachdem das Schiff bei glühender Hitze den Suezkanal passiert hatte, legte es in Aden an, und Trude sah zum erstenmal in ihrem Leben eine orientalische Stadt. In Ceylon besichtigte sie zwei Tage lang Elefanten und Gräber, und als sie nach Perth kam, war sie begeistert von der üppigen südaustralischen Pflanzenwelt.

Nach einem Monat auf See ging sie am 14. Dezember 1938 endlich in Sydney von Bord und machte sich gleich auf Arbeitssuche. Der Psychoanalytiker, den ihr die Sterbas empfohlen hatten, stellte für sie den Kontakt zu einem Internat in Monavale her, etwa dreißig Kilometer von Sydney entfernt, wo sie aufgrund ihrer Montessori-Ausbildung sofort eingestellt wurde. Das Internat war fortschrittlich und liberal, und Trude fühlte sich bald heimisch dort. Sie betreute die Kleinsten, und da sie vor Ort wohnte, konnte sie sie auch trösten, wenn sie ihre Eltern allzusehr vermißten. Trotz einiger enttäuschender Erlebnisse wie einer Weihnachtsfeier in sommerlicher Hitze und ungeachtet ihrer Sorgen war Trude alles in allem recht glücklich. In ihrer Naturbegeisterung entdeckte sie jeden Tag etwas Neues, das ihre Neugier und ihre Lust auf Wanderungen durch die australische Landschaft anstachelte. Und sie fand Geschmack daran, am Meer zu leben, eine Neigung, die sie nie wieder verlassen sollte.

Einige Zeit später ließ sich auch ihr Bruder mit seiner Frau in Australien nieder, und im Sommer 1939 bekam Trude Besuch von einem anderen Flüchtling: dem jungen Wiener Hans Bandler, der drei Monate vor Bruno Bettelheim aus Buchenwald entlassen worden war. Er erzählte ihr, was nicht in Bettelheims Briefen gestanden hatte: vom Ausmaß der Verfolgung, der Verzweiflung, dem Hunger, den Foltern. Und von der tröstlichen Rolle, die Bettelheim für ihn und andere Leidensgenossen gespielt hatte. Trude war darüber nicht erstaunt, sie wußte, wozu Bruno fähig war, aber sie sagte Hans lieber nichts von ihrem Verhältnis mit ihm.

Wie in ihrer Jugend unternahmen Hans und Trude in ihrer Freizeit große Wanderungen, durch den Busch oder in die blauen Berge Australiens. Hans arbeitete viel, neben seinem Ingenieursstudium gab er auch Unterricht. Auch er war eher zufällig in Australien gelandet, es war das erste Land, das ihm ein Visum erteilt hatte. Er fühlte sich ein wenig verloren, so weit entfernt von seiner Tante und seinem Halbbruder, den einzigen Verwandten, die ihm noch geblieben waren. Aber die Begegnung mit Trude änderte alles. Sie war warmherzig, selbstbewußt und hatte sich – zumindest dem Anschein nach – schon gut eingelebt unter diesen Menschen, deren Akzent ihn daran zweifeln ließ, jemals Englisch verstanden zu haben. Sie beeindruckte ihn mit ihrer Reife, er mochte ihre einfache, zupackende Art, ihre Klugheit, ihre Bescheidenheit und wie sie nach vorn blickte, statt sich in Nostalgie zu verzehren. Er verliebte sich in sie. Da Hans Bandler in Sydney wohnte, sahen sie sich nicht allzu oft, denn der Bus brauchte eine Dreiviertelstunde von Sydney nach Monavale, und sie hatten beide wenig Geld. Aber immerhin gingen sie regelmäßig zusammen ins Kino und manchmal sogar ins Konzert.

Vor allem redeten sie viel miteinander. Beide hatten ähnliche Erfahrungen gemacht wie Bruno und Gina in den USA: Auch die Australier wollten sich nicht die Ohren volljammern lassen mit Leiden aus fernen Ländern. Wenn sie in der Öffentlichkeit Deutsch sprachen, wurden sie scheel angesehen, und daß sie Juden waren, verschwiegen sie auch besser, obwohl kein Australier sich als Antisemit bekannt hätte. Australien stand allen Einwanderern offen - unter der Bedingung, daß sie sich schnell und ohne Aufsehen einfügten und ihren Nachbarn nicht mit Greuelgeschichten auf die Nerven fielen. Hans Bandler hatte schnell gelernt, die Alpträume zu verschweigen, die auch ihn heimsuchten. Aber welche Erleichterung war es, mit Trude offen sprechen zu können!

Auch Trude hatte sich ihrer neuen Umgebung angepaßt. Schon vor Ausbruch des Krieges, der sie zur »unerwünschten Ausländerin« stempelte, änderte sie ihren Namen auf den Rat von Freunden in Trude Fields. So stark waren die antideutschen Ressentiments, daß sie das Telegramm, aus dem sie von Brunos Freilassung erfuhr, fast nicht bekommen hätte.

Die Romanze mit Hans dauerte nicht lange. Kaum hatte ihr Bruno von seinem Bruch mit Gina geschrieben, hatte sie nur noch einen Gedanken: ihn wiederzusehen. Als der Brief kam, lag sie gerade im Krankenhaus und mußte fürchten, nie mehr Kinder bekommen zu können. Doch unmittelbar auf die Nachricht, daß Bruno frei war, folgte die Mitteilung, daß ihre Fruchtbarkeit in keiner Weise beeinträchtigt sei.

So nahm sie, nachdem sie schon einmal die Hoffnung auf ein amerikanisches Visum ganz aufgegeben hatte, den Kampf darum wieder auf. Unglücklicherweise mußte sie nach dem Krankenhaus noch für drei Wochen in ein Sanatorium, und während dieser Zeit brach der Krieg aus, der ihren österreichischen Reisepaß wertlos machte. Nur mit militärischer Erlaubnis konnte sie jetzt noch das Land verlassen. Kaum war sie wieder auf den Beinen, ging sie stracks ins Generalhauptquartier der australischen Armee und verlangte den Kommandanten zu sprechen. Der machte nicht den Eindruck, sie ausreisen lassen zu wollen, aber sie bettelte, flehte, brach in Tränen aus und erzählte von ihrem Verlobten, der eben dem Konzentrationslager entronnen sei. So erreichte sie schließlich, was sie wollte.

Nach einer weiteren langen Schiffsreise kam Trude am 31. Oktober 1939 in San Francisco an. Zu ihrer Überraschung wurde sie dort von Nuci Plank abgeholt, der ehemaligen Direktorin der Schule in der Grünentorgasse, der sie, soweit sie sich erinnern konnte, nichts von ihrem Kommen gesagt hatte. Wahrscheinlich hatte Nuci es durch die Einwanderer-Gerüchteküche erfahren, in der es zu dieser

Zeit heftig brodelte. Nuci Plank arbeitete an einer Schule in San Francisco, und die Ankunft dieser erfahrenen Lehrerin erschien ihr als Segen. So lud sie Trude ein, bei ihr zu bleiben und erst einmal Halloween mit ihr zu feiern.

Trude konnte ihr Glück kaum fassen und war so verwirrt durch den freundlichen Empfang, daß sie dem Träger, der ihre Koffer ausgeladen hatte, viel zuviel Trinkgeld gab. Das kryptische Telegramm, das sie an Bruno schickte: »Gut angekommen. Brief folgt«, schrieb sie später ebenfalls Nucis Einfluß zu. Auf der Halloween-Party rief ihr herber australischer Akzent einiges Kopfschütteln hervor.

Am nächsten Morgen wachte sie früh und mit klarem Kopf wieder auf. Offensichtlich wollte Nuci sie in San Francisco behalten. Sie verstand nicht ganz, worum es dabei ging, erst später fand sie heraus, daß auch die Sterbas, die sich in Detroit niederließen, erfreut gewesen wären, wenn Trude dort eine Montessori-Schule eingerichtet hätte, in die sie dann ihre Töchter geschickt hätten. Doch Trude hatte nur noch ein Ziel vor Augen: Chicago. Bei Tagesanbruch gab sie ihre Koffer auf und reiste noch am selben oder am nächsten Abend ab.

Drei Tage und zwei Nächte dauerte die Zugfahrt nach Chicago, wo Bruno seit kurzem lebte. Dort wartete eine neue Überraschung auf sie: Bruno war nicht da. Maria Piers, die sie am Ende ihrer gemeinsamen Ausbildung kennengelernt hatte, und deren Mann Gerhardt, ein Psychoanalytiker, holten sie vom Bahnhof ab. Trude hatte sich so darauf gefreut, Bruno wiederzusehen, daß sie ihre Enttäuschung nur schlecht verhehlen konnte.[2]

Die Piers brachten Trude in einem Hotel unter, nur einen Katzensprung entfernt von Fritz Redls Apartment in Hyde Park. Hier wartete sie auf die Rückkehr ihres Geliebten, der zu einem Bewerbungsgespräch nach Ohio gefahren war – mit dem Bus, weil das am wenigsten kostete. Also erkundigte sich Trude, die sich in Chicago überhaupt nicht auskannte, beim Hotelportier nach der nächsten Bushaltestelle und wartete dort zum angegebenen Zeitpunkt. Sie merkte ihren Irrtum erst, als der Bus an ihr vorbeifuhr. Bis sie endlich auf dem zentralen Busbahnhof in Chicago ankam, war Bruno schon unzählige Male auf und ab gelaufen und furchtbar verärgert, daß sie ihn so lange hatte warten lassen.

Zu diesem Zeitpunkt war Bruno nicht mehr arbeitslos, das heißt,

2 Interviews vom Dezember 1990 und Mai 1993.

er arbeitete zwar, aber ohne Entgelt. Vor einem Monat – am 6. Oktober, dem Tag, da seine Mutter in New York eintraf – hatte ihm George Sheviakov geschrieben, es gebe eine freie Stelle im Team der Eight Year Study, aber leider nicht die Mittel, sie auch zu bezahlen. Er solle aber unbedingt nach Chicago kommen, das sei *die* Gelegenheit für ihn, inmitten eines herausragenden Forscherteams die amerikanischen Arbeitsmethoden kennenzulernen, und wenn er erst einmal da sei, wäre es ein leichtes für ihn, die nächste bezahlte Stelle zu kriegen.

Bettelheim zögerte nicht lange. In New York hatte er einen Mißerfolg nach dem anderen, während der kurze Aufenthalt in Chicago die Verwirklichung seines Traums von einer Universitätskarriere, die ihm bis dahin ausgeschlossen erschienen war, in greifbare Nähe gerückt hatte. Seine psychoanalytischen Erfahrungen reichten bei weitem nicht aus, um in New York Fuß zu fassen, er hätte wieder bei Null anfangen müssen. Die amerikanischen Psychoanalytiker fühlten sich durch den Ansturm der vor den Nazis geflohenen Kollegen bedroht – um so mehr, als viele von ihnen behaupten konnten, mit Freud höchstpersönlich oder mit seinen wichtigsten Schülern gearbeitet zu haben. Die Berufsvoraussetzungen hatten sich seit Ediths Ankunft im Jahre 1937 merklich verschärft. So jagten die meisten Analytiker, die Bettelheim kannte, irgendwelchen Zusatzqualifikationen hinterher, da ihre Abschlüsse nicht anerkannt wurden. Wanda Willig beispielsweise wiederholte gerade ihre Assistenzarztzeit an einem Krankenhaus in Virginia, während Hans sich bemühte, in New York eine Firma zu gründen. Danach fand Wanda durch die Vermittlung Ginas in New York Arbeit als Ärztin in einer Besserungsanstalt, später als Psychiaterin in einer neugegründeten Einrichtung der Heilsarmee. Zu dieser Zeit war das Leben für die Freunde Bettelheims jedenfalls nicht gerade einfach.

So holte Bettelheim seine Mutter ab, brachte sie zu ihrer Schwester Jenny und reiste gleich darauf nach Chicago. Fritz Redl, der in Michigan unterrichtete und nur zwei Tage pro Woche in Hyde Park war, schlug Bruno vor, bei ihm zu wohnen. Der stürzte sich mit solchem Feuereifer in die Arbeit, daß Ralph Tyler ihm nur einen Monat später eine bezahlte Stelle im Rahmen der Eight Year Study anbot.

So hatte Bettelheim, trotz der Alpträume, die ihn immer noch quälten, allen Grund, zufrieden zu sein: Er mußte sich keine Sorgen mehr machen um seine Lieben, und er hatte endlich Gelegenheit, alle Einfälle zu erproben, über denen er seit seiner Jung-Wandervogel-Zeit gebrütet hatte. Der Umtriebigkeit George Sheviakovs verdankte er außerdem ein ausgefülltes Privatleben. Hier hörte man ihm zu, hier wurde die Bedeutung dessen erkannt, was er zu sagen hatte. So waren die geistigen Abenteuer der Jugend und seine leidvollen Erfahrungen doch nicht umsonst gewesen.

Das Forscherteam arbeitete in einer ehemaligen Universalistenkirche am Südende des Campus, an der sechzigsten Straße, die für viele Jahre zu seiner Wirkungsstätte werden sollte. Das nebenstehende Pfarrhaus, das sich äußerlich kaum von den anderen Häusern in Hyde Park unterschied, war damals Gegenstand heftiger Auseinandersetzungen – aber davon wußte Bettelheim noch nichts. Es beherbergte eine Einrichtung für »zurückgebliebene« Kinder, die die Universität 1931 als Teil der Rush Medical School erworben hatte. Niemand wußte mit dieser Mischung aus Schule und Heim etwas anzufangen, die so gar nicht zum Image der Universität als Hort der hohen Wissenschaft und Brutstätte für Nobelpreisträger paßte. Schließlich kam die Idee auf, die Einrichtung außer zu therapeutischen auch zu Forschungszwecken zu nutzen und die geistige Entwicklung von Kindern zu beobachten. So wurde sie dem Fachbereich Erziehungswissenschaften zugeschlagen; die Leitung übernahm der Psychiater Mandel Sherman, ein Spezialist für Elektroenzephalographie. Und natürlich bekam diese außergewöhnliche Einrichtung auch einen ungewöhnlichen Namen: Man nannte sie Orthogenic School, aus dem griechischen *orthos* (gerade, recht, richtig) und *genos* (Herkunft, Stamm, Nachkomme).

Zweiter Teil
»Doktor B.«

»Mein Leben zerfällt in zwei Teile, die erstaunlich wenig miteinander zu tun haben ... So schwierig, kompliziert und in vielem Sinn unglücklich mein Leben in Wien war, so im Grunde einfach und zufrieden ist mein Leben hier ...«

Bruno Bettelheim, Brief an E. R. vom 10. September 1954

9. Chicago – Rockford und zurück

Chicago ist eine sehr schöne Stadt, doch das Klima dort ist rauh. Bettelheim hatte Chicago im Sommer kennengelernt, doch nun, da er hier lebte und die schönen Tage vorbei waren, mußte er erfahren, warum man die Stadt »the Windy City« oder »the Grey City« nennt. Die sechzigste Straße, seit der Weltausstellung im Jahr 1893 auch Midway Plaisance genannt, die er jeden Morgen auf dem Weg zur Arbeit überquerte, ist eine Hauptverkehrsstraße, deren Mittelstreifen so breit ist, daß man im Sommer auf dem Rasen Fußball spielen kann. Im Winter wird sie zu einer Art Korridor für die eisigen Winde vom Michigansee, und der durchnäßte Rasen verwandelt sich für sechs Monate in einen heimtückischen Morast, der die Überquerung der Straße zu einem Wagnis macht. Und Bruno Bettelheim, der nie besonders sportlich war, hatte sich noch nicht von den monatelangen Mißhandlungen erholt.

In der Forschergruppe der Eight Year Study hatte er seinen Platz bald gefunden. Es gibt unterschiedliche Versionen darüber, wie er schließlich zu seiner Anstellung kam. Ralph Tyler schwört Stein und Bein, er habe den Namen Bettelheim auf einer Liste gefährdeter Intellektueller der Rockefeller Foundation gelesen.[1] Im Archiv der Stiftung ist keine solche Liste zu finden. Allerdings waren sowohl Fritz Redl als auch George Sheviakov von der Stiftung finanziell unterstützt worden, der eine bei seiner Einwanderung, der andere, um seine Ausbildung in den Vereinigten Staaten zu vollenden. Beide hätten seit Bettelheims Besuch in Chicago sicher alles Erdenkliche getan, damit auch er in den Genuß dieser Großzügigkeit käme – womöglich auch seinen Namen auf einer Liste nachgetragen. Schließlich waren sie selbst Emigranten, wußten also von den

1 Interview vom Juli 1991.

Schrecken, denen ihr Freund entkommen war, und Fritz Redl konnte auch die Kränkung durch Gina gut nachempfinden.

Jedenfalls kam Bruno Bettelheim zur rechten Zeit. Denn George Sheviakovs Mannschaft, zuständig für die Tests, mit denen die Wirksamkeit der Schulreformen gemessen werden sollte, brauchte jemanden, der etwas von Kunst verstand. Für alle anderen Fächer waren die Tests schon fertig und wurden auch schon angewendet, aber ein Instrument zur Evaluierung des neuen Kunstunterrichts fehlte noch.

Es ging nicht darum, die Kenntnisse der Schüler in der Kunstgeschichte zu prüfen, sondern einschätzen zu können, wieweit sie in ihrer Urteilsfähigkeit und ihrem Verständnis für die Kunstwerke selbst gekommen waren. Die Reformen sollten zu einem weniger abstrakten Unterricht führen, der sich stärker an der Wirklichkeit der modernen Welt orientierte als herkömmliche Methoden. Und für diese schwierige Aufgabe war Bettelheim hervorragend gerüstet, denn außer Kunstästhetik und Kunstgeschichte hatte er auch Psychologie bei Karl Bühler gehört. Bühler leitete gemeinsam mit seiner Frau, der Kinder- und Jugendpsychologin Charlotte Bühler, das Wiener Institut für Psychologie, und Charlotte wiederum hatte aus den USA eine wahre Leidenschaft für Tests mitgebracht. Bettelheim hatte schnell begriffen, welche Art von Instrument Tyler suchte, und sich so intensiv in die Arbeit gestürzt, daß der junge Lee Cronbach, der kurz nach seinem Diplom im Herbst 1939 mit der Auswertung der Tests betraut wurde, ihn für einen ganz alten Hasen hielt.[2]

Die Atmosphäre in der ehemaligen Kirche war angenehm und anregend. Bei jeder Schwierigkeit setzte man sich erst einmal auf einen Kaffee zusammen, und meist entsprang aus der Diskussion die Lösung eines bis dahin unüberwindlich scheinenden Problems. Bettelheim hörte zu und redete wenig. Er wußte fast nichts über die Abläufe an der Universität, die amerikanische Art zu arbeiten, das Leben in den Vereinigten Staaten. Er sprach stockend, mit starkem Akzent, konnte sich aber mühelos verständlich machen – zumindest in der Erinnerung derer, die damals mit ihm zusammenkamen. Gelegentlich versuchte er sogar, Redl oder Sheviakov in der Sprache Shakespeares an Witz zu übertreffen. Doch er wahrte immer eine gewisse Distanz. Seine Gegenwart schüchterte die jungen Amerikaner ein wenig ein, obwohl er stets ausgesucht höflich war.

2 Interview vom 18. Juli 1991.

Im November bat Ralph Tyler Bruno Bettelheim, der Gruppe den Stand seiner Überlegungen vorzustellen. Das Bemerkenswerteste an der Lösung dieser schwierigen Aufgabe war ihre Einfachheit. Schon bei seiner ersten wissenschaftlichen Arbeit wurde die herausragende Fähigkeit Bettelheims deutlich, komplizierte Gedanken so klar darzustellen, daß sie am Ende selbstverständlich, ja banal erscheinen.

Ziel war, ein Meßinstrument für das Kunstempfinden und -verständnis von Kindern zu finden. Dabei mußten verschiedene Fallen vermieden werden, etwa die Verfälschung der Resultate durch die unterschiedliche verbale Ausdrucksfähigkeit der Kinder, deren Bücherwissen oder den Geschmack ihrer Eltern. Es bedurfte daher eines Tests, der ohne sprachliche Äußerungen und Werturteile der Kinder auskam. Da die Behandlung der gesamten bildenden Kunst zu kompliziert gewesen wäre, beschränkte Bettelheim den Test auf die Malerei. Er besuchte die an dem Projekt beteiligten Schulen, fragte die Lehrer nach ihrer Meinung, erprobte seine Ideen an Schülern – und stellte schließlich einen Test vor, der eine wirkliche Neuerung war.[3] Er bestand aus einer Tafel von 110 mal 60 Zentimetern, auf der vierzig gute Reproduktionen mehr oder weniger bekannter Gemälde von der italienischen und deutschen Renaissance bis zu Picasso verteilt waren. Die Verteilung sollte einen harmonischen Gesamteindruck machen – die Bilder durften sich nicht gegenseitig stören –, folgte aber keiner bestimmten Ordnung.

Außer der Tafel bekam das Kind einen Zettel zum Ausfüllen. Bevor es die Bilder ansehen durfte, erklärte man ihm zunächst, es gebe keine »richtigen« oder »falschen« Lösungen, Geschmack sei eine sehr persönliche Angelegenheit, die von Mensch zu Mensch verschieden sei und sich nicht in vorgefertigte Regeln pressen lasse. Dann sollte das Kind aus den Bildern Paare bilden, je nachdem, wie sie zusammenpaßten. Auf dem Zettel war Platz für dreißig Paare, aber so viele mußten es nicht werden, das Kind durfte mit dem Zuordnen aufhören, wann es wollte. Es mußte auch nicht erklären, warum es zwei Bilder für ähnlich hielt. Wenn es keine zueinander passenden Bilder mehr fand, sollte es noch angeben, welches Bild ihm am besten und welches ihm am wenigsten gefalle und warum.

3 Bettelheims Bericht über diesen Test erschien in *Appraising and Recording Student Progress*, hg. von Eugene R. Smith und Ralph W. Tyler, New York 1942, S. 276–312. Ein Anhang führt die ausgewählten Bilder auf.

Mit dieser Übung, die eher einem Spiel als einer Prüfung glich, ließ sich (je nachdem, ob das Kind zwei Pferdeköpfe, zwei El Grecos oder zwei Clair-obscurs zusammenbrachte) ziemlich genau der Entwicklungsstand des Kindes, sein Gespür für Farben, Atmosphäre und sogar den Sinn von Kunstwerken ermessen – ohne daß dazu ein strukturiertes Gespräch nötig war. So erhielten die Wissenschaftler der Eight Year Study, wenn sie die Schüler am Anfang und am Ende des Schuljahrs diesem Test unterzogen, ein ziemlich genaues Bild von deren Fortschritten, und zwar in einem Gebiet, auf dem – jedenfalls in den Vereinigten Staaten – eine solche Evaluierung noch nie zuvor stattgefunden hatte.

Im November 1939, als Bettelheim seine Arbeit erstmals vorstellte, existierte davon höchstens ein erster Entwurf. Dennoch war Tyler beeindruckt – er erinnert sich noch heute daran. An diesem Tag bot er Bettelheim eine bezahlte Stelle an. So hatte dieser binnen sechs Monaten Arbeit gefunden – und das ausgerechnet in der akademischen Welt, zu der er schon von jeher gehören wollte.

Das Leben war deshalb nicht einfacher geworden. Zwar hatte er Trude wiedergefunden, aber sie lebten nicht wirklich zusammen. Fritz Redl übernachtete meist zweimal die Woche in seinem Chicagoer Apartment, und Bruno Bettelheim war viel unterwegs. Trude hatte ihm ihr australisches Abenteuer gestanden. Um ihn zu trösten, hatte sie ihre Neigung für Hans Bandler damit begründet, daß er von Bruno gekommen sei, doch Bruno war seine Verletztheit anzumerken. Er war ihr böse deshalb. Die Zurückweisung durch Gina war noch zu frisch. Er war verwundet, traumatisiert. In der Öffentlichkeit gelang es ihm, eine gute Figur zu machen. In seinem Privatleben dagegen konnte er seine Angst- und Wutausbrüche kaum beherrschen. Immer noch überfielen ihn nachts Alpträume vom Lager. Das Zusammenleben mit ihm war schwierig. In dieser Zeit, sagt Trude, habe sie oft geweint.

Kurz nach Brunos Anstellung fand auch Trude Arbeit als Aufsicht in einem jüdischen Waisenhaus in Hyde Park. Als Montessori-Erzieherin war es ihr zutiefst zuwider, den Kettenhund spielen zu müssen, um so mehr, als sie gezwungen war, dort auch zu wohnen. Später fand sie eine kirchliche Einrichtung, wo sie sich trotz der Nonnen und der frömmelnden Atmosphäre sehr viel wohler fühlte, da sie direkt mit den Kindern zu tun hatte. Schließlich wurde sie Spieltherapeutin für Kindergruppen in den Gemeindezentren der Jewish Social Services.

Trude war in ständiger Sorge um ihre Eltern. Seit der Niederlage Frankreichs 1940 war deren Leben durch das Vorrücken der deutschen Truppen wieder in Gefahr. Zu Fuß flüchteten sie aus Tours nach Limoges, wo Trudes Vater wegen Darmproblemen ins Krankenhaus mußte. Er konnte nicht mehr arbeiten. Also schickte Trude ihren Eltern regelmäßig Geld und Pakete mit Nahrungsmitteln (die sie meist nicht bekamen) und setzte alle Hebel in Bewegung, um sie in die Vereinigten Staaten zu holen. Doch abgesehen von den amerikanischen Einwanderungsquoten hätte auch der Gesundheitszustand des Vaters eine so weite Reise nicht erlaubt. Er starb im April 1941, bevor sich die deutsche Besatzung auf ganz Frankreich ausdehnte. Nach seinem Tod fand Trudes Mutter Frederika Weinfeld Unterschlupf in dem kleinen Dorf Puy-Lévêque im Département Lot, wo sie sich bis zum 25. August 1942 verstecken konnte. Dann wurde sie verhaftet und ins Lager Septfonds gebracht. Kurz davor hatte sie an ihre Tochter geschrieben: Auf dem amerikanischen Konsulat in Marseille sei ihr mitgeteilt worden, daß überhaupt keine Ausreisevisa aus Frankreich mehr vergeben würden. Ob Trude nicht das Ticket nach Amerika wieder verkaufen und ihr das Geld schikken könnte? Wenn sie verhaftet würde, schließt das Schreiben, würde sie Selbstmord begehen. Erst 1946 übergab eine Nachbarin Trude diesen Brief, zusammen mit ein paar Schmuckstücken, die Frederika Weinfeld ihr vor ihrem Abtransport anvertraut hatte. Trude hat nie erfahren, ob die Mutter ihre Ankündigung wahr gemacht hat. Tatsächlich fand sie keine Zeit mehr dazu. Ihr Name steht auf der Liste von tausend Juden, die am 9. September 1942 von Drancy nach Auschwitz gebracht wurden.

Anfang 1940 jedoch hoffte Trude noch, sie könnte ihre Eltern retten. Nie hätte sie mit Fremden über ihre Sorgen gesprochen, das war nicht ihre Art. Sie blickte entschlossen in die Zukunft. Am 23. Januar stellte sie ihr Einbürgerungsansuchen. Und sie versuchte mit aller Kraft, sich mit Bruno ein neues Leben aufzubauen. Sie waren davongekommen, und sie waren zusammen. Sie hatten Freunde, sie hatten Arbeit, auch wenn die ihre nicht ganz befriedigend war. Aber immerhin waren sie in Sicherheit, in einem Land, in das die Nazis nie einen Fuß setzen würden. Die Hauptsache für Trude war jetzt, mit dem brillanten, aber schwierigen Mann leben zu lernen, den sie liebte.

Diese Zeit war eine merkwürdige Epoche im Leben Bruno Bettelheims, hart, sorgenvoll, aber auch sehr aufregend. Beruflich gesehen ging alles ziemlich gut. Um seinen Test zu erläutern, mußte er Schulen im ganzen Mittelwesten und an der Ostküste der Vereinigten Staaten besuchen. Er regte Seminare an und bemühte sich um ein anspruchsvolles Englisch, um die Lehrer gnädig zu stimmen, die ohnehin Vorbehalte hatten gegen das Ansinnen, ihren Unterricht im Rahmen einer großen nationalen Studie unter die Lupe nehmen zu lassen. Aber verglichen mit den Neuankömmlingen, die in immer größeren Flüchtlingswellen nach Amerika strömten, hatte er sich außerordentlich rasch in die amerikanische Gesellschaft eingefügt.

Doch die Unsicherheit blieb. Wenn der Test fertig und erprobt und der Bericht geschrieben war, mußte er sich eine neue Arbeit suchen, und diese Aussicht behagte ihm nicht. Sie konfrontierte ihn mit dem »Ungleichgewicht, das zwischen dem Neuankömmling und den anderen besteht, die in einem Land schon fest verankert sind: Man bedarf ihrer soviel mehr als umgekehrt«. Das steht in einem Brief voller guter Ratschläge, den er am 24. April 1975 an Candace Hilldrup schickte, eine ehemalige Erzieherin der Orthogenic School, als sie sich in Frankreich niederließ. »Ich war in dem, was ich tat, besser als viele von denen, die als ordentliche Professoren angestellt waren. Das nahmen sie mir natürlich übel. Gegen ihren Willen mußten sie die Qualität meiner Leistungen anerkennen, ließen aber keine Möglichkeit aus, mir Steine in den Weg zu legen.« Diese Erinnerungen seien ihm hochgekommen, als er abends einem Kollegen aus dieser Zeit über den Weg gelaufen sei, »sehr viel jünger als ich und mir in jeder Hinsicht unterlegen, der mich immer noch mit herablassender Miene behandelte wie einen begabten, aber wenig qualifizierten Neuling, was vor fünfunddreißig Jahren zutreffend war«.

Bettelheim war - auch wenn er es, von ein paar komischen, selbstironisch getönten Bemerkungen abgesehen, nicht zu erkennen gab - hypersensibel gegenüber allem, was er als herablassend oder gar antisemitisch empfand. Robert Havighurst, ein Professor an der University of Chicago, hatte Fritz Redl 1936 auf einem Kolloquium über Kindheit und Jugend in England entdeckt und in die Vereinigten Staaten geholt. Über ihn erzählte Bettelheim folgende Anekdote: Er habe Havighurst gefragt, ob er nicht auch ihm eine Anstellung vermitteln könne. Darauf habe er zur Antwort bekommen, er möge doch, bevor er auf eine Professorenstelle Anspruch erhebe, lieber erst einmal das Leben in den Vereinigten Staaten kennenlernen und mit einer weniger qualifizierten Arbeit vorliebnehmen – als Schuhputzer vielleicht, wie Bettelheim ergänzte. Ich weiß nicht, ob die Geschichte stimmt, aber er hat sie mehreren Leuten erzählt. Zumindest gibt sie Aufschluß über seine damaligen Gefühle.

Es gab noch wenige Juden an der University of Chicago, wenigstens hatte Bettelheim diesen Eindruck. Seine besten Freunde, Redl und Sheviakov, waren jedenfalls keine. Die führenden Leute wie Tyler, Havighurst oder Robert Hutchins, der brillante junge Rektor der »U of C«, wie man die Universität scherzhaft nannte, waren lauter WASPs – wie ihre Kollegen in Harvard, Princeton oder Yale. Die elitäre »U of C« stand immerhin in der Tradition der Rockefeller Foundation, hier herrschte ein besonders liberaler und fortschrittlicher Geist. Hier von Rassismus zu sprechen oder gar von Antisemitismus hat fast etwas Blasphemisches, wenn man an die vielen jüdischen Intellektuellen denkt, die hier Zuflucht gefunden haben. Ganz abgesehen davon, daß der Campus am Rand eines der größten und ärmsten Schwarzenghettos der USA lag, weil die führenden Köpfe der Universität beschlossen hatten, in Hyde Park ein Modell der Rassenintegration zu schaffen.

Dennoch waren wohl auch diese Menschen, von denen zu Beginn der vierziger Jahre Bettelheims Zukunft abhing, nicht frei von den Vorurteilen, mit denen der Großteil der liberalen amerikanischen Führungsschicht Juden begegnete: mit einer Mischung aus Bewunderung für die Intelligenz, den »Geschäftssinn« und gelegentlich auch die künstlerischen Talente der Juden und gereizter Herablassung gegenüber den »Emporkömmlingen«. Bettelheim hatte in Europa erfahren müssen, wohin solche Vorurteile führen können. Für ihn bestätigte sich hier aufs grausamste, daß sein Judentum, was er auch tat, immer als beschämendes und bedrohliches Etikett an ihm klebenbleiben würde. In Wien hatte er damit leben müssen, wie alle assimilierten Juden seiner Umgebung. Nun ertrug er es nicht mehr. Und er witterte es schon von weitem, auch bei Leuten, denen ihre eigenen Vorurteile gar nicht bewußt waren.

Doch solche Gefühle behielt Bettelheim meist für sich, er sprach darüber höchstens mit Trude und einigen wenigen Vertrauten. Vielen seiner Freunde war dieser Zug an ihm gänzlich unbekannt. Andere wiederum entdeckten ihn plötzlich, ohne zu verstehen, worum es eigentlich ging, und sahen sich, wenn sie am wenigsten darauf gefaßt waren, unvermittelt vor Bettelheims Abgründen stehen. Das erlebte auch Stuart Brent, ein Büchernarr und Musikliebhaber, dem die erste psychoanalytische Buchhandlung Chicagos gehörte. Er hatte 1960 im noblen Hotel Drake über Bettelheims *Aufstand gegen die Masse* gesprochen, das eben erschienen war. Bettelheim bedankte sich überschwenglich und nahm seinen Arm, um mit ihm noch die paar hundert Meter vom Hotel am Ufer des Michigansees zur Buchhandlung gemeinsam zu gehen. Wie aus heiterem Himmel fiel plötzlich Bettelheims Bemerkung: »Weißt du, Stuart, wir müssen nicht darüber reden, wirklich. Aber ich bin eben doch nur ein alter Jude«, über welcher er dann den ganzen restlichen Weg brütete. Dabei war Bettelheim gerade dabei, unter allgemeiner Bewunderung den Gipfel seines Ruhms zu erklimmen, seine Methoden machten Furore, er wurde allenthalben zu Konferenzen eingeladen, und die Studenten rissen sich darum, an seinen Vorlesungen teilnehmen zu dürfen.

Als die Eight Year Study im Sommer 1941 abgeschlossen war, empfahl Ralph Tyler Bruno Bettelheim, eine halbe Assistentenstelle im Fach Kunstgeschichte am Rockford College anzunehmen, einer kleinen Universität etwa hundert Kilometer nordwestlich von Chicago. Es würde ihm guttun, etwas mehr von Amerika mitzubekommen. Am 14. Mai des Jahres hatte Bruno Bettelheim endlich Trude geheiratet – ohne jeden Aufwand, denn ihr Vater war eben gestorben. Neun Tage vorher hatte ein Gericht in Cook County Gina schuldig geschieden, da sie den gemeinsamen Wohnsitz verlassen habe. Bruno und Trude zogen endlich zusammen. Sie wohnten in der Dorchester Avenue 6033, einen Katzensprung von der ehemaligen Kirche entfernt, die zum Tempel der Wissenschaft geworden war – dorthin ging Bruno allerdings nur noch selten.

Die Dozentur für Kunstgeschichte in Rockford verdankte er einer Empfehlung von Ulrich Middeldorf, dem Leiter des Department of Art der University of Chicago, an die dortige Rektorin Mary Ashby Cheek: »Obwohl er nie ein Mitglied unserer Fakultät war«, schrieb Middeldorf über Bettelheim, »betrachten wir ihn als einen der Unsrigen.« Ralph Tyler unterstützte den Vorschlag nach Kräften. Er bescheinigte Bettelheim nicht nur die erforderlichen Qualifikationen und ausreichende Englischkenntnisse für die Vorlesungen, sondern lobte ihn auch als Kunstkenner. Einerseits sei Bettelheim Kunstliebhaber quasi von Geburt an, »aufgewachsen in einer reichen Wiener Familie, die über eine ansehnliche Sammlung verfügte«, andererseits habe er eine fundierte Ausbildung im Bereich der Kunst und

Kunstkritik absolviert, »wenn er sein Doktorat auch, soweit ich weiß, in Psychologie abgelegt hat«.[4] Diese Behauptung sollte in Zukunft noch eine wichtige Rolle spielen.

Anfang September schlug Mary Cheek Bruno Bettelheim zwei Lehrveranstaltungen vor: eine zweisemestrige Einführung in die Kunstgeschichte und eine weitere Vorlesung über die Kunst der Antike im ersten und über die byzantinische, römische und frühchristliche Kunst im zweiten Semester. Das waren zwei Tage Unterricht pro Woche, für Unterbringung und Verpflegung in Rockford war gesorgt. Der Lohn sollte 600 Dollar im Jahr betragen. Als das Angebot Bettelheim erreichte, der zu der Zeit schon wieder in New York war, sagte er sofort zu.

So kam Bruno Bettelheim am Montag, dem 22. September 1941, um 10 Uhr 16 nach Rockford. Und hier, an der Grenze zu Illinois, Wisconsin und Iowa, im Herzen des amerikanischen Getreidegürtels, wo der Mittelwesten trotz der Nähe Chicagos so vollkommen anders als alles war, was dieser Wiener Stadtmensch im Exil bisher gesehen hatte, lernte er binnen dreier Jahre, wie diese neue Welt, in die es ihn so unerwartet verschlagen hatte, wirklich funktionierte. Hier vollendete sich die Metamorphose Bruno Bettelheims.

Bis zu diesem Montag am Beginn eines neuen Studienjahres hatte er in den Analytikerkreisen New Yorks und in den Akademikerkreisen Chicagos fast nur mit Menschen verkehrt, wie er sie von Jugend an kannte. Und ein paar Monate später kamen andere Flüchtlinge nach Rockford, um die Professoren zu ersetzen, die nach dem Kriegseintritt der Vereinigten Staaten eingezogen wurden. Aber im September 1941 war Bettelheim an dieser kleinen Universität zwischen Bäumen und Maisfeldern der einzige seiner Art.

Rockford College bot einen Unterricht von hohem Niveau, wofür auch die seit langem bestehende Verbindung mit der University of Chicago zeugte. Die Studentinnen – damals waren am Rockford College nur Frauen zugelassen – nahmen ihre Arbeit ernst. Auch wenn sicher die wenigsten ihre Rolle als Hausfrau und Mutter einer

4 So erstaunlich das auch erscheinen mag – Bruno Bettelheim mußte in den ganzen dreißig Jahren seiner Karriere an der University of Chicago nie den geringsten Beleg für seine Ausbildung erbringen. Das habe ich bei meinem ersten Besuch in Chicago entdeckt. Als der Justitiar der Universität erfuhr, daß ich einen Monat zuvor in Wien gewesen war, platzte er – es war die Zeit, da gerade die wildesten Verleumdungen über Bettelheim in Umlauf waren – mit der Frage heraus: »Haben Sie denn seine Dissertation gesehen?«

Universitätskarriere opfern wollten, bedeutete das Studium für sie doch ein Abenteuer für sich. Und einen Mann wie Bruno Bettelheim hatten diese jungen Mädchen überhaupt noch nicht gesehen. Manchmal sprach er ein Wort so seltsam aus, daß sie Schwierigkeiten hatten, es zu verstehen. Aber er beeindruckte sie kolossal. Sie bewunderten das unermeßliche, tiefgründige Wissen, das er ihnen zuteil werden ließ. Er redete über die Kunst, die Philosophie, die Psychologie, ohne sich um Fächergrenzen zu scheren. Er quälte sie nicht mit Fachbüchern, sondern ließ sie die Originaltexte lesen, er schickte sie los, sich die Kunstwerke anzuschauen, von denen er immer erzählte. Ein solcher Unterricht und eine solche Bildung waren ihnen neu. Und nachdem sie sich daran gewöhnt hatten, daß er sie auch bei dreißig Grad im Schatten immer um die Erlaubnis fragte, sein Jackett ablegen zu dürfen, hielten sie das für den Gipfel der Kultiviertheit.

Obwohl er selbst nie etwas davon erwähnte, hatten sie bald auch von seiner Vergangenheit erfahren. Sie redeten darüber untereinander, ohne genau zu wissen, was das eigentlich war, ein Konzentrationslager. Eine Studentin beobachtete Bettelheim einmal aus einem Fenster im ersten Stock, wie er über den Hof ging, und war so erschüttert von seiner Weise, die Arme an den Körper zu pressen, als wollte er sich vor Schlägen schützen, daß sie darüber ein Gedicht für die Hochschulzeitung schrieb.

»Es war ein Privileg, einen solchen Menschen kennenzulernen. Eine ganze Welt eröffnete sich vor unseren Augen ...«, »Er war faszinierend. Ein bißchen angsteinflößend, aber faszinierend ...«, »Seine Vorlesungen waren eine solche Bereicherung ... auch wenn er selber nicht einfach war« – das sagten Aimee Horton, Betty-Lou Pingree-Rellahan und Ronnie Dryovage im Mai 1993. Und immer noch, fünfzig Jahre später, schwang in ihrer Stimme der tiefe Eindruck nach, den die Begegnung mit Bruno Bettelheim in ihnen hinterlassen hatte. Seine Unterrichtsmethode beschreiben sie als »sokratisch«. Sie erinnern sich noch an ihre Verblüffung, als sie mit ihm den verborgenen Sinn der Märchen entdeckten. Sie wissen noch die Titel einiger Bücher, die sie lesen sollten (vor allem Freuds *Psychopathologie des Alltagslebens*, aber auch Texte von Emile Durkheim und Erich Fromm), und haben noch ein paar Filme im Gedächtnis, die er ihnen zeigte (besonders »Le jour se lève« von Marcel Carné).

Nach dem ersten Jahr hatte sich Bruno Bettelheims Lehrtätigkeit vervielfacht. Im Herbst 1942 hatte Mary Cheek ihn gebeten, der

Kunst eine Weile den Rücken zu kehren und für den Philosophieprofessor einzuspringen, der eingezogen worden war. Also hielt er im ersten Halbjahr fünf Vorlesungen ab: Philosophiegeschichte, Ideengeschichte, Allgemeine Psychologie, Theoretische Psychologie und Deutsch. Im folgenden Halbjahr mußte auch der Leiter des Fachbereichs Kunst in den Krieg, und Bettelheim änderte wieder seinen Stundenplan, um ihn vertreten zu können.

Jetzt war er vier Tage pro Woche in Rockford und verdiente im Jahr etwa zweitausend Dollar. Er kam Montag abend und fuhr am Freitag nach der letzten Vorlesung wieder zurück. Und er stürzte sich voll ins soziale Leben. Eine seiner ehemaligen Studentinnen, die im großen Speisesaal servierte, um sich ein bißchen Geld zu verdienen, erinnert sich an die lebhaften Diskussionen Bettelheims mit seinen Kollegen am Professorentisch. Eine andere berichtet von seiner tatkräftigen Unterstützung des Students' Forum, eines liberalen Aktionskomitees, an dem auch sie beteiligt war.

An anregenden Gegenständen und Gesprächsthemen mangelte es nicht: Man debattierte über die Auswirkungen des spanischen Bürgerkriegs, den wirtschaftlichen Aufschwung und soziale Probleme. Und schließlich gab es noch den Weltkrieg, in den sich die USA nun doch eingemischt hatten. Zum Jahreswechsel legten die Studentinnen den Eid ab, ihrem Vaterland bis zum Sieg zu dienen, sie lernten Sekretariatsarbeiten für den Fall, daß die Armee sie rufen sollte, machten Erste-Hilfe-Kurse und arbeiteten ein paar Stunden pro Woche in einer nahegelegenen Rüstungsfabrik. Das College, traditionell den Geisteswissenschaften verpflichtet, nahm in diesen Jahren auch Ingenieursstudenten auf und bot Kurse für Ernährung, Notfallversorgung und Geburtshilfe an, wie im Jahrbuch 1943/44 nachzulesen ist. Bruno Bettelheim nahm an allen Diskussionen teil; er ermutigte die Studentinnen, nachzudenken und abzuwägen, bevor sie handelten, und stets zu sagen, was sie auf dem Herzen hätten. Auch daran waren sie nicht gewöhnt. Vielmehr war ihnen immer eingeschärft worden, sich in den Dienst der guten Sache zu stellen, ohne nach links und rechts zu schauen. Und die gute Sache war natürlich immer die, die alle dafür hielten. Bruno Bettelheim dagegen vertrat anscheinend die Ansicht, daß Gott, wenn es ihn denn gäbe, nicht immer nur auf einer Seite stehe.

Vor allem in den Vorlesungen entfaltete sich der außergewöhnliche Einfluß Bruno Bettelheims. Nie stand er am Katheder, sondern setzte sich stets auf einen der Stühle mit den Klapptischchen, die eigentlich für die Studentinnen gedacht waren, und forderte diese auf, einen Kreis um ihn zu bilden. Nach ein paar einführenden Bemerkungen begann er, Fragen zu stellen. Am Anfang verwechselten viele seine Art des Unterrichts mit einer Art Quiz, in dem der Schnellste gewinnt. Doch sie lernten rasch. »Zuerst war er sehr streng mit mir, weil ich immer viel geredet habe, ohne zu überlegen«, gesteht Ronnie Dryovage. »Aber einmal hat er bemerkt, wie ich heulend aus der Klasse gerannt bin. Da hat er mich zurückgerufen und gesagt: ›Nicht traurig sein! Ich kenne tausend Leute, die so denken wie Sie.‹ Da war meine ganze Wut verflogen, und ich dachte: ›Dieser Mann kümmert sich wirklich um dich. Mit ihm wirst du noch viel lernen.‹«

Hier zeigt sich die Methode Bettelheim in statu nascendi: Diskussion, Aufforderung zum Selberdenken und scharfe Verweise für die Angepaßten, die Oberflächlichen und die Eingebildeten. Zwei Dinge haßte Bruno Bettelheim ganz besonders: die Dummheit und ihre hochtrabende, wissenschaftliche Verkleidung, den Jargon. Er konnte gnadenlos sein, wenn man seinen Vorlesungen nicht den gleichen Ernst, die gleiche Energie widmete wie er selbst. Und gleichzeitig führte er am Beispiel der Gescholtenen den anderen vor – auch ihnen selbst, wenn sie stark genug waren, über den Tadel hinwegzukommen und zu verstehen, worauf er hinauswollte –, wie die psychologischen Mechanismen funktionierten, um die es in der Vorlesung ging.

Er hatte auch seine Lieblinge. Das waren meist die Gescheitesten, die am schnellsten begriffen. Und die Verletzlichsten, die am meisten der Hilfe bedurften. Ihnen gegenüber konnte er eine grenzenlose Geduld an den Tag legen und zeigte große Aufmerksamkeit für ihre Sorgen und Nöte. Nie vollzog er an ihnen seine pädagogischen Exempel psychischer Vivisektion. Denn ein weiteres Kennzeichen Bruno Bettelheims, das seine ehemaligen Studentinnen häufig erwähnen, war seine Freundlichkeit. »Er kümmerte sich um uns«, sagen sie. Jede kennt eine Geschichte über ein Mädchen, das nicht mehr weiterwußte und von ihm Ratschläge bekam, eine nützliche Auskunft, Adresse oder Empfehlung, obwohl es nicht im Traum daran gedacht hätte, ihn darum zu bitten.

Einen guten Eindruck von der Beziehung, die zwischen Bruno Bettelheim und seinen Schülerinnen bestand, gewinnt man aus seinem Artikel »Self-Interpretation of Fantasy«, der 1947 im *American*

Journal of Orthopsychiatry erschienen ist. Im Untertitel des Aufsatzes verrät der Verfasser, daß das zugrundeliegende Experiment didaktische und therapeutische Ziele gleichermaßen verfolgte. Als Werkzeug diente ein psychologischer Test, den ein (ungenannt bleibender) »Psychologiedozent« an einer kleinen Universität im mittleren Westen im Frühjahr 1944 einer Gruppe von Studentinnen »überwiegend bürgerlich-konservativer Herkunft« vorgab. Die Mädchen steckten in ihrer emotionalen Entwicklung mitten in der Pubertät, über die sie dem Alter nach längst hinaus waren, stellt Bettelheim fest, denn »Psychologievorlesungen ziehen häufig Studenten an, die ihre eigenen Probleme ahnen«.

Es war nicht ungewöhnlich, die Studierenden selbst den Tests zu unterziehen, deren Handhabung sie lernen sollten. Ungewöhnlich war nur, daß der Dozent sich hier gleichzeitig als Therapeut gab. Diese Mischung aus Lehren und Behandeln, die Bettelheim in Rockford entwickelte, sollte zu seinem Markenzeichen werden, zum Schlüssel seiner gesamten späteren Tätigkeit an der Orthogenic School. Deshalb lohnt es sich, diesen Artikel so genau zu studieren, in dem er selbst eine sehr ausführliche - und, wie zumindest eine seiner damaligen Studentinnen bestätigt, sehr genaue - Beschreibung seines Vorgehens liefert.

Der Thematic Apperception Test (TAT), 1934 von Morgan und Murray entwickelt, den Bettelheim verwendete, war damals der nach dem Rorschach gebräuchlichste Persönlichkeitstest. Der TAT ist ein projektiver Test, er gibt keine Antworten vor und läßt der Phantasie freien Lauf. Er besteht aus vierzig Karten, aus denen je nach Alter und Geschlecht der Testpersonen zwanzig ausgewählt werden. Die Karten zeigen in Schwarzweiß Szenen wie aus einem realistischen Film: Auf der ersten ist ein Junge zu sehen, der auf einem Sessel sitzt und eine Geige auf einem Tisch fixiert; eine andere zeigt ein Mädchen, das Bücher trägt, während im Hintergrund ein Mann auf dem Feld arbeitet und eine alte Frau alles beobachtet; oder man sieht eine junge Frau mit verzweifelter Miene, die sich mit einer Hand am Türstock abstützt und mit der anderen ihre Augen verdeckt, und so weiter. Die letzte Karte ist weiß. Der Testleiter präsentiert eine Karte nach der anderen und fragt nach der Geschichte, die dahintersteckt.

Der TAT, erläutert Bettelheim, gehe davon aus, daß die Versuchsperson, »wenn sie eine unklare oder zwiespältige Situation interpretiert, signifikante Bestandteile ihrer Persönlichkeit enthüllt«. So könne man aus den Wünschen, die einer Figur zugeschrieben werden, auf Wünsche schließen, die die Versuchsperson beschäftigen, und aus Dingen, die übersehen werden, auf etwas, das sie verdrängt. Doch, darauf weist Bettelheim von Anfang an hin, auch viele andere Faktoren könnten den Inhalt der Geschichten beeinflussen, etwa das intellektuelle Niveau der Versuchsperson, ihre Interessen, kurz zurückliegende Ereignisse sowie die Beziehung zum Versuchsleiter.

Der Artikel soll demonstrieren, daß die Analyse der Geschichten durch die Versuchsperson selbst nicht nur einige Fehlerquellen ausschließt (wie die Phantasie des Versuchsleiters bei der Interpretation der Geschichten), sondern auch große Vorteile für den Psychologen, den Pädagogen, den Therapeuten verspricht. An dieser Stelle gibt Bettelheim, um das Experiment im Kontext darzustellen, eine kurze Zusammenfassung des bisherigen Verlaufs der Vorlesung.

Es handle sich um einen Kurs in dynamischer Psychologie, der bewußt auf die persönliche Erfahrung der Teilnehmerinnen ausgerichtet sei. Nachdem sie anhand von Fallstudien verschiedene Persönlichkeitstheorien kennengelernt hätten, seien sie angehalten worden, ihre Autobiographie zu schreiben. »Ein gewisses Verständnis für einige Aspekte ihres eigenen Verhaltens« sei entwickelt worden. Anschließend hätten sie sich mit der bewußten Motivation beschäftigt, danach sollten sie versuchen, »auf vorbewußten Mechanismen beruhende Phänomene« zu erklären, etwa »Fälle von Apraxie[5], die sie kürzlich erlebt hatten«. Dabei seien die Studentinnen zu »einer spontanen Evaluation der entscheidenden Faktoren statt zu einem auf angelernten Theorien fußenden Denken ermutigt« worden, erläutert Bettelheim in einer Fußnote, woraufhin jede »wenigstens einige vorbewußte Gründe für den Fall von Apraxie entziffern konnte, den sie sich ausgesucht hatte«.

Als Bettelheim vorschlug, den TAT zu machen, deutete nichts darauf hin, daß etwas anders sein würde als bisher. Doch nach ein paar Wochen bekamen die Mädchen zu ihrem Erstaunen ihre Geschichten zurück mit der Aufforderung, deren psychologischen Gehalt zu analysieren und festzuhalten, was sie aus dieser Arbeit gelernt hätten. Danach wurden sie gefragt, ob der Test ein genaues

5 Apraxie ist eine plötzliche Handlungsunfähigkeit bei intakten geistigen und körperlichen Fähigkeiten.

Bild ihrer Persönlichkeit wiedergebe, insbesondere, ob einige Aspekte verborgen geblieben seien.

Allerdings setzte Bettelheim dem Experiment auch Grenzen. Neben vielen anderen Verstößen gegen die Regeln des TAT habe der Dozent die Studentinnen nicht gebeten, ihre Geschichten weiter fortzuspinnen – was nach Morgan und Murray die Entdeckung verborgener Phantasien erlaubt. Die Hervorbringungen des Unbewußten, die der Schöpfung einer Geschichte zugrunde lägen, seien nach Freud relativ leicht zugänglich und wenig angstbesetzt, da das Ich sie bereits in eine vermittelbare Form gebracht habe. Spontane Improvisation sei viel enthüllender.

Für die Studentinnen bedeutete dieser Test offenbar eine tiefgehende Erfahrung. In seiner von drei Fallbeispielen illustrierten Zusammenfassung weist Bettelheim sofort auf die Beeinflussung der Ergebnisse durch das Verhältnis der Studentinnen zu ihrem Dozenten hin. Er hat keine Scheu davor, dieses Verhältnis mit dem der Psychoanalyse entlehnten Begriff »Übertragung« zu kennzeichnen. Und gibt auch zu, daß ohne diese »Übertragung« das Experiment wohl zu keinem besseren Verständnis geführt hätte als der Test allein.

Man kann sich also die Verzweiflung der Nachfolgerin Bettelheims lebhaft vorstellen, die beim Essen einem Kollegen gestand: »Ich weiß nicht, wer dieser Bruno Bettelheim ist. Aber mit seinen früheren Studentinnen komme ich auf keinen grünen Zweig.«[6]

Nicht nur die Bettelheimsche Methode entwickelte sich am Rockford College, auch die Reaktionen darauf zeichnen bereits die Verwerfungen der Zukunft vor. Schon zogen seine Vorlesungen so viele Studentinnen an, daß Mary Cheek ihn im September 1943 bat, den Kurs am Samstagvormittag zu wiederholen.[7] Schon gaben manche, die er gekränkt, aufgebracht oder einfach übergangen hatte, nach ein paar Wochen auf und verkündeten, Bettelheim sei eine sadistische Bestie, und keine zehn Pferde brächten sie mehr in seine Veranstaltung. Schon rief dieser komische Sokrates Bewunderung, Angst und Eifersucht unter seinen Kollegen hervor. Schon förderte er Berufungen zutage und warf allzu gründlich geplante Lebensentwürfe über den Haufen. Und bald hatte er eine Handvoll intelligen-

6 Zit. nach dem Interview mit Dr. Erwin Angres, Dezember 1990.

7 Bettelheim lehnte ab, weil er an diesem Tag schon eine Kunstvorlesung in Chicago hielt, stellte aber seinen Wochenplan so um, daß alle an seiner Vorlesung teilnehmen konnten.

ter, idealistischer, neugieriger, phantasievoller, manchmal etwas masochistischer Schülerinnen um sich geschart, die begeistert waren von den Perspektiven, die er ihnen eröffnete.

Im Januar 1942 erkundigte sich Ralph Tyler seinerseits bei Mary Cheek nach ihrer Meinung über Bruno Bettelheim. Die Eight Year Study war beendet, und er wollte Bettelheim wieder eine Halbtagsstelle anbieten. Die Leiterin des Rockford College sparte nicht mit Lob: »Alles deutet darauf hin, daß (Bruno Bettelheim) ein ausgezeichneter, begabter Lehrer ist und ein Mann von sehr großer Bildung gleichermaßen.« So kehrte Bettelheim zu Beginn des Studienjahrs wieder in die ehemalige Kirche an der 60. Straße zurück. Diesmal war er für die »Prüfungen« zuständig, das heißt, er sollte ein Konzept entwickeln, wie man Kunstgeschichte, Psychologie und Deutsch prüfen könnte. Vier Tage pro Woche unterrichtete er weiterhin am College, die restlichen drei saß er im Souterrain der Kirche und dachte sich Examensaufgaben aus. Zwei Jahre lang teilte er so seine Zeit zwischen Rockford und Chicago.

Trude und Bruno Bettelheim lebten bescheiden. Einen großen Teil ihres Einkommens gaben beide für ihre Eltern aus. Paula Bettelheim lebte in einem Altersheim in Greenwich Village. Sie hatte alles verloren und war abhängig von der finanziellen Unterstützung ihrer Kinder. Margarethe hatte übrigens geheiratet und wohnte ebenfalls in New York.

Aber Trude und Bruno lebten nicht schlecht. Sie hatten nur wenige Möbel, doch ihr Apartment war geschmackvoll eingerichtet. Obwohl beide sehr viel zu tun hatten, waren sie abends oft zu Besuch bei Freunden, besonders gern bei Sheviakov, wo der Wein immer in Strömen floß und die Gäste zahlreich und ausgelassen waren. Vor allem Bruno ging oft aus und lernte eine Menge Leute kennen. Trude hatte inzwischen herausgefunden, daß sie weiterstudieren mußte, um eine interessante Arbeit zu finden in diesem Land, in dem auch Sozialarbeiter einen Universitätsabschluß brauchten. So schrieb sie sich neben ihrer Arbeit zu Beginn des Studienjahres 1940 als Studentin an der Northwestern University im Norden Chicagos ein.

Sie machten einen glücklichen Eindruck, die beiden Bettelheims. Bruno kümmerte sich aufmerksam um Trude und zeigte eine große Bewunderung für ihre Kraft und ihren Mut. »Bruno und Trude schienen gut füreinander zu sorgen«, meint Ruth Nedelsky, die Bettelheim bei seinen Seminaren im Rahmen der Eight Year Study kennengelernt hatte. Ihr Mann Leo, einer der besten Freunde Sheviakovs, war mit Bettelheim in der »Prüfungsgruppe«, er schätzte und bewunderte ihn. Beide erinnern sich an ein Paar, das sehr hart arbeitete, ein wenig zurückhaltend, aber gesellig, heiter und anregend war. »Bruno hatte den schlimmsten Wiener Akzent, der mir je untergekommen ist«, sagt Leo. »Er hatte viel Geschmack und war ein richtiger Kunstkenner, aber er zeigte nicht das geringste Interesse für Sonntagsmaler wie mich. Er sagte, was er dachte, redete aber nie über sich.«[8] Im Dezember 1942 gebar Trude ihre erste Tochter, Ruth Colette.

Drei Monate später nahm George Sheviakov eine Stelle in Vanport, Oregon, an, und Bruno bat ihn, seine Wohnung einem alten Freund zu überlassen – Peter Weinmann, der endlich seine Scheidung erreicht und Gina vor einem Jahr geheiratet hatte. So kam kurioserweise in Hyde Park nach und nach die ganze Wiener Mischpoke wieder zusammen. Wenn Paula in Chicago war, um ihren Sohn zu besuchen, ging sie ganz gern auf einen Tee zu ihrer früheren Schwiegertochter, die gegenüber wohnte. Sie verstand sich mit ihr anscheinend besser als mit Trude. Die nach der Scheidung möglicherweise vorhandenen Kränkungen waren tabu – ob aus wienerischem Anstand oder exilbedingtem Zusammenrücken, ist kaum zu entscheiden. Wie auch immer – sie waren die besten Freude, Trude und Gina und Bruno und Peter. Da Gina am 24. Dezember Geburtstag hatte, bürgerte es sich ein, daß alle zusammen Weihnachten bei den Weinmanns feierten und Thanksgiving bei den Bettelheims. Ruth Nedelsky, damals gerade zwanzig, war von Ginas Eleganz und Sicherheit schwer beeindruckt. Sie begriff überhaupt nicht, wie ein Mann zwei so unterschiedliche Frauen heiraten konnte. Jedenfalls trug das alles zu der irgendwie mysteriösen Anziehungskraft dieser Menschen bei.

Von den Leuten, mit denen Bruno Bettelheim verkehrte, wußten die meisten, daß er ein Jahr im Konzentrationslager war, aber die wenigsten, was das bedeutete. Darüber wundert sich Ruth Nedelsky heute noch. Bettelheim selbst sprach selten davon. Lieber erzählte er von seinem Leben in Wien und diskutierte – vor allem mit Fritz Redl und George Sheviakov – über Kunst und Psychoanalyse. Und er redete über Patsy. Dem auf Erziehung und Psychologie ver-

8 Interview vom Mai 1993.

sessenen Publikum bot er eine dramatische Zusammenfassung der Ereignisse. Er beschrieb den an Schwachsinn grenzenden Zustand der kleinen Amerikanerin, als sie in sein Haus kam, und die unglaublichen Fortschritte, die sie in sechs Jahren dort gemacht habe. Er gab sich wie ein Vater, der auch die winzigste Veränderung an seinem Liebling registriert. Mitreißend auch seine minutiöse Schilderung jeder Geste, jedes Erfolgs und jedes Mißerfolgs von Patsy. Wenn man ihn so reden hörte, konnte man denken: Nur noch ein paar Jahre, und sie wäre völlig geheilt gewesen.

Diese Geschichte erzählte er auch seinem neuen Freund Benjamin Bloom, einem Doktoranden und Assistenten Ralph Tylers. Bloom war gleichfalls Jude und sich wie Bettelheim seines Andersseins deutlich bewußt. Er hatte ein feines Gespür für das, was Bettelheim durchlitten hatte, er brachte ihn zum Reden und gewann nach und nach sein Vertrauen. Und da er sich ebenfalls brennend für die Lernvorgänge interessierte, fand er die Geschichte Patsys außerordentlich spannend. Deshalb empfahl er Ralph Tyler, als der einmal das anscheinend unlösbare Problem mit der Orthogenic School ansprach, doch mit Bruno Bettelheim darüber zu reden: »Bettelheim weiß viel über gestörte Kinder«, sagte er, »und er hat Erfahrung auf diesem Gebiet.«

Mit der Orthogenic School hatte es schon immer Probleme gegeben, seit sie 1931 der University of Chicago zugefallen war. Ihr Unterhalt war kostspielig, und obwohl die Unterbringungsgebühren ziemlich hoch waren, reichten die Erträge bei weitem nicht zur Finanzierung. Ralph Tyler, als Leiter des Fachbereichs Erziehungswissenschaft für die Schule verantwortlich, hatte es satt, sich über dieses Sorgenkind ständig den Kopf zerbrechen zu müssen. Der neubestallte Leiter der Institution, Dr. Mandel Sherman, stellte seit seinem Eintreffen ständig Geldforderungen. Das Haus war baufällig und außerdem viel zu klein für die fast dreißig Kinder, die darin hausten. Die Erzieher waren unterbezahlt und schlecht ausgebildet. Sherman wollte vor allem eine neue Ausrüstung für sein Labor, ohne die er, wie er sagte, keine ernsthafte Untersuchung durchführen könne. Tyler hatte ihm schon seit 1941 erklärt, daß die Lösung dieses Problems nicht aus den Töpfen der Universität, sondern nur aus den Kassen privater Geldgeber kommen könne – manche der Kinder stammten aus reichem Haus, warum also nicht die Eltern um Unterstützung bitten?

Tylers Vorhaltungen stießen jedoch bei Mandel Sherman auf taube Ohren. »Mandel Sherman war ein Mensch, der sich nur um sich und seine Karriere kümmerte. Die Kinder interessierten ihn offenbar überhaupt nicht«, erzählt Bernice Neugarten. Sie schrieb damals an ihrer Dissertation und war entsetzt, wie Sherman im Rahmen eines Seminars über die kindliche Entwicklung einen Fall vorstellte. Nachdem die zwölf Studenten in der Schule Platz genommen hatten, verlangte er nach einem Kind. Als der Junge hereinkam, mußte er sich ohne ein freundliches Wort oder eine Geste in eine Ecke des Raumes stellen und wurde von Sherman aufgefordert: »Erzähl uns jetzt, was mit dir los ist!«

Später vertrat Bernice Neugarten gelegentlich die Erzieherinnen in den Ferien, und ihr erster Eindruck bestätigte sich: »Sherman führte diese Schule ein bißchen wie ein Gefängnis.« So war sie auch nicht erstaunt, als im Sommer 1944 Ralph Tyler und Robert Havighurst mit einem Mann kamen, den sie noch nie zuvor gesehen hatte, um ihm die Schule zu zeigen. Der Mann war offensichtlich deutscher Abstammung und hatte einen starken Akzent. Da sie sich um eine Gruppe von Kindern kümmern mußte, sprach sie nur kurz und flüchtig mit ihm. Aber er machte einen angenehmen Eindruck. »Es war eine Erlösung – die Schule brauchte den Wechsel.«

Bettelheim ließ sich, wie er sagt, ein bißchen überrumpeln. Ende 1941 hatte Ralph Tyler wegen der Kritik, die allenthalben an der Schule geübt wurde, einen Ausschuß unter dem Vorsitz Robert Havighursts um einen Bericht gebeten. Der Bericht war zwar nicht negativ, er hob aber einen der grundsätzlichen Widersprüche hervor: Das Besondere war, daß die Schule emotional gestörte Kinder von normaler Intelligenz aufnahm; ihr Ziel mußte also die Reintegration der Kinder in eine gewöhnliche Schule sein. Doch da es zuwenig pädagogisch geschultes Personal gab, fielen die Kinder immer weiter zurück. Der Ausschuß sprach die Empfehlung aus, die Orthogenic School den Lab Schools anzugliedern, den hervorragenden Schulen auf dem Campus. Diese Idee wurde allerdings von den Professoren, deren eigene Kinder in die Lab Schools gingen, nicht gerade begeistert aufgenommen.

Im Herbst 1942 war Mandel Sherman in einen Rechtsstreit verwickelt, was die Universität in eine unangenehme Lage brachte. Etwa zu diesem Zeitpunkt, sagte Bettelheim, habe ihn Tyler um einen Bericht über die Schule und um Verbesserungsvorschläge gebeten. Nach der Besichtigung sei er so entsetzt gewesen, daß er es vermieden habe, mit Tyler darüber zu reden. Außerdem hatte er ohnehin keine Zeit – er arbeitete immer noch in Rockford und Chicago und versuchte nebenbei, einen Artikel über seine Lagererinnerungen zu veröffentlichen, den er nach jeder Absage erneut überarbeitete. Ein Jahr später erschien der Artikel endlich, und zwar in der Zeitschrift des Psychologischen Instituts der Harvard University, dem *American Journal of Abnormal and Social Psychology*. Da die Chicagoer Universität ständig mit ihrer berühmtesten Konkurrentin wetteiferte, erregte Bettelheim dadurch ziemliches Aufsehen. Sechs Monate später erlangte sein Bericht durch die Niederlage der Achsenmächte und die Entdeckung der ersten Konzentrationslager noch größere Glaubwürdigkeit.

Die berufliche Situation Bettelheims war prekär. Das Kriegsende verhieß die Wiederkehr der Professoren – auch des Philosophieprofessors – nach Rockford. Und im Frühjahr 1944 hatte der Fakultätsrat überraschend gefordert, daß der Dozent der Psychologie fünf Tage pro Woche anwesend sein müsse. Ob wirklich die Sorge um die Universitätsordnung der einzige Anlaß für diesen Beschluß war, wie Mary Cheek Bettelheim erklärte? Sicher ist das nicht. Einige Studentinnen protestierten bei Mary Cheek gegen die Entscheidung, was in deren Augen sicherlich nur die Gerüchte über den außergewöhnlichen Einfluß des Dozenten auf seine Schülerinnen bestätigte. Er war ein außergewöhnlicher Lehrer, aber seine Gegenwart begann für das kleine Provinzcollege, das sie leitete, langsam beschwerlich zu werden.[9] Wie auch immer – am 4. Mai 1944 eröffnete Mary Cheek Bettelheim auf seine Anfrage hin, angesichts der finanziellen Situation könne Rockford ihm keinen Vertrag anbieten, der einen Abbruch seiner Verbindungen mit der University of Chicago rechtfertigen würde. Selbst wenn er sich dafür entscheiden sollte, seine gesamte Zeit am Rockford College zu verbringen, wäre sein Gehalt doch nur wenig höher als vorher, und außerdem habe er in absehbarer Zukunft praktisch keine Chance auf eine ordentliche Professur. Sicher hat dieser Brief bei Bettelheims Entscheidung für die Orthogenic School eine maßgebliche Rolle gespielt. Als er dort anfing, endete jedenfalls seine Tätigkeit in Rockford.

Ralph Tyler hatte ihn nach ein paar Monaten Schweigen in sein Büro gebeten und gefragt: »Warum habe ich von Ihnen nie diesen

9 Das belegt der Empfehlungsbrief, den Mary Cheek im Mai 1944 an die Rektorin einer kleinen Universität in Connecticut schrieb: Er ist sehr viel zurückhaltender als der, den sie zwei Jahre zuvor an Tyler geschrieben hatte.

Bericht über die Orthogenic School bekommen?« Im Laufe ihrer fünf Jahre dauernden Zusammenarbeit hatten die beiden Männer sich kennen- und schätzengelernt. Also sagte Bruno Bettelheim, was er wirklich dachte: »Es gibt nur eine Sache, die man mit dieser Schule machen kann: abfackeln.« Das ist zumindest Bettelheims Version der Geschichte. Darauf habe Tyler geantwortet, er könne diese Reaktion zwar verstehen, aber nun werde es ernst, er wolle einen ausführlichen Bericht sehen über alles, was in dieser Einrichtung nicht funktioniere und was man dagegen unternehmen könnte.

Bettelheim witterte die Falle. Er hatte überhaupt keine Lust, mit der Reorganisierung der Orthogenic School beauftragt zu werden. Er ahnte, daß mit diesem Wechselbalg kein Staat zu machen war und sie dem jeweiligen Leiter nichts als Ärger einbringen würde. Außerdem strebte er die Laufbahn eines Universitätsprofessors an, der von Zeit zu Zeit in gelehrten Zeitschriften wissenschaftliche Artikel von hohem Niveau veröffentlicht. Er hatte in Rockford davon gekostet – unter schwierigen Umständen, aber die konnten nur noch besser werden mit der Zeit. Außerdem hatte Ulrich Middeldorf ihm versprochen, ihn in sein Team zu holen, sobald das möglich wäre. In der Zwischenzeit, hatte Bruno Bettelheim vielleicht gedacht, könnte er sich ganz Rockford widmen. Eines war jedenfalls sicher: Er konnte nicht mehr so weitermachen. Anfang des Jahres mußte er mit einer Lungenentzündung ins Krankenhaus, und seine Überarbeitung hatte sicher dazu beigetragen.

Zur Ernüchterung durch den Brief Mary Cheeks kamen noch Bettelheims Bedenken, Ralph Tyler zu enttäuschen, dem er all seine Stellungen in den letzten fünf Jahren verdankte. Widerwillig nahm er die Aufgabe von ihm an und legte großen Wert darauf, ausschließlich als Berater tätig zu werden. Zu seiner Unterstützung berief er eine der besten Kinderpsychoanalytikerinnen seiner Zeit, Emmy Sylvester, aus Wien stammend wie er und ehemalige Assistentin von Charlotte Bühler. Und sie hatten noch einen Punkt gemeinsam: Emmy Sylvester hatte die Psychoanalyse auf der Couch Editha Sterbas kennengelernt. Und als sie anfing, selbst Patienten zu betreuen, war ihr Supervisor[10] niemand anderer als Richard Sterba.

Leider hat Bettelheim keine Kopie der Mitteilung an Tyler ge-

10 Ein in der Psychoanalyse gebräuchlicher Ausdruck, um einen erfahrenen Praktiker zu beschreiben, der im Verlauf regulärer Sitzungen die ersten Fälle einer neuen Analyse überwacht.

macht, und ich habe davon auch keine Spur im Archiv der Schule gefunden, das an der Universität zugänglich ist. Etwa zwei Monate danach lud Ralph Tyler ihn zum Mittagessen ein und führte ihn dann ohne Vorwarnung in Robert Hutchins' Büro, der ihm sofort die Leitung der Orthogenic School anbot. Wütend, daß er so in die Falle gegangen war, habe er ihm hingeschleudert: »Gut, unter der Bedingung, daß der Etat verdreifacht wird und ich fünf Jahre lang keine Fragen mehr beantworten muß!« Und zu seiner großen Überraschung habe der Rektor sofort akzeptiert.

Wo beginnt die Übertreibung in Bettelheims Bericht? Es ist nach den Dokumenten, die ich einsehen konnte, ziemlich unwahrscheinlich, daß Ralph Tyler ihm so lange freie Hand gelassen hat. Neun Monate, nachdem er seine Funktion übernommen hatte, lieferte Bettelheim ihm jedenfalls einen ausführlichen Bericht.

Wahr ist dagegen, daß der Unterbringungsbeitrag für die Orthogenic School im Juni 1944 einen großen Sprung von 165 auf 200 Dollar machte. Im nächsten Monat versuchte Philip Pekow, der Vater eines der Kinder, Sponsoren zu gewinnen; sie einigten sich auf zwei Millionen Dollar, die zum Funktionieren der Schule notwendig seien. Bevor sie einen Fonds gründeten, wollten sie allerdings wissen, was die Universität dazu beitragen würde.

Im September 1944 nahm Bettelheim wieder mit seinen besten Studentinnen in Rockford Kontakt auf, um ihnen vorzuschlagen, mit ihm an der Orthogenic School in Chicago zu arbeiten. Drei stimmten begeistert zu. Eine zumindest lehnte ab und behauptet, Bettelheim habe ihr das nie verziehen. Am ersten Oktober übernahm Bettelheim offiziell seine Funktion als Direktor. Sein Gehalt betrug 1900 Dollar pro Jahr, dazu kamen noch 1700 Dollar für die Vorlesungen, die er am erziehungswissenschaftlichen Fachbereich halten sollte – eine Stelle, die Tyler, der die Ambitionen Bettelheims ziemlich gut kannte, erst schaffen mußte, um ihm sein Angebot schmackhaft zu machen. Sechs Wochen später wurde Bruno Bettelheim amerikanischer Staatsbürger.

10. Ein neuer Mensch für die Neue Welt

»Nie war mehr Anfang als jetzt.«

Walt Whitman, *Leaves of Grass*

Bruno als Direktor einer Schule für gestörte Kinder – warum nicht? ... Vorausgesetzt, er macht noch einmal ein Stück Analyse nach.« In der Psychoanalytischen Gesellschaft war Kurt Eissler einer der wenigen, der diese Ernennung nicht kritisierte. Eissler war ein großer, schöner Mann, ein bißchen arrogant, aber nett. Auch Eissler kam aus Wien. Er hatte mit Fritz Redl August Aichhorns Seminare besucht und, obwohl Mediziner, bei Bühler studiert, aber ein paar Jahre vor Bettelheim. Den hatte er zwar beim Jung-Wandervogel getroffen, aber wirklich kennengelernt hatten die beiden Männer einander erst in Chicago, wo ihre Frauen Freundschaft geschlossen hatten; Ruth Eissler war Zeugin bei Trude Bettelheims Einbürgerung. Eisslers Bruder war zur selben Zeit wie Bettelheim im Konzentrationslager Buchenwald. Eissler und Bettelheim schätzten einander, auch wenn sie sehr unterschiedlich waren. Was sie wohl am meisten verband, war ihre ähnliche Einschätzung alles Amerikanischen, im besonderen der amerikanischen Psychoanalyse.

Durch die sich überstürzenden Ereignisse in Europa wurden Chicago und seine Universität von Flüchtlingen geradezu überschwemmt. Die meisten waren deutschsprachig und wollten so schnell wie möglich in der Gesellschaft aufgehen, die ihnen Zuflucht gewährt hatte. Doch das wurde ihnen nicht gerade leichtgemacht: Rechtsanwälte zum Beispiel mußten ganz von vorn anfangen, Ärzte oder Ingenieure zumindest ihre Prüfungen wiederholen, Kaufleute brauchten eine gewisse Zeit, bis sie sich an die fremde Umgebung gewöhnt und die Spielregeln begriffen hatten. Und das in einer Phase, da die Einwanderer Geld dringender denn je benötigten. Dabei waren sie als Neubürger stets bemüht, sich den Sitten ihres Gastlandes anzupassen, zu lächeln und freundlich zu sein, gute Miene zu machen zum bösen Spiel, obwohl jeden Tag neue Schreckensmeldungen eintrudelten über ihre Familie und die Welt, in der sie vorher gelebt hatten.

Der Großteil der Immigranten legte Wert darauf, in der Öffentlichkeit ausschließlich Englisch zu sprechen, auch untereinander, die Bettelheims ganz besonders. Die alte Zeit war vorbei, Nostalgie führte zu nichts. Manchmal aber saßen sie einen Abend lang zusammen, seufzten über die amerikanische Kulturlosigkeit und tauschten Tips aus - wo es »richtiges« Brot zu kaufen gebe und anständigen Kaffee oder wie man Backmischungen abwandeln müsse, um daraus einen ordentlichen Kuchen zu backen. Und natürlich - so ist der Mensch - behielt man dabei genau im Auge, wer welche Fortschritte gemacht hatte im Integrationswettbewerb.

Bettelheim war einer der Champions. Trotz seines grauenhaften Akzents und der Probleme seines früheren Lebens gehörte er zu denen, die am schnellsten begriffen hatten, wie diese dynamische Gesellschaft funktionierte. Er arbeitete wie ein Besessener, doch diesmal gelang ihm alles, was er anpackte. Die Neue Welt, die er ohne Gepäck und fast ohne Vergangenheit betreten hatte, schien für ihn wie geschaffen zu sein - auch wenn er sich abfällig über sie äußerte. Natürlich hatten die Amerikaner nicht die Manieren, auf die er so großen Wert legte, aber eben das machte es ihm leicht, sie zu beeindrucken - etwa wenn er um die Erlaubnis bat, sein Jackett ablegen zu dürfen.

Ein so rasantes Vorankommen rief geradezu zwangsläufig Neid und Mißgunst hervor - und das um so mehr, als es offenbar nicht ausschließlich auf Begabung und harter Arbeit beruhte, sondern auch auf einer überarbeiteten Fassung der Vergangenheit, die sich mit der Zeit und dem Schweigen derer, die es besser wußten, etablieren konnte. Denn zumindest unter den Wienern wurde getuschelt, selbst diejenigen, die Bettelheim nicht von früher kannten, hatten da so etwas gehört ... Man redete hinter seinem Rücken darüber, aber nur untereinander, im Exil war man solidarisch. Vor den amerikanischen Gastgebern bewahrte man Stillschweigen - man denunziert keinen Flüchtling, der alles verloren hat, »schon gar nicht, wenn er aus Buchenwald kommt«. Das sagt einer, der es besser wußte, aber den Mund hielt und noch nach fünfzig Jahren lieber anonym bleiben will. Aber auch zu Bettelheim selbst sagte keiner etwas, und das ist viel schwerer zu begründen, es sei denn aus der Furcht, sich mit einem schwierigen Charakter anzulegen, oder wegen der typisch wienerischen Art, im Zweifelsfall lieber wegzuschauen. »Schließlich und endlich ging es mich ja nichts an. Und mein Leben war so schon schwer genug. Heute kann sich ja keiner mehr vorstellen, wie schwer das war«, rechtfertigt sich Maria Piers.

In der Zwischenzeit eignet sich Bruno Bettelheim immer ungenierter die neue Persönlichkeit an, die er vorher noch nicht hatte. Es ist die Phase, in der er seine Vergangenheit neu erfindet. Er nimmt nicht viele Änderungen vor, aber grundlegende. Ungeachtet dessen, was er erreichte, fühlte er sich auch später noch verpflichtet, die Geschichte immer wieder neu zu erzählen und auszuschmücken – und wurde sie bis zu seinem Tod nicht mehr los. Wann sich der Doktor der Ästhetik in einen Psychologen verwandelte[1], wann Patsy zu seiner Patientin wurde und Eleanor Roosevelt zu seiner Retterin, weiß ich nicht genau. Jedenfalls stammt die Legende aus der ersten Hälfte der vierziger Jahre. Auch Irrtümer anderer – wie der Ralph Tylers in seinem Empfehlungsbrief an Mary Cheek in Rockford – haben zu ihrer Entstehung beigetragen. Nach und nach nahm sie ihre endgültige Gestalt an, und zwar in dem Maße, wie der Autor sich in Sicherheit wiegen konnte, daß ihm keiner widersprechen würde.

Das ist im Grunde nichts Außergewöhnliches, und wenn man die Biographien berühmter Männer genauer unter die Lupe nimmt, wird man oft feststellen, daß sie ihre Vergangenheit geschönt haben. Bei Bruno Bettelheim kommt eine Besonderheit dazu: Nachdem das Geschichtenerzählen erst einmal zur Gewohnheit geworden war, begünstigte es auch den immer größer werdenden Abstand zwischen der wirklichen Arbeit an der Orthogenic School und dem, was er darüber schrieb. In Amerika, das nur makellos strahlende Helden liebt, warfen diese Halbwahrheiten am Ende den Schatten des Zweifels auf alles, was Bettelheim je getan hat, auch auf seine unbestreitbaren Erfolge. Zweifel nagten schließlich nicht nur an jenen, die Bescheid wußten, sondern auch an Bettelheim selbst. Und je berühmter er wurde, desto lauter hallten sie in ihm wie ein Echo auf den Betrug seines Großvaters Adolf Seidler wider. Ihm wollte er am wenigsten ähneln, aber er war schließlich

1 Da die Ästhetik ein Zweig der Philosophie war und Bettelheim seinen Magister an der Philosophisch-Psychologischen Fakultät erworben hatte, war das formal betrachtet nicht ganz gelogen.

sein einzig erfolgreiches Vorbild geworden. Am Ende seines Lebens versuchte Bruno Bettelheim gelegentlich, Fragen über seine Geschichte auszuweichen, als hätte er einfach genug davon. Reichte nicht seine Arbeit in den Vereinigten Staaten aus, mußte er sie immer noch mit der Legende von seiner Wiener Vergangenheit unterfüttern? Doch seine Gesprächspartner kamen beharrlich darauf zurück, und am Ende erzählte er ihnen doch wieder, was sie hören wollten.[2]

Als die *New York Times* im Januar 1970 Bettelheim die Titelgeschichte ihrer Sonntagsbeilage widmete, erzählte mir Bert Cohler[3], habe sich Bettelheim nicht etwa darüber gefreut, sondern ihm mit düsterer Miene offenbart: »Es gibt in meiner Vergangenheit ein dunkles Geheimnis, das, wenn es bekannt werden sollte, die Schule vernichten wird.« Erst dachte ich, ehrlich gesagt, Cohler übertreibe ein wenig, um mich zu beeindrucken. Heute dagegen bin ich fast sicher, daß es wahr ist. Ich habe selbst gehört, wie Bettelheim den Ausdruck »dunkles Geheimnis« benutzte[4] – allerdings in bezug auf

2 Das merkt man zum Beispiel an den übrigens sehr aufschlußreichen Interviews, die er im Herbst 1988 dem jungen Psychoanalytiker David James Fisher gab (*Los Angeles Psychoanalytic Bulletin*, Frühjahr 1990): Fisher, brennend an der Geschichte der Psychoanalyse interessiert, will von Bettelheim unbedingt etwas über die Wiener Psychoanalytische Vereinigung hören. Der antwortet zunächst ausweichend: »Ich kann mich daran nicht sehr gut erinnern, nur an einige, die dabei waren. Ich war selbst noch kein Mitglied. Mit Wilhelm Reich verstand ich mich ganz gut, ... mit Fenichel war ich befreundet ... So erfuhr ich immer, was los war.« Auch was seine eigene Ausbildung betrifft, bleibt er an der Wahrheit, so nahe es geht, ohne die Legende zu gefährden: »Ich hatte gerade meine Lehranalyse begonnen, als der Anschluß kam«, antwortet er auf drei Nachfragen. Und: »Ich wurde, *wie alle Kandidaten damals*, von Anna Freud und Paul Federn geprüft.« Dann gibt er nach und erzählt, wie Freud einmal persönlich in das Zimmer gekommen sei, wo er mit Anna saß, und bemerkt habe: »Vorzustellen brauchst du uns nicht, ich kenne die Familie Bettelheim.« Einer der Onkel Bettelheims, habe Freud noch erklärend hinzugefügt, sei mit ihm beim Militär gewesen. Ein gewisser Joseph Bettelheim war zwar immerhin Freuds Klassenkamerad. Aber erstens ist dessen Verwandtschaft mit der Familie Bruno Bettelheims nicht nachzuweisen, und zweitens war der älteste Sohn Jakob Morris Bettelheims – Brunos Onkel Morris, der im Duell fiel – vier Jahre jünger als Freud. Im übrigen sagt Ernst Federn, daß Bettelheim, bevor sie sich kennengelernt hätten, seinen Vater nicht persönlich gekannt habe. Und schließlich tagte die Psychoanalytische Vereinigung 1938 schon lange nicht mehr in Freuds Privatwohnung.

3 Interview vom 4. Dezember 1990. Cohler ist ein ehemaliger Schüler der Orthogenic School, der für kurze Zeit Bettelheims Nachfolge als Direktor antrat; siehe Kapitel 16.

4 Auf einer Kassette mit Erinnerungen, die er für seine Kinder aufgenommen hat.

seine Kindheitsängste, das Rätsel um die Herkunft seiner Familie und die Krankheit seines Vaters. Und ich konnte in meiner vier Jahre dauernden Recherche für dieses Buch nur einen möglichen Grund für Bettelheims dramatische Erklärung finden: Er hatte keine ordentliche psychoanalytische Ausbildung, und Patsy, die kleine Amerikanerin, die er ohne Namensnennung in jedem seiner Bücher erwähnt, war nie seine Patientin.

»Er wollte sich einen Namen machen«, sagen manche, »also erzählte er Geschichten, die er am Ende selber glaubte.« Das ist ziemlich unwahrscheinlich. Alles, was ich über Bettelheim erfahren habe, deutet darauf hin, daß er kein nachgiebiges Gedächtnis hatte, eher im Gegenteil. Wenn es so gewesen wäre, hätte er wohl kaum dreißig Jahre lang als Therapeut die dunklen Geheimnisse, die Gespenster, die Leichen im Keller von Kindern und Erwachsenen aufspüren können. Er hätte nicht so gut verstanden, daß Erinnerungen tödlich sein können. Sein Bedürfnis, die Wahrheit ans Licht zu bringen, war manchmal stärker als er; so sagte er oft Dinge, die besser ungesagt geblieben wären, was ihm zahlreiche Feinde und Konflikte eingebracht hat. Für mich jedenfalls steht außer Zweifel, daß Bettelheim immer sehr genau wußte, wo die Tatsachen aufhörten und die geschönte Version begann, die er davon manchmal zum besten gab. Bevor wir uns also Bettelheims Verhältnis zur Psychoanalyse zuwenden, sollten wir erkunden, wie seine Geschichte entstanden ist.

»Träume sind den Gefangenen gegeben, um ihre Vergangenheit neu zu erfinden«, stand am 28. Oktober 1993 in der französischen Wochenzeitung *L' Evénement du Jeudi*. Jean-Paul Kaufman, von dem diese Worte stammen, wurde dreieinhalb Jahre lang von der Hisbollah in Beirut als Geisel festgehalten. Seine Gefangenschaft ist mit Bettelheims Aufenthalt im Lager nur in zwei Punkten vergleichbar, doch die sind entscheidend: Beide wurden willkürlich festgehalten von Leuten, die sie für etwas haßten, was sie waren, nicht für etwas, was sie getan hatten; beide wußten bis zum Schluß nicht, wie lange ihre Gefangenschaft dauern würde, aber sie wußten vom ersten Augenblick an, daß sie jederzeit umgebracht werden konnten. In einer solchen Situation, schreibt Kaufmann, funktionieren Traum und Wirklichkeit wie kommunizierende Röhren, aus dem einen bezieht der Gefangene die Kraft, das andere zu ertragen. Die Alpträume kommen erst nach der Befreiung – das bestätigt Bettelheim: »In den Lagern habe ich selten von der Gefangenschaft geträumt. Ich träumte von glücklichen Augenblicken ...«[5] Die Träume erinnern den Unglücklichen daran , daß er durchhalten muß, daß das Leben lebenswert ist, sagt Kaufman: »Nachts sind alle Gefangenen auf der Flucht. Der Traum sprengt verriegelte Türen und verbiegt die dicksten Gitterstäbe.« Diese paar Stunden, in denen der Gefangene der absoluten Macht seiner Peiniger entflieht, sind eine Zeit des »erstarrten Glücks«, einer Harmonie, die es im wirklichen Leben nicht geben kann.

Was wohl im Kopf eines Gefangenen vorgeht, wenn die Wirklichkeit, die er nach der Befreiung wiederfindet, nichts mit der zu tun hat, die er vor seiner Gefangenschaft kannte, wenn sein ganzes Leben neu ist – Land, Frau, Beruf, Sprache, Umgebung, Lebensweise? Wenn das, wovon er immer schon träumte, plötzlich Wirklichkeit wird – keine einfache wie im Traum, aber dadurch nur noch glaubwürdiger –, während die Welt, die hinter ihm liegt, in der die Bilder seiner Vergangenheit eingeschrieben sind, in einem Alptraum aus Feuer und Tod untergeht?

Im Mai 1939 hatte Bruno Bettelheim seine Frau verloren – und mit ihr die Zukunft, die er sich erträumt hatte. Am 7. Juli 1941 wurde ihm offiziell die österreichische Staatsbürgerschaft aberkannt und – was für ihn sicherlich noch symbolträchtiger war – der Doktortitel der Wiener Universität.[6] Die Firma Bettelheim & Schnitzer war ihm schon lange vorher gestohlen worden. Nun hatte er keine Vergangenheit mehr, er hatte gar nichts mehr, aber er war frei und konnte endlich den Schlüssel zu all den dunklen Kellern der Vergangenheit mitsamt den darin befindlichen Leichen wegwerfen und die Schrekken seiner Kindheit hinter sich lassen. Er konnte, ja mußte sich ein neues Leben aufbauen.

5 Aus dem Interview mit David James Fisher. Neuere Arbeiten erhärten diese Aussagen, siehe *International Handbook of Traumatic Stress Syndrome*, New York 1993, ein Gemeinschaftswerk unter der Leitung von J. P. Wilson und B. Raphael: Eine israelische Untersuchung zeigt, daß achtzig Prozent der Überlebenden aus den Konzentrationslagern unter immer wiederkehrenden Alpträumen leiden. Und der Psychiater Marc-Antoine Crocq, der ebenfalls zu diesem Handbuch beigetragen hat, erläuterte mir gegenüber: »Dieses posttraumatische Symptom verschwindet niemals vollkommen, die Betroffenen gewöhnen sich nie daran, und ihr Angstniveau bleibt immer höher als das der Durchschnittspopulation. Für die Betroffenen ist das Alltagsleben ein Angstauslöser, eine Quelle der Verfolgung. Das erklärt auch die ein wenig paranoide Haltung eines Solschenizyn gegenüber den Medien.«

6 Wahrscheinlich wurde er darüber nicht gleich offiziell informiert, doch nach all dem, was er aus Wien gehört hatte, mußte er es annehmen.

Und das tat er auch. In den ersten Jahren, die er in den USA verbrachte, durchlief er so viele Wandlungen, daß man wohl Ende der vierziger Jahre wirklich von einem »neuen Bettelheim« sprechen konnte. Alles an ihm war neu: Status, Beruf, Familie, Vergangenheit. Und er war sogar Vater geworden – er, der so lange gefürchtet hatte, die Syphilis in sich zu tragen –, seine zweite Tochter Naomi kam im November 1945 zur Welt. Nun war er wie neu geboren – aus dem Trauma der Konzentrationslager und dem Schock des Exils war ein neuer Mensch hervorgegangen, maßgeschneidert für die Neue Welt, in der er lebte.

Wahrscheinlich nahm Bruno Bettelheim seine allmähliche Verwandlung unter der wohlwollenden Obhut Trudes, die sich die Entfaltung seiner inneren Reichtümer zum Ziel gesetzt hatte, nicht bewußt wahr. Doch sie hinterließ Spuren. Die Märchen Bettelheims, der so gern bewundert wurde und so sehr unter dem Bewußtsein litt, der Bewunderung nicht wert zu sein, entsprangen weniger seinem Wunsch, Erfolg zu haben, als vielmehr dem weitaus grundlegenderen, menschlicheren, seine wunden Stellen zu schützen. Doch er sah das als Betrug und fühlte sich schuldig. Und wappnete sich dagegen mit Arroganz und Aggressivität. Und dieses Verhalten wiederum gab den Verdächtigungen gegen ihn neue Nahrung.

Der Titel des Analytikers wurde Bettelheim immer wieder streitig gemacht. In Frankreich etwa im Jahre 1974, als der Film Daniel Karlins über die Orthogenic School im Fernsehen lief. Das bereitete Bettelheims ehemaliger Mitarbeiterin Candace Hilldrup, die mittlerweile in Paris lebte, Kopfzerbrechen. Bettelheim schrieb ihr am 19. Februar 1975 einen Brief, in dem er ihr riet, das Ganze gar nicht ernst zu nehmen, fügte jedoch auch hinzu: »Ich bin zum Mitglied der Chicagoer Psychoanalytischen Gesellschaft gewählt worden. Man braucht kein anderes Zertifikat, um offiziell Analytiker zu sein.« Außerdem hätten ihn die kinderpsychiatrischen Abteilungen der Universitäten von Stanford und Chicago zu Fachvorträgen eingeladen. Das stimmt alles, aber er pocht ein bißchen zu sehr darauf, als daß man hier nicht ein Problem wittern würde. Und das Ende des Briefes kann einen darin nur bestärken: »Als würde das für mich etwas bedeuten, ob ich Psychoanalytiker bin oder nicht, als würde das etwas beweisen! Wir haben Kindern geholfen, mit denen sich niemand abgeben wollte, das ist das einzige, was zählt, und wir haben dabei viel gelernt. Wen interessiert, wie das heißt?«

Die komplizierten Beziehungen Bettelheims zum Freudschen Denken im allgemeinen und zu den Institutionen der Psychoanalyse im besonderen sind nicht verständlich ohne einen kleinen historischen Exkurs. Anfang der vierziger Jahre galt in den USA die schlichte Regel, daß man – entgegen Freuds Empfehlung – nur als Arzt psychoanalytisch tätig werden durfte. Die Kinderanalyse jedoch wurde nicht als richtige Analyse betrachtet, weil sie nicht im klassischen Freudschen Setting stattfand, das nach den Regeln der Internationalen Psychoanalytischen Vereinigung (IPA) so aussieht: Der Patient liegt frei assoziierend auf der Couch, der Analytiker sitzt fünfundfünfzig Minuten lang aufmerksam und schweigend im Hintergrund. Die Psychoanalytischen Gesellschaften duldeten zwar die Analyse von Kindern – immerhin hatte Anna Freud sie entwickelt –, nahmen sie aber nicht allzu ernst. Deshalb war sie nicht denselben strengen Regeln unterworfen und bot so den immer neuen Wellen von Psychoanalytikern, die der Nationalsozialismus nach Amerika trieb, eine Chance. Denn die waren oft erfahrene Therapeuten, aber eben keine Ärzte. Oder sie hatten keine Lust, ihre Assistenzarztzeit nachzumachen. Auf diese Weise war es beispielsweise Edith Buxbaum gelungen, gleich eine Praxis in New York zu eröffnen.

Der Fall Bruno Bettelheim lag anders: Bettelheim hatte in Wien keine psychoanalytische Ausbildung erhalten. Das war es, was Kurt Eissler mit seiner eingangs zitierten Bemerkung meinte: Um sich mit dem Titel eines Psychoanalytikers schmücken zu können, hätte er seine private Analyse bei Richard Sterba um ein »Stück« Lehranalyse in den USA ergänzen müssen. Da er an der Orthogenic School nur Kinder behandelte, hätte das ausgereicht. Sein Studium bei Karl Bühler, seine Kontakte mit der Wiener Analytikergemeinde und seine Arbeiten in den USA taten ein übriges. Denn trotz einer gewissen Verachtung der Psychoanalytiker für psychologische Tests[7] waren die Grenzen zwischen Psychologie und Psychoanalyse damals noch ziemlich durchlässig. Das berühmte Psychoanalytische Institut in Berlin etwa, das zum Vorbild für Chicago wurde, forderte in den dreißiger Jahren von allen Kandidaten, den Rorschach-Test zu ma-

7 George Sheviakov etwa, der begeistert war von der Psychoanalyse, erwähnt in seinen für seine Kinder aufgenommenen mündlichen Erinnerungen auch die Probleme, die er diesbezüglich mit seinen freudianischen Freunden hatte, als er an der Eight Year Study arbeitete.

chen[8] - einen jener Tests, deren Handhabung Bettelheim in Rockford gelehrt hatte.

In Chicago herrschte eine besondere Situation. Während überall sonst, besonders in New York, die vom Ansturm der Europäer verschärften Konflikte zwischen Schulen und Personen im allgemeinen zur Gründung konkurrierender Gesellschaften führten, verhinderte in Chicago eine ungewöhnliche Organisationsform jedwede Spaltung: Chicago war und ist die einzige Stadt der Vereinigten Staaten, wo das Institut, in dem die Analytiker ausgebildet werden, vollkommen unabhängig ist von der Psychoanalytischen Gesellschaft, der Organisation der praktizierenden Analytiker, beide aber Mitglieder der American Psychoanalytic Association (APA) sind.

Die Chicagoer Analytiker zerfielen grob gesagt in zwei Gruppen: die sogenannten Konservativen, die die freudianische Orthodoxie gegen jede Ketzerei verteidigten, und die anderen, die Freuds Methoden nur für eine Grundlage hielten, von der aus man die analytische Technik unter Berücksichtigung der unterschiedlichen gesellschaftlichen Verhältnisse erst noch entwickeln müsse. In der Psychoanalytischen Gesellschaft (der natürlich alle angehörten) hatten die »Konservativen« das Sagen, die »Neuerer« dagegen sammelten sich um Franz Alexander, den Gründer und ersten Leiter des Instituts, allerdings hatten nur wenige von ihnen auch die Lehrbefugnis. Der Konflikt war heftig und wurde nicht nur von ernsthaften theoretischen Differenzen, sondern auch von Standesdenken und persönlichen Mißhelligkeiten belebt.

Kurt Eissler, Emmy Sylvester und die meisten Immigranten, mit denen Bettelheim verkehrte, bildeten die Bataillone des konservativen Flügels. Einer ihrer Anführer war Lionel Blitzsen, ein hinreißend exzentrischer Amerikaner, der - ich möchte fast sagen, selbstverständlich, so häufig waren derartige Konstellationen - die Psychoanalyse auf der Couch Franz Alexanders gelernt hatte. Das war im übrigen nicht das einzige Paradoxon. Der Sekretär der Psychoanalytischen Gesellschaft, Roy Grinker, war ein Jahr lang bei Freud in Analyse und damit der einzige unter den Loyalisten, der Freud wirklich nahe gekommen war. Franz Alexander wiederum hatte nicht bloß eine ansehnliche Korrespondenz mit Freud vorzuweisen, sondern seinerseits sogar Freuds Sohn Oliver analysiert.

8 Siehe Siegfried Bernfeld, »On Psychoanalytic Training«, in *Psychoanalytic Quarterly*, 1962.

Die Lage in Chicago war deutlich von Alexanders eindrucksvoller Persönlichkeit geprägt. Er war bereits 1930 in die USA gekommen, nicht als Flüchtling, sondern als Abenteurer auf der Suche nach neuen Herausforderungen. Damals war Alexander, Sohn eines ungarischen Professors, neununddreißig Jahre alt, ein Arzt, der wegen seines geringen Ansehens in Wissenschaftskreisen lange gezögert hatte, ob er sich der Psychoanalyse zuwenden sollte.[9] Als seine Entscheidung schließlich gefallen war, erwies er sich gleich als so glänzend begabt, daß Freud ihm noch im Jahr seines Eintritts ins Berliner Institut den Preis für den besten klinischen Aufsatz des Jahres zuerkannte.

Das Institut in Berlin, fünf Jahre vor dem in Wien gegründet, war eine Ideenschmiede für Neuerungen in der analytischen Technik. Der freie Wind, der über der Weimarer Republik wehte, und sicher auch die Entfernung vom Meister ermutigten die jungen Analytiker zu allen erdenklichen Kühnheiten. Während Wien noch mit dem Zusammenbruch nach dem Krieg kämpfte, blühte in der preußischen Hauptstadt das kulturelle und geistige Leben. Als Alexander nach Amerika ging, zählte das Institut Otto Fenichel, Erich Fromm, Georg Groddeck, Karen Horney, Melanie Klein und Sandor Rado zu seinen Mitgliedern. Das heißt, dort tummelten sich fast alle, die die Psychoanalyse in den nächsten dreißig Jahren bestimmen sollten. Die Entwicklung des Freudschen Denkens in den Vereinigten Staaten und dessen Aufspaltung in unterschiedliche Strömungen, die in sehr verschiedene Richtungen führten, ging jedenfalls nicht von Wien aus, sondern von Berlin.

Und das war kein Zufall. Das Berliner Institut hatte den Kandidaten der Psychoanalyse als erstes eine Lehranalyse auferlegt, bevor sie als Analytiker tätig werden durften. Die Mindestdauer der Lehranalyse betrug ein Jahr - nach Peter Gay ein therapeutischer Optimismus, der heute absolut leichtfertig wirkt.[10] Immerhin waren die Berliner die ersten Analytiker, die die Freudsche Lehre mit Hilfe eines Lehranalytikers an sich selbst erprobten, und daher mehr als andere an technischen Fragen und praktischer Wirksamkeit interessiert.

Franz Alexander also baute das Chicagoer Institut nach dem Ber-

9 Das hat er selbst erzählt in »A Jury Trial for Psychoanalysis«, in *Journal of Abnormal and Social Psychology,* 1940.

10 Peter Gay, *Freud. Eine Biographie für unsere Zeit,* a.a.O.

liner Vorbild auf und versuchte mit anderen originellen Köpfen, meist Frauen, die er als Mitarbeiter nach Chicago gelockt hatte, immer neue, immer effizientere Methoden zu finden. Im Laufe der Jahre entfernte er sich von der orthodoxen Lehre. Er ersann Kurztherapien, wurde zu einem Pionier der Psychosomatik und gelangte so zu einer immer stärkeren »Medizinisierung« der Psychoanalyse – eine Entwicklung, die er früher gemeinsam mit Freud aufs heftigste bekämpft hatte.

Als Alexander 1930 Europa verließ, soll Freud gesagt haben: »Hoffentlich bleibt in Amerika noch etwas von ihm übrig!« Diese Bemerkung wurde von Alexanders Feinden ebensogern kolportiert wie von seinen Freunden. Ob sie tatsächlich von Freud stammt, ist ungewiß, jedenfalls hatte sie sicher weniger mit Alexander selbst zu tun als mit Freuds zwiespältigen Erwartungen, wie sich die Analyse in den Vereinigten Staaten entwickeln würde. Bevor wir darauf zu sprechen kommen, sollten wir zunächst die Begriffe klären, denn die Wege der Analyse diesseits und jenseits des Atlantiks gingen so weit auseinander, daß die Definitionen unterschiedliche Bedeutungen annahmen – was Bruno Bettelheim in seinem Essay *Freud und die Seele des Menschen* vortrefflich zeigte. Eine theoretische Klärung ist um so dringlicher, als Bettelheim zwar keine Analyse im engeren Sinne betrieben hat (»Das ist die Sahne auf dem Kuchen«, sagte er gern), seine klinische Arbeit jedoch so tief in der Freudschen Konzeption des Unbewußten gründete, daß die Arbeit an der Orthogenic School unverständlich bleibt, wenn man diese nicht im Kopf hat.

Es ist jedoch ziemlich schwierig, das theoretische Konzept zu erklären, denn Psychoanalyse ist zuerst und vor allem eine Erfahrung, dann erst Theorie. Diese Behauptung – die jeden, der die Erfahrung nicht gemacht hat, vor den Kopf stoßen muß (»Ich *glaube* eben nicht an die Psychoanalyse!«) – bedeutet jedoch nicht, daß die Psychoanalyse ein geheimnisvolles Initiationsritual ist, wie ihr oft vorgeworfen wird. Das ganze Geheimnis der Psychoanalyse besteht darin, daß wir uns per definitionem weigern, das Unbewußte wahrzunehmen (sonst wäre es nicht unbewußt). Das Unbewußte, wie es Freud entdeckt und definiert hat, ist mehr als Unwissen, nämlich das Ergebnis einer Verdrängung: Das Ich weigert sich, einen Trieb, eine Vorstellung, eine verletzende Äußerung anzunehmen, weil sie unvereinbar sind mit dem Bild, das es von sich hat, und daher dieses Bild gefährden. Die Verdrängung der Triebe, das heißt, die Weigerung, sie zur Kenntnis zu nehmen, hindert die Triebe indes nicht daran, weiter ihre Befriedigung zu suchen – und auch zu erreichen, allerdings auf Umwegen, das heißt durch Symptome, die das normale Leben beeinträchtigen. Die Analyse erlaubt die Rückkehr des Verdrängten durch dessen Wiederholung in der Übertragung, das heißt in der Beziehung zwischen Patient und Psychoanalytiker. Wenn alles gutgeht, entdeckt der Patient schließlich den Ursprung seiner Symptome. Die Existenz des Unbewußten ist also das einzige Postulat der Psychoanalyse, das man ohne Beweis voraussetzen muß.

Wenn wir ein Bild aufnehmen, das Michèle Montrelay in ihrem schönen Vorwort zur französischen Ausgabe von *Freud und die Seele des Menschen* geprägt hat, können wir den Analysanden mit einem Einhandsegler vergleichen, der im Nebel aufgebrochen ist, den geheimnisvollen Archipel seines Unbewußten zu erkunden. Hunderte, Tausende Male geht er an Land, bis er begreift, daß es immer dieselben Inseln sind, die er von immer neuen Küsten aus entdeckt. Dann erst kann er darangehen, eine Landkarte zu skizzieren, die allerdings nie fertig wird, denn anders als ein Archipel ist das Unbewußte ständig in Bewegung, es flieht den scharfen Blick des Beobachters und eignet sich listig und grausam dessen Entdekkungen an, um ihn noch besser in die Irre zu führen.

Ausdauernd und geduldig muß der Reisende lernen, die Possen seines Unbewußten zu durchschauen und zu umschiffen. Mit Hilfe eines guten Analytikers wird es ihm sogar gelingen, einen kurzen Blick auf dieses andere Ich zu erhaschen und es bei der Arbeit zu beobachten. Er wird das Stück kennenlernen, das es im Schattentheater seiner Seele produziert. Dann kann der Reisende an Land gehen und in der wirklichen Welt seinen Platz einnehmen, nur seinen, aber den ganz. Er wird handeln, statt zu erleiden, er wird fähig sein, zu geben und zu nehmen, was er will, und nicht, was die Gespenster seiner Vergangenheit befehlen.

Und die Rolle des Psychoanalytikers in dieser Odyssee? Er muß der Wind sein, ohne den das Boot nicht von der Stelle kommt. Der Wind, der die Segel bläht. Der Wind, in dessen verwirrendem Raunen der Schiffer alte Lieder wiederklingen hört, die ihn verführen, im Kreis zu fahren oder auf die Klippen aufzulaufen, an denen er schon tausendmal gescheitert ist. Der stetige, verläßliche Wind, der das Boot wieder flott macht und vorantreibt, bis der Nebel aufreißt und er erkennt, wo die Strömungen, die er so gut zu kennen glaubte, sich mischen und den Strudel bilden, der ihn jedesmal verschlingt. Ein leichter, sanfter Wind, der immer da ist, ungreifbar wie das Unbewußte, dessen Umrisse er manchmal enthüllt, der den Reisenden nicht leitet, sondern begleitet, bis er sich stark genug fühlt, seine Reise allein fortzusetzen.

Das ist, wie man sieht, weit entfernt von der Vorstellung therapeutischer Effizienz. Sigmund Freud war ein Humanist, für den die Erkenntnis selbst Fortschritt bedeutete. In diesem Sinne wirkt die Psychoanalyse: Einmal erkannt, können die unbewußten Triebe auf annehmbarere, unauffälligere Wege zur Befriedigung umgeleitet werden, und die Symptome verschwinden. Am Ende seines Lebens allerdings räumte Freud ein: »Wir können sagen, daß die Analyse mit ihrem Ziel, Neurosen zu heilen, indem sie die Herrschaft über die Triebe sichert, in der Theorie immer recht hat, in der Praxis jedoch nicht.«[11] Damit meint er »den quantitativen Aspekt, den wir so gern übersehen«, die Einsicht, daß ein Konflikt, den man richtig erkannt hat, deshalb noch nicht besiegt ist. Dieses Eingeständnis der relativen Hilflosigkeit der Analyse angesichts des störrischen Unbewußten läßt sich unterschiedlich interpretieren: als Zeichen der Redlichkeit des Forschers und seines unermüdlichen Strebens nach höheren Zielen oder – sofern man die Heilung als höchstes Ziel ansieht – als Eingeständnis des Scheiterns. Das verstanden viele als Ermächtigung, abseits der erforschten Wege neues Terrain zu erkunden und andere Therapieformen auszuprobieren; dabei verloren einige das Wesen der Freudschen Entdeckung aus den Augen.

In seinem letzten Interview mit Daniel Karlin im Juni 1989 sagte Bruno Bettelheim zur Frage der Heilung von Psychotikern: »Man kann einen gebrochenen Arm wieder zusammenflicken, aber man kann den Bruch nicht ungeschehen machen.« Das ist dasselbe, was Freud sagt, nur in anderen Worten: Es gibt keinen Laserstrahl für die kaputte Seele, der alle Spuren einer Störung vollkommen und für alle Zeit beseitigen könnte. Man kann die zerrissene Seele zusammenflicken, doch die Narben bleiben, empfindlich, anfällig, und es gibt keine Garantie dafür, daß die Analyse weit genug gegangen ist, daß sie alle Winkel der Seele so gut ausgeleuchtet und unter Kontrolle gebracht hat, daß die Narben nicht einmal unter dem Druck innerer Spannungen wieder aufplatzen könnten.

Durch solche Einschränkungen, wie ehrenwert auch immer,

11 *Die endliche und die unendliche Analyse.*

macht man sich in den USA nicht unbedingt beliebt – außer vielleicht in Intellektuellenkreisen, doch selbst die erwarten ein paar Gewißheiten, und das Ganze sollte doch irgendwie gut ausgehen. In diesem Land der Selfmademen und der unbegrenzten Möglichkeiten schätzt man eindeutige und vor allem spektakuläre Ergebnisse. Neue Ideen werden begierig aufgenommen. Auch der Außenseiter bekommt seine Chance. Doch Gnade dem, der sie verspielt oder nicht schnell genug handfeste Resultate vorweisen kann! Denn der Verlierer hat hier noch mehr unrecht als anderswo. Daher die paradoxe Rezeption der Psychoanalyse, die anfangs als große Entdekkung gefeiert und auf ein Podest gehoben wurde, so daß sie alles andere in den Schatten stellte, und ebenso schnell beschädigt und gestürzt war, zerrieben zwischen ihren schon von Freud erkannten schlimmsten Feinden: den Ärzten und den Priestern (im weitesten Sinn des Wortes, denn dieses Land zählt nicht weniger als dreihundert evangelische Kirchen, ganz zu schweigen von den unzähligen Sekten). Um sie vor den Priestern zu schützen, haben Freuds Schüler und Vertraute sie den Ärzten überantwortet – sie waren manchmal selber welche, aber bislang hatte das keine große Bedeutung gehabt. Und nicht genug damit, daß sie die Medizinisierung des Freudschen Denkens unterstützten, das diesem so zuwider war, sie machten sich auch noch zu deren Vorreitern.[12] So war die Psychoanalyse in den Vereinigten Staaten bald »nicht mehr als eine der Mägde der Psychiatrie«, wie Freud verächtlich bemerkte.[13]

Dabei hatte Freud die amerikanische Schwärmerei für die Psychoanalyse zunächst ungemein beeindruckt; überrascht von dem Empfang, den ihm die kleine Clark University in Worcester, Massachusetts, bereitete, schrieb er: »Der kurze Aufenthalt in der Neuen Welt tat meinem Selbstgefühl überhaupt wohl; in Europa fühlte ich mich

12 Für die französische Historikerin und Psychoanalytikerin Elisabeth Roudinesco (*Lacan and Others*, Chicago University Press, 1990) sind zwei Voraussetzungen notwendig, damit sich die Psychoanalyse in einem Land etablieren kann: Erstens Demokratie und zweitens die Existenz eines strukturierten Psychiatriewesens. Die zweite Bedingung war in den Vereinigten Staaten nicht erfüllt, als die europäischen Analytiker kamen, sie haben sich von der Leere aufsaugen lassen. Die Psychoanalyse bot der Psychiatrie in der Tat ein Modell der menschlichen Psyche, das ihr fehlte. In anderen Ländern begnügte sich die Psychiatrie allerdings damit, die Theorie ihrer Lehre einzuverleiben. In den USA schluckte sie auch die Therapeuten. So tragen die Psychoanalytiker dort den Titel »Psychiater«, wenn sie Mediziner sind, und »Psychologen«, wenn sie es nicht sind.

13 Brief vom 3. Juli 1938 an Theodor Reik, zit. nach Gay, a.a.O.

wie geächtet, hier sah ich mich von den Besten wie ein Gleichwertiger aufgenommen. Es war wie die Verwirklichung eines unglaublichen Tagtraums ... Die Psychoanalyse war also kein Wahngebilde mehr, sie war zu einem wertvollen Stück der Realität geworden.«[14]

Das war 1909, als Freud seine erste und einzige Amerikareise unternahm und noch nicht abzusehen war, daß so viele seiner Schüler einmal gezwungen sein würden, sich ein neues Leben auf der anderen Seite des Atlantiks aufzubauen. Und auch sie waren voller Begeisterung, als sie nach all der Verfolgung, Beraubung, Demütigung dank dieser Wissenschaft, die ihnen bisher nur scheele Blicke eingebracht hatte, sich die Stellen in amerikanischen Krankenhäusern aussuchen konnten. Durch ihre Bildung, ihre große theoretische Gewandtheit und »ihre besondere therapeutische Erfahrung in Kombination mit ihrer Hingabe an die gemeinsame Sache gehörten sie von Anfang an zur Elite der amerikanischen Psychiatrie«.[15]

Der Preis dafür war hoch - wie Freud schon 1925 prophezeite. Die Amerikaner begeisterten sich zwar für die Psychoanalyse, stutzten ihr aber die Flügel. Freud hatte vermutet, die Analyse würde »verwässert« und ihr Name für alles mögliche mißbraucht werden, das mit ihr nichts zu tun hätte; schließlich fehle es »an Gelegenheiten zu gründlicher Ausbildung in Technik und Theorie«. Außerdem, so Freud, würde ein naiver Behaviorismus der Psychoanalyse entgegentreten, der »sich in seiner Naivität rühmt, das psychologische Problem überhaupt ausgeschaltet zu haben«[16]. In den USA würde die Psychoanalyse zwar das Bürgerrecht erhalten, aber Gefahr laufen, mit ihrer Tiefe auch ihre subversive Kraft zu verlieren; sie würde sich »normalisieren«, um in den Rang einer »nützlichen Wissenschaft« mit quantifizierbaren Resultaten aufzusteigen.

Rasch gewann die Vorstellung an Boden, die Psychoanalyse könnte sich auf eine »konfliktfreie Zone« stützen, die man im Ich vermutete, unberührt vom Tumult der Triebe und daher zuverlässiger als der Rest. Legitimiert wurde diese Entwicklung durch einige Arbeiten, die Freud selbst gebilligt hatte, vor allem die Schriften Paul Federns[17] und Anna Freuds *Das Ich und die Abwehrmechanismen*.

14 Sigmund Freud, *Gesammelte Werke XIV, Werke aus den Jahren 1925-1931*, hg. von Anna Freud et. al., London 1948, S. 78.
15 Paul Roazen, *La Saga freudienne*, Paris 1986.
16 Sigmund Freud, *Gesammelte Werke XIV*, a.a.O., S. 79.
17 Besonders dessen Beitrag zum *Psychoanalytischen Volksbuch*, 1926, und *The Ego Feeling in Dreams*, 1932.

Die konfliktfreie Zone wäre der Bereich des Lernens oder, allgemeiner, der Anpassung. Sie müßte der Analytiker stärken. Er würde den Patienten nicht bloß begleiten, wenn dieser auf der Suche nach vielleicht unheilbaren Beschädigungen in die unergründlichen Tiefen seines Unbewußten tauchte, sondern dessen Führer sein – das wäre denn auch eine seiner Stellung in der Neuen Welt angemessene Rolle. Da er natürlich die Landschaft der Seele schneller entzifferte als der Patient, lenkte er diesen auf den richtigen Kurs, die sanfte Brise, die das Boot treibt, würde zum Sturm, und der irrende Schiffer spürte die starke, hilfreiche Hand des Analytikers am Steuer.

Mit diesem Kurs wird die Fahrt kürzer, der Reisende muß sich nur an die vom Analytiker empfohlene Route halten. Doch es ist eine andere Reise, und das ist das Problem. An die Stelle der Entdeckungen ist die Effizienz getreten (wie in den Labors für angewandte Forschung, die zu jener Zeit so viele europäische Köpfe anzogen). In vielen Fällen sieht der Patient in der Tat zu seinem Erstaunen alsbald die störendsten Symptome schwinden, die seine Einfügung in die Gemeinschaft am stärksten behindert haben. Doch diese Veränderungen sind oft nur oberflächlich und halten den Wechselfällen des Lebens kaum stand. Da er die Inseln seines Unbewußten nicht selbst entdeckt hat, läuft der Schiffer nun Gefahr, sich aufs neue zwischen ihnen zu verlieren, kaum daß er allein ist. Aber daran soll es nicht scheitern; er kann ja jederzeit wieder ein »Stück« Analyse machen!

Die Entwicklung und Differenzierungen der Ichpsychologie[18] wurden hier nur angedeutet, doch diese kurze Zusammenfassung ist recht gut zu gebrauchen, um die Affinitäten zwischen der Ichpsychologie und dem Behavioriusmus aufzuzeigen, den Bruno Bettelheim sein ganzes Leben lang bekämpfte. Außerdem werden daran die in Amerika, besonders von Woody Allen, gern karikierten Züge der Psychoanalyse sichtbar: die unendliche Folge von Behandlungen, die Analytiker (in einer kurzen Szene von *Zelig* tritt übrigens Bruno Bettelheim selbst auf) mit ihren bedeutungsschweren Sätzen wie: »Machen Sie, was ich sage, nicht, was ich tue« (das sagt in *Verbrechen und andere Kleinigkeiten* ein Philosoph, der mit starkem Wiener Akzent das Überleben predigt, sich aber am Ende selbst

18 In anderen Ländern wurde die Ichpsychologie ziemlich abschätzig behandelt, insbesondere in Frankreich, wo der Bannfluch Lacans viele seiner Jünger davon befreit zu haben scheint, sich überhaupt darüber informieren zu müssen.

umbringt; der Film erschien kurz vor Bettelheims Tod – ich wüßte gern, ob er ihn gesehen hat). So wurde aus Freuds »Unbehagen an der Kultur«, aus der Einsicht, daß seine Patientinnen am Konformismus des bürgerlichen Wien seiner Zeit krankten, eine Technik der Anpassung an bestehende Verhältnisse, die Jean-Paul Sartre und andere Linke in den sechziger Jahren heftig angegriffen haben. Und je weiter sich die in den USA praktizierte Psychoanalyse vom ursprünglichen Konzept Freuds entfernte, desto mehr verlor sie an Ansehen und wurde von immer neuen Therapien verdrängt, die noch kürzer, noch effektiver waren.

Und Bruno Bettelheim? Der ging einen paradoxen Weg, der ihn schließlich nach vielen Umwegen wieder an den Ursprung führte. Von der Testpsychologie (im Rahmen der Eight Year Study), kam er über die dynamische Psychologie (einer Art Übergang zwischen Psychologie und Psychoanalyse) und einen kurzen Flirt mit der Kulturanthropologie[19] in den *Symbolischen Wunden*, in die Nähe der Ichpsychologie. Sein Hauptvorwurf an die Psychoanalyse, wie er ihn in *Aufstand gegen die Masse* formuliert – sie interessiere sich nur für die neurotischen Züge, nicht für die Stärken des Individuums und versage daher in Extremsituationen –, erinnert an die Argumentation Heinz Hartmanns, des ersten Theoretikers der Ichpsychologie.

Bei der Beschreibung seiner Arbeit an der Orthogenic School berief sich Bettelheim auf Heinz Kohuts Psychologie des Selbst, die Arbeiten Anna Freuds und die englische Psychoanalyse, vor allem Donald Winnicott. Er griff deren ichpsychologische Theorien auf, schloß sich aber keiner Schule an und blieb stets ein Einzelgänger. Auch deshalb erntete er soviel Widerspruch. Die Gegner der Psychoanalyse wählten ihn gern zu ihrer Zielscheibe, und die orthodoxen Freudianer warfen ihm vor, seine Interpretationen seien psychologisch statt analytisch, sie beschäftigten sich mehr mit dem manifesten Inhalt des Gesagten statt mit dessen latenten Verweisen auf das Unbewußte. »Bettelheim?« tönte es von dieser Seite apodiktisch, »das ist doch keine Psychoanalyse!«

Doch auf seiner Erkundung der unterschiedlichen Wege, die die Psychoanalyse seit ihrer Ankunft in Amerika eingeschlagen hatte,

19 Eine Richtung, die versuchte, Anthropologie und Psychoanalyse zu verbinden, und die universale Gültigkeit des Ödipuskomplexes verwarf; entstanden aus dem Interesse, das Freuds Gedanken bei einigen Anthropologen hervorriefen (besonders Malinowski, Ruth Benedict, Abram Kardiner und Margaret Mead), zog sie bald auch dissidente Freudianer wie Erich Fromm oder Karen Horney an.

fand Bruno Bettelheim schließlich zu Freud zurück - nicht zum weltberühmten Meister der Psychoanalyse, sondern zu dem jungen Wissenschaftler, der sich mit seinen eigenen Neurosen herumschlug, um die Existenz des Unbewußten nachzuweisen. Diesen Pionier der Analyse ehrt der analytische Autodidakt in seinem 1982 erschienenen Essay *Freud und die Seele des Menschen*, der ein tiefes Verständnis des Freudschen Denkens zeigt.

Anhand einiger einfacher, aber verblüffender Beispiele demonstriert Bettelheim, wie die Grundbegriffe der Psychoanalyse durch die Übersetzung ins Englische jene Eigenschaft verloren haben, die die Kraft des Freudschen Denkens eigentlich ausmacht: Unmittelbarkeit und Menschlichkeit. Freuds »direkte und immer zutiefst persönliche Bezüge zum uns allen gemeinsamen Menschsein erfährt der englischsprachige Leser in Form von abstrakten, unpersönlichen, hochtheoretischen, gelehrten, technischen - mit einem Wort: ›wissenschaftlichen‹ - Behauptungen über die seltsamen und äußerst komplizierten Vorgänge in unserer Seele«. So sei aus Freuds Einladung zur Selbstbeobachtung ein intellektuelles Konstrukt geworden, ein Interpretationsschema für das Verhalten anderer. Denn das Fundament der Psychoanalyse, schreibt Bettelheim, und das Geheimnis ihrer Kraft lägen in Freuds lebenslangem Ringen mit sich selbst.

Freud habe den tief verwurzelten Wunsch durchschaut, das Unbewußte nicht zur Kenntnis zu nehmen, und daher in seinen schönen Texten stets versucht, dessen komplexe Mechanismen, an den Erfahrungen des Lesers anknüpfend, möglichst klar, direkt und schlicht zu veranschaulichen. In der englischen Übersetzung jedoch seien zentrale Begriffe dem Streben nach wissenschaftlichem Ruhm zum Opfer gefallen. So habe man Ich, Es und Überich durch die lateinischen Ausdrücke ego, id und super-ego ersetzt, obwohl sich im Englischen »I«, »It« und »Upper-« oder »Above-I« angeboten hätten - wo doch »ich« und »es« zu den am häufigsten gebrauchten Wörtern gehörten, mehr noch, zu den ersten, die ein Säugling lerne. Noch schwerer wiege, daß aus Freuds eigentlichem Forschungsgegenstand: der menschlichen »Seele« mit ihren zahlreichen Anklängen im geistigen wie im emotionalen Bereich, im Englischen nicht »soul« wurde, sondern »mind«, der trockene, kalte Geist. Auf diese Weise, schließt Bettelheim, habe die Übersetzung Freuds Denken verzerrt und seine Entdeckungen entstellt.

Fragt man Analytiker nach ihrer Meinung über diesen Essay Bettelheims, antworten sie meist, das sei zwar alles nicht verkehrt, aber auch nicht neu; das hätte doch längst schon jeder gewußt. Wer Freud auf deutsch gelesen hat, merkt diese Verschiebung durch die englische Übersetzung natürlich. Doch Bettelheim war der erste, der das einem breiteren, nicht spezialisierten Publikum in einfachen, verständlichen Worten erklärte. Allerdings tat er das ziemlich spät, vierzig Jahre nachdem er selbst das Deutsche aufgegeben und das Englische zu seiner Umgangs- und Arbeitssprache gewählt hatte. Die ersten Übersetzungen erschienen noch zu Freuds Lebzeiten, die späteren hatten den Segen seiner Tochter Anna – sie anzugreifen, schreibt Bettelheim, wäre ein Sakrileg gewesen, »eine Kritik am verehrten Meister selbst«.

Bettelheim stellt die Frage, wie Freud, der fließend Englisch las, eine Übersetzung seiner Werke dulden konnte, die diese so offensichtlich ihres humanistischen Gehalts beraubte – und beantwortet sie mit Freuds Abneigung gegenüber den Vereinigten Staaten. Diese Erklärung greift allerdings zu kurz. Obwohl Freud Amerika verachtete wie alle Europäer seiner Zeit, die es weniger als Land ansahen denn als Kontinent, als fernen, fremden, noch etwas barbarischen Kontinent, in dem es mehr um Eroberung und Überleben ging als um Lebensart und Kultur, wußte er vor allem in seinen späteren Lebensjahren sehr wohl, daß in diesem Land die Zukunft der Analyse lag. Er kämpfte sein Leben lang um die Durchsetzung seiner Standpunkte in den Vereinigten Staaten, was sich auch an der Diskussion um die Laienanalyse zeigt. Eine Zeitlang erwog Freud sogar den »friedlichen« Ausschluß der amerikanischen Gesellschaften, die nur Ärzte als Psychoanalytiker zulassen wollten, aus der Internationalen Psychoanalytischen Vereinigung. Doch als die mächtige Psychoanalytische Gesellschaft New Yorks ihm nur ein kleines Stück entgegenkam, ergriff Freud die ausgestreckte Hand sofort[20] – das Überleben der Analyse war ihm einige Konzessionen wert. Im März 1939 beglückwünschte er sogar seinen Freund Arnold Zweig, daß er nicht England, sondern Amerika zu seinem Exil gewählt habe. »Amerika scheint mir wie ein Anti-Paradies«, schreibt er, »aber es hat soviel Raum und so viele Möglichkeiten, und am Ende gehört man

20 Zu Freuds Verhältnis zu den Vereinigten Staaten siehe Peter Gay, *Freud*, Paul Roazen, *La saga freudienne*, und Elisabeth Roudinesco, *Histoire de la psychanalyse en France*. Zur Debatte um die Laienanalyse siehe den Kommentar Michel Schneiders zur französischen Übersetzung der Freudschen Schriften bei Gallimard (1985), *La Question de l'analyse profane*.

dazu.«[21] Das zeigt, wie gut Freud die Grundbedingungen des Exils in der Neuen Welt begriffen hatte.

Einige Kritiker warfen Bettelheim wegen seiner Rückwendung zu Freud Opportunismus vor. Dieser Vorwurf ist oberflächlich und auch einigermaßen absurd, weil Freuds Ansehen in den Vereinigten Staaten in dem Maße abnahm, wie Bettelheim sich ihm annäherte. Meine Hypothese ist, daß die Gewohnheit der Introspektion, die Bettelheim in Dachau als Mittel zum Überleben erkannt und sein ganzes Leben lang beibehalten hatte, ihn schließlich dahin führte, dem Entdecker der Analyse auf seinem ureigensten Terrain wiederzubegegnen.

Gina Weinmann kreidet Bettelheim gelegentlich an, er habe sich im Alter, als er in der ganzen Welt berühmt war und ständig nach seiner Meinung über alles mögliche gefragt wurde, die er auch stets in apodiktischer Manier verkündet habe, selber für Freud gehalten. Hinter dieser bösen Unterstellung steckt wohl eine zutreffende Beobachtung. Am 10. August 1981 schrieb Bettelheim an seinen Freund Carl Frankenstein: »Ich habe gerade meinen langen Essay zur englischen Freud-Übersetzung beendet, in dem er besser wegkommt, als er es als Mensch verdiente. Aber was für ein Geist! Welches Verständnis für die menschlichen Schwächen! Und doch – welche Unfähigkeit, respektvoll mit seinen Schülern umzugehen, von seinen Feinden ganz zu schweigen ... Es ist immer schwierig, denke ich, die Grenzen eines wahren Genies, seines Mentors anzuerkennen ... « Für seinen Essay mußte Bettelheim die frühesten Schriften Freuds wiederlesen, und dabei hat ihn angesichts dieses Neurotikers, der ohne Hilfe sich seinem Unbewußten stellte, um dessen Arbeitsweise zu verstehen, dessen Sinn zu finden, zweifellos ein »Erkenntnisschock« ereilt.

Sicher, wer eine Analyse beendet hat, führt sie für den Rest seines Lebens in Form der Introspektion weiter. Und die Tatsache, daß so viele Analysanden am Ende ihre eigene Berufung zum Analytiker entdecken, zeugt von der Dankbarkeit, die sie denen gegenüber empfinden, durch die sie soweit gekommen sind, die Schuld, die sie abtragen wollen – ihrem Analytiker, aber auch Freud gegenüber.[22]

21 Sigmund Freud. Arnold Zweig. *Briefwechsel*, Frankfurt/Main 1984, S. 186.

22 In Wien, erklärte Bettelheim in seinem Interview mit David James Fisher, habe man die Patienten am Ende der Analyse aufgefordert, zwei Jahre verstreichen zu lassen, ehe sie sich als Kandidaten anmeldeten, um sicherzugehen, daß ihr Wunsch, Analytiker zu werden, nicht bloß eine Folge der Übertragung sei.

Doch bei Bettelheim lagen die Dinge offensichtlich anders. Seine Analyse bei Richard Sterba war sehr kurz, und als er sie hätte wiederaufnehmen können, war es zu spät. Wer von den Mitgliedern der Chicagoer Psychoanalytischen Gesellschaft hätte denn einen Analysanden begleiten können, der aus Buchenwald kam?

Es dauerte eine Weile, bis man die Schwierigkeiten der Psychoanalyse mit den Überlebenden erkannt hatte. Bettelheim erwähnt es ganz nebenbei: »Das ist ja auch das Hauptproblem in der Behandlung von ehemaligen Konzentrationslagerhäftlingen. Haben sie einen Therapeuten, der es nicht selbst erlebt hat, geht die Therapie nicht recht. Haben sie einen Therapeuten, der selbst im Lager war, der hat zu viele eigene psychologische Probleme, die das Gespräch darüber wachrufen.«[23] Die Psychoanalyse, die mit den Phantasien der Patienten arbeitet, wird nahezu unmöglich, wenn die Wirklichkeit auf so traumatische Weise ins Leben eingebrochen ist, wenn die Realität die Fiktion - die Phantasie - so weit überschritten hat. Deshalb schlägt Bettelheim für solche Patienten eine besondere Form der Behandlung vor: Eine Gruppe ehemaliger Häftlinge analysiert sich unter Anleitung eines erfahrenen Psychoanalytikers selbst.

Hinter dieser Idee, gibt Bettelheim zu, steht seine eigene Erfahrung. Nur daß es sich dabei nicht um eine kollektive, sondern um eine individuelle Selbstanalyse handelte, die von den Umständen erzwungen war. Bettelheim hat seine Analyse, wie wir gesehen haben, nach deren abruptem Abbruch durch die Deportation als Introspektion fortgesetzt, weil er fürchtete, sonst wahnsinnig zu werden. Aus demselben Grund beobachtete er auch das Verhalten seiner Mithäftlinge, um es mit Federn und Fischer zu diskutieren. Diese Tätigkeit, das wiederholt er immer wieder[24], hatte am Anfang nur einen einzigen Zweck: zu überleben und der gezielten Zerstörung seiner Persönlichkeit durch die Nazis zu entgehen.

Die Anstrengung hat sich gelohnt: »Die Belastung, der ich im Konzentrationslager ausgesetzt war, bewirkte dagegen das, was eine jahrelange nützliche und erfolgreiche Analyse nicht hatte erreichen können«, schreibt er in *Aufstand gegen die Masse*. Was er damit sagen will, erklärt er 1954 in seinem Brief an eine Freundin: »Bis zu

23 Brief an E. R., Juli 1980.

24 Diese Bemerkung kommt wirklich in allen Fassungen seiner Untersuchung vor, selbst in seiner Zeugenaussage zum Nürnberger Prozeß.

dieser Zeit haben meine Lebensumstände mir nie erlaubt, mich zu überzeugen, daß ich auf meinen eigenen Füßen stehen kann, sogar unter schwierigen Bedingungen. Daß ich das kann, war eine Erfahrung, die ich scheinbar brauchte.« Und ist das nicht eines der Hauptziele einer guten Psychoanalyse?

Obwohl *Aufstand gegen die Masse* nicht gerade ein Loblied auf die Psychoanalyse ist, plagen Richard Sterbas Ex-Patienten nach dieser Behauptung anscheinend doch einige Skrupel. Also fügt er – ein wenig en passant und in Klammern – folgende Bemerkung an: »Ich bin mir darüber im klaren, daß ich mich und meinen Psychoanalytiker mit diesem Eingeständnis der Kritik aussetze, meine Analyse habe mir zwar Selbsterkenntnis verliehen, aber nicht zu einer Veränderung geführt.« Diese Bemerkung ist verräterisch. Damit räumt Bettelheim ein, daß seine Analyse bei der Entdeckung seiner Probleme steckengeblieben ist. Zu einer gelungenen Analyse gehört auch, wie Bettelheim selbstverständlich weiß, daß der Analysand seine neurotischen Verhaltensweisen in der Übertragungsbeziehung mit dem Analytiker wiederholt, um sie durchzuarbeiten und so die vielfältigen Auswirkungen seiner seelischen Knoten auf sein Leben verstehen zu lernen; am Ende ist er, wenn alles gutgegangen ist, die allerschlimmsten Probleme los. Daß es in seiner Analyse nicht dazu kam, gibt Bettelheim zu. Dann beendet er den Abschnitt mit einer dieser eleganten Wendungen, die er oft gebraucht, wenn er ein lästiges Thema ad acta legen will: »Vielleicht spricht es aber für meine Analyse, daß mir der Gedanke an eine solche Kritik keine Sorge bereitet.«

Das war Ende der fünfziger Jahre, als es mit Bettelheim steil bergauf ging. Er hatte sich in Amerika gänzlich eingelebt, die Orthogenic School lief gut, und mit seiner Familie gab es keine Probleme. In *Aufstand gegen die Masse* gelang ihm die Verbindung zwischen seinen Lagererfahrungen und den Erfahrungen der psychotischen Kinder, die er betreute. Sie sollte zur Grundlage seines Lebenswerks werden. Bettelheims Ton ist der eines Menschen, der sich seiner sicher ist, dem alles zu gelingen scheint. Eines Menschen, der umgeben ist von Liebe und Bewunderung. Eines Menschen, der noch nicht ans Alter denkt und überzeugt ist, die Leiden der Vergangenheit endgültig hinter sich gelassen zu haben.

Zwanzig Jahre später, als *Erziehung zum Überleben* erscheint – eine Sammlung von Essays, deren wichtigste schon in *Aufstand gegen die Masse* standen –, hat sich der Ton grundlegend verändert. Die Einleitung kreist um den Sinn des Lebens, den Selbstmord, Faust, die zerstörerischen Triebe des Menschen und die Angst vor dem Tod. Es ist, als hätte Bettelheim angesichts der Aufgabe, die wichtigsten Schriften seines Lebens in einem Buch zusammenzustellen, gegen das Gefühl ankämpfen müssen, daß der Versuch, eine Spur zu hinterlassen, lächerlich sei und daß jeder von einem Menschen erzielte Fortschritt sich gegen ihn wende, um ihn besser vernichten zu können. Unmittelbar nach diesen einleitenden Gedanken, noch bevor er auf die Gründe für das Buch eingeht, erinnert er sich an die Probleme mit seinem ersten Artikel über die Konzentrationslager. Und dieser Zusammenhang ist nicht zufällig.

Die Bedeutung, die dieser Artikel für ihn hatte, läßt sich daran messen, wie oft er ihn verwendet hat: »Individual and Mass Behavior in Extreme Situations« wurde zuerst im Oktober 1943 vom *Journal of Abnormal and Social Psychology* veröffentlicht. Eine gekürzte Fassung erschien im August 1944 in der Zeitschrift *Politics*, eine andere 1947 im zehnbändigen Supplement der *Encyclopaedia Britannica* zum Zweiten Weltkrieg. Auch 1945, bei seiner Zeugenaussage im Büro von Richter Jackson, dem amerikanischen Ankläger bei den Nürnberger Prozessen, griff Bettelheim darauf zurück. Etwas überarbeitet steht dieser Artikel in *Aufstand gegen die Masse* (1960, dt. 1966) und wieder in seiner ursprünglichen Form in *Erziehung zum Überleben* (1979, dt. 1980).

Dieser Essay ist deshalb so bedeutungsvoll, weil er Bruno Bettelheim weit über die Grenzen Chicagos hinaus bekannt gemacht hat. Im April 1945 befreiten die Amerikaner Buchenwald, und ihre Fotos aus den Baracken, in denen die Überlebenden des Todesmarschs von Auschwitz untergebracht waren, gingen um die Welt. Zwei Monate später, am 15. Juni, teilte Gordon Allport, der Chefredakteur des *Journal of Abnormal and Social Psychology* Bettelheim mit, aus Eisenhowers Stabsquartier in London sei ein Telegramm eingegangen, in dem um die Abdruckerlaubnis für den Artikel gebeten werde, um ihn unter den in Europa stationierten amerikanischen Offizieren zu verteilen: Sie waren nicht vorbereitet auf das, was sie zu Gesicht bekamen, und Bettelheims Essay war damals einer der wenigen englischsprachigen Texte, in denen erklärt wurde, was in den Konzentrationslagern geschehen war. Als er 1960 in *Aufstand gegen die Masse erschien*, gab es noch keine psychologische Analyse der Lager, die ein breiteres Publikum außerhalb der Fachzeitschriften erreicht hätte.[25] Als Bettelheim später in eine schmerzliche Auseinandersetzung mit Überlebenden der Vernichtungslager verwickelt wurde[26], spielte der Artikel wieder eine – diesmal negative – Rolle: Er wurde von den Kontrahenten auseinandergenommen und Zeile für Zeile gegen den Autor verwendet.

Alle Kritiker jedoch verabsäumten es, Bettelheims Essay in seinem Kontext zu sehen. Weil er der erste war, galt er schnell als Standardwerk, und niemand dachte daran, ihn einfach als das Zeugnis zu begreifen, das er war. Man diskutierte die Ideen Bettelheims, fragte aber weder nach seinem theoretischen Rüstzeug noch nach den Umständen der Niederschrift. Das Auftreten Bettelheims war solchen Nachforschungen auch nicht gerade zuträglich. Das ist ein weiteres Beispiel dafür, wie sich die anderen durch Bettelheims Ton einschüchtern ließen, statt zu fragen, welche Verletzungen sich wohl dahinter verbergen könnten. Dieser erste große, nichtakademische Text Bettelheims entstand zu einem entscheidenden Zeitpunkt seines Lebens: nach dem Trauma der Lager und Ginas Zurückweisung, als ihm das Exil brachial und großmütig ein neues Leben aufzwang, eine Wiedergeburt – dieser Begriff sollte noch eine herausragende Bedeutung für seine Arbeit an der Orthogenic School erlangen.

Wenn wir uns mit den Umständen der Niederschrift beschäftigen, müssen wir auch die Erkenntnisse der Gedächtnisforschung zur Kenntnis nehmen. Die Erinnerung ist nie ganz zuverlässig, wie ich im Verlauf meiner eigenen Recherche mehrfach feststellen mußte, nicht einmal bei Menschen, die unbedingt die Wahrheit sagen wollen. Keine Rekonstruktion der Vergangenheit ist frei von Einflüssen der Gegenwart. Vor allem die Erinnerung an traumatische Ereignisse ist stets geprägt von den Bemühungen des Gedächtnisses, sie weniger schmerzhaft zu machen. Wie das Narbengewebe versucht das Gedächtnis automatisch, die Wunden zu schützen – durch Vergessen bei den Glücklicheren, durch Rationalisierung und Empörung bei den anderen.

In seinen einleitenden Bemerkungen zur *Erziehung zum Überleben* erläutert Bettelheim, er habe unmittelbar nach der Befreiung

25 Das stellen Paul Marcus und Alan Rosenberg fest in »Reevaluating Bruno Bettelheim's Work on Nazi Concentration Camps: the Limits of his Psychoanalytic Approach«, in einer Sondernummer der *Psychoanalytic Review* mit dem Titel »Bruno Bettelheim's Contribution to Psychoanalysis«, New York, Herbst 1994.

26 Siehe Kapitel 13.

damit begonnen, seine Erinnerungen zu Papier zu bringen, mit deren Bewertung allerdings gewartet, um ein wenig Abstand zu seinen Gefühlen zu gewinnen: »Beinahe drei Monate lang scheute er vor einer Interpretation dieses Materials zurück, weil er das Gefühl hatte, seine Empörung über die Behandlung im Lager könnte seine Objektivität gefährden.« Erst 1940 habe er endgültig mit der Niederschrift seines Artikel angefangen.

Die erste Version enthält nichts Unpersönliches, sie ist der ungeschminkte, leidvolle Bericht eines Menschen, der eben den Lagern entkommen ist.[27] Kein Verleger wollte das veröffentlichen. »Zu jener Zeit wußte man in den USA nichts über die Lager«, schrieb Bettelheim in »Die äußerste Grenze«, »und so wurde meine Geschichte stark angezweifelt.« Manche kritisierten, er habe sich von seinem Haß auf die Nazis dazu hinreißen lassen, sie schwärzer zu zeichnen, als sie tatsächlich waren. Einige vermuteten, er überschätze deren Intelligenz und das Ausmaß ihrer Schandtaten. Andere monierten, er habe im Lager keine Notizen gemacht, »womit sie implizierten, daß sie selbst kein Wort von dem glaubten, was ich über die Lebensbedingungen in den Lagern geschrieben hatte«. Die Aufrichtigsten deuteten immerhin an, daß sie den Artikel ihren Lesern wohl nicht zumuten könnten.

Der Zeitpunkt war in der Tat ungünstig. Der Großteil der Amerikaner wußte noch nicht einmal von der Existenz der Konzentrationslager, und wenn man ihnen davon erzählte, glaubten sie es nicht. Zwei neue Filme spielten auf die Lager an, *Tödlicher Sturm* von Frank Borzage und vor allem *Der große Diktator* von Charlie Chaplin. Chaplins Film wurde trotz der Angriffe der Isolationisten ein großer Erfolg – dank seines Hauptdarstellers und vor allem, weil es eine Komödie war. Borzages Film dagegen ging völlig unter. Man warf ihm Parteilichkeit und Diffamierung vor, drei Senatoren forderten vom Weißen Haus sogar ein Verbot, da er eine Beleidigung Deutschlands darstelle.[28] Dabei war die Darstellung der Lager in diesem Film – stimmig, wenn auch nicht allzu subtil vorgeführt an der Tragödie einer Familie, die von den Nazis auseinandergerissen wurde – noch ziemlich harmlos im Vergleich zur Wirklichkeit.

27 Das sagt Ruth Marquis, der Bettelheim sein erstes Manuskript zeigte, als sie zusammen an *Aufstand gegen die Masse* arbeiteten.

28 Der Film war zwar ein Mißerfolg, aber er wurde dennoch nicht zensiert. Sein Erscheinen diente Hitler als Vorwand, die Ausstrahlung aller MGM-Filme in Deutschland zu untersagen.

Bettelheim blieb allein mit seinen Erinnerungen, die in der Nacht so schrecklich lebendig waren und bei Tag so unwirklich erschienen, daß er sie niemand anderem mitteilen konnte. Und in diesem Fall konnte ihm auch Trude nicht helfen, deren Ungewißheit über das Schicksal ihrer Eltern seinen Wunsch nur noch dringlicher werden ließ, endlich Gehör zu finden in der amerikanischen Öffentlichkeit. Und er mußte doch sein Ernst Federn gegebenes Versprechen einlösen. Der war immer noch nicht frei, und so wuchs mit jedem Monat, der verstrich, mit jeder neuen Ablehnung Bettelheims Schuld.

Die Nacht auf dem Appellplatz, die durchdringende Kälte, der Dreck, die zerbrochene Brille, die Schreie der Geschlagenen, das jähe Verstummen der Zusammenbrechenden, diese Bilder, die schlagartig und unvermittelt auftauchten, auf der Zugfahrt nach Rockford, auf dem schlammigen Mittelstreifen des Midway – wie müssen sie Bettelheim gequält haben. Nun sollte er sie in eine Ordnung bringen, in die Worte einer Sprache fassen, die ihm immer noch fremd war. Sein persönliches Leiden jedoch interessierte keinen, also mußte er sich des einzigen Werkzeugs bedienen, das ihm absolut sicher war, das ihm noch nie jemand streitig gemacht hatte: seiner Intelligenz. Wieder einmal mußte er erklären, Dingen Sinn geben. Er las viel in dieser Zeit, immer auf der Suche nach Möglichkeiten, seine Erfahrungen verständlicher zu machen. Doch vergebens, »da das psychologische Denken damals noch nicht jenes Begriffssystem entwickelt hatte, das zur Behandlung dieser Probleme nötig ist. So mußte ich mich also mit diesem Essay allein herumschlagen«.[29]

Im Oktober 1943 wurde er endlich veröffentlicht. So lange hatte sich Bettelheim mit seinen Zweifeln und mit der Frage quälen müssen, wie er seine mühsam memorierten, minutiösen Beobachtungen ordnen könnte, und mit Selbstvorwürfen, wenn es ihm wieder einmal nicht gelungen war. Abgesehen davon, daß sich solche Erfahrungen nicht einfach in eine Form pressen lassen, schleppte Bettelheim noch einige äußerst schmerzhafte Erinnerungen mit sich herum, die er keinesfalls in den Artikel aufnehmen wollte, die Geschichte mit der Blindenarmbinde etwa. Nachts schlief er schlecht, tagsüber versuchte er sich nichts anmerken zu lassen, doch zu Hause war er reizbar und schwierig, wie Trudes auf Tonband gesprochene Memoi-

29 *Erziehung zum Überleben,* a.a.O.

ren bezeugen. Er zürnte den anderen, weil er bei ihnen kein Gehör fand, aber noch mehr sich selbst, weil er seiner Aufgabe nicht gewachsen war – und das trotz oder vielleicht sogar wegen seiner beruflichen Erfolge. Seiner Empörung konnte er Ausdruck verleihen, doch die Scham blieb verborgen und wurde dadurch immer quälender. Es ist deshalb nicht verwunderlich, wenn er auf den ersten Seiten der *Erziehung zum Überleben* schreibt: »Mein Wunsch, die Leute zum Begreifen zu bringen, erhielt einen entscheidenden Antrieb durch mein Bedürfnis, selbst zu ergründen, was mit mir in den Lagern geschehen war, denn nur so konnte ich diese Erfahrung intellektuell bewältigen.« Wieder einmal ging es vor allem darum, zu verstehen, um nicht wahnsinnig zu werden. Um über die in Dachau erlittene Prüfung berichten zu können, mußte er sie fortsetzen.

Der Artikel beginnt mit der Registrierung, Klassifizierung, Aufzählung, das heißt der Ordnung der Daten. Eingangs stellt Bettelheim die vier Ziele vor, die er als wesentlich für das Lagersystem identifiziert hat, schränkt die Untersuchung jedoch auf das erste ein: Wie es der Gestapo gelinge, die Gefangenen als Individuen zu brechen, um sie in eine gefügige Masse zu verwandeln und jede Möglichkeit individuellen oder kollektiven Widerstands auszuschließen.

Dann unterscheidet Bettelheim drei Kategorien des Verhaltens: kollektives, individuelles (innerhalb der Häftlingsgruppe im Lager) und privates (abhängig von der Vergangenheit und Persönlichkeit des Individuums vor seiner Internierung). Nebenbei bemerkt er, daß diese Untersuchung, die er nicht nur aus wissenschaftlichem Interesse begonnen habe, sondern vor allem, um zu überleben, das einzige Beispiel privaten Verhaltens sei, von dem er berichten könne. Das Subjekt, der »Autor«, wird so zum Objekt der Analyse und seine Arbeit zu einem individuellen Abwehrmechanismus gegen die Desintegration seiner Persönlichkeit.

Daraufhin wird die Verhaltensänderung bei den Gefangenen in vier Phasen unterteilt: der Schock der Verhaftung; die »Initiation« der Häftlinge, die während des Transports oder in den ersten Tagen der Gefangenschaft erfolgt; die Anpassungsperiode, die die »neuen« Häftlinge durchlaufen; und schließlich das Verhalten der »alten« Häftlinge.

Bettelheims Wille zur Ordnung ist unübersehbar. Es folgen Angaben über die Baracken, die er bewohnt, die Arbeitskommandos, denen er angehört, und die Häftlinge, die er interviewt hat. Zweifellos versuchte er damit seine Glaubwürdigkeit zu erhöhen, um schwankende Verleger zu überzeugen (und korrigierte dabei die Zahlen gelegentlich etwas nach oben[30]).

Dann erst schildert Bettelheim seine Beobachtungen. Sie beweisen seine außerordentliche Hellsichtigkeit, besonders wenn man bedenkt, daß sie bereits aus den Jahren 1938 und 1939 stammen, und wurden von späteren Zeugnissen größtenteils eindrucksvoll bestätigt. Anschließend werden die Beobachtungen kommentiert. Auch hier tritt das Bemühen um Ordnung und Sinn deutlich hervor. So bei der Bewertung der unterschiedlichen Reaktionen der Häftlinge auf die erste Phase der Gefangenschaft, den Verhaftungsschock: Die nicht-politischen Mittelschicht-Gefangenen, die stets die Gesetze respektiert hätten, würden am schlechtesten damit fertig. Anders als bei den kriminellen und politischen Häftlingen, die schon seit langem mit einer Verhaftung gerechnet hätten, litten ihre Würde, ihre Eigenliebe, ihr Selbstwertgefühl darunter. Sie klammerten sich trotz des Spotts und der Schmähungen von Aufsehern und Mitgefangenen lange an den Gedanken, sie seien irrtümlich eingesperrt worden.[31] Die Erkenntnis, daß alles ordnungsgemäß vonstatten gegangen sei, führte zu ihrem Zusammenbruch. In dieser Gruppe (zu Bettelheims Zeiten eine Minderheit im Lager) habe es in der ersten Phase die meisten Selbstmorde und später besonders viel asoziales Verhalten gegeben (Diebstähle, Denunziationen und andere unsolidarische Akte). Ungeachtet dessen, ob Bettelheims Analyse stimmt oder nicht – die Strenge seines Urteils und daß es genau diejenige Gruppe trifft, der er selbst angehörte, springen ins Auge.

Auch der Ton, in dem die Anpassung der »alten« Häftlinge an die Lagerbedingungen beschrieben wird, ist gnadenlos. Die »jungen« Häftlinge seien der Außenwelt zugewandt und gäben ihr ganzes Geld dafür aus, mit ihrer Familie in Kontakt zu bleiben, die »alten« hätten nichts anderes mehr im Sinn, als im Lager etwas besser über

30 So behauptet er etwa, er habe in fünf verschiedenen Baracken geschlafen, aus seinen Briefen sind dagegen nur drei ersichtlich. Wohl aus ähnlichen Gründen machte er in seiner Aussage vor Staatsanwalt Jackson seinen Lageraufenthalt um einen Monat länger, als er tatsächlich war.

31 Das mag unglaubwürdig erscheinen, doch man sollte nicht vergessen, daß die Nazis bis zur Kriegserklärung Deutschlands sehr darauf bedacht waren, ihre Absichten mit dem Mäntelchen der Rechtmäßigkeit zu tarnen und diese Fiktion selbst in den Konzentrationslagern aufrechtzuerhalten. So sei es den Wachen zwar erlaubt gewesen, Häftlinge zusammenzuschlagen, nicht aber, sie zu bestehlen, schreibt Bettelheim.

die Runden zu kommen. Bettelheim selbst nahm, wie wir erfahren haben, eine Mittelposition ein: Er hielt zwar eine enge Verbindung mit seiner Mutter aufrecht und versuchte durch sie am Leben anderer Angehöriger und Freunde teilzuhaben, doch im Lageralltag setzte er alles daran, sich Bedingungen zu schaffen, die sein Überleben gewährleisteten. Das schmälert aber nicht den Wert seiner Beobachtungen. Viele, die nach ihm kamen, haben geschildert, wie sich die Häftlinge schrittweise ans Lagerleben anpaßten.[32] Das Beispiel Bettelheims beweist nur, daß die Entwicklung zum »alten Häftling« früher einsetzte und länger dauerte, als er behauptet, und daß die Häftlinge eine Zeitlang weder ganz »neu« noch ganz »alt« waren. Vor allem aber zeigt es sein Leiden und seine Unfähigkeit, die eigenen Schwächen zu akzeptieren. Hinter Bettelheims unerbittlichem Blick auf die anderen steht die Verdammung seines eigenen Handelns. Wir können beobachten, wie ein Mensch mit seinen hohen Ansprüchen seine wertvollsten Eigenschaften gegen sich selbst wendet. Wäre er nämlich weniger scharfsichtig gewesen und hätte die Anpassungssymptome bei seinen Mithäftlingen nicht so klar erkannt, hätte er womöglich weniger Angst um seine eigene Entwicklung haben müssen – und auch sein Urteil über andere wäre dann wohl gnädiger ausgefallen.

Bruno Bettelheim gehörte entschieden nicht zu jenen glücklichen Sterblichen, die, wenn sie sich ihre Vergangenheit ins Gedächtnis rufen, immer gut dastehen. Die zwei oben zitierten Beispiele geben einen Hinweis darauf, welche Kämpfe Bettelheim auszufechten hatte, um seinen Artikel zu schreiben – mit dem er vielleicht die amerikanische Öffentlichkeit aufrütteln und Leben retten konnte. Wenn die Verantwortung nicht so schwer gewesen wäre und der Konflikt weniger heftig – wenn Bettelheim wunderbarerweise einen Analytiker gekannt hätte, der ihm dabei geholfen hätte, den Ursprung jener »Schuld« wiederzufinden, die er unbedingt loswerden wollte –, dann hätte ihn dieser Artikel, der ihn berühmt machte, nicht sein ganzes Leben lang verfolgt. Dann hätte sein Zeugnis in der Literatur über die Konzentrationslager den gebührenden Platz gefunden und wäre nur durch die bemerkenswerte Genauigkeit seiner Beobachtungen im Gedächtnis geblieben, statt als Schrift gewordener Ausdruck

32 Sechs Jahre nach Bettelheim etwa zählte Kogon drei Etappen: den Schock der Verhaftung, den Selektionsprozeß in den ersten Monaten und den Gewöhnungsprozeß, der jahrelang dauern konnte und aus dem Gefangenen den »Konzentrationär« machte.

einer schmerzhaften Selbstanalyse wegen der extremen Strenge seiner Urteile angegriffen zu werden.

Ein Großteil der Kritik an Bettelheims Artikel richtete sich dagegen, wie er das Verhalten seiner Mitgefangenen anhand des Konzepts »Identifikation mit dem Aggressor« beschrieb, deren »Regression« und »Infantilisierung«. Diese Bewertung schockierte mehr als alles andere. Mit welchem Recht sah einer, der das Glück und die Mittel gehabt hatte, zu entkommen, so verächtlich auf seine Leidensgenossen herab? Auf diese Frage, die ihm in der einen oder anderen gelegentlich äußerst verletzenden Form immer wieder gestellt wurde, hätte ich Lust zu antworten: Wie können Menschen, die ihre Loyalität gegenüber den Opfern behaupten, so wenig Solidarität mit dem inneren Kampf zeigen, den einer ausfechten mußte, um Zeugnis abzulegen? Schließlich schlugen die Nazis nach willkürlichen Kriterien zu, körperliche Behinderungen und Neurosen inbegriffen. Und wenn manche ihnen wie durch ein Wunder entgingen, dann mußten sie die Erfahrung, die ihnen aufgezwungen worden war, auch noch unter der Belastung durch diese Behinderungen und Neurosen verarbeiten.

Das bringt uns wieder auf Bettelheims Beziehung zur Psychoanalyse, und sein Umgang mit dem Konzept der »Identifikation mit dem Aggressor« gibt uns diesbezüglich nützliche Hinweise. Als Bettelheim deportiert wurde, war diese Beziehung noch jung, eine Mischung aus angelesenem Wissen und einer kurzen Analyse unter besonderen Umständen. In Buchenwald (nicht in Dachau, denn erst in Buchenwald lernte er Ernst Federn kennen) fand Bettelheim sich auf merkwürdige Weise in der Situation eines Kandidaten wieder, mit seinen »Patienten« (Bandler und die anderen Befragten) auf der einen, seinen »Supervisoren« (Fischer und vor allem Federn, der, obwohl kein Analytiker, über genügend Wissen verfügte, um mit Bettelheim über das Gehörte zu diskutieren) auf der anderen Seite. Bettelheim und Federn nutzten jedes theoretische Werkzeug, das ihnen brauchbar erschien, um das Beobachtete zu verstehen, auch das neuerschienene Werk Anna Freuds über die seelische Entwicklung des Kindes: *Das Ich und die Abwehrmechanismen*. Daraus stammten offensichtlich die Konzepte der »Identifikation mit dem Aggressor« und der »Regression« zur Analyse eines Verhaltens, das, wenn man ein wenig darüber nachdenkt, extrem beunruhigend sein mußte für zwei völlig assimilierte Wiener Juden, die die deutsche Kultur als ihre eigentliche Heimat empfanden.

Daß die Nazis in ihren Uniformen viele ihrer Opfer faszinierten, ist ebenso unbestreitbar wie das Entsetzen, das diese darüber empfanden. In Buchenwald lagen die Dinge komplizierter. Hier waren die ansehnlichen Burschen, die man wider Willen bewunderte, nicht zu trennen von dem Abscheu und dem Schrecken, die sie einflößten. Die SS-Leute mit dem Totenkopf auf der Mütze verkörperten das Böse schlechthin. Ich werde nicht versuchen, die unbewußten Mechanismen darzulegen, aufgrund derer sich Bettelheim einen Moment lang mit den Nazis identifizieren konnte, die ihn quälten, noch wie er sich unter ihren Schmähungen nach und nach regredieren sah auf kindliche Verhaltensweisen. So etwas geht nur von innen. Der Beobachter kann nur die Hinweise auflisten und seine Interpretation als Hypothese präsentieren. Bruno Bettelheim war ein kleinbürgerlicher Intellektueller, der Unordnung nicht ausstehen konnte, ob sie nun idealistisch oder revolutionär war; ein deutscher Jude, der nicht in einen Topf geworfen werden wollte mit den fortschrittsfeindlichen Chassidim; und ein schwächlicher Mann, der immer schon Komplexe hatte wegen seines mangelnden Muts und seiner wenig stattlichen Erscheinung – ist es da nicht logisch, daß er die Mechanismen, die er an anderen so eindringlich beschrieb, zuerst an sich selbst erkannt hatte?

Mit dieser Hypothese im Kopf kann man sich die Angst ausmalen, die Bettelheim angesichts seiner Entdeckungen überfiel. Wieder einmal diente seine Fähigkeit, Dingen einen Sinn zu geben, nur dazu, seinen Groll über die eigenen Unzulänglichkeiten zu nähren. Durch diese Überlegungen erhalten die ersten Seiten der *Erziehung zum Überleben* eine andere Dimension. Wir verstehen mit einemmal die enormen Probleme seiner »Auseinandersetzung mit den angsterzeugenden und mich immer wieder tief aufwühlenden Erinnerungen, die mich bedrängten und eine objekte Behandlung der Lager erschwerten. Der Versuch zur Objektivität diente mir als intellektuelle Abwehr der Gefahr, von all diesen beunruhigenden, verwirrenden Gefühlen überrollt zu werden.«

In gewisser Weise war es ein Segen für Bruno Bettelheim, daß man ihm zunächst nicht glaubte. In seiner Empörung richtete er seine Wut nach außen. Sie beflügelte ihn. Als der Artikel endlich erschien, atmete er auf. Keine Gewissensbisse mehr! Die Mühsal war nicht umsonst gewesen. Und der Mann, dessen Name zum Synonym des Sieges werden sollte, Eisenhower höchstpersönlich, hatte ihm gegen alle anderen recht gegeben – darauf war Bettelheim bis zum Schluß stolz. Er hatte seine Aufgabe erfüllt und sein Leiden in eine nützliche Botschaft verwandelt. Nun endlich konnte er zu leben beginnen.

Alles wäre gut geworden, hätte nicht Bettelheims innerer Feind nur auf eine Gelegenheit gewartet, wieder zuzuschlagen. Und er fand sie auch. Ob es Bettelheims Geschichten waren, sein wachsender Ruhm – denn mit dem Erfolg scheint das Problem des »Betruges« unlösbar verknüpft gewesen zu sein – oder die ersten Bilder von den Leichenhaufen aus dem Lager, dem er vor sechs Jahren entronnen war, jedenfalls meldete sich der innere Feind schon in Bettelheims erstem Brief zu Wort, den Ernst Federn nach seiner Entlassung aus Buchenwald erhielt.

Bettelheim hatte Federn am 11. Juli 1945 aus Chicago geschrieben, das heißt, einen Tag nachdem er auf Einladung des Kriegsministeriums in Washington über die Lager ausgesagt hatte. Das ist auch das erste, was er seinem ehemaligen Lagergenossen verkündet: Er werde bei den Nürnberger Prozessen »einer ihrer Hauptzeugen« sein. Interessanterweise schrieb er den Brief auf englisch. Kann sein, wie Federn meint, daß Bettelheim auf diese Weise seinen Bruch mit der Vergangenheit deutlich machen wollte. Aber ich kann nicht umhin, darin auch eine Demonstration seines neuen Status zu sehen – gegenüber dem nach sieben Jahren aus dem Konzentrationslager Entlassenen präsentiert sich Bettelheim nicht nur als amerikanischer Staatsbürger, sondern auch als von Washington um seine Einschätzung gebetener Experte für ebendieses Lager, in dem er selbst nur ein paar Monate zubringen mußte.

Erst im zweiten Absatz nimmt Bettelheim wirklich Kontakt auf: »Ich weiß nicht, ob Du Dich noch an mich erinnerst. Wir waren einige Zeit zusammen in Buchenwald. Ich hatte viel mehr Glück als Du, denn ich konnte das Lager verlassen.« Diese Bescheidenheit straft die Arroganz des Anfangs Lügen. Was folgt, klingt wie ein implizites Eingeständnis, daß Federn vielleicht besser zum Zeugen geeignet wäre als er[33]: »Es hat sich so ergeben, daß ich eine Analyse des Konzentrationslagers als soziale Institution veröffentlicht habe,

33 Federn hat nach seiner Befreiung ebenfalls eine Analyse des Lagers von Buchenwald veröffentlicht: »Essai sur la Psychologie de la terreur«, das zunächst in Belgien veröffentlicht wurde, wo er damals lebte: *Synthèses*, 1946, Bd. 7 und 8, später auch in den Vereinigten Staaten: »Terror as a System: The Concentration Camp«, in *Psychiatric Supplement*, Utica, New York, 1948.

eine Studie, die eine gewisse (meiner Meinung nach unverdiente) Aufmerksamkeit auf sich gezogen hat, von Leuten wie zum Beispiel Victor Serge, um nur einen Namen zu nennen, der Dir vielleicht noch etwas sagt.«

Unverdient – da ist sie wieder, die häßliche Fratze des Betrugs. Dabei war der Erfolg des Artikels alles andere als unverdient. Bettelheims bewunderswerte Klugheit entfaltet sich darin, aber vor allem hat Bettelheim nie um etwas so gerungen wie um diesen Artikel, für den er sich auf seine äußerst schmerzhafte Seelensuche begab. Aber die Mühsal und die Alpträume haben keine Bedeutung, sie sind vielleicht nur die gerechte Strafe für die Anmaßung der Expertenrolle, denn das ist das Entscheidende für Bettelheim, daher die unvergleichliche Wendung: »Es hat sich so ergeben ...«

Das Gefühl, Vorteile zu genießen, auf die er kein Recht hatte, nagte ständig an ihm. Bruno Bettelheim reagierte darauf in zweierlei Weise: mit Arroganz (er brauchte immer mehr Erfolg, mehr Titel, mehr berühmte Namen) und einer übertriebenen Bescheidenheit, die nur wenige ertragen konnten. Gegenüber Federn, der elf Jahre jünger ist, aber eine längere Lagererfahrung hat, schwankt er ständig vom einen zum anderen. Nachdem er sein Territorium abgesteckt und seinen »Schwindel« bekannt hat, schlägt er einen väterlichen Ton an: Er freue sich sehr darüber, daß Federn nun frei sei – um gleich hinzuzufügen, er habe sofort nach seiner Ankunft in New York Paul Federn besucht (eine Berühmtheit, zumindest in psychoanalytischen Kreisen), um ihm zu sagen, was er für die Freilassung seines Sohnes tun könne. Er bietet seine Hilfe an, läßt nebenbei fallen, er habe Federn als »glaubwürdigen Zeugen« für die Nürnberger Prozesse angegeben, und teilt mit, er betreue jetzt gestörte Kinder. Dieses zweite Geständnis – »Es ist soweit, ich bin Psychoanalytiker!« – führt er wie das erste mit einer Aufzählung seiner Titel ein: Fakultätsmitglied der University of Chicago und Direktor der Orthogenic School; was ihm daran wesentlich ist, tut er mit ein paar dürren Worten ab: »Die Arbeit interessiert mich sehr.«

Wie die anderen Wiener in Chicago wird Ernst Federn die kleinen Geheimnisse seines Freundes für sich behalten. Nachsichtiger Bettelheims Schwächen gegenüber als dieser selbst, gibt er sich damit zufrieden, von Zeit zu Zeit darauf hinzuweisen, daß er die Dinge manchmal anders sehe. Die mit der Eskalation der Auseinandersetzung über die Konzentrationslager immer herausfordernder klingenden Äußerungen Bettelheims quittiert er mit einem Lächeln, wohl (und besser noch als andere) wissend, wie wenig Bettelheim in Wirklichkeit auf Kampf aus ist. Federns Haltung ist freundschaftlich und verständnisvoll. Und läßt den Freund doch – wieder einmal – mit seinen Gespenstern allein.

Sehr viel später, in seinem letzten Buch über die Orthogenic School, wird Bruno Bettelheim sagen, der Therapeut könne eine Brücke über die Kluft schlagen, die die Vernunft von dem wirren Universum des Wahns trenne, und er könne, im Gegensatz zum psychotischen Kind, »die Brücke in beide Richtungen überqueren«[34]. Dreißig Jahre lang hat Bettelheim die Erzieher an seiner Seite diese Fähigkeit gelehrt. Auf seine Weise: starrsinnig, streng, auch grob, aber immer aufmerksam, trieb er die Schüchternen an und bremste die Voreiligen. Doch niemand konnte diese Fähigkeit so spontan handhaben wie er. Und er hatte keinen Führer gehabt, der ihn dabei begleitete. Wie als Kind, das von seinem gutmütigen Vater nie gescholten wurde, mußte er auch seine weitere Entwicklung allein vorantreiben, die Umgebung blieb stumm, als er – davon bin ich überzeugt – in den zwei Jahre dauernden inneren Kämpfen, endlich sagen zu können, was keiner hören wollte, seine Ausbildung abschloß. War auch die in Dachau zunächst als Mittel zum Überleben gedachte Untersuchung eine Fortsetzung der bei Richard Sterba begonnenen Analyse, konnte Bettelheim doch mit der Durcharbeitung erst beginnen, nachdem er dem Lager entronnen war. Als er gezwungen war, die schmerzhafte Analyse seiner Erfahrungen so weit zu treiben, daß sie anderen zugänglich wurde. Als er, von Selbstzweifeln geplagt, in seinem Inneren tastend die Brücke fand zwischen Wahnsinn und Vernunft, den Brückenkopf, von dem aus er zu anderen sprechen konnte. Durch seine Selbstanalyse hat er sich selbst wiedergeboren, und der neue Bettelheim war in der Tat Analytiker.

Die Idee der Selbstanalyse war dem damaligen psychoanalytischen Denken nicht so fremd, wie sie heute erscheint. Man diskutierte deren Vor- und Nachteile, die Befürworter stützten sich meist auf Freuds Artikel über »Die endliche und die unendliche Analyse« (1937). Darin empfiehlt Freud dem jungen Analytiker, nach dem Ende der Lehranalyse weiter sein Unbewußtes zu erforschen. 1942 erschien Karen Horneys *Autoanalyse*. Karen Horney war eine Deutsche, in Berlin ausgebildet, und hatte zusammen mit Franz

34 *Der Weg aus dem Labyrinth,* Stuttgart 1975.

Alexander das Chicagoer Institut aufgebaut. Mit der Zeit entfernte sie sich vom orthodoxen Freudianismus, insbesondere in der Frage des Kastrationskomplexes und der Geschlechtsunterschiede, trat aus der New Yorker Psychoanalytischen Gesellschaft aus und gründete einen eigenen Verein – dem übrigens auch Bettelheims Freundin Wanda Willig beitrat. In ihrem Buch weist Horney auch auf die Probleme der Selbstanalyse hin, hält sie aber für sehr fruchtbar, insbesondere, wenn sie an eine klassische Analyse anknüpft.

Im Gegensatz zu den meisten anderen Rezensenten von *Aufstand gegen die Masse* erkannte Franz Alexander übrigens den autoanalytischen Ansatz. In seinem Beitrag für die *New York Book Review* vom 8. Oktober 1961 lobt er die außerordentliche Objektivität des Autors sowie dessen »gute Introspektion« und fährt fort: »Das Buch ist glaubhaft und überzeugend, da es nicht aus Bücherwissen hervorgegangen ist, sondern aus Einsichten ins Labor des eigenen Lebens.«

Bettelheims Weg zur Analyse war also nicht ganz ohne Regeln. Das Besondere daran ist die Weise, wie sich dieser Prozeß in die Deportation einfügte. Diese Verbindung, die unter den extremen Bedingungen des Konzentrationslagers entstanden war, sollte ein ganzes Leben halten. Sie gab Bettelheims therapeutischem Handeln seinen einzigartigen Charakter und führte auch, wie wir noch sehen werden, zu seiner schrittweisen Annäherung an Freud.

Am 27. November 1946 teilte Roy Grinker, Sekretär und Schatzmeister der Chicagoer Psychoanalytischen Gesellschaft, Bruno Bettelheim mit, er sei als nichtklinisches Mitglied in die Gesellschaft aufgenommen. Er durfte nun seine psychoanalytischen Kenntnisse im Bereich seiner Wahl anwenden – ausgenommen die klassische Kur. Nicht alle waren für Bettelheims Zulassung, nachdem er seine Arbeiten über die Konzentrationslager vorgestellt hatte.

Bald gab es die ersten Komplikationen in Bettelheims Verhältnis zur institutionalisierten Psychoanalyse. Ein paar Monate nach seiner Zulassung schlug die im September 1946 von der Psychoanalytischen Gesellschaft neugegründete Kommission für Mitgliedschaft und Lehre Bettelheim als Kandidaten vor. Die Kommission war ins Leben gerufen worden, um den Hauptkonflikt zwischen der Gesellschaft und dem Institut zu bereinigen: die Vorherrschaft der »Neuerer« über die Ausbildung junger Analytiker. Doch Franz Alexander war gegen die Aufnahme Bettelheims, der deshalb weder Mitglied des Instituts wurde noch Lehranalytiker. In den Jahren 1951 bis 1955 hielt er dort allerdings ein Ausbildungsseminar für Kinderanalytiker ab. Viel später, im November 1973, als er schon im Ruhestand und nach Kalifornien übersiedelt war, wurde Bettelheim von der Chicagoer Psychoanalytischen Gesellschaft zum Mitglied auf Lebenszeit ernannt. Der damalige Vorstand der Gesellschaft, Dr. Charles Kliegerman, hatte allerdings große Mühe, seinen Vorschlag gegen die heftige Abneigung vieler Kollegen durchzusetzen. Und wie als Echo auf diese zwiespältige Resonanz schickte Kliegerman den Brief, in dem er Bettelheim von dem freudigen Ereignis Mitteilung machte, an dessen Chicagoer Adresse aus dem Jahr 1946!

11. Orthogenic School – die magischen Jahre

»So, nun kennst Du die Geschichte meines Lebens und weißt, warum ich es so beharrlich dem Versuch gewidmet habe, Kindern bei der Überwindung jener Schäden zu helfen, die ihre früheren Erfahrungen verursacht haben.«

Bruno Bettelheim in einem Brief an Carl Frankenstein, 19. November 1986

Wenn man sich mit denen trifft, die zu Bruno Bettelheims Zeit in der Orthogenic School waren, fühlt man sich an eine im Aussterben begriffene große Familie erinnert oder, besser noch, an einen Stamm kurz vor der endgültigen Assimilation. Sie zögern, ihre Erinnerungen vor einer Fremden auszubreiten, aus Angst, falsch verstanden zu werden, spüren Interesse, tun es doch und sind dann überrascht, daß diese Erinnerungen noch so intensiv sind, so gefühlsgeladen; sie erzählen von alten Lieben und zärtlichen Momenten, brennender Eifersucht und schmerzenden Narben, manchmal von Haß ... in einer gemeinsamen Sprache, die vor Witz und Anspielungen strotzt. »An diesem Tag war ich sehr orthogenisch ...« Dieser Satz fällt mitten im Gespräch, einfach so, Übersetzung unnötig. Nach drei Jahren ist auch die Fremde vertraut geworden mit dem Code.

Bettelheim mochte den häßlichen, geerbten Namen »Orthogenic School« nicht. Im Laufe der Zeit hatte dieser Name jedoch für seine Schützlinge – die er selten als Patienten bezeichnete, meist als Kinder oder Schüler - eine Bedeutung angenommen, die nichts mehr mit der Etymologie zu tun hatte: »Orthogenisches Benehmen« hieß, das Leben ernst zu nehmen, »in Kontakt mit seinen Gefühlen« zu bleiben, vor jeder Handlung stets nach dem Warum zu fragen. Das klingt nicht sehr lustig, eher nach Arbeit und Bravsein. Es hört sich so vernünftig an, man könnte darüber lachen, aber es half im Leben. Bei manchen klingt es nach Zwangsjacke, vor allem bei den jüngeren, bei den anderen, den meisten, wie eine spöttische Reminiszenz an kindliche Pflichten.

Am meisten fällt an diesen Ehemaligen ihre Nachdenklichkeit auf. Zu welchem Lager sie auch gehören - sie bleiben nicht an der Oberfläche, sie versuchen zu verstehen. Die gegen Bettelheim sind, argumentieren öfter mit dem Mann von der Straße - »Stellen Sie sich vor, wir durften nicht einmal Baseball spielen!«[1] -, die für ihn sind, zitieren manchmal ein bißchen zuviel aus seinen Büchern. Aber solche Vereinfachungen bleiben der Polemik vorbehalten. Ansonsten ist allen gemeinsam, daß sie Fragen stellen und Gerüchte nicht für bare Münze nehmen. Ich habe unter ihnen keinen einzigen Schwachsinnigen kennengelernt, ob glücklich oder nicht. Bruno Bettelheim war übrigens der Ansicht, es gebe keine glücklichen Idioten, man könne nicht glücklich werden, indem man vor der Realität die Augen verschließe. Und seine ehemaligen Schüler sind eine Verkörperung dieser Überzeugung.

Wie in jedem Stamm gibt es Clans und Ausgestoßene. Das ist vor allem eine Frage der Epoche: 1944 bis 1973 ist eine lange Zeit; als die letzten aufgenommen wurden, waren die ersten meist schon weit. Manche hielten den Kontakt, kamen immer wieder zu Besuch; anfangs wie vorbildliche ältere Geschwister, später dann, um in Chicago ab und zu von der Kraft zu tanken, die ihnen beim Erwachsenwerden geholfen hatte. Andere setzten nie wieder einen Fuß in die Schule und wechselten die Straßenseite, wenn sie befürchten mußten, jemanden zu treffen, der sie an diese merkwürdige Institution erinnern könnte. Und es gab welche, die keine Wahl hatten: Sie landeten eines Tages in der Psychiatrie, dann verlor sich ihre Spur, nicht aber die Erinnerung an sie. Manche schleudern ihre Namen wütend hin, wie einen unwiderleglichen Beweis ihrer Vorwürfe. Andere hören sich dabei oft traurig an, immer schuldbewußt und manchmal ein wenig fatalistisch. Erstaunlich ist die Verbindung zwi-

1 Ronald Angres in *Commentary*, Oktober 1990.

schen all diesen Menschen. Die Ausgestoßenen leben im kollektiven Gedächtnis des Stammes weiter. Nicht als »dunkle Geheimnisse«, denn Bettelheim selbst hat Mißerfolge nie verschwiegen, sondern eher wie Geister.

Die Kinder sind groß geworden (die ältesten sind schon fast sechzig) und, ebenso wie ihre früheren Erzieher und Lehrer, in ganz Amerika verstreut, manche leben auch in Frankreich, der Schweiz, Italien ... Ein seltsamer Stamm, der Zugang ist nicht immer leicht. Die Männer sind oft kurz angebunden, rational, angriffslustig – zumindest im ersten Kontakt, die Frauen sind anders: Manche sind offen, praktisch, herzlich und sachlich, gesprächig, aber weniger entschieden als die Männer; andere eher zurückhaltend, sie warten erst ab, welches Thema man zur Sprache bringt. Alle sind gewandt in der Sprache, sagen interessante Dinge und stellen (sich) oft Fragen, die schwer zu beantworten sind.

Die ganze Geschichte der Orthogenic School unter Bruno Bettelheim wird erst geschrieben werden können, wenn die University of Chicago alle Dokumente freigegeben hat, die aufgrund rechtlicher Regelungen zum Schutz der Privatsphäre noch unter Verschluß sind. Erst wenige Unterlagen sind nach der sogenannten Thirty-Year-Rule zugänglich. So mußte ich mündliche Aussagen gegeneinander abwägen, und die kamen entweder von Menschen, die einmal für »verrückt« oder »verhaltensgestört« erklärt worden waren, oder von solchen, deren Karriere mit Bettelheim begonnen hatte. In beiden Fällen ist eine unparteiische Würdigung der Aussagen fast unmöglich.

Erste Eindrücke verdichten sich zu Gewißheiten. Man stellt fest, daß der Patriarch des Stammes von allen gefürchtet wurde. Er war immer da, allwissend und allmächtig. Von manchen verehrt, von manchen verabscheut. Aber war das wirklich so? Diese Frage drängt sich auf, wenn man erfährt, daß zwei seiner heftigsten Gegner damals darunter litten, nicht zu seinen Lieblingen zu zählen (mit solchen Dilemmata ist man ständig konfrontiert, wenn man versucht zu verstehen, was in der Orthogenic School vor sich ging). Doch bevor wir zur Erkundung dieses eigenartigen Universums aufbrechen, wollen wir noch einige Mißverständnisse ausräumen, die sich leicht einstellen, wenn man sie nur aus Bettelheims Büchern kennt.

Bruno Bettelheim liebte Kinder nicht, er verstand sie. Und er versuchte mit allen ihm zur Verfügung stehenden Mitteln, die Mauern ihres geistigen Gefängnisses niederzureißen, das sie nicht nur daran hinderte, ein »normales« Leben zu führen, sondern auch großes Leid für sie bedeutete, wie er als einer der ersten feststellte. Aber er hatte immer seine Lieblinge, in den Hörsälen wie in der Orthogenic School, die ihn um den Finger wickeln konnten. So brachte er Stunden um Stunden mit einem magersüchtigen Mädchen zu, das auf der Trage in die Orthogenic School eingeliefert worden war; er fütterte es mit Rosinen, steckte ihm geduldig eine nach der anderen in den Mund und rettete ihm damit das Leben.

Aus der Tatsache, daß Bettelheim so großen Wert auf Zuhören und Verstehen legte, zu schließen, er sei voller Liebe für alle Patienten gewesen, wäre ein schwerer Fehler. Dieses Klischee, von vielen Bewunderern gepflegt, kann für manche seiner früheren Schützlinge geradezu gefährlich werden, da es ihren existentiellen Erfahrungen aus dieser Zeit zuwiderläuft und auf diese Weise ihre Verbindung zur Realität ins Wanken bringt. Außerdem verstellt dieses Märchenbild die wirkliche Bedeutung Bruno Bettelheims. Wir sollten es also in den Mülleimer der Geschichte werfen, bevor wir durch die berühmte gelbe Tür mit der Nummer 1365 East 60th Street die Orthogenic School betreten.

Mit dem Titel seines ersten Buchs über die Orthogenic School weist uns Bruno Bettelheim den Weg zu seinem Verständnis, wie mit einem weißen Kiesel markiert er damit eine Spur – für die, die sie zu lesen verstehen: *Liebe allein genügt nicht*. Das heißt: Ich gebe den Kindern etwas anderes. Es heißt auch: Mit eurer Liebe habt ihr ihnen oft genug mehr geschadet als genutzt. »Mit Ausnahme der Liebe auf den ersten Blick«, schreibt Bettelheim, »kann die Liebe eines Erwachsenen zu einem Kind, die sofort aufflammt, nur auf emotionales Ausgehungertsein zurückgehen; sie enthält dem Kind eins von jenen Erlebnissen vor, die der Reifung am gefährlichsten sind – die Erfahrung einer sich langsam entwickelnden, beide Partner befriedigenden Beziehung.«[2]

Eine zweite Gewißheit stellt sich ein, wenn man den Menschen zuhört, die mit Bettelheim gearbeitet haben – den Erziehern, den Müttern, die er über vier Jahre jeden Mittwoch in der Erziehung ihrer Kinder beriet, den jungen Psychologen und Psychoanalyti-

2 »A Psychiatric School«, zuerst erschienen im Januar 1949 in *The Quarterly Journal of Child Behavior*, wurde später in *Liebe allein genügt nicht* (Stuttgart 1970) aufgenommen.

kern in Chicago und Stanford, die er dabei unterstützte, die richtige Behandlung für ihre Patienten zu finden: Bruno Bettelheim verfügte über die seltene Gabe, auf einen Blick die Bedeutung einer Verhaltensweise zu entschlüsseln und die verborgenen Mechanismen einer Beziehung zu durchschauen. Er merkte sofort, wo es weh tat. Manchmal irrte er sich, aber das waren Ausnahmen. Auf der Grundlage dieser Intuition tat er dreißig Jahre lang alles, um aus den ihm anvertrauten Kindern selbständige und verantwortungsbewußte Menschen zu machen. Alles, was in seiner Macht stand, alles, was ihm nützlich erschien – das sprengte manchmal den Rahmen des harmonischen, freundlichen Bildes, das man aus seinen Büchern gewinnen kann. Die Heilung hatte für ihn bis zum Schluß absolute Priorität. Dafür griff er manchmal zu zweifelhaften Methoden und beutete systematisch seine Erzieher aus. Die meisten beklagen sich nicht darüber, das war eben der Preis für eine einzigartige Ausbildung, von der sie immer noch zehren. Bettelheim konnte mitfühlend sein und großzügig, aber er war nicht nett. Er war ein Überlebender. Er hatte eine Wahl getroffen und eine Mission zu erfüllen.

Dritte Gewißheit: Die Orthogenic School war ein lebendiger Organismus, der sich in den dreißig Jahren unter Bettelheims Leitung ständig veränderte. Es lassen sich drei große Abschnitte von jeweils etwa zehn Jahren unterscheiden: die Zeit der Entdeckungen, die Zeit des Ruhms und die Zeit des angekündigten Rückzugs. Sie entsprechen bestimmten Phasen in Bettelheims Privatleben, aber auch einer tiefgreifenden Wandlung der Gesellschaft, ihrer Hoffnungen und Gebräuche. Das alles wirkte natürlich auf die kleine Welt zurück, die wenigstens eine gewisse Zeit Vorbild und Vorreiter war: als einzigartiges Experiment.

Die ersten Jahre waren eine außergewöhnliche, geradezu magische Zeit. Bettelheim, der die Schule anfangs nicht wollte, entdeckte bald die Möglichkeiten, die sie ihm eröffnete. Sie lud ihm eine schwere Verantwortung auf, gab ihm aber auch Gelegenheit, die Ideen, über die er mit seinen Freunden seit zwanzig Jahren diskutierte, in die Tat umzusetzen, seine Fähigkeiten zu beweisen, die Entbehrungen seines früheren Lebens wettzumachen und seine Schuld zu begleichen. Trude spielte bei der Entscheidung, die Leitung der Orthogenic School zu übernehmen, eine wichtige Rolle. Sie ermutigte ihn – »Du schaffst das schon!« – und warf dazu noch ihre jahrelange Erfahrung als Montessori-Erzieherin in die Waagschale. Außerdem konnte Bettelheim auf den Rat seines treuen Freundes Fritz Redl bauen, der sich mit der Behandlung schwieriger Jugendlicher in den USA bereits einen Namen gemacht hatte. In seinem ersten Buch, *Liebe allein genügt nicht*, zollte Bettelheim ihm uneingeschränkte Dankbarkeit: »Meine lange und enge Freundschaft mit Fritz Redl hat mir bei der Entwicklung der Arbeitsprinzipien der Schule und bei ihrer Verwirklichung in der Praxis unschätzbare Dienste geleistet. Unsere vielen Gespräche und unser ständiger Gedankenaustausch haben dazu geführt, daß ich heute nicht mehr genau weiß, wo seine Ideen zu Ende sind und meine anfangen.«

Und schließlich berief er Emmy Sylvester, die schon als hervorragende Kinderanalytikerin bekannt war, als psychiatrische Beraterin der Orthogenic School. In ihr fand er eine Gesprächspartnerin, die ihm gewachsen war. Sieben Jahre jünger als er, verfügte sie doch über alle akademischen Qualifikationen, die ihm fehlten: Als sie 1932 ihr Doktorat in Kinderpsychologie an der Wiener Universität ablegte, war sie bereits Doktor der Medizin. Danach arbeitete sie gleichzeitig als Assistentin Charlotte Bühlers am Institut für Psychologie und in der Kinderklinik der Universität. Es folgten eine Psychoanalyse bei Editha Sterba, Seminare am Institut und erste Patienten unter der Supervision von Richard Sterba und Jeanne Lampl-de Grot, einer engen Mitarbeiterin Freuds. Vom Anschluß zum Verlassen Wiens gezwungen, setzte sie sofort ihre Ausbildung am Chicagoer Institut unter der Supervision von Franz Alexander fort und arbeitete als Assistenzärztin in der Kinderpsychiatrie des Michael Reese Hospital.

Die Titel und die Erfahrung Emmy Sylvesters waren für Bettelheim höchst beruhigend. Doch vor allem hatte sie viel mit ihm gemeinsam: Sie hatte die gleiche intuitive Intelligenz, das gleiche Bedürfnis nach Geradlinigkeit, die gleiche Arroganz, den wienerischen Charme und die Angriffslust Bettelheims. Als sie gerade an der Chicagoer Psychiatrie angefangen hatte, stellten ihr Kollegen einen Vatermörder vor, der durch die Flure irrte und ständig ausrief: »Ich fühle mich schuldig, ich fühle mich so schuldig!« Sie sah ihn kurz an und sagte trocken: »Damit haben Sie auch verdammt recht, Sie sind nämlich schuldig!« Die Kollegen waren entsetzt, sie hatten sich so bemüht, den gewalttätigen Mann zu besänftigen. Etwas erschrokken erzählte Emmy Sylvester ihren Freunden von diesem Vorfall:

Ihre Reaktion sei völlig spontan gewesen. Der Mann habe sich jedoch nicht aufgeregt, sondern tatsächlich beruhigt.

Emmy Sylvester und Bruno Bettelheim entwarfen gemeinsam die theoretische Basis der Schule. Ausgehend von August Aichhorns psychoanalytischem Ansatz für seine Arbeit mit straffälligen Jugendlichen in Wien[3], konzipierten sie ein unerhörtes Experiment in vivo: Zum erstenmal sollte eine vollkommene Milieutherapie, in der die Lebensbedingungen in allen Einzelheiten auf das Ziel der Heilung ausgerichtet sind, im Alltag erprobt werden. Die kindlichen Bedürfnisse und die therapeutischen Mittel fanden sie bei Freud. »Die Milieutherapie ist keine neue psychotherapeutische Technik. Sie ist nichts anderes als die Anwendung psychoanalytischer Konzepte, um eine Umgebung für emotional gestörte Kinder zu schaffen, die eine stationäre Betreuung brauchen.«[4] Die Orthogenic School bot den Kindern etwas, das sie in individuellen Therapiesitzungen nicht finden konnten: Ein Leben, das von morgens bis abends, sieben Tage die Woche, vollkommen auf ihre seelische Entwicklung abgestimmt war. Das war das Fundament des Unternehmens.

»Man sollte nicht vergessen, daß damals ein verrücktes Kind ein schlechtes Kind war – im vollen Sinn des Wortes: böse und verdorben«, sagte Patty Pickett, Erzieherin an der Orthogenic School vom Herbst 1946 bis zum Sommer 1952, in einem Interview, das ich im Mai 1993 mit ihr führte. Die Psychoanalyse zur Verfassung einer Institution für schwer gestörte Kinder zu erheben, zeugte in der Tat von geradezu revolutionärer Gesinnung. Das hieß, man betrachtete die Verrückten als nicht grundsätzlich verschieden von den anderen und ihre Symptome als Folge einer Störung der emotionalen und mentalen Entwicklung statt als Sühne für eine frühere Verfehlung der Kinder oder ihrer Eltern. Die Irren waren keine Monster mehr, sondern Kranke. Der Wahnsinn war kein Fluch mehr, keine göttliche Strafe, sondern eine Fehlfunktion – also behebbar.

Diese simplen Voraussetzungen zeitigten unabsehbare Folgen. Wenn die Verrückten nicht schlecht waren, sondern krank, durfte man sie weder bestrafen noch wegsperren, sondern mußte sich um sie kümmern. Nach den Gründen ihres seltsamen Verhaltens fragen, wenn es solche gab. Und davon ausgehen, daß ein Kind, wenn es

3 August Aichhorn, *Verwahrloste Jugend,* Göttingen 1987

4 Bruno Bettelheim, Emmy Sylvester: »Milieu Therapy – Indications and Illustrations«, *The Psychoanalytic Review*, Januar 1949.

ein anderes angreift, wenn es beißt, wenn es mit dem Kopf gegen die Wand schlägt, wenn es wegläuft, wenn es ohne ersichtlichen Grund brüllt, wenn es ins Bett macht oder ins Bad kotet, wenn es Möbel aus dem Fenster schmeißt oder ins Treppenhaus, niemanden damit ärgern will, sondern einfach keinen anderen Ausdruck für sein Leiden gefunden hat. Diese Auffassung führte zu den zwei Kardinalregeln, die für alle galten, vom Direktor bis zur Putzfrau: den Kindern das Leben so leicht und angenehm wie möglich zu machen und ihr »verrücktes« Verhalten nicht abzuschaffen, sondern zu begreifen versuchen. Heute sind diese Regeln grundsätzlich anerkannt, wenn sie auch nur selten wirklich angewendet werden. Doch im Amerika der vierziger Jahren waren sie unerhört. Sie folgten zwar aus dem, was Freud geschrieben hatte, aber noch nie hatte man sie in einer stationären Einrichtung für Geisteskranke in die Tat umgesetzt.[5]

»Es herrschte so eine Atmosphäre ... Man merkte, irgend etwas passiert hier. Es brodelte wie in einem großen Topf, mit den Emotionen und so, aber etwas hielt das alles zusammen: seine Überzeugung und die Begeisterung des Teams.« Patty Picket war einundzwanzig und hatte vier Jahre am College hinter sich, als sie an die Orthogenic School kam. Sie suchte Arbeit, um ihr Studium beim Committee for Human Development an der University of Chicago zu finanzieren. Sie kam aus einem gesitteten, ordentlichen kleinen Städtchen in Illinois und war ziemlich erstaunt, wie sich die Kinder an dieser seltsamen Schule aufführen durften: »Man urteilte nicht über sie, sondern versuchte sie zu verstehen. Um eine Umgebung zu schaffen, in der sie sich angenommen fühlten. Dr. B. sagte immer wieder: ›Sie haben das Recht, hier zu sein. Sie haben das Recht, sich so zu benehmen, so, wie sie behandelt worden sind.‹ Und weil alle freundlich zu ihnen waren und sie akzeptierten, konnte man nach einer Weile sehen: Die Kinder wurden wirklich besser.«

Bevor es dazu kam, mußte Bettelheim allerdings noch Berge versetzen. Er wollte alles verändern, und das ging nicht auf einen

5 Mehrere Analytiker, darunter Paul Federn, hatten sich schon an die Analyse von Psychotikern gewagt, aber immer in Einzelsitzungen, nicht in stationärer Behandlung. Die Psychoanalyse und ihre Vorstellung von der menschlichen Entwicklung bildete natürlich auch die Grundlage der von Anna Freud in England eingerichteten Kinderheime, doch dorthin kamen die Kinder nicht aufgrund psychischer Störungen, sondern weil sie durch den Krieg von ihren Eltern getrennt worden waren.

Schlag. Er mußte diplomatisch vorgehen, um niemanden zu verschrecken – vor allem die Kinder nicht, aber auch die Universität nicht und die Geldgeber, die zwar entsetzt waren über die dürftige Ausstattung der Schule, aber deswegen noch lange nicht bereit, eine Revolution zu unterstützen. Rund dreißig Jungen lebten damals in der Schule, ein paar wurden ambulant betreut. Seit zehn Jahren ungefähr waren keine Schwachsinnigen mehr aufgenommen worden, sondern nur noch psychisch Kranke. Der Großteil der Patienten entsprach allerdings nicht dem von Bettelheim und Sylvester gewünschten Profil. Viele hatten zu schwere Störungen oder waren schon zu lange in psychiatrischen Einrichtungen gewesen, als daß man auf eine Heilung vor Erreichen der Altersgrenze hoffen konnte, die damals bei vierzehn Jahren lag. Doch das war Bettelheims einziges Ziel: Er wollte – trotz oder wegen seiner mangelnden Erfahrung – die Kinder heilen. Er hatte keine Lust, Direktor einer Verwahranstalt für auffällige Kinder zu sein. Andererseits konnte er die, die ihm nicht paßten, nicht einfach nach Hause schicken, und dasselbe galt auch für das Personal.

Um seine Mannschaft zu rekrutieren, verband Bettelheim das Anliegen der Universität, die Schule eher als Lehrbetrieb zu führen denn als Therapieeinrichtung[6], mit seinem Wunsch, die Ausbildung derer, die mit ihm zusammenarbeiten sollten, selbst in die Hand zu nehmen. Finanzielle Erwägungen spielten dabei sicher auch eine Rolle. Jedenfalls war es ihm offensichtlich lieber, mit unverbildeten Menschen bei Null anzufangen, als Erzieher zu übernehmen, die schon ihre Methoden und festen Gewohnheiten hatten. Und seine drei Jahre in Rockford hatten ihn auch gelehrt, idealistische junge Leute zu begeistern, die ihre Fähigkeiten nur zu gern in den Dienst einer guten Sache stellten.

Betty-Lou Pingree und Marjorie Jewell, zwei seiner drei ehemaligen Studentinnen, die sein Angebot angenommen hatten, fingen Anfang September 1944 mit ihrer Arbeit an. Sie waren völlig unerfahren und wollten auf Dr. B., wie sie ihn seit Rockford nannten, schon am ersten Tag einen guten Eindruck machen. Also gingen sie

6 Auf der Konferenz des Fachbereichs Erziehungswissenschaften wurde am 11. August 1944 folgendes verabschiedet: »Die eigentliche Aufgabe der OS (Orthogenic School) ist die angemessene stationäre Behandlung schwerer Verhaltensstörungen bei Kindern mit normaler Intelligenz und die Fortbildung von Medizinstudenten, Sozialarbeitern, Assistenzärzten, Krankenschwestern, Lehrern und Spieltherapeuten in der Pflege und Behandlung solcher Kinder.«

gleich mit einer Gruppe von Jungen zum Fußballspielen auf dem Midway. Sie stürzten sich in das Spiel, rannten und kickten mit den Jungen um die Wette. Die waren bald außer Rand und Band. Einer riß sogar Betty-Lou den Blusenärmel ab. Die beiden Frauen verloren die Kontrolle über das Spiel. Als sie es endlich geschafft hatten, ihre Schäfchen zur Schule zurückzubringen, waren sie am Boden zerstört. Bettelheim erwartete sie schon am Eingang. Mit einem Blick erfaßte er die Situation und bat eine der alten Erzieherinnen, sich um die Kinder zu kümmern, während Betty-Lou und Marjorie sich einen Moment in ihrem Zimmer erholten. Sie schämten sich für ihr Versagen. Abends nahm Bettelheim sie mit zu sich nach Hause. Trude brachte etwas zu trinken, und er erklärte ihnen, was sie falsch gemacht hatten: Weil sie gespielt hätten wie die Kinder, sei deren Angst wiedergekommen; indem sie ihnen ähnlich geworden seien, hätten sie die Kontrolle über das Spiel verloren und damit die Fähigkeit, die Kinder zu beschützen. Deshalb seien die Kinder so wild geworden. »Erster Tag – erste Lektion« sollte Betty-Lou dazu später sagen.

Gleich zu Beginn setzte Bettelheim ein paar Änderungen durch. Die Kinder durften nun nicht mehr mitten in der Nacht geweckt werden, wenn sie ins Bett gemacht hatten; und morgens sollten die Leintücher stillschweigend gewechselt werden, damit sich die Kinder nicht schuldig fühlten. Einmal entdeckte Bettelheim eine Liste im Bad. »Was soll das sein?« fragte er. Betty-Lou erklärte ihm, daß die Nachtschwester täglich Bericht über den Stuhlgang der Kinder verlangte, um die Abführmittel entsprechend dosieren zu können. Bettelheim nahm die Liste von der Wand, »und dann war damit Schluß«. Außerdem ließ Bettelheim die unzähligen Schlösser durch ein einziges ersetzen, damit die Erzieher mit ihren Schlüsselbunden nicht immer wie Gefängniswärter aussähen. Das führte zum ersten Konflikt mit der alten Mannschaft.

In den Anfangsmonaten gingen Mandel Sherman und seine Studenten noch in der Schule ein und aus, während sich Bettelheim mit seinen Getreuen dort nach und nach etablierte. Im Keller des Hauses erschreckten furchteinflößende Maschinen die Neuankömmlinge. Als Sherman endlich den Operationstisch, das EEG- und anderes Gerät hatte wegschaffen lassen, riß sein Nachfolger die schwarzen Tücher von den Fenstern und ersetzte sie durch Blümchenvorhänge. Dann kam ein Pingpongtisch hinein, und bald war aus dem Keller ein Spielzimmer geworden.

Ronnie Dryovage, die dritte Psychologiestudentin aus Rockford, schloß sich nach kurzer Zeit den anderen an und widmete sich als erstes der Aufgabe, die Schlafräume wohnlicher zu gestalten. Doch wirklich charakteristisch für diese Epoche des Übergangs war die Anstellung der vierten Erzieherin, Gayle Shulenberger, ein paar Wochen später. Gayle war mit einer depressiven Schwägerin und deren Baby nach Chicago gekommen, die sie nicht allein lassen wollte, solange ihr Bruder im Krieg war. Sie suchte Arbeit in einem Büro, am liebsten »irgendwas mit Kindern«. Von der Universität wurde sie an die Orthogenic School verwiesen. Die Sekretärin fragte sie nach ihrer Berufserfahrung. Da sie keine hatte, erzählte Gayle, sie habe auf dem College manchmal eine der unteren Klasse beaufsichtigt, wenn ein Lehrer krank war. Die Sekretärin notierte: »etwas Unterricht«. Sie sollte erst einmal zwei Wochen Urlaubsvertretung für eine Nachtschwester machen. »Und so traf ich mich mit dieser guten Frau, die in ihrer Uniform wie eine böse Fee aussah. Da dachte ich: Das ist der verrückteste Ort, den ich jemals gesehen habe«, erzählte Gayle Shulenberger in dem Gespräch, das ich im Mai 1993 mit ihr führte. »Es gab alle Arten von Kindern hier, manche mit epileptischen Anfällen ... Ich verstand überhaupt nichts, aber ich war fasziniert. Also habe ich angenommen. Ich hatte nicht soviel zu tun. Nur wenn ein Kind an meine Tür klopfte, mußte ich gleich aufspringen. Aber da war noch ein sehr seltsamer kleiner Junge, von dem die Nachtschwester gesagt hatte, er würde nachts herumlaufen, und ich sollte nicht schlafen gehen, bevor er nicht im Bett wäre. Vorwurfsvoll fügte sie hinzu, der Bengel hätte einen kompletten Schlüsselbund für alle Türen der Schule, und der neue Direktor hätte verboten, ihm den wegzunehmen. Ich wußte noch von nichts, aber ich dachte, das spricht für den Direktor.

In der Nacht vergewisserte ich mich, daß alle im Bett waren, dann folgte ich dem Kleinen, der durch die Gänge irrte. Am Ende schloß er sich im Besenschrank ein und sang vor sich hin: ›Nehmt nicht meine schönen Schlüssel, schönen Schlüssel, schönen Schlüssel. Nehmt nicht ...‹ und so weiter. Ich hatte mich vor den Schrank gesetzt, und weil ich nichts Besseres zu tun hatte, begann ich mitzuzählen. Er sagte es mehr als siebzigmal. Dann machte er eine kleine Pause und begann von neuem: ›Nehmt nicht ...‹ Da sagte ich ganz leise: ›Ich nehme dir deine schönen Schlüssel nicht weg.‹ Er antwortete nicht, aber jedesmal, wenn er wieder anfing, waren es ein paarmal weniger. Dann holte ich ihm etwas zu essen, stellte den

Teller vor die Schranktür und drehte eine Runde. Als ich wiederkam, hatte er den Teller geleert und zurückgestellt. Und bald darauf lag er in seinem Bett und schlief.«

Das Spiel wiederholte sich jede Nacht, bis die Nachtschwester wiederkam. Gayle erhielt das Angebot, als Hilfserzieherin zu arbeiten: Es gab immer ein paar Kinder, die nicht mitwollten, wenn die anderen rausgingen, und die sollte sie beaufsichtigen. Bettelheim hatte sie erst einmal gesehen, am allerersten Abend. Er hatte sie gefragt, wo sie herkomme, und sie hatte ein bißchen vom Leben auf ihrer Farm in South Dakota erzählt, wo sie unter lauter Cousins aufgewachsen war. Mit seinem komischen Akzent hatte er zu ihr gesagt, sie sei die erste aus diesem Staat, die er kennenlerne, und dann war das Gespräch auch schon vorbeigewesen. Gayle setzte die Erkundungen in ihrer neuen Welt fort. Unter den Kindern, die sie nachmittags beaufsichtigte, gab es auch einen angeblich debilen Jungen, Nicky. Sie begann ihn zu beobachten, ohne jemandem etwas davon zu sagen. Er spielte ein bißchen Klavier, manchmal redete er ein wenig. Bald war sie überzeugt, daß Nicky keinesfalls minderbemittelt war. Abends, wenn sie zu Hause war, schrieb sie immer alles auf, was er getan oder gesagt hatte. Später, als sie Bettelheim besser kannte, sprach sie ihn einmal auf Nicky an und erntete einen Lachanfall. »Natürlich ist er nicht debil«, sagte Bettelheim. »Warum fragen Sie mich das?« Sie erzählte ihm, daß sie mehrere Notizhefte mit ihren Beobachtungen vollgeschrieben habe, und er war böse, daß sie sie ihm nicht gleich gezeigt hatte. Doch damals hätte Gayle sich das nie getraut.

Als sie an ihrer ersten Besprechung teilnahm, fiel bei ihr der Groschen: »Wir saßen alle im Aufenthaltsraum, und dieser Mann kam rein und redete darüber, was falsch lief in der Schule und wie er es ändern wollte. Mein Gott, dachte ich, er weiß das alles! Nach Hause ging ich wie auf Wolken. Das war das Aufregendste, was mir in meinem Leben passiert ist.«

Was Gayle erzählt, zeigt nicht nur den eher empirischen Auswahlmodus für das Personal der Schule in der Anfangszeit, sondern auch in Ansätzen, was die Magie dieser ersten Jahre ausmachte, das Charisma Bruno Bettelheims, wie er seinen Mitarbeitern die Gewißheit vermittelte, Pionierarbeit zu verrichten. »Wir waren überzeugt, an einem revolutionären Experiment mitzuwirken, etwas zu tun, was noch nie zuvor getan worden war. Ich hätte mit niemandem getauscht, und wenn die Arbeit vierundzwanzig Stunden am Tag gedauert hätte«, sagt Gayle. Die Erzieherinnen der ersten Stunde denken alle wie sie.

Gayle gibt auch einen Eindruck von den jungen Frauen, auf die Bettelheim sich beim Aufbau seiner Schule stützen konnte: Schüchtern und ein wenig naiv, aber durchaus intelligent, waren sie nicht bereit, alles zu glauben, was ihnen über die Kinder gesagt wurde. Sie neigten nicht dazu, die Flinte ins Korn zu werfen, und versuchten auch bei angeblich hoffnungslosen Fällen mit der ganzen Kraft ihrer Phantasie, doch noch eine Lücke zu finden in dem Panzer der Kinder, um mit ihnen Kontakt aufzunehmen. Sie waren während der Wirtschaftskrise aufgewachsen, und ihre Familien waren oft vom Unglück gezeichnet. Sie waren bereit, hart zu arbeiten, und froh, zu etwas nütze zu sein.

Nicky und der Junge mit den Schlüsseln blieben nicht in der Schule. Sie waren schon zu lange mit dem Stempel »unheilbar« interniert gewesen. Mit Hilfe zweier Wohlfahrtsorganisationen, die er mit seiner Eloquenz und zweifellos auch mit dem Status des ehemaligen Deportierten beeindruckt hatte, gelang es Bruno Bettelheim, nach und nach die alten Zöglinge durch neue zu ersetzen, sobald die alten anderswo untergebracht waren. Das dauerte ziemlich lange. Erst 1947, drei Jahre nach seiner Ernennung zum Direktor, schreibt Bettelheim in seinem 1957 erschienenen Buch *So können sie nicht leben*, konnte die Forschungsreise wirklich beginnen.

Während man die Erzieher, bevor sie geprüft und in der Arbeit ausgebildet wurden, eher zufällig aus dem Haufen junger Leute fischte, die an der Chicago University studieren wollten und sich Studium und Lebensunterhalt verdienen mußten, wählte man die Kinder mit Bedacht aus. Auf die Diagnose kam es dabei weniger an. Psychoanalyse, Psychologie und Psychiatrie waren damals modern, und mit den Etiketten »schizophren«, »schizoid« oder »verhaltensgestört« wurde nur so herumgeworfen. Erst vor kurzem hatte Kanner eine klinische Definition des Autismus geliefert, doch in den ersten Jahren nahm die Schule keine so schweren Fälle auf. Als Auswahlkriterium nannte Bettelheim »primäre Verhaltensstörungen«. Die Kinder waren Straftäter oder Ausreißer, selbstmordgefährdet oder hospitalismusgeschädigt, manche auch psychotisch. Aber alle hatten zwei Dinge gemeinsam: eine mindestens normale, oft überdurchschnittliche Intelligenz und Verhaltensauffälligkeiten in mehreren Bereichen. »Wenn sie bloß in der Schule versagt hatten, hätte man sie in ihrem familiären Umfeld behandeln können. Wenn sie nur zu

Hause Probleme hatten, aber gut in der Schule waren, wäre auch eine andere Therapie möglich gewesen. Wir nahmen nur solche, die nirgends klarkamen«, sagt Gayle. Es handelte sich also um Kinder, wie sie heute in Tageskliniken zu finden sind: »Problemkinder«, die entweder von den Eltern abgelehnt werden oder aus anderen Gründen nicht bei ihnen leben können. Die wegen ihrer Gewaltausbrüche oder ihrer Kontaktunfähigkeit in einem normalen Waisenhaus oder Kinderheim zu Außenseitern gestempelt werden. Sündenböcke oder Unruhestifter, die keiner will und für die es keinen Platz gibt.

Doch irgend jemand, eine Sozialarbeiterin, ein Psychiater, ein Psychologe, praktischer Arzt oder Lehrer, war davon überzeugt, aus dem Kind könnte noch etwas werden, wenn es in die richtigen Hände käme. Und so landete es dann, meist durch die Vermittlung des Jewish Children Bureau oder der Illinois Child Services, in der Orthogenic School. Dort war es zunächst einige Wochen zur Beobachtung in einer Gruppe, die es selbst oder die Erzieher ausgesucht hatten. In dieser Zeit kam es darauf an, ob jemand zu dem Kind Kontakt fand, das war die Aufnahmevoraussetzung. »Wir wollten Kinder, denen wir helfen konnten«, sagt Gayle. Gelang das nicht, hatten die Erzieherinnen das Gefühl, versagt zu haben. Doch das passierte selten. »Auf dem Papier wirkten sie immer viel kränker als in Wirklichkeit«, sagt Gayle.

Ziel war die vollständige Heilung der Kinder. »Wir erwarteten einfach, daß es klappte«, sagt Patty Pickett. »Natürlich war es hart. Es ist nie leicht, einen eingefahrenen Weg zu verlassen, und jedes Wachstum ist schmerzhaft, wie Bettelheim immer sagte. Aber ich war felsenfest davon überzeugt, daß er wußte, wovon er redete. Und wenn sich die ersten Resultate zeigten, wunderten wir uns nicht darüber.« Gayle ergänzt: »Wir hatten überhaupt keinen Zweifel daran, daß sie es schaffen würden.« Das machte die Magie der Schule aus: Wie diese unerfahrenen, aber mutigen und klugen Frauen ihre ganze Phantasie, ihr Leben in den Dienst dieser Herausforderung stellten, der Bruno Bettelheim und Emmy Sylvester leuchtende Klarheit verliehen. Was Heilung bedeutete, wußten alle: Autonomie und Verantwortung. Die Kinder mußten lernen, auf ihren eigenen Füßen zu stehen – wie Bettelheim es im Lager erfahren hatte.

Die Heilungsmethode entstand nach und nach, auf empirischer Basis, jeder steuerte etwas dazu bei. Es fand ein lebhafter Austausch statt, von morgens bis abends, jeden Tag. Das Team führte nicht nur Anweisungen aus, sondern nahm an der Gestaltung selbst teil. In seinen Büchern zollte Bettelheim seinen Mitarbeitern stets gebührende Anerkennung. Bruno Bettelheim und Emmy Sylvester schufen die theoretischen Grundlagen, die Erzieherinnen aber teilten den Alltag der Kinder und sollten alles notieren, was sie beobachteten. Keine Erläuterungen, keine Analysen, darum hatte Bettelheim gebeten, nur was sie gesehen oder gehört hatten, und zwar möglichst bald, wenn die Eindrücke noch frisch waren. Nichts durfte übersehen werden, jede Einzelheit konnte von Bedeutung sein. Bettelheim las alles, und wenn er den Eindruck hatte, daß etwas fehlte, sagte er das auch. Wie an dem Tag, als er während der Besprechung verkündete: »Ich habe Ihre Berichte aufmerksam gelesen. Und ich habe eine große Neuigkeit für Sie –« erwartungsvolles Schweigen in der Runde – »kein einziges von unseren Kindern ist in den letzten zwei Wochen auf der Toilette gewesen.«

Manchen fielen die Berichte leicht, wie Gayle, die einen Blick für Einzelheiten hat und lebendig und lustig erzählen kann. Für andere waren sie eine Last, derer sie sich möglichst schnell entledigen wollten. Doch die Verpflichtung, alles zu beobachten, schärfte ihre Wahrnehmung, und indem sie mehr sahen, lernten sie auch, das Verhalten der Kinder besser zu verstehen. Gleichzeitig waren ihre Beobachtungen Wasser auf die theoretischen Mühlen von Bettelheim und Sylvester.

Emmy Sylvester kam immer freitags in die Schule und nahm sich zwei, drei Kinder einzeln vor. Dann gab es eine Besprechung mit den Kindern und ihren jeweiligen Erzieherinnen. Alle, die ich interviewen konnte, haben das noch als überwältigende Erfahrung im Kopf. Vielen war Emmy Sylvester ein Vorbild. Die Wirkung ihrer außerordentlichen Klugheit, ihrer Bildung und ihres treffenden Witzes wurde sicher durch ihre schöne, elegante Erscheinung verstärkt; Bettelheim war immer sehr aufmerksam ihr gegenüber. Aber am meisten bewunderten sie ihre Kunst, ein Gespräch jederzeit so zu wenden, daß der Standpunkt des Kindes sichtbar wurde. Dann sagte Bettelheim etwas dazu, eine Diskussion entbrannte, und die jungen Amerikanerinnen sahen fasziniert diesem atemberaubenden Feuerwerk von Intuition, Geist, Sorge um die Kinder und Gelehrtheit zu. Nach und nach wurden so auch die rätselhaftesten Ansichten verständlich und das obskurste Verhalten klarer. Immer wieder schienen die beiden den tieferen Sinn in Dingen zu entdekken, die die Erzieherinnen gesehen hatten, ohne sie deuten zu können. Doch Emmy Sylvester hob immer wieder die Schlüsselrolle der Erzieherinnen hervor. »Wir fühlten uns wie die Königinnen«, sagt Gayle und wundert sich immer noch ein wenig darüber. »Sie sagte uns ständig, wie großartig wir mit den Kindern umgingen. Noch nie hatte jemand soviel Respekt vor unserer Arbeit gezeigt. Wenn man ihr zuhörte, hätte man meinen können, wir wären die Therapeuten.«

Anscheinend hat also Emmy Sylvester entscheidend dazu beigetragen, daß Bruno Bettelheim jene Fähigkeit entwickelte oder zumindest anzuwenden begann, die die jungen Analytiker und Therapeuten, mit denen er arbeitete, am meisten beeindruckte und die auch noch in den Seminaren zu spüren war, die er kurz vor seinem Tod gab[7]: sein Vermögen, sofort den Ursprung kindlichen Leidens zu erkennen, die vielgerühmte Empathie, die zum Grundstein seiner Behandlungsmethode werden sollte. Sie sprach, er hörte zu, voll Respekt für das Gesagte und ihre Beziehung zu den Erzieherinnen, griff etwas auf, trieb die Analyse ein Stück weiter voran, fügte eine neue Sichtweise hinzu. Die Beziehung zwischen den beiden war offensichtlich geprägt von gegenseitiger Achtung und Zuneigung – und ohne die Rivalität, die einige Erzieherinnen zwischen Bettelheim und Fritz Redl beobachtet hatten, der in den ersten Jahren ebenfalls ein häufiger Gast der Orthogenic School war.

Anfang der fünfziger Jahre brach Emmy Sylvester abrupt mit Bruno Bettelheim. Sie beschuldigte ihn (allerdings nur im privaten Kreis), er habe sich ihr gemeinsames Werk angeeignet, als es gerade bekannt zu werden begann. Doch niemand konnte mir den konkreten Anlaß dafür nennen, daß sie Chicago verließ und nach Kalifornien ging. Unter anderem soll es einen Streit über die Publikationen gegeben haben: Sylvester wollte ausschließlich wissenschaftliche Artikel veröffentlichen, Bettelheim sich ans breitere Publikum wenden. Die sechs Artikel, die beide gemeinsam verfaßten, erschienen in psychoanalytischen Zeitschriften und sind analytischer als alle anderen Texte Bettelheims.[8] Und die Entzweiung fand in der Tat zur

7 Siehe auch Bruno Bettelheim und Alvin A. Rosenfeld, *Kinder brauchen Liebe. Gespräche über Psychotherapie*, Stuttgart 1993.

8 Im *American Journal of Orthopsychiatry*: »Therapeutic Influence of the Group on the Individual«, Oktober 1947; »A Therapeutic Milieu«, April 1948; »Notes on the Impact of Parental Occupations«, Oktober 1950. In *Psychoanalytic Study of the Child* (International Universities Press Inc.): »Physical Symptoms in Emotionally Disturbed Children«, 1949, sowie »Delinquency and Morality«, 1950. Und vor allem der grundlegende Aufsatz über die Milieutherapie: »Milieu Therapy – Indications and Illustrations«, *Psychoanalytic Review*, 1949.

selben Zeit statt, da Bettelheims Buch *Liebe allein genügt nicht* auf den Markt kam, ein Buch, das alle anspricht, die sich für Probleme von Kindern interessieren. Es ist also nicht unwahrscheinlich, daß diese Auseinandersetzungen die entscheidende Rolle spielten. Anzumerken ist noch, daß Emmy Sylvester, obwohl zweifellos mit einem brillanten, kreativen Geist begabt, unter ihrem Namen nur wenig veröffentlicht hat.

Was die Orthogenic School betrifft, sind die Verhältnisse auch nicht einfacher. Mit Emmy Sylvester an seiner Seite fühlte Bettelheim sich sicher, als sie auf dem Kongreß der American Orthopsychiatric Association 1947 zum erstenmal ihre Arbeiten vorstellten. Nachdem ihm aber bewußt war, daß er die Fähigkeit zum intuitiven Verständnis seiner kleinen Patienten hatte (und die moralische Berechtigung, sie auch einzusetzen), strebte der Therapeut in ihm nach Betätigung. Übrigens gingen Bettelheim und Sylvester, obwohl sie die Probleme sehr ähnlich sahen, diese doch sehr unterschiedlich an. Ronnie Dryovage, die Emmy Sylvester ungeheuer bewunderte, sieht das so: »Sie war intellektueller, abstrakter als er. Sie konnte sehr viel über die Kinder sagen, aber sie strahlte keine Wärme aus. Dr. B. dagegen war echt, warm und fürsorglich.« Ähnlich äußern sich viele ehemalige Zöglinge der Schule: »Sie hatte nicht dieselbe Empathie wie er. Sie war sehr klug, sie verstand alles, das stimmt schon. Aber sie fragte zuviel, und ich hatte nie das Gefühl, daß sie mein Bestes wollte, so wie bei ihm. Eigentlich konnte ich die Sitzungen bei ihr nicht ausstehen«, sagt zum Beispiel Bert Cohler.

Und dann gab es in der Schule noch andere Dinge als Analysen und Besprechungen – das ganze komplizierte Alltagsleben mit über dreißig schwierigen Jungen nämlich. Wenn Emmy Sylvester, Fritz Redl und andere externe Berater längst gegangen waren, blieb Bruno Bettelheim. Er war immer da, immer verfügbar, immer bereit, eine »orthogenische« Lösung für die Probleme zu finden, die ständig auftauchten. Sie fingen dort an, wo versucht wurde, die hehren Prinzipien in praktisches Handeln umzusetzen. Die Bedürfnisse der Kinder, auch die unangenehmsten, in den Vordergrund zu stellen, war nicht immer leicht. Es erforderte eine große Disziplin und die ständige Infragestellung aller, auch der scheinbar selbstverständlichsten Reaktionen.

Einmal beklagte sich Patty bei Dr. B.: Ein neuer Junge war bei den Großen aufgenommen worden, die sie betreute. Wie in solchen Fällen üblich, fanden so lange keine Ausgänge statt, bis der Neue sich sicher genug fühlte, um ohne allzu große Angst oder allzu offensichtliche Entgleisungen etwa in Bussen oder Bahnen zu fahren. Was Patty jedoch zur Verzweiflung trieb, war die nicht nachlassende Aggressivität des Jungen. Sie fand es ungerecht, daß ihre Schützlinge, die schon so gut gelernt hatten, sich in der Öffentlichkeit zu bewegen, so lange auf ihre Ausflüge ins Wissenschaftsmuseum, ins Observatorium oder ins Kino verzichten mußten und außerdem von dem Neuen ständig gepiesackt wurden. Jeden Abend gab es Ärger im Schlafsaal. Sie hatte ein bißchen Mitgefühl von Dr. B. erwartet, einen Ratschlag vielleicht, aber sicher nicht die Frage: »Und was haben Sie zuletzt für ihn getan?« Als gute Erzieherin verstand Patty die Botschaft: Ihre Klagen zeigten, daß sie sich mehr um die gute Organisation der Gruppe kümmerte als um die Bedürfnisse des Neuen, dessen Aggressivität zweifellos auch daher rührte, daß er sich von ihr zurückgewiesen fühlte. Und in der Tat: Nach einigen Wochen erhöhter Aufmerksamkeit ihrerseits war der Junge so weit besänftigt, daß die Gruppe wieder nach draußen konnte.

Auch den Kindern den freien Ausdruck ihrer Symptome zu gewähren, war in der Praxis nicht immer einfach. Gayle zum Beispiel betreute einen siebenjährigen Ausreißer, den Bettelheim in *So können sie nicht leben* als »Harry« vorstellt. Sechs Wochen lang wartete sie jeden Abend (»bis auf zwei«, berichtigt sie, als wäre es gerade erst passiert) auf seine Heimkehr. Die fand meist zwischen Mitternacht und ein Uhr morgens statt. Dann gab sie ihm zu essen, badete ihn und brachte ihn zu Bett. Bis zu dem Tag, da Harry schon um drei Uhr nachmittags aufkreuzte, das heißt nach dem Unterricht, wie alle anderen, als Gayle gerade ihren Dienst antrat.

Ein anderer von Gayles Schützlingen, den Bettelheim unter dem Namen »Paul« präsentiert, erinnert sich in einem Gespräch, das ich im Mai 1993 mit ihm führte, an die Atmosphäre im Speisesaal: »Beim Essen waren alle zur selben Zeit im selben Raum. Da konnte viel passieren. Einer nahm zum Beispiel plötzlich seinen Teller und schmiß ihn auf die Erde. Das störte einige am Nebentisch, die wiederum ihre Milch auskippten. Einem anderen wurde das zuviel, er konnte die Spannung nicht mehr ertragen und verkroch sich unter dem Tisch, um an seinem Daumen zu lutschen ... Dann schritt Dr. B. ein. Er machte große Augen und sagte: ›Was ist hier los? Du, komm wieder hoch, und ihr setzt euch hin‹, wie irgendein Vater, dessen Geduld zu Ende ist. Dann war wieder Ruhe.«

Den Kindern Sicherheit geben. Ihnen beweisen, daß man sie

liebt, wie sie sind. Daß niemand sie für Monster hält, auch wenn sie brüllen, beißen, treten, stehlen (dagegen war Bettelheim gnadenlos gegenüber den bestohlenen Erwachsenen und warf ihnen die Versuchung der Kinder durch unachtsame Verwahrung ihrer Börsen vor). Ihnen deutlich machen, daß ihr Verhalten zwar akzeptiert wird, weil es ihnen offenbar Erleichterung verschafft, daß es aber nicht unbedingt geeignet ist, sie aus ihrer Einsamkeit herauszuführen. Und sie schließlich nach und nach überzeugen, dieses Verhalten als unnötige Abwehrmaßnahme aufzugeben und in die Gesellschaft zurückzukehren.

Das war die Philosophie des Hauses, und alle, alle waren davon durchdrungen, von der Köchin über die Sekretärinnen und Putzfrauen bis zur Telefonistin und dem Handwerker, der zum Beispiel ein paar Wochen lang die Klos mehrmals täglich reparieren mußte, weil ein neuaufgenommenes Kind in seiner Angst, Teile seines Körpers zu verlieren, die unterschiedlichsten Gegenstände hineingestopft hatte.[9] »Kaum jemand sagte ›ich‹ an der Schule, es hieß immer: ›wir‹. Wir arbeiteten alle zusammen auf ein sehr wichtiges Ziel hin, jeder auf seine Weise«, sagt Mary-Ellen Cowan, die in den ersten sechs Jahren das Sekretariat der Schule leitete, den administrativen Kontakt mit der Universitätsverwaltung hielt und die Aufsicht über das Personal hatte. Sie stellte niemanden an, bevor sie sich nicht vergewissert hatte, daß er auch zum Haus paßte. »Mit Egozentrikern und Besserwissern verlor ich gar nicht erst meine Zeit. Ich warnte sie gleich vor, daß die Schule dem Wohl der Kinder diente. Aber ich sagte ihnen auch, wenn sie zuhören könnten, würden sie eine Menge Sachen lernen, die ihnen für ihr eigenes Leben nützlich sein könnten«, sagt Cowan, die auch die Erstauswahl unter den Arbeit suchenden Erziehern traf. »Ich kannte die Art von Leuten, die Dr. Bettelheim suchte. Es ist nicht einfach zu erklären ... Ich hatte ein Gespür für Opferbereitschaft, Fürsorglichkeit, den Wunsch dazuzugehören ... Offenheit war das wichtigste, viel wichtiger als Erfahrung. Und von den Mädchen nahm ich die Hübscheren ... Aber ja, auch darauf legte Dr. B. Wert, aber das war eben nicht genug.«[10]

Die Schule bestand damals aus einem einzigen Gebäude, es war recht groß, aber immerhin lebten nicht nur zweiunddreißig Kinder ganz und drei halb, sondern auch die Erzieher ständig dort (die

9 Siehe *Liebe allein genügt nicht*, a.a.O.
10 Interview vom Mai 1993.

Lehrer kamen, von Ausnahmen abgesehen, nur zum Unterricht). Die Gruppen wurden mit Bedacht zusammengestellt. Außer dem Wunsch des Kindes und seinem Verhältnis zu den jeweiligen Erziehern spielten auch die Beziehungen in der Gruppe eine Rolle. Denn das war dem Team schnell klargeworden: wie wichtig der Einfluß der Kinder aufeinander war. Gayle etwa hatte einmal mitbekommen, wie ein ehemaliger Ausreißer, als »Harry« eines Abends von seiner x-ten Tour heimkehrte, den anderen zuflüsterte: »Nicht vergessen, Jungs: Luft!« Sie verstand nicht, worum es ging. Doch als Harry wie gewöhnlich von seinen Abenteuern berichten wollte, redeten die anderen Kinder weiter miteinander, ohne ihn zu beachten. Das ging den ganzen Abend so – sie behandelten ihn wie Luft. Harry wurde fuchsteufelswild. Beim zweitenmal hatte er die Botschaft verstanden. »Das war das Erstaunlichste daran, finde ich«, sagt Gayle, »die Anteilnahme dieser Kinder. Es war ein bißchen so, als ob die Fortschritte des einen den anderen den Weg wiesen. Und das wollten sie sich nicht kaputtmachen lassen.«

Abends, wenn die Kinder endlich schliefen, trafen sich die Erwachsenen unten in der Küche. Und wie lange es auch gedauert hatte, alle ins Bett zu bringen, stets war Bettelheim da und empfing die Erzieherinnen mit einem Glas Tee. Dann redeten sie über den Tag, und wenn es noch nicht zu spät war, wurde Bettelheim oft gebeten, ein bißchen von Wien zu erzählen. Und der wußte auch immer eine spannende Geschichte über Freud, Reich und die anderen. Wenn alle gegangen waren, suchte er noch einmal sein Büro auf. Das war die einzige Zeit, in der er die nötige Ruhe zum Schreiben hatte. Oft kam er nicht vor vier Uhr morgens nach Hause.

Dennoch war er stets vor elf in der Schule, in den ersten Monaten noch früher. Sein kleines Büro im Erdgeschoß, hinter dem Sekretariat, stand immer allen offen, Kindern wie Erwachsenen, außer wenn Eltern oder ein auswärtiger Gast zu Besuch waren. Neben der Tür stand eine kleine Bank, falls man warten oder sich vor dem Eintreten ein wenig beruhigen mußte. Auf dem Schreibtisch, der fast leer und immer penibel aufgeräumt war, thronte eine Keksdose in Gestalt eines rosa Ferkels. Bettelheim lud jedes Kind, das hereinkam, dazu ein, sich zu bedienen, was ihn aber nicht daran hinderte, gleich mit ihm zu schimpfen, wenn er es für günstig hielt, dem Kind seine Grenzen zu zeigen. Er war ein glänzender Schauspieler, berichten Gayle, Patty und Bert Cohler übereinstimmend. Er konnte einen schrecklichen Wutausbruch simulieren und gleichzeitig einem ebenfalls im Raum anwesenden Erwachsenen zuzwinkern. »Meiner Meinung nach«, fügt Bert Cohler hinzu, »ließ er sich nie, auch in späteren Jahren nicht, im Zorn zu irgend etwas hinreißen. Er wußte immer genau, was er tat.« Darüber allerdings gibt es unterschiedliche Meinungen.

Bettelheim war jedenfalls der Garant für die Disziplin an der Schule. »Ich bin hier der große böse Wolf«, pflegte er zu sagen. Einer mußte es ja sein. Damit die Erzieherinnen ganz in ihrer Rolle als gute Mütter aufgehen konnten, hatte er zu grollen, wenn die Situation außer Kontrolle geriet. Nie habe er die Hand gegen ein Kind erhoben, versichern die ersten Erzieher unisono. Aber er konnte ziemlich brutal sein. Patty erinnert sich an einen Jungen, der gerade vierzehn geworden war und die Schule bald verlassen sollte. Eines Tages rastete er aus und brüllte: »Ich gehe zu meinem Vater! Ich gehe zu meinem Vater!« Sie versuchte ihn zu beruhigen, aber nichts half, er war wie von Sinnen. Er schwenkte gerade einen Koffer, als Bettelheim den Schlafsaal betrat und ihm ganz kalt die Frage stellte: »Wann genau hast du deinen Vater zuletzt gesehen?« Der Junge erstarrte; er hatte jahrelang nichts von seinem Vater gehört. Patty war den Tränen nahe. Nachdem sie sich Gedanken darüber gemacht hat, meint sie heute, Bettelheim habe sich nur so verhalten, weil der Junge unmittelbar davorstand, die Schule zu verlassen; er mußte für sich die Verantwortung übernehmen und sich dem Leben stellen. Zwei Jahre vorher, meint sie, hätte Bettelheim nie so zu ihm gesprochen.

Meist mußte Bettelheim nicht einmal die Stimme erheben, schon seine Anwesenheit genügte, um die Ruhe wiederherzustellen. Gayle erinnert sich, daß die Kinder gelegentlich zu Bettelheims Zimmer kamen, nicht um mit ihm zu reden, sondern nur, um hineinzusehen und sich zu vergewissern, daß er da war. Er war gefürchtet, doch niemand hatte Angst vor ihm. Oft stand ein Kind vom Essen auf und sprach Bettelheim am Erziehertisch an. Manche setzten sogar ihren Ehrgeiz darein, um den weniger Mutigen zu imponieren. Bettelheim antwortete auf alle Fragen und alle Ängste, häufig mit einer Geschichte. Und bei seinem abendlichen Rundgang durch die Schlafsäle spielte er auch gern eine Partie Dame oder Schach, wenn ihn eines der Kinder darum bat.

Außer als Kinderschreck trat Dr. B. auch als Weihnachtsmann auf. Seine Großzügigkeit war unter den Mitarbeitern legendär. Nie vergaß er einen Geburtstag, und immer machte er Geschenke. Schöne

Geschenke, die immer eine Bedeutung hatten für den Empfänger und liebevoll eingepackt waren. Wenn Dr. B. verreiste, schickte er Ansichtskarten an die Kinder und an alle Mitarbeiter, mit einem kurzen, aber sinnigen Gruß. Noch heute wundern sich alle darüber, wie er sich alle Daten merken und die ganze Zeit dafür erübrigen konnte. Er selbst dagegen mochte keine Geschenke. Lou Harper, der Dienstälteste (er arbeitete zweiundzwanzig Jahre an der Orthogenic School, zunächst kurz als Erzieher, dann als Lehrer), erinnert sich an die peinliche Situation, als das Team Dr. B. zu seinem Umzug eine Bohrmaschine schenkte. »Ich will nicht, daß ihr Geld für mich ausgebt«, habe er gesagt, und sein Gesicht habe das noch deutlicher ausgedrückt als seine Worte. »Ich mache hier die Geschenke, nicht umgekehrt!«

Eine angenehme Atmosphäre herrschte in diesen ersten Jahren. Es wurde hart gearbeitet, aber auch viel gelacht an der Orthogenic School. Insbesondere Bettelheims Akzent und sprachliche Eigenheiten gaben oft Anlaß zur Heiterkeit, etwa wenn er mit ernster Miene verkündete: »Im Spielzimmer brüht sich etwas zusammen.« Er schmückte seine Äußerungen gern mit volkstümlichen Wendungen, brachte aber manchmal die Metaphern durcheinander. Sein Charisma war so groß, daß die anderen nicht immer wußten, ob sie darüber lachen sollten oder ob sich nicht doch ein tieferer Sinn dahinter verberge. Gayle jedenfalls fragte sich lange, wie es zu verstehen sei, wenn er »hook, line and sinker« sagte oder »lock, stock and barrel«[11].

Manche hatten ein wenig mehr Abstand. Betty-Lou Pingree etwa, die Bettelheim in seinen Anfangszeiten am Rockford College kennengelernt hatte, nahm deutlicher wahr als Gayle, welche Unsicherheit sich hinter Bettelheims selbstbewußtem Auftreten verbarg. Das sieht man auch an der Einladung, die Bettelheim im Herbst 1945 an der Schule ausgehängt hatte. Betty-Lou hat sie aufbewahrt: »Meine lieben Freunde, ihr habt gelitten im letzten Jahr, aber die Götter wissen: Ich auch. Meint Ihr nicht, es wäre an der Zeit, uns zu der großen Wehklage zu versammeln, um uns vom Schrecken und den Sorgen des letzten Jahres zu reinigen und uns bereit zu machen für den Schrecken und die Sorgen des nächsten?« Offenbar hat er die Einladung selbst getippt, sie strotzt vor Tippfehlern und ist viel zu

11 Tatsächlich heißt beides ungefähr dasselbe, nämlich »mit allem Drum und Dran«, und war wohl auch einfach so gemeint.

lang. »... Es wird nicht genug Stühle geben, nicht genug zu essen und zu trinken, aber es wird genug Leute geben, das verspreche ich, mit denen Ihr gemeinsam über mich fluchen könnt ... Keine Sorge, ich werde es Euch im Laufe des Jahres schon noch heimzahlen.«

Die Orthogenic School, das war der Wandschrank mit Leckereien, aus dem sich die Kinder alles nehmen durften, was ihr Herz begehrte: Schokoladenriegel, Erdnußbutterbonbons, Geleefrüchte, süße und salzige Kekse, geröstete Sonnenblumenkerne, Kaugummi und wovon amerikanische Kinder sonst noch träumen. Das waren die Schultore, die nur von innen aufgingen, damit die Kinder jederzeit hinauskonnten, wenn sie wollten, sich aber geschützt fühlten vor unerwünschten Eindringlingen. Das war das Plüschtier, das jedes Kind als Willkommensgeschenk bei seiner Ankunft und dann zu jedem Jahrestag dieses Ereignisses bekam. Die Achtung vor dem Zimmer und den Sachen eines jeden. Die Zusammensetzung der Gruppen in Klassen und Schlafräumen aus Kindern verschiedener Altersgruppen und mit unterschiedlichen Krankheitsbildern. Die privilegierten Beziehungen zwischen einem Kind und einem speziellen Erwachsenen (Erzieher, Lehrer oder Sozialarbeiter). Die Freiheit, an den Aktivitäten der Gruppe teilzunehmen oder auch nicht. Die schönen Fliesen und die fröhlichen Tapeten in Treppen und Gängen, die den Kindern die Angst nehmen sollten vor den Übergängen ...

Bettelheims erstes Buch über die Orthogenic School, *Liebe allein genügt nicht*, stellt deren Philosophie vor und erläutert sie mit einigen konkreten Beispielen aus dem Alltagsleben der Kinder in Badezimmer und Toiletten, beim Schlafengehen, beim Essen, im Klassenraum. Das leicht lesbare Buch, 1950 erschienen, wird in den Vereinigten Staaten bald zum Bestseller. Fünf Jahre später kommt das nächste Buch heraus: *So können sie nicht leben*. Die lange Einführung faßt in etwas abstrakter Weise die Grundlagen zusammen, dann werden vier Fälle vorgestellt (mit Hinweisen darauf, was nach der Schule aus diesen Kindern wurde). Das seien zwei Bände einer Trilogie, schreibt Bettelheim, der letzte werde den Mitarbeitern der Schule gewidmet sein, ihrer Auswahl und Ausbildung. Dieser dritte Band, *Der Weg aus dem Labyrinth*, erscheint erst 1974, zwanzig Jahre später also. In der Zwischenzeit veröffentlicht Bettelheim *Die Geburt des Selbst*, sein berühmtes Werk über den Autismus, das nicht direkt der Orthogenic School gewidmet ist, sie aber in der ganzen Welt bekannt macht.

Bei aller Ausführlichkeit vernachlässigt er jedoch einen wesentlichen Aspekt, der nur manchmal durchschimmert: die Beziehung zwischen ihm und jenen, die Tag für Tag mit den Kindern zu tun hatten. Das war, darüber sind sich alle einig, das Besondere an der Schule. Bettelheims Feinde benutzen Wörter wie »Guru« und »Sekte«. Die anderen, die auch heute noch davon profitieren, sei es im Unterricht, in der Therapie oder in ihrem Leben, sprechen von den wesentlichen Erfahrungen, die sie im täglichen Gespräch mit Bettelheim an der Orthogenic School gemacht und aus denen sie mehr gelernt hätten als aus seinen Büchern.

Anders, als man bei diesem autokratischen Direktor vielleicht vermuten könnte, hatten die Erzieher große Freiheit in der Arbeit mit ihren Gruppen. Selten mischte Bettelheim sich ein. Sie bestimmten allein über die Gestaltung ihrer Beziehungen zu den Kindern und über die Aktivitäten ihrer Gruppe. Sie hatten wesentlichen Einfluß auf die Entscheidung, ob ein Kind in den Ferien nach Hause geschickt wurde. Das einzige Bollwerk gegen Irrtum und Mißbrauch war der Blick der anderen – Erzieher und Kinder gleichermaßen, denn auch die Kinder zögerten nicht, einen Erzieher zur Ordnung zu rufen, der sich nicht »orthogenisch« genug verhielt – und vor allem der regelmäßige Austausch mit Bettelheim. Um zu verstehen, wie das System funktionierte, müssen wir daher erst das tägliche Leben der Erzieher kennenlernen und verstehen, warum sie trotz seiner Härte geblieben sind.

Ein wichtiges Dokument stammt von Jules Henry, einem Anthropologen, der sich auf die Erforschung von Krankenhausstrukturen spezialisiert und Mitte der fünfziger Jahre fast ein Jahr an der Orthogenic School verbracht hatte. Er schrieb mehrere Aufsätze über die Orthogenic School und arbeitete auch an Bettelheims Untersuchung über den Autismus mit.[12] 1957 beschrieb er in einer vergleichenden Studie über verschiedene psychiatrische Institutionen[13] sehr genau den Tagesablauf einer Erzieherin an der Orthogenic School:

»Um halb acht Uhr morgens weckt sie die Kinder und macht sie für die Schule fertig. Wenn sie sich nicht selbst anziehen können, tut sie es oder hilft ihnen dabei; sie kümmert sich um die emotionalen Probleme der Kinder, die es nicht schaffen, aufzustehen; sie hilft

12 Siehe den Artikel Karen Zelans in *Prospects* Nr. 1/2, Genf 1993.
13 »Types of Institutional Structure«, in *Psychiatry*, Bd. 20, 1957.

Kindern dabei, sich zu waschen oder auf die Toilette gehen, wenn sie damit Schwierigkeiten haben. Sie frühstückt mit den Kindern, ohne deren ständige psychologische Begleitung zu vernachlässigen. Sie ist jederzeit bereit, Intuition, Empathie und das Verständnis, das sie im Lauf der Zeit erworben hat, einzusetzen, um auftretende emotionale Probleme zu lösen.«

Dann kehrt sie in den Schlafsaal zurück, räumt herumliegendes Spielzeug weg, gibt Kleidungsstücke in die Reinigung, bringt nasse Leintücher oder Schlafanzüge zur Wäsche und so weiter.

»Um zehn Uhr beginnen die Therapien. Erfahrene Erzieherinnen haben ein bis vier Kinder in Sitzungen von jeweils einer Stunde mehrmals pro Woche. Wenn sie nichts anderes zu tun haben, gehen sie manchmal in der Pause mit den Kindern spazieren. Dann ist es wohl schon Zeit für die Besprechungen, bei denen alle Erzieherinnen gemeinsam mit ein oder zwei Analytikern und dem Direktor über einige Fälle diskutieren.«

Die Mittagspause ist im Prinzip frei, denn die Kinder essen mit ihren Lehrern zusammen, aber da die Verpflegung einen nicht unwesentlichen Teil ihres Einkommens darstellt und das Essen außerdem vorzüglich ist (darauf legt Bettelheim großen Wert), essen die meisten Erzieherinnen in der Schule. An drei Tagen in der Woche findet danach eine Konferenz über die Schwierigkeiten der Erzieherinnen und die allgemeinen Probleme an der Schule statt.

»Montags und freitags hat die Erzieherin zwischen Konferenz und Unterrichtsschluß eine Stunde Zeit, in der sie Berichte diktiert, Briefe an die Eltern schreibt, schnell etwas für ein Kind oder für den Schlafsaal einkauft oder private Angelegenheiten erledigt. Kurz vor fünfzehn Uhr, nach der Vorbereitung eines Imbisses für die Kinder, treffen sich die Erzieherinnen in ihrem Zimmer, um die Freizeitaktivitäten am Nachmittag abzusprechen (Schwimmbad, Turnhalle, Sandkasten etc.).

Punkt drei Uhr erwartet die Erzieherin im Schlafsaal die Rückkehr ihrer Kinder. Die Anspannung und Erregung durch die Schule erfordert meist unmittelbares therapeutisches Handeln. Dann diskutiert sie mit den Kindern über die Gestaltung des Nachmittags, und das ist wiederum begleitet von allen möglichen Verhaltensweisen, die man von psychotischen Kindern erwarten kann. Wieder eine Gelegenheit für therapeutisches Handeln. Der Nachmittag endet um Viertel vor sechs, wenn Kinder und Erzieher im Speisesaal gemeinsam das Abendessen einnehmen, jede Gruppe an ihrem Tisch.

Nach dem Abendessen beginnt eine geschäftige Periode, die bis etwa halb neun Uhr dauert, wenn die Kinder ins Bett gehen, das Licht gelöscht wird und die Erzieherin im Schein einer Taschenlampe eine Geschichte vorliest. Es ist die Stunde, wo häufig die Ängste an die Oberfläche kommen, und die Erzieherin verbringt oft viel Zeit im Dunkel am Bett der Kinder und hilft ihnen, ohne ›in die Tiefe‹ zu gehen. Das kann bis zehn Uhr oder länger dauern. Wenn ein Kind eine schwere Angstattacke hat, bleibt sie bis spät in die Nacht. Obwohl lange Nachtwachen verhältnismäßig selten sind, haben manche Erzieherinnen, besonders wenn ein schwer gestörtes Kind neu in ihren Schlafsaal aufgenommen wurde, eine lange, anstrengende Phase durchzustehen, bis es sich beruhigt hat. Es gibt keine Beruhigungsmittel, keine Zwangsmittel und keine Isolation an der Orthogenic School.«

So ausführlich diese Beschreibung ist, es fehlt die Hausarbeit, die die Erzieherinnen außerdem leisteten. Obwohl es gut ausgebildetes Hauspersonal gab, war sie ziemlich belastend. Bettelheim konnte es nicht ertragen, zerbrochenes Spielzeug oder ungemachte Betten zu sehen. Die Kinder sollten zu jeder beliebigen Tageszeit einen einladenden, gemütlichen Raum vorfinden, dessen Zustand ihnen bewies, daß ihr Wohlbefinden die erste Sorge der Erzieherin war. Außer der Arbeit für die Gruppe hatte jeden Monat eine andere Erzieherin für die Zusammenstellung der Menüs zu sorgen: Sie ging durch die Schlafsäle, fragte alle nach ihren Vorlieben und stellte dann mit der Köchin einen Speiseplan auf. Eine andere mußte darauf achten, daß der Schrank mit den Leckereien immer voll war. Außerdem erwähnt Jules Henry nicht, daß die Erzieherinnen alle Feste an der Schule organisierten. Und es gab ziemlich viele Feste, da ihnen in der therapeutischen Umgebung, die Bettelheim vorschwebte, ein wichtiger Platz zukam. Neben den großen amerikanischen Weihnachts- und Osterfeiern, die nach einem ausgeklügelten Ritual abliefen, feierte jedes Kind zwei Feste, seinen Geburtstag und den Tag seines Eintritts in die Schule, seine »zweite Geburt«. An diesen Tagen gab es keinen Urlaub für die Gruppenverantwortlichen, eine Erzieherin widmete sich ausschließlich dem Geburtstagskind, die andere kümmerte sich um den Rest der Gruppe. Und natürlich waren alle Feste Grund für viele unterschiedliche Geschenke, die für jeden einzelnen speziell ausgesucht und eingepackt werden mußten.

Die Gruppen von fünf, sechs, später auch acht Kindern hatten zwei Betreuer, die sich die Arbeitszeit teilten. Am Wochenende gab es jeweils eine Vierundzwanzig-Stunden-Schicht. In der sogenannten Freizeit aber ließen sich am leichtesten die persönlichen Bindungen zu einem Kind herstellen, auf denen alles therapeutische Handeln in der Schule beruhte. Wenn man sich um die ganze Gruppe kümmen mußte, war es schwierig – außer manchmal beim Baden. Das war ein besonderer Moment im Schulleben, da die meisten Kinder ihren Körper nicht akzeptierten und unter ihm litten. Mittwoch abend begann die Hauptkonferenz um zehn Uhr abends, da mußten die Erzieherinnen oft die abendlichen Rituale beschleunigen, um zurechtzukommen.

Und für all das bekamen sie – bei freier Kost und Logis inklusive Reinigung – einen Hungerlohn. Gayle Shulenberger erhielt 1950 als Assistentin des Schulleiters 1600 Dollar im Jahr. Zwanzig Jahre später verkündete Bert Cohler, der sich anschickte, Bettelheims Nachfolge anzutreten, Geneviève Jurgenson (die schon vier Jahre lang als Logopädin in Frankreich gearbeitet hatte) stolz, er könne ihr ein Jahresgehalt von 3000 Dollar anbieten – fünfhundert Dollar mehr als das Anfangsgehalt einer Erzieherin![14]

»Wenn ich katholisch gewesen wäre, hätte ich genausogut ins Kloster gehen können«, bemerkt Gayle lachend. »Es wäre fast dasselbe gewesen – ich war rund um die Uhr dort.« Da stellt sich wirklich die Frage, was eigentlich in diesen Jahren der Vollbeschäftigung und der wirtschaftlichen Expansion junge Menschen dazu veranlaßte, solche Entbehrungen auf sich zu nehmen.

Jules Henry beantwortet die Frage auf dieselbe unpersönliche, kühle Weise, in der er den Alltag in der Orthogenic School beschreibt: Die Arbeit sei so hart gewesen, daß in den ersten Monaten eine Art Selbstselektion stattgefunden habe. Geblieben seien nur Menschen mit »speziellen inneren Bedürfnissen«. »Statt den Erzieherinnen die durchsichtige Maske der Anpassung, Routine und Berufskompetenz aufzusetzen, wie das oft in amerikanischen Einrichtungen geschieht, erkennt die Schule die Existenz starker innerer Bedürfnisse an und nutzt die daraus resultierende Energie für ein Ausbildungs- und Begleitprogramm, das diese Probleme miteinbezieht und an ihrer Lösung arbeitet. Dieser Prozeß ist, wohlgemerkt, zirkulär: Nur diejenigen, die das Gefühl haben, die Lösung ihrer

14 1950 betrug der durchschnittliche Arbeitslohn in den USA 2800 Dollar, das Familieneinkommen etwa 4230 Dollar. 1970 waren es 6400 respektive 8000 Dollar. Die Gehälter an der Orthogenic School waren im Verhältnis dazu also gesunken.

Probleme in dieser Richtung suchen zu müssen, die diesen Weg für sich brauchen und um den Kindern zu helfen, haben die Motivation zu bleiben.« Um diese Behauptung zu stützen, erwähnt Henry, der Direktor der Schule habe mehrere Erzieherinnen psychotherapeutisch betreut.

Henrys wohlmeinende Erläuterungen – denn seine gesamte Analyse zielt darauf, die therapeutische Überlegenheit der Orthogenic School gegenüber anderen Einrichtungen hervorzuheben – können in kritischen Geistern leicht das etwas beunruhigende Bild eines Ortes entstehen lassen, wo eigene psychische Probleme die Voraussetzung sind für die Betreuung schwer gestörter Kinder – und das unter Arbeitsbedingungen, die an Sklaverei grenzen.

Zu diesem Schluß kommt auch Bill Blau, einer der heftigsten Kritiker Bettelheims. Als erklärter Gegner der Analyse arbeitete er im Schuljahr 1947/48 als Erzieher an der Orthogenic School. In diesem knappen Jahr hat er einen regelrechten Haß gegen Bruno Bettelheim entwickelt und hält es seither für seine Pflicht, die Öffentlichkeit aufzuklären. Dieser Aufgabe hat er, besonders nach dem Tode Bettelheims, auch ziemlich viel Zeit gewidmet. Seine Aussage ist aus zweierlei Gründen interessant: Erstens ist er in seinem Kreuzzug aufrichtig. Er erzählt keine Lügen und versucht nicht, seine Erinnerungen zu verfälschen, damit sie seine Behauptungen stützen. So räumt er beispielsweise ein, er habe Bettelheim nie ein Kind schlagen sehen, zumindest könne er sich nicht daran erinnern. Was er sagt, erhellt zweitens ein wenig den Ursprung der Mißverständnisse, die Bettelheims Methoden zeitigten – besonders, da Blau die Orthogenic School in der ersten magischen Zeit erlebt hat.

Blau wirft Bettelheim in der Hauptsache Hochstapelei vor. Damit habe er viel Unheil angerichtet, besonders unter den Eltern autistischer Kinder. Interessanterweise behauptet Blau, den Schwindel nicht in der Schule, sondern an der Universität entdeckt zu haben, in Bettelheims Vorlesungen. Er hatte nach seiner Heimkehr aus dem Krieg ein Psychologiestudium an der U of C aufgenommen, und um sich sein Studium zu verdienen, betreute er ein paar Monate lang an der Orthogenic School eine Gruppe von Jungen, die sich »Piraten« nannten. Eines Tages forderte Bettelheim ihn auf, doch zu seinen Vorlesungen zu kommen. Bill Blau war schockiert, wie Bettelheim die Studenten behandelte. »Er ging brutal mit ihnen um. Erst gab er ihnen all diese Texte von Freud und den anderen zu lesen, ohne sich darum zu scheren, wie lange man braucht, so etwas zu verdauen. Seine Technik bestand darin, einen einzelnen herauszupicken, den er mit Fragen zu dem Text bombardierte, um seine Antworten der Lächerlichkeit preiszugeben. Er hat sie richtig fertiggemacht.«[15]

Der Augenblick der Wahrheit kam für Bill Blau, als er seinerseits zur Antwort aufgerufen wurde. Weit davon entfernt, ihn zum Gespött zu machen, lobte Bettelheim ihn sogar. Doch gerade das machte Blau wütend: »Ich war nicht besser als die anderen, im Gegenteil, ich hatte nicht viel Zeit zum Lesen gehabt. Nur weil ich für ihn arbeitete, mußte ich recht haben – als Beweis dafür, was er für ein guter Lehrer war.« Leider hat Bill Blau die Frage und seine Antwort darauf vergessen, wir können also nicht mehr feststellen, ob es wirklich keinen Grund zum Lob gab. Vielleicht lag es daran, daß er, anders als die anderen, aus seiner Erfahrung argumentierte und nicht versuchte, unklare Gedanken mit wissenschaftlichem Jargon zu verbrämen. Wie auch immer, Bill Blau würde eine solche Erklärung ohnehin nicht akzeptieren.

Von diesem Tag an begegnete er allem, was Bettelheim tat, mit Mißtrauen: Die Erzieherkonferenzen erlebte er als Übungen in Ungerechtigkeit, einige Erzieherinnen sahen in Bettelheim offensichtlich einen Gott, sie sagten ihm nur, was er hören wollte, und »verpetzten« ihre Kinder – kurz, die ganze Schule unterwarf sich seinem Eindruck nach den Launen eines unberechenbaren Tyrannen, der bei seinen Lieblingserzieherinnen womöglich noch das Recht der ersten Nacht in Anspruch nahm.

Außerdem vermutet Bill Blau, die Zöglinge der Schule seien auch nicht kränker gewesen als die Kinder in dem Waisenhaus, in das seine Mutter ihn zur Zeit der Wirtschaftskrise gesteckt hatte, als er zwölf oder dreizehn war, nach dem Selbstmord des Vaters. Bettelheim ist für ihn ein Feigling: »Er hatte wenig Lebenserfahrung. Wir kamen aus dem Krieg, wir waren härter als er. Er war sehr intelligent, aber er war krank und mehr an seinem Image interessiert als an der Wahrheit.« Natürlich fragt man sich, was Blau eigentlich an einer Einrichtung suchte, deren Prinzipien seinen Werten so sehr zuwiderliefen. Damals sei die Psychoanalyse eben der letzte Schrei gewesen und in aller Munde, erklärt er, und in Bettelheims Schule habe man ihre neueste Anwendung kennenlernen können.

15 Interview vom November 1990.

Diese Aussagen lassen das von Jules Henry skizzierte Bild unter einem anderen Blickwinkel erscheinen. Wenn nämlich die »inneren Bedürfnisse« den Erzieher an der Orthogenic School ausmachten, dann war Bill Blau dafür nicht weniger geeignet als alle, die geblieben sind. Nur daß er das, was die anderen so unschätzbar wertvoll fanden, nicht ertrug. Zwar kam Bettelheim immer besser mit Frauen zurecht, doch im Team waren auch einige sehr gute männliche Erzieher. Als Bill Blau dort arbeitete, galt die Beschäftigung mit Kindern allgemein als mindere Tätigkeit, die Frauen vorbehalten bleiben sollte. Da die Schule vier Jungengruppen und nur eine Mädchengruppe hatte, war es ein Hauptanliegen Bettelheims, männliche Erzieher zu finden. Doch das war nicht das Wesentliche.

Kehren wir zurück zu der Frage, woher einige Erzieher die Motivation hatten dabeizubleiben. Der Spezialist auf diesem Gebiet ist Ben Wright, Statistikprofessor am Pädagogischen Institut der University of Chicago. Er widmete nicht nur seine Doktorarbeit diesem Thema, sondern schrieb auch die ersten Entwürfe für zwei Artikel, die er später gemeinsam mit Bettelheim veröffentlichte. Außerdem ist er verantwortlich für alle Daten und einige Beobachtungen über die Mitarbeiter, die Bettelheim in *Der Weg aus dem Labyrinth* analysiert.

Wie Jules Henry hebt Ben Wright die enorme Arbeitsbelastung der Erzieher und die Vielzahl ihrer Verpflichtungen hervor. Nach der Lehrzeit, die etwa ein Jahr dauerte, waren sie für die Kinder Eltern und Therapeuten gleichermaßen, einige Kinder hatten zwei, drei Einzelsitzungen pro Woche. Die einzige Funktion der Psychoanalytiker, die nach Emmy Sylvester einmal wöchentlich zur Konsultation kamen, war die Unterstützung der Erzieher in ihrer Arbeit, nicht die Therapie der Kinder. Wright begründet dieses System (abgesegnet von seinem Mitautor Bettelheim) mit den schweren Störungen der Patienten: »Wenn man wiederholt gebissen, getreten, mit Erbrochenem oder mit Kot beschmiert wird, sich den ganzen Tag lang angreifen und beschimpfen lassen muß, führt das zu Abwehr- oder Bestrafungsreaktionen, zu kalter Gleichgültigkeit, emotionaler Distanz oder einem hochmütigen Herabblicken auf solch ›tierisches‹ Verhalten. Man kann in solchen Reaktionen den Wunsch erblicken, gesunde und sozialverträgliche Grenzen zu setzen, doch sie behindern den Heilungsprozeß. Es gibt nur eine Möglichkeit, sie zu vermeiden: Die Mitarbeiter müssen wissen, daß es ihre alleinige Verantwortung ist, diesen Kindern zu helfen, sie müssen ihre gesamte narzißtische und zwischenmenschliche Gratifikation daraus ziehen, daß sie die wichtigsten Therapeuten der Kinder sind.«[16]

Dann weist Ben Wright, der sich ein paar Jahre lang als Erzieher an der Schule seine Sporen verdient hatte, bevor er zum Analytiker wurde, auf das entscheidende Charakteristikum der Erzieher hin: Aufgrund ihrer Jugend und ihrer mangelnden Erfahrung konnten sie eine ganz besondere Beziehung zu den Kindern aufbauen, die sich von denen etablierter Erwachsener grundlegend unterschied: »Die jungen Mitglieder des Personals, die noch in grundsätzlicher Opposition standen zu den (in ihren Augen) repressiven Gepflogenheiten der Erwachsenengesellschaft, erlebten das antisoziale Benehmen der Kinder nicht als Bedrohung, sondern neigten dazu, ein gewisses Vergnügen daran zu finden.«

Auch Bettelheim hatte schon früh bemerkt, daß einige Erzieher sich freuten, wenn die Kinder in ihrer Gruppe Obszönitäten von sich gaben, Spielzeug oder Teller zerbrachen, was sie selbst sich niemals getraut hätten. Bettelheim achtete darauf, daß diese unausgesprochene Komplizenschaft nicht zu weit ging und womöglich die Kinder zur Übertreibung ihrer Symptome anregte, um ihren Erziehern eine Freude zu machen, doch »dieses heimliche Einverständnis erlaubte den Kindern, sich in ihrer Ablehnung der Welt sehr schnell verstanden und akzeptiert zu fühlen«.[17]

Diese Parallele zwischen den Kindern und ihren Erziehern verwundert nur, wenn man die grundlegende Prämisse der Bettelheimschen Methode aus den Augen verliert, nämlich daß zwischen »Verrückt« und »Normal« keine grundsätzliche, sondern bloß eine graduelle Differenz besteht. Für die Gültigkeit dieser Behauptung lieferte die Schule täglich den Beweis. Gayle erinnert sich daran, wie sie eines Tages mit dieser Erkenntnis in Bettelheims Büro stürmte: »Er schrieb gerade, also wartete ich. Ich platzte fast vor Ungeduld. Als er endlich aufschaute, sprudelte es aus mir heraus: ›Alle sind verrückt, nicht wahr, Dr. B.?‹ Er lächelte nur und sagte: ›Und das fällt dir erst jetzt auf, Mädchen?‹ Für mich war das eine Offenbarung.«

16 Bruno Bettelheim und Ben Wright, »Staff Development in a Treatment Institution«, *The American Journal of Orthopsychiatry*, Oktober 1955.
17 Ebd.

Zweifellos ist diese Entdeckung der entscheidende Punkt in der Laufbahn eines guten Erziehers an der Orthogenic School. Bevor man ihn erreicht hat, ist die Arbeit mit den Kindern eine Arbeit wie jede andere, mühsam und schlecht bezahlt, die man aus Masochismus oder sonst einem Grund auf sich genommen hat, aber seelenlos – Bettelheim würde sagen, leidenschaftslos – und phantasielos verrichtet. Anders gesagt, bevor ein Erzieher nicht begriffen hat, daß er an der Orthogenic School ebensoviel über sich selbst erfahren kann wie über die Kinder, bevor er nicht in aller Bescheidenheit akzeptiert hat, daß er selbst noch lernen muß, klarzusehen, und dafür die Hilfe jener braucht, denen er helfen soll, kann er nach Meinung Bruno Bettelheims kein guter Erzieher sein.

Und hier griff Dr. B. auch ein. Neben seinen Verwaltungsaufgaben als Direktor, neben der Organisation von Geldern, neben seinen Vorlesungen an der Universität, seinen Vorträgen im ganzen Land, seinen Veröffentlichungen war das seine Hauptaufgabe. Er war auch das beruhigende Symbol der Autorität an der Schule, der Vater, der zweimal täglich seine Runde drehte, immer ein freundliches Wort, einen Tadel oder eine Geschichte auf den Lippen. Doch was die Besonderheit der Schule ausmachte, war die Weise, wie er Erzieher und Lehrer nach und nach dazu brachte, sich ihrer eigenen Schwierigkeiten, ihrer ganz persönlichen Suche bewußt zu werden, um aus ihnen Therapeuten zu machen. Wie er sie lehrte, die Brücke in beiden Richtungen zu überqueren.

Diese Arbeit trieb Bettelheim auf zwei Ebenen voran: individuell in den regelmäßigen Einzelgesprächen mit den Erziehern und kollektiv in den täglichen Konferenzen. Die Konferenzen haben sich besonders deutlich ins Gedächtnis aller früheren Mitarbeiter der Orthogenic School eingeschrieben. Es gibt unzählige sehr unterschiedliche, aber immer sehr lebendige Berichte darüber, die von der Schilderung der herzlichen, familiären Atmosphäre des Anfangs bis zur Kritik »öffentlicher Folterszenen« reichen. So viele Erzieher, so viele Erinnerungen, aber alle höchst eindrucksvoll.

Auch in diesem Punkt entwickelte sich das System ganz allmählich. In den ersten Jahren war die Tür zu Bettelheims Büro immer offen, und wenn ein Erzieher ein Problem hatte oder auch nur eine Idee, die ihm wichtig erschien, ging er einfach hinein. »Alles war ein bißchen durcheinander«, sagt Gayle. »Ich kam zu ihm, um über einen Jungen zu reden, und am Ende redete ich über mich.« Bettelheim war der Überzeugung, die einzigen wirklich schwierigen Probleme in der Beziehung zu einem Kind, ob gestört oder nicht, rührten von den Erfahrungen der Erwachsenen an seine eigene Kindheit. Erinnerungen, die nicht unbedingt bewußt sein mußten, aber stets dazu führten, daß er zwanghaft das Kind, das er gewesen war, bestrafen mußte oder es für einen Mangel entschädigen – und zwar in der unerschütterlichen Gewißheit, den Bedürfnissen des Kindes damit zu entsprechen. Der Punkt, an dem das Kind für den Erwachsenen aufhört, ein anderer zu sein, ist der blinde Punkt in der Beziehung.

Wenn also ein Erzieher mit einem Problem zu Bettelheim kam, kam bald seine berühmte Frage: »How do you feel ...?« – Wie fühlen Sie sich dabei, wenn ein Kind zu brüllen beginnt, alles kurz und klein schlägt und so weiter? Aus der Antwort auf diese Frage: Ich weiß nicht genau, es macht mir angst ... Ich muß dem ein Ende setzen, das ist mir klar, es stört die anderen Kinder ... Aber er braucht das, das fühle ich, nach den ganzen Jahren im Heim, wo er überhaupt nichts durfte, wo er nur ein blödes Kind war, er will es hinausschreien, daß es ihn gibt, den anderen seine Gegenwart aufzwingen, auch wenn es sie stört ... Ich habe nie geschrien als Kind, ich lebte bei meiner Tante, die war so gut zu mir, daß ich mich das nie getraut hätte – und daraus entsprang oft die Lösung des Problems. Bei den begabtesten oder am besten ausgebildeten Erziehern reichte das meistens, sie durchschauten schnell die Wiederholung einer längst vergangenen Situation, ihre Ambivalenz oder was auch immer zwischen ihnen und dem Kind stand. Bei anderen mußte Bettelheim nachbohren, besänftigen, antreiben, bis endlich der Groschen fiel und sie verstanden, wieso sie mit einem bestimmten Kind mehr Schwierigkeiten hatten als andere oder keinen Kontakt zu ihm bekamen.

Aber erst in den Erzieherkonferenzen, unter den Augen der anderen, entfaltete die Methode ihre ganze Dynamik. »Versuchen Sie sich vorzustellen, was Sie dazu bringen könnte, ebenso zu handeln!« Da hat man in allen Einzelheiten ausführlich geschildert, wie einen das unberechenbare Verhalten eines Kindes an den Rand des Wahnsinns treibt, und gehofft, Rat zu finden. Statt dessen bekommt man diesen Satz um die Ohren geschlagen. Stottern, verzweifelte Bemühungen, die richtige Antwort zu finden, dann der Versuch: »Ah, ich verstehe. Also ich an seiner Stelle ...« Reingerasselt! Ziel der Exerzitien ist ja nicht, sich an die Stelle des Kindes zu setzen, sondern das Kind, das zu einem solchen Verhalten fähig ist, in sich selbst wiederzufinden, also genau das Gegenteil. So sagt es jedenfalls Karen Zelan, die Erzieherin der kleinen »Marcia« aus der *Geburt des Selbst*, die Bettelheim sehr nahe stand. Denn anders als das Mitgefühl, das eine Bewegung zu einem anderen hin voraussetzt, ist die von Bettelheim geforderte Empathie eine Begegnung mit dem anderen in sich selbst. Um den anderen zu akzeptieren. Um ihm die Hand zu reichen, auf die er sich beim Überqueren der Brücke zur Wirklichkeit stützen kann. Eine starke Hand, die sich nicht aus Angst, aus Abscheu zurückzieht, wenn man sie am meisten braucht.

Das sind hohe Anforderungen. Es ist keine leichte Übung, sich mit einem Kind zu identifizieren, das gerade auf den Boden gekotet hat und einem dann den Kot auf die Bluse schmiert, oder, noch schlimmer, mit einem Kind, das ständig mit dem Wunsch kämpft, sich oder jemand anderen umzubringen – dazu braucht es Zeit und Ausdauer. Viele schafften es nicht und verließen die Schule nach ein paar Wochen oder Monaten. Josette Dermody Wingo, die nach ihrer Demobilisierung 1946 an die Schule gekommen war, hat im Mai 1986, anläßlich eines Symposiums zu Ehren Bruno Bettelheims, die erste Zeit sehr anschaulich geschildert: Die ersten Monate waren für sie wie ein Blindflug, nie habe sie gewußt, was Bettelheim von ihr erwartete, ständig war sie in Angst, etwas falsch zu machen, etwas zu sagen oder zu tun, was die Fortschritte eines Kindes zunichte machen könnte. Übermüdet, ständig in Verzug mit den verdammten Berichten (»eine einfache Erzählung ohne Interpretation, in der alles enthalten sein mußte, was das Kind und der Erzieher gesagt und getan hatten«), wußte sie nie, aus welcher Ecke die nächste Zurechtweisung kommen würde. Ein solcher Bericht konnte folgendermaßen aussehen:

»Pete ist in den Schlafsaal gekommen und hat sein Flugzeug auf die Erde geworfen.

Ich sagte: ›Wenn du es nicht mehr magst, Pete, dann kann ich es für dich aufheben.‹

Er trampelte darauf herum, bis es zerbrach.

Daniel sagte: ›Er macht immer alles kaputt. Er will dich nur auf die Palme bringen, Josette.‹

Die anderen Kinder kamen zum Essen an den Tisch.

›Willst du ein Stück Schokoladenkuchen, Pete?‹

›Du weißt genau, daß ich Kuchen hasse und daß ich Schokolade hasse. Das ist Scheiße. Du bist Scheiße, Scheiße, Scheiße, Scheiße!‹

Ich zuckte die Achseln.«

Und die nachfolgende Besprechung:

»Dr. B.: ›Warum haben Sie die Achseln gezuckt?‹

Verblüfftes Schweigen. Ich dachte, es wäre richtig gewesen, mich von Pete nicht aus der Fassung bringen zu lassen.

Dr. B.: ›Er war aggressiv gegen Sie. Warum?‹ Ich widerstand der Versuchung, eine Antwort von der Sorte ›Weiß der Teufel!‹ zu geben, und sagte nichts. Aber so leicht kam ich nicht davon – das gelang mir nie.

Dr. B.: ›Ich habe Pete gestern mit diesem lächerlichen giftgrünen Hut gesehen. Er sah aus wie Happy Hooligan. Nicht einmal unsere neurotischsten Eltern würden ihre Kinder wie eine Comicfigur aus dem Haus gehen lassen.‹

Jetzt war Dr. B. wütend, und es war klar, daß ich etwas tun mußte wegen der Mütze von Pete. Ob wegen tiefschürfender psychologischer Erwägungen über Petes Selbstbild oder einfach deshalb, weil Dr. B. Wollmützen mit arsengrünen Karos und Ohrenklappen nicht leiden konnte, war mir nicht klar. Das kam häufig vor. Wann sollte man schweigen? Wann reden? Wann zulassen? Wann einschreiten? Ich spuckte immer auf meinen Daumen, um zu sehen, woher der Wind wehte. Versuchte herauszufinden, ob ich in seinem Fahrwasser segeln oder eine Kehrtwende machen sollte, und bemühte mich immer, den Kurs zu halten.«

Bruno Bettelheim war kein einfacher Mensch, das ist wahr. Die Originalität seiner Technik und seiner Ideen schien die Unebenheiten seines von Natur aus aufbrausenden Charakters noch zu verstärken, und bald galt er als völlig unberechenbar. Für manche war diese Unberechenbarkeit nichts anderes als Launenhaftigkeit und Unbeherrschtheit, andere sahen darin ein Zeichen seiner Begabung, denn der wahre Analytiker weiß, daß die Menschen und die Situationen immer anders sind und man deshalb selbst wandlungsfähig sein muß, um sich flexibel darauf einstellen zu können, während strikte Regeln das Individuum negieren. In dem Maße, wie sie lernte, ihre eigene Rolle besser zu verstehen, ersetzte auch Josette Wingo – wie alle, die an der Schule viel empfangen und viel gegeben haben – das Bild des launenhaften durch das des begnadeten Bettelheim, ohne daß das zweite das erste jemals ganz überdeckte.

Die Orthogenic School hat sich ziemlich verändert in den dreißig Jahren unter Bettelheims Leitung, doch die Initiation der Erzieher ist dieselbe geblieben. Geneviève Jurgensen, die ein halbes Jahrhundert nach Josette Wingo dort anfing, schildert ihre ersten zwei Monate mit einer Gruppe Jugendlicher ähnlich. Jedesmal wenn sie zur Schule mußte, malte sie sich aus, auf einer Stufe auszurutschen oder einem anderen Unfall zum Opfer zu fallen, um einen Vorwand zu haben, zu Hause zu bleiben. Und jedesmal ging sie doch wieder hin. Dieselbe Entmutigung, dasselbe Gefühl der Ohnmacht und der Revolte finden sich in den unveröffentlichten Erinnerungen Candace Hilldrups, die 1969 an die Schule kam, aber auch derselbe Wille, das alles zu überwinden, zu meistern - kurz: zu verstehen.

Dr. B. wußte auch, wahrscheinlich aus seinem Zusammenleben mit Patsy, welche Ängste schwer gestörte Kinder in den Erwachsenen auslösen können, die sich mit ihnen befassen, etwa die Angst, ihnen nicht helfen zu können, oder die, ihnen ähnlich zu sein. Dr. Ugo Formigoni, der heute ein kinderpsychiatrisches Zentrum in einem Vorort Chicagos leitet, hat die erste Erzieherkonferenz, an der er 1960 teilnahm, noch lebhaft im Gedächtnis. Er war aus Italien gekommen, um seine Facharztausbildung durch ein paar Einblicke in die amerikanische Psychiatrie abzurunden. Mit neunundzwanzig Jahren arbeitete er als Assistenzarzt in Oklahoma. Enttäuscht von der unpersönlichen Betreuung der Patienten in den zwei amerikanischen Einrichtungen, in denen er bisher gearbeitet hatte, und beeindruckt von Bettelheims Buch *Liebe allein genügt nicht*, das er gerade gelesen hatte, bewarb er sich um ein dreimonatiges Praktikum an der Orthogenic School, um zu sehen, wie die Dinge dort abliefen. Es war nicht einfach, aber mit Beharrlichkeit erreichte er schließlich sein Ziel. Von dieser ersten Besprechung war Formigoni so beeindruckt, daß er Bettelheims Angebot, nicht als Psychiater, sondern als einfacher Erzieher an der Schule anzufangen - »um zu lernen«, sagte Dr. B. -, auf der Stelle annahm.

Bettelheim redete auf dieser Konferenz lange über die Probleme der Erzieher, wenn ein Kind sie in Wut versetzte. Das brächte sie in einen Konflikt mit dem Bild, das sie von sich selbst hätten: »Wir wollen uns als gute Samariter sehen, die den Menschen helfen. Die negativen Gefühle, die diese Kinder in uns hervorrufen können, und besonders die Wut, sind für uns vollkommen unannehmbar.«

An dieser Stelle mußte ich Formigonis Schilderung unterbrechen: »Aber in Wahrheit hat Bettelheim doch nur über sich selbst geredet, meinen Sie nicht?« fragte ich ihn. Und dieser Mann von sechzig Jahren, der sich die Hälfte seines Lebens mit geistigen Störungen auseinandergesetzt hat, dieser kompetente, anerkannte Psychiater, brach mitten im Satz ab, schwieg eine Weile und sagte dann: »Ja, wahrscheinlich ... Aus dem Abstand sehe ich das jetzt auch so. Aber damals wäre ich nie auf diese Idee gekommen. Ich hörte ihn über mich, über uns sprechen. Über die Gefühle, mit denen wir zu kämpfen hatten, die wir unterdrücken wollten.«[18] So stark war der Eindruck, den Bettelheim auf andere machte, so groß die Macht, die ihm zugestanden wurde.

Bettelheim arbeitete mit dem Unbewußten, als Therapeut, Analytiker oder Supervisor, wie auch immer. Von 1959 an kam eine Gruppe junger Laienanalytiker einmal wöchentlich zu ihm, um ihre schwierigsten Fälle vorzustellen. Diese Seminare wurden auf Tonband aufgenommen, und die unbearbeiteten Abschriften[19] sind eine faszinierende Lektüre. Jede Versammlung hat die Dramaturgie eines Kriminalromans – Bettelheim verglich die Arbeit des Therapeuten übrigens gern mit detektivischer Spürarbeit[20]: Ein Fall wird vorgestellt, Bettelheim unterbricht von Zeit zu Zeit, um sich eine Einzelheit genauer schildern zu lassen. Schnell wird klar, wieso einige Beobachter ihm Sadismus unterstellten: Er verfährt nach derselben Methode wie bei seinen Studenten. Meist treffen seine Fragen den heiklen Punkt in der Beziehung zwischen Patient und Analytiker. Wenn dieser sich versteift, nicht mehr direkt antwortet, sich hinter einer Theorie oder einer abgeschlossenen Analyse des Falles verschanzt, wird es unangenehm. Bettelheim hakt nach, kommt immer wieder auf diesen Punkt zurück und stellt dieselbe bohrende Frage immer wieder in anderer Form. Die anderen beginnen sich einzumischen, sei es, daß sie den Knoten schon erkannt haben, den Bettelheim zu entwirren versucht, sei es, daß sie dem Meister spontan zur Seite springen. Bald ist der Unglücksrabe auf seinem heißen Stuhl ziemlich allein – und muß sich womöglich vor seinem inneren Gericht auch noch sagen lassen, er sei wohl ziemlich vernagelt, wenn er immer noch nicht sehe, was den anderen längst wie Schuppen von den Augen gefallen ist. Aber unfehlbar nimmt die Geschichte am Ende doch noch eine glückliche Wendung, und das Gespräch bringt schließlich Licht in die dunkle Angelegenheit, die wahrscheinlich zwischen dem Analytiker und seinem Patienten stand.

18 Interview vom Mai 1993.

19 Einige befinden sich in der Bettelheim-Sammlung der Regenstein Library an der University of Chicago, andere in der Obhut von Dr. Oliver Kerner.

20 Allerdings sprach er dabei von »lawyer«, Anwalt, weil in den Vereinigten Staaten die Anwälte selbständig ermitteln. Nebenbei ist zu vermerken, daß Bettelheims Sohn Eric Anwalt ist.

Das Ganze ist fast ein bißchen zu perfekt. Liest man mehrere Protokolle hintereinander, ertappt man sich bei dem Gedanken, es kann doch gar nicht sein, daß Bettelheim niemals irrte. Er selbst behauptet das übrigens gar nicht, er bietet Hypothesen an, stößt Türen auf, gibt aber seine Interpretation selten als die einzig gültige aus - der andere kann damit machen, was er will. Wenn es seinem Gesprächspartner richtig schlecht geht, hilft Bettelheim ihm manchmal sogar freundlich aus der Bredouille. Doch sein Ton kann auch schneidend werden, und man spürt die Macht, die er über die Gruppe ausübt. »Mit der Brille, die seine Augen riesengroß erscheinen ließ, wirkte er ziemlich einschüchternd. Ich kam mir vor, als stünde ich Erich von Stroheim gegenüber«, gesteht Ugo Formigoni.

»Sokratisch«, sagen die meisten, sei Bettelheims Gesprächsstil gewesen. Einen Einblick in seine Technik erlaubt auch *Kinder brauchen Liebe*, ein von Alvin Rosenfeld verfaßtes Buch über die gemeinsam mit Bettelheim geleiteten Seminare in Kalifornien, das erst nach dessen Tod fertig wurde; doch die Zusammenarbeit mit Bettelheim mindert ein wenig die Wirkung. Am meisten erfährt man aus dem kleinen Bändchen *Gespräche mit Müttern*, auf den ersten Blick ein unscheinbares Handbuch der Kindererziehung, wie es viele gibt. Doch dieser Eindruck täuscht. Der Inhalt ist weniger bedeutsam, was zählt, ist der Dialog selbst, der Weg, auf dem Bettelheim seine Gesprächspartner dazu führt, sich dessen bewußt zu werden, was sie gerade sagen. Das ist das ganze Geheimnis seiner Methode. Wenn man es so liest, enthüllt das Buch mit einemmal Bettelheims Vorgehen und das Besondere an seiner Sicht der Kinder.

Die Gesprächsrunden mit Müttern begannen 1948, unmittelbar nach dem Krieg, und endeten 1952, als Bettelheim sie wegen Zeitmangels aufgeben mußte. Um alle GIs unterzubringen, die nach der Demobilisierung ein Studium an der U of C aufnehmen oder abschließen wollten, hatte man am Seeufer ein Dorf aus Fertighäusern errichtet, am Ende des Midway, nur wenige hundert Meter von der Orthogenic School entfernt. Dort bekamen viele Paare ihr erstes Kind. So viele Studenten hätten ihn in Erziehungsfragen um Rat gebeten, schreibt Bettelheim, daß er schließlich eine informelle Sprechstunde für ihre Frauen eingerichtet habe, einmal vierzehntäglich abends. Die Erfahrung habe ihn gelehrt, daß »der klügste Rat, die noch so gut erläuterte Theorie nicht viel nützen, wenn es darum geht, sich mit den alltäglichen Ereignissen im Leben eines

Kindes auseinanderzusetzen«. Nach einigen Monaten lief es so gut, daß er die mittlerweile wöchentlichen Sitzungen mitschnitt. *Gespräche mit Müttern* wurde aus den Tonbandaufnahmen zusammengestellt. Später gab es in unregelmäßigen Abständen solche Sprechstunden an der Orthogenic School. Daraus machte Bettelheim eine monatliche Kolumne, die von 1965 bis 1975 im *Ladies' Home Journal* erschien.

Eine dieser Gesprächsrunden hat Daniel Karlin im April 1973 gefilmt. Darin wird der »kriminalistische« Aspekt der Bettelheimschen Methode erhellt. Eingangs berichtet eine Mutter, ihre fast fünfjährige Tochter sei unfähig, irgendeine schwierigere Tätigkeit durchzuhalten, sie lasse sich rasch entmutigen und scheitere an der kleinsten Hürde. Die Mutter will wissen, ob sie das Kind antreiben soll, dabei zu bleiben, oder lieber ignorieren und allein zurechtkommen lassen. Bettelheim verlangt nach einem Beispiel. Sie erzählt vom Versuch des Mädchens, ein kurzes Klavierstück zu lernen. Bei der ersten falschen Note habe es zu spielen aufgehört und aufgeregt an seinem Daumen zu lutschen begonnen. Sie habe zu ihm gesagt: »Probier's noch mal! Du weißt doch, wenn man etwas lernen will, muß man daran arbeiten ...« Bettelheim fällt ihr ins Wort: »Nehmen wir an, Sie weinen und sind verzweifelt – was würden Sie gern zum Trost hören?«

Die Mutter: »Daß man mir sagt: ›Probier's noch mal, das nächste Mal klappt's bestimmt!‹«

Dr. B.: »... Ich bemühe mich, etwas aus Ihrer Erfahrung zu finden ... Ja ... Ihr Mann versucht vergeblich, einen Berg zu besteigen. Schließlich gibt er auf und sagt: ›Es ist zu schwer, ich werde es nie schaffen.‹ Was würden Sie ihm antworten?

Die Mutter: »›Natürlich kannst du das!‹«

Dr. B.: »Ich wollte nicht mit Ihnen verheiratet sein, gute Frau. Wenn meine Frau so reagiert hätte, hätte ich mit meiner Arbeit nie Erfolg gehabt! Wissen Sie, was sie bezüglich der Schule immer zu mir gesagt hat?«

Mehrere Mütter mischen sich in das Gespräch: »Daß es nicht funktionieren wird?« – »Daß Ihre Ideen grandios sind und daß ...« – »Daß es ein hartes Stück Arbeit sein wird, aber sie ihnen dabei helfen wird?« Bettelheim fährt sie an, augenzwinkernd: »Unter uns, Ihre Gatten sollten alle die Scheidung einreichen! Sie sind ja unerträglich!« Schließlich verkündet er die richtige Antwort – mit einer dramatischen Pause vor dem Highlight und effektvoller Betonung auf dem Schluß des Satzes: »Seit mittlerweile vierundzwanzig Jahren sagt sie mir immer wieder … ›Gib es auf!‹«

Verblüffung unter den Müttern: »Und das soll so großartig sein?« – »Ja«, antwortet Bettelheim, »weil sie nicht möchte, daß ich mich völlig verausgabe.« Nun wird er freundlicher und versucht den Müttern in zwei, drei Sätzen den Unterschied zwischen Ermutigung und Druck klarzumachen. Den Unterschied zwischen Dingen, die man tun muß (ein Medikament einnehmen zum Beispiel), und solchen, die man tun will (Klavier spielen zum Beispiel). Eine Mutter wirft ein, das Mädchen spiele vielleicht überhaupt nur Klavier, weil das für seine Mutter eine so große Bedeutung habe. »Richtig«, sagt Bettelheim. »Es weiß nicht genau, wie wichtig ihm das selbst ist … Und wenn Sie zu Ihrer Tochter sagen: ›Probier's noch mal!‹, zeigen Sie ihr deutlich, daß *Sie* wollen, daß sie sich anstrengt. Warum wollen Sie das?«

Die Mutter: »Ich will, daß etwas aus ihr wird!«

Dr. B.: »Aha – da haben wir's! Die Enttäuschung Ihres Kindes und seine Ängstlichkeit kommen von Ihrer Forderung, daß etwas aus ihm werden soll.«

Nun entknotet sich alles. »Es ist noch viel schlimmer«, beginnt die Mutter, die sich nun schuldig fühlt und zu den »Geständnissen« übergeht: In Wahrheit versuche sie ihre Tochter kleinzuhalten, aus Angst vor dem Zeitpunkt, an dem die Kinder sie nicht mehr brauchten. Sie selbst habe sich ein erfolgreiches Leben immer versagt, warum, wisse sie nicht.

»Was haben Sie studiert?« unterbricht Bettelheim sie.

»Englische Literatur.«

»Was wollten Sie damit machen?«

»Ich hatte nicht die leiseste Idee … Bei meinen Fähigkeiten schien es mir das Beste, was ich tun konnte. Andere Sachen hätten mich mehr interessiert, aber dafür hatte ich kein Talent …«

»Zum Beispiel?«

»Die Musik.«

»Ach, das ist ja interessant!«

Dieser Bemerkung Bettelheims folgt allgemeines Gelächter.

Zu schön, um wahr zu sein, könnte man zu dieser Szene sagen – wäre sie nicht auf Film gebannt. Das Gespräch ist charakteristisch für Bettelheims Gesprächsstil am Ende seiner Laufbahn in Chicago – damals war er härter, autoritärer, weniger analytisch als am

Anfang. Cathy Kaiser, eine der ersten Mütter in den informellen Gesprächsrunden, noch bevor diese mitgeschnitten wurden, hat Bettelheim freundlicher und rücksichtsvoller im Gedächtnis, als er im Film erscheint, aufmerksamer, vielleicht auch optimistischer, was die Ergebnisse dieser Gespräche betraf.

Sie erinnert sich noch genau an die Sprechstunden am Ende des Krieges. Dr. Benjamin Spocks *Common Sense Book of Baby and Child Care* hatte die klassische Kinderheilkunde revolutioniert. Spock versicherte den Müttern, sie wüßten mehr über ihr Kind als alle Ratgeber. Doch weil er damit die bisher üblichen strengen Regeln in Frage stellte, machte er seinen Leserinnen mit seiner Behauptung zunächst einmal angst. Daß sie plötzlich frei entscheiden sollten über die Dinge, denen in den psychologischen Ratgebern kapitale Bedeutung zugemessen wurde, über Ernährung, Abstillen, Sauberkeitserziehung und so weiter, verunsicherte die jungen Frauen und warf unzählige Fragen auf. Die Männer hatten gerade die freie Welt gerettet – also durften sie bei der Erziehung ihrer Söhne auf keinen Fall versagen. »Was mir diese Diskussionen gebracht haben«, sagt Cathy Kaiser, »waren keine Kochrezepte, sondern eine bestimmte Weise, mit meinen Kindern zu sein. Dank Dr. B. hatte ich keine Angst mehr, Fehler zu machen.« Ob das die Mutter aus Karlins Film auch von sich behaupten würde?

Auf jeden Fall erkennen wir an dieser Sequenz ein Problem, mit dem Bettelheim tagaus tagein zu kämpfen hatte. Ein Kindheitsunglück, das er aus eigener leidvoller Erfahrung kannte: mit einer Mutter geschlagen zu sein, die ihre unbefriedigten Wünsche auf das Kind projiziert. Auch wenn sie noch so liebevoll und zugewandt ist, wird sie das Kind nicht wahrnehmen, wie es ist. War die Empathie, die Bettelheim seinen Erzieherinnen einbleute, nicht das, was der kleine Bruno bei seiner Mutter vergeblich gesucht hatte, wenn er seine Hausaufgaben am Eßtisch machte, an ihrer Seite, nachdem er auf dem Schulweg verspottet oder verprügelt worden war? Solange er sich erinnern konnte, hatte Paula ihn nicht nur damit geplagt, daß er seinen schwachen Vater ersetzen müßte, sondern auch damit, daß er den Erfolg haben sollte, der ihr versagt geblieben war. Er mußte ein richtiger Mann werden, eine unerschütterliche Stütze der Familie, um Antons Fehler wettzumachen. Außerdem sollte er reich sein wie sein Großvater Seidler und eine bedeutende Stellung in der Gesellschaft einnehmen – wie die Geschäftsfrau, die sie nicht werden durfte. Hatte sie Bruno eigentlich je gesehen, wie er war, seine Hoffnungen, seine Freuden, seine Ängste je verstanden?

Das Schlimmste an alldem war, daß er nicht einmal an ihrer Liebe zweifeln konnte. Ihre Aufopferung für die Kinder, vor allem für ihren Sohn, wurde allgemein bewundert. Durfte er ihr wegen des Leids, das sie ihm unbewußt zugefügt hatte, überhaupt böse sein? Hatte er das Recht dazu? Und wenn er nicht dasselbe wollte wie sie – wessen Fehler war das? Ihrer zweifellos nicht. Denn seine Eltern »taten alles dafür, sehr gute Eltern zu sein ... So konnten wir ihnen nicht böse sein, und wenn es doch manchmal geschah, daß wir gegen die Niedergeschlagenheit aufbegehrten, die ihr Leben durchdrungen hatte, fühlten wir uns schuldig ...« schrieb er später an Carl Frankenstein, am 19. November 1986. Und über seinen »relativen« Erfolg: »Meine Mutter hat lange genug gelebt, um noch die Anfänge mitzuerleben, doch hat sie nach ihrem langen, leidvollen Leben nicht mehr viel davon gehabt.« Vielleicht war Bettelheim in seinen ersten Gesprächen mit Müttern auch deshalb freundlicher, optimistischer, weil Paula Bettelheim zu dieser Zeit noch lebte und er die Hoffnung haben konnte, auch ihren Blick auf ihn zu richten.

Viele haben gesagt, daß Bruno Bettelheim hart gewesen sei zu den Müttern. Das war er auch oft, aber immer nur in dem Bemühen, den Kindern in den Augen ihrer Mütter wieder zu einer eigenen Identität zu verhelfen. »Ich glaube nicht, daß er mich jemals eingeschüchtert hat«, sagt Cathy Kaiser. Sie war beeindruckt von seiner taktvollen Art, Frauen zum Reden zu bringen, selbst die zurückhaltendsten, und sie erinnert sich nur an eine Situation, in der er Frauen regelrecht traktierte: »wenn deutlich wurde, daß die Mutter ihrem Kind nicht wirklich helfen wollte«. In der Schule war es genauso. Bettelheim forderte von den Erzieherinnen ständige Aufmerksamkeit für die Kinder, weil diese Kinder erst lernen mußten, sie selbst zu sein und nicht die Muster- oder, häufiger, Monsterkinder, die ihre Mütter in ihnen sahen. Diesem Vorbild suchten sie von klein an gerecht zu werden, und das kostete sie so viel Energie, daß sie zu leben vergaßen und anfingen, sich zu hassen und zu zerstören.

Die Sprechstunden dienten also der Prävention. Bettelheim rief diesen Müttern, die alles richtig machen wollten, einige Selbstverständlichkeiten ins Gedächtnis: »Schauen Sie ... nie wieder in Ihrem Leben werden Sie für einen anderen Menschen so wichtig sein. Und wenn Ihnen das keinen Spaß macht, ist Ihnen nicht zu helfen«, sagt er zu einer Mutter, die sich über die Tyrannei ihres vierjährigen Sohnes beklagt. »Aber vor Weihnachten«, beharrt sie, »hat er immer in der Nähe des Hauses gespielt, und er konnte sich stundenlang selber beschäftigen. Er war ganz still und zufrieden.« – »Woher wissen Sie, daß er zufrieden war?« fragt Bettelheim. »So schien es mir jedenfalls. Er hat nichts verlangt, und er hat nicht geweint.« – »Aha. Die Mutter wird nicht beachtet, und das bedeutet, daß das Kind zufrieden ist. Ist das nicht eine merkwürdige Auffassung?«[21]

Dr. B. weiß auch, daß das Leben für die jungen Mütter oft nicht einfach ist. »Wenn sie von mir – den sie für eine Autorität hielten – bestärkt wurden, konnten sie sich eingestehen, daß die Sorge um ein kleines Kind nicht immer das vollkommene Glück bedeutet und ernsthafte Schwierigkeiten mit sich bringt. Sie waren erleichtert, zu erfahren, daß auch andere Mütter erschöpft sind durch die Arbeit, die die Verantwortung für ein Baby, ein Haus und einen Mann erfordert, der nur damit beschäftigt ist, aufzusteigen und den Unterhalt für seine Familie zu verdienen«, schreibt er in der Einleitung zu seinen *Gesprächen mit Müttern*. Und während er die jungen Frauen bestärkt, versucht er gleichzeitig, sie erahnen zu lassen, was sie (sich) nicht eingestehen wollen – die andere Seite der Mutterliebe: die verdrängten Wünsche, die sie ihren Kindern auferlegen, aber auch die Aggressionen, den Zorn, ja den Haß, die sie manchmal überfallen. Nie sagt er: Machen Sie es so oder so, sondern immer: Was erwarten Sie von ihm? Was für eine Art Kind wollen Sie eigentlich? Kurz, er wendet sich an ihr Unbewußtes. Und hofft, sie würden, mit der Zwiespältigkeit ihrer Wünsche konfrontiert, damit aufhören, ihre Kinder für die Konflikte zahlen zu lassen, die sie selbst nicht gelöst haben. Bettelheim verlangt nicht, daß sie anders werden sollen, sondern daß sie sich erkennen und annehmen.

Mit den Jahren veränderte sich der Ton dieser Gespräche unmerklich – wie Bettelheims Verhältnis zu den Erziehern an der Orthogenic School. Die Magie der ersten Jahre bestand in den gemeinsamen Entdeckungen, der Begeisterung über die ersten Erfolge, der Freude der Pioniere, daß sie den richtigen Weg gefunden hatten. Dann begannen einige, die Schule zu verlassen, Marjorie Jewell als erste, 1947 Betty-Lou Pingree und Ronnie Dryovage. Gayle Shulenberger, zur Assistentin von Dr. B. aufgestiegen, blieb bis 1950. Dann ging

21 *Gespräche mit Müttern*, München 1977.

auch sie eigene Wege. 1946 freundete sich Bettelheim mit Morris Janowitz an, einem jungen Soziologen aus New York, der im Krieg für den Geheimdienst in London gearbeitet hatte und nach Chicago gekommen war, um seinen Doktor zu machen. Sie arbeiteten zusammen an einem Buch[22], und Janowitz wurde ein häufiger Gast an der Orthogenic School. Entgegen dem Rat ihrer Freundinnen, die ihn zu schüchtern fanden, gab Gayle dem Drängen Bettelheims nach, ging ein paarmal mit Janowitz aus und verlobte sich schließlich mit ihm. Darauf war Bettelheim ziemlich stolz, obwohl ihn ihr Weggang sehr getroffen hat. Bettelheim war übrigens Trauzeuge, zusammen mit Jeremiah Kaplan, seinem und Janowitz' Verleger.

Josette Wingo heiratete im September 1950. Die ganze Schule nahm an der Feier teil. Die Jungen aus ihrer Gruppe waren wütend, daß ein anderer Mann ihnen ihre Erzieherin weggeschnappt hatte, und bewarfen das Paar, als es aus der Kirche kam, mit aller Kraft – als Josette ihre Gesichter sah, war sie froh, daß sie nur Reis in den Fäusten hatten und keine Steine.

Gayle und Josette arbeiteten nach ihrer Hochzeit noch eine Zeitlang tagsüber in der Schule. Aber es war nicht mehr dasselbe.

22 *Dynamics of Prejudice: A Psychological and Sociological Study of Veterans*; siehe dazu Kapitel 12.

12. Dr. B., der Magier

Liebe allein genügt nicht erschien 1950 und machte Bettelheim in den ganzen Vereinigten Staaten bekannt. Die Entdeckerjahre mündeten in die Jahre des Erfolgs. Die American Psychological Association hatte Bettelheim als Mitglied aufgenommen, er besaß ein Diplom in Klinischer Psychologie und war ordentlicher Universitätsprofessor für Psychologie und Pädagogik. Er hatte sein Ziel erreicht und - so gestand er Bert Cohler zwanzig Jahre später - begann sich zu langweilen.

Die Welt um ihn hatte sich verändert. Amerika fühlte sich durch den Sieg über den Nationalsozialismus in seiner Überlegenheit bestätigt. Man hatte eben das gerechtere und stärkere System, das beste Staatswesen von allen. Also mußten auch die Kinder ohne Fehl und Tadel sein. Psychische Krankheiten, die auch früher nur widerwillig geduldet worden waren, sollten nun um jeden Preis besiegt werden. Manche schrieben alle Schrecken des eben erst gewonnenen Krieges Hitlers Wahn zu. Wenn man die Geisteskranken nicht heilen konnte, sah man zu, wie man sie los wurde - in der amerikanischen Gesellschaft war kein Platz für sie. Die Gesetzgebung einiger Bundesstaaten erlaubte damals das Wegschließen aller Subjekte, die nicht die Minimalvoraussetzungen für das amerikanische Bürgerrecht aufwiesen. Das Gesundheitsministerium und private Stiftungen finanzierten unzählige psychiatrische Forschungsprojekte. 1952 wurde ein Gesetz erlassen, das Ausländern mit psychotischen Symptomen den Aufenthalt in den Vereinigten Staaten untersagte.

Der rabiate Antikommunismus, der den Siegestaumel ablöste, verstärkte den Zwang zum Konformismus. Stalin galt ebenso als Geisteskranker wie Hitler. Es schien sonnenklar zu sein, und einige sagten das auch: Wenn es gelänge, die Geisteskrankheiten auszurotten, wäre auch Schluß mit Kriegen, Greueltaten und Totalitarismus.[1] Freilich waren solche vereinfachenden Sichtweisen unter Psychoanalytikern und Psychiatern nicht sonderlich populär, aber Intellektuelle zählten zu den bevorzugten Opfern des McCarthyismus, und die europäischen Einwanderer waren nicht besonders erpicht darauf, die Sicherheit, die sie hier gefunden hatten, für die Verteidigung fortschrittlicher Ideen gegen den Konsens der Kommunistenfresser aufs Spiel zu setzen. Selbst ein überzeugter Marxist wie Otto Fenichel diskutierte soziale und politische Fragen nicht mehr in der Öffentlichkeit.[2] Die Ichpsychologie mit ihrer beruhigenden individualistischen Botschaft boomte.

Der Antikommunismus störte Bruno Bettelheim nicht. Er hatte ihn schon vor dem Aufstieg des Senators Joseph McCarthy bemerkt. Im September 1945 entschuldigte er sich bei Ernst Federn, daß er ihm die erbetene Literatur über Freud und Marx nicht schicken könne: Es gebe sie nicht. »Wilhelm Reich lebt und arbeitet in Brooklyn (New York). Er ist der einzige, der sich ernstlich mit dem Marxismus beschäftigt, aber sein Denken ist so wirr, daß nichts dabei herauskommt. Ein paar interessante Beiträge stammen von Soziologen, die aber wiederum nichts von Freud verstehen. Du wirst Dich damit abfinden müssen: In diesem ganzen großen Land gibt es keinen wirklichen Marxisten und keinen wahren Freudianer - außer natürlich Deinem Vater und ein paar alten Analytikern. Ein paar Veröffentlichungen, das schon, aber die taugen alle nichts.«[3]

Daß psychisch Kranke in der Gesellschaft keinen Platz haben sollten, lief dagegen allen Vorstellungen Bruno Bettelheims zuwider, doch es gab einen Punkt, in dem sein Denken sich mit den populären Ansichten traf: in der Idee des Heilens. Kein Zweifel - jeder Leser von *Liebe allein genügt nicht* mußte davon überzeugt sein -, Bruno Bettelheim hatte eine Methode entwickelt, mit der man verrückte Kinder heilen konnte. Eine menschliche, freundliche Methode noch dazu, genau das Richtige für die guten Menschen, die sich nichts sehnlicher wünschten, als einen Teil ihres Reichtums dem Wohle des Gemeinwesens zu opfern. Und Bettelheim profitierte enorm von den großzügigen Spenden derer, die sich dem Kreuzzug gegen die Geisteskrankheit verschrieben hatten.

1 Auch die Linke war nicht immun gegen solches Gedankengut. So nannten die Trotzkisten die Stalinisten »stalinoid«.
2 Siehe Russell Jacoby, *Otto Fenichel: destins de la gauche freudienne*, Paris 1986.
3 Brief an Ernst Federn, 9. September 1945.

Seit seinem Amtsantritt hatte Bettelheim einen großen Teil seiner Aktivitäten darauf verwendet, private Geldgeber für die Schule zu gewinnen. Der erste war Philip Pekow, ein reicher Industrieller und Vater einer ehemaligen Patientin, der einem Komitee betroffener Eltern vorstand. Pekow bot im Juli 1944 an, die nötigen Spenden aufzutreiben, um der Schule aus der Misere zu helfen; er könne zwei Millionen für einen Neubau organisieren - unter der Bedingung, daß die Universität eine vergleichbare Summe zuschieße und Mandel Sherman ausgewechselt werde. Ralph Tyler erinnert sich noch an das erste Treffen der Stiftung im Januar 1945, die nach der freigebigsten Mäzenin der Schule Sonia Shankman Foundation genannt wurde. Er bezeichnet es scherzhaft als »Racket Dinner«, da die gebotenen Summen in nachgerade erpresserischer Manier nach oben getrieben worden seien. »Los, geben Sie sich einen Ruck«, habe der Moderator, auch er sichtlich ein Opfer des Bettelheimschen Charmes, die Sponsoren angefeuert. »Da ist doch noch mehr drin, das weiß ich. Vergessen Sie nicht - ich bin auch Ihr Anwalt!«

Trotz der verhältnismäßig hohen Gebühren, die entweder von den Eltern bezahlt oder von wohltätigen Stiftungen übernommen wurden, litt die Schule an chronischem Geldmangel. Die Universität kam nur für die Instandhaltung des Gebäudes und das Gehalt des Direktors auf.[4] Alles andere blieb der Schule überlassen. Die Personalkosten waren hoch, denn die Schule hatte viele Angestellte, von denen nicht alle so unverhältnismäßig schlecht bezahlt wurden wie die Erzieher, das Haus war baufällig und zu klein. Außer den Mitteln für Renovierung und Erweiterung fehlten Gelder für Praktikanten und vor allem für die Forschung, die ebenfalls zu den Aufgaben der Schule zählte.

Bettelheim bekam fast alles, was er wollte. Die Ehefrauen einiger Mitglieder der Sonia Shankman Foundation gründeten einen »Hilfszweig« der Stiftung: Sie eröffneten, um das gemeinsame Anliegen zu unterstützen, einen Thrift shop, eine Art ständigen Wohltätigkeitsbasar. Bettelheim kam von Zeit zu Zeit vorbei, meist mit ein oder zwei Kindern, lud die Damen gelegentlich an die Schule ein und bezauberte alle mit seinem Charme. Die Einkünfte aus dem Laden kamen dem Alltagsleben zugute. So erhielt die Schule ihr erstes Auto, einen gebrauchten Buick, der für Picknicks und andere Ausflüge Verwen-

4 Dessen Jahreseinkommen belief sich im Herbst 1948 auf 4533 Dollar. Dazu kam noch das Professorengehalt von 1967 Dollar.

dung fand. Bettelheims Fähigkeit, nicht nur Privatpersonen, sondern auch Regierungsstellen und große Stiftungen als Geldgeber zu gewinnen, brachte ihm die Bewunderung der Universitätsführung ein, wie das Archiv der Regenstein Library[5] beweist: Mit Ausnahme von ein, zwei Briefen über seine Bücher beinhalten alle an Bettelheim adressierten Glückwünsche Schecks über zehn-, zwanzigtausend Dollar oder mehr zugunsten der Orthogenic School. Manche Spenden waren für ein bestimmtes Projekt, ein spezielles Kind gedacht, über andere konnte der Direktor nach Gutdünken verfügen. Das Geld lief immer über die Universitätskonten. In diesem Punkt war Bettelheim sehr vorsichtig.

Da die Universität möglichst wenig für die Schule ausgeben wollte, war Ralph Tyler von seinem Schützling begeistert und förderte ihn nach Kräften. So nannte er in seiner flammenden Rede vor der Sonia Shankman Foundation 1947 – zu dem Zeitpunkt fehlte eine Million Dollar für einen Neubau – unter den großen wissenschaftlichen Leistungen der Universität Bettelheims Werk gleich nach den Arbeiten des Physikers Enrico Fermi, der vor fünf Jahren die erste kontrollierte Kernspaltung in einem unterirdischen Labor nahe der Schule durchgeführt hatte und seine Forschungen mittlerweile in Los Alamos vorantrieb. Außerdem kündigte Tyler an, die Schule werde in Zukunft den Namen der Stiftung tragen.

Bettelheim hatte rasch durchschaut, wie das amerikanische Sponsorensystem funktionierte, und nutzte es zum Vorteil der Schule. Dafür mußte er sich jedoch auch den Regeln des Systems unterwerfen. Der ständige Kampf ums Geld kostete ihn viel Zeit. Wenn er deprimiert war, hatte er das Gefühl, Hutchins und Tyler hätten ihn vor allem wegen seiner kaufmännischen Fähigkeiten zum Direktor gemacht. So interpretiere ich jedenfalls seine gelegentlich enttäuschten Bemerkungen gegenüber Ben Wright, Stuart Brent und anderen, für die WASPs an der Universität sei er doch immer nur der kleine Jude gewesen, und seine Forschungen interessierten sie im Grunde gar nicht.

Der Vorwurf war ungerecht, hatte aber einen wahren Kern – ein Mißverständnis, das den unterschiedlichen Vorstellungen vom Heilen entsprang und Bettelheims ganzes Leben vergiften sollte. Für die reichen Industriellen und Geschäftsleute, die alles im Griff hat-

5 Die Regensteins hatten nicht nur wesentlich zum Bau dieser großen Bibliothek beigetragen, sondern gehörten auch zu den Sponsoren der Orthogenic School.

ten – von den Diktatoren jener Länder, deren Bodenschätze sie ausbeuteten, bis zu den Arbeitern in ihren Fabriken –, hatte dieses Wort einen ganz anderen Sinn als für den Therapeuten, der tagtäglich mit dem Leiden der Kinder konfrontiert war, für den jedes neue Wort, jede gelungene Handlung schon einen Sieg bedeutete. Bruno Bettelheim wußte um diese Differenz. Er bewegte sich in beiden Welten gleichzeitig, doch der Preis dafür war hoch.

Dieses Mißverständnis hatte auch Einfluß auf Bettelheims Werk – zumindest darauf, wie er dessen Ergebnisse präsentierte. Seine vier Bücher über die Orthogenic School sind in Wahrheit Rechenschaftsberichte über die Verwendung der Gelder. Natürlich liegt ihr wahrer Wert anderswo, doch der wirtschaftliche Aspekt hatte große Bedeutung, und Bettelheim bedankte sich in den Büchern jedesmal bei den Sponsoren für ihre Unterstützung. Stöbert man in Bettelheims Korrespondenz, gewinnt man den Eindruck, daß auch er bis zum Schluß ständig mit irgendeinem Bericht in Verzug war.

Liebe allein genügt nicht und *So können sie nicht leben* entstanden aufgrund der Fördermittel des National Institute for Mental Health, einer neugegründeten Abteilung des Gesundheitsministeriums, die Bettelheim für Untersuchungen über die »Institutionelle Behandlung von emotional gestörten Kindern« 1949 bewilligt worden waren. *Die Geburt des Selbst*, 1967 erschienen, ist das Ergebnis eines Forschungsprojekts zur kindlichen Schizophrenie, das mit den Mitteln der Ford Foundation durchgeführt wurde. 342 500 Dollar stellte die Stiftung 1956 für dieses Projekt zur Verfügung, das ursprünglich auf fünf Jahre angelegt war und einen erheblichen Einfluß auf die Entwicklung der Orthogenic School und das Leben ihres Direktors haben sollte. Bettelheims Name war für das breite Publikum bald untrennbar mit der Behandlung jener Störung verbunden, die damals als die schwerste Form kindlicher Schizophrenie galt: Autismus. Der Umfang der Förderung setzte Bettelheim unter enormen Druck. Eine außergewöhnlich hohe Summe erfordert außergewöhnliche Ergebnisse – so jedenfalls muß Bettelheim gedacht haben. Wie anders wäre es zu erklären, daß er in der *Geburt des Selbst* behauptet, bei den etwa vierzig autistischen Kindern, die er in dieser Untersuchung vorstellt, in 42 Prozent der Fälle »gute«, in 37 Prozent »durchschnittliche« Ergebnisse erzielt zu haben und nur in acht Fällen (20 Prozent) gescheitert zu sein? Dieser Erfolg habe alle bisherigen Rekorde in der Behandlung des Autismus in den Schatten gestellt und sei bis heute nicht eingeholt worden.

Es stimmte bloß nicht. Doch die maßlose Übertreibung, die der Schule und Bettelheim selbst noch viel Schaden zufügen sollte, war nur die logische Folge einer Entwicklung, die schon viel früher eingesetzt hatte. *Die Geburt des Selbst* war zwar deren Höhepunkt, aber keineswegs das erste Werk, in dem Bettelheim die Orthogenic School etwas zu vollkommen zeichnete.

»Dein Buch ist gut, Bruno«, lobte Fritz Redl 1950 dessen eben erschienenes Werk *Liebe allein genügt nicht* beim gemeinsamen Mittagessen am Erziehertisch. »Aber warum hast du eine Märchensammlung daraus gemacht?« Als alle Augen auf ihn gerichtet waren, fuhr er fort: »Warum schreibst du nichts über die Schwierigkeiten? Warum erwähnst du die Frage der Disziplin nicht?« An Bettelheims Antwort konnte sich Ben Wright, der mir von diesem Zwischenfall erzählte, nicht mehr erinnern. Aber er habe wohl etwas gegrummelt wie: »Die Leute würden mich doch nur mißverstehen. Sie würden es als Ausrede benutzen, um ihre eigenen Kinder zu mißhandeln.« Jedenfalls habe Bettelheim ziemlich wütend dreingesehen, und keiner sonst am Tisch habe sich getraut, etwas zu sagen.

Bevor wir uns der Frage der Disziplin zuwenden, wollen wir noch ein wenig bei dieser Auseinandersetzung verweilen, denn sie erhellt zumindest einen Aspekt in der Entwicklung der Orthogenic School. Ich habe niemand anderen gefunden, der bei diesem Vorfall anwesend war oder sich sonst daran erinnert, doch er zeugt von einer Schwäche Bettelheims, für die es noch andere Beweise gibt. Er hielt es nämlich für besser, bestimmte Dinge nicht zu sagen. Und dafür hatte er, anders als seine Gegner behaupten, auch gute Gründe. Das beste mir bekannte Beispiel betrifft nicht unmittelbar die Schule und stammt aus einer viel späteren Zeit, dem Juli 1981. Bettelheims alter Verleger Macmillan plante die Herausgabe von Elisabeth Badinters *Mutterliebe*. Das Buch befaßt sich mit dem gemeinhin so genannten und als instinktive Regung aufgefaßten Gefühl und kommt schließlich zu dem Schluß, daß es diesen Instinkt nicht gibt. Macmillan bat Bettelheim um ein Vorwort für die amerikanische Ausgabe, Bettelheim verwies auf sein berufliches Engagement und lehnte ab: »Mein ganzes Leben lang habe ich mit Kindern gearbeitet, deren Leben zerstört war, weil ihre Mütter sie haßten. Natürlich gibt es keinen mütterlichen Instinkt, sonst hätten nicht so viele Kinder meine professionelle Hilfe gebraucht. Aber das zu demonstrieren, zu zeigen, daß so viele Mütter ihre Kinder ablehnen, würde nur andere von ihrem Schuldgefühl befreien, das wenigstens ein paar Kinder vor Selbstmord, Magersucht und so weiter gerettet hat. Ich kann meinen Namen nicht dafür hergeben, dieses letzte Bollwerk zu beseitigen, das so vielen unglücklichen Kindern noch einen Schutz vor der Zerstörung bietet«, erklärte er in einem Brief, der zu seiner Empörung am 16. Dezember 1981 von der französischen Tageszeitung *Le Matin de Paris* abgedruckt wurde. Bestürzt über seine Ablehnung, hatte Elisabeth Badinter die Debatte in die Öffentlichkeit getragen. Sie würdigte die Arbeit Bettelheims und sah auch einen Zusammenhang zwischen seiner Reaktion und seinem seit dreißig Jahren verfolgten Ziel, Kinder zu retten. Doch in ihrer Antwort auf das, was sie ein »erschreckendes Eingeständnis des Scheiterns« nannte, forderte sie das Recht, die Wahrheit zu sagen: »Das ist vielleicht die einzige Möglichkeit, Psychiater, Historiker, Philosophen und Ethiker dazu zu bringen, die Beziehung zwischen Mutter und Kind neu zu überdenken.« Bettelheim nannte das in einem unveröffentlichten Brief an Madeleine Chapsal vom 19. Januar 1982 verächtlich »die Antwort einer Intellektuellen«. Der Idealismus einer solchen Haltung erschien ihm absolut unverantwortlich und diente seiner Meinung nach vor allem dem Privatinteresse der Schriftstellerin.

Es ist nicht einfach, Stellung zu beziehen in dieser Auseinandersetzung. Einerseits ist es normal und richtig, wenn eine junge Frau, die noch nie in eine Extremsituation geraten ist, es für das Beste hält, sich den tiefsten Abgründen der menschlichen Natur zu stellen. Andererseits muß man einem alten Mann, der sich sein Leben lang mit diesen düsteren Seiten herumgeschlagen und die Hoffnung aufgegeben hat, diesen Kampf mit fairen Mitteln zu gewinnen, das Recht zugestehen, alle erdenklichen Listen einzusetzen, um die Dämonen zu besiegen. Diese Debatte wird schon geführt, seit die Menschen beschlossen haben, in einer Gesellschaft zusammenzuleben.

»Er war so verdammt moralisch«, sagt Gayle (Shulenberger) Janowitz. Diana (Grossman) Kahn drückt dasselbe in anderen Worten aus: »Er hatte ein sehr starkes Pflichtgefühl.« Die Beunruhigung dieser Erzieherinnen der ersten Stunde angesichts der Mißhandlungsvorwürfe nach Bettelheims Tod zeigt, wie sehr dessen Bücher das Bild der Schule geprägt haben. Gayle hat Bettelheim nie ein Kind schlagen gesehen. Ein böses Gesicht machen, anbrüllen ja, schlagen nein. Oder sie erinnert sich nicht daran. Damals war eine Ohrfeige, eine Tracht Prügel normal. Und wenn es der Situation angemessen war, hat sie vielleicht nicht so sehr darauf geachtet ... Über diese Ungewißheit ärgert sie sich. Die Schule habe sich verändert, seit sie weggegangen sei, das wisse sie, aber sie versuche sich ein möglichst zutreffendes, möglichst klares Bild von dem zu machen, was daraus geworden sei.

Sie weiß, daß das Bild in den Büchern, selbst in *Liebe allein genügt nicht*, in dem sie einen wichtigen Platz einnimmt, ein bißchen zu glatt ist. Wie alle frühen Erzieherinnen sagt sie: »In den Büchern ... das war das Ideal. Das Ideal, das wir noch erreichen wollten.« *Liebe allein genügt nicht* ist voller Bilder und Geschichten, die sie alle erlebt haben, wenn auch manchmal ein wenig anders, als Bettelheim sie darstellt, aber was in ihren Augen zählte, war die Bedeutung, die er ihnen gab. Für die Außenwelt in diesem Fall. Im Grunde stimmte das Bild, es war schon ihre Schule, von der Bettelheim sprach. Wenn er einige Einzelheiten wegließ, dann doch nur, weil das einzige, was ihn interessierte, das Neue, das Wesentliche war. Unbestreitbar haben Bettelheims Bücher das Bild des geisteskranken Kindes verändert. Unzählige Anstalten in aller Herren Länder haben sich insbesondere an der *Geburt des Selbst* orientiert und versuchten eine Umgebung zu schaffen, in dem das Leiden solcher Kinder endlich ernst genommen wird.

Für den guten Zweck war Bruno Bettelheim stets bereit, der Wahrheit ein wenig nachzuhelfen. 1947 zum Beispiel begannen die Mitarbeiter sich Sorgen zu machen, daß die Kinder sich verletzen könnten, wenn sie aus den Schlafräumen im ersten Stock sprängen. Daraufhin ließ Bettelheim die Fenster vergittern. Das jedoch stand im Gegensatz zu seiner Politik der offenen Tür. Also versammelte er die Kinder im Aufenthaltsraum und erklärte ihnen, die Gitterstäbe seien zum Schutz vor Eindringlingen gedacht. Es schien ihm besser, wenn die Kinder an eine äußere Gefahr glaubten als an eine Bedrohung, die von ihnen selbst ausging.

Alle Erzieher kannten Bettelheims Lust an lehrreichen Geschichten: »Es war lange bevor ich die Sufi- und die Zen-Geschichten entdeckte«, erzählt Josette Wingo. »Die Gleichnisse des Neuen Testaments, die ich als Kind immer hörte, hatten ihren Zauber schon verloren, sie waren mir zu vertraut. Dr. Bs. lehrreiche Geschichten waren etwas Besonderes. Meistens kam ein Freund von ihm drin vor, der ein ähnliches Problem gehabt und es so oder anders gelöst hatte. Dr. B. hatte immer eine passende Anekdote auf Lager, das verringerte die Angst und setzte Energien frei, um die Krise durchzustehen oder zu überwinden. So konnte man auch zum Protagonisten einer anderen lehrreichen Geschichte werden, die er eines Tages einer anderen armen Seele erzählen würde. Es dauerte eine Weile, bis man durch diese Geschichten seine meisterhafte Technik erkannte – manche von ihnen stimmten vielleicht sogar.«

Als nach Bettelheims Tod der Skandal losbrach, hatten Gayle und die anderen Schwierigkeiten, das Gehörte mit dem in Einklang zu bringen, was sie mit Sicherheit wußten. Zum Beispiel, daß die Erzieher die Kinder nicht schlagen durften. Das war damals ungewöhnlich. Manche Neuankömmlinge wurden sofort nach Hause geschickt, weil sie sich nicht an diese Regel gehalten hatten. Das Verbot war so gut eingeführt, daß sich sogar die Kinder gelegentlich seiner bedienten, um einen neuen Erzieher zu ärgern – »Wenn wir Dr. B. sagen, daß du ihm eine Ohrfeige gegeben hast, dann fliegst du raus!«[6]

Gayle Janowitz ist ein gutes Beispiel. Sie war Bettelheims Assistentin an der Schule, heiratete einen seiner Freunde und hat nie den Kontakt zu ihm verloren. Sie ist eine gestandene Frau, sie weiß, wer er war, sie kennt seine guten und seine schlechten Seiten. Dennoch hat sie Probleme, ihn zu verteidigen, wenn sie etwas nicht selbst miterlebt hat. Und so geht es auch allen anderen: Fae Tyroler, Betty-Lou Pingree (Rellahan), Ronnie Dryovage, Joan Little Treeman, Jean Brown, Patty Pickett, Charlotte Fowler, Ben Wright, Shelton Key, George Kaiser, Adrian Kuypers, Lou Harper, auch denen, die nicht von Anfang an dabei waren, wie Karen Zelan, Luitgard Wundheiler, Ugo und Maurie Formigoni, Kathy Lubin, Diana Grossman Kahn, Leslie Cleaver, Nina Helstein, Candace Hilldrup, Julie Newman, Elio Fratteroli, Geneviève Jurgensen, Marylin Garner. Alle Lehrer und Erzieher, mit denen ich gesprochen habe, berichteten auf die eine oder andere Weise, wie Bettelheims Bücher sie an der Verteidigung ihrer Schule hinderten. Und wenn sie es nicht sagten, hörte man es trotzdem, etwa wenn sie Widersprüche vermieden: »Das habe ich nicht gelesen, ich habe nicht soviel Zeit zum Lesen, wissen Sie ...« Jeder hat seinen Blick, sein Urteil. Manche sind aggressiv, andere resigniert. Viele haben das Gefühl, jedesmal, wenn sie versuchten zu erklären, was sie in der Schule erlebt haben, was Dr. B. sie gelehrt hat, wer er war, seien ihre Worte verfälscht worden. Es ist, als hätte

6 Bettelheim erzählt so eine Geschichte in *So können sie nicht leben. Die Rehabilitierung emotional gestörter Kinder*, Stuttgart 1973.

Bettelheim, indem er mit dem Bild der Schule jonglierte, ihnen auf ewig verboten, es festzulegen. Eine der wenigen, die es dennoch versuchten, war Jacquelyn Sanders.[7] Doch die Orthogenic School, die sie schildert, hat mit der Bettelheims außer den Räumlichkeiten kaum etwas gemein.

Als die ersten Anklagen gegen Dr. B. aufkamen, fragten sich manche Erzieher, ob diese Geschehnisse nicht vielleicht während ihres Urlaubs passiert oder sie von den Vorgängen in ihrer Gruppe so absorbiert gewesen seien, daß sie davon nichts mitbekommen hätten. Nachdem sie darüber ein paarmal geredet hatten, wurde ihnen allerdings klar, daß so etwas schlechterdings unmöglich war, denn alles wurde ständig in den Erzieherkonferenzen diskutiert, und zwar eher einmal zuviel als zuwenig. Ihr anfänglicher Zweifel jedoch verrät viel über die komplexe Beziehung, die sie zu Bettelheim hatten.

Für die ehemaligen Zöglinge der Schule ist die Differenz selbst zwischen den frühen Büchern Bettelheims, die noch recht nahe an der Wahrheit blieben, und der Realität ihres Erlebens noch schwerer zu ertragen. Ein paar Jahre nach dem Erscheinen von *So können sie nicht leben* kam »Paul« zu Besuch an die Schule. Bettelheim fragte ihn, was er von dem Buch halte. »Ich wußte nicht, daß ich so schlecht war«, erwiderte der junge Mann. Bettelheim antwortete: »Niemand ist schlecht.« Er sei eigentlich nur deshalb in die Orthogenic School gekommen, erwiderte Paul, weil er sich in dem Waisenhaus, in dem er vorher war, nicht richtig aufgehoben gefühlt habe. »Genau«, sagte Bettelheim und erinnerte Paul an das eigenartige Verhalten, mit dem er diesem Gefühl Ausdruck verliehen habe. Um sich den Lesern verständlich zu machen, fuhr Bettelheim fort, habe er dieses Verhalten etikettieren müssen. Paul war mit dieser Erklärung zufrieden. Allerdings, setzt er hinzu, hätten sich viele nicht mit dem Bild anfreunden können, das Dr. B. von ihnen gezeichnet habe.[8]

Über die Schule zu schreiben konfrontierte Bettelheim mit einem ernsthaften Problem: Wie präsentiert man unbewußte Phänomene in einer Sprache, die sowohl für das breite Publikum verständlich

7 Jacquelyn Sanders, *A Greenhouse for the Mind*, Chicago 1989.
8 Gespräch im Mai 1993. Daß man das »verrückte« Verhalten vergißt, wenn die zugrundeliegenden Probleme überwunden sind, ist ganz normal.

als auch für die Fachkollegen überzeugend ist? Bettelheims Texte strotzen vor Beispielen, bedienen sich aber gelegentlich auch psychiatrischer Kategorien. Innerhalb der Schule allerdings verzichtete man auf Diagnosen. Die bereits existierenden Krankenakten konnten von Lehrern und Erziehern konsultiert werden, doch deren Jargon wurde im Alltagsleben nie verwendet. Da sprach man von Richard, dem Ausreißer, von Sandys Wutanfällen und von Lindas beharrlicher Nahrungsverweigerung, ohne sie mit klinischen Fachausdrücken zu belegen - jedenfalls in den ersten Jahren. Die Schule sollte sowenig wie möglich von einer Anstalt haben und mehr ein Zuhause sein. Und diese gewollte Unbestimmtheit erschwerte die Beschreibung der Schule. Auch ohne die Absicht, seine Geschichten auf einen konkreten Zweck hin zu trimmen, hätte Bettelheim den Fluß des Alltagslebens in eine Form zwängen müssen. Davon kann man sich auch in den Büchern Fritz Redls[9] über dessen eigene Arbeit mit schwierigen Jugendlichen überzeugen. Er spricht darin zwar oft über Disziplin, aber in einer abstrakten, theoretischen Weise, und die trockene Sprache wird seinen bemerkenswerten Fähigkeiten als Erzieher und Therapeut in keiner Weise gerecht. So oder so muß das Bild unvollständig bleiben. Immerhin haben Bettelheims Bücher den Vorteil, lesbar und auch über einen kleinen Kreis von Eingeweihten hinaus verständlich zu sein, die neue Ideen ohnehin stets beargwöhnen, vor allem, wenn sie von jemandem vorgebracht werden, der nicht zum inneren Zirkel gehört.

Bei dieser Aufgabe stand Bettelheim eine talentierte Helferin zur Seite: Ruth Soffer (später Marquis), eine Tochter russischer Einwanderer und Redakteurin im Chicagoer Büro der *Encyclopaedia Britannica*. Im August 1944 arbeitete sie an dem zehnbändigen Supplement über den Zweiten Weltkrieg, das 1947 erschienen ist. Sie war idealistisch und engagiert, und als sie in der linken Wochenzeitung *Politics*, die sie abonniert hatte, Bettelheims ersten Artikel las, war sie davon so beeindruckt, daß sie ihn darum bat, eine Einleitung zum Stichwort »Konzentrationslager« zu schreiben. Sie wohnte in Hyde Park und hatte Bettelheim schon einmal getroffen. »Keine Zeit«, antwortete der auf ihr Ansinnen. »Aber vielleicht können Sie daraus was machen«, sagte er und drückte ihr die Originalversion

9 Fritz Redl und David Wineman, *Children Who Hate*, New York 1951, und vor allem *Controls from Within: Techniques for the Treatment of the Aggressive Child*, New York 1952.

des in *Politics* erschienenen Artikels in die Hand, der viel länger war als die veröffentlichte Fassung. Verwirrt sah sie ihn an. »Keine Angst«, beruhigte er sie, »ich lese dann noch einmal durch, was Sie geschrieben haben.« Von dem Ergebnis war Bettelheim so überzeugt, daß er Ruth Soffer bat, seine persönliche Lektorin zu werden. Ohne zu zögern, willigte sie ein. Anfangs begnügte sie sich damit, Fehler zu korrigieren. Doch mit zunehmender Sicherheit wuchs auch ihr Einfluß. Sie strich Wiederholungen, beseitigte Widersprüche, kürzte, wo ihr etwas redundant, vereinfachte, wo ihr etwas zu kompliziert erschien – kurz: Sie machte aus der etwas repetitiven und autoritären Prosa eines deutschen Intellektuellen, der seine Leser unbedingt von seinen Ansichten überzeugen wollte, für das englischsprachige Publikum lesbare Bücher. Bettelheim hatte zwar das letzte Wort, doch er vertraute dem Urteil seiner Lektorin und sah in ihren Streichungen durchaus Verbesserungen seiner Texte.

Ruth Marquis teilte die Begeisterung der Erzieherinnen für Bettelheims Ideen und fand Gefallen an der Beziehung zu ihm, die auch gelegentlich den Neid der anderen erregte. Sie war hübsch, klug, fleißig, konnte kommen und gehen, wann es ihr paßte, und wenn sie da war, schloß sich Bettelheim mit ihr in seinem Zimmer ein, um zu arbeiten. Bei aller Bewunderung zögerte sie nicht, Bettelheim zu kritisieren, wenn sie mit etwas nicht einverstanden war. Sie diskutierten viel. Bettelheim eröffnete ihr neue Horizonte, ließ sie *Das Unbehagen in der Kultur* entdecken und die *Psychopathologie des Alltagslebens*. Morgens schaute sie vorbei, um abzuholen, was er nachts geschrieben hatte. Nach ihrem Arbeitstag in der Redaktion kam sie gegen elf Uhr abends mit den korrigierten Texten zurück. Manchmal gab er ihr einen Packen beschriebener Blätter und bat sie, soundso viele Seiten daraus zu machen. Er habe eine geradezu magnetische Wirkung auf Menschen gehabt, sagt Ruth Marquis, und die Energie und Vitalität, die er ausgestrahlt habe, sei schwer zu beschreiben.

Die ersten Bücher Bettelheims haben von der Zusammenarbeit sehr profitiert. Und ich denke – auch wenn sie davon nichts wissen will –, Ruth Marquis hat entscheidend zu Bettelheims markantem Stil beigetragen. Vor allem befreite sie ihn von dem Zwang, ständig auf seine Glaubwürdigkeit zu pochen, und ermöglichte ihm dadurch, seine erzählerischen Qualitäten zu entfalten. Das Unbewußte zu entdecken ist eine großartige Erfahrung, es zu beschreiben eine undankbare Aufgabe. Viele haben es versucht und sind daran gescheitert. Grund dafür ist das immer gleiche Dilemma: Läßt sich etwas einfach ausdrücken, ist es nicht unbewußt; ist es unbewußt, dann ist es roh, primitiv und klingt nicht gut. Schon Freud meinte, das Unbewußte ließe sich am besten literarisch ausdrükken, und Bettelheim bedauerte seine mangelnde schriftstellerische Begabung. Doch beide konnten Geschichten erzählen, die die Phantasie des Lesers beflügeln und ihn durch das Geschriebene hindurch die Tiefe des Gesagten erahnen lassen.

1948 lernte Bettelheim den Verleger Jeremiah Kaplan kennen, der gerade The Free Press gegründet hatte, einen kleinen Verlag für sozialwissenschaftliche Literatur. Er versprach ihm eine Monographie über die Orthogenic School. Als er fast zwei Jahre später das Manuskript ablieferte, war Kaplan sprachlos. Bettelheim war ihm öfter über den Weg gelaufen in Hyde Park, aber er hatte kein Wort davon gesagt, daß er an einem richtigen Buch schrieb, einem guten, spannenden, lesbaren Buch. Und dann hatte er auch noch - wie immer, wenn er mit Ruth Marquis zusammenarbeitete - ein druckfertiges Manuskript abgegeben. Kaplan zerriß den alten, unvorteilhaften Vertrag und gab Bettelheim einen besseren. *Liebe allein genügt nicht* ebnete seinem Verlag den Weg zu einem breiteren Publikum. Für die folgenden Bücher behielten Autor und Verleger das Verfahren bei: Der Vertrag wurde erst bei der Übergabe des Manuskripts unterzeichnet.

Später wurden Vorwürfe laut, Bettelheim habe seine Bücher nicht selbst geschrieben, dann wurde er sogar des Plagiats bezichtigt.[10] Diese Anschuldigungen stammten von ehemaligen Patienten, Kollegen, Journalisten, nie von Menschen, die mit ihm zusammengearbeitet haben. Von solchen ist immer zu hören: »Es gibt überhaupt keinen Zweifel, natürlich hat er seine Bücher selbst geschrieben, wenn auch ...« Dieses »wenn auch« bezieht sich darauf, daß Bettelheim viele seiner Bücher aus vorgefertigten Teilen zusammensetzte, aus Essays, Artikeln, Fallstudien und so weiter. Das war das Rohmaterial, mit dem er, immer auf der Suche nach dem Sinn, das Gerüst seiner Werke auffüllte, er fügte fehlende Teile hinzu, schuf die Verbindungsstellen und sorgte auch für den Kitt, der alles zusammenhielt. Die Details überließ er seiner Lektorin - jedenfalls wenn es sich um Ruth Marquis handelte. Dann ging er noch einmal alles durch, stellte um und ergänzte.

10 Siehe Kapitel 17.

Für die Bücher über die Orthogenic School verwendete Bettelheim beispielsweise die Berichte der Erzieher und Lehrer, die Besprechungsprotokolle und alle anderen Unterlagen, die ihm brauchbar erschienen.[11] Das fiel ihm um so leichter, als er ohnehin schon die monatlichen Briefe an die Eltern unterschrieb, die sich aus den Berichten des Erziehers, des Lehrers und der speziellen Bezugsperson des Kindes zusammensetzten. Bettelheim redigierte und kommentierte die Berichte und schickte sie unter seinem Namen an die Eltern, um jeden Kontakt zwischen Eltern und Angestellten der Schule zu vermeiden. Er befürchtete, die Eltern könnten sonst in den Ferien das Vertrauensverhältnis des Kindes zu den Betreuern unterminieren. Das wurde von Anfang an so gehandhabt und in den ersten Jahren auch noch gut verstanden. Manche der späteren Erzieher allerdings hatten Schwierigkeiten, diese Regel zu akzeptieren.

Das Rohmaterial für die anderen Bücher stammte zweifellos von Bettelheim selbst - was nicht heißt, daß er seine Technik geändert hätte. Er war ein Meister der Wiederverwertung und konnte alte Aufsätze ebenso gebrauchen wie seine Konferenzbeiträge (und davon gab es eine ganze Menge). Auch hier wird der Einfluß seiner Lektoren sichtbar. Da die Nachfolger von Ruth Marquis sich offenbar nicht soviel trauten, kann man sich ein ganz gutes Bild davon machen, wie Bettelheim tatsächlich schrieb. *Kinder brauchen Märchen*, das erste Buch ohne Ruth Marquis, und die folgenden Veröffentlichungen haben ein gemeinsames Kennzeichen: Sie sind voller Wiederholungen. Das gilt sogar für den kurzen Essay *Freud und die Seele des Menschen*. Sie sind verwickelter und nicht so direkt. Allerdings nicht durchgängig - wenn Bettelheim die Leidenschaft packt, etwas zu beweisen, bringt er seine Gedanken flüssig zu Papier und ohne ein Wort zuviel. Ruth Marquis hat er einmal gestanden, er würde gern schreiben wie Trollope oder Jane Austen, sei dazu aber unfähig, weil ihn nur die Wut oder der Wunsch, die Unfähigkeit eines Konkurrenten zu demonstrieren, zum Schreiben veranlaßten.[12]

Anfang der fünfziger Jahre hat Bettelheim eine sehr schöpferische Phase. Zwei Bücher kommen 1950 heraus: *Liebe allein genügt nicht* und *Dynamics of Prejudice* gemeinsam mit Morris Janowitz.

11 Das trifft natürlich insbesondere auf jene Bücher zu, die Fallstudien enthalten, *So können sie nicht leben* und *Die Geburt des Selbst*.

12 Das beweisen seine Rezensionen. Es sind viele und fast immer Verrisse.

Das zweite Werk über die Orthogenic School, *So können sie nicht leben*, erscheint 1955. *Die symbolischen Wunden* hat Bettelheim ein Jahr vorher veröffentlicht. Zeitschriften wie *Parents Magazine, University of Chicago Magazine* und *Elementary School Journal* bitten ihn um Beiträge über Kindererziehung. *Scientific American* publiziert einige seiner Fallstudien. Die jüdische Presse möchte von ihm Aufsätze über die Reaktion von Kindern auf den Antisemitismus. Und die Fachpresse, vor allem das *American Journal of Sociology*, reißt sich um seine Buchrezensionen.

Dynamics of Prejudice: A Psychological and Sociological Study of Veterans ist eine Studie über rassistische Vorurteile in einer Gruppe Chicagoer Veteranen. Die Untersuchung ist Teil eines umfangreichen Projekts zur Erforschung der Wurzeln des Antisemitismus, die das American Jewish Committee in Auftrag gegeben hatte.[13] Man wollte herausfinden, welche gesellschaftlichen Strukturen Auswüchse wie in Deutschland möglich gemacht hatten und ob solche Strukturen auch in Amerika existierten. Verschiedene Hypothesen wurden gewälzt, unter anderem dachte man über einen Vergleich der rassistischen Vorurteile bei Psychotikern und »Normalen« nach. Der Philosoph Max Horkheimer, der auch in Amerika Zuflucht gefunden hatte und die wissenschaftliche Forschungsabteilung des Komitees leitete, hatte Bettelheim 1944 eine der fünf Studien vorgeschlagen. Bettelheim, der gerade seine Stelle an der Orthogenic School angetreten hatte, wollte eine solche Aufgabe nicht allein übernehmen. So kontaktierte er den Soziologen Edward Shils, den er im Rahmen der Eight Year Study kennengelernt hatte. Shils sagte seine Hilfe zu, wurde aber zum Kriegsdienst nach Europa beordert. In London länger festgehalten als erwartet, schickte er an seiner Stelle Morris Janowitz zu Bettelheim. Als das Buch dann ohne ihn zustande kam, war Shils, der an den Diskussionen zum Konzept teilgenommen und mehrere lange Aufsätze aus London geschickt hatte, überrascht und enttäuscht, er hat jedoch seine Kränkung nie öffentlich geäußert.

Die Begegnung zwischen Bruno Bettelheim und Morris Janowitz war der Beginn einer langen Freundschaft. Janowitz hatte im Krieg zwei Jahre lang für den amerikanischen Geheimdienst OSS den Wehrmachtsender abgehört und ausgewertet und sich danach auf

13 Die bekannteste war *The Authoritarian Personality* von David Riesman, einem Freund Bettelheims.

Militärsoziologie spezialisiert, zu deren Pionieren er zählte.[14] Bettelheim verdankte er, wenn nicht die Bekanntschaft mit der Psychoanalyse, so doch deren tieferes Verstehen. Für *Dynamics of Prejudice* trug Morris Janowitz die Daten bei, die er bereits für seine Dissertation gesammelt hatte. Bettelheims Einfluß ist spürbar in der Analyse dieser Daten, die sich der Konzepte Sigmund und Anna Freuds bedient, wenn der Leser daran erinnert wird, »daß das, was ein Mensch als Kind erlebt hat, auch darüber bestimmt, wie er den Wechselfällen seines Lebens gegenübertritt, zum Beispiel dem Dienst in der Armee«, oder in dem Hinweis: »Je sicherer das Ich ist, desto weniger hat ein Mensch das Bedürfnis, eine andere ethnische Gruppe haßerfüllt mit dem Bösen zu identifizieren, um sein Selbstgefühl zu stärken.« Die Schlüsse aus dieser Studie ähneln in der Tat denen, die Bettelheim aus seinen Lageraufenthalten gezogen hat.

Ein anderes Buch, *Die Symbolischen Wunden*, spielte für Bettelheim eine wichtige Rolle. Von Anfang an sollte ein Buch daraus werden, und zwar das, das ihm intellektuell am meisten bedeutete. Die Orthogenic School funktionierte, seine Erfolge fanden allmählich Anerkennung, die erste Begeisterung über seine Entdeckungen war abgeflaut, er brauchte eine neue Herausforderung. Die Freude über seine therapeutischen Leistungen hatte seinen alten Ehrgeiz nach akademischen Ehren nicht verdrängen können, und nun war die Zeit für sein Hauptwerk gekommen, das die geistige Welt prägen sollte. Einige von denen, die wie er das alte Europa verlassen hatten, schickten sich an, neue Kapitel in der Geschichte der Psychoanalyse zu schreiben, Heinz Hartmann, Erich Fromm, Otto Fenichel und andere. Nun wollte auch Bruno Bettelheim seinen Beitrag leisten. Die Idee dazu hatte er schon lange, aber es war ihm noch nicht gelungen, sie klar zu formulieren. Erst eine Beobachtung an der Schule verhalf ihr zum Durchbruch.

Einer von Gayles Jungen hatte seine Neugier geweckt. »Harry«, ein siebenjähriger Ausreißer, den er in *So können sie nicht leben* beschreibt, legte ein herausforderndes Benehmen an den Tag, insbesondere im sexuellen Bereich. Ständig streckte er anderen seinen erigierten Penis entgegen und schrie: »Seht meinen schönen Pim-

14 Sein bekanntestes Werk ist *The Professional Soldier*, 1960. Außerdem verfaßte er zahlreiche Monographien sowie *Social Change and the Welfare State*, 1976, *The Last Half-Century*, 1978, und *The Reconstruction of Patriotism*, 1983.

mel an!« Seine Kastrationsangst war offensichtlich. So baute er einen Schneemann und drohte, ihm die Geschlechtsorgane abzureißen, weil er weggelaufen sei. Im Bad hielt er einmal den Penis in der einen Hand, machte mit der anderen die Bewegung des Abschneidens und fragte Gayle: »Glaubst du, irgendeine Mutter würde dies ihrem kleinen Jungen antun?« Über seine Mutter sagte er: »Meine Mutter hat keine Brüste. Sie ist ein Mann.« Vor allem, daß Harry sich gern als Mädchen verkleidete, auf Festen beispielsweise, wenn er nicht befürchten mußte, sich damit lächerlich zu machen, machte Bettelheim neugierig. Auf den ersten Blick konnte man darin eine Reaktion auf das Verhalten der Mutter sehen, die ihn stets als bösen Jungen behandelt hatte, seinen später geborenen Schwestern gegenüber jedoch zärtlich und liebevoll war. Doch Bettelheim hatte den Verdacht, da sei noch etwas anderes im Spiel. Etwas später fesselte ein seltsames Ritual seine Aufmerksamkeit: Eine Gruppe von Jugendlichen hatte, als zwei Mädchen ihre Menarche bekamen, eine Art Initiationsritus entwickelt; immer, wenn die Mädchen menstruierten, schnitten sich die Jungen in den Finger, um ihr Blut mit dem der Mädchen zu mischen.

1949 veröffentlichte Bettelheim eine ausführliche Fallstudie über Harry, der bereits große Fortschritte gemacht hatte, und äußerte bei der Vorstellung der Studie[15] im Analytikerkreis einige Hypothesen, zu denen ihn Harrys Verhalten angeregt hatte. Die Kinder an der Schule, sagte er, verliehen oft ungeniert Gefühlen Ausdruck, die sogenannte normale Kinder unterdrücken müßten. So habe er bei allen präpubertären Schülern in der einen oder anderen Form den Wunsch entdecken können, dem anderen Geschlecht anzugehören. Freud habe seiner Meinung nach diesen Faktor unterschätzt, als er seine Theorie des Ödipuskomplexes formulierte. Die Analytiker reagierten aggressiv und verächtlich – jedenfalls hat Bettelheim es so empfunden. Also mußte er ihnen beweisen, daß er recht hatte. Es gab bereits erste Annäherungen zwischen Ethnologie und Psychoanalyse, die eine umfangreiche Literatur hervorgebracht hatten. Bettelheim bat Ruth Marquis, für ihn zu recherchieren, was dazu beitragen könnte, seine Hypothesen zu erhärten.

Die symbolischen Wunden sind eine Monographie über Pubertätsriten, insbesondere die Beschneidung. Die Beschneidung sei ein

15 »Harry – A Study in Rehabilitation«, *The American Journal of Abnormal and Social Psychology*, April 1949.

universelles Phänomen und auf allen Kontinenten und zu allen Zeiten anzutreffen, stellt Bettelheim eingangs fest. Er weigert sich, darin nur die symbolische Kastration der Söhne durch den Vater zu sehen, wie Freud es in *Der Mann Moses und die monotheistische Religion* tut. Im Sinne der Ichpsychologie wirft er Freud vor, den aggressiven, negativen Aspekt dieses Ritus zu sehr zu betonen - hätte er nicht auch einen positiven Aspekt, wäre er nicht immer noch so weit verbreitet. Die Funktion der Beschneidung, sagt Freud, sei es, die Kastrationsangst zu schüren, um das Inzesttabu zu stärken. Könnte sie nicht, fragt Bettelheim, ganz im Gegenteil ein ziemlich wirksames Mittel sein, die Angst des kleinen Jungen zu dämpfen, wenn er entdeckt, daß nur Frauen Kinder bekommen?

Ein Überblick über die sogenannten primitiven Gesellschaften läßt Bettelheim diese Angst in allen Teilen der Welt wiederfinden - ebenso wie die Riten zu ihrer Überwindung. Diese Riten markieren den Zeitpunkt, von dem an der Junge die seinem Geschlecht entsprechende Rolle in der Gesellschaft übernehmen muß, und sollen dem Mann die Herrschaft über die Reproduktion verleihen. Da dieses Ziel jedoch unerreichbar ist, umgeben die Männer das Ritual mit dem Schleier des Geheimnisses, um ihr Scheitern zu kaschieren. Das erstaunlichste Beispiel dafür ist der »Darmverschluß« bei den afrikanischen Chaga, den O. F. Raum[16] beschrieben hat. Unmittelbar nach der Beschneidung werden die Jungen in Frauenkleider gesteckt und gehen so ins Männerhaus, wo die eigentliche Initiation stattfindet, mit der der Junge offiziell zum Mann wird. Die Initiation ist keine Handlung, sondern die Einweihung in das Geheimnis der Männer: Männer defäkieren nicht. So beweisen sie ihre Männlichkeit - wie die Frauen, merkt Bettelheim an, die nicht mehr bluten, wenn sie schwanger sind, ihre Weiblichkeit beweisen. Natürlich wissen alle Bescheid, die Männer geben einander Tips, wie man der Natur gehorcht und sich nicht dabei ertappen läßt, die Frauen lachen über das Geheimnis der Männer, wenn sie unter sich sind, aber alle geben vor, daran zu glauben. Diese Fiktion spiegelt eine Parallelität der Geschlechter vor. Ebenso wie die Beschneidung, denn die Wunde, die sie hinterläßt, ist wie die Illusion einer vaginalen Öffnung, andererseits bestätigt die entblößte Eichel permanent die Männlichkeit; beides zusammen mindert die Angst, nicht Herr über die Fortpflanzung zu sein. Man erkennt hier Bettelheims Fähig-

16 O. F. Raum, *Chaga Childhood*, London 1940.

keit wieder, auch noch den unverständlichsten Handlungen Sinn abzugewinnen und in ihnen das brauchbarste Mittel für das Subjekt zu erkennen, Angst zu bekämpfen.

Der Ton des Buches ist nicht auftrumpfend. Es ist der Ton eines Forschers, der tastend nach der Wahrheit sucht, neue Wege geht, aber alte nicht verbaut. Bettelheim räumt umsichtig ein, nichts von Ethnologie zu verstehen, doch seine Thesen sind ordentlich belegt. Die Auseinandersetzung mit Freud ist subtiler, als man denken könnte. Der Vaginalneid schließe die Kastrationsangst nicht aus, er sei nur die andere Seite. Doch »anscheinend ist in jeder Gesellschaft der Neid auf das dominante Geschlecht leichter zu beobachten«. Bettelheims Hauptthese scheint mit Freud unvereinbar, dennoch stützt sich Bettelheim auf Freud, um sie zu beweisen – was er auch in seiner Widmung hervorhebt: »Dem Gedächtnis Sigmund Freuds gewidmet, dessen Theorien über die Sexualität und das Unbewußte ein tieferes Verständnis des menschlichen Geistes möglich machen.«

Vergebliche Liebesmüh. Das Buch erhielt zwar einige lobende Erwähnungen und hat bis heute eine kleine Schar bedingungsloser Bewunderer, die es für gnadenlos unterschätzt halten, doch im wesentlichen hagelte es Kritik von allen Seiten. Die Anthropologen warfen Bettelheim Paternalismus und Ethnozentrismus vor, da er die Riten »primitiver« Völker mit dem abweichenden Verhalten Schizophrener in einen Topf werfe. Zur gleichen Zeit, wir erinnern uns, beschuldigten die kulturanthropologischen Dissidenten des Freudianismus die Psychoanalyse, den Ödipuskomplex verallgemeinern zu wollen. Die Analytiker wiederum stießen sich an Bettelheims »Vaginazentrismus«.[17]

Das war zu erwarten, dennoch kränkte Bettelheim der Mißerfolg seiner Monographie. In der zweiten, durchgesehenen und korrigierten Auflage versuchte er einige Vorwürfe der Ethnologen zu entkräften. So sei es keineswegs herablassend gemeint, wenn er von »primitiven Trieben« spreche, es handle sich dabei vielmehr um die

17 Die französischen Leser können sich von dieser Kritik selbst ein Bild machen – Jean-Bertrand Pontalis, Herausgeber der Reihe, in der *Die symbolischen Wunden* erschienen, hat im Anschluß an Bettelheims Text eine Diskussion zwischen dem Psychoanalytiker André Green und dem Anthropologen Jean Pouillon veröffentlicht. Bettelheim, der darüber nicht informiert wurde, war wütend, behielt das aber, überzeugt von der Nutzlosigkeit seines Protests, für sich (Brief an Candace Hilldrup, 19. Februar 1975).

ursprünglichen Triebe des Menschen schlechthin. Und wenn er Kinder, Schizophrene und Naturvölker als Beispiele nehmen, dann nur, weil die Triebe bei ihnen deutlicher sichtbar seien als beim »normalen« Erwachsenen der westlichen Gesellschaft. Damit konnte er der Kritik nicht den Wind aus den Segeln nehmen. »Eine zweideutige Behauptung«, urteilt etwa der Anthropologe Jean Pouillon, »schon weil es in primitiven Gesellschaften ebenso Kinder, Psychotiker und Erwachsene gibt wie in unseren und man sie nicht durcheinanderbringen sollte.«

Die symbolischen Wunden haben diese Verachtung durch die Fachwelt nicht verdient. Manche sind der Ansicht, das Buch sei seiner Zeit voraus gewesen. Jedenfalls kann es das Verdienst in Anspruch nehmen, eine originelle Frage unter einem ungewöhnlichen Blickwinkel gestellt zu haben in einem Bereich, in dem, abgesehen von ein paar bekannten Ausnahmen, der männliche Standpunkt vorherrschte. Für Bettelheim war es ein wichtiges Buch. Ruth Marquis behauptet, es enthalte »alles, was er über die Beziehung zwischen Männern und Frauen dachte«. Ben Wright berichtet, das Unverständnis, auf das er gestoßen sei, habe ihn nicht geärgert, nur verletzt. Diesmal hatte er versucht, die ganze Wahrheit zu sagen, wie er sie sah, ungeschminkt und ohne »Schwindelei«. Schließlich hatte er sogar das Geheimnis der Männer verraten: daß die phallische Überlegenheit ein Mythos ist, der ohne das zumindest stillschweigende Einverständnis der Frauen nicht aufrechterhalten werden kann. Und seine Schlußfolgerungen mündeten in einem Aufruf zur Toleranz, zur Akzeptanz der Vieldeutigkeit des Menschen in unserer Gesellschaft als dem einzigen Mittel, das »die negativen Auswirkungen des Gegensatzes zwischen den Geschlechtern spürbar mindern« könne. Denn »wenn wir dem Wunsch des Jungen, Kinder zu bekommen, und dem Wunsch männlicher Jugendlicher und Erwachsener, das Leben auf passivere und entspanntere Weise zu genießen, statt ständig ›zu kämpfen und den Bösen zu spielen‹, mehr Beachtung schenken würden, würden die Männer vielleicht weniger Neid und ängstliche Feindseligkeit Frauen gegenüber empfinden«, und deshalb vielleicht auch ein geringeres Bedürfnis entwikkeln, »ihre Macht durch zerstörerische Erfindungen zu bestätigen«.

Für den, der sich nicht nur für die Ideen, sondern auch für das Leben Bettelheims interessiert, gewinnen diese Worte im Rückblick eine geradezu tragische Bedeutung. Dieser Appell an die Gesellschaft, sie solle doch hinter dem Bild des allmächtigen Phallus das

Recht des Mannes auf seine Verletzlichkeit wahrnehmen, klingt wie der Aufschrei des berühmten Dr. B., daß unter dem Gewand des Magiers, mit dem er solchen Eindruck machte, sich doch auch nur ein Mensch verberge.

»Wenn ich in einem Wort zusammenfassen sollte, was er mich gelehrt hat, würde ich sagen: Unabhängigkeit.« Was Ruth Marquis hier ausspricht, war in der Tat das Ziel Bettelheims. Er wollte aus den Kindern, die ihm anvertraut waren, aus den jungen Leuten, die mit ihm arbeiteten und aus seinen Studenten selbständige Erwachsene machen, die Verantwortung übernehmen und selbst über ihr Leben entscheiden, in vollem Bewußtsein ihrer Möglichkeiten und Fähigkeiten. Die Wiederherstellung der Arbeits- und Liebesfähigkeit war für Freud das Ziel der Analyse. Zeit seines Lebens achtete Bettelheim Menschen, die ihm aufrecht gegenübertraten und ihre Integrität wahrten, wie er sie auch behandeln mochte. Es paßte ihm nicht, wenn man sich ihm widersetzte, doch sofern der Widerstand aus einem echten Gefühl kam, respektierte er ihn. Was er überhaupt nicht vertragen konnte, war »passive Aggression«, die sich nicht offen zu erkennen gab.

Sich Bettelheim zu widersetzen oder zumindest sich nicht völlig von ihm vereinnahmen zu lassen, war keine Frage des Alters, sondern des Temperaments. Adrian Kuypers, die lange als Patientin an der Schule war und später als Lehrerin zurückkehrte, liebte ihn heiß und innig, und das beruhte auf Gegenseitigkeit. Doch schon als Kind ließ sie sich nie so sehr von ihm beeindrucken, daß sie ihr eigenständiges Denken aufgegeben hätte: »Er hielt mich für magersüchtig, und ich sagte nichts, weil ihm die Idee offenbar gefiel, aber ich wußte, daß es nicht stimmte. Sehen Sie doch selbst!« Und in der Tat hat das achtjährige Mädchen, das auf einem Foto in der amerikanischen Ausgabe von *Liebe allein genügt nicht* in sein Buch versunken dasitzt, keineswegs besonders dünne Arme. Doch die Diagnose ist nicht so wichtig. Wichtig ist, daß sie bei aller Anerkennung dessen, was Bettelheim für sie getan hat, und obwohl sie ihn auch fürchtete – »Er konnte mit einem Blick sehen, was du dachtest und all die schrecklichen Dinge, die du getan hast« –, ihn niemals für unfehlbar hielt.

Das war nicht bei allen so. Die wachsende Berühmtheit und die Bücher Bettelheims begannen bald seine Umgebung zu beeinflussen. Mütter, die ihre Kinder zu ihm brachten, erwarteten ein Wunder - sie hatten *Liebe allein genügt nicht* gelesen. Auch das Profil derer, die sich an der Orthogenic School vorstellten, hatte sich geändert. Die Jahre des Wohlstands hatten die schwere Zeit des Krieges und der Wirtschaftskrise abgelöst. Die ersten Erzieherinnen waren hart arbeitende, praktische und aufopferungswillige Frauen gewesen, die an der Seite dieses Emigranten, der alles verloren hatte, etwas Sinnvolles tun wollten, bevor sie selbst Kinder bekamen. Die Studentinnen der neuen Generation waren eher behütet aufgewachsen und hatten andere Vorstellungen. Sie waren überwiegend diplomiert, denn Bettelheim stellte mittlerweile höhere Ansprüche an die Ausbildung, empfindsamer und biegsamer. Daß das Frauenschicksal nicht mehr so klar definiert war wie vor dem Krieg und die Schule durchaus der Anfang einer Karriere sein konnte, machte sie nur noch unsicherer. Der psychoanalytische Jargon hatte die Medien erobert, und aus dem armen Einwanderer war eine öffentliche Person geworden. Immer noch wollten die jungen Frauen, die sich bei Bettelheim vorstellten, Gutes tun, doch sie suchten auch selbst bei ihm Hilfe und Antworten.

Wann forderte Bettelheim zum erstenmal eine Erzieherin auf, sich auf die Couch in seinem Büro zu legen, um sich therapieren zu lassen? Schwer zu sagen, denn wie Gayle Janowitz hervorhebt, ging alles schon von Anfang an etwas durcheinander - Privatgespräch, Supervisionssitzung, Besprechung - und ineinander über. Manche Erzieherinnen aus dem Kreis der Auserwählten, die regelmäßig von Bettelheim empfangen wurden, sahen in diesen Treffen auch weiterhin nichts anderes als die Möglichkeit, ihre Arbeit zu vertiefen. »Das war die Chance, ein Problem einmal nicht aus der Sicht des Kindes zu analysieren, sondern aus meiner eigenen«, sagt Diana Grossman Kahn. Sie hatte allerdings schon eine Analyse begonnen, bevor sie an die Schule kam, und kannte daher den Unterschied. Andere dagegen zweifelten nicht daran, daß die regelmäßigen Sitzungen mit Bettelheim allein in seinem Büro schon so etwas wie eine Analyse waren oder zumindest Psychotherapie.

In den ersten Jahren ermunterte Bettelheim noch seine Mitarbeiter, sich außerhalb der Schule in Analyse zu begeben. Und bis zum Schluß nannte er jedem, der danach fragte, die Namen einiger Therapeuten. Anscheinend hat er aber ziemlich schnell damit aufgehört, das Thema von sich aus anzuschneiden. Eine externe Psychoanalyse scheiterte außerdem meist schon an praktischen Erwägungen - Arbeitszeiten und Einkommen entmutigten selbst die

Entschlossensten. Wer wirklich bereit war, von seinem geringen Lohn auch noch Geld für die Analyse abzuzweigen – ein wahrhaft heroisches Unterfangen –, mußte mehrmals pro Woche eine Stunde Busfahrt auf sich nehmen, um von Hyde Park ins Stadtzentrum, wo sich die meisten Analytiker niedergelassen hatten, und zurück zu kommen. Nach ein paar Monaten hörten fast alle auf. Außerdem gab es ja Bruno Bettelheim, dessen unglaubliches Einfühlungsvermögen sie Tag für Tag erleben konnten, und so nahmen sie nur zu gern dessen Ohr in Anspruch, sofern er es ihnen gnädig neigte.

Bettelheim selbst sprach nicht von Analyse, auch nicht von Therapie, sondern von »dynamischer Supervision«. Das erklärte er Bert Cohler, bevor dieser seine Nachfolge antrat. »Die Psychoanalyse ist die Sahne auf dem Kuchen«, sagte Bettelheim gern, und der Kuchen mußte in der Schule erst noch gebacken werden. Die Milieutherapie bedeute nur, daß das Leben nach den Grundsätzen der Psychoanalyse organisiert werde, sie sei jedoch selbst keine Psychoanalyse. Dennoch wurden regelmäßige Einzelsitzungen in seinem Büro allmählich zum Statussymbol. Zwischen den Erzieherinnen herrschte eine starke Konkurrenz, und die, die bei Dr. B. »in Therapie« waren, hatten unbestreitbar ein besonderes Prestige. Bettelheim wußte das. Manchmal spielte er auch damit. So schlug er solche Treffen just in dem Moment vor, wenn jemand die Schule verlassen wollte. Manche sind dann geblieben und waren froh darüber, andere bedauerten später, daß sie nicht gegangen sind, einige lehnten das Angebot rundweg ab.

George Kaiser zum Beispiel. Er arbeitete an der Schule von 1948 bis 1952. Das Thema ist ihm peinlich, denn er hat nicht nur eine große Zuneigung, sondern auch eine tiefe Bewunderung für Bettelheim bewahrt. Er wird nicht gern an diese Offerte erinnert, die er instinktiv als Manipulationsversuch wahrgenommen hat. Dabei waren Bettelheims Beziehungen zu Männern weit weniger komplex als die zu Frauen. An Kaiser beeindruckte ihn, daß der als Siebenundzwanzigjähriger Kampfeinsätze der US-Luftwaffe geflogen hatte. Besuchern stellte er ihn immer mit den Worten vor: »Das ist George Kaiser, der Deutschland bombardiert hat.« George war neugierig geworden durch das, was seine Frau Cathy aus der Müttergruppe berichtet hatte. Als allererstes lernte er, daß es an der Orthogenic School nur einen Chef gab: Er stellte sich als Lehrer vor, doch Bettelheim beschied ihn, er müßte erst einmal ein halbes Jahr mit einer Gruppe arbeiten, »um zu sehen, worum es in der Schule geht«.

Gleich in der ersten Woche – seine Jungs waren gerade vom Unterricht gekommen und schrien: »Was machen wir heute nachmittag?«, worauf er sagte: »Laßt uns erst in den Schlafsaal gehen und das dort besprechen!« – herrschte ihn Bettelheim in strengem Ton an: »Sie sagen ihnen das jetzt sofort!« Etwas milder setzte er nach: »Sehen Sie, Tom und Bobby können warten. Billy nicht. Deshalb müssen Sie es ihnen gleich sagen.« Kaiser sah ein, daß er wie alle anderen noch eine Menge zu lernen hatte, bevor er spontan auf die Bedürfnisse der Kinder reagieren konnte. Aber er vergaß auch nicht, daß ihn Bettelheim vor allen anderen zurechtgewiesen hatte. Später gewann er den Eindruck, Dr. B. würde ihn gern als seinen Nachfolger sehen. Im Juni 1952 ernannte er ihn zu seinem Stellvertreter. Kaiser mußte die Eltern empfangen und in Bettelheims Abwesenheit, vor allem in dessen Sommerferien im August, die Erzieherkonferenzen leiten. Er war nicht sehr glücklich mit dieser Aufgabe. Da alle Besprechungen auf Tonband aufgenommen wurden, kritisierte ihn Bettelheim, kaum daß er zurück war. Selbst bei den Verwaltungsaufgaben, die ihm übertragen waren, gab es keinen Raum für eigenständige Initiativen. Der Direktor ließ den Erziehern zwar ziemlich freie Hand bei den Kindern, aber er behielt sich stets das Recht vor, einzugreifen, ob es um die Farbe der Vorhänge ging oder um den Inhalt des Wandschranks mit den Süßigkeiten. Am Ende zog Kaiser es doch vor, als Lehrer an die Lab School auf der anderen Seite des Midway zu wechseln. Das war der Punkt, an dem Bettelheim ihm eine Therapie anbot.

Auch hier ist es einfach, Bettelheim nach dem Anschein zu verdammen; viel schwieriger dagegen ist es, ein angemessenes Urteil zu finden. Formal gesehen, ist diese Rollenmischung von Direktor und Therapeut natürlich abzulehnen. Die Phantasien sind eine Sache, die Realität ist eine andere. Sie zusammenzubringen heißt in der Tat, der Manipulation Tür und Tor zu öffnen. In der Praxis liegen die Dinge jedoch komplizierter. Und Bettelheim war sicher weder der erste noch der einzige Anstaltsleiter, der beide Funktionen für sich in Anspruch nahm. Ohnehin schuf seine Art, mit seinen Erziehern oder, besser, durch sie zu arbeiten, eine Übertragung, die der zwischen Analysand und Analytiker nicht unähnlich war. Die Tatsache, daß er diese Beziehung dann und wann in Einzelsitzungen analysierte, wenn es ihm nötig schien, ist an und für sich kein Grund zur Aufregung. Es ist etwas unorthodox, aber schließlich sollte die Orthogenic School ja auch neue Wege beschreiten.

Die Macht, die Dr. B. über die meisten Erzieher hatte, wäre einer Beziehung zu einem externen Analytiker ohnehin in die Quere gekommen. Auf der anderen Seite hätte eine starke Übertragungsbeziehung zu jemand anderem diese besondere Macht Bettelheims untergraben. Und man sollte nicht vergessen, daß die Erzieher die Kinder auch einzeln betreuten, und über diese Beziehung mußte Bettelheim selbstverständlich die Macht behalten, schließlich waren diese Kinder seiner Obhut anvertraut. Hätte er, der so gut Bescheid wußte über die Macht der Übertragungsbeziehung, riskieren können, »seine« Kinder über die Erzieher anderen Psychiatern in die Hand zu geben, gerade er, der seinen Kollegen immer vorwarf, sie seien ohnehin nur am Geld interessiert?

Das Bettelheimsche System lief auf zwei Ebenen ab, der Ebene Kind-Erzieher und der Ebene Erzieher-Dr. B., und eine funktionierte nicht ohne die andere. Auch wenn sich einige Erzieher darüber getäuscht haben mögen - Bettelheim hatte ihnen nicht die Rolle des Therapeuten zugedacht. Wenn er sie bat, zwei, drei Kinder in Einzelsitzungen zu betreuen, dann, damit sie ihre Beziehung zu ihnen vertieften und ihnen einen intensiven Zweierkontakt ermöglichten, nicht um sie zu analysieren. Das war seine Aufgabe (auf der Grundlage der Berichte der Erzieher und durch seine Beziehung zu ihnen), manchmal auch die des beratenden Psychiaters. Die ehemalige Erzieherin Leslie Cleaver, mittlerweile selbst als Psychotherapeutin auf schwierige Fälle spezialisiert, weist ebenfalls auf diesen Unterschied hin: »Wir machten keine Psychoanalyse, keine Übertragungsanalyse, keine Analyse der Vergangenheit. In der Milieutherapie haben die Erzieher Elternfunktionen für die Kinder, wir kümmerten uns darum, was in der Gegenwart ablief und wie das Kind sich dabei fühlte, damit das Kind sich an uns, den anderen Kindern seiner Gruppe und Dr. B. orientieren und sich seiner Gefühle bewußt werden konnte.«[18] Bettelheim hat das implizit bestätigt, als er Bert Cohler im Jahr 1971 die Leitung der Schule, die er ihm neun Monate vorher anvertraut hatte, wieder entzog. In seiner Abwesenheit hatte der beratende Psychoanalytiker Al Flarsheim begonnen, die Erzieher ein wenig therapeutisch auszubilden, er erklärte ihnen einige Mechanismen des Unbewußten und wie man mit diesen umgeht. Das wollte Bettelheim - bei aller Wertschätzung für den jungen Analytiker, der sein Seminar besucht hatte und in regelmäßigem

18 Interview, Mai 1993.

Kontakt mit Donald Winnicott stand – sofort abstellen. Doch er scheiterte am Widerstand einiger Erzieher, darunter Leslie Cleaver, die zu der Zeit bei Flarsheim in Analyse war. Dieser Vorfall zeigt, wie sehr die Schule ihm schon aus den Händen geglitten war.

Das also war das Bettelheimsche System. Übrigens waren diese Praktiken gar kein Geheimnis, und wenn die Erzieher in der Öffentlichkeit kaum darüber sprachen, dann nicht, weil Bettelheim sie darum gebeten hatte. Seit Beginn der sechziger Jahre war unter Psychiatern und Psychoanalytikern in Chicago bekannt, daß Bettelheim bei seinen Erzieherinnen Analytiker spielte, darüber wurde, gelegentlich auch etwas anzüglich, getuschelt und gewitzelt. Maurie Formigoni hat das nach ihrem Abschied erlebt. »Ach, Sie haben an der Orthogenic School gearbeitet?« bekam sie da von Kollegen ihres Mannes zu hören. »Und Sie waren auch in der Analyse bei Bettelheim? Ja? Auf seiner Couch?« Sie fand das unangenehm und ungerecht. Irgendwann hatte sie keine Lust mehr, auf derartige Fragen zu antworten – was den Gerüchten nur neue Nahrung gab.

Die magische Periode endete zwischen 1951 und 1956, je nachdem, wen man fragt. Bettelheim selbst trauert schon 1951 in einem Brief an Gayle Janowitz, in dem er ihr zur Hochzeit gratuliert, den alten Zeiten nach, nimmt das aber gleich wieder zurück: »Wir haben jetzt die bessere Schule«, um hinzuzufügen: »Aber ich war damals jünger und idealistischer.« 1952 scheint ein Wendepunkt in Bettelheims Leben eingetreten zu sein. Er hatte endlich einen Sohn und wurde ordentlicher Professor der Erziehungswissenschaften. Die Erweiterungs- und Renovierungsarbeiten an der Schule waren abgeschlossen, ein neues Gebäude und neue Spielplätze dazugekommen, die Zahl der Gruppen war von vier auf sechs gestiegen.

Bald fiel auch die Altersgrenze von vierzehn Jahren. Frühere Erfahrungen hatten gezeigt, daß es lange dauern konnte, bis sich erste Erfolge einstellten, und oft mußte das Kind gerade zu diesem Zeitpunkt die Schule verlassen. Obwohl Bettelheim sich stets mit großem Einsatz um passende Pflegefamilien bemühte, kam es dann oft zu einer Stagnation oder gar zu einem Rückfall. Manche wollten wieder zurück, andere litten unter der vermeintlichen Abschiebung. Parallel dazu war der Schnitt zwischen den Kindern und ihren Eltern radikaler geworden. Wenn ein Kind an die Schule aufgenommen wurde, forderte Bettelheim nun eine Unterbrechung der Beziehungen zu seiner Familie für eine Anfangszeit von mindestens neun Monaten. In den ersten Jahren hatten die Kinder oft die ganzen Ferien mit ihren Eltern verbracht, außer in besonders schweren Fällen.[19] Doch oft waren sie verängstigt und verwirrt wiedergekommen, und die monatelange Arbeit schien umsonst gewesen zu sein. Natürlich erhielten die Kinder Post von zu Hause, aber die wurde aus diesen Gründen von einem Erzieher kontrolliert. Die Ansicht, daß die Eltern für die psychischen Störungen ihrer Kinder verantwortlich seien, war Mitte der fünfziger Jahre in Fachkreisen weit verbreitet. Bettelheim hatte daraus nur die praktischen Konsequenzen gezogen.

Die sechswöchige Probephase, in der die Erzieher herausfinden sollten, ob die Beziehung zu einem Kind möglich sei, wurde aufgegeben. Sie hatte ihren Sinn verloren, als die Schule zunehmend schwerere Fälle aufnahm. Betty-Lou Pingree schaute ein paar Jahre nach ihrem Abschied in Chicago vorbei und erzählte Gayle Janowitz danach, die Schule erinnere sie viel stärker an eine psychiatrische Einrichtung als zu ihren Zeiten. Dabei war die Ausstattung durch großzügige Subventionen und Spenden viel schöner geworden. Bettelheim hatte immer schon alles dafür getan, daß seine Schützlinge eine angenehme Umgebung vorfanden; nun mußte sie luxuriös sein. Die alten geblümten Sofas waren durch samtbezogene Möbel ersetzt worden, das Plastikgeschirr durch feines Porzellan, später gab es sogar rote Kristallgläser. Der Grund dafür war immer derselbe: Die schönen Gegenstände sollten den Kindern demonstrieren, daß sie ernst genommen wurden, daß ihr Wohlbefinden ihm und dem Team am Herzen lag. »Da hat er aber übertrieben«, findet Gayle Janowitz, und Bert Cohler, der bis 1956 ein Zögling der Schule war und später ein knappes Jahr ihr Direktor, ergänzt: »Das war wohl mehr, um sich selbst eine Freude zu machen als den Kindern. Außerdem waren die alten Möbel bequemer.«

Bruno Bettelheims Ruf an der Universität war inzwischen gefestigt. Seine Aggressivität den Studenten gegenüber war berühmt, das schien die Anfänger jedoch eher anzuziehen als abzuschrecken. Bernice Neugarten, Leiterin des Committee on Human Development, erzählt, für Bettelheims Veranstaltungen hätten sich zwei- bis drei-

19 Gayle erinnert sich zum Beispiel an eine schwer gestörte Mutter, die ihrem Sohn pornographische Fotos von sich schickte und Bettelheim beschuldigte, ihn kidnappen zu wollen. Um sie daran zu hindern, das Weihnachtsfest in der Schule zu stören, mußte eine Mitarbeiterin Weihnachten mit ihr verbringen – und das mehrere Jahre hintereinander.

mal so viele Studenten eingetragen als für die anderer Professoren. Das habe sie allerdings nicht übermäßig beunruhigt, da sie wußte, ein großer Teil davon würde ohnehin bald wiederkommen und in einen anderen Kurs wechseln wollen.

Man bewunderte Bettelheims Erfolge, aber er lag auch im Streit mit vielen Kollegen. Er arbeitete immer noch wie ein Besessener und machte mit seinen Kursen, Vorträgen, Reisen, Artikeln und so weiter den Eindruck, er könne überall zugleich sein. Außerdem las er noch jeden Monat Hunderte Seiten Berichte. Das gehörte zu seinen Pflichten als Direktor-Therapeut, erlaubte ihm aber auch, alles zu wissen, und verführte ihn, alles zu kontrollieren. Diese Allmacht, deren Grenzen er übrigens in den *Symbolischen Wunden* aufgezeigt hatte, nahm mit den Jahren sogar noch zu. Und nach dem Mißerfolg des Buches, in dem er seine Wahrheit sagen wollte, die aber keiner hören wollte, begann er wieder über die Schule zu schreiben.

Ruth Marquis hatte Chicago verlassen, doch sie setzten ihre Beziehung brieflich fort. Sie schlug das Projekt *Gespräche mit Müttern* vor. Bettelheim glaubte nicht daran, daraufhin stellte sie das Buch selbst aus den Aufzeichnungen über die Abende zusammen, an denen sie dabeigewesen war. Außerdem spielte sie eine wichtige Rolle bei dem Buch *Aufstand gegen die Masse*, Bettelheim müßte mehr von sich sagen, meinte sie und führte mit ihm lange Gespräche, damit er sich seine Verfassung in Buchenwald ins Gedächtnis zurückrufen konnte.

Als das Buch fertig war, schloß sie sich drei Tage lang ein – mit ihren Lieblingsautoren, besonders mit den Gedichten William Blakes. Danach machte sie eine Liste mit zwanzig möglichen Titeln, unter denen Bettelheim wählen durfte. Alle Titel für Bettelheims Bücher stammen von Ruth Marquis, außer den *Symbolischen Wunden*. Manchmal war es eine Wendung mitten im Text, die ihr plötzlich in die Augen sprang. So stammt der Titel *The Empty Fortress*[20] aus einem Bericht von Luitgard Wundheiler, einer Lehrerin an der Schule, über einen kleinen Autisten, der sie an eine leere Festung denken ließ. Die Titel waren so treffend und zeugten von einem so feinen Gespür für die Texte, daß sie Allgemeingut wurden, Erinne-

20 *The Empty Fortress* heißt im Deutschen *Die Geburt des Selbst*. Wie überhaupt festzustellen ist, daß bei der Auswahl der deutschen Titel nicht immer dieselbe Sorgfalt waltete, die anscheinend Ruth Marquis' Suche auszeichnete (A.d.Ü.).

rungen an Bruno Bettelheim.[21] Ein ehemaliger Zögling der Schule erzählte mir, er habe in einem Gespräch mit Bettelheim über seine Mutter gesagt: »Ach, wissen Sie, alles, was sie getan hat, hat sie doch nur aus Liebe für mich getan.« Und dann, nach einer kurzen Pause, sei ihm eingefallen: »Aber Liebe allein genügt nicht.« Das war sicher nach dem Erscheinen des Buches, aber daran erinnert er sich nicht mehr so genau. Es bleibt nur die Kraft der Worte, wenn ihr Sinn plötzlich zu leuchten beginnt.

Den entscheidenden Einfluß von Ruth Marquis auf die Form seiner Werke hat Bettelheim nicht nur mit den üblichen Dankesworten in seinen Büchern gewürdigt. Das vorletzte Buch, an dem sie mitwirkte: *Die Geburt des Selbst*, ist ihr sogar gewidmet. Als es 1967 erschien, stimmte Ruth Marquis nicht mehr so ganz mit Bettelheim überein. Es gab Differenzen im politischen Bereich, ihre Ansichten zum Vietnamkrieg und den Studentenprotesten waren völlig unvereinbar. Doch sie hatte auch erkannt, daß die Bücher ihres Freundes manchmal den gegenteiligen Effekt hervorriefen als beabsichtigt. So traf sie einmal eine ihrer Nachbarinnen in Tränen aufgelöst. Sie hatte *Liebe allein genügt nicht* gelesen und schluchzte immer wieder: »Ich habe alles verkehrt gemacht!« Ruth versuchte sie zu trösten und erklärte ihr, sie müsse Bettelheims Anleitungen nicht Wort für Wort befolgen, er wolle vielmehr die Mütter zu einem natürlicheren, freien Umgang mit ihren Kindern veranlassen. Doch gleichzeitig fühlte sie sich mitverantwortlich für die Verzweiflung ihrer Nachbarin. Und als sie das Manuskript von *Kinder brauchen Märchen* in die Hand bekam, explodierte sie: »Jetzt reicht es aber! Man kann doch den Müttern nicht auch noch erklären, wann, wie und wo sie ihren Kindern Märchen erzählen sollen!« Bettelheim versuchte alles Mögliche, um sie doch noch umzustimmen, aber vergeblich. Immerhin schlug sie ihm einen Titel vor für sein Buch: »The Uses of Enchantment« – Vom Gebrauch der Magie.

21 Manche Kritiker, insbesondere Gina, warfen Bettelheim die »reißerischen« Titel vor. Auf solche Weise Leser fangen zu wollen, sei einer ernsthaften Arbeit unwürdig.

13. Die äußerste Grenze

»Meine Aufgabe, die ich mich zu erfüllen bemühe, ist es, durch die Macht des geschriebenen Wortes dich hören, dich fühlen – vor allem, dich sehen zu machen. Das ist es, nichts anderes, aber es ist alles. Wenn es mir gelingt, wirst du darin finden, was du verdienst, Ermutigung, Trost, Schrecken … und vielleicht auch dieses Stückchen Wahrheit, nach dem du vergessen hast zu fragen.«

J. Conrad, *The Nigger of the Narcissus*[1]

Mein Leben ist meine Arbeit, Trude und die Kinder, wohl in dieser Reihenfolge, wenn ich ehrlich sein soll«, schreibt Bruno Bettelheim am 10. September 1954 an eine Freundin. Als Direktor der Orthogenic School hatte er in der Tat nicht viel Zeit für seine Familie. Wenn er, nachdem er die halbe Nacht geschrieben hatte, gegen halb zehn Uhr morgens aufstand, waren Trude und die Kinder schon aus dem Haus. Unter der Woche, das heißt, von Montag bis Samstag, kam er zwischen halb sieben und sieben Uhr abends nach Hause, machte sich ein wenig frisch, und dann versammelte sich die Familie bei Tisch. Die Zeit des gemeinsamen Abendessens war heilig – vielleicht auf Trudes Wunsch hin. Jedenfalls hatte Gayle Ja-

| 1 Zit. nach Bruno Bettelheim am Ende von *Erziehung zum Überleben*.

nowitz einmal beobachtet, wie Trude in Tränen aufgelöst zur Schule gelaufen kam und sich mit ihrem Mann in dessen Büro einschloß. Das war sonst nicht ihre Art. Dafür mag es auch andere Gründe gegeben haben, die Erzieherinnen aber waren davon überzeugt, daß sie es einfach nicht mehr ausgehalten habe zu Hause, allein mit ihrer kleinen Tochter. Niemand durfte vom Tisch - der nach europäischer Art gedeckt war, mit Tischtuch und Servietten - aufstehen, bevor das Abendessen beendet war. Diese strenge Regel, die den Töchtern der Bettelheims ziemlich auf die Nerven ging, wurde erst in den sechziger Jahren etwas gemildert, als ihr kleiner Bruder Eric immer schon ungeduldig mit den Füßen scharrte, weil er endlich spielen gehen wollte.

Nach dem Abendessen ruhte sich Bruno Bettelheim ein wenig aus. Manchmal spielte er mit den Mädchen Karten, besonders wenn Fritz Redl da war, oder irgendein anderes Spiel. Während Trude Eric badete oder die Küche saubermachte, half er seinen Töchtern manchmal bei den Hausaufgaben. Sonst las er bei einem Kaffee die Berichte der Erzieher durch. Um halb zehn Uhr abends kehrte er dann noch einmal in die Schule zurück. Sonntags stand er etwas später auf, dann genoß die Familie relativ entspannt ihren Brunch. Doch am Nachmittag ging er wieder zur Schule hinüber, um nach dem rechten zu sehen.

Freunde der Familie, die manchmal zum Abendessen kamen, Gina Weinmann und deren Tochter Catherine oder Ruth Marquis beispielsweise, berichten von den angeregten Gesprächen bei Tisch, in denen man Mühe hatte, zu Wort zu kommen. Bruno und Trude diskutierten über Politik oder redeten über ihre Arbeit, in der sie völlig aufgingen. Die älteste Tochter Ruth versuchte ständig, die Aufmerksamkeit ihrer Eltern, oder besser ihres Vaters, auf sich zu ziehen. Naomi, die Jüngere, war meist abwesend, träumte vor sich hin und beteiligte sich kaum. »Sie war das Aschenbrödel«, meinte jemand, doch eigentlich war sie eher wie eine wilde Pflanze, die ohne allzuviel Pflege gedieh. »Wir haben zwei Töchter«, sagte Bettelheim manchmal, »die eine mußte als Kind ständig umhätschelt werden, die andere wäre immer Klassenbeste geworden, egal worin.«[2] Und als ein befreundeter Psychoanalytiker ihn einmal darauf ansprach, wieso er »so streng mit Naomi und so nachsichtig mit Ruth« umgehe, fühlte er sich kein bißchen schuldig. Behauptet er

|2 Das erzählte unter anderen Tom Lyons.

zumindest in einem Brief an Ruth Marquis im März 1973. Von seinen drei Kindern ähnelte Naomi ihm am meisten, geistig und körperlich. Sie war lebhaft und intelligent, ihr kleines Gesicht konnte sich ebenso mürrisch verziehen wie das ihres Vaters, und sie hatte auch den gleichen bissigen Humor. Manche hatten sogar den Eindruck, daß Vater und Tochter gelegentlich rivalisierten.

Naomi stand zwischen der älteren Schwester, die den Vater in den seltenen Momenten, die er der Familie widmete, für sich allein beanspruchte, und dem jüngeren Bruder, der der ganze Stolz der Mutter war, und hatte daher schon früh beschlossen, ihr eigenes Leben zu leben, unabhängig von den familiären Dramen. Sie hatte ihre innere Welt, ihre Freundinnen, ihre Bücher und die Schule. Mit acht Jahren, als die Bettelheims in ein Haus an der Kenwood Street 5725 umzogen, suchte sie sich das Dachbodenzimmer aus, so weit wie möglich von den anderen entfernt. Ihre beste Freundin war die einen Monat jüngere Catherine Weinmann; als deren Familie nach Hyland Park umzog, einen weit entfernten reichen Vorort im Norden Chicagos, blieb Naomi oft übers Wochenende und manchmal, wenn sie schulfrei hatte, auch noch länger im Haus der Weinmanns.

Bruno Bettelheims Verhältnis zu seiner älteren Tochter war problematischer. Später führte er das darauf zurück, daß Ruth geboren wurde, als Trude und er arme Einwanderer waren und um ihren Platz in der neuen Welt noch kämpfen mußten. Um sie dafür zu entschädigen, daß er so wenig Zeit für sie hatte, habe er sie mit Geschenken überhäuft, deshalb sei sie auch so ein »raffgieriges Biest« geworden.[3] Diese Erklärung wirkt arg verkürzt, paßt aber zu dem, was andere über Ruth sagen. Sie scheint tatsächlich ein verwöhntes, launisches und schwieriges Kind gewesen zu sein, das viel Liebe und Bewunderung brauchte und ständig Beweise dafür forderte.

Ruth verabscheute die Kleider, die ihre Mutter für sie aussuchte. Die war Montessori-Erzieherin und hielt nichts von den Schleifchen und Spitzen, mit denen amerikanische Mütter ihre Töchter so gern ausstaffierten; und wenn sie auf dem alljährlichen Wohltätigkeitsbasar der Schule etwas Bequemes und Praktisches fand, zögerte sie

3 Das hat er mehreren Personen gegenüber geäußert, auch in seinen Briefen und den späten Interviews. Ruth Bettelheim hat eine Mauer des Schweigens um sich errichtet und auf keine meiner Anfragen um ein Gespräch, ob schriftlich oder durch Dritte vermittelt, reagiert. So muß ich mich auf das stützen, was andere mir über sie erzählt haben.

nicht, es für ihre Töchter zu kaufen. Außerdem war Trude sehr beschäftigt, und so mußte Ruth schon früh lernen, sich allein anzuziehen. Als Ruths Aufzug in der Vorschule einmal tadelnd erwähnt wurde, fand sie das höchst ungerecht.

Und doch wurde sie als Älteste von ihren Eltern, besonders von ihrem Vater, zärtlich geliebt. Solange sie klein war, gaben ihre Wehwehchen oft Anlaß zur Sorge. Unbestätigten Berichten zufolge brachte Bruno Bettelheim sie einmal ins Krankenhaus, weil er eine Blasenentzündung bei ihr vermutete - sie hatte plötzlich wieder angefangen, ins Bett zu machen. »Wie«, rief der Arzt erstaunt, »auch Sie, Doktor Bettelheim?« Bettelheim fand den Scherz nicht besonders amüsant, er bestand darauf, daß seine Tochter untersucht würde. Natürlich stellte sich heraus, daß Ruth eine Blasenentzündung hatte - soll jedenfalls ihr Vater triumphierend behauptet haben.[4]

In dem Artikel »How to Arm our Children against Anti-Semitism«, der im September 1951 in *Commentary* erschien, berichtet Bruno Bettelheim, wie seine Tochter als kleines Mädchen zweimal von antisemitischen Äußerungen verletzt wurde - und wie es ihm gelang, sie zu trösten und zu verteidigen. Er machte sich Gedanken, daß sie keine Freunde hatte, und bemühte sich gemeinsam mit Trude, diesen Zustand zu ändern. Später, als Ruth ihre Hippiephase durchmachte, fand er ihren Umgang nicht angemessen und stellte ihr nette junge Leute vor; er soll sogar den bereits verheirateten Ben Wright ermuntert haben, sich doch lieber Ruth zuzuwenden. Und als Naomi 1968 aus Mexiko ihre Verlobung bekanntgab, monierte er, daß sie doch nicht vor ihrer älteren Schwester heiraten könnte. Kurz: So fortschrittlich seine Grundsätze für die Orthogenic School waren - zu Hause war Bettelheim ein ganz normaler Vater und ein ziemlich altmodischer dazu.

An einem Wochenende des Jahres 1947 waren die Bettelheims bei den Sheviakovs zu Besuch. Jemand schlug einen Spaziergang vor, und alle waren begeistert - außer Bruno Bettelheim. So blieb er mit Naomi, die mit ihren zwei Jahren noch nicht so schnell laufen konnte, in der Wohnung zurück, wo er sich sofort in den Schaukelstuhl fallen ließ und sich in ein Buch versenkte. Naomi langweilte sich und begann mit ihrer Windel zu spielen. Als die anderen von

4 Naomi, die zu jung war, um sich an den Vorfall noch erinnern zu können, hat später eine andere Version gehört. Die hier wiedergegebene Variante hat Bettelheim aber mindestens zwei Leuten erzählt.

ihrem Spaziergang zurückkamen, sahen sie einen wild schaukelnden Bruno und eine hingebungsvoll die Wände beschmierende Naomi. Wann der Vater zum erstenmal den Blick von seinem Buch gehoben und die Bescherung entdeckt hat, ist nicht überliefert; jedenfalls war es da schon zu spät.

»Zu Hause war er ein ganz anderer Mensch«, sagt Ruth Marquis. »Dauernd entschuldigte er sich für irgend etwas: daß er nicht öfter da war, daß er das Auto nicht starten konnte, daß er dies oder jenes nicht getan hatte. Trude behandelte ihn ein wenig schulmeisterlich und hörte sich, glaube ich, manchmal etwas gereizt an.« Nicht alle Beobachter sehen das so, manche behaupten, ganz im Gegenteil, Bruno sei gelegentlich ziemlich schroff zu Trude gewesen. Das mag damit zu tun haben, daß Ruth Marquis schon zu Beginn der fünfziger Jahre Chicago verlassen hat; andererseits gehörte sie zu den ganz wenigen, die Bruno Bettelheim in seinen beiden Welten erlebt hatten und beobachten konnten, wie der große böse Wolf sein Fell abstreifte, bevor er nach Hause ging. Die Beziehung zwischen den Eheleuten scheint sich ziemlich verändert zu haben, seit Bruno die Schule leitete. Er benahm sich zu Hause mehr wie ein Gast, tat keinen Handschlag und überließ Trude die ganze Arbeit. Sie mußte sich um alles kümmern, um die Kinder, um den Hund, um das Haus, um seine Wäsche, um den Wagen und um den Garten (worin sie große Meisterschaft erreichte). Das einzige, was er zum Haushalt beitrug, war die Möblierung und Ausstattung der Wohnung, darüber entschied er allein, außer bei den Kinderzimmern, die durften die Kinder selbst einrichten. Sogar die Bücherregale hat er selbst gezimmert.

Mitte der sechziger Jahre verbrachte Bruno Bettelheim einige Wochen in einem Kibbuz, um für sein Buch *The Children of the Dream* zu recherchieren. Als er wieder abreiste, fand man in seinem kleinen Apartment die frische Bettwäsche, die ihm jede Woche hingelegt worden war, unberührt und säuberlich gestapelt auf einem Stuhl liegen. Er verabscheute Hausarbeit und machte keinen Hehl daraus, wie viele seiner Anekdoten und Sentenzen bezeugen, mit denen er gern seine Vorlesungen und Konferenzbeiträge würzte. »Die meisten von uns«, sagte er zum Beispiel in einem Vortrag am North Shore Hospital am 14. Februar 1951, »sind schon zufrieden, wenn sie in einer der beiden Sphären (der beruflichen oder der häuslichen) Erfolg haben, und überlassen dem Ehepartner die andere mit Freuden.«

Auf Trude traf das aber nicht zu. Sie hatte neben ihren Haushaltspflichten auch noch ihr eigenes berufliches Universum. Anders als Gina Weinmann, die nicht mehr arbeitete, seit sie Mutter geworden war, hatte Trude mittlerweile eine Ganztagsstelle als Sozialarbeiterin bei der Chicago Child Care Agency. Sie war dort, obwohl eigentlich Spieltherapeutin, für Adoptionen zuständig, suchte passende Familien aus, holte Informationen über sie ein und betreute die Kinder auch nach der Unterbringung. Trude liebte ihre Arbeit und ging ganz darin auf. Sie hatte eine schwarze Frau aus dem Süden als Haushaltshilfe eingestellt, Lilian, die sich hingebungsvoll der beiden Kleinen annahm und mit ihrer Intelligenz und Kompetenz bald zu einem unverzichtbaren Mitglied des Hauses Bettelheim wurde. Sie blieb bis Ende der sechziger Jahre, als Eric zu studieren begann. Und als sie später erkrankte, wachte Naomi aus Wien darüber, daß sie bis zu ihrem Tod gut versorgt war.

Trotz Lilians aufopfernder Tätigkeit litt Trude unter der Doppelbelastung und unter der Arbeitssucht ihres Mannes, die ihm praktisch für nichts anderes Zeit ließ. Sie sprach das nicht aus, schon gar nicht öffentlich. Ihre Rolle war die der alles Verstehenden, und sie wußte doch, wieviel die Schule ihrem Mann bedeutete. Aber das Leiden hinterließ seine Spuren, wenn man den Beobachtungen anderer Glauben schenken will. Und so wurde aus Trudes natürlicher Zurückhaltung Kälte und aus ihrer Tatkraft eine etwas lustlose Tüchtigkeit.

Trude Bettelheim wurde sehr bewundert für ihren Mut, ihre Klugheit, ihr ungeheures Einfühlungsvermögen und die grenzenlose Energie, die sie in ihrer Arbeit bewies. Doch sie war eine solche Meisterin im Verbergen ihrer Gefühle, daß ich nicht das geringste darüber herausbekommen konnte, was sie eigentlich empfand, wenn ihr Mann den Großteil seiner Zeit in der Gesellschaft junger, meist hübscher Mädchen verbrachte, die ihn anbeteten und über die er große Macht hatte. Falls sie eifersüchtig war, verfügte sie über eine so außergewöhnliche Charakterstärke, daß niemand von all denen, die ich interviewt habe, sich traute, auch nur andeutungsweise darüber zu mutmaßen. Das einzige, was sich feststellen läßt, ist, daß Trude bald nicht mehr zur Orthogenic School kam, außer wenn ihr Mann sie einlud, neue Räumlichkeiten oder deren Einrichtung zu bewundern.

Anfangs waren die Grenzen zwischen den beiden Welten Bruno Bettelheims noch nicht so strikt, die Erzieherinnen kamen sogar manchmal abends, um seine Kinder zu hüten. Sie erinnern sich noch gut an die erste Wohnung der Bettelheims, spartanisch, aber geschmackvoll und nach europäischem Geschmack eingerichtet, mit alten Möbeln, Teppichen und Stichen an den Wänden. Zu Trude hatten sie ein schlichtes, herzliches Verhältnis, nur Paula Bettelheim schüchterte sie etwas ein, wenn sie bei ihrem Sohn zu Besuch war. Doch nach zwei, drei Jahren lud Bettelheim seine Mitarbeiter nicht mehr ein, außer zu dem kleinen Fest, das er traditionell am Neujahrstag für das Team veranstaltete.

Bald nach Naomis Geburt im Jahr 1945 zogen die Bettelheims in eine größere Wohnung um. Das schönste Zimmer war für die Kinder, das kleinste für Bruno. Im Sommer kamen die Mädchen gern in die Höhle ihres Vaters zum Monopoly-Spielen, weil es der einzige klimatisierte Raum war, vollgestopft mit Büchern, Figuren und Nippes, die er von seinen diversen Reisen mitgebracht hatte. Bruno Bettelheim war ein gepflegter Mann. Sorgfältig manikürte er seine Nägel und machte sich immer mit Vergrößerungsspiegel und Pinzette auf die Jagd nach Bartstoppeln, die dem Rasierapparat entgangen waren. Naomi liebte es, ihm bei der Toilette zuzusehen. Daß er kein gemeinsames Schlafzimmer mit seiner Frau hatte, erklärte er denen, die ihn danach zu fragen wagten, damit, daß seiner Meinung nach ein Mann erst nach Aufforderung das Zimmer seiner Frau betreten sollte. Die halbwüchsigen Töchter machten sich gern darüber lustig und verwunderten sich lauthals, wie es eigentlich zu ihrer Empfängnis gekommen sei.

Man sollte jedoch aus den getrennten Schlafzimmern nicht den Schluß ziehen, daß Trude Bruno Bettelheim nicht mehr viel bedeutete, seit er die Schule hatte. Die Beziehung zu seiner Frau – das zeigt nicht nur der eingangs zitierte Brief, das hat er auch in den fünfeinhalb Jahren, die zwischen Trudes Tod und seinem Selbstmord lagen, immer wieder betont – war nach der Arbeit das wichtigste in seinem Leben. Einer Freundin gegenüber, die zwanzig Jahre lang nichts von ihm gehört hatte, beschrieb er am 10. September 1954 seine Ehe so: »Die ersten Jahre hier in Amerika waren nicht leicht, aber doch viel besser, nicht in Wirklichkeit, aber im Gefühlsleben, als ich es je drüben hatte. Über Trude will ich Dir nicht schreiben, erstens kennst Du sie ja selbst, und dann glaube ich nicht, daß ich wirklich objektiv sein kann, ist ja auch gar nicht nötig. Ich bin überzeugt, daß unsere die beste Ehe ist, die ich je haben könnte.«

Diese Feststellung ist interessant, denn sie verleiht, anders als eine oberflächliche Lektüre vielleicht vermuten lassen könnte, nicht so sehr Bettelheims zärtlichen Gefühlen Ausdruck als vielmehr seinem kümmerlichen Selbstbild, das er trotz aller Erfolge und seiner gelegentlich zur Schau getragenen Arroganz nie los wurde. Doch Bettelheim ist seinem Schicksal dankbar: »Irgendwie ist es mir noch immer unwahrscheinlich, daß alle diese guten Dinge mir zugestoßen sind, Trude, die Kinder, mein Beruf. Und ich bin froh, daß ich nicht arrogant genug bin, um mir einzubilden, daß das bloß natürlich ist und sich so gebührt. Ich habe halt einfach unwahrscheinliches Glück gehabt.«

Ein ganz anderer Bruno Bettelheim tritt uns aus diesen Zeilen entgegen als der berühmte Dr. B., der neue Star der Kinderpsychologie, der bekannt ist für seine schneidenden Repliken und seine Wutausbrüche; ein anderer auch als der warmherzige Dr. B., als den ihn seine früheren Mitarbeiter schildern, hatte der doch eine Autorität, die jeden Zweifel sofort verstummen ließ. Nur wenige Menschen sind ihm jemals begegnet, diesem besänftigten, fast gelassenen Bruno Bettelheim, der sich nicht mehr ständig rechtfertigen muß und Frieden mit sich selbst geschlossen hat. Hier wird, denke ich, Trudes Einfluß deutlich und der Platz, den sie in seinem Leben einnahm – hier steht sie auch an erster Stelle.

Bei den jungen Frauen fand Bruno Bettelheim zweifache Bestätigung: daß er wertvolle Arbeit leistete und daß er verführen konnte. Das war für ihn lebensnotwendig, Beweis seiner Männlichkeit. Doch ganz tief in seinem Herzen pochte der Zweifel, ob er überhaupt ein Recht hätte zu existieren, und den konnte anscheinend nur Trude zum Schweigen bringen. Wenn sich in den staunenden Augen der Erzieherinnen das überlebensgroße Bild des Mannes spiegelte, der er gern gewesen wäre, brauchte er Trude, die alles von ihm wußte, die er mit seinen Märchen nicht täuschen konnte, um sich selbst so annehmen zu können, wie er wirklich war. Allein schaffte er das nicht. Das schmeichelhafte Bild, das andere von ihm hatten, stimmte ihn nicht froh, im Gegenteil; die letzten Jahre zeigen, daß es nur seine Selbstachtung beeinträchtigte. Je größer und schöner dieses Bild wurde, desto kleiner und häßlicher fühlte er sich.

Anfang der siebziger Jahre erklärte Bettelheim anläßlich einer Konferenz über die Studentenrevolte, welche Aufgabe der Familie seiner Meinung nach zukam: »Wir alle haben das Bedürfnis nach einem Ort, an dem wir wirklich wir selbst sein können. Wo wir sicher sein können, so verstanden und angenommen zu werden, wie wir sind, mit all unseren Schwächen. Unsere Vorzüge weiß jeder zu schätzen. Was die Familie ausmacht, ist die Annahme unserer Mängel und Fehler.«[5] Wie gewöhnlich zieht Bettelheim hier aus seinem eigenen Leben eine Lehre voll Menschlichkeit und Weisheit. Aber sie bleibt auch, wie gewöhnlich, ein unerreichbares Ideal. Die Rolle der Eltern, die die Kinder vollkommen annehmen, ohne über sie zu urteilen, hat Bettelheim in der Orthogenic School den Erziehern auferlegt - und zu Hause war Trude diejenige, die sie übernehmen mußte. Er selbst hatte als Vater seine Schwierigkeiten damit.

Man kann die Dinge auch anders sehen. Während er nach außen hin den Direktor und Magier spielen mußte, den Hüter von Recht und Autorität, war es ihm zu Hause erlaubt, ein fehlbarer Mensch mit all seinen Schwächen zu sein. Das ließ allerdings seinen Kindern nicht sehr viel Raum. Immerhin machte die Familie jedes Jahr einen Monat lang Urlaub, anfangs in den Rocky Mountains oder an einem Strand in Neuengland, später dann in Europa. Eines jedenfalls ist sicher: Bettelheim ging anders mit seinen Kindern um als mit seinen Schützlingen in der Schule, zerstreuter und nachsichtiger - vielleicht so ähnlich wie früher sein Vater mit ihm. Als Trude gestorben war, entwickelte er zu Eric ein freundschaftliches Verhältnis, in dem die Rollenverteilung nicht mehr so deutlich war.

Seine eigene Sicht der Dinge faßt Bettelheim in einem Brief an Ruth Marquis vom 30. September 1973 folgendermaßen zusammen: »Ich habe viele Dinge falsch gemacht, wie alle Eltern, aber ich fühlte mich nie schuldig ... Ich war immer überzeugt davon, daß wir als Eltern unser eigenes Leben leben müssen und es den Kindern so gut machen, wie es geht - und ich bin auch überzeugt, daß das genügt ...« Und wenn seine Kinder ihm zu Recht vorwerfen, die Arbeit sei ihm immer wichtiger gewesen, so kann man nicht Gleichgültigkeit daraus ableiten. Bruno Bettelheims Familiengefühl war sehr stark, das wird aus allen Briefen deutlich, die er im Laufe seines Lebens geschrieben hat. Obwohl er sowenig Zeit für sie hatte, waren die Kinder ihm stets gegenwärtig. Und wenn er zu Hause war, redete er mit ihnen, interessierte sich für das, was sie zu sagen hatten. Obwohl sie manchmal wütend auf ihn waren, scheinen sie

5 »A Home is to be Human«, Vortragstext vom März 1974, in der Bettelheim-Sammlung der Regenstein Library.

doch nie seine tiefe Bindung zu ihnen angezweifelt zu haben.[6] Es geht hier nicht darum, ein moralisches Urteil zu fällen und darüber zu richten, ob Bruno Bettelheim ein Rabenvater war (darüber mag jeder sich seine eigene Meinung bilden), sondern zu verstehen, wie dieser komplizierte Mensch funktionierte. Daß er nie da war, bewies nur, daß er spannendere Dinge zu tun hatte, als seine Zeit mit den Kindern zu verbringen, nicht, daß sie ihm nicht wichtig waren. Er wußte sie in guten Händen – bei Trude und bei Lilian. Vielleicht fürchtete er auch bewußt oder unbewußt, an ihnen die Fehler zu wiederholen, die seine eigene Kindheit verdüstert hatten. Über Trudes Familie lastete kein Fluch, ihre Kindheit war glücklich, obwohl die Mutter den Bruder vorzog. Und ihre Beziehung zum Vater war stark und innig.

Paula Bettelheim starb 1953. Bruno sorgte dafür, daß ihre Asche nach Österreich überführt wurde, damit sie an der Seite ihres Mannes ruhen konnte.

»Mein Leben ist meine Arbeit, Trude und die Kinder ...« Als Bettelheim im Jahre 1954 dieses Inventar erstellt, läßt er ein wesentliches Element seines zweiten Lebens beiseite: die innere Verarbeitung jener Erfahrung, die eine Schlüsselrolle beim Übergang vom einen zum anderen gespielt hatte, seines Aufenthalts in Dachau und Buchenwald. Gayle erinnert sich: »Er las alles, was über die Lager und über den Nationalsozialismus veröffentlicht wurde; die Bücher häuften sich richtig auf seinem Schreibtisch.« Denn neben seinen eigentlichen beruflichen Aktivitäten setzte sich Bettelheim ständig damit auseinander – in Form einer Selbstanalyse, so lautet meine Hypothese, die für ihn durch die Macht der Umstände zu einem lebenslangen Kampf geworden war und ihrerseits seine therapeutische Arbeit an der Schule vorantrieb.

Der erste längere Text, den er im Exil schrieb, handelt ebenso von den Lagern und vom Völkermord der Nazis wie die letzten Kapitel seines letzten Buches, das ein halbes Jahrhundert später erschien, zehn Jahre vor seinem Tod. Schon der Aufbau seiner *Erziehung zum Überleben* bestätigt, daß ihn dieses Thema sein ganzes zweites Leben lang ununterbrochen beschäftigt hat. In dieser Aufsatzsammlung nimmt er seinen ersten Text wieder auf, reinigt ihn von den

6 Ich konnte zwar nur mit Naomi und Eric sprechen, bin aber ziemlich sicher, daß das auch auf Ruth zutraf.

persönlichen Anekdoten, mit denen er ihn für *Aufstand gegen die Masse* versehen hatte, und gibt dem »Erzähler« die ursprüngliche dritte Person zurück. Dieses Hin und Her zwischen »ich« und »er«, wie es schon in dem Artikel über die Frostbeulen zu sehen war, gibt zu denken. Warum machte er das immer, wenn er über die Lager schrieb? Mit welchen Erinnerungen mußte er auf diese Weise fertig werden, welche Angst besiegen, welches »dunkle Geheimnis« versuchte er so loszuwerden?

Um diese Fragen zu beantworten und den quälenden inneren Prozeß zu verstehen, der ohne Zweifel viel zu Bettelheims Arbeit als Therapeut beigetragen hat, müssen wir für kurze Zeit die Chronologie seines Lebens verlassen und uns dem Weg seines Denkens zuwenden. Wenn wir nur seine wichtigsten Werke in Betracht ziehen, lassen sich drei Phasen unterscheiden.

Seit dem Erscheinen seines ersten Artikels über die Lager war Bettelheim für einige fortschrittliche Zeitschriften *der* Experte für alles, was mit der Verfolgung der Juden durch die Nazis zu tun hatte. Seine Artikel kamen an, weil sich in ihnen stets etwas fand, das eine neue Sichtweise der Dinge erlaubte und Anlaß zum Nachdenken gab. Als die amerikanischen Besatzungstruppen 1945 beispielsweise Deutsche zwangen, die Lager zu besichtigen, gratulierte ihnen Bettelheim nicht etwa dazu, sondern zeigte auf, welche Gefahren dieser Praxis innewohnten. Ein ganzes Volk für ein Verbrechen verantwortlich zu machen sei undemokratisch, erläuterte er; man sollte lieber die Verantwortlichen ausfindig machen und öffentlich bestrafen. Zufällig herausgegriffene Deutsche könnten, mit den Leichenhaufen in den Lagern konfrontiert, nur allzu leicht zu dem Schluß gelangen, sie hätten recht gehabt, sich den Nazis nicht zu widersetzen.[7]

Während der Nürnberger Prozesse warnte Bettelheim die Amerikaner vor allzu großem Optimismus. Die Deutschen seien erschöpft vom Krieg und mißtrauisch gegenüber den Siegern. Nach zwölf Jahren Nationalsozialismus habe der Begriff der individuellen Verantwortlichkeit für sie seinen Sinn verloren. Damit die Prozesse eine Wirkung zeitigen und sie sich ihrer Verstrickung bewußt werden könnten, müßten die Naziorganisationen, in denen jede deutsche Familie vertreten war, auf die Anklagebank. Gleichzeitig dürften jedoch die Deutschen nicht kollektiv schuldig gesprochen werden,

7 »The Helpless and the Guilty«, *Common Sense*, 14. Juli 1945.

da dieser Vorwurf sie gegen den gemeinsamen Feind einer »Siegerjustiz« zusammenschweißen würde – eine unlösbare Aufgabe.[8]

Parallel zu den ersten Aufsätzen über die Schule verfaßte Bettelheim seine beiden Artikel über die Frostbeulen und das Krankenrevier in Buchenwald. In seinem Wunsch, die Gefahr der Stereotypenbildung aufzuzeigen, verfuhr er, wie wir gesehen haben, ziemlich hart mit seinen Leidensgenossen. 1948 knöpfte er sich die amerikanischen Juden vor; ihre Unterstützung des Auswanderungsversuchs europäischer Juden mit der *Exodus* nach Palästina sei verantwortungslos gewesen: »Ich bezweifle, daß viele von denen, die das *Recht* der Juden auf Palästina beanspruchen, dazu bereit wären, Amerika den Indianern zurückzugeben.«[9] Statt die Naziopfer anzustacheln, die britische Mandatshoheit zu verletzen, hätten die amerikanischen Juden ihr Geld lieber dafür ausgeben sollen, sie in ihrem eigenen Land aufzunehmen, »wo sie vor Verfolgung geschützt wären und sich, wie die Geschichte lehrt, in eine mächtige und reiche Gemeinde einfügen könnten«. Er könne nicht umhin zu vermuten, fügt er nachdenklich hinzu, daß »der Haß amerikanischer Juden auf die Engländer eine Projektion des Hasses (ist), den sie gegen sich selbst empfinden, weil sie ihrer Verpflichtung den europäischen Juden gegenüber sowenig nachgekommen sind«.

Wie wir sehen, hat Bruno Bettelheim seinen Stil schon in den ersten Jahren des Exils gefunden. Und mit jedem Artikel wurde sein Ton fester und selbstsicherer. Seine hellsichtige Kritik, die auf genauer Beobachtung und der Infragestellung stereotyper Denkmuster beruhte, zielte eher auf die Selbstzufriedenheit seiner Freunde – oder derer, die sich dafür hielten – als auf die Verbrechen seiner Feinde, die er meist mit einem kurzen Satz überging.[10]

1947 stellte Bettelheim fest, nun, da die Nazis endgültig den Krieg verloren hätten, sei die Zeit gekommen, offen über die Verhältnisse in den Lagern zu reden. Anhand der Bücher der beiden Österreicher

8 »War Trials and German Re-Education«, *Politics*, 2. Dezember 1945.

9 »Exodus, 1947«, *Politics*, Winter 1948. Die *Exodus* versuchte im Juli 1947 ohne Erlaubnis in Palästina anzulegen, das damals unter britischem Mandat stand. Das Schiff wurde aufgebracht und gezwungen, nach Europa zurückkehren, wo es nach einem kurzem Aufenthalt in Marseille (wo François Mitterrand, der den Innenminister vertrat, die Verhandlungen führte) wieder in Hamburg landete.

10 Um nur die Einleitung zu seiner Zeugenaussage vor dem Ankläger des Nürnberger Prozesses zu zitieren: »Diese Bemerkungen haben nicht zum Ziel, zum wiederholten Male die Greuel in den deutschen Konzentrationslagern zu schildern …«; in *Nazi Conspiracy and Aggression*, Bd. VII., Dok. L-73.

Benedict Kautsky und Eugen Kogon über Buchenwald deckt er die Klassenstruktur, die Machtverhältnisse unter den Häftlingen im Lager auf.[11] Vor allem den Kommunisten wirft er Zynismus vor, sie hätten im Namen der guten Sache bedenkenlos Leben geopfert, um einen der Ihren zu retten. Bei aller Wertschätzung für Kogons Werk moniert Bettelheim dessen herablassenden Blick auf seine Mitgefangenen; als Helfer auf dem Revier habe Kogon zur Elite der Gefangenen gezählt. Bettelheim räumt ein, daß das Gefühl der eigenen Überlegenheit ein wichtiger Abwehrmechanismus gegen die Angst gewesen sei, auf das niedrigste Niveau der Lagergesellschaft abzusinken, selbst wenn er letztlich nur der SS genützt habe. »Fast alle, die die Lager überlebt haben und daher ihre Erfahrungen mitteilen konnten, haben in der einen oder anderen Weise von einem Klassensystem profitiert, dem ein Großteil der untersten Klasse zum Opfer gefallen ist.« Wieder einmal hat Bettelheim eine durchdringende Analyse geliefert, ohne Mitgefühl für die Schwächen der Opfer. Der Artikel ist überzeugend, klug und irritierend. Doch seine besondere Kraft und Anziehung beruht auf der Tatsache, daß der Autor selbst zu denen gehörte, deren Verhalten er so unnachsichtig geißelt. Für den Leser wird der harsche, apodiktische Ton dadurch ein wenig gemildert, daß hinter dem »sie« ständig das »wir« durchschimmert.

Das war die erste Phase von Bettelheims Denken nach dem Lager. Eine positive Phase, in der er erfolgreich versuchte, Lehren aus seiner Erfahrung zu ziehen. Während dieser Phase schrieb er auch, das Jahr im Lager habe ihm gutgetan. Sie erreicht ihren Höhepunkt im Jahre 1956, als er zum erstenmal eine Parallele zieht zwischen der Hölle in Buchenwald und jener, die die ihm anvertrauten Kinder durchlebt haben.[12] Und in der Schule mahnt er die Erzieher immer wieder, aus den schrecklichsten Prüfungen zu lernen, um sich weiterzuentwickeln: »Wenn euch etwas Schlimmes zustößt – nützt es!« sagte er. »Macht daraus ein Projekt!«

Gleichzeitig mischte sich Bettelheim in die Debatte um den deutschen Wiederaufbau ein, die damals die amerikanischen Intellektuellen entzweite, um die Analyse des Nationalsozialismus, die Verurteilung des Stalinismus, den Marshall-Plan und so weiter. Wel-

11 »The Concentration Camp as a Class State«, *Modern Review*, Oktober 1947.
12 »Schizophrenia as a Reaction to Extreme Situations«, *The American Journal of Orthopsychiatry*, Juli 1956. Auch in *Aufstand gegen die Masse* und *Erziehung zum Überleben*.

che Gesellschaft sollte in Deutschland entstehen? Wie war eine Wiederkehr der Barbarei zu verhindern? Gibt es Völker, die ihrem Wesen nach antidemokratisch sind? Es war eine Debatte der damaligen marxistischen Linken, insbesondere der Frankfurter Schule, des Kreises um die ehemaligen Mitarbeiter des Frankfurter Instituts für Sozialforschung, von denen viele an der Columbia University in New York untergekommen waren; der Marxismus hatte allerdings so sehr von seinem Glanz verloren, daß man sich lieber »neohegelianisch« nannte.

In Chicago fanden die Diskussionen im Chaos Club statt – so genannt, weil es kein Verzeichnis und keine Mitgliederliste gab. Eines Abends behauptete Max Horkheimer in einem Vortrag, Deutschland sei im Grunde demokratisch, das sehe man an der Entwicklung seit Beginn der fünfziger Jahre. »Wie können Sie das sagen«, rief der Soziologe Albert Reiss (damals Doktorand und Mitbewohner von Morris Janowitz) dazwischen, »nachdem Millionen in den Vernichtungslagern umgebracht worden sind?« David Riesman, der die Diskussion moderierte, wies ihn eisig zurecht, seine Bemerkung sei der brillanten Rede Horkheimers nicht ganz angemessen. Da stand Bettelheim auf und rief mit Donnerstimme: »Sie sollten lieber auf ihn hören. Er ist hier nämlich der, der recht hat.«

Bettelheim heulte nie mit den Wölfen. Ende der fünfziger Jahre bot Luitgard Wundheiler, Naomis Mathematiklehrerin an der Lab School, Bettelheim ihre Mitarbeit an. Sie hatte gerade ihren Mann verloren, einen polnischen Juden, dessen Bruder im Warschauer Ghetto umgekommen war. Als junge Deutsche, die unter den Nazis aufgewachsen war, litt sie entsetzlich unter Schuldgefühlen. Bettelheims Reaktion überraschte sie: »Sie sollten sich nicht schuldig fühlen, bloß weil Sie Deutsche sind. Wenn Sie alle Deutschen verantwortlich machen, dann denken Sie genauso wie die Nazis: Sie verdammen Menschen für das, was sie sind, statt für das, was sie getan haben.«

Schon 1954 machte Bettelheim eine Reise nach Deutschland. Er hatte zugesagt, ein dreimonatiges Lehrerseminar über Demokratie zu leiten – gegen Trudes Rat. »Ich kann nicht verstehen, daß du noch einen Fuß auf deutschen Boden setzen willst«, sagte sie. Und es war in der Tat eine schwere Prüfung, wie er Morris und Gayle Janowitz erzählte, die zu der Zeit glücklicherweise auch in Frankfurt waren, da Morris ein Fulbright-Stipendium für ein Forschungsjahr am Institut für Sozialforschung bekommen hatte. Die Anwesenheit seiner amerikanischen Freunde, bei denen er manchmal zu Abend aß, war eine große Erleichterung für Bettelheim. Er träumte plötzlich wieder auf deutsch, und die Alpträume vom Lager kamen zurück. Er war entsetzt, wie wenig die Entnazifizierung erreicht hatte. Der Idealismus der jungen Lehrer rührte ihn, doch auch sie, schrieb er, hätten die größten Schwierigkeiten zu begreifen, daß man Demokratie nun einmal nicht mit autoritären Mitteln lehren könne.[13] An den deutschen Erziehungsmethoden schien sich nicht das geringste geändert zu haben, und selbst jene, die von dem aufrichtigen Wunsch nach Demokratie beseelt waren, konnten sich nicht von der weit verbreiteten Vorstellung lösen, die Weimarer Republik und die Alliierten seien schuld an dem Chaos in Deutschland, aus dem sie sich nun mühsam freikämpfen mußten. Bettelheim lernte auch junge Deutsche aus der sowjetisch besetzten Zone kennen, die er zwar erschreckend indoktriniert fand, aber sie beeindruckten ihn, weil sie sich mit ihren breit gestreuten philosophischen, künstlerischen und gesellschaftlichen Interessen so wohltuend vom schnöden Materialismus ihrer West-Kollegen abhoben.

Während seines Aufenthalts in Deutschland kehrte Bettelheim auch einmal nach Dachau zurück, allein. Dieser Besuch schlug sich in einem Artikel nieder, in dem er sehr schlicht und sehr persönlich über die Erinnerung schreibt und über die Unmöglichkeit, die Spuren einer solchen Tragödie lebendig im Gedächtnis zu bewahren. Der Artikel enthält keine Lehren für irgend jemanden, er erzählt einfach von dieser Reise, von seiner kalten Wut über die Gleichgültigkeit der Einheimischen bis zur inneren Gelassenheit durch die Erkenntnis, daß diese Menschen nun auch die schwere Bürde zu tragen hätten, nach allem, was geschehen war, an diesem Ort weiterleben zu müssen – sosehr er selbst gelitten habe, würde er doch niemals mit ihnen tauschen wollen.[14]

Zur gleichen Zeit versuchte Bruno Bettelheim über seinen Vetter Norbert, der nach dem Krieg nach Wien zurückgekehrt war, eine Entschädigung für den Verlust seines Unternehmens und die Deportation zu erhalten. Zwei Jahre lang kämpfte er verbissen und strengte sogar einen Prozeß gegen den österreichischen Staat an, der seinen Antrag abgewiesen hatte, weil er erst am 30. August 1954 – ganze zehn Tage zu spät – gestellt worden war. Schließlich bekam

13 »German Schools Revisited«, *Elementary School Journal*, November 1955.

14 »Returning to Dachau«, *Commentary*, 1956. Später unter dem Titel »Ein Besuch in Dachau« in *Themen meines Lebens* aufgenommen.

Bettelheim 1969 teilweise recht und gab seine Bemühungen auf, deren Vertretung in der Zwischenzeit der Sohn seines Vetters übernommen hatte. Er erhielt eine Haftentschädigung und später noch einen Ausgleich für den Verdienstentgang. Für den Verlust der Firma gab es jedoch nichts.

Bettelheims Gedanken über den Totalitarismus waren von den Auffassungen der Frankfurter Schule nicht sehr weit entfernt.[15] Dem Begriff der individuellen Autonomie kam jeweils große Bedeutung zu. Im Oktober 1952 veröffentlichte *The American Journal of Economics and Sociology* Bettelheims »Remarks on the Psychological Appeal of Totalitarism«, den er später in überarbeiteter und ergänzter Form in sein Buch *Erziehung zum Überleben* aufnahm. In diesem kurzen Aufsatz beschäftigt Bettelheim sich mit dem seelischen Konflikt, in dem die Gegner des modernen totalitären Staates stehen. Dieser bemächtigt sich nämlich aller, auch der privatesten Aspekte ihres Lebens und gewinnt seine Macht aus der Zerstörung der Ichautonomie.

Als Beispiel wählt Bettelheim den Hitlergruß. Ein Nazigegner kam mehrmals täglich in Situationen, die ihn zur Entscheidung zwangen, den Gruß auszuführen oder nicht – ein Gewissenskonflikt, der so oder so sein Ich schwächen mußte: Entweder er gehorchte seinem Überich und weigerte sich, dann gefährdete er sein Leben – doch gerade die Lebenserhaltung ist eine der wichtigsten Ichfunktionen. Oder er reckte den Arm und versuchte sich einzureden, das sei eine ganz unwichtige Geste, dann verlor er seine Selbstachtung, weil er seinen moralischen Ansprüchen nicht gewachsen war. »Der Gegner des totalitären Regimes, der ein starkes Ich brauchte, um in einer feindlichen Gesellschaft überleben zu können, geriet ständig in Situationen, die ihn zwangen, an der Zerstörung des eigenen Ichs mitzuwirken.« Außerdem sei das Bedürfnis nach Konformität bei den meisten Menschen sehr stark. So näherten sich in dem Konflikt zwischen Idealen und Überleben natürlicherweise die Ideale der Wirklichkeit an. »In letzter Konsequenz kann das Ich in einem totalitären Staat das Individuum nur schützen, indem es das System akzeptiert, wie es ist.«

Drei Jahre später trieb Bettelheim seine Analyse des Totalitarismus

15 Das stellen Paul Marcus und Alan Rosenberg fest in »Reevaluating Bruno Bettelheim's Work on the Concentration Camps«, *Psychoanalytic Review*, Herbst 1994.

noch weiter. Als hätte sein Aufenthalt in Europa ihm die Augen geöffnet über das Land, das ihm Zuflucht gewährt hatte, veröffentlichte er 1955 eine harsche Kritik an der amerikanischen Gesellschaft. In seinem langen, in *Aufstand gegen die Masse* ausführlich zitierten Essay »Individual Autonomy and Mass Control«[16] stellt er über den Begriff der individuellen Autonomie eine Beziehung zwischen dem totalitären Staat und der Massengesellschaft her. Er zeigt die schrittweise Entfremdung des Menschen in der modernen Welt, in der die Vielzahl der Wahlmöglichkeiten nur den geringen Spielraum verschleiert, der der persönlichen Verantwortung überlassen bleibt, und nimmt damit viele Gedanken vorweg, die einige Jahre später Allgemeingut wurden. Nur in den intimsten Bereichen seines Lebens habe der moderne Mensch noch einen Ort, seine Identität zu erfahren und auszudrücken. Für alles gebe es Vorschriften: was er trinken soll, was er essen darf, welches Auto er fahren muß und wie er seine Wohnung einzurichten hat. Selbst über seine Freizeit verfügten andere, die daraus Profit schlügen. Anscheinend habe er die freie Wahl, höre aber eben doch dieselben Radioprogramme (der Artikel ist von 1955!) und lese dieselben Bücher wie sein Nachbar. »So genießen sie die Annehmlichkeiten der Konformität – bis zu dem Moment, wo ihnen plötzlich die Leere ihres Lebens bewußt wird, das ihnen keine eigenständige Erfahrung mehr bietet.«

Wie der Hitlerstaat setze die Massengesellschaft einen Persönlichkeitsmangel voraus: »Wenn die Lebensaktivitäten nicht mehr auf den internalisierten Werten eines geliebten Menschen beruhen, sondern auf dem Wunsch oder Bedürfnis, ein bequemes Leben zu führen, entstehen Zweifel, Unsicherheit und die Unfähigkeit zur Integration.« Paradoxerweise bleibe jedoch die Illusion einer großen Freiheit bestehen und verstärke das Gefühl des Versagens, wenn die Bedürfnisbefriedigung nicht gelinge. Da das Individuum nicht die Macht habe, wirklich frei zu wählen, setze es mehr und mehr auf die Macht der Masse, der Gesellschaft, der es angehöre – wie die Deutschen unter dem Naziregime, die zunehmend an die magischen Fähigkeiten ihres Führers geglaubt hatten.

16 In einer Sonderausgabe der Zeitschrift *Sociologica* des Frankfurter Instituts für Sozialforschung zum sechzigsten Geburtstag Max Horkheimers erschienen; außer Bettelheim haben noch Theodor Adorno, Raymond Aron, Walter Benjamin, Franco Lombardi, Herbert Marcuse und viele andere dazu beigetragen. *Frankfurter Beiträge zur Soziologie*, hg. von Th. W. Adorno und W. Dirks, Bd. I: Sociologica, Frankfurt/Main 1955.

Doch Bruno Bettelheim war kein Revolutionär. Er bekämpfte das amerikanische System nicht, er zeigte nur dessen Gefährdung auf. Er wies darauf hin, daß ein zu großes Ungleichgewicht zwischen der gesellschaftlichen Kontrolle und der inneren Autonomie des Individuums zu affektiven Störungen führen kann. Und der Hitlerstaat war für ihn die äußerste Konsequenz der Entwicklung einer Massengesellschaft, die auf den technischen Fortschritt baut, ohne die Folgen zu bedenken. Denn die Instrumente, die die Wissenschaft den Führern dieser Gesellschaft in die Hand gibt, schreibt Bettelheim, sind nicht neutral. Man dürfe nicht »die machtvollen Kräfte des Wandels durch eine äußere Kontrolle unterschätzen, die den Menschen der individuellen Verantwortung enthebt, in der seine Würde liegt«.

Ende der fünfziger Jahre beginnt die zweite Phase in Bettelheims Schreiben über die Lager. Jetzt spricht er nicht nur über Buchenwald, sondern – in demselben belehrenden Ton – auch über Auschwitz. Im Mai 1960 verfaßte er, nach langem Zögern, wie er sagt, das Vorwort zu den Erinnerungen Miklos Nyiszlis[17], eines ungarischen Arztes, der Auschwitz überlebte, weil er sich zum Mitarbeiter an den medizinischen »Untersuchungen« Joseph Mengeles machen ließ. Bettelheim schreibt: »Die Einzigartigkeit der Todeslager beruht nicht auf der Tatsache, daß die Deutschen Millionen von Menschen ausgelöscht haben – daß so etwas geschehen kann, gehört zu unserem Menschenbild, auch wenn es jahrhundertelang kein solches Ausmaß erreichte und vielleicht niemals diese Kaltblütigkeit. Neu, einzigartig, entsetzlich ist, daß Millionen von Menschen wie die Lemminge selbst in den Tod gegangen sind.«

Bettelheim war nicht der einzige Jude, der das sagte. Im darauffolgenden Jahr erschien endlich die erste Fassung von Raul Hilbergs *The Destruction of the European Jews*.[18] Aus dieser eingehenden Analyse der nationalsozialistischen Tötungsmaschinerie, an der er zehn Jahre lang gearbeitet hat, zieht Hilberg den Schluß, daß die jüdischen Opfer sich als Gefangene ihrer Geschichte selbst in den Abgrund gestürzt hätten. Die Philosophin Hannah Arendt zeigte ebenfalls, wenn auch weniger schonungslos, den Einfluß der jüdi-

17 Miklos Nyiszli, *Auschwitz – A Doctor's Eyewitness Account*, New York 1960.
18 Chicago 1961; dt.: *Die Vernichtung der europäischen Juden*, Frankfurt/Main 1990.

schen Tradition auf das ungeheure Ausmaß der Tragödie. Bettelheim, Hilberg und Arendt versuchten auf ihre je besondere Weise, aus einer gewissen Distanz heraus zu verstehen, wie diese Katastrophe eintreten konnte und, das betonte Bettelheim besonders, wie eine Wiederholung zu verhindern sei.

Eines Abends brachte die vierzehnjährige Naomi *Das Tagebuch der Anne Frank* nach Hause, das in ihrer Schule durchgenommen worden war. Bettelheim war frappiert und las es in einer Nacht durch. Es ließ ihn nicht mehr los, und im November 1960 veröffentlichte er seine Gedanken unter dem Titel »The Ignored Lesson of Anne Frank« in der Zeitschrift *Harper's Magazine*.[19] Daß dieses Tagebuch eines jüdischen Mädchens, das zwei Jahre lang mit seiner Familie in einem Amsterdamer Versteck gelebt hatte, bevor es in Bergen-Belsen ums Leben kam, weltweit, aber ganz besonders in Deutschland, so enthusiastisch aufgenommen wurde, schreibt Bettelheim, beweise nur eines: die uns allen gemeinsame Neigung, die Existenz der Gaskammern zu verdrängen. Anne Franks Geschichte ist bewegend, und Bettelheim weiß um die Risiken seiner Auseinandersetzung mit einer solchen Symbolfigur. Doch der Erfolg ihrer Aufzeichnungen beruht seiner Meinung nach eben darauf, daß sie bis zum Ende immer wieder ihren Glauben an das Gute im Menschen beschwor und damit letztlich die Wirklichkeit des Nationalsozialismus leugnete.

Statt Maßnahmen zu ihrer Rettung zu ergreifen, hätten die Franks den gefährlichsten Weg gewählt, schreibt Bettelheim: Sie verkrochen sich in einem Versteck ohne Notausgang, aus dem sie nicht einmal entkommen wären, wenn sie jemand gewarnt hätte. Der Wunsch, zusammenzubleiben und ihr normales Leben weiterzuführen, habe ihren Wirklichkeitssinn beeinträchtigt. Durch ihr Handeln hätten sie die Nazibarbarei geleugnet, sie hätten sich geweigert zu glauben, daß Menschen so unmenschlich sein könnten. Deshalb liebten die Leser die Franks – auch wenn sie alle, bis auf den Vater, daran zugrunde gingen.

Dieser Aufsatz faßt die Gedanken Bettelheims zum Überleben vollständig zusammen: Das Überleben sollte immer, vor allem in Extremfällen, auf einem Gleichgewicht zwischen den Wünschen

19 Große Teile des Artikels erschienen im selben Jahr in *Aufstand gegen die Masse*, und später wurde der ganze Artikel, leicht überarbeitet, unter dem Titel: »Anne Frank – eine verpaßte Lektion«, in *Erziehung zum Überleben* aufgenommen; daraus auch die Zitate im folgenden.

des Herzens und den Forderungen des Verstandes beruhen. Nyiszli habe letzteren den Vorrang gegeben und sich hinter dem Stolz auf sein berufliches Können verschanzt, um sein eigenes Tun nicht wahrnehmen zu müssen; dabei habe er sich zu so abscheulichen Experimenten bereit gefunden, daß man sich fragen müsse: »Wie schaffte er das und wie konnte er damit leben?« Der Vater Anne Franks dagegen habe nur auf sein Herz gehört statt auf das, was sein Verstand ihm hätte sagen müssen, und so seine Familie den Mördern ausgeliefert. Sich an sein normales Leben zu klammern und an seinen Gewohnheiten festzuhalten[20] wie die polnischen Juden, denen Bettelheim vorwarf, sie hätten sich nicht von ihrem Haus, von ihrem Hab und Gut trennen wollen, obwohl sie über den Vormarsch der deutschen Truppen Bescheid gewußt hätten, heiße, die Augen zu verschließen und zu meinen, daß damit die Gefahr verschwinde.

Bettelheims Schlußfolgerungen sind überzeugend, aber er geht in seiner Argumentation zu weit. Er tut Otto Frank unrecht, einem deutschen Juden, der schon sechs Monate nach Hitlers Machtergreifung die Entscheidung traf, mit seiner Familie Frankfurt zu verlassen und in einem Land unterzutauchen, das im Ersten Weltkrieg neutral geblieben war. Der wohlerwogene Fluchtplan scheiterte; am 4. August 1944, ein paar Monate vor Kriegsende, wurden die Franks verhaftet. Bettelheim übergeht das einfach und behauptet, Otto Frank hätte seine Familie retten können, wenn er nur vernünftig vorgegangen wäre. Doch damit nicht genug: »Es besteht kein Zweifel daran«, rügt Bettelheim, »daß sich die Franks, wenn sie es nur gewollt hätten, während ihrer Vorbereitungen vor dem Untertauchen, ja sogar im Untergrund selbst mit Waffen hätten versorgen können«, um wenigstens ein paar von denen, die sie holen kamen, mit in den Tod zu nehmen. So hätten sie immerhin, schreibt Bettelheim, »ihr Leben teuer verkaufen können, anstatt widerstandslos in den Tod zu gehen«.

Ein Jahr nach diesem veröffentlichte Bettelheim einen noch provozierenderen Artikel. Das war ausgerechnet in der Zeit, als der Eichmann-Prozeß die Juden in aller Welt bewegte und einte. Adolf Eichmann, der als einer der Hauptorganisatoren der sogenannten Endlösung galt, war im Mai 1960 vom israelischen Geheimdienst in

20 »Business as usual« schreibt Bettelheim hier, und es ist das erste Mal, daß der Ausdruck in diesem Kontext Verwendung fand; später wurde er fast ein Allgemeinplatz in der Literatur über die Lager.

einer umstrittenen Aktion aus Argentinien entführt und nach Israel gebracht worden, wo ihm von April bis Dezember 1961 der Prozeß gemacht wurde. Tausende von Überlebenden in den Vereinigten Staaten und anderswo verfolgten die Vorgänge atemlos, versessen auf jedes Detail. Ihre Gefühle waren eindeutig. Doch bisher hatten sie wenig darüber gesprochen. Enttäuscht über die Weigerung der Alliierten, der Judenverfolgung eine Sonderstellung in den Nürnberger Prozessen einzuräumen, erhofften sie sich vom Eichmann-Prozeß wenn nicht Vergeltung, so doch zumindest die Anerkennung ihres Leidens. Die Tatsache, daß der junge israelische Staat Eichmann selbst aufgespürt und unter Verletzung internationalen Rechts nach Israel gebracht hatte, beeinträchtigte diese Gefühle keineswegs, und die Presse putschte sie noch mit den schlichtesten Argumenten hoch: Der Eichmann-Prozeß wurde zu einem Kampf des Guten gegen das Böse, in dem die Juden wieder einmal allein gegen alle standen.

Als das Todesurteil verkündet und Eichmanns Berufung beim Obersten Gerichtshof Israels eingegangen war, erschien im März 1962 Bettelheims Artikel unter dem Titel »Freedom from Ghetto-Thinking« in der zionistischen Zeitschrift *Midstream*.[21] Er beginnt mit einer Diskussion um den Begriff »unschuldiges Opfer«, der in Hunderten von Zeugenaussagen auftauchte. Warum, fragt Bettelheim, heftet man immer den Juden dieses Adjektiv an, nie jedoch den Zigeunern, die in Deutschland, auch wenn man darüber nicht so oft spricht, vollständig ausgerottet worden sind? Darauf folgt eine ausführliche Erörterung, wie Juden, die jahrhundertelang im Ghetto gelernt haben, den Kopf zu neigen vor dem Unterdrücker, seine Missetaten geflissentlich zu übersehen, zu warten, bis das Gewitter vorbei war, um ihr normales Leben weiterzuleben, auch noch »unschuldig« bleiben wollten, als Hitler die Macht ergriff, das heißt, so taten, als wüßten sie nicht, welche Tragödie sich anbahnte.

Die nicht vom Ghettodenken Befallenen hätten Hitler aufs Wort geglaubt, als er verkündete, nach dem Krieg werde es in Europa keine Juden mehr geben, und seien rechtzeitig gegangen. Die »Unschuldigen« seien fast alle umgekommen. Doch nicht nur im Schtetl entdeckt Bettelheim Ghettodenken, sondern auch in den Vereinigten Staaten – der Jude im Exil ist der Ghettojude, schreibt Bettel-

21 »Freedom from Ghetto-Thinking«, *Midstream*, März 1962; in überarbeiteter Form unter dem Titel »Befreiung vom Gettodenken« auch in *Themen meines Lebens*; danach auch die Zitate im folgenden.

heim, der andere ist in Israel –, etwa bei seinen jüdischen Freunden, die ihm nicht glaubten, daß die Mehrzahl seiner Mitgefangenen in Dachau und Buchenwald keine Juden gewesen seien. »Da ihnen das Interesse fehlte, konnten sie nicht aus den Erfahrungen anderer lernen.« Das Ghettodenken habe nur ein Ziel: »aktives Handeln zu vermeiden. Es stumpft die Sinne ab und dämpft die Emotionen, so daß man sich vor dem Muschik verbeugen kann, der einen am Bart zieht, mit dem Baron über dessen antisemitische Geschichten lachen kann, sich erniedrigen kann, damit einem das Überleben gestattet wird ... Genau dies ist Ghettodenken: sich einzubilden, man könne sich beim Todfeind beliebt machen, indem man so tat, als schmerzten seine Hiebe nicht; indem man um eines Augenblicks der Ruhe willen die eigene Erniedrigung verleugnete ...«

So weit ist Bettelheim noch nie gegangen. Wieder einmal stellt er die richtigen Fragen, und wieder einmal ist sein Ton schwer zu ertragen – diese Mischung aus Arroganz (man muß sich eben schlagen, wie die Juden in Israel oder im Warschauer Ghetto) und Herablassung, ja Verachtung für das »Ghettodenken«. Selbst Hannah Arendt – um deren Unterstützung Bettelheim offensichtlich warb, indem er ihre Flucht aus dem Lager von Gurs, wo sie als ausländische Jüdin interniert war, kurz vor der Niederlage Frankreichs als beispielhaft zitiert – distanzierte sich von diesem Begriff, den sie für antisemitisch hielt. In ihrem Leserbrief an *Midstream* vom September 1962 steht, auch ihr sei der riesige Erfolg des *Tagebuchs der Anne Frank*, vor allem in Deutschland, nicht ganz geheuer, doch: »Es gibt so etwas wie umgekehrten Chauvinismus, und wenn ein Jude das Unrecht des jüdischen Volkes diskutiert, sollte er sich vor dieser Falle hüten.«

Hannah Arendt berichtete für die Intellektuellenzeitschrift *The New Yorker* vom Eichmann-Prozeß aus Jerusalem. Bald wurde sie – trotz ihrer Vorbehalte gegen Bettelheim – mit ihm zusammen in die Schublade »antisemitische Juden« gesteckt. In ihren Artikeln, die von Februar bis März 1963 veröffentlicht wurden, gesteht sie ihre Verblüffung ein, daß statt des Ungeheuers, das sie erwartet hatte, bloß ein aufgeblasener kleiner Beamter vor Gericht stand. Ein Schreibtischtäter, der behauptete, nur auf Befehl getötet zu haben, und dabei aufrichtig wirkte. Ein Karrierist, der sich offensichtlich bemühte, mit den Richtern zu kooperieren, sich aber nur in unmittelbarem Zusammenhang mit seiner Laufbahn daran erinnern konnte, Tausende Menschen in den Tod geschickt zu haben.

Arendts Porträt des Angeklagten, ihre Zweifel an der Rechtmäßigkeit des Prozesses und vor allem ihre Fragen nach der Zusammenarbeit jüdischer Selbstverwaltungsorgane mit den deutschen Behörden entfachten weltweit einen Proteststurm. Als bald darauf eine Auswahl ihrer Essays aus dem *New Yorker* unter dem höchst provozierenden Titel *Eichmann in Jerusalem: The Banality of Evil*[22] als Buch erschien, schlugen die Wellen der Empörung noch höher.

Bettelheim, von der Wochenzeitung *New Republic* um eine Rezension des Buches gebeten, tat nichts, um seine Widersacher zu versöhnen. Er, der sonst gern mit ein paar Sätzen ein Buch zerschmetterte, lobte Arendts Werk fast ohne Einschränkung. Der Eichmann-Prozeß sei ein Mißverständnis: Die Richter wollten den Antisemitismus aller Zeiten an den Pranger stellen, daher wurde Eichmann zum Ungeheuer stilisiert. Man hätte statt dessen den totalitären Staat anklagen müssen, in dem Eichmann bloß ein unbedeutendes Rädchen gewesen sei. Zur Erklärung des totalitären Staates verwendet Bettelheim einen Begriff, den Eichmann ständig im Munde führte: den »Kadavergehorsam«. Erst durch Hitlers Führertum habe dieses Wort, das schon davor in der deutschen Armee gebräuchlich war, seinen ganzen Sinn erhalten: »Hier haben wir einen Punkt, wo der gehorsame Diener Hitlers und der Häftling, der zur Gaskammer trottete, gleichermaßen zu Symbolen des totalitären Staates wurden. Der entlohnte Knecht und der ermordete Häftling - beide hatten ihren freien Willen eingebüßt sowie ihr Vermögen, aus einer persönlichen Überzeugung heraus zu handeln.«[23]

Bettelheim stellt sich auch hinter die umstrittene These, die jüdischen Selbstverwaltungsorgane hätten, auch wenn ihr ursprüngliches Ziel die Verbesserung der Lebensbedingungen gewesen sei, die Judenvernichtung begünstigt, und stützt sich dabei auf das Werk, das er rezensiert: Hannah Arendt vertrete »auf eine sehr überzeugende Weise den Standpunkt, daß jede Organisation, die mit dem totalitären System, in dem sie angesiedelt ist, Kompromisse schließt, auf der Stelle handlungsunfähig wird, daß heißt, ihre Opposition bricht in sich zusammen, und sie endet damit, daß sie das

22 New York 1963; dt. *Eichmann in Jerusalem. Bericht von der Banalität des Bösen*, München 1964.

23 »Eichmann: the System, the Victims«, *New Republic*, 15. Juni 1963; hier zitiert nach der überarbeiteten und gekürzten Fassung »Eichmann - Das System - Die Opfer«, *Erziehung zum Überleben*, a.a.O.

System sogar noch unterstützt«. Nur der offene oder geheime aktive Widerstand gegen die Unterdrücker hätte vielleicht noch etwas ändern oder es zumindest der Welt unmöglich machen können, so zu tun, als wäre nichts geschehen. Diese Behauptung belegt er mit Bildern, die zu jener Zeit tagtäglich durchs Fernsehen gingen: »Viele unter uns waren beeindruckt von der Art und Weise, wie die Schwarzen in Birmingham aufrecht und singend ins Gefängnis marschierten. Doch noch viel betroffener waren wir, als wir Bilder von einem einzelnen Neger sahen, der von Polizisten die Straße entlanggeschleift wurde, weil er sich weigerte, freiwillig ins Gefängnis zu gehen.« Dieses Argument zog sicher unter den Lesern des *New Republic*, einem Blatt für linke Intellektuelle, das Martin Luther King kräftig unterstützte. Doch ob die amerikanischen Juden - bei aller Sympathie für den Kampf gegen die Apartheid - damit einverstanden waren, daß Bettelheim auf diese Weise die Schwarzen den Auschwitz-Opfern gleichstellte, ist sehr zu bezweifeln.

Bettelheim treibt die Provokation noch weiter. Der Eichmann-Prozeß hätte ein Jahrhundertprozeß sein sollen, weil dort das Verbrechen des Jahrhunderts verhandelt wurde - doch das sei er nicht gewesen. Dieser Titel komme eher dem Prozeß gegen Leopold und Loeb zu, zwei Studenten, die in den zwanziger Jahren wegen Mordes angeklagt waren. Sie hatten einen Studienkollegen ermordet, ohne besonderen Grund, nur »um zu sehen, was passiert«, wie einer von ihnen sagte. »Sie begingen ihr Verbrechen aufgrund der unmenschlichsten Prinzipien und mit dem Ziel, ihre eigene Überlegenheit unter Beweis zu stellen. ... Der Prozeß Leopold und Loeb wurde deshalb zum Prozeß des Jahrhunderts, weil dank (ihres Anwalts) Darrow die unglaubliche Unmenschlichkeit ihrer Tat im breiteren Kontext der menschlichen Natur überhaupt gesehen wurde. Das Ergebnis bestand darin, daß uns dieser Prozeß nicht in hilfloser Empörung verharren ließ, sondern uns auch den festen Wunsch eingab, uns für eine bessere Gesellschaft einzusetzen, die keine weiteren Leopolds und Loebs hervorbringen würde.« Bettelheims Erläuterung war nicht dazu angetan, die Gegner zu beschwichtigen, die ihn des Antisemitismus ziehen: Leopold und Loeb waren Juden.

Das war zuviel für diejenigen, die den Respekt vor den Opfern des Nationalsozialismus auf ihre Fahnen geschrieben hatten. »Von seinem bequemen Wohnsitz in Chicago aus nimmt Bettelheim sich das Recht, an die Märtyrer Hitlers Zeugnisse für Tapferkeit und/oder

Feigheit zu verleihen«, erregte sich Alexander Donat. »Er hat beschlossen, Anne Frank ... den Krieg zu erklären! ... Weiß er denn nicht, daß Hunderttausende von Juden deshalb umgekommen sind, weil sie kein Versteck finden konnten - ob mit oder ohne Notausgang?« Am meisten empörte den ehemaligen Widerstandskämpfer des Warschauer Ghettos und Maidanek-Häftling aber Bettelheims Rat an die Familie Frank, sich Waffen zu besorgen. Er weist darauf hin, daß die jüdische Widerstandsorganisation im Warschauer Ghetto sechs Monate nach ihrer Gründung im Juli 1942 erst fünfzig Revolver vom polnischen Widerstand bekommen hatte. »Und die jüdischen Kämpfer von Bialystok oder Vilnius besaßen überhaupt nichts.«[24]

Für die Überlebenden der Todeslager und besonders für die Angehörigen der Opfer waren Bettelheims Thesen unerträglich. Sie, denen es so schwer fiel, über ihre Erlebnisse zu sprechen, konnten es nicht dulden, daß ein paar dahergelaufene deutsche Intellektuelle, die das Glück gehabt hatten, während des Kriegs in den Vereinigten Staaten zu sein, ihnen auf diese Weise das Wort nahmen, um ihnen auch noch die Schuld an ihrem eigenen Unglück in die Schuhe zu schieben. Dazu kam, daß Bettelheims Mithäftlinge fast alle Deutsche waren, diejenigen aber, die in Auschwitz, Treblinka oder Sobibor vergast wurden, überwiegend Ostjuden, die schon seit jeher unter der Arroganz der assimilierten Juden in Wien, Berlin oder Frankfurt gelitten hatten. Für sie bedeutete die Tatsache, daß Bettelheim selbst Häftling in einem Konzentrationslager gewesen war, weniger als für seine Leser: »Er vergißt«, schreibt Alexander Donat, »daß im Vergleich zu den späteren Lagern die von 1938 eher Ferienkolonien ähnelten.«

Die Auseinandersetzung, die sich bisher auf die Leserbriefseiten jüdischer Zeitungen und einiger New Yorker Blätter beschränkt hatte, wurde nun öffentlich und drang bis in Bettelheims Berufswelt vor. So wurde 1964 in der Hillel Foundation, einem jüdischen Kulturzentrum an der Chicagoer Universität eine Diskussion über das Buch Hannah Arendts abgehalten. Als Bettelheim sich zu Wort meldete, erhob sich ein solcher Tumult, daß er sich, ohne ein Wort gesagt zu haben, wieder setzen mußte. Einige Freunde und Kollegen Bettelheims waren - trotz Bettelheims aufbrausendem Charakter und dem zweifellos emotional besetzten Thema - entsetzt über

24 Alexander Donat, *Jewish Resistance*, Waldon Press Inc., 1964.

das Ausmaß des Hasses in einer immerhin akademischen Diskussion. Ein Professor einer Nachbaruniversität fuchtelte Bettelheim mit dem entblößten Arm vor dem Gesicht herum, in den die Häftlingsnummer tätowiert war, ein anderer schrie: »Wir wußten von Ihnen im Lager! Wir wußten, daß Sie ein Visum in der Tasche hatten!«

Bettelheim versuchte nicht einmal, darauf zu antworten. »Er ließ sie einfach abblitzen«, sagte ein Zeuge[25], und tat, als würde ihn das alles nichts angehen. Er konnte es sich erlauben: *Aufstand gegen die Masse* hatte ihm die Zuneigung Tausender Leser eingebracht, die seine Hellsicht bewunderten und für die jeder Angriff auf ihn nur ein weiterer Beweis für die Richtigkeit seiner Thesen war. Er mußte auch gar nicht viel tun, um einen Großteil der Argumente seiner Gegner wegzuwischen, und konnte stets auf seine grundlegende Behauptung verweisen, die sie selbst immer wieder bestätigten: Alexandre Donat zum Beispiel war der erste, der zugab, daß in den polnischen und ukrainischen Ghettos niemand sich vorzustellen vermochte, wie weit der mörderische Wahn der Nazis ein zivilisiertes Volk wie die Deutschen treiben konnte.

Doch daß diese Auseinandersetzung Bettelheim innerlich tatsächlich so unberührt gelassen hat, ist schwer zu glauben. Zu dieser Zeit, in der Mitte der sechziger Jahre, mußte er feststellen, daß trotz all seiner Bemühungen die Erfolge der Orthogenic School bei autistischen Kindern nicht sehr überzeugend waren. Damals beschloß er auch, nach Israel zu fahren, um die Kinder in den Kibbuzim zu studieren – eine Reise, die die widersprüchlichsten und heftigsten Gefühle in ihm wecken sollte.[26] Bruno Bettelheim war zur Berühmtheit geworden. Er schrieb über alles: über Kindererziehung natürlich, aber auch über die Rolle der Frau, die Gewalt, die Eifersucht, die Sexualität, den Rassismus und den Mörder John F. Kennedys. Er hatte ein ehrgeiziges Erweiterungsprogramm für die Schule vorgeschlagen, für das er neue Gelder auftreiben mußte, gleichzeitig sollte er über die bisher erhaltenen Mittel Rechenschaft ablegen. Er war despotisch, reizbar und regte sich über nichts und wieder nichts auf. So war er beleidigt, als die American Association for Orthopsychiatry seinen Vortrag zur alle zwei Jahre stattfindenden Konferenz nicht abgedruckt hatte, die ausgerechnet

25 Telefoninterview mit Nell Pekarsky im Mai 1993.
26 Siehe Kapitel 15.

sein Freund Fritz Redl geleitet hatte, und blieb daraufhin dem nächsten Treffen fern.

Warum stürzte sich dieser Mann, der soviel anderes zu tun hatte, in eine Debatte, die ein früheres Kapitel seines Lebens betraf? Um diese Frage beantworten zu können, müssen wir einen Augenblick bei dem verweilen, was seit dem Erscheinen seines ersten Artikels geschehen ist: Die Überlebenden der Vernichtungslager waren zurückgekehrt. Anfangs schwiegen sie, oder sie fanden kein Gehör. Ende der fünfziger Jahre wurden die ersten Zeugnisse veröffentlicht, und das, was in ihnen stand, hatte nichts mit dem zu tun, was Bettelheim analysiert hatte.

Als Bettelheim *Aufstand gegen die Masse* schrieb, konnte er noch nicht einschätzen - oder er wollte es nicht sehen -, daß die Lehren, die er aus Buchenwald gezogen hatte, auf die Menschen, die aus den Todeslagern kamen, nicht anwendbar waren. Daß er kein Recht mehr hatte, im Namen aller Überlebenden zu sprechen. Denn was hatte er gelernt in Buchenwald? Daß er am Leben hing, so jedenfalls interpretiere ich seine Abneigung gegen die zerstörerische Armbinde. Daß er nicht mehr deprimiert war, als er den klar definierten Feind hassen durfte, ohne sich schuldig fühlen und sich dafür bestrafen zu müssen. Besonders in seinem letzten Gespräch mit Daniel Karlin betonte er, die Zeit im Lager sei die einzige ohne Selbstmordgedanken gewesen.

Gleich nach seiner Befreiung mußte er sich jedoch mit dem sofort wiedererwachten Konflikt zwischen seinem nun nicht mehr verhehlten Wunsch zu leben - und gut zu leben - und der alten Bürde der Verantwortung, der unbezahlten Schuld herumschlagen, die durch die Erinnerung an jene, die hinter dem Stacheldraht zurückgeblieben waren, nur noch schwerer wurde. Die anderen waren nicht schlechter und nicht besser als er gewesen, sie hatten nur nicht das Glück gehabt, aus dem Lager herauszukommen. Das Glück? Ein gefährliches Wort, das alle Zufälle der Geburt in sich trägt, Geschlecht, körperliche Eigenschaften, Religion, Familie. Das Glück? Dieses Wort sollte ein für sein Schicksal verantwortlicher Mensch und Erbe einer Tradition, in der alles verdient werden muß, durch Arbeit oder auch durch »Betrug«, aus seinem Wortschatz tilgen. Ein Mensch, der kein Recht auf sein Unglück hatte, der nie Opfer sein durfte. Nein, es war nicht Glück, es waren die Mittel. Denn, wie Bettelheim an der Orthogenic School wieder und wieder sagte: Es gibt keinen Zufall.

Die Interpretationsarbeit, die Bettelheim in seinem ersten Artikel zu leisten versuchte, sollte also die Notwendigkeit hinter dem Zufall seiner Deportation entdecken. Darin bestand seine Verantwortung gegenüber den in Buchenwald Gebliebenen. Wenn er hart mit ihnen ins Gericht ging, dann kam das daher, daß er sie nur verstehen konnte, indem er sich selbst erforschte. Und dazu mußte er sich nicht nur mit seinen Erinnerungen herumschlagen, sondern auch mit dieser pessimistischen, nihilistischen Neigung, die ihn sein ganzes Leben lang beherrschte, dieser alten Feindin, der Freud den Namen »Todestrieb« gegeben hatte. Bettelheim nannte sie lieber die Macht der Trägheit, er kannte sie gut, sie flüsterte ihm ständig ein, daß alles wertlos sei, sie hatte von Oswald Spengler gelernt, gegen sie hatte er stets gekämpft, wenn er in allem einen Sinn suchte und allen Geschichten ein Happy-End andichtete, damit selbst die schrecklichsten Ereignisse zu etwas nütze waren.

Wenn man jedoch Geschehnissen, die das menschliche Begriffsvermögen übersteigen, um jeden Preis einen Sinn abgewinnen will, ist man gezwungen, einiges als Wahrheit auszugeben, was man nicht beweisen kann, und gelegentlich ein wenig mit den Tatsachen zu jonglieren. Zum Beispiel, indem man die Geschichte mit der zerbrochenen Brille etwas vorverlegt oder sich, um seinen Aussagen Glaubwürdigkeit zu verleihen, eine Rolle zuschreibt, die man nicht selbst innehatte. Doch was soll's – solange es um den guten Zweck geht, sind die Mittel billig. Nur wenn man von Kindheit an vom Gespenst des Betrugs verfolgt wird, bergen solche Geschichten eine große Gefahr: Es genügt, daß plötzlich das Ende in Frage steht, und die Fassade des guten Gewissens bricht zusammen und gibt den Blick frei auf Schuld und Schande. Dann werden aus bis dahin läßlichen Sünden wie Ungenauigkeiten und Auslassungen unverzeihliche Verbrechen.

Abgesehen davon, wie sehr Bettelheim von seiner Argumentation überzeugt ist und wie zutreffend sie auch sein mag – hier muß man auf jeden Fall zwischen Inhalt und Ton unterscheiden –, es ist undenkbar, daß eine dermaßen haßerfüllte Konfrontation mit den Überlebenden der Todeslager Bettelheim kalt gelassen hat. Wie hätte er, der zwei Jahre lang mit sich kämpfte, weil er es für seine Pflicht hielt, die Welt auf die Vorgänge in Buchenwald aufmerksam zu machen, ohne Scham den Überlebenden von Auschwitz in die Augen sehen können, in denen die schlimmsten Vorwürfe zu lesen waren?

Der innere Konflikt Bettelheims zu dieser Zeit schlägt sich in seiner Kritik an Jean-François Steiners Buch *Treblinka* nieder, seinem ersten Text über die Lager nach zwei Jahren fast vollkommenen Schweigens.[27] Eigentlich hätte Bettelheim dieses Buch mögen müssen. Es berichtet kurz von der Ankunft der Nazis in Vilnius und den ersten Massenhinrichtungen in den umliegenden Wäldern, beschreibt, wie die Juden sich buchstäblich bis zum letzten Moment weigerten, auf die warnenden Stimmen zu hören, und schildert schließlich den Aufstand Tausender Häftlinge in den Lagern, in die sie zu ihrer Vernichtung gebracht worden waren. Das Buch ist wie ein Roman geschrieben, doch weitgehend aus Szenen aufgebaut, die Steiner von verschiedenen Zeugen gehört oder gelesen hatte. Bettelheim bemängelt zunächst die Form: Das Buch sei zu leicht zu lesen: »Steiner macht aus dem Bericht über die schrecklichsten Greuel eine fesselnde Ausbruchsgeschichte.« Und da der Autor sich nicht habe entscheiden können zwischen Roman und historischem Dokument, wirkten die Dialoge nicht echt.

Das beeindruckende an diesem Artikel ist, wie Bruno Bettelheim sein Denken vertieft hat. Man merkt, daß er alle Zeugnisse gelesen und über den Unterschied zwischen seiner Erfahrung und der in den Todeslagern nachgedacht hat, was er mehrere Male hervorhebt. Seine Argumente sind gereift, und er versucht sich durch Steiner etwas von Hilberg zu distanzieren. Nicht die jüdische Überlieferung, sondern speziell die Ghettotradition habe die Passivität gegenüber den Nazis begünstigt, denn seit der Französischen Revolution hätten die rebellischen Geister das Schtetl alle verlassen. Schuld sei also nicht das atavistische Erbe des Schtetls, sondern die Verarmung einer vorhandenen Gruppe.[28] Bettelheim glaubt nicht an rassische oder nationale Besonderheiten. Seiner Ansicht nach ist ein Deutscher oder Jude in erster Linie Individuum und reagiert als solches auf seine Umgebung. Martin Buber, Marc Chagall oder Isaac Bashevis Singer hätten erst nach ihrem Weggang ein so lebendiges und anrührendes Bild vom Schtetl gezeichnet. Obwohl das Ende antisemitischer Ausschreitungen traditionell stets mit dem Satz »Das jüdische Volk lebt« begangen wurde, sei es Hitler gelungen, das Schtetl mit seinen besonderen Sitten und seiner eigenen Kultur auszulö-

27 J.-F. Steiner, *Treblinka*, Oldenburg 1966; Bruno Bettelheim, »Survival of the Jews«, *New Republic*, 2. Februar 1967.

28 In diesem Sinne hat Bettelheim ein Dutzend Jahre später seinen Artikel über das Ghettodenken überarbeitet, bevor er ihn in *Themen meines Lebens* aufnahm.

schen. Der Staat Israel - der als das Gegenteil zum Ghetto dargestellt wird - existiere nur dank der Initiative des vollkommen assimilierten Juden Theodor Herzl, der eine Bewegung ins Leben gerufen habe, der sich sofort die aktivsten Elemente der jüdischen Gemeinde angeschlossen hätten. »Das Fehlen dieser Elemente und mehrere hundert Jahre ›Willfährigkeit‹ können die Ghettomentalität erklären, nicht irgendein jüdisches Erbe.«[29]

Der Ton ist gefestigter, die Ideen sind klarer und stringenter als vier Jahre zuvor. Bettelheim erklärt mehr und greift weniger an, und seine Strenge wird gemildert durch das Zugeständnis, daß Steiner, dessen Vater nicht aus dem Lager zurückgekommen ist, ebenfalls eine Mission zu erfüllen hatte - obwohl er ihm vorwirft, er wolle einfach alle retten, die Aufständischen wie seinen Vater genauso wie diejenigen, die ihr Schicksal ihrer »Philosophie« gemäß auf sich genommen hätten.

Wichtiger für unsere Belange ist die Tatsache, daß Bettelheim in diesem Text zum erstenmal eindringlich die Schuld des Überlebenden zur Sprache bringt. Jean-François Steiner habe, indem er die Vorbereitung des Aufstands so sehr ins Zentrum rückte, den Leser schließlich vergessen gemacht, daß während dieser Zeit siebenhunderttausend Häftlinge sich vergasen ließen. Um die Häftlinge zu Helden zu machen, zeichne Steiner ein verzerrtes Bild von ihnen. Daß sie sich überhaupt erheben konnten - und auch das nur in letzter Sekunde, als ihr Leben ohnehin auf dem Spiel stand -, sei nur möglich gewesen, weil sie bis dahin am Unternehmen der Judenvernichtung mitgearbeitet hätten; das trete bei Steiner allerdings in den Hintergrund. Wer nicht selbst in den Todeslagern gewesen sei, könne ihnen zwar nicht vorwerfen, daß sie, und sei es nur für wenige Tage, überleben wollten und dafür die grauenhaftesten Pflichten übernahmen (»selbst die Häftlinge in den Konzentrationslagern gerieten oft in eine Situation, in der ihr Überleben andere möglicherweise das Leben kostete«, bemerkt er nebenbei); aber sie waren eben doch keine Helden, sondern »zutiefst beschämte Menschen«.

Etwas später erklärt Bettelheim den im Verhältnis zu Steiners Buch weitgehenden Mißerfolg der Zeugnisse Überlebender damit,

29 Im Gegenzug dazu erklärt Bettelheim die angebliche Überlegenheit der Juden in den Ländern, wo sie sich assimilierten, mit der Tatsache, daß sich eben die aktivsten Elemente der jüdischen Gemeinden dort niedergelassen hätten.

daß diese »gebrochen sind vom Bewußtsein der Erniedrigung, die sie hingenommen haben, gebrochen vom Bewußtsein, daß sie teilgenommen haben an der Vernichtung ihrer Brüder, nur um einen Tag länger zu leben«. Bettelheim weiß jetzt, daß kein Überlebender aus Auschwitz, Treblinka oder Sobibor jemals sagen könnte, was er in *Aufstand gegen die Masse* geschrieben hat: »Die Belastung, der ich im Konzentrationslager ausgesetzt war, bewirkte dagegen das, was eine jahrelange nützliche und erfolgreiche Analyse nicht hatte erreichen können.«

Von nun an geht es in Bettelheims Schriften über die Lager auf die eine oder andere Art stets um Schuld und Scham. Als wäre das, nachdem Bettelheim auf so schmerzhafte Art den Graben zwischen sich und den Überlebenden der Todeslager entdeckt hatte, die einzige Brücke zu ihnen. Als hätte er durch ihre Zeugnisse endlich die Möglichkeit gefunden, sich dem zu stellen, was ihn seit seiner Befreiung quälte und viel zu seiner Aggressivität beigetragen hatte.

Das Schuldgefühl, das etwa in der *Erziehung zum Überleben* ständig durchschimmert, ist in der Tat ein Kennzeichen der Zeugnisse Überlebender aus Auschwitz, doch unter den ersten Lagerhäftlingen selten anzutreffen. Ernst Federn und Hans Bandler zum Beispiel hatten es nicht, bei Eugen Kogon und Walter Poller taucht es genausowenig auf, um nur diejenigen zu erwähnen, die zu Bettelheims Zeit in Buchenwald waren. Ein großer Zorn ist bei ihnen zu spüren, ein grenzenloses Mitleiden mit den Schwächeren, die nicht überlebt haben, und die Scham, die Bettelheim beschreibt, einer solchen Ohnmacht und Demütigung ausgeliefert gewesen zu sein. Sicher kam manchmal auch das Gefühl der Ungerechtigkeit hinzu, selbst überlebt zu haben, während so viele andere nicht mehr zurückgekommen sind. Doch dieses Gefühl durchdrang nicht sämtliche Erinnerungen wie etwa bei Primo Levi[30] oder auch, zum Ende seines Lebens hin, bei Bettelheim. »Ist man einer der sehr wenigen, die gerettet wurden, wenn Millionen Mitmenschen umkamen, so wird dies offenbar als Verpflichtung empfunden, das eigene Glück und die eigene Existenz zu rechtfertigen, denn ihr wurde Fortdauer zuteil im Gegensatz zur Existenz so vieler anderer Menschen, die einem aufs Haar glichen«, schreibt er in *Erziehung zum Überleben*. Das sei »ein Problem, das man nicht lösen kann, sondern mit dem man leben muß«.

30 Besonders in *Die Untergegangenen und die Geretteten*, München 1990.

Aber wir wissen nichts über Bettelheims Gefangenschaft, das erklären könnte, warum er anders reagierte als seine Mithäftlinge. Seine »Vergehen« (daß er eine Blindenarmbinde trug, die ihm fast – aber eben nur fast – zustand, und daß er sich ein paar Vergünstigungen erkaufte, ohne die er wohl kaum überlebt hätte) haben zumindest niemandem geschadet – außer daß ein Häftling, der sich einen Druckposten verschaffte, ihn einem anderen wegnahm, worauf Bettelheim selbst hinweist. In Auschwitz waren solche Privilegien fatal, weiterzuleben bedeutete dort immer, daß andere dafür umkamen, nicht aber in Buchenwald. Die Bedingungen waren hart, grausam, lebensgefährlich, doch die Lagerlogik war nicht die Logik der systematischen Vernichtung. Man konnte leicht sterben, aber man konnte auch überleben, wenn man die Kraft dazu hatte, den festen Willen – und das Glück.

Das Unbehagen, das die kleinen Arrangements mit dem System Bettelheim wohl bereiteten, wurde zweifellos dadurch verstärkt, daß sein eigenes Verhalten keineswegs den Überlebenslektionen entsprochen hatte, die er später dem Vater Anne Franks und anderen Opfern erteilte. Er gestand es zwar nicht öffentlich ein, hatte aber sicher nicht vergessen, daß er selbst bei weitem nicht so hellsichtig gewesen war wie die von ihm Kritisierten. Erst als Häftling setzte er seine gesamte Energie dafür ein, nach Amerika zu kommen, aber davor hatte er, wie alle anderen, versucht, seine Angelegenheiten zu regeln, ohne sich darüber Rechenschaft abzulegen, wie teuer ihn die vertane Zeit zu stehen kommen könnte. Warum aber weigerte er sich so beharrlich anzuerkennen, daß die Todeslager das menschliche Vorstellungsvermögen überstiegen? Warum mußte er unbedingt Schuldige unter den Opfern finden – gerade er, der zur selben Zeit, als er in diese Diskussion verstrickt war, tagtäglich sein enormes Einfühlungsvermögen in das Leiden der Kinder bewies, die ihm anvertraut waren?

Das ist aber genau der Punkt. Wenn dieser tief depressive Mensch, wie ich annehme, in Buchenwald die Kraft seines Lebenstriebes entdeckt hatte, dem er sein Überleben verdankte, und sich dafür quasi im Gegenzug verpflichtet, anderen zu helfen, dann ist es sehr wahrscheinlich, daß er die erste Begegnung mit den Menschen, die den Todesfabriken entronnen waren, buchstäblich nicht ertragen konnte. Deren Erfahrung war die totale Negation aller Lebenslehren, die er aus Buchenwald gezogen hatte, und daher – an einem bestimmten, kritischen Punkt – auch die Negation seines

Lebenswerks. In Auschwitz hätte er nicht die Wahl gehabt, die Armbinde zu tragen oder nicht: Blinde wurden sofort vergast. Bevor er dieses neue Wissen mit all seinen Implikationen autoanalytisch verdaut hatte, reagierte er darauf so, wie er es anderen ständig vorwarf: abwehrend. Und hielt den Überlebenden aus Auschwitz ihr »Ghettodenken« vor: Sie hätten lieber kämpfen sollen. Indem er den Opfern einen Großteil der Verantwortung für ihr Leiden aufbürdete, konnte er auch die Bedrohung abwehren, die sie für ihn, für sein mühsam erworbenes Gleichgewicht, und für sein Lebenswerk, seine Arbeit mit den Kindern, darstellten.

Machte nicht gerade das seine Botschaft so verführerisch, gerade für die Jüngeren, die zwar die Vergangenheit nicht verdrängen, aber doch lieber in die Zukunft blicken wollten? Die hatten ganz andere Sorgen als ihre Eltern. Es war Mitte der sechziger Jahre, die Morde an den Kennedy-Brüdern und an Martin Luther King beschäftigten sie, der Vietnam-Krieg, die sich wandelnde Gesellschaft und vieles mehr. Und da sagte einer, der das durfte, weil er selbst im Lager gewesen war, etwas, das sie nicht einmal zu denken wagten: Daß der Nationalsozialismus, den sie nicht erlebt hatten, auch nicht ihr Problem sei, daß sie nicht verantwortlich seien für Hitlers Verbrechen. Das Ganze war zwar tragisch, aber das Leben ging weiter, und das einzige, was sie tun konnten – außer die Opfer zu bemitleiden –, war, daß sie versuchen mußten zu verhindern, daß so etwas jemals wieder geschah. Genau das sagte auch Bettelheim immer. Und in einem seiner letzten Aufsätze über dieses Thema faßte er seine Ansicht zu der lapidaren Formel zusammen: »My business is not with the dead, but with the living.«[31]

»Der Holocaust, eine Generation später« ist einer der beeindruckendsten Texte Bettelheims, eine lange Reflexion über den Todestrieb, die einen wichtigen Platz in der *Erziehung zum Überleben* einnimmt. Zum erstenmal räumt Bettelheim ein, daß die Verdrängung eines so ungeheuerlichen Verbrechens nur unbewußt geschehen konnte. Diesmal sind nicht die Opfer seine Zielscheibe, sondern die Art, wie nach dem Krieg besonders in den USA alles unternommen wurde, um sich mit diesem Verbrechen nicht auseinandersetzen zu müssen. Die Verdrängung beginne schon bei den

31 »The Holocaust – Some Reflections, a Generation Later«, *Encounter*, Dezember 1978; hier zitiert nach »Der Holocaust, eine Generation später«, in *Erziehung zum Überleben*, a.a.O.

Wörtern: Die Nazis hätten ihre Mordabsichten hinter dem Wort »Endlösung« verborgen, die Alliierten dafür den Begriff »Genozid« gebraucht, halb griechisch, halb lateinisch, um das Grauen möglichst weit von sich wegzuhalten, statt die Tat einfach als das zu bezeichnen, was sie war: die massenhafte Ermordung von Juden. Und aus demselben Grund hätten schließlich die Amerikaner das Wort »Holocaust« gefunden, einen Begriff aus der Liturgie, der ein Brandopfer bezeichnet. Hitlers Opfer seien zwar in den Krematorien verbrannt worden – doch welches »Sakrileg, eine Profanierung Gottes und der Menschen«, ein solches Verbrechen mit einem religiösen Ritual zu vergleichen! Das Wort lasse außerdem so viele Querverbindungen zu, daß es den Opfern schließlich das letzte raube, was ihnen geblieben sei: »ihre Einzigartigkeit«.

Durch seine innere Arbeit hatte Bettelheim endlich seinen Platz gefunden, den einzigen, der in seinen eigenen Augen nicht Verrat war: Aufrichtig verteidigte er nun das Andenken an die Toten. Aufrichtig konnte er sein, da er sich nicht auf Sentimentalitäten stützte, die für ihn Blindheit und somit Schuld bedeuteten, sondern auf seinen scharfen Blick, mit dem er tief und manchmal auf schmerzhafte Weise in die Menschenseelen eindrang und dort das Nichtgesagte, das Verdrängte aufspürte. Um diesen Platz zu definieren, grenzte er sich allerdings zuerst von den Opfern ab: »Ich habe nicht mit den Toten zu schaffen, sondern mit den Lebenden.«

Kann man das, wenn der eigene Vater zwei Jahre lang in einer Vorstadtklinik zwischen Leben und Tod dahinvegetierte? Bettelheims instinktive Abwehr rief also Schuldgefühle hervor – nicht die gängigen, modischen, sondern solche, die in die Seele schnitten wie Messer. Schon 1968 wies er darauf hin, daß angesichts einer Extremsituation das Schuldgefühl des Überlebenden nicht dem edlen Empfinden gleiche, das manche beschreiben: »Auf der Grundlage meiner eigenen Erfahrung glaube ich, daß das Schuldgefühl nicht vom Tod des anderen kommt, sondern von dem Gefühl, das dieser in einem selbst auslöste.«[32] Und das ist nicht bloß die Erleichterung, angesichts so vieler Toter selbst mit dem Leben davongekommen zu sein, sondern auch das »moralisch unannehmbare Glücksgefühl, wenn ein anderer das falsche Los gezogen hat.

Sich damit auseinanderzusetzen ist schwer. Doch anders konnte Bettelheim nicht dem schrecklichen Konflikt entrinnen zwischen

|32 »The Ultimate Limit«, *Midway*, Herbst 1968.

seinem mächtigen Lebenstrieb, den er nicht recht annehmen konnte und stets dadurch rechtfertigen zu müssen glaubte, daß er seine Lehren aus dem Lager an andere weitergab, und dem, was er im Blick jener Männer und Frauen las, die in der Hölle des Todes überlebt hatten. Für die das Überleben kein Sieg war, kein Sieg sein konnte, sondern bestenfalls eine Gnadenfrist. Für die es kein Happy-End gab.

Die letzte Phase in Bettelheims Reflexion über die Lager, die ihn, nachdem er eigentlich schon damit abgeschlossen hatte, zu dem Artikel »Überleben« veranlaßte, war wohl die bewegteste. Sie begann mit dem Schock von Lina Wertmüllers Film *Sieben Schönheiten*. In den Artikel ist außer der Kritik an dem Film auch Bettelheims Empörung über Terence Des Pres' Buch *The Survivor*[33] verwoben, das zur gleichen Zeit herausgekommen war. Beides ist eng verschränkt, und es bedarf der größten Aufmerksamkeit, um herauszufinden, daß es sich um zwei Werke handelt, die miteinander absolut nichts zu tun haben - ein fragwürdiges Vorgehen, das Des Pres einige Zeit später in einem langen Artikel, in dem er Bettelheim seine Verstöße gegen die akademischen Gepflogenheiten an den Kopf warf, Punkt für Punkt auseinandernahm.[34]

Lina Wertmüller war in den Vereinigten Staaten so gut wie unbekannt - bis *Sieben Schönheiten*, von der Presse sofort zum Meisterwerk gekürt, sie mit einem Schlag berühmt machte. Der Film ist eine tragische Farce, barock und expressionistisch; er beginnt und endet mit dem Faschismus. Pasqualino, ein kleiner neapolitanischer Gauner, stiehlt, vergewaltigt und tötet ohne die geringsten Gewissensbisse, bis er in einem Konzentrationslager landet. In der Hoffnung, sich auf diese Weise befreien zu können, beschließt er, die Kommandantin des Lagers zu verführen, ein furchteinflößendes deutsches Weib, das sofort seine Bedingungen stellt: Pasqualino bekommt ordentlich zu essen und darf eine Nacht schlafen; wenn er dann versagt, ist er des Todes. Er läßt sich darauf ein, und nach einem grotesken inneren Kampf, an dem auch der Zuschauer teilhaben darf, erfüllt er seinen Teil des Vertrags. Es ist der Höhepunkt des Films, wie der magere, schwächliche Pasqualino die riesige Deutsche bezwingt. Sie bewundert und verabscheut dessen Lebens-

33 Terence Des Pres, *The Survivor*, New York 1976.
34 Terence Des Pres, »The Bettelheim Problem«, *Social Research*, Winter 1979.

gier, der ihrer Herrenrasse fehlt und wahrscheinlich zu deren Ende führen wird. Alle Idealisten sterben in dem Film: Der von einem neuen Menschen in einer Welt »vor allem ohne Ordnung« träumt, stürzt sich in die Latrine, und der integre Sozialist wird von seinem Freund Pasqualino ermordet, der durch den Akt mit der Kommandantin zum Kapo aufgestiegen ist. Der Film endet in Neapel. Der erbärmliche Überlebende kehrt triumphierend heim und findet seine Verlobte als Prostituierte wieder. Und möchte viele, viele Kinder von ihr ...

Auch wenn man von den Einzelheiten absieht, die schmerzliche Erinnerungen in Bruno Bettelheim wachrufen mußten, ist leicht einzusehen, warum ihn der Film so tief erschüttert hat. Lina Wertmüller, eine ehemalige Assistentin Fellinis, versteht ihr Handwerk und hat ihre Hausaufgaben gemacht; viele bekannte Details aus Buchenwald kommen in dem Film vor: der Prügelbock, das Aufhängen Gefangener an den Armen, der majestätische Wald ... Selbst der bläuliche Nebel, von dem viele Überlebende berichten. Neapel dagegen ist eine Explosion der Farben. Und der Hauptdarsteller Giancarlo Giannini versteht es, die Figur des Pasqualino trotz all ihrer abstoßenden Eigenschaften mit einer großen Anziehungskraft zu versehen.

Sofort nachdem Bruno Bettelheim *Sieben Schönheiten* in einer Privatvorführung gesehen hatte, teilte er der *New York Times* mit, er könne die erbetene Rezension nicht schreiben. Zwei Wochen später, seine Aufregung hatte sich noch nicht gelegt, willigte er ein, sich den Film ein zweites Mal anzuschauen. Er fand ihn nun noch bestürzender als beim erstenmal, wußte aber jetzt, warum, und schrieb einen langen Artikel zum *Überleben*, der auch seiner drei Jahre später erscheinenden Essaysammlung[35] den Namen geben sollte.

Bettelheim hatte einen Film erwartet, der wie *Der Nachtportier* die Nazizeit als Hintergrund sexueller Ausschweifungen benutzt, einen Film, der den Sadismus gefällig und aufreizend darstellt. Damit hätte der Puritaner Bettelheim keine Probleme gehabt – die Lust am selbst erlittenen oder anderen zugefügten Schmerz offen zu genießen, war für ihn schlichtweg unanständig. Aber Wertmüller zielt nicht aufs Erotische, sondern aufs Philosophische: Der Sadismus ist

35 »Surviving«, *The New Yorker*, 2. August 1976; später in *Erziehung zum Überleben*, die englische Ausgabe trägt den Titel des Aufsatzes: *Surviving*.

bei ihr keine Variante sexueller Lust, sondern wesentliche Voraussetzung zum Überleben. Das machte den Film für Bettelheim so unerträglich: Daß in ihm eine groteske, erbärmliche Lebensgier roh über alles andere triumphiert, besonders über Ideale jeglicher Art. Daß er sich zum obszönen Beweis für die Abseiten des Lebenstriebes macht, daß er in Habgier, Grausamkeit und Machtlust den eigentlichen Antrieb entdeckt. Kurz, die Botschaft, die Bettelheim seit so vielen Jahren zu übermitteln versuchte (und die er sich im zähen Ringen mit den Abseiten seines eigenen Lebenstriebs so schwer erkämpft hatte – Sublimation heißt so etwas in der Psychoanalyse), wurde durch den Film nicht geleugnet, sondern, viel schlimmer, ins Lächerliche gezogen, verächtlich gemacht und ihres ganzen Sinns beraubt.

Bettelheim wirft Wertmüller in seinem Artikel geistige Verwirrung vor. Bewußt sei sie zweifellos gegen Faschismus und Konzentrationslager, doch gleichzeitig offenbar fasziniert von der Brutalität und der Macht, der »Vergewaltigung des Menschen«. Die edlen Helden seien allesamt Verlierer, das Gute schwach, und das Böse triumphiere. Unbewußt versuche sie die Welt zu rechtfertigen, die die Lager hervorgebracht habe. »Pasqualino ist keine Person, die durch ihre Erfahrungen an Tiefe gewinnt: Verständnis, Mitgefühl und die Fähigkeit, sich schuldig zu fühlen, das sind alles Dinge, die ihm am Anfang ebenso abgehen wie am Schluß – trotz der erschütternden Erfahrungen, von denen man glauben möchte, daß sie ihn grundlegend hätten wandeln müssen. Diese Darstellung des Überlebenden ist es, die dem Überleben selbst jeglichen Sinn raubt. So aber wird dieser Film zu einer Erfahrung, die den Zuschauer degradiert.«

Das Schlimmste war für Bettelheim der Erfolg, den der Film im amerikanischen Intellektuellenmilieu hatte. Man spürt, daß er darin den Beweis seines Scheiterns sieht: Fast ein halbes Jahrhundert hat er darum gekämpft, durch die aus der Barbarei gezogenen Lehren die Welt zu verbessern – umsonst. Die Absurdität hat über den Sinn gesiegt, das Häßliche über das Edle. Dieser Eindruck verstärkt sich, wenn er gleich darauf zu Des Pres kommt: »Auf sehr unterschiedlichen Wegen gelangen Professor Des Pres und Lina Wertmüller zu ähnlichen Schlußfolgerungen hinsichtlich der Frage, was nötig ist, um in einer Welt zu überleben, die vom KZ beherrscht wird oder unter seinem Unstern steht. Des Pres und Lina Wertmüller sind der Meinung, daß es beim Überleben nur eine wesentliche Lektion zu lernen gibt, und diese Lektion lautet: alles, was zählt, was wirklich wichtig ist, ist das Leben in seiner gröbsten, in seiner rein biologischen Form.«

Man muß sich nicht ausführlich mit der Diskussion zwischen Bettelheim und Des Pres - die nur in schriftlicher Form stattfand, die beiden sind einander nie begegnet - auseinandersetzen, um zu erkennen, daß sie, zumindest was Bettelheim anbelangt, nur wenig mit der Wirklichkeit zu tun hat. Es wurde bereits darauf hingewiesen, daß die Tatsachenbeschreibungen, die beide gaben, sich wenig unterschieden.[36] Entscheidend ist, daß Bettelheim in diesem Fall die Äußerungen seines Gegners böswillig entstellte - ein Beweis dafür, wie tief ihn diese neue Kontroverse getroffen hat.

The Survivor ist ganz anders, als Bettelheim ihn beschreibt. Des Pres zeigt nämlich, daß es im Lager nicht ausreichte, sich um seine eigenen Bedürfnisse zu kümmern, daß ohne gegenseitige Hilfe alle verloren waren. Seinen Standpunkt könnte man in der Tat als biologistisch bezeichnen, aber das hat nicht das geringste zu tun mit dem obszönen Lebenshunger von Wertmüllers Antihelden. Des Pres' Lehre aus dem Lager ist, daß nicht die hohen Ideale den Menschen am Leben erhalten, sondern das Wissen um die Bedingungen. »Der Überlebende«, schreibt Des Pres, lieferte den Beweis dafür, daß Männer und Frauen heute stark genug, reif genug und wach genug sind, dem Tod ohne Vermittlung entgegenzutreten und damit das Leben vorbehaltlos anzunehmen. Das Buch ist eine Warnung vor allen Ideologien, Religionen und anderen Glaubensrichtungen (zu denen auch die Psychoanalyse gerechnet wird), die unter dem Vorwand, den Menschen retten zu wollen, ihn nur allzuoft ins Verderben stürzen.

Die Botschaft paßte zur Zeit: Mitte der siebziger Jahre waren die großen Ideale zerschlissen, die Vereinigten Staaten mußten nach Watergate und Vietnam ihre Stellung in der Welt neu bestimmen. Statt, wie Bettelheim, den Sieg über sich selbst predigte Des Pres Voltaires »Wir müssen unseren eigenen Garten bestellen«. Der Streit war nicht neu, es ging um zwei unterschiedliche humanistische Sichtweisen des Menschen, die sich zum Teil aus dem Altersunterschied der Opponenten (Des Pres war damals siebenunddreißig, Bettelheim dreiundsiebzig) erklären lassen. Außerdem wäre es Bettelheim sicher nicht schwergefallen, Des Pres' Argumentation an-

36 Siehe vor allem Paul Marcus und Alan Rosenberg, »Reevaluating Bruno Bettelheim's Work on Nazi Concentration Camps: the Limits of his Psychoanalytic Approach«, in einer Sondernummer der *Psychoanalytic Review*, Herbst 1994.

hand der Unklarheiten in dessen Buch auseinanderzunehmen. Des Pres war kein Historiker, er war Professor für Englisch an der Colgate University. Grundlage seines Buches war eine Doktorarbeit über den Überlebenden, der für ihn zum Prototypen des Antihelden in der Literatur wurde. Beim Sammeln und Sichten der Zeugnisse kam ihm die Idee zu dem Buch. Darin warf er allerdings Gulag-Insassen und Nazihäftlinge durcheinander und vernachlässigte den entscheidenden Unterschied zwischen Konzentrationslagern und Todeslagern. Da er nur anhand von Texten arbeitete, kam eine rein intellektuelle Analyse dabei heraus. Die Analyse ist manchmal anrührend, manchmal brillant, mit einer klaren These und gespickt von Zitaten. Aber eben nur eine Analyse, die sich außerdem das Urteil herausnimmt, wer von den Zeugen recht hat und wer unrecht.

Unter denen, deren Aussagen nicht vor ihm bestehen können, sind fast alle, die das Verhalten der Häftlinge psychologisch untersuchten, in erster Linie Bruno Bettelheim. Des Pres kreidet ihm den Gebrauch der Begriffe Infantilisierung und Identifikation mit dem Aggressor an, die im Lager keinen Sinn ergäben, und wirft ihm vor, das Verhalten seiner Mithäftlinge, insbesondere das Eugen Kogons, interpretiert zu haben - offensichtlich ohne sich darüber Rechenschaft abzulegen, daß er selbst nichts anderes tut, nur war er nie in Buchenwald, weder als Häftling noch sonstwie. Außerdem habe Bettelheim sich immer so vorteilhaft dargestellt und trotz aller Einwände seine Autorität bei diesem Thema behauptet. »Seine erste Analyse der Lagererfahrung - ›Individuelles und Massenverhalten in Extremsituationen‹ - erschien 1943«, schreibt Des Pres. »Das hat seinen Ansichten, die nie ernsthaft in Frage gestellt wurden und alle nachfolgenden Untersuchungen beeinflußten, zusätzlich das Gewicht einer Pioniertat eingebracht.« Er scheint sich nicht darüber im klaren zu sein, daß Bettelheim seine Autorität just aufgrund dieser Pionierleistung erlangt hatte.

Einige Freunde Des Pres' behaupten, er sei ein Bewunderer Bettelheims gewesen, bis andere Zeugnisse seine Zweifel geweckt hätten. Dann war Des Pres durchaus repräsentativ für den Großteil von Bettelheims Gegnern, die oft von Bewunderung zu Feindschaft umschwenkten und schließlich die Gültigkeit seiner Aussagen überhaupt in Frage stellten - ohne Rücksicht darauf, daß Bettelheim trotz aller Autorität doch auch nur ein Mensch war und daher fehlbar. Eine solche Haltung ist für einen Humanisten wie Des Pres immerhin befremdlich.

Von einem enttäuschten jungen Intellektuellen angeklagt und verurteilt zu werden, der dabei ganz vergißt, daß Bettelheim zunächst ein Opfer der Nazis war, bevor er zur Autorität wurde, ist ärgerlich, daß Bettelheim aufgebracht, ja wütend war darüber, verständlich. Doch es erklärt noch nicht die Form seiner Erwiderung, in der er Des Pres mit Bildern aus Wertmüllers Film niedermacht – ohne den geringsten Hinweis darauf, daß Des Pres ihn zuerst angegriffen hat. Dabei hätte es vollauf genügt, Des Pres' Auslassungen und Ungereimtheiten aufzuzeigen, ganz zu schweigen von dessen literarischen Ambitionen, die dem Thema nicht recht angemessen erscheinen. Er hätte ihn auch einfach ignorieren können. Warum also wählte Bettelheim ausgerechnet eine Form, die ihm, wäre Des Pres' Antwort darauf in einer großen Zeitung erschienen, in der Öffentlichkeit eine Anklage wegen intellektueller Unredlichkeit eingebracht hätte?

»Auf sehr unterschiedliche Art – Des Pres greift mich persönlich an, aber das ist nicht das Wesentliche – glaube ich, daß der Film und das Buch versteckt den Faschismus predigen, daß sie beide das glorifizieren, was Des Pres ein Leben ›gemäß den rohen körperlichen Anforderungen jenseits kultureller Zwänge‹ nennt«, schrieb Bettelheim am 13. März 1976 an seinen israelischen Freund Carl Frankenstein. Der Artikel habe ihn große Mühe gekostet, doch habe er sich verpflichtet gefühlt, ihn zu schreiben.

Es war also nicht Rachsucht, die Bettelheim trieb, wie Des Pres und andere nach ihm glaubten[37], sondern aufrichtige Sorge. Er war entsetzt, daß die verborgene Gefahr verkannt wurde. »Sogar jüdische Zeitschriften haben Des Pres nachgedruckt, so fasziniert waren sie von seiner These«, klagte er Frankenstein. Für ihn ging das alles in die gleiche Richtung wie der Erfolg von Albert Speers Memoiren und anderen Büchern über die Nazizeit. Oder folgender Vorfall, einige Zeit später: Bettelheim stöberte bei einem Trödler nach Geschenken und fand eine Goethe-Medaille, die ihm gefiel. Als er sie umdrehte, erlitt er einen zweifachen Schock: Die Rückseite zeigte ein Naziemblem und das Preisschild einen exorbitant hohen Preis. Er hätte dem Trödler das Ding am liebsten an den Kopf geworfen, begnügte sich aber mit der Feststellung, er würde es nicht einmal geschenkt nehmen. Aber das Emblem sei doch

37 Siehe zum Beispiel Paul Roazen, »The Rise and Fall of Bruno Bettelheim«, *The Psychohistory Review*, Frühjahr 1992.

gerade das Wertvolle daran, wunderte sich der Trödler. »So haben also die Katastrophen unseres Lebens nun den Wert der Seltenheit bekommen, so weit hat sich unsere Epoche schon von ihnen entfernt.«[38]

In dieser Phase sehen wir einen Bettelheim, der sich, alt und müde geworden (er hatte einen leichten Herzanfall gehabt und litt unter Arthrose und anderen Altersbeschwerden), noch einmal in ein letztes Gefecht gegen den, wie er das nennt, schleichenden Revisionismus jener Zeit wirft. Doch seine Reaktion auf den Film und das Buch ist zu heftig, zu leidenschaftlich, als daß da nicht noch mehr dahintersteckte.

Vielleicht findet sich der Grund dafür im Schlußsatz von *The Survivor*, mit dem Des Pres seine Leser ermahnt, zu sein, was sie sind – keine Übermenschen, sondern Menschen: »Es gibt eine biologische Weisheit, die uns zu der Einsicht verhilft, daß der Geist in den Bedürfnissen des Lebens selbst seine Heimstatt finden kann. Keine vornehme oder gottgewollte, keine besonders dramatische oder erhabene wie in früheren Zeiten, sondern eine, die auf den einfachen Freuden der Arbeit und der Gemeinschaft mit anderen beruht und auf der kleinen gemeinsamen Welt der Freuden des Körpers, wie es uns als fleischlichen Kreaturen zusteht.« Diesen Satz zitiert Bettelheim in seinem Brief an Frankenstein als Beleg dafür, daß Des Pres ein »Leben gemäß den rohen körperlichen Anforderungen« verherrliche. Warum verbohrte sich Bettelheim so in diesen Schluß? Anscheinend sah er mehr darin. Vielleicht erinnerte er sich daran, daß ebendiese »rohen körperlichen Anforderungen« ihn um den Vater gebracht hatten, den er respektieren und auf dessen moralische Autorität er sich stützen konnte, daß sie ihn auf sich selbst zurückgeworfen hatten – als unbeugsamen Richter und ewig Schuldigen gleichermaßen.

Abgesehen davon ist es natürlich schockierend, wenn ein Buch über die Überlebenden mit einer Aufforderung zum Genuß schließt. Hier trifft sich Des Pres in der Tat mit Wertmüller. Und es hat schon etwas Merkwürdiges, wenn jemand, der nicht von den Umständen dazu gezwungen wurde und keine Schuld abzutragen hat, einen großen Teil seines Lebens dem Studium der Nazigreuel widmet. Etwas, das mit der sadistischen Dimension des Lebenstriebs zu tun hat. Denn daß die aggressiven Neigungen auf der Seite des

38 Brief an Carl Frankenstein, 20. November 1978.

Lebens stehen, mußten alle Überlebenden auf die eine oder andere Weise erfahren. Daher der schreckliche unwillkürliche Triumph, wenn es einen anderen traf statt einen selbst – und die unmittelbar darauf folgende Bestrafung in Form eines überwältigenden Schuldgefühls, zumindest, wenn es dem Geist noch nicht gelungen war, seine Heimstatt »in den Bedürfnissen des Lebens selbst« zu finden. Das muß man erlebt haben, um es zu verstehen. Wer sich dessen nicht bewußt ist, kann nur hohle Sentenzen von sich geben, die die Wirklichkeit der Conditio humana verschleiern.

Was Bettelheim so lange schon zu erklären versuchte, war, daß das von Freud beschriebene permanente Ringen zwischen dem Lebenstrieb (einschließlich Sadismus) und dem Todestrieb (der nicht den Sieg will, sondern ein Aufhören des Kampfes, das Nichtmehrsein) in Extremsituationen umzukippen droht und schnell an die »äußerste Grenze« führt, wo die aggressiven Strebungen auf die Seite des Todes überlaufen, von der es kein Zurück mehr gibt. Anfangs sagte er das nicht in diesen Worten, doch der Gedanke zeichnete sich bereits ab. Er versuchte es auf verschiedenste Art zum Ausdruck zu bringen. Im Laufe der Jahre, während er immer weiter mit sich kämpfte, um die Dinge zu verstehen, die ihn quälten, wurde dieser Gedanke klarer und fand schließlich in den allerletzten Texten, die die Verbindung zwischen den Aufsätzen in *Erziehung zum Überleben* bilden, seine endgültige Form.

Wie Bettelheim schon in seinem Vorwort zu dem Buch von Nyiszli festgestellt hatte, war das Besondere am Genozid der Nazis, daß er nicht bloß auf Hitlers Mordgelüsten beruhte, sondern auch auf dem Widerhall, den diese in der Seele so vieler seiner Opfer fanden – was nicht heißt, daß die Opfer damit einverstanden waren. Wieder einmal sprach Bettelheim vom Unbewußten, aber in einer so bestimmten und oft so überzeugenden Weise, daß die Leser es nicht merkten. Was er ausdrücken wollte, war, daß die wirkliche Gefahr, die er in seinem Innersten selbst gespürt hatte, dann eintrat, wenn die mörderischen Absichten der Nazischergen das Gefühl berührten, das jeder Mensch kennt: daß er kein Recht zu leben habe. Bei manchen ist dieses Gefühl stärker, manche leugnen es einfach. Bettelheim kannte es nur zu gut. Seit seiner Kindheit, seit er sich in seinem Zimmer eingeschlossen hatte, nicht wirklich unglücklich, aber in der Überzeugung, sein Leben sei nicht lebenswert. Es klang ihm aus jeder antisemitischen Bemerkung entgegen, denn die Quintessenz aller rassistischen Äußerungen ist ebendiese: daß einer mehr Recht habe, dazusein, als der andere. Womöglich fand er es auch bestätigt im etwas zu unterwürfigen Verhalten seiner Eltern.[39] Daher wohl seine Abneigung gegen das Ghettodenken. Und seine Bewunderung für den Staat Israel.

In Jerusalem fragte er einmal seinen Freund Carl Frankenstein, warum er eigentlich in Israel lebe statt in den Vereinigten Staaten, wo er es doch soviel bequemer haben könnte. Das war in einer unruhigen Zeit, vielleicht während des Jom-Kippur-Krieges, und eine glühende Hitze lag brütend über der Stadt. Frankenstein sah ihn lächelnd an und sagte im Ton eines Menschen, der seine Wahl getroffen hat: »Weil ich hier kein Jude bin.«

Den Lebenstrieb zu verherrlichen – vulgär wie Wertmüller oder eher naturlyrisch wie Des Pres – und dabei zu vergessen, daß er in der mörderischen Welt der Lager ununterbrochen gegen den Todestrieb ankämpfen mußte, seinen furchtbarsten Feind –, das war obszön. Auf diese Weise wurden die Naziverbrechen wirklich geleugnet, die Realität der Lager verdrängt. In was mischten sich diese Gojim da ein, die ihm, Bettelheim, Lektionen zum Überleben erteilen wollten? Was wußten sie schon davon? Wenn man einmal im Lager gewesen war, war nichts mehr so wie vorher. Er hatte den Sadismus in der reinsten Form erlebt, und nicht nur den der anderen, auch seinen eigenen, weil er sonst nämlich tot wäre. Deshalb hatte er doch sein Leben lang versucht, den Leuten beizubringen, wie sie ihn nutzbringend anwenden könnten, diesen Sadismus, daß sie ihn nämlich gegen den Feind richten sollten statt gegen sich selbst. Schrieb er nicht ausschließlich zu diesem Zweck? Versah er nicht seine Geschichten deshalb mit einem Happy-End?

Doch Bettelheims Geschichten zeigten keine Wirkung mehr – jedenfalls zuwenig, um seine Bedürfnisse zu befriedigen. Seit der Studentenrevolte auf dem Campus der Chicagoer Universität im Jahr 1969 war Bettelheim in den Augen vieler Studenten nur noch ein reaktionärer alter Mann. Und an der Stanford University in Kalifornien, wo er Vorlesungen abhielt, galten seine Ideen als alte Hüte – in diesem Hort des Behaviorismus stand die Psychoanalyse nicht sehr hoch im Kurs. Seine Art des Unterrichts kam bei den Studenten nicht an, seine Manieren machten keinen Eindruck

39 In seinem Artikel »How to Arm our Children against Anti-Semitism« betont er vor allem, wie unsicher sich seine Tochter Ruth fühlte, wenn eine antisemitische Bemerkung sie spüren ließ, daß ihre Eltern, mehr noch als sie selbst, womöglich nicht »gut genug« seien.

mehr. Und als er wieder einmal nach Chicago zurückkehrte, sah er sich mit dem Verlust seiner Schule konfrontiert – seine Nachfolgerin Jacquelyn Sanders wollte ihn nicht mehr empfangen. Auch wenn andere Dinge gut liefen und sein Buch *Kinder brauchen Märchen* ein Bestseller wurde, änderte das nichts. »Ich war immer der Meinung, der Unterricht ist das Wichtigste, auch wenn es manchmal anstrengend ist, denn kein geschriebenes Wort kann den persönlichen Kontakt ersetzen«, schrieb er am 7. Juni 1973 an James Farrel. Kein noch so großer Erfolg seiner Bücher konnte ihn darüber hinwegtrösten, daß die jungen Menschen ihn offenbar nicht mehr hören wollten, gerade die, denen er unbedingt seine Botschaft übermitteln mußte.

Bettelheim schreibt in *Erziehung zum Überleben*, sein Artikel, 1976 im *New Yorker* erschienen, habe ihm viele Dankesbriefe eingebracht. Doch er zitiert nur einen einzigen, in dem eine von einem holländischen Pastor gerettete Deutsche ihn bittet, doch mehr über die Schuldgefühle zu schreiben, die sie selbst nie losgeworden sei. Der Platz, den Bettelheim diesem Brief einräumt, zeigt, daß er in ihm eine Art Gegengift sah gegen das Gefühl, das Lina Wertmüllers Film und Des Pres' Buch ihm eingeflößt hatten: Es gab noch jemanden, der ihn brauchte, der mehr vom Schuldgefühl wissen wollte, von dem seelischen Mechanismus, den er am besten kannte, der ihn immer genötig hatte, seinem Leben einen Sinn zu verleihen.

Ein halbes Jahr danach nahm Bettelheim an einer Konferenz in San Jose teil, wo er seinen Aufsatz über den Todestrieb vorstellte. Eindringlich schildert er in »Der Holocaust – eine Generation später«, wie wichtig es für die Unglücklichen im Lager war, Gehör zu finden, und was für schreckliche Folgen das Schweigen der Welt hatte: »Mörder können nur töten; sie haben nicht die Macht, uns den Wunsch, leben zu wollen, zu rauben, oder auch die Fähigkeit, um dieses Leben zu kämpfen. Erniedrigung, Erschöpfung, Krankheit und Mißhandlungen – natürlich schwächen diese Dinge ernsthaft unseren Wunsch zu leben, und sie untergraben unsere Lebenstriebe und öffnen dem Todestrieb allmählich Tür und Tor. Doch wenn solche Daseinsbedingungen noch verschlimmert werden durch das Bewußtsein, von der übrigen Welt im Stich gelassen worden zu sein, dann werden wir gänzlich der Kraft beraubt, die wir brauchen, um die Mörder zu bekämpfen, um uns zu weigern, unser eigenes Grab zu schaufeln.«

Zur Veranschaulichung dieser Verzweiflung zitiert Bettelheim Paul Celan, einen österreichischen Dichter, auch er ein ehemaliger KZ-Häftling, dessen Eltern in den Todeslagern umgekommen sind:

»Es war Erde in ihnen, und
sie gruben.
Sie gruben und gruben, so ging
ihr Tag dahin, ihre Nacht ...«

Bettelheim hebt besonders den Schlußvers hervor:

»O einer, o keiner, o niemand, o du:
Wohin gings, da's nirgendhin ging?
O du gräbst und ich grab, und ich grab mich dir zu,
und am Finger erwacht uns der Ring.«[40]

Und er fügt hinzu: »Die Nazis haben die Juden Europas ermordet. Darin aber, daß die Juden selbst zwar betroffen waren, sich die übrige Welt aber, die USA eingeschlossen, nicht betroffen fühlte, ist der Grund dafür zu suchen, weshalb die Lebenstriebe der Juden den Kampf gegen die Todesneigungen verloren. Hier liegt auch der Grund, weshalb die Lagerinsassen ihr Leben bereits aufgegeben hatten, als sie ihre eigenen Gräber gruben, und weshalb, wie der Dichter es ausdrückte, ›Erde in ihnen war‹. Die äußerste Agonie besteht in dem Gefühl, ein für allemal im Stich gelassen worden zu sein.« Und sich selbst in die andere Welt versetzend, in die der Lebenden, fährt er fort: »Wir hätten für diese Opfer ›jemand‹ sein sollen, sind ihnen aber nur ›niemand‹ gewesen. Das ist die Last, die wir zu tragen haben. Doch daß wir hier nichts wiedergutmachen können, berechtigt uns noch lange nicht, diese Schuld zu verleugnen oder zu verschleiern.«

Hier hat Bettelheim seinen Ort gefunden, seine Stellung zu den Überlebenden der Todeslager. Er kämpft nicht mehr mit sich selbst, er macht ihnen keine Vorwürfe mehr. Als etwas später das Buch von Miep Gies herauskommt, der Frau, die Anne Franks Tagebuch gerettet hat[41], macht er sogar implizit seinen Frieden mit Otto Frank: »Allein Mieps Mut unter Mißachtung der Gefahr für sich und ihren Mann sowie ihre Achtung vor Annes Privatsphäre haben der Nachwelt das Tagebuch der Anne Frank erhalten. Ohne sie gäbe es dieses erschütternde Dokument heute nicht. Ihre Zivilcourage, ihre

40 Paul Celan, »Es war Erde in ihnen«, in »Die Niemandsrose«, *Gedichte in zwei Bänden*, Bd. 1, Frankfurt/Main 1975.
41 Miep Gies, *Meine Zeit mit Anne Frank*, München 1991.

Menschlichkeit und ihr Anstand geben uns Hoffnung für die Menschheit.«[42]

Bettelheims Weg war lang und schmerzhaft. Als er an *Erziehung zum Überleben* arbeitete, schrieb er, daß »die zugrunde liegende Motivation sowohl für das Schreiben der Aufsätze als auch jetzt für ihre Zusammenstellung mich ungefähr seit vierzig Jahren beschäftigt und meine privaten Gedanken und Gefühle in dieser ganzen Zeit beherrscht hat«. Die Arbeit an diesem Buch, die höchstens sechs Monate hätte dauern sollen, nahm ihn zwei Jahre lang in Anspruch.

1979 schrieb Bettelheim das Vorwort zu einem Buch mit Zeugnissen von Menschen, die als Kinder während des Krieges von christlichen Familien versteckt worden waren.[43] Das gab ihm die Gelegenheit, sich mit dem »schrecklichen Schweigen von Kindern« auseinanderzusetzen, »die gezwungen sind, das Unerträgliche zu ertragen«. Den Grund für dieses Schweigen sieht er darin, daß die Kinder »merken oder zumindest vermuten, daß andere wünschen, sie sollten ihren Frieden schließen mit der Vergangenheit; sie wissen jedoch, daß dies unmöglich ist«. Denn »um weiterleben zu können, um in der Schule gut abzuschneiden, um Abschlußprüfungen zu bestehen« und ihr Leben zu meistern, »versteckten die Opfer ihre wahren Gefühle so tief in ihrem Inneren, daß diese kaum mehr auffindbar sind«. So wüßten sie nur noch, »wie ungeheuer schwierig das Leben für sie ist und wie leer es letztlich ist«[44]. Die Stimmen dieser Kinder, schreibt er an Madeleine Chapsal am 12. Oktober 1979, »erinnern uns noch einmal daran, wie die Sünden der Elterngeneration das Leben der Kinder zerstören. Deshalb habe ich die Arbeit meines ganzen Lebens der Hilfe für diese Kinder gewidmet, denn diese Kette muß abreißen, oder man muß sie brechen oder zumindest alles dafür tun, um sie zu brechen, damit nicht eine Generation die nächste zerstört.«

42 Bruno Bettelheim, »Hoffnung für die Menschheit«, in *Themen meines Lebens*, a.a.O.

43 Claudine Vegh, *Je ne lui ai pas dit au revoir*, Paris 1979.

44 »Kinder des Holocaust«, in *Themen meines Lebens*, a.a.O.

14. Der große böse Wolf

»Mein ganzes Leben lang habe
ich so gehandelt,
wie es mir natürlich erschien.
Und was ist daran lobenswert?
Es ist wohl wahr, daß nicht alle
immer selbstverständlich finden, was ich dafür halte.«

Bruno Bettelheim in einem
Brief an Madeleine Chapsal,
24. Juni 1977

Joey« kam Anfang 1952 in die Orthogenic School, ein kleiner, spindeldürrer Junge von neun Jahren mit riesigen dunklen Augen, von denen etwas Befehlendes ausging. »Ein bißchen sadistisch«, sagt seine Erzieherin, »wie ein Kleinkind auf seinem Thron.« Er sprach wenig, stotterte viel und beherrschte nur wenige Wörter, »Zucker« zum Beispiel. Namen, vor allem sein eigener, kamen ihm nicht über die Lippen. Er konnte stundenlang reglos in der Ecke sitzen. Manchmal explodierte er. Dann schrie er »Crash!« und zerschmetterte Glühbirnen oder Neonröhren, die er immer in großen Mengen um sich hatte. Danach verfiel er wieder in Apathie. Um sich bewegen, spielen, essen oder auch nur hinlegen zu können, mußte er sich mit imaginären Drähten an imaginäre Steckdosen anschließen, um seinen großen Motor, den er zumindest in der ersten Zeit stets bei sich trug, zum Laufen zu bringen. Seine Bewegungen waren dann präzise, abgezirkelt wie die eines Roboters und so überzeugend, daß Erzieher oder Putzfrauen die Füße hoben, um über die nicht vorhandenen Drähte zu steigen. An seinem Bett hatte Joey Maschinen angebracht, die ihn am Leben erhalten, ihm das Sprechen und Atmen ermöglichen sollten; fielen sie zu Boden, fand sich immer jemand, der sie aufhob und wieder an ihrem Platz befestigte, damit Joey beim Aufwachen nicht abgeschaltet war.

Joey faszinierte die Erwachsenen und wurde von den Kindern akzeptiert. Seine komplizierten Rituale ärgerten sie manchmal, wenn die Zeit, die er brauchte, um sich richtig zu verdrahten, ihre Ausflüge verzögerte. Doch auch sie beeindruckte seine Meisterschaft im Umgang mit elektrischen oder mechanischen Dingen – »wenn wir daran dachten«, sagt einer, denn die meiste Zeit waren diese schwierigen, aggressiven, provozierenden, depressiven, selbstmordgefährdeten Jungen zu sehr mit ihren eigenen Problemen beschäftigt, als daß sie sich um andere kümmern konnten. Außer wenn Joey in Panik geriet, wobei er ziemlich gewalttätig werden konnte, war er ein scheues Kind, das niemandem etwas tat. Eine verblüffende Mischung aus emotionaler Verwirrung und unglaublichen technischen Fähigkeiten; eine verrücktes Genie im Körper eines verschreckten kleinen Jungen. Für Bruno Bettelheim war er die fleischgewordene Metapher einer aus dem Gleichgewicht geratenen technisierten Welt.

Nach vier Jahren in der Orthogenic School fabrizierte Joey ein Schild, auf dem geschrieben stand: »Gefühle sind wichtiger als alles andere unter der Sonne.« Da hatte er noch ein großes Stück vor sich, aber er war unbestreitbar auf dem Weg der Genesung. Heute führt er ein Leben wie Millionen anderer Menschen. Er stottert noch ein bißchen, aber er hat einen Beruf – in der Elektronik natürlich – und kann für sich selbst sorgen. Der erste Artikel Bruno Bettelheims über ihn[1] verstörte ihn – durch die Beschreibung seines Verhaltens, die ihm übertrieben schien, aber vor allem durch die Darstellung seiner Mutter. Darunter hat er ziemlich gelitten. Dennoch kam er Dr. B. regelmäßig besuchen und war sehr traurig, als er von dessen Tod erfuhr.

Seine Stimme am Telefon, die zögernd, aber mit vollendeter Höflichkeit das Ansinnen ablehnt, mir ein paar Fragen zu beantworten, ist die eines Mannes, der weiß, was er will, und auch weiß, was gut für ihn ist: »Verzeihen Sie«, sagte er, »ich habe schlechte Erfahrungen gemacht und möchte lieber nicht an Ihrem Projekt mitwirken ... Es tut mir leid, Sie zu enttäuschen, wo Sie doch von so weit anrufen.«[2]

1 »Joey: A Mechanical Boy«, *Scientific American*, 5. März 1959.
2 Telefongespräch vom 7. August 1994.

Joey, der Maschinenjunge, wurde zum berühmtesten Patienten Bruno Bettelheims - ein Opfer des technischen Zeitalters, das unter den Menschen keine Liebe finden konnte und nur noch Maschinen vertraute, ein rührender kleiner Junge, der seine innere Leere mit einer Festung aus elektrischen Drähten verschanzte. »Den sprechendsten Autismusfall der gesamten Literatur«, nannte ihn Geneviève Jurgensen. Heute würde Joey nicht mehr als autistisch gelten. Er war zwar mit dieser Diagnose an die Schule gekommen, aber selbst Bettelheim hat ihn wohl nicht mehr dafür gehalten, als er in den sechziger Jahren *Die Geburt des Selbst* schrieb. Schon 1956 erwähnte er in einem Bericht für die Wiebold Stiftung, die ihm fünf Jahre vorher eine Unterstützung zur Erforschung kindlicher Schizophrenie bewilligt hatte, einen Jungen, dessen Symptome viele Ähnlichkeiten mit Joeys Verhalten aufwiesen, und bezeichnete diesen nicht als Autisten, sondern als »wahnhaft mit autistischen Zügen«.

Warum hat Bettelheim dennoch Joey als einen von drei Autismusfällen in die *Geburt des Selbst* aufgenommen? Die einfachste Antwort ist hier wahrscheinlich die richtige: Abgesehen davon, daß Joey reichlich analysierbares Material bot, mußte Bettelheim auch einen Erfolg vorweisen, um die im Buch behaupteten Ergebnisse zu belegen. Und bei Joey hatte die Bettelheimsche Methode in der Tat Erfolg, was man von den anderen beiden Fällen, den auch nach heutigen Kriterien wirklich autistischen Kindern »Laurie« und »Marcia«, nicht behaupten kann.

Laurie war von ihren Eltern, wie Bettelheim berichtet, zu früh von der Orthogenic School genommen worden, als daß die erstaunlichen Fortschritte, die sie gemacht hatte, zu einer dauerhaften Verbesserung ihres Zustands hätten führen können. Marcias Geschichte ist komplizierter und zeigt nicht nur die wahrscheinlich unüberwindlichen Grenzen des Autismus, sondern auch die beschränkten Möglichkeiten der Schule. Denn der Zustand des Mädchens hatte sich deutlich verbessert, wie man im zweiten Teil von Karlins Film sehen kann, der auf Bettelheims Intitiative hin gedreht wurde.[3] Nach vier Jahren ständiger Aufmerksamkeit und Fürsorge konnte Marcia

3 Bettelheim selbst gab den von Kameramann Charles Sharp gedrehten Film heraus und zeigte ihn als Demonstration seiner Behandlungsmethode für autistische Kinder auch Anna Freud in London. Daniel Karlin schnitt ihn später neu und machte daraus mit Bettelheims Einverständnis 1973 den zweiten Teil seiner Dokumentation.

einfache Hausarbeiten ausführen, ein wenig für sich sorgen und vor allem ansatzweise mit anderen kommunizieren. Unglücklicherweise war sie da bereits vierzehn und intelligent genug, um den Unterschied zu ermessen, der sie von anderen Mädchen ihres Alters trennte. Sie begriff, daß sie diesen Abstand nie mehr aufholen konnte, und war davon so entmutigt, daß sie in ihren Anstrengungen nachließ und sie vollends einstellte, als ihre Lieblingserzieherin Karen Zelan die Schule verließ, um ihrem Mann nach Boston zu folgen. Dann kehrte Marcia in ihre Familie zurück. Ihr Zustand hatte sich zwar gebessert, doch sie war keineswegs in der Lage, ihr Leben autonom zu gestalten. »Wir haben alles getan, was wir konnten«, sagte Bettelheim einmal zu Ruth Marquis. »Wir haben ihr dabei geholfen, die Hälfte des Weges zu bewältigen.«

Viel später gestand er den jungen Therapeuten in einem seiner Seminare: »Niemand weiß, wie diese Kinder zu behandeln sind.« Und als einer erstaunt dazwischenrief: »Aber Sie selbst haben autistische Kinder doch durchaus mit Erfolg behandelt!«, antwortete er aufrichtig: »Wir haben getan, was wir konnten. In einigen Fällen leider nur mit begrenztem Erfolg.«[4] In der *Geburt des Selbst*, seinem Hauptwerk zu dem Thema, ist davon nichts zu merken. Und in dem Interview mit Daniel Karlin 1973 sagte er, wenn autistische Kinder vor ihrem siebten oder achten Lebensjahr in die Schule kämen, »heilen wir sie zu fünfundachtzig Prozent«.

Von allen Märchen Bettelheims ist dieses zweifellos das phantastischste. Nicht nur, daß es bei Familien, die ohnehin schon mit einem behinderten Kind geschlagen waren, falsche Hoffnungen weckte, es lenkte auch von den tatsächlichen Erfolgen der Schule ab, insbesondere bei autistischen Kindern. Unter dem Eindruck von Bettelheims Versprechungen wurden die wirklichen Leistungen übersehen. Diese maßlosen Übertreibungen warfen auch einen Schatten auf *Die Geburt des Selbst*, ein außergewöhnliches Buch, sowohl was die Analysen, als auch die Beobachtungen anbelangt, die er darin beschreibt und die allesamt authentisch sind. Wieder einmal ließ Bettelheims Bedürfnis, stets größer zu erscheinen, als er war, unter den Eingeweihten (und davon gab es auch zu seinen Lebzeiten schon eine ganze Menge) den Verdacht des Betrugs aufkommen – wie zur Bestätigung der verschwiegensten Ängste jenes Mannes, der ständig an seiner Legitimation zweifelte.

4 Alvin A. Rosenfeld und Bruno Bettelheim, *Kinder brauchen Liebe*, a.a.O.

Als die Orthogenic School Anfang der fünfziger Jahre die ersten jener Kinder aufnahm, die die anderen »the non-talking kids« nannten, war die offizielle Definition von Autismus und Schizophrenie viel schwammiger als heute.[5] Die Kinder waren noch etwas seltsamer als die anderen und noch schwerer zu erreichen, auf die medizinische Diagnose ihrer Probleme wurde nicht soviel Wert gelegt. Erst später, als die Schule ab 1956 die Forschungsgelder der Ford Foundation erhielt, wurden bewußt autistische Kinder ausgesucht.

Anfangs war Autismus die Bezeichnung für die schwersten Formen kindlicher Psychosen. Leo Kanner stellte im ersten Artikel, der zwischen Autisten und geistig Behinderten unterschied, eine Symptomliste auf, die maßgebend wurde.[6] Zu Beginn der fünfziger Jahre hob Margaret Mahler[7] dieses Krankheitsbild von einer anderen schweren Form kindlichen Wahnsinns ab, der symbiotischen Psychose. Das autistische Kind beschrieb sie folgendermaßen: Trotz seines klugen, manchmal nachdenklichen Gesichtsausdrucks sieht es anderen nie in die Augen. Es gilt oft als taub, weil es sich so benimmt, als hörte es nicht. Es spricht nicht, und wenn doch, dann unverständlich. Im Unterschied zu anderen Psychotikern ist es nur zufrieden, wenn man es sich selbst überläßt. In seinen Beziehungen zur Umwelt versucht es oft, »magisch« zu handeln, indem es andere durch roboterhafte Gesten zu Handlungen veranlassen will, die ihm selbst unmöglich sind. Emotionale Zuneigung zeigt es höchstens für Gegenstände oder für bestimmte stereotype, endlos wiederholte Bewegungen. Die geringste Veränderung der Umgebung ist ihm unerträglich. Es scheint unempfindlich zu sein gegen Schmerz, neigt zu heftigen Gewaltausbrüchen und hat eine Tendenz zur Selbstver-

5 Und auch heute noch unterscheidet sie sich in verschiedenen Ländern; der Schizophreniebegriff in den USA etwa ist viel weiter gefaßt als in Frankreich.

6 Der Begriff Autismus wurde 1911 von dem Schweizer Psychiater Bleuler geprägt, der auch der Schizophrenie ihren Namen gab. Er diente ihm zur Beschreibung der Selbstisolierung jugendlicher Schizophrener. Aus einem Brief Freuds an C. G. Jung, der mit Bleuler zusammenarbeitete, geht hervor, daß der Begriff »Autismus« aus einer Zusammenziehung von Autoerotismus entstanden ist. Im heutigen Verständnis, als Beschreibung einer besonderen psychischen Erkrankung, die sich von frühester Kindheit an bemerkbar macht, verwendete ihn zum erstenmal Leo Kanner in »Autistic Disturbances of Affective Contact«, in *Nervous Child*, 1943.

7 Auf einem Kongreß in Amsterdam 1951. Der Beitrag wurde 1952 unter dem Titel »On Child Psychosis and Schizophrenia: Autistic and Symbiotic Infantile Psychoses« in *The Psychoanalytic Study of the Child*, Bd. VII, veröffentlicht.

stümmelung (mit dem Kopf gegen die Wand schlagen, sich blutigbeißen etc.), seltener zur Autoerotik.

Nach Fae Tyroler, Joeys Erzieherin, die zu dieser Zeit Bettelheims Stellvertreterin war, hat Bettelheim lange gezögert, Autisten in die Schule aufzunehmen. Emmy Sylvester war nicht begeistert von dieser Idee, sie hatte mit ihm darüber diskutiert, bevor sie Chicago verließ, und auch Bettelheim ahnte schon nach den ersten Erfahrungen mit Autisten, daß diese Entscheidung die Schule, die bis dahin so gut gelaufen war, tiefgreifend verändern würde. Die Vorsicht wich allerdings bald Bettelheims Forschungstrieb und seinem Bedürfnis, auf der Suche nach neuen Geldquellen immer höhere Gipfel zu erstürmen. Er wollte die Schule zum Laboratorium machen, in dem an der Lösung des großen psychologischen Rätsels getüftelt wurde, dem er selbst den überwiegenden Teil seiner Zeit widmen wollte – so stand es jedenfalls in seiner »Application for a grant permitting a research program in therapy of infantile autism and dynamics of early ego development«, die er der Ford Foundation 1955 unterbreitete.[8]

Die neue Herausforderung gab seiner Kreativität sofort wieder Auftrieb, das ist an dem Text über Joey ebenso zu merken wie an seinen Jahresberichten. Autistische Kinder sind meistens schön – das ist eine Tatsache. Und wirken intelligent (Kanner schrieb ihnen überdurchschnittliche geistige Fähigkeiten zu). Das erklärt zweifellos ihre Faszinationskraft. Trotz der Unfähigkeit, mit ihrer Umgebung zu kommunizieren, vermitteln sie oft den Eindruck, als fehlte nur wenig, um sie aus ihrer Erstarrung zu befreien. Als müßte man nur ihren Panzer durchdringen, um zu ihrer unversehrten Seele zu gelangen. Dieser Anschein ist so stark, daß ihm auch heute noch Menschen erliegen, die mit autistischen Kindern arbeiten.

Damals, in der Pionierzeit Anfang der fünfziger Jahre, hoffte man noch, durch den Autismus eines Tages das Mysterium der Persönlichkeitsbildung enträtseln zu können. Falls nämlich die Ursache dieser Erkrankung kein organischer, genetischer oder chemischer

8 Die Ford Foundation sah die »emotionale Entwicklung und geistige Gesundheit« als vorrangiges Forschungsziel an und vergab 1955 insgesamt fünfzehn Millionen Dollar für fünfzehn auf fünf Jahre angelegte Projekte. Drei davon fielen in den Bereich »Kindliche Störungen«. Es gab viele Bewerber, und fast alle waren sie berühmt: neben Bettelheim besonders Anna Freud und Dorothy Burlingham mit ihrer Hampstead Child Guidance Clinic in London sowie die meisten amerikanischen Wissenschaftler, die über kindliche Schizophrenie forschten.

Defekt war, wie von manchen vermutet wurde, sondern ein Unfall in der emotionalen Entwicklung, dann könnte dieser Aufschluß geben über die Phasen der Ichstrukturierung. Die theoretischen Modelle dafür stützten sich, wie Bettelheim in seinem Antrag unterstrich, großenteils auf Erinnerungen, Phantasien und Träume Erwachsener. Wenn man nun den Genesungsprozeß dieser Kinder in ihrem Alltagsleben beobachtete, könnte man an ihnen die Stationen der Ichintegration studieren, die normalerweise in den ersten Lebensjahren stattfindet. Bettelheim schlug vor, sechs Jungen und sechs Mädchen im Alter zwischen sechs und elf Jahren auf diese Weise zu untersuchen. »Da die Kinder groß genug sind, um zu sprechen«, schrieb er, »und da sie in dem Augenblick zu sprechen beginnen, da sich ihr Ich strukturiert, können wir von ihnen sehr viel mehr lernen über diesen Prozeß als durch die reine Beobachtung von Säuglingen.«

Von Anfang an konnte Bettelheim an diesen schwer gestörten Kindern Faszinierendes entdecken. In seinem zweiten Bericht an die Ford Foundation vom 17. Juli 1958 etwa hält er fest, daß die Kinder offenbar nicht einfach stehengeblieben seien in ihrer Entwicklung, wie es damals gängige Meinung war, sondern über isolierte Inseln spezifischer Erfahrungen sowohl im sensorischen als auch im motorischen Bereich verfügten. Doch diese Inseln fügten sich nicht zu einer einheitlichen inneren Struktur. Das sei so, als hätten die Kinder zwar ein paar Bausteine gesammelt, seien aber nicht in der Lage, sich damit ein normales Ich aufzubauen.

Bettelheims Ehrgeiz beschränkte sich nicht darauf, die Kinder zu beobachten. So bat er John Perkins, den beratenden Psychiater der Schule, drei Mütter zu analysieren und gleichzeitig die Behandlung ihrer Kinder zu supervidieren, und beauftragte den Sozialanthropologen Jules Henry, einige Familien mit autistischen Kindern zu Hause zu beobachten, während Ben Wright, der seine Studie über die Erzieher weiterführte, darüber hinaus ein besonders scharfes Auge auf deren Umgang mit den schwerstgestörten Kindern haben sollte. Auch Florence White, die psychiatrische Sozialarbeiterin der Schule, nahm an dem Projekt teil. Dank der Stiftungsgelder konnte Bettelheim außerdem mehrere Psychologen und Psychoanalytiker zu Forschungsarbeiten heranziehen. Seine Berichte an die Ford Foundation, die die Grundlage zur *Geburt des Selbst* lieferten, sind deshalb gespickt von Bemerkungen über die Familien, Hypothesen über die Gründe der Störung und so weiter. Das Bemerkenswerteste an ihnen ist jedoch das Bild, das Bettelheim von den Kindern zeichnet.

Man sollte nicht vergessen, daß in den Handbüchern der Psychiatrie Autisten auch heute noch gelegentlich unter der Rubrik »geistig retardiert« geführt und ausschließlich als Funktion ihrer Defekte beschrieben werden. Bei Bettelheim dagegen werden diese Kinder lebendig, sie handeln, sie reagieren sogar. Es sind Individuen mit Problemen, die sich über das definieren, was sie tun, nicht über das, was sie nicht können. Vor allem dadurch wurde *Die Geburt des Selbst* zu einem revolutionären Buch, das den Umgang mit Psychotikern weltweit verändern sollte, weil Verrücktheit eben kein Fehler mehr war, sondern eine Krankheit. Bettelheim fühlte dem autistischen Kind wie allen anderen Patienten gegenüber die Verpflichtung, »im Zweifel das für ihn Positive und Günstige anzunehmen«, sein Grundsatz lautete, daß alle Handlungen, so unsinnig sie scheinen mögen, für das Kind Sinn und Zweck haben. Daß sie die einzigen Mittel sind, die das Kind kennt oder beherrscht, um zu überleben und sein Leiden zu mindern. Freud habe »uns gelehrt, uns von unserer Ungläubigkeit zu verabschieden – von unserer Weigerung zu glauben, daß unsere … Patienten intelligent bzw. absichtsvoll handeln. Ich glaube, wir müssen immer von der Annahme ausgehen, daß die Gedanken und Handlungen dieser anderen Person es wert sind, so positiv wie möglich betrachtet zu werden.«[9]

»So positiv wie möglich« ist zweifellos etwas unglücklich ausgedrückt, da so etwas zu moralischen Interpretationen verleitet. Dabei ist klar, daß Bettelheim hier nicht vom reinen Herzen der Kinder spricht, sondern von der Vernunft ihrer Handlungen. Ob gut oder böse, geht den Therapeuten nichts an; er muß sie nur entziffern. Und weil Triebe nie rein sind, haben die Menschen so große Schwierigkeiten, sie zu akzeptieren. Der Therapeut urteilt nicht, er versucht herauszufinden, was der Patient will und was ihn daran hindert, es zu erreichen. Deshalb gab es auch keine Psychopharmaka an der Orthogenic School, nicht einmal in den schwersten Fällen. »Vielleicht sollten wir erläutern, was die Medikation für ein Kind bedeutet«, antwortete er am 17. September 1980 Candace Hilldrup, einer ehemaligen Erzieherin, die über ihre Arbeit an der Orthogenic School geschrieben hatte. »Für einige heißt es, daß sie vergiftet werden. Aber alle wissen, daß man sie oder ihren Körper

9 Alvin A. Rosenfeld und Bruno Bettelheim, *Kinder brauchen Liebe*, a.a.O.

dadurch zwingen will, nicht zu tun, was sie sonst tun würden (nicht zu aktiv zu sein usw.). Das heißt, sie können nicht mehr glauben, daß sie wirklich so sein sollen, wie ihnen gerade ist. Ihr Körper wird manipuliert - wie können sie dann glauben, daß ihre Seele nicht ebenso manipuliert werden soll?«

Zwischen der vernünftigen Absicht und dem anscheinend sinnlosen Verhalten der Kinder entdeckte Bettelheim eine blinde Angst, die ihm bekannt vorkam. Auf die Idee hatte ihn, wie er in der *Geburt des Selbst* erzählt, »Anna« gebracht, die als Zehnjährige in die Orthogenic School aufgenommen wurde. Sie hatte bereits mehrmals vergeblich versucht, ihren kleinen Bruder umzubringen, und noch keine Anstalt hatte sie länger als ein paar Stunden behalten. Sie schrie ohrenbetäubend, rannte oder sprang wie wild durch die Gegend, riß sich die Kleider vom Leib und fiel ständig andere an, die sie meist blutig biß, kurz: Sie war ein richtiges »Wolfskind«[10]. Den Rest der Zeit kauerte sie stumm in einer Ecke, erschöpft, könnte man meinen, in Gedanken versunken, sagt Bettelheim.

Auch Anna war in gewisser Weise ein Opfer der Nazis. Sie wurde unter der deutschen Besatzung in Polen geboren, in einem fensterlosen Erdloch, in dem ihre Eltern sich versteckt hielten. Der Vater webte auf seinem unterirdischen Webstuhl für den Bauern, unter dessen Hütte das Erdloch sich befand, und ernährte damit die Familie. Die Eltern haßten einander, und die Mutter war durch Annas Geburt deprimiert. Jeder Laut brachte die Familie in Gefahr, und so stürzte sich beim geringsten Geräusch immer einer auf das Baby, um es am Schreien zu hindern. »Obwohl Anna kein Kind der deutschen Konzentrationslager war, erinnerte ihre Lebensgeschichte doch eindringlich an diese«, schreibt Bettelheim in der *Geburt des Selbst*. »Durch Anna entstand für mich ein Bindeglied zwischen dem Phänomen dieser Lager, dem lange Zeit mein persönliches und theoretisches Interesse gegolten hatte, und meiner tagtäglichen Arbeit, die in der Behandlung schwer gestörter Kinder bestand.«

Während er Annas Wut- und Verzweiflungsanfälle beobachtete,

10 Bettelheim erläutert an Annas Beispiel seine Ansicht, die sogenannten »Wolfskinder« seien vermutlich autistische Kinder gewesen, die von ihren Eltern verlassen worden oder verlorengegangen waren. Ihr Verhalten, wenn sie denn gefunden worden seien, sei so schockierend gewesen, daß die Leute lieber glaubten, sie seien von Tieren großgezogen worden. Dieser Artikel Bettelheims, im März 1959 im *American Journal of Psychology* erschienen, wurde von der Anthropologin Margaret Mead im Juli 1959 hoch gelobt.

verstand Bettelheim: »Manche Opfer der Konzentrationslager hatten als Reaktion auf die dortigen Extremsituationen ihre Menschlichkeit eingebüßt. Autistische Kinder ziehen sich aus der Welt zurück, bevor sich ihre Menschlichkeit richtig entwickelt.« Auch er war, wenn auch nur für relativ kurze Zeit, aus einer absolut feindseligen und unberechenbaren Welt in einen Zustand tiefster Verzweiflung und völliger Ohnmacht gefallen. Und er merkte, daß der Begriff der Extremsituation, den er dafür geprägt hatte, sich auf die Erfahrungen autistischer Kinder anwenden ließ; in der *Geburt des Selbst* wird dieser Begriff zum erstenmal klar definiert: »Es ist das eine Situation, in der wir uns aller Erfahrung verschließen, weil das - irrtümlicherweise - der einzige Ausweg zu sein scheint. In Wirklichkeit sind wir im Begriff, uns selbst zu zerstören, weil uns unser psychisches Überlebensverhalten (also unsere totale Konzentration auf den Feind) aller Kräfte beraubt. Genauso sieht die psychische Extremsituation aus: Wir reagieren auf eine - reale oder eingebildete - Gefahr von außen mit inneren Manövern, die uns faktisch noch mehr erschöpfen.«[11]

Ein paar Seiten vorher hatte Bettelheim etwas ganz Außergewöhnliches unternommen: Unter der Überschrift »Die Dynamik des Autismus« beschrieb er den Wahnsinn *von innen*. Anscheinend hat das kaum jemand zur Kenntnis genommen, was wohl daran liegt, daß Bettelheim sich nicht um eine genaue Abgrenzung der Krankheitsbilder kümmert, sondern nur um deren unterschiedliche Intensität. Er schildert verschiedene Etappen einer Ablösung von der äußeren Welt, angefangen beim zeitweisen Rückzug aus der Wirklichkeit, den wohl fast jeder schon erlebt hat, bis zur dauerhaften und dramatischen Isolation des autistischen Kindes.

Und was findet er im Inneren des Wahnsinns? Eine lähmende Angst, entstanden aus dem Gefühl der Ohnmacht angesichts einer zerstörerischen Welt. Denn das zeichnet die Extremsituation aus: daß man ihr ausgeliefert ist und nicht weiß, ob sie jemals enden wird. Dazu muß man sich nicht in der Hand der Nazis befinden. Es ist »ziemlich gleichgültig, ob die Ursachen der Angst reale oder eingebildete Gefahren oder innere psychische Prozesse gewesen sind. So kann zum Beispiel eine innere Feindseligkeit gewaltige Angst erzeugen, wenn die Person überzeugt ist, daß sie durch eine Venti-

11 *Die Geburt des Selbst*, a.a.O.; alle Zitate des folgenden Abschnitts sind daraus entnommen.

lierung dieses Gefühls zerstört werden würde.« Doch es gibt einen Unterschied: »Solange die Person meint, ihre Angst werde durch die Außenwelt erzeugt, unterhält sie einen wenn auch verzerrten Kontakt zur Wirklichkeit.« Panik, die zum totalen Bruch mit der Außenwelt führt, tritt dann ein, wenn man aus Angst die eigene Aggression nicht mehr erkennt, sich also den Gefahren, die die Angst hervorgerufen haben, völlig grund- und hilflos ausgesetzt fühlt. Von diesem Zeitpunkt an ist die Welt sinnlos geworden und die Wirklichkeit nur noch Angst und Schrecken. »Lebt man jedoch in einer so sinnlosen, unvorhersehbaren Welt, ist das Beste, was man tun kann, die einzige Schutzmaßnahme, die man ergreifen kann, das Nichts-Tun.« Dann muß man nur noch sicherstellen, daß sich äußerlich nichts ändert und man selbst gefühllos bleibt. »Das«, schließt Bettelheim, »ist der Autismus von innen gesehen.«

Bereits zehn Jahre vorher, auf einem Schizophrenie-Symposium 1955[12], hatte Bettelheim die Annäherung vollzogen zwischen seinen Erfahrungen im Konzentrationslager und denen der Kinder in seiner Obhut. Den Zuhörern - wie den Lesern - blieben vor allem seine Schlußfolgerungen im Gedächtnis, die man folgendermaßen zusammenfassen kann: Wenn eine unheilvolle Umgebung einen bis dahin als normal geltenden Menschen in die Schizophrenie stürzen kann, dann kann nur eine rundum heilsame Umgebung dem Schizophrenen eine »Wiedergeburt« ermöglichen, die es ihm erlaubt, seinen Platz in der Welt zu finden.

Diese faszinierende Idee begeisterte das Publikum, rief aber auch Skepsis hervor. Ernst Federn etwa sieht darin nur einen Geistesblitz des Schriftstellers. Wenn man jedoch Bettelheims Arbeit an der Schule aufmerksam verfolgt und durch die Augen der ehemaligen Erzieher und Zöglinge genau betrachtet - bis hin zu den Vorwürfen, die ihm nach seinem Tod gemacht wurden -, merkt man, daß diese Annäherung echt ist. Nur daß hier wieder einmal Bettelheims Bestreben, die Dinge unter einem möglichst vorteilhaften Blickwinkel darzustellen, die Ecken und Kanten zu runden und nur Happy-Ends zu erwähnen, ihm einen schlechten Dienst erwies. Denn die Bewunderung des Publikums - nicht der Leute, die mit ihm arbeiteten - verschaffte ihm eine Schar bedingungsloser Anhänger, die, als

12 Der Text seines Vortrags wurde im Juli 1956 unter dem Titel »Schizophrenia as a Reaction to Extreme Situations« im *American Journal of Orthopsychiatry* veröffentlicht und später in *Erziehung zum Überleben* aufgenommen.

sie entdeckten, daß die Wirklichkeit nicht so strahlend war wie das Bild, das er von ihr gezeichnet hatte, ihn als erste an den Pranger stellten.

Bettelheims Erfahrung der Konzentrationslager stand im Zentrum seines therapeutischen Handelns, vom ersten Tage an, wahrscheinlich lange bevor er sich dessen bewußt wurde. Wie hätte es anders sein können, war doch seine eigene Analyse aufs engste mit dieser Erfahrung verknüpft! Das Einfühlungsvermögen, die Empathie, die er tagtäglich für die Ängste seiner Kinder bewies, kam doch daher, daß diese Ängste in ihm selbst widerhallten als Echo von Gefühlen, die ihm nur allzu bekannt waren. Nur daß er über bestimmte Dinge eben nicht redete, um das wohlmeinende Publikum, besonders die großzügigen Sponsoren, nicht zu verschrecken. So machte er, besonders gegen Ende seines Lebens, verschiedene Andeutungen, stellte aber nie öffentlich klar, was er in Buchenwald noch entdeckt hatte: Daß ein gut sichtbarer Feind, den man offen hassen darf, das beste Mittel gegen die selbstzerstörerische Angst ist. »Die Leute würden mich doch nur mißverstehen«, hatte er einmal zu Fritz Redl gesagt. Auch ein Wandschrank voller Leckereien kann Kindern vielleicht deutlich machen, daß das Leben lebenswert sein könnte, aber er kann nicht die Ungeheuer besiegen, die in ihrer Seele hausen.

Hier taucht das Problem mit der Disziplin an der Schule wieder auf. Doch nicht als Skandal, nicht als Verleumdung, so einfach ist es nicht. Bettelheim war kein Heuchler, keiner, der Wasser predigte und Wein trank. Es ist kein Zufall, daß Fritz Redl die Frage nach der Disziplin stellte. In seinen Ferienlagern für schwierige Jugendliche hatte er ein System errichtet, das auf physischem Zwang beruhte, aber ohne Gewalt auskam. Er hatte viel darüber geschrieben und das sicher auch oft mit Bettelheim diskutiert. Sie waren sich einig, daß man zwischen Bestrafung und Disziplinierung streng unterscheiden mußte. Beide lehnten Bestrafung ab, da sie hauptsächlich der Beruhigung der Erwachsenen diene. Denn das Kind, schrieb Bettelheim, »weiß fast immer, wenn es falsch gehandelt hat«, und »das Schuldgefühl – ein schlechtes Gewissen – ist doch ein viel besseres und länger wirkendes Abschreckungsmittel als die Angst vor Strafe«[13].

Bettelheim lehnte körperliche Züchtigung ab, nicht, weil sie ihm

13 »Punishment versus Discipline«, *Atlantic Monthly*, November 1985.

zu hart erschien, sondern weil sie bloß konditionierte Reflexe hervorbringt. In manchen Bereichen allerdings hielt er konditionierte Reflexe für notwendig, also gab es Ausnahmen. Cathy Kaiser erinnert sich, wie er in einem der ersten Müttergespräche sagte: »Wenn ein Kind über die Straße rennen will, ohne auf die Autos achtzugeben, ist ein Klaps auf den Po, begleitet von einem ›Daß du mir das nie wieder tust!‹ eine Schutzmaßnahme. Man sollte so etwas nicht zu oft machen, nur um einer solchen Maßnahme Nachdruck zu verleihen.«

Gegen Disziplin hatte Bettelheim ganz und gar nichts, im Gegenteil, er hielt sie für unverzichtbar, um dem Leben eine Richtung zu geben, um selbständig und erwachsen zu werden. Es störte ihn, daß sein Name in den sechziger Jahren mit der modischen Permissivität in Verbindung gebracht wurde: »Falsch an der autoritären Erziehung von früher war nicht, daß sie auf Furcht gründete, im Gegenteil, das war richtig daran«, schrieb er 1969 mit Blick auf die Führer der Studentenrevolte. »Falsch war, daß die Notwendigkeit übersehen wurde, diese Furcht in einem kontinuierlichen Prozeß zu modifizieren, damit die irrationale Angst nach und nach rationaleren Gründen Platz machen konnte.«[14]

Vom hemmungslosen Laisser-faire hatte Bettelheim noch nie viel gehalten, stets hatte er die Bedeutung von Grenzen betont. Und wenn in der Schule das Wohl der Kinder Gesetz war, wie die französische Psychoanalytikerin Danièle Levy in ihrer Einleitung zum ersten Band der französischen Werkausgabe Bettelheims vom Februar 1995 schrieb, dann diente das einem genau umrissenen therapeutischen Zweck: Die deprimierten, selbstzerstörerischen, suizidgefährdeten Kinder mußten erst einmal ein Gefühl für ihren Wert entwickeln, den ihnen nie jemand vermittelt hatte, deshalb war es ihnen erlaubt, bis zu jener Phase zu regredieren, in der ihre Entwicklung entgleist war. Das erforderte besondere Regeln, aber keine Nachlässigkeit. Bettelheim erklärt das in *So können sie nicht leben*: »Um unsere Anschauungen in die Praxis umzusetzen, mußten wir eine ganz spezifische Umwelt schaffen ... Diese besondere Gesellschaft hat ihre eigenen Sitten geschaffen ... So hat z. B. die Duldung oder sogar Förderung asozialer oder regressiver Tendenzen den Vorrang vor der Förderung schulischer Fortschritte. Beim Sexualverhalten, beim verbalen Ausdruck, in bezug auf Ordnung und Sauberkeit weichen höfliche Konventionen der emotionalen Auf-

14 »Obsolete Youth«, *Encounter*, 3. September 1969.

richtigkeit. Der Schutz des Besitzrechts tritt hinter die emotionalen Bedürfnisse zurück.«

Doch in dieser rundum heilsamen Umgebung, inmitten all dieser guten Mütter, die im Gegensatz zu anderen die Kinder nie im Stich ließen oder unerträgliche Gefühle auf sie projizierten (darüber wachte Bettelheim), bedurfte es auch eines Kriegers, der stark genug war, für Sicherheit zu sorgen, Sicherheit vor einer Bedrohung von außen, Sicherheit der Kinder voreinander[15], aber auch, vor allem, Sicherheit vor dem inneren Feind. Das Märchenidyll brauchte den großen bösen Wolf, einen, der sich nicht vor den Ungeheuern in den Seelen seiner Schäfchen fürchtete, den »beruhigenden Feind«, wie Leslie Cleaver es ausdrückte.

»Ich bin hier der große böse Wolf«, pflegte Bettelheim zu sagen. Bald definierte er seine Rolle anders: »Die Kinder sind das Es, ihr (die Erzieher) seid das Ich, und ich bin das Überich.« Sofern man Bettelheims Vorhaben ernst nimmt, die Psychoanalyse in die Praxis umzusetzen, wird das Konzept dadurch klarer. Denn das Überich ist tatsächlich der große böse Wolf in jedem von uns, der Agent der Repression, der internalisierte Aggressor, der sich die Werte der Eltern zu eigen gemacht hat. Es ist obszön und grausam. Obszön – der unbestechliche Richter der edelsten Strebungen? Ja, denn er kennt auch die niedrigsten Triebe des Es. Aus ihnen stammt auch seine Grausamkeit.

Diese Grausamkeit dringt nie nach außen. Gezügelt wird sie zum schlechten Gewissen. Doch wehe, wenn sie losgelassen! Dann ruft sie panische Angst hervor, die einen von der Welt abschneidet, dann drohen Depression, Todeswünsche, Rückzug, Zerstörung. Wie mit der Blindenarmbinde in Buchenwald. Im Konzentrationslager hatte Bettelheim gelernt, daß die schlimmsten Qualen nicht von außen kamen, sondern aus seinem Inneren. Daß Mißhandlungen weniger schmerzten als der eigene erbarmungslose Blick. Wenn die Peiniger ihm gegenüberstanden, in der Uniform des Feindes, war er geradezu erleichtert (während der schrecklichen Appellnacht in Buchenwald zum Beispiel). Und daher mußte er seinen Patienten zu ihrem

15 Ein Neuankömmling sagte zu einem anderen Kind: »Komm, wir bringen Johnny um!« Darauf erklärte ihm Bettelheim die Regeln: »Du bist nicht da, um jemanden umzubringen. Die Kinder kommen hierher, damit sie in Sicherheit sind, nicht damit sie in Gefahr sind. Und wenn hier einer das Recht hat, einen anderen zu schlagen, dann bin ich das!« Und der letzte Satz mündete natürlich in eine Ohrfeige.

eigenen besten das Amt des gnadenlosen Richters abnehmen, der sie von innen her terrorisierte und am Leben hinderte - so lange, bis sie gelernt hatten zu unterscheiden zwischen ihren Wünschen und denen, die von ihren Eltern stammten. Um ihnen die Möglichkeit zu einer »zweiten Geburt« zu geben, schlüpfte er in die Rolle des äußeren Aggressors.

»Dr. B. knew«, sagt Tom Lyons, »Dr. B. wußte Bescheid.« Tom Lyons erzählt mir, wie er selbst von Bettelheim geohrfeigt wurde (»zwei-, dreimal im Jahr«[16]). Das erste Mal war gleich nach seiner Aufnahme in die Orthogenic School. Er war acht Jahre alt und hatte sein Bad überlaufen lassen. Die Überschwemmung, glaubt er sich zu erinnern, ging schon bis ins Treppenhaus und zeichnete Wasserflecke an den Plafond. »Ich war absolut in der Lage, mir ein Bad einzulassen; zu Hause hatte ich das schon hundertmal gemacht. Aber weil ich in der Schule war und die Erzieherin den Wasserhahn aufgedreht hatte, sagte ich mir, dann kann sie ihn ja auch wieder zudrehen.« Natürlich nahm die Erzieherin sofort alle Schuld auf sich. Doch Bettelheim ahnte, daß der kleine Tom absichtlich geschwiegen hatte. Er verabreichte ihm ein paar Ohrfeigen und sagte: »Ich will nicht, daß du an deiner Erzieherin Rache nimmst.« Tom Lyons hat bis heute nicht vergessen, wie wütend er auf sie war, weil sie ihn immer an die Hand nahm, wenn sie draußen waren. Er fühlte sich behandelt wie ein Baby. Also verhielt er sich wie ein Baby.

Auch Bert Cohler sind die Ohrfeigen noch im Gedächtnis geblieben, die ihm Dr. B. gab, als er von der Lab School kam - mit einer hervorragend benoteten Arbeit in Deutscher Literatur. Ich hatte davon im Radio gehört, als Beispiel für Bettelheims Sadismus, von einem ehemaligen Zimmergenossen Bert Cohlers. Das war ein paar Monate nach Bettelheims Tod, und ich war überzeugt, daß es sich um einen Irrtum handeln mußte oder um eine böswillige Verleumdung, so unglaublich erschien mir dieser Vorfall. Als ich Bert danach fragte, begann er zu lachen. »Dr. B. wußte genau, was er tat! Ich habe Arthur Schnitzler fertiggemacht in meiner Arbeit, nach allen Regeln der Kunst. Und daß Schnitzler einer von seinen Lieblingsautoren war, war mir natürlich klar.«

16 Interview vom Herbst 1990. Später schränkte er seine Aussage etwas ein: »In manchen Jahren bin ich nicht ein einziges Mal geschlagen worden - sicher nicht die letzten zweieinhalb Jahre an der Schule«, schrieb er mir 1995.

Also stimmte die Geschichte. Ich habe lange gebraucht, um sie zu verstehen. Aufgrund eines schweren frühkindlichen Traumas war es für Bert unmöglich, auch nur den geringsten Anflug von Ärger zu zeigen. Bis zu seiner Aufnahme in die Orthogenic School war er felsenfest davon überzeugt, wenn seine Familie ahnte, welch mörderische Wut in ihm schlummerte, würde er getötet werden.[17] Daraufhin hatte sich das hochintelligente Kind in eine Traumwelt geflüchtet und seine Konflikte dort ausgetragen, etwa in den kleinen Stücken, die es für sein Marionettentheater schrieb. Bettelheim durch Schnitzler anzugreifen war zwar ein Fortschritt, aber der gleiche Mechanismus. Und da Cohler außerdem die Schule bald verlassen sollte, hielt es Bettelheim anscheinend für notwendig, ihn nachdrücklich darauf hinzuweisen, was er da getan hatte. Durch die Ohrfeigen antwortete er auf Cohlers Handeln mit offener Aggression, er machte deutlich, daß er wußte, wer gemeint war, und daß er Cohlers Feindseligkeit sehr wohl verstanden hatte. Dr. B. spielte den Blitzableiter, der die Gewalten dorthin lenkt, wo sie ungefährlich sind, wo sie keinen töten können.

Man mag von dieser Methode halten, was man will. Die Tatsache, daß sowohl Bert Cohler als auch Tom Lyons sich nach vierzig Jahren noch an ihre unbewußten Motive erinnern, die Bettelheim zu seinen Ohrfeigen veranlaßte, beweist jedenfalls, daß dieser richtig gezielt hat. So konnten sie mindestens ihrer verdrängten Aggressivität in die Augen sehen, statt sich schuldig, unwürdig, schlecht zu fühlen. Bert Cohler, der Bettelheim sehr schätzt, hätte sich sonst womöglich eines Tages Vorwürfe gemacht wegen seines verdeckten Angriffs – und das um so mehr, als seine Arbeit ihm viel Lob einbrachte. Vielleicht hätte er sich für dieses Lob später geschämt, statt sich daran zu freuen, weil er es für unverdient gehalten hätte und sich selbst am Ende für einen Schwindler.

Mörderische Wut, Gewalt, Aggression – große Worte für kleine Geschichten. Von außen betrachtet, erscheinen sie kaum angemessen für übergelaufene Badewannen oder zweideutige Schnitzler-Arbeiten. Deshalb ist es ja so schwierig, über das Unbewußte zu schreiben. Denn das Unbewußte arbeitet nicht mit Glacéhandschuhen, und es denkt nicht. Es ist Drang und Verdrängung, Wunsch und

17 Aus einleuchtenden Gründen kann ich die Krankengeschichten ehemaliger Zöglinge der Orthogenic School hier nicht im Detail erörtern; der Leser muß sich also mit Andeutungen zufriedengeben.

Strafe. Das Unbewußte gibt sich nicht mit kleinen Streichen ab, wenn es haßt, es tötet - oder es glaubt, getötet zu haben. Das Unbewußte unterscheidet den Wunsch nicht von der Wirklichkeit, es ist die Aufgabe des Ichs, zwischen beiden zu vermitteln und etwaige Mordgelüste beispielsweise auf Badewannen oder literarische Essays abzulenken, das heißt, den unannehmbaren Haß in mehr oder weniger angemessener Form zu äußern (was Toms Es nicht daran hindert, sich mit den Wasserflecken im Treppenhaus zu brüsten).

Denn das ist das schrecklichste Rätsel: der Haß auf die, die man liebt. Die Ambivalenz der Liebe gehört zweifellos zum Schwierigsten der Freudschen Lehre. Auch Bettelheim bekam das zu spüren, wurde er doch fast überall als der große Ankläger der Mütter autistischer Kinder dargestellt. Dabei zeigt *Die Geburt des Selbst*, betrachtet man das Buch vor dem Hintergrund der damaligen Zeit, daß Bettelheim im Gegenteil als einer der ersten auf die Reziprozität der Mutter-Kind-Beziehung hingewiesen hat; erstens gebe es keine perfekte Mutter - glücklicherweise, meint er, sonst wären die Kinder nicht gezwungen, die Welt draußen kennenzulernen -, und zweitens könne man Probleme des autistischen Kindes nicht ausschließlich auf einen äußeren Grund (wie das Verhalten der Mutter) zurückführen. Bettelheim legt Wert darauf, zu betonen, »daß die Gestalt der zerstörerischen Mutter (der verschlingenden Hexe also) die Schöpfung der Phantasie des Kindes ist, obwohl dieses Phantasiegebilde insofern in der Wirklichkeit wurzelt, als ihm die zerstörerischen Tendenzen der bemutternden Person zugrunde liegen«. In diesem Buch geht Bettelheim mehr als in allen anderen auf die (unbewußten) Todeswünsche gegen das Kind ein. Alle Mütter (und alle Väter), nimmt er mit Freud an, haben ab und zu den unbewußten Wunsch, ihr Kind möge tot sein, doch nicht die Haltung der Mutter führe zum Autismus, sondern die spontane und autonome Reaktion des Kindes. Warum manche Kinder empfänglicher sind für diese Todeswünsche als andere, bleibt offen, und Bettelheim läßt - anders, als von ihm behauptet wurde - durchaus auch organische Gründe für diese Hypersensibilität zu. Trotzdem - die Vorstellung, eine Mutter könnte, wenn auch unbewußt, ihrem Kind den Tod wünschen, ist so schockierend, daß sie sich in den Köpfen der Leser festgesetzt hat.

Kinder haben manchmal so mörderische Triebe, sagt Bettelheim, daß sie jemanden - oder öfter noch sich selbst - umbringen könnten. Und diese Vorstellung ist nicht weniger schockierend. Lieber reden wir von Wahnsinn, als in uns selbst womöglich solche Überbleibsel aus der Kindheit aufzuspüren. Denn es gab eine Zeit, wo jeder von uns den wilden, brutalen, unbezwinglichen Wunsch verspürte, den anderen zu vernichten – weil er uns etwas nicht gab, was wir haben wollten, weil er uns auf die Nerven ging mit seinen Ermahnungen, weil er uns den Platz streitig machte. Die meisten von uns haben gelernt, solche ursprünglichen Regungen in annehmbare Eigenschaften zu verwandeln wie Wettbewerbsgeist, Jagdleidenschaft oder Kreativität. Dennoch tauchen sie manchmal wieder auf, quälen uns mit fast derselben Vehemenz wie früher und bringen immense Schuldgefühle hervor.

Und weil das jeder kennt, wunderten sich die meisten Kritiker von Tom Lyons' Buch *The Pelican and After*[18], in dem er genau das beschreibt, warum man dafür jahrelang in die Orthogenic School kommt. Der Untertitel, der deutlich sichtbar auf dem Einband steht, sagt klar, worum es geht: »A Novel about Emotional Disturbance«. Wie sein Held Tony war Tom Lyons zwölf Jahre an der Orthogenic School. Als er aufgenommen wurde, war er ein hyperaktiver Junge von acht Jahren, der als »unheilbar schizophren« galt. Sogar die Southard School der Menninger Foundation hatte ihn abgelehnt und seiner Mutter empfohlen, ihn in eine Anstalt zu stecken.

Sein Roman läßt den verzweifelten Kampf der Kinder gegen ihre inneren Gewalten spürbar werden. Denn nie ist das Unbewußte so wild und grausam wie in der Kindheit. *The Pelican and After*, der bis heute einzige Erfahrungsbericht eines ehemaligen Zöglings der Orthogenic School, ist komisch und trotz einiger Längen gut lesbar, ein wenig erinnert das Buch an J. D. Salingers *Fänger im Roggen*. Es ist eine Fundgrube für Informationen über die Bettelheimsche Methode – von einem, dem sie erlaubt hat, ein autonomer Mensch zu werden.

Der Roman ist die Geschichte des vierzehnjährigen Tony, der für ein paar Tage mit Mutter und Bruder nach Mexiko gefahren ist. Den Rest des Jahres verbringt er in einer Schule für gestörte Kinder. Direktor dieser Schule ist der furchterregende »Dr. V.« mit dem grauenhaften Akzent (den der Autor übrigens sehr plastisch wiedergibt). Alles ist vorhanden – die Gewalt natürlich, denn sie war das zentrale Problem Lyons', aber auch die herzliche Atmosphäre an der Schule,

18 Tom Wallace Lyons, *The Pelican and After – A Novel about Emotional Disturbance*, Richmond, Virginia 1983.

die Hingabe der Erzieher und Lehrer an ihre Aufgabe, anrührende Momente und große Dramen – wie etwa, als Mark, der kleine Autist, mit dem Tony oft spielte, in die Psychiatrie eingeliefert wird. Tom Lyons verschweigt nichts, da er selbst Klarheit will (und gibt dabei nebenbei einen Eindruck von der positiven Wirkung »orthogenischen« Verhaltens). Er erzählt vom Wunsch des Jungen, ein richtiger Mann zu sein, der sich Respekt zu verschaffen weiß. Als er im Hof einem Mädchen begegnet, das der schrecklichen »Anna« aus der *Geburt des Selbst* sehr ähnelt, hofft er insgeheim, daß es ihn anspringt, um auszuprobieren, ob er es bändigen kann. Und hat gleichzeitig das Gefühl, daß das vielleicht nur das Hollywood-Bild eines Mannes ist. Er will aus dieser verdammten Schule heraus, in der man ihn wie ein Baby behandelt, wo er, der doch schon ein großer Junge ist, sich vor Frauen ausziehen muß, die manchmal kaum älter sind als er, weiß jedoch in seinem tiefsten Innersten, daß er dazu noch nicht bereit ist. Er empfindet einen seltsamen Stolz, wenn er einem noch Unglücklicheren helfen kann, etwa dem kleinen Freddy, der so anhänglich ist und nun sogar Fortschritte macht, oder Mark, der alles ausspuckt, was er zu essen bekommt. Tony ist provokant, sarkastisch, angriffslustig und hat häufig Wutanfälle. Eines Tages, im Bad, hat er eine Erleuchtung: Der Haß tötet die Angst. Wenn er wieder einmal eine große Dummheit gemacht hat, tut es ihm leid, und er versucht sie wiedergutzumachen, was die ganze Angelegenheit meist noch verschlimmert. Er weiß, er ist an der Schule, um aus seiner Einsamkeit herauszukommen, er wird sich der Barrieren aus Aggression und Sarkasmus bewußt, die er um sich aufbaut, kann sich aber noch nicht von ihnen befreien.

The Pelican and After ist auch ein Buch über die Ambivalenz. Tony liebt seine Großmutter abgöttisch, und doch stellt er sich eines Tages vor, ihren Rollstuhl über einen Felsabhang zu stoßen. Vor ihrem Tod schenkt sie ihm den kleinen blauen Porzellanfuchs, den sie selbst von ihrer Mutter geerbt hat. Tony weiß, wie sehr sie an ihm hängt, als er klein war, haben sie oft mit ihm gespielt. Kaum ist er zu Hause, packt Tony den Fuchs aus, den er so lange nicht angefaßt hat, und ist wieder einmal überrascht, wie lieb er guckt. Dann – plötzlich – fällt er ihm aus der Hand und zerbricht. Im selben Moment ruft Tonys Mutter aus dem Krankenhaus an, um ihm zu sagen, daß seine Großmutter tot ist. Weinend bricht er inmitten der blauen Porzellanscherben zusammen – »Omi, Omi, ich hab dich so lieb! Ich wollte dem Fuchs doch gar nicht weh tun!« –, bis er eine vertraute Stimme aus seinem Inneren hört. »Was soll das Theater?« unterbricht sie ihn. »Du weißt doch ganz genau, daß du keinen liebst außer dir, du Mistkerl!«

Leider ist diese Passage untergegangen; kein Kritiker hat sie bemerkt. Die Szenen innerhalb der Schule haben alle Aufmerksamkeit auf sich gezogen. Zum Beispiel die erste: Ungefähr vierzig Kinder spielen Völkerball. Am Ende sind nur noch Ted und Ronny übrig. Als Ted vom Ball gestreift wird, geht Ronny auf ihn zu, um ihm höhnisch zu gratulieren, will noch ein letztes Mal zur Seite springen, um nicht getroffen zu werden, holt dazu mit dem Ellbogen aus – und trifft ein kleines Mädchen ins Auge, das hinter ihm steht. Ein Unfall also.

Das Spiel wird sofort unterbrochen. »Orthogenische« Anweisungen der Erzieher, während sie ihre Gruppen sammeln. Tonys Gruppe trabt in ängstlicher Erwartung zu ihrem Zimmer zurück. Im Hof läßt Tony seinen Zeige- und seinen Mittelfinger über die niedrige Wand zwischen den beiden Gebäuden spazieren und stellt sich dabei vor, »daß die Finger die Beine eines Mannes sind, der in einem kleinen Staat durch die langen Gänge eines großen Gefängnisses zu seiner Hinrichtung geführt wird. Drumherum liegt das Heimatland dieses Mannes, aber er ist völlig davon abgeschnitten«. Plötzlich schweifen Tonys Gedanken zum Midway ab, auf dem, nur ein paar Meter von ihm entfernt, »Leute sind, die nichts vom Zorn des Dr. V. wissen, die noch nie etwas von versteckten Gefühlen gehört haben oder von Unfällen, die keine sind. Tony beneidet diese Menschen, aber er fühlt auch, daß ihrem Leben etwas Wichtiges und Grundlegendes abgeht, auch wenn er nicht genau erklären könnte, was das ist.«

Dann sind sie im Schlafsaal und warten. Die Erzieherin redet weiter mit Ronny – »Hast du nachgedacht über das, was du getan hast?« – »Ich habe nur ausgeholt, um zur Seite zu springen. Ich habe nicht *gesehen*, daß sie da stand!« –, die anderen fünf Kinder beschäftigen sich in ihrer Ecke. Für drei Uhr nachmittags liegt eine ungewöhnliche Ruhe über der Schule. Igor sitzt auf seinem Bett und macht sich klein. Er dreht an einem Knopf auf einem Stück Karton, einem der unzähligen phantastischen Apparate, die am Kopf- und Fußende seines Bettes angebracht sind (ja, es ist »Joey«, der in derselben Gruppe war wie Tom Lyons). Als Tony, der vor dem Gewitter lieber noch mal pinkeln gehen will, an ihm vorbeigeht, flüstert Igor: »W-weißt d-du, w-wozu d-dieser Knopf gut ist?« Tony schüttelt den Kopf. Igor, mit etwas festerer Stimme: »M-mit d-dem Knopf kann ich d-die S-spannung von dem Roboter runterschalten, d-daß Ronny nicht s-soviel Ärger kriegt.« - »Hör mal, Igor«, sagt Tony freundlich, »wenn der ein echter Roboter wäre, hätten wir ihn doch schon lange ausgeschaltet.« - »Nein«, sagt Igor, »d-as geht doch nicht. D-dann w-würden s-seine B-batterien d-durchbrennen. W-wir w-wollen ihn doch nicht umbringen.«

Auftritt Dr. V., Ohrfeigen für Ronny. Plötzlich reißt Dr. V. die Arme hoch, reckt sie gen Himmel und stößt kleine spitze Schreie aus. »Ich *habe* es nicht absichtlich gemacht!« ruft er mit Fistelstimme. »Es war ein *Unfall*!« Dann fragt er in seinem normalen Tonfall: »Geht's dir jetzt besser?« Ronny schüttelt den Kopf. »Also gut. Dann merk dir jetzt ein für allemal: Immer wenn du einen von deinen Unfällen hast, werde ich einen von meinen kriegen. Verstanden?«

Als wieder Ruhe eingetreten ist, erläutert Dr. V., welche Aggression darin liegt, den unterlegenen Gegner zu beglückwünschen, er zieht eine Parallele zu dem Unfall, fordert die anderen auf, an der Diskussion teilzunehmen, kurz, hinter der Karikatur schimmert immer wieder das Wissen durch, daß die Dinge nie so einfach sind, wie sie aussehen - denn, vergessen wir nicht, es handelt sich hier um einen Jungen, der für Comic strips schwärmt und selbst mit wilden Gewaltanfällen zu kämpfen hat.

Von den ehemaligen Erziehern will keiner den Roman gelesen haben, und wenn doch, dann fanden sie ihn nicht gut. Über die Gründe befragt, sagen sie: »Als ich die Schule verlassen hatte, hatte ich keine Lust mehr, auch noch was darüber zu lesen.« - »Ich weiß doch, was Tom dachte, da mußte ich sein Buch gar nicht lesen.« - »Es ist eben einfach ein schlechtes Buch.« - »Er hat es doch nur geschrieben, um sich an Dr. B. zu rächen.« Ihre Antworten klingen wie ein entferntes Echo auf Bettelheims: »Die Leute würden mich doch nur mißverstehen.«

Dabei ist *The Pelican and After* eine Hommage an die Orthogenic School im allgemeinen und an Dr. B. im besonderen. Fae Tyroler, die fünf Jahre lang Erzieherin der »Pandas« war, jener Gruppe, der auch Joey und Tom Lyons angehörten, sieht das übrigens genauso. Sie mochte das Buch. Es ist nicht nur der Beweis dafür, daß es Tom Lyons gelungen ist, seine Dämonen zu zähmen, sondern trotz seines manchmal beißenden Sarkasmus voller Wärme und Hoffnung. Lyons Kunst, Geschichten zu erzählen, und der Witz, der den Ton des Buches prägt, sind Ausdruck einer kontrollierten Aggressivität, die sich in den Dienst einer konstruktiven Aufgabe gestellt hat. Sogar die extreme Karikatur des Dr. V. bestätigt von der anderen Seite her, ex negativo sozusagen, wie gut der wirkliche Dr. B. seine Blitzableiterfunktion ausfüllte. Und daß Tom das so gut verstanden hatte, daß er nichts verschweigen mußte.

So hatte er es auch nicht nötig, nach dem Erscheinen des Buches in Interviews irgendwelche offenen Rechnungen zu begleichen. Im Gegenteil, er unterstrich immer wieder, welch einzigartiger Ort die Orthogenic School gewesen sei, sprach sogar von »magischen« Erfahrungen. Zu Fragen nach den Autisten sagte er, er habe das Wort erst kennengelernt, nachdem er die Schule verlassen habe. Für ihn seien das einfach die Kinder gewesen, mit denen er aufgewachsen sei, nur noch ein bißchen unglücklicher als er selbst. Und als der Rundfunkmoderator Studs Sturkel von ihm wissen wollte: »Wann haben Sie bemerkt, daß Sie geheilt sind?«, gab er ihm darauf eine geradezu Bettelheimsche Antwort: »Nehmen wir zum Beispiel Sie. Wir sind uns doch einig, daß Sie heute erwachsener sind, als, sagen wir, mit drei. Aber Sie sind doch auch nicht eines schönen Morgens aufgewacht und haben zu sich gesagt: Jetzt bin ich erwachsen – oder? Sie waren doch die ganze Zeit ein und dieselbe Person. Gut. Und genauso schrittweise sind eben auch die Prozesse in der Schule abgelaufen.«

Alle meine Gespräche mit Tom Lyons haben gezeigt, daß er derselbe geblieben ist. Er hat noch die gleichen ambivalenten Gefühle Bettelheim gegenüber – »Hat er mir das Leben gerettet oder meine Kindheit ruiniert?« –, das gleiche grausame Überich. Er hat mit ihm zu leben gelernt, aber es hindert ihn immer noch daran, das Leben, wie es ist, zu genießen.

Am ersten Tag sagte er zu mir: »Eine der schmerzhaftesten Kränkungen an der Schule war, denke ich, dieser Glaube, Dr. Bs. Brutalität wäre immer therapeutisch. Weil das Kind dann in der Luft hing.« Drei Jahre später, als ich das Band noch einmal abhörte, verstand ich erst die ganze Bedeutung dieser Erkenntnis und gratulierte ihm dazu am Telefon. Er erschrak. »Brutalität? Dieses Wort habe ich nicht verwendet, es ist zu stark ... Sie haben es auf Band? Wirklich? Sie müssen das im Kontext sehen ... Ich meinte eigentlich Härte. Nein, Brutalität ist ein zu starkes Wort. Dr. B. war nicht brutal ... Wissen Sie, ich will wirklich nicht eingreifen in das, was Sie schreiben, ich glaube an die Freiheit des Wortes. Aber in diesem speziellen Fall könnten Sie mich doch vielleicht meine Aussagen noch einmal überprüfen lassen ...«

Tom ist Dr. Bs. Darstellung seines Freundes Joey sichtlich unangenehm. Einige aus dessen Familie waren sehr gekränkt. Er will Joeys Privatsphäre nicht verletzen und kann mir daher überhaupt nichts dazu sagen, fordert mich aber gleichzeitig auf, doch mit ihm selbst und seiner Mutter zu sprechen, will mir allerdings seine Telefonnummer nicht geben.

Kaum hat er sich kritisch zur *Geburt des Selbst* geäußert, schickt mir Tom ein Fax: »Ich bleibe bei meinen Vorbehalten. Aber vor kurzem ist mir aufgefallen, wie sehr sich B. Bs. Fallgeschichten von denen Freuds unterscheiden. Sie sind fast wie Love Stories, in denen es einem leichtgemacht wird, die Hauptfigur zu mögen ... Legt B. B. vielleicht als erster ›Seele‹ in seine Fälle?«

Unglücklicherweise haben die Umstände bei der Veröffentlichung seines Buches Tom Lyons' Ambivalenz Bettelheim gegenüber noch verstärkt. Er vermutet, daß Bettelheim bei Macmillan interveniert hat, damit der Verlag sein Buch nicht herausgibt. Nachdem ich das umfangreiche Dossier, das er über diesen Fall erstellt hat, durchgearbeitet und mit einigen beteiligten Personen gesprochen habe, bin ich der Ansicht, daß es nicht so war.[19] Wahrscheinlicher ist, daß

19 Das Dossier bezieht sich auf die Zeit von 1970 bis 1972. Bettelheims Freund und erster Verleger, Jeremiah Kaplan, war zum Leiter von Macmillan geworden, einer großen Verlagsgruppe, die seinen Verlag The Free Press aufgekauft hatte. Tom Lyons' Manuskript war angenommen worden und befand sich schon in den Händen des Cheflektors Robert Markel, als Kaplan von seiner Existenz erfuhr. Er bat den Autor, Bettelheims schriftliche Zustimmung zu einer Veröffentlichung einzuholen.
Jeremiah Kaplan sagte mir 1993, er habe das Manuskript vorher nicht selbst gelesen, aber munkeln hören, Bettelheim käme schlecht darin weg. Jedenfalls verstrichen drei Monate, bis Bettelheim das Manuskript erhielt. In der Zwischenzeit rief Tom Lyons auf Ersuchen von Macmillan Bettelheim an. »Ich wollte gern mit ihm reden. Ich glaubte aufrichtig, mein Buch würde eine Quelle der Genugtuung für ihn sein.« Doch Bettelheim war keineswegs erfreut. »Es gefällt mir nicht, daß du mich verleumden willst. Das ist eine seltsame Art, sich dafür zu bedanken, daß ich dich gerettet habe.« Daraufhin schaltete sich Toms Mutter, Augusta Wallace Lyons, ein, die mit Bettelheim immer freundschaftlich verkehrt hatte und zu den Sponsoren der Schule gehörte. Sie rief Bettelheim an, um ihren Sohn in Schutz zu nehmen. Nach einem längeren Gespräch erklärte sich Bettelheim bereit, seine Zustimmung zu geben, wenn Tom ihm das Buch widmen und in einem Vorwort klarstellen würde, in welchem Zustand er in die Orthogenic School gekommen sei. Es folgten mehrere Telefonate und Briefe, die Spannungen wurden größer, Bettelheim hatte das Buch aber immer noch nicht zu Gesicht bekommen. Während dieser Zeit hörte Nina Helstein, eine junge Lehrerin, wie Bettelheim wütend ins Telefon schrie: »Veröffentlichen Sie es, wenn Sie unbedingt wollen. Aber vergessen Sie nicht, daß der Autor ein Psychotiker war.«

der Verlagschef von sich aus einen seiner Starautoren vor einer möglicherweise abträglichen Veröffentlichung bewahren wollte.

Wie auch immer. Diese Affäre beweist für mich vor allem, daß Bettelheim nicht ganz unrecht hatte, als er einem Journalisten auf die Frage nach den Ohrfeigen antwortete: »Das ist eine Angelegenheit zwischen mir und den Kindern.«[20] Er und Tom Lyons sind fast die einzigen, die den Sinn von *The Pelican and After* wirklich verstehen. Nachdem er das Buch gelesen hatte, beglückwünschte Bettelheim in einem Brief Lyons am 21. April 1971 zu seiner »beachtlichen schriftstellerischen Begabung« und fügte hinzu: »Ich bin sicher, daß es ein treues Abbild dessen ist, wie Du die Dinge mit vierzehn gesehen hast.« Als es erschien, saßen die beiden in Kalifornien beim Essen, in entspannter Atmosphäre bei angeregter Unterhaltung. Es war ihre letzte persönliche Begegnung. Im Jahr darauf hörte Tom Lyons, der ehemalige Leiter der Orthogenic School habe in einer Vorlesung prophezeit, viele seiner früheren Schüler würden einmal Bücher veröffentlichen, in denen sie ihm alles mögliche vor-

Im April 1971, als er das Manuskript endlich gelesen hatte, gratulierte Bettelheim Tom Lyons zu seiner Begabung und zu seiner Arbeit. Er wiederholte, daß er nicht die Absicht habe, sich einer Veröffentlichung entgegenzustellen, und sprach noch einmal die Widmung und das Vorwort an. Am selben Tag schrieb er an Toms Mutter und erklärte ihr, da er nun wüßte, daß seine Beziehungen mit Tom im Zentrum des Buches stünden (was er vorher nicht gewußt habe), wollte er jetzt nur noch mit Tom darüber reden. Nebenbei bemerkte er, er fände das Bild, das Tom von der Schule und von ihm zeichne, unfair. Er schien verärgert zu sein über den Verdacht gegen ihn und erwähnte, daß Mrs. Lyons doch im Besitz mehrerer Briefe sei, in denen er versprochen habe, einer Veröffentlichung nichts entgegensetzen zu wollen.
Eine Woche später erfuhr Tom Lyons, daß Macmillan das Buch nicht verlegen wollte. Im folgenden Briefwechsel mit Tom und dessen Mutter bedauerte Bettelheim diese Entscheidung, weigerte sich jedoch, zu intervenieren: Er hätte aus persönlichen Gründen entschieden, den Verleger zu wechseln, Kaplan aber nichts davon gesagt, solange Toms Manuskript noch in der Diskussion gewesen sei.
Im Juni 1971 gab er Tom endlich die schriftliche Zustimmung, nachdem dieser ihm den Entwurf eines Vorworts vorgelegt hatte. Darin setzte er sich in komischer Überzeichnung mit seiner Eingangsdiagnose auseinander, verneigte sich vor Bettelheim und hob hervor, daß die Orthogenic School nur eine Inspirationsquelle für das Buch gewesen sei. Ein Jahr nachdem er den Verlag gewechselt hatte, befreite Bettelheim Tom von allen Auflagen. Doch der fand trotz der Bemühungen seines Agenten lange keinen Verleger. Das Buch wurde erst 1983 veröffentlicht.

20 Interview im *Connecticut New Haven Register*, 8. April 1984.

werfen würden, konnte aber das Gerücht nicht überprüfen. Und es will ihm immer noch nicht einleuchten, daß Bettelheim, obwohl er sich Sorgen um seinen Ruf machte und außerdem über die Karikatur als Dr. V. beleidigt war, gleichzeitig wirklich stolz auf ihn gewesen sein soll, daß er dieses Buch herausgebracht hatte.

»Es ist mir tausendmal lieber, wenn es *mich* haßt statt sich selber«, sagte Bettelheim, wenn die Erzieher sich darüber wunderten, daß er ein Kind schlug. Oder: »Ich kann ihm gar nicht so weh tun wie es sich selbst.« Wenn das Kind dann nach einer Ohrfeige im richtigen Moment damit aufhörte, seinen Kopf gegen die Wand zu schlagen oder sich blutigzubeißen, war das Argument überzeugend. In anderen Fällen trat die Wirkung nicht so unmittelbar ein, wurde aber auf längere Frist spürbar. Doch da Bettelheim sich nie öffentlich dazu bekannte, welchen Gebrauch er von der Gewalt machte, fiel es selbst jenen, die er überzeugt hatte, schwer, damit umzugehen.

Ich weiß nicht, seit wann genau es dem großen bösen Wolf nicht mehr genügte, die Augen zu rollen und die Zähne zu blecken. Die Zwischenfälle, bei denen er eingreifen sollte, häuften sich - einerseits, weil immer mehr schwerstgestörte Kinder aufgenommen wurden, andererseits wohl auch aufgrund der Veränderung des Teams. Manche, wie Ugo Formigoni, setzten ihren Stolz darein, niemals Dr. B. um Hilfe zu bitten. Doch da viele Situationen blitzschnell entgleisen konnten, verhielten sich nur wenige so. Wenn es einen Zwischenfall gegeben hatte, wurde viel darüber geredet, unter den Kindern wie auch unter den Erziehern. Die meisten erlebten es als Scheitern, wenn sie Dr. B. rufen mußten, und fühlten sich schuldig. Auf den Erzieherkonferenzen versuchten Dr. B. und das Team dann herauszufinden, was die Krise ausgelöst hatte, woher die Angst des Kindes und die des Erziehers gekommen war.

Gerade in diesem Bereich führen allerdings selbst die aufrichtigsten Darstellungen häufig in die Irre. Fast alle betreffen Dritte. Gut, denkt man, das trägt zur Objektivität bei. Doch weit gefehlt. Mit der Zeit merkt man nämlich, daß X, wenn er von den Ohrfeigen erzählt, die Y bekommen hat, im allgemeinen seine eigenen Empfindungen wiedergibt, Mitleid, Schuldgefühle, die schlecht verhehlte Befriedigung, daß es einen anderen erwischt hat, und so weiter. Von dem, was zwischen Y und Dr. B. wirklich vorgefallen ist, hat er meist nicht die geringste Ahnung. Das ist besonders dann der Fall, wenn Y von X für noch schwächer oder noch unglücklicher gehalten wird. So behauptet »Paul«, ein großer, starker Mann, Dr. B. sei mit den Mädchen viel strenger gewesen. Das stimmt eindeutig nicht. Andere wollen gesehen haben, daß er Autisten öfter ohrfeigte. Das bestreiten die Erzieher, die mit Autisten zu tun hatten. Sicher ist jedoch, daß diese unnahbaren Kinder mit ihrem verrückten Verhalten und ihren durchdringenden Schreien einen Wirbel von Gefühlen auslösen, der oft kaum auszudrücken und noch schwerer zu handhaben ist.

Probleme mit diesen Kindern waren immer besonders heikel. Der Vorfall, der die Lehrerin Nina Helstein bewog, die Schule zu verlassen, ereignete sich im Jahre 1970. Einer von den größeren Jungen war in die Psychiatrie eingewiesen worden. Eine gedrückte Stimmung lag über der Schule, alle fragten sich, wie man das hätte verhindern können. Nina Helstein hatte in ihrer Klasse ein autistisches Mädchen von sieben Jahren, das gerade begonnen hatte, aus seiner Isolation aufzutauchen. Doch an diesem Tag bekam sie nichts aus ihm heraus. Den ganzen Vormittag blieb »Erin« in sich versunken, schaukelte den Oberkörper vor und zurück und murmelte ständig den Namen des Jungen vor sich hin. Vergebens versuchte Nina, das Mädchen zu beruhigen. Als während des Mittagessens Dr. B. an ihren Tisch kam, erzählte sie ihm davon. Daraufhin wandte er sich Erin zu, die daneben saß, ohrfeigte sie und sagte ein paarmal: »Das reicht! Hör jetzt auf damit!« Erin verstummte, Nina war entsetzt. Später, auf der Erzieherkonferenz, stellte Bettelheim Nina die Frage: »Warum, glauben Sie, war Erin so unruhig?« – »Sie wollte hören, daß sie nicht genauso weggeschickt wird.« – »Richtig. Und warum sollte ich sie dann schlagen?« Da richtete sich die kleine Nina Helstein zu voller Größe auf, blickte Bettelheim gerade in die Augen und sagte: »*Sie* haben sie geschlagen, Dr. B., ich habe Sie nicht darum gebeten!« Er antwortete nicht, und die Sitzung war zu Ende. Am nächsten Tag erfuhr Nina, daß sie am Pfeifferschen Drüsenfieber litt, und nachdem sie zwei Monate lang krank gewesen war, kehrte sie nicht mehr an die Schule zurück. Sie betont zwar, wieviel sie in den knapp zwei Jahren an der Orthogenic School für ihr gesamtes berufliches Leben als Therapeutin und Beraterin an sozialen Einrichtungen gelernt hat, aber sie ist fest davon überzeugt, daß Bettelheim in seinen letzten Jahren an der Schule gelegentlich die Beherrschung verlor. In dem konkreten Fall, meint sie, wollte er, bedrückt durch die Einweisung des Jungen, ihr die Verantwortung für eine Handlung zuschieben, für die er sich schämte.

Ich habe Erzieher aus dieser Zeit zu dem Thema befragt, viele von ihnen teilten Ninas Meinung nicht. Nina habe aufgrund ihrer Herkunft[21] eine besondere Beziehung zu Bettelheim gehabt und immer wieder seine Machtposition in Frage gestellt – was sie im übrigen gar nicht leugnet. Aber warum, fragen die anderen, hat sie sich in dieser Situation an Dr. B. gewandt? Weil sie nicht an der Schule lebte, sagt sie, und nicht über die nötige Autorität verfügte, um Erin versprechen zu können, sie würde nicht weggeschickt. Offensichtlich werden hier unterschiedliche Dinge verhandelt. Aus den Worten der anderen Erzieher geht implizit die Annahme hervor, Nina habe, verunsichert durch Erins Verhalten, ihr gegenüber eine distanzierte Haltung eingenommen, die nicht gerade beruhigend gewirkt habe.

Bettelheim, wenn er noch lebte, würde dazu wahrscheinlich anmerken, eine solche Haltung sei viel gewalttätiger als ein paar Ohrfeigen. Was natürlich nicht ausschließt, daß er Nina tatsächlich mißverstanden hat. Denn er war an diesem Tag wirklich in schlechter Verfassung, und sie hatte nicht klar gesagt, was sie von ihm wollte. Darauf könnten seine Worte an Erin hindeuten, denn, wie Diana Grossman Kahn hervorhebt, »seine Ohrfeigen waren immer von einer klaren Botschaft begleitet«. Gewohnt, daß die Erzieher ihn nur zu Hilfe riefen, wenn sie nicht mehr weiterwußten oder eine Situation gefährlich wurde, dachte er vielleicht, Erin habe den ganzen Vormittag geschrien, was ein Teil ihrer Symptomatik war. Möglicherweise hat er seinen Irrtum später eingesehen und seine vorschnelle Reaktion bedauert. Jedenfalls scheint mir dieser irritierende Zwischenfall symptomatisch zu sein für die letzten Jahre, in denen alles ein wenig aus dem Ruder lief.

Die Botschaft an Erin dagegen war klar, alle haben sie auf die gleiche Weise verstanden, auch wenn sie es unterschiedlich ausdrücken: »Daß ich dich discipliniere, ist der Beweis dafür, daß ich dich behalten will. Aber es liegt an dir, dich in den Griff zu kriegen und dich nicht wie eine Irre aufzuführen, wenn du nicht so behandelt werden willst.«

Ich fragte Kathy Lubin um ihre Meinung, die lange eine der Lieblingserzieherinnen Bettelheims war. Zur Zeit dieses Zwischenfalls war sie nicht mehr an der Schule, aber das würde ihr auch erlauben,

21 Nina Helsteins Vater war ein einflußreicher Gewerkschaftsführer in Chicago, die Familie gehörte der jüdischen Bourgeoisie der Stadt an, war seit langem assimiliert und fortschrittlich. Nina selbst war eine Klassenkameradin von Bettelheims ältester Tochter Ruth.

freier zu sprechen. Statt mit einer Erklärung antwortete sie mir mit einer Geschichte. Unweit der Schule war einmal eine Frau ermordet worden. Die Leiche lag noch da, als die Kinder von der Schule kommen sollten, aus allen Fenstern, die nach hinten gingen, war sie deutlich zu sehen. Was also tun? Mit den Kindern darüber reden oder sie von den Fenstern fernhalten? Gar nichts, sagte Bettelheim. Und als er dann die Runde durch die Schlafsäle machte, sprach er mit den Kindern über das Verbrechen, besonders mit denen, deren zerstörerische Neigungen er kannte: Was dort geschehen sei, könnte ihnen auch eines Tages passieren, wenn sie sich nicht bessern würden. Kathy Lubin war sprachlos: »Alles, was er sagte, war genau gezielt und enthielt für jeden das, was ihn besonders betraf. Diese Leiche, die uns Angst machte, mit der wir nicht wußten, was wir tun sollten - er hat sie einfach in die Schule hereingenommen, um sich ihrer zu bedienen. Das war absolut verblüffend - und ziemlich wirksam.«

Das war es, worin Bruno Bettelheim wirklich hart sein konnte: in der gnadenlosen Konfrontation aller, die ihn umgaben, mit ihren dunkelsten Abgründen. Diese Fähigkeit verbreitete weitaus mehr Furcht als die Ohrfeigen, die er übrigens nur selten verteilte - seine Funktion war so klar, daß seine Anwesenheit allein meist völlig ausreichte. Eine einzige Erzieherin hat bisher versucht, dieses Phänomen öffentlich zu erklären, Leslie Cleaver, eine Freundin Nina Helsteins und wie Fae Tyroler Betreuerin einer Jungengruppe. Anläßlich einer Feier zu seinen Ehren im Jahre 1986 beschrieb sie Bettelheim als einen »öffentlichen Feind, der dieses Namens würdig ist, unnachgiebig, deutlich wahrnehmbar, absolut letztverantwortlich und beruhigend unzerstörbar«. Sie spottete ein wenig über seine sprachlichen (»Vell, how are sings?«) und sonstigen Tics (»Oh, it vas an accident. I can't control my hand!«) und veranschaulichte schließlich das an der Schule allgemein herrschende Gefühl »Dr. B. sieht alles« mit einer kleinen Anekdote: Zwei Erzieherinnen verbringen ihren Urlaub in einem weit abgelegenen irischen Kaff. Das Dorfkino kündigt einen Film an: *The Most Dangerous Man Alive*. »Er ist hier«, schreit die eine. »Er hat uns gefunden!«

Bettelheim, der zu Leslie Cleaver ein eher distanziertes Verhältnis hatte, war überhaupt nicht beleidigt und bedankte sich mit bewegten Worten. Leslie Cleaver war 1969 an die Schule gekommen, in einem für Bettelheim schwierigen Jahr. Sie sah seinen manipulativen Umgang mit anderen Erzieherinnen und deren Rivalität untereinander und beschloß, sich davon fernzuhalten. Doch im Gegensatz zu Nina Helstein akzeptierte sie die Spielregeln. Sie wollte sich zwar nicht von Dr. B. therapieren lassen, war aber bereit, »in den Spiegel zu blicken«, wie sie sagt, sich mit ihren eigenen Abgründen auseinanderzusetzen, um die Ängste der Kinder verstehen zu lernen, sie hatte nur keine Lust, in ein totales Abhängigkeitsverhältnis zu Dr. B. zu geraten. Bettelheim schätzte sie, aber er mißtraute ihr auch ein wenig. Und doch fand gerade diese Frau auf einer akademischen Feier zu Ehren einer öffentlichen Person, des berühmten Dr. B., die richtigen Worte, um Bettelheim zu zeigen, daß wirklich er gemeint war, mit seinen Schwächen und allem. Darum war ihr Beitrag ein so wertvolles Geschenk für ihn.

Und sie begnügte sich nicht damit, ihn als den großen bösen Wolf darzustellen. Sie versuchte, seine Funktion zu erläutern: »Ich möchte hervorheben, wie viele möglicherweise gefährliche Gefühle und Handlungen in ihrer ganzen Kraft als Freude, Spiel, Liebe und Haß zum Ausdruck kamen, weil Dr. B. willens und fähig war, die Rolle des Feindes auf sich zu nehmen.« Sie beschrieb, daß er immer da war, stets bereit, sich aufmerksam mit den geringsten Bedürfnissen und Ängsten jedes einzelnen auseinanderzusetzen, und den Erziehern, denen aus dem Spiegel der Kinderseelen plötzlich die eigenen Ungeheuer entgegenblickten, als Beschützer beizustehen. Sie erklärte seine einzigartige Methode, seine Lehren nicht theoretisch, sondern über die Erfahrung von Gefühlen zu vermitteln. Neben seinem »ausgeprägten Sinn für die Erbsünde« erwähnte sie seinen »unerschütterlichen Glauben an die menschliche Anpassungsfähigkeit«. Und schließlich zögerte sie auch nicht, der Orthogenic School im Vergleich zu allen anderen Institutionen, an denen sie gearbeitet hatte, das Prädikat vollkommen beizulegen.

Diese Aussage einer Frau, die nicht zu Bettelheims Fangemeinde zählte, ist bedeutsam. Sie zeigt, daß auch in den späten Jahren, als Bettelheims Verhalten unberechenbarer und unbeherrschter wurde, in dieser schwierigen Phase, in der die meisten Vorfälle stattfanden, die man ihm nach seinem Tod vorwarf, der Kern seines Lehrens und Handelns unversehrt geblieben war. Auch andere können das bestätigen, aber sie standen ihm näher, und daher ist ihren Aussagen nicht so großes Gewicht beizulegen.

Mitte der sechziger Jahre trat die Orthogenic School in ihre dritte Phase ein. Bettelheim mußte einsehen, daß trotz aller Bemühungen die Autisten nicht die Fortschritte machten, die er sich erhofft und anderen versprochen hatte. 1956 hatte er in einem berühmt gewordenen Artikel noch Margaret Mahlers Pessimismus gerügt: Sie halte diese Kinder nur deshalb für unheilbar, weil sie sie bloß zu Einzelsitzungen sehe und nicht in stationärer Behandlung.

Das war der größte Einschnitt in der Entwicklung der Schule: Seit es die autistischen Kinder gab, war der Glaube an Heilung verschwunden. Die Sicherheit der ersten Erzieherinnen – »Wir werden sie hier herausbringen, wir werden sie heilen« – hatte nach und nach einer realistischeren Sicht der Dinge Platz gemacht, zumindest bei denen, die sich mit diesen verlorenen Kindern beschäftigten. Das geschah natürlich nicht von einem Tag auf den anderen. Karen Zelan kam 1956 an die Schule, als Bettelheim die Forschungsgelder der Ford Foundation erhielt, und betreute in den acht Jahren, die sie blieb, außer »Marcia« noch zwei andere autistische Mädchen. Und zumindest bei einem von ihnen, »Vivienne«, war sie überzeugt, es vollständig heilen zu können. Als Vivienne in die Schule aufgenommen wurde, war sie ausgesprochen gewalttätig, sprach kaum, verwechselte die Personalpronomina und zeigte alle damals bekannten Symptome des Autismus. Nur ein Jahr später, mit sechs, verhielt sie sich wie ein ganz normales Mädchen von drei oder vier Jahren.

Bald danach gab es die ersten Hinweise auf die Hartnäckigkeit, mit der diese Krankheit allen Heilungsversuchen trotzte. Da war der Fall Marcias, die ihr erster Blick auf die Welt in eine tiefe Depression stürzte. Die »isolierten Inseln spezifischer Erfahrungen«, von denen Bettelheim gesprochen hatte, wollten sich anscheinend nicht zu einem Ganzen fügen. Das wurde offensichtlich, als Karen Zelan 1964 die Orthogenic School verließ. Keines der drei Mädchen machte mehr Fortschritte, hauptsächlich deshalb, weil es ihnen nicht gelang, eine vergleichbare Beziehung zu einer anderen Erzieherin aufzubauen. Marcia kehrte drei Monate später in ihre Familie zurück, Vivienne blieb bis 1970, ihr Zustand verschlechterte sich jedoch sehr; das dritte Mädchen erlitt etwa ein Jahr nach Zelans Weggang einen Zusammenbruch, daß es nicht einmal mehr seinen Namen wußte, und mußte kurz darauf in die Psychiatrie eingeliefert werden. Dieses Problem ist heute noch nicht gelöst: Zwar gelingt es mit konstanter Zuwendung manchmal einem bestimmten Menschen, eine Bresche in den autistischen Verteidigungswall zu schlagen, das hat aber anscheinend keinerlei Auswirkungen auf die Beziehungen zu anderen – der Panzer öffnet sich nicht für den Rest der Welt. Wenn doch, handelt es sich nach heutigem Ermessen eben nicht um einen Autisten.

Dieser Zirkelschluß erbost Karen Zelan. Sie hat ihr ganzes Leben lang mit jungen Psychotikern gearbeitet und kennt die entsprechende Fachliteratur mit all ihren Widersprüchen und unterschiedlichen Definitionen. Sogar »Joey« würde nach einigen Autoren heute noch als Autist durchgehen. Wir wollen uns hier allerdings nicht auf eine Fachdiskussion einlassen, sondern untersuchen, welche Auswirkungen das alles auf Bettelheim hatte. Obwohl die ersten Erfolge also durchaus ermutigend waren (und oft größer als heute, sagt Karen Zelan, jedenfalls wenn man das Gesamtergebnis betrachtet statt, wie es die Behavioristen tun, bloß die Anpassung des Verhaltens), rückte das Ziel der vollständigen Heilung in unerreichbare Ferne. Die Aufnahme der Autisten markierte das Ende der Aufbruchszeit, in der die Erfüllung der kühnsten Träume zum Greifen nah erschien.

Anscheinend hatten die Erfahrungen mit diesen Kindern Bettelheim in seiner Überzeugung bestärkt, daß man diese nicht durch Ideen, sondern nur durch die Erkenntnis der eigenen psychischen Probleme heilen könne. Mehr noch als bei den anderen Kindern hingen die Fortschritte der Autisten mit der Persönlichkeit ihrer Bezugsperson zusammen. Und das hatte nichts mit deren Intelligenz, Bildung oder Eifer zu tun, sondern ausschließlich mit deren Intuition oder, wie Bettelheim sagte, der Kommunikation zwischen Unbewußtem und Unbewußtem. Denn ihm war aufgefallen, daß autistische Kinder, ungeachtet des Verhaltens, das andere ihnen gegenüber an den Tag legten, vor allem für deren unbewußte Strebungen empfänglich waren. Und die Intuition ging, wie das Beispiel Karen Zelans zeigt, nicht selten mit einem etwas ausgefallenen Charakter einher.

Als Karen Zelan an die Orthogenic School kam, war sie einundzwanzig. Sie hatte am Oberlin College in Ohio Klavier studiert, nach einer Angstattacke, die sie vom Jahresabschlußkonzert ferngehalten hatte, jedoch zur Psychologie gewechselt. Nachdem sie *Liebe allein genügt nicht* gelesen hatte, wollte sie bei Bettelheim arbeiten, war aber so unsicher, daß sie zunächst anrief, um sich als Sekretärin zu bewerben. Zum Vorstellungstermin öffnete ihr Dr. B. persönlich die Tür, und nachdem sie ein bißchen über ihr Leben erzählt hatte, fragte er: »Warum wollen Sie eigentlich Sekretärin werden?« – »Soll das heißen«, fragte sie begeistert, »daß ich sofort, ohne Ausbildung, mit den Kindern arbeiten darf?«

Ihr erster Monat als Erzieherin war schrecklich. Die Mädchen ihrer Gruppe wiesen sie ständig auf ihre Fehler hin und drohten, sie zu verpetzen, und Bettelheim machte es ihr auch nicht gerade leicht. Sie erinnert sich noch, wie er sie anschrie, als an einem Mittwochabend in ihrer Gruppe eine Kissenschlacht ausbrach. Sie wollte nicht zu spät zur Erzieherkonferenz kommen und hatte das Zimmer verlassen, bevor alle schliefen. Erst dachte sie, Bettelheim wollte sie bloß erschrecken; aber es war ihm ganz ernst. Die Dinge besserten sich erst, als sie ihre erste »Neue« bekam. Das schwierige Mädchen hing bald an ihr, und Karen hatte endlich Gelegenheit, Einfühlungsvermögen und Fingerspitzengefühl zu beweisen. Und ihre Erfahrung. Ihre neun Jahre jüngere Schwester nämlich litt ebenfalls an schweren emotionalen Störungen, und Karen hatte mit großer Geduld versucht, ihr Lesen beizubringen. Daher auch ihr aufrichtiges Interesse für diese rätselhaften Kinder, die ihre offensichtliche Intelligenz nicht konstruktiv einsetzen können. Nach drei Jahren an der Schule waren ihre therapeutischen Fähigkeiten bereits so anerkannt, daß sie es sich sogar leisten konnte, Bettelheim zu widersprechen, wenn sie mit seiner Diagnose nicht übereinstimmte. Und er nahm ihren Widerspruch ernst, denn sie stützte sich dabei auf ein genuines Verständnis der Kinder, das seine Anerkennung fand. Anfang der sechziger Jahre schrieb er über den Autismus nichts mehr, was er nicht mit ihr besprochen hatte, und sie war auch die einzige unter seinen Mitarbeitern, die er zur Koautorin eines Buches machte.[22] Er sah in ihr den Idealtypus einer Erzieherin für schwer gestörte Kinder.

Obwohl Bruno Bettelheim keinen so vollständigen Sieg über den Autismus davongetragen hat, wie er es öfter behauptete, kann man, ohne Bilanz ziehen zu wollen über die Leistungen der Orthogenic School, durchaus behaupten, daß die Ergebnisse kaum schlechter waren als heutzutage, also immerhin dreißig Jahre später. Wir sprechen hier allerdings nicht von einem Training der Kinder, in dem sie lernen, zu essen, sich zu waschen und den Bus zu benutzen, sondern vom Versuch, ihnen ein Leben im Einklang mit sich selbst zu ermöglichen. Oder, wie es der Schriftsteller, Clown und Therapeut Howard Buten ausdrückte, der seit über zwanzig Jahren mit Autisten arbeitet: »Bei einem wirklich autistischen Kind gibt es nur eine Alternative: Entweder man richtet es ab wie ein Tier, und manche

22 Bruno Bettelheim und Karen Zelan, *Kinder brauchen Bücher*.

sind sehr gut darin, sie verwenden sogar Elektroschocks, oder man versucht, sein Leiden zu mindern.«[23] Einige Autisten haben an der Orthogenic School echte Fortschritte gemacht, andere nicht, aber allen ging es besser als vorher, und das ist schon ziemlich viel. Doch Bettelheim war das nicht genug.

Zwischen 1963 und 1964 bemerkten einige Mitarbeiter Bettelheims, etwa Diana Grossman Kahn, daß er sich veränderte. Es war vielleicht Mutlosigkeit oder eine gewisse Niedergeschlagenheit, doch so genau wußte das keiner. Niemand hatte genügend Distanz, um ihn als einfachen Sterblichen zu sehen, verletzlich und anfällig, auch für Leiden, die er zu bekämpfen lehrte. Genaugenommen stand Bettelheim zu dieser Zeit auf dem Gipfel seines Ruhms, strahlend und unangreifbar. Die Schule beherbergte mittlerweile rund fünfzig Kinder, die Plätze waren begehrt, manche mußten jahrelang auf eine Aufnahme warten. Nach *Aufstand gegen die Masse* waren seine *Gespräche mit Müttern* erschienen, und in den großen Publikumszeitschriften wurde um die richtige Auslegung seiner Erziehungsratschläge gestritten. Später trat er sogar regelmäßig im Fernsehen auf.

Ende 1963 kündigte Karen Zelan ihre Absicht an, nach Boston zu gehen. Ein Jahr davor hatte die Schule eine andere wichtige Erzieherin verloren, Karens Partnerin Inge Fleischmann, eine hervorragende, bei den Kindern außerordentlich beliebte Gruppentherapeutin, aber vor allem eine Frau mit enormem Organisationstalent, auf die Bettelheim sich blind verlassen konnte, wenn die Schule einmal ohne ihn laufen mußte. Noch schlimmer in persönlicher Hinsicht war vermutlich, daß die Gelder für das fünfjährige Forschungsprojekt der Ford Foundation aufgebraucht waren und das Buch, das er seit 1960, als er eine Verlängerung des Projekts beantragte, angekündigt hatte, immer noch nicht geschrieben war. Nach seinen vollmundigen Versprechungen stand er nun mit dem Rücken zur Wand. Welche Lösung konnte er für das Rätsel des Autismus anbieten? Welches Happy-End sollte er der herzzerreißenden Geschichte jener Kinder geben, die sich seinem Wunsch, sie zu verstehen und zu heilen, so hartnäckig verschlossen? Und während er noch vor diesem Dilemma stand, warfen ihm die ehemaligen Auschwitz-Insassen vor, er habe nichts begriffen, seine Überlebenslehren seien völlig wertlos. Bettelheim beschloß, nach Israel zu fahren.

23 Interview in Paris, September 1993.

15. Israel – Verstehen ist nicht genug

Die Beziehung Bruno Bettelheims zu Israel gleicht diesen merkwürdigen Liebesgeschichten, in denen es von verpaßten Rendezvous und Mißverständnissen nur so wimmelt. Sie schienen füreinander gemacht zu sein, stritten aber so lange, bis es zu spät war, und als sie endlich zusammenkamen, war Bettelheim zu alt, und die Beziehung war verblaßt wie die zu einem Jugendfreund, dessen Entwicklung man aus der Entfernung verfolgt gleich der eines erwachsen gewordenen Sohnes, um den man sich Sorgen macht – so jedenfalls klingen Bettelheims letzte Briefe an Carl Frankenstein. *The Children of the Dream*, die Frucht ihrer gemeinsamen Hoffnungen, eine bei aller Kritik überzeugende Verteidigung des Erziehungssystem der Kibbuzim, wurde in Israel als Affront aufgenommen. Kein Verleger wollte es auf hebräisch veröffentlichen.

Anfang März 1964 landete Bruno Bettelheim auf dem Flughafen von Tel Aviv. Zweck des Besuchs: die psychischen Auswirkungen der Kibbuzerziehung zu untersuchen und daraus Lehren zu ziehen für die amerikanischen Ghettos. Ziel: Ramat Yohanan, einer der ältesten Kibbuzim Israels, gegründet 1932. In seinem Buch nennt Bettelheim ihn »Atid«, Zukunft.

Der erste Zwischenfall fand bereits auf dem Flughafen statt, er war unbedeutend, aber charakteristisch: Bettelheim schleppte drei große Kisten mit Geschenken für die Kinder von Ramat Yohanan mit sich. Und er konnte überhaupt nicht begreifen, warum der israelische Zoll die unbedingt inspizieren wollte. Seine Gastgeber wiederum verstanden gar nicht, worüber er sich so aufregte; die Sicherheitsmaßnahmen waren zwar lästig, aber eben notwendig in einem Staat, der seit seiner Gründung ständig von Terroristen bedroht wurde.

So plötzlich Bettelheims Entschluß zu der Reise gekommen war, die Idee hatte er schon lange. Seit Ende der vierziger Jahre interessierten sich Psychologen und Pädagogen für die Kinder aus den Kibbuzim. Da die Ältesten bereits erwachsen waren, boten sie einer Generation von Wissenschaftlern, die von der Frage besessen waren, ob der Mensch von der Gesellschaft geprägt wird oder umgekehrt, ein einzigartiges Forschungsfeld. Denn sie waren im Rahmen einer offenen, demokratischen Gesellschaft kollektiv unter Ihresgleichen aufgezogen worden. Auch Bettelheim fand dieses Experiment anziehend, er hatte oft mit anderen darüber diskutiert, insbesondere mit dem Psychoanalytiker David Rapaport, der Israel gut kannte, und Ruth Marquis. Vom psychoanalytischen Standpunkt aus stellte sich vor allem die Frage: Wie verläuft die Entwicklung eines Kindes, wenn sie außerhalb der Freudschen Vater-Mutter-Kind-Triade stattfindet?

Außer diesen theoretischen Fragen beschäftigte Bettelheim noch ein praktisches Problem. Seit Dezember 1963 gab er ein wöchentliches Seminar für Lehrer über die Probleme Jugendlicher aus benachteiligten städtischen Milieus. In den Kibbuzim gab es anscheinend weder Drogen noch Kriminalität. Woran lag das? Am gesellschaftlichen System, das die Kinder von den Erwachsenen geerbt hatten, wie Rapaport vermutete, oder weil durch die Erziehung in der Gruppe der ödipale Konflikt vermieden wurde, wie Bettelheim annahm?

Ramat Yohanan lag im Herzen Galiläas, der fruchtbarsten Region des Landes, und war einer der reichsten Kibbuzim Israels. Als Bettelheim kam, lebten dort rund dreihundert Erwachsene und hundertsiebzig Kinder in festen Häusern, nicht wie in anderen Kibbuzim, wo Neuankömmlinge und Besucher mit Zelten oder Baracken vorliebnehmen mußten. Die marxistischen Träume der Gründerzeit waren verflogen, Ramat Yohanan gehörte zum rechten Flügel der Kibbuzbewegung.

Als die Pioniere der Haschomer Haza'ir, der Jungen Garde, in den zwanziger Jahren aus Europa nach Palästina eingewandert waren, hatten sie *Das Kapital* und *Die Traumdeutung* im Gepäck, Marx und Freud. In den Kibbuzim wollten sie deren Lehren in die Tat umsetzen. Abgesehen vom Zionismus hatten sie ganz ähnliche Dinge im Kopf wie die deutsche Jugendbewegung, insbesondere der Jung-Wandervogel, dem Bruno Bettelheim einmal angehört hatte: Sie wollten eine egalitäre und gerechte neue Gesellschaft aufbauen, den Menschen von hergebrachten Zwängen in Erziehung und Sexualität befreien, Arbeit und Ressourcen miteinander teilen und so weiter. So war die Reise, die Bettelheim in einer für ihn schwierigen Zeit unternahm, ob er es sich eingestand oder nicht, auch eine Rückkehr zu seiner Jugend. Männer und Frauen, denen er genauso gut in Wien hätte begegnen können, hatten dieses Land urbar gemacht, sie hatten bei Null angefangen, um einen Staat zu gründen, in dem sie die einzig adäquate Antwort auf den Antisemitismus sahen. Sie wollten hier eine Gesellschaft gründen, von der auch Bettelheim und seine Wandervogelfreunde geträumt hatten, nachts, am Lagerfeuer, das zum Symbol der Kibbuzim geworden ist.

Doch Israel hatte sich verändert und war von den Vorstellungen dieser jungen Idealisten abgerückt. Während nach dem Zweiten Weltkrieg noch 7,3 Prozent der Bevölkerung in Kibbuzim lebten, waren es 1964 nur mehr vier Prozent. Die Arbeiterpartei war zwar noch an der Regierung, aber es wurde schon deutlich, daß die israelische Gesellschaft den Weg der westlichen Demokratien wählen wollte, den des Kapitalimus. Die jungen Sabres, die Nachfahren der Pioniere, hingen zwar teilweise noch deren Ideen an, aber immer mehr von ihnen sehnten sich auch nach den Bequemlichkeiten eines bürgerlichen Lebens. Im Orient geboren, unter südlicher Sonne und oft harten Bedingungen aufgewachsen, waren sie schon ganz anders als ihre Eltern: weniger idealistisch vielleicht, aber auch weniger ambivalent in bezug auf ihr Judentum - in dieser Hinsicht hatte jedenfalls das zionistische Projekt funktioniert. Jude zu sein in Israel hatte für sie nicht das geringste zu tun mit den Gefühlen der assimilierten Mitglieder des Jung-Wandervogels oder der einstigen Bewohner des Schtetls. Und dieser Unterschied war die Quelle zahlloser Mißverständnisse zwischen Bettelheim und seinen israelischen Gastgebern.

Mit Ramat Yohanan hatte Bettelheim einen jener Kibbuzim gewählt, in dem die Flamme der Pioniere noch hell leuchtete, doch seine eigenen Widersprüche erschwerten den Dialog mit den Bewohnern, die durch dreißig Jahre eines harten und entbehrungsreichen Gemeinschaftslebens geprägt waren. Zweifellos bewunderte er die Ideale des Kibbuz, wo allen alles gehörte und niemandem etwas, wo keiner einem anderen zu Diensten war und das Gemeinwohl über den Interessen des einzelnen stand, aber es war nicht seine Welt, und die nächsten Wochen in Galiläa waren schwer für ihn.

Anläßlich eines großen Kolloquiums über »Ziele und Methoden der Kinderzerziehung im Kibbuz«[1], das einen Monat vor Bettelheims Ankunft stattgefunden hatte, war mit vielen anderen amerikanischen Pädagogen und Psychoanalytikern auch Fritz Redl nach Israel gekommen. In seinem Vortrag erwähnte er die zwiespältigen Gefühle, die die ersten Kibbuzniks, die er kennengelernt hatte, in ihm auslösten. Anfangs bewunderte er ihre Selbstlosigkeit, ihr Leben unter den harten Bedingungen und ihre Bereitschaft, alle persönlichen Ansprüche, auch den auf Privatheit, hintanzustellen. Doch bald, erzählte Redl in seiner offenen Art, wich dieses Gefühl einer Art Wut über soviel Heiligkeit. »Da steckt doch was dahinter«, dachte er. »Aber schließlich – was geht mich das an?« Außerdem fiel ihm die defensive Haltung der Kibbuzniks auf, die wohl aus dem tiefsitzenden Gefühl stammte, Außenstehende könnten ihnen sowieso nicht helfen. Und ein Bewohner von Ramat Yohanan, Yehuda Messinger, der Leiter eines Lehrerbildungszentrums der Kibbuzbewegung, sprach davon, daß die Entwicklung der israelischen Gesellschaft den alten Mitgliedern der Bewegung angst mache.

Bettelheim kannte Yehuda Messinger. Der hatte 1957/58 ein Sabbatjahr an der University of Chicago verbracht und auch eine seiner Vorlesungen aufmerksam verfolgt. Er bewunderte Bettelheim, und so verbrachten sie viele Abende miteinander im Gespräch über Erziehung, vor allem auch deshalb, weil Bettelheim von Zeit zu Zeit der erstickenden Atmosphäre des Kibbuz in das vertrautere akademische Milieu entkommen wollte. Messinger war zwölf Jahre jünger als Bettelheim und stammte aus Saarbrücken, wo er der Führer der zionistischen Jugendbewegung gewesen war. Nachdem ihn seine Mutter aus den Nazigefängnissen freigekauft hatte, war er 1936 nach Israel emigriert.

Aus Ramat Yohanan kam auch die erste echte Sabra, die Bettelheim kennenlernte, Nechama Edelman, die Leiterin der dortigen Grundschule. Sie organisierte seinen Aufenthalt im Kibbuz und vernachlässigte Mann und Kinder, um ihm sechs Wochen lang als Führerin, Dolmetscherin und Fahrerin zur Verfügung zu stehen. Obwohl schon um die fünfzig, konnte sie sich mit gleichem, ja größerem Recht Sabra nennen als die Jüngeren, denn der Urgroßvater ihrer Mutter hatte bereits Ende des achtzehnten Jahrhunderts das

1 Der Kongreßbericht erschien unter dem Titel *Children in Collectives*, hg. von Peter B. Neubauer und Charles C. Thomas, Springfield, Ill. 1965.

heimische Litauen verlassen, um nach Palästina auszuwandern. Sie selbst war 1908 in Jerusalem geboren und, im Gegensatz zu den meisten ihrer Mitbürger, mit Hebräisch als Muttersprache aufgewachsen. Diaspora und Assimilation waren für sie abstrakte Begriffe und die Bibel keine religiöse Schrift, sondern ein Geschichtsbuch. »Ich bin geboren mit dem Himmel über dem Kopf und der Erde unter den Füßen«[2], sagt sie, und diese Bemerkung läßt erahnen, wo die Schwierigkeiten in ihrer Beziehung zu Bettelheim lagen.

Sie hatte ihm 1956 einen Brief geschrieben, um ihn zu fragen, ob das alles stimmte, was in *Liebe allein genügt nicht* stand. Das war keine Unverschämtheit, sondern eine ernsthafte Frage. Sie hatte selbst alle möglichen Probleme mit ihren rund fünfzig Schülern zwischen neun und elf Jahren, die aus achtzehn Ländern stammten und ebenso viele Sprachen sprachen. Alle hatten ihre Eltern verloren, aber sie vertrugen sich trotzdem nicht miteinander. Manche waren vor dem Nationalsozialismus aus Europa geflohen, andere waren von israelischen Agenten aus arabischen Ländern geholt worden, um sie vor den Repressalien zu schützen, die nach der Gründung des Staates Israel befürchtet wurden. Wenn es stimmte, was Bettelheim in *Liebe allein genügt nicht* geschrieben hatte, dann konnte sie von ihm eine Menge lernen. Sie hatte erst am Ende des Krieges von den Nazigreueln erfahren. Daraufhin konnte sie zwei Tage lang nicht unterrichten, denn wozu war es gut, den Kindern Kultur beizubringen, wenn mitten im zwanzigsten Jahrhundert im Land Goethes, Beethovens und Schillers solche Verbrechen begangen werden konnten?

»Kommen Sie und sehen Sie selbst«, antwortete Bettelheim. Ein Jahr später war Eleanor Roosevelt zu Besuch in Israel. Sie zeigte sich sehr beeindruckt von der Arbeit Nechama Edelmans und bewilligte ihr ein Stipendium für ein Jahr an der Columbia University. Aus New York schrieb Nechama Edelman an Bruno Bettelheim, ob sie in den Ferien ein Praktikum bei ihm machen könne. In Chicago holte Fae Tyroler sie vom Flughafen ab. Sie konnte im International House wohnen, einem Studentenheim gegenüber der Orthogenic School. Am nächsten Tag, früh am Morgen, klingelte Nechama Edelman an der berühmten gelben Tür und wurde in den Erzieherraum geführt. Dort saß sie dann und wartete. Leute kamen und gingen, aber niemand schien ihre Anwesenheit zu bemerken. Sie sagte nichts, sie

2 Interview in Ramat Yohanan, August 1992.

beobachtete. Sie war nicht schüchtern, sie war zufrieden, dazusein. »Ich weiß, daß große Männer große Meschuggene sind«, sagt sie. »Aber das stört mich nicht. Ich weiß auch, was ich von ihnen lernen will.« Nachmittags ging sie wieder, ruhig, ohne Aufhebens. Am nächsten Tag setzte sie sich an den gleichen Platz. Jemand legte einen Stoß Berichte vor ihr auf den Tisch. Sie fand die Lektüre aufregend: »Alles war so ernsthaft, so überlegt ...« Sie hatte nicht das Gefühl, ihre Zeit zu vergeuden, sie war bereit, so lange zu warten, wie es eben dauern würde.

Warum auch immer sie so lange warten mußte – ob Bettelheim gerade nicht da war, ob es eine Krise gab oder einfach ihr Tagesablauf mit dem der Schule nicht in Einklang zu bringen war (die Kibbuzniks beginnen wegen des heißen Klimas sehr früh mit der Arbeit) –, ihre Art, damit umzugehen, sagt sehr viel über ihren Charakter. Still und beharrlich, weiß sie, was sie will, und läßt sich nicht so leicht aus dem Konzept bringen. Am dritten Tag empfing Bettelheim sie endlich und fragte sie, was sie wissen wolle. »Alles, was Sie mir beibringen, wird mir nützen«, antwortete sie. Bettelheim sah sie an und bat dann Margaret Carey, eine der beiden Sozialarbeiterinnen, ihr die Schule zu zeigen. Nechama war beeindruckt von der Schwere der Fälle, aber auch von der häuslichen Atmosphäre, die überall herrschte, selbst in den Klassenzimmern. Am nächsten Tag fragte Bettelheim sie ohne Umschweife, ob sie sich um eine Gruppe kümmern wollte. So kam es, daß die Schuldirektorin von Ramat Yohanan im Sommer 1957 zwei Monate lang als Erzieherin an der Orthogenic School arbeitete. Sie lernte viel. Ihr Umgang mit Bettelheim war einfach und direkt; und er hat sie nie auf einer Erzieherkonferenz vorgeführt. Einmal nahm er sie sogar mit, sie sollte den Mitgliedern der Sonia Shankman Foundation von der Schule erzählen. Am Ende lud sie ihn nach Israel ein. Danach hörte sie sechs Jahre lang nichts von ihm.

Von 1959 an beteiligte sich Bruno Bettelheim an einer Diskussion über kollektive Kindererziehung und kritisierte Melford Spiros *Children of the Kibbutz*.[3] Spiro hatte ein Jahr in Bet Alpha verbracht, dem ersten Kibbuz der Haschomer Haza'ir. Bettelheim lobte seine Beobachtungsgabe, hielt aber seine Schlußfolgerungen für ethnozentrisch; sie verrieten den unbewußten Glauben an die Überlegen-

3 Cambridge 1958. Bettelheims Kritik erschien unter dem Titel »Nakhes Fun Kinder«, *Reconstructionist*, April 1959.

heit der amerikanischen Mittelschicht. Drei Jahre später, im Februar 1962, stellte er in einem Überblick im *Commentary* die Frage: »Does Communal Education Work?« Vor allem kritisierte er John Bowlby, der behauptet hatte, es sei »wesentlich für die geistige Gesundheit, daß Säugling und Kleinkind die Erfahrung einer zärtlichen, intimen und andauernden Beziehung zur Mutter haben«[4], und stellte der ängstlichen Mutter, die ihre gesamte Zeit mit ihrem Kind verbringt und oft zu beschäftigt, zu fordernd oder auch einfach zu erschöpft ist, die stetige und aufmerksame Fürsorge einer mütterlichen Bezugsperson gegenüber, deren einzige Aufgabe es ist, für das Wohlergehen des Kindes zu sorgen. Bettelheims Vorstellung von der Erziehung im Kibbuz lag offenbar irgendwo zwischen den Idealen seiner Jugend und der Orthogenic School. Und je mehr er darüber nachdachte, desto mehr spürte er das Bedürfnis, mit eigenen Augen zu sehen, wie es wirklich war.[5]

Also schrieb er an Nechama Edelman. Er wollte nach Ramat Yohanan, weil er dort Leute kannte. Auch Ron Polani, der das Erziehungssystem in Bet Alpha aufgebaut hatte, lebte in diesem Kibbuz. Außerdem waren bis dahin nur die Kibbuzim mit den radikalsten Methoden untersucht worden, das heißt mit einer vollständigen Trennung der Kinder von den Eltern. Nun wolle er untersuchen, schrieb er in *The Children of the Dream*, wie es anderswo funktioniere, um so mehr, als allgemein eine Rückkehr zu größerer Flexibilität in den familiären Verhältnissen zu beobachten sei.

Kaum hatte sie seinen Brief erhalten, setzte Nechama Edelman alle Hebel in Bewegung, um Bettelheim einen gebührenden Empfang zu bereiten. Er bekam ein kleines Apartment mit Schlafzimmer, Wohnzimmer, Küche und Dusche, das eigentlich für Paare gedacht war. Seine Kosten übernahm der Kibbuz. Er konnte bleiben, so lange er es für nötig hielt, und man würde alles unternehmen, um seine Arbeit zu erleichtern. Außerdem wollte Nechama Edelman ihm für die gesamte Zeit seines Aufenthalts zur Verfügung stehen.

Um sechs Uhr morgens Wecken, dann Besuch von Krippe oder Kinderhaus, Gespräche mit Erziehern und Lehrern, Beobachtung von Kindern und Eltern, Unterhaltung mit Kindern und Eltern, Seminar im Lehrerbildungszentrum von Oranim und Besuch zweier anderer Kibbuzim, dazwischen Gruppendiskussionen und Essen im

4 In *Maternal Care and Mental Health*, Genf (OMS) 1951.
5 Schreibt er in *The Children of the Dream*, New York 1969.

riesigen Speisesaal von Ramat Yohanan – in diesem Höllentempo kam das Projekt dank Nechama Edelmans Energie und Bruno Bettelheims Arbeitswut mit Riesenschritten voran.

Grundsätzlich entschied Bettelheim, was er sehen wollte. Aber es gab noch soviel zu zeigen, soviel zu besprechen mit diesem »jüdischen Genie«, wie Nechama sagt. »Meine Tage sind so durchorganisiert, daß ich nicht einmal Zeit habe, mir Notizen zu machen«, schrieb Bettelheim am 13. März 1964 an Ruth Marquis. »Ich soll dieses oder jenes machen, aber vor allem soll ich mir keine eigenen Gedanken machen. Entweder man gibt ihnen nach und kann dann nicht machen, was man will, oder man gerät extrem unter Druck. Es ist halt ein totalitärer Staat mit reizenden Menschen, aber eben doch totalitär.« Ein hartes Urteil, das er eine Woche später, als er sich akklimatisiert hatte, etwas abmilderte. Das war bei Bettelheim immer so: Er reiste gern, aber er konnte es schlecht ertragen, längere Zeit nicht zu Hause zu sein, und sah immer zuerst die schlechten Seiten. In der spannenden, aber beschränkten Welt des Kibbuz wurde diese Neigung noch durch andere Widersprüche verschärft. Bettelheim war gerührt von der Gastfreundschaft, die ihm zuteil wurde, gleichzeitig fühlte er sich eingeengt, manipuliert, überwältigt …

Die Kibbuzleitung setzte große Hoffnungen in Bettelheims Besuch. Nechama Edelman und Yehuda Messinger hatten Einfluß. Was sie über den Gast, seinen Ruf und seine Bücher erzählt hatten, verlieh ihm die Aura des Besonderen. So blieb ihm nicht nur das Mißtrauen gegen Außenstehende erspart, das Fritz Redl erlebt hatte, sondern auch die Bitterkeit gegenüber Juden, die dem Ruf des Zionismus nicht gefolgt sind. Die Ankündigung seines Besuchs führte zwar zu Protesten ehemaliger Lagerhäftlinge, die ihm seine Äußerungen über das Ghettodenken und Anne Franks Vater übelnahmen, aber man maß dem nicht allzu großes Gewicht bei. Nechama und die meisten anderen Verantwortlichen waren davon überzeugt, daß Bettelheims Projekt ihnen nützen würde.

An Manipulation dachte niemand. Sie waren stolz auf ihre Leistungen, wollten sie vorzeigen und hofften, Bettelheim könnte ihnen helfen, sie noch zu verbessern. Denn die Erziehung der Kinder genoß schon seit jeher höchste Priorität in den Kibbuzim, erzählt Rahel Messinger, die Witwe Yehudas, die damals Vorschullehrerin war. Bettelheims Besuch habe in der Tat zu intensivem Nachdenken geführt: »Auf dem Weg zur Schule fragten wir uns, was wir machen würden; wenn wir zurückkamen, fragten wir uns, was wir gemacht hatten, und am Abend nahmen wir an den Diskussionen mit Bettelheim teil. Es war das erste Mal, daß wir uns so viele Fragen stellten.« Sie erinnert sich mit einem Lächeln, daß sie Bettelheim einmal fragte, ob es den Babys nicht schaden könnte, wenn sie dem starken Einfluß zweier Frauen ausgesetzt seien, nämlich ihrer Mutter und der *Metapelet*, ihrer Erzieherin. »Wer sagt denn, daß es schlecht ist, von zwei Menschen geliebt zu werden?« antwortete Bettelheim.[6]

Soviel Begeisterung und guter Wille verwiesen ihn auf seine eigenen Widersprüche. Denn er war enttäuscht. Er mochte diese Menschen, bewunderte sie sogar, aber die Mängel der Gesellschaft sprangen ihm ins Auge. »Ich fühle mich wie ein Verräter«, schrieb er an Ruth Marquis. »Ich werde sie kritisieren müssen, und es sind doch so gute Menschen ... Ich will weder ihnen schaden noch ihrer Sache. Vielleicht liefere ich nur einen Bericht an die Stiftung[7] und mache gar keine Veröffentlichung. Oder ich schreibe ein Buch darüber. Ich weiß es noch nicht, ich brauche Zeit und Abstand, um das alles zu verdauen.«[8]

Bettelheim war durchaus empfänglich für den Charme des Kibbuzlebens. Ruth Marquis gestand er sogar, er finde es »bewegend« in seiner Einfachheit, trotz seiner Härte. Aber er war allergisch gegen den Konformismus, der unter dem Druck der Gruppe entstand. »Was würdet ihr gern ändern?« fragte er einmal eine Gruppe von Siebzehnjährigen. »Daß es zwei Filme pro Woche gibt«, rief einer. Dann, als die anderen verblüfft schwiegen, nahm er es schnell wieder zurück: »Das war nur ein Witz!« Bettelheim sagte, auch Witze hätten einen Grund, aber alle, auch der, der den Wunsch geäußert hatte, beharrten darauf, daß es keinen gebe. Das Schlimmste daran sei, schrieb Bettelheim, daß niemand etwas Schlechtes darin sehen würde, zwei Filme pro Woche zu zeigen. Es war bloß nicht so, und deshalb gab es keinen Grund, warum es anders sein sollte.

Lakonisch leitete er aus seiner Erfahrung den Schluß ab: »Das Erziehungssystem funktioniert, weil die Kinder in einer geschlossenen Gesellschaft aufwachsen, die sich, wie alle utopischen Gesellschaften, dem Rest der Welt weitaus überlegen fühlt. Das löst einen Großteil der Probleme, mit denen unsere Kinder zu kämpfen haben.«[9]

6 Interview mit Rahel Messinger vom August 1992.
7 Die New World Foundation, die seine Reise finanziert hatte.
8 Briefe an Ruth Marquis, 24. und 26. März 1964.
9 Brief an Ruth Marquis, 13. März 1964.

Er zweifelte nicht an der Aufrichtigkeit dieser Menschen, er konnte es nur nicht ertragen, wenn sie ihn unbedingt davon überzeugen wollten, ihre Gesellschaft sei die beste und gerechteste von allen. Manchmal mißtraute er sogar Nechama Edelmans Übersetzung – mit den Erwachsenen konnte er meist Deutsch, Englisch, Französisch oder Jiddisch reden, das er ein bißchen verstand, aber bei den Kindern war er, da er nicht Hebräisch konnte, auf Nechama angewiesen.

Bettelheim lernte glückliche Menschen kennen, die begeistert erzählten über ihre Hühner oder ihre Karpfen, über die letzte Ernte oder die neue Fabrik, die sie bauen wollten. Aber es gab auch andere: »Der Kibbuz ist voller Leute, die mürrisch blicken, mit niemandem reden, ihre Arbeit machen und nicht gestört werden wollen. In den großen Städten wären sie Treibgut, wenn nicht Schlimmeres. Hier sind sie nützliche Mitglieder der Gemeinschaft. Aber davon abgesehen sind sie so unglücklich, wie sie es überall anders auch wären.«[10]

Trotz der Sprachprobleme spürte Bettelheim Spannungen sofort, insbesondere, wenn man versuchte, sie zu verbergen. »Gestern habe ich ihnen gesagt: Nur weil sie beschlossen haben, die Eifersucht abzuschaffen, glauben sie tatsächlich, daß es sie nicht mehr gibt. Das hat zum Ergebnis, daß der Kibbuz gut ist für die sehr Starken, die ihn führen und dominieren, und für die Schwachen, die in jeder Weise von der Gemeinschaft beschützt und umsorgt werden. Doch für die vielen in der Mitte ist es hart, sie müssen das aushalten, ohne sich selbst helfen zu können, und zahlen dafür mit einer Erschöpfung, einer Zerstörung ihrer Persönlichkeit, weil sie soviel verdrängen müssen.«[11]

Von unzähligen widersprüchlichen Empfindungen geplagt, tat Bettelheim, was er in einem solchen Fall immer tat: Er flüchtete sich in die Arbeit. Seine Lampe brannte oft bis ein, zwei Uhr früh – zur Bewunderung seiner Gastgeber, vor allem Nechamas, die ihn manchmal noch um sechs am Schreibtisch antraf. Aber ihre Beziehungen waren nicht mehr wie in Chicago. Bettelheim gab sich anspruchsvoll und mürrisch. Nechama war entschlossen, ihm alles zu

10 Ebd.

11 Brief an Ruth Marquis, 24. März 1964.

12 »Als ich in einem Kibbuz zu Besuch war, empfand ich persönlich den Mangel an Privatheit als erstickend«, schrieb Bettelheim in »The Right of Privacy is a Myth«, *Saturday Evening Post*, 27. Juli 1968.

zeigen, und ahnte nicht, wie groß sein Bedürfnis war, von Zeit zu Zeit allein zu sein.[12]

Es war ihr unverständlich, wie er sich so von den anderen distanzieren und so rüde zurückweisen konnte, was man ihm anbot: »Er sagte nicht einmal: ›Nein, danke‹, sondern nur: ›Nein, brauch' ich nicht.‹« Als überzeugte Kibbuznik konnte sie sich nicht vorstellen, welche Zweifel ihn quälten. Sie fand ihn launisch und unangenehm; wenn nicht sofort geschah, was er wollte, bekam er geradezu kindische Wutanfälle.

An einem Freitagabend gab sein Tonbandgerät den Geist auf. Er wollte es sofort reparieren lassen und bat sie, ihn nach Haifa zu begleiten. »Aber es ist Sabbat, Dr. B.«, sagte sie, »alle Geschäfte haben geschlossen!« Doch er bestand darauf. Also fuhren sie mit einem Taxi durch die ganze Stadt, bis sie endlich ein Geschäft gefunden hatten, das offen aussah. Ohne ein Wort zu sagen, stieg er aus und wartete drei Stunden, bis sein Gerät fertig war. Sie ging inzwischen draußen auf und ab. Dann rief er, ohne sie auch nur eines Blickes zu würdigen, ein Taxi, und sie fuhren wieder nach Hause. »Ich glaube, er hat sich nicht einmal bei mir bedankt.« Bettelheims Benehmen kränkte sie, das merkt man. Und es ärgerte sie auch.

Es gab auch einen »offiziellen« Grund für Bettelheims Unzufriedenheit. Schon in den ersten Tagen hatte er feststellen müssen, daß er sich offenbar getäuscht hatte in seinen Erwartungen: Die Kinder schliefen zwar nicht zu Hause, hatten aber sehr enge Beziehungen zu ihren Eltern. Das entsprach nicht dem Modell, das ihn interessierte und für dessen Untersuchung er sein Reisestipendium bekommen hatte. Dieser Grund war einerseits wahr und andererseits auch für die Gastgeber akzeptabel. Rahel Messinger erinnert sich, wie Bettelheim sich gleich zu Beginn seines Aufenthalts im Kibbuz beklagte: »Es ist furchtbar, ich werde das Geld zurückgeben müssen. Das Beispiel ist auf die amerikanischen Ghettos nicht anwendbar.« In seinen Briefen an Ruth Marquis formuliert er sein Unbehagen deutlicher. Die Erziehung in der Gruppe schütze das Kind in keiner Weise vor dem möglichen »pathogenen Einfluß« seiner familiären Bindungen. Sie verhindere nur das offene Ausbrechen der Neurosen, denn »dazu muß man ein Individuum sein«. Andererseits fühlten sich die Kinder in der Gruppe sehr sicher, »es gibt viel weniger Angst und Spannung«.[13]

|13 Brief an Ruth Marquis, 13. März 1964.

Daß Bettelheim ausgerechnet mit Ruth Marquis so offen über seine Enttäuschung sprach, kam daher, daß sie viel mit dieser Reise zu tun hatte. Sie arbeitete damals am Psychologischen Fachbereich der Michigan State University, wo auch Albert Rabin lehrte. Rabin hatte mehrere Studien über die Kinder in den Kibbuzim verfaßt, und Ruth Marquis hatte Bettelheim mit ihm bekannt gemacht. Außerdem wollte sie nach der Zusammenstellung der *Gespräche mit Müttern* gerne wissen, was bei einer Erziehung herauskäme, in der die Mutter keinen maßgeblichen Einfluß hätte – das war eine Frage, die sie sich auch als Mutter stellte. So hatte sie Bettelheim in seinem Entschluß bestärkt. Aus diesem Grund war es nur natürlich, daß er sich mit seinen Zweifeln an sie wandte. Ihr konnte er alles sagen, nicht nur weil sie beide große Hoffnungen in diese Reise gesetzt hatten. Sie würde auch seine Enttäuschung nicht herumerzählen, weil sie, wie er wußte, viel mehr vom Zionismus hielt als er. Bettelheims Briefe sind Lehrbeispiele für die Ambivalenz, eine Ambivalenz, die man, das schlechte Gewissen gegenüber seinen Gastgebern beiseitegelassen, auf den Widerspruch zwischen Individualität und Sicherheit zurückführen kann: Die Stärke des Kibbuz war, daß er seinen Mitgliedern vollkommene Sicherheit bot; seine Schwäche, daß er sie an ihrer Entwicklung zum Individuum hinderte. Nur bei der Elite war das anders, bei denen, die außerhalb arbeiten und reisen konnten. Also bei Bettelheims Gesprächspartnern.

Als nach zwei Wochen Charles Sharp kam, um einen Film über Bettelheims Untersuchung zu drehen, war alles nur noch halb so schlimm.[14] »Ein Landsmann – was für ein Segen!« schrieb Bettelheim am 19. März an Ruth Marquis. »Ich habe ihn empfangen wie einen Rettungsengel – einen, mit dem man über alles reden kann und der es auch nicht erträgt, wenn sein Leben bis in die kleinsten Einzelheiten geregelt wird. Seit ich meine Frustration bei ihm loswerden kann, geht es, resümiert er.«[15] Seine Laune besserte sich noch mehr, als er wenig später eine Woche in Jerusalem verbrachte: »Jetzt bin ich froh, diese Erfahrung gemacht zu haben;

14 Sharp, mit dem Bettelheim schon in Chicago bei dem Film über »Marcia« zusammengearbeitet hatte, drehte in Israel zwei Filme. Der erste, *The Kibbutz*, gewann zahlreiche Preise, unter anderen die Goldene Palme beim International Film and Television Festival in New York. Der zweite, *The Children of the Dream*, dokumentiert Bettelheims Forschungsarbeit im Kibbuz.

15 Brief an Ruth Marquis, 24. März 1964.

selbst mit sechzig Jahren kann ich noch lernen und meine Meinung ändern.«[16]

Es tat ihm einfach gut, die kleine Welt des Kibbuz zu verlassen und sich in der vertrauteren Umgebung der akademischen Welt aufzuhalten. Nun konnte er auch seine Eindrücke auf den Punkt bringen: »Meine Recherchen kann ich jetzt praktisch abschließen«, schreibt er am 26. März. »Der Kibbuz ist eben doch eine Klassengesellschaft wie alle anderen. Sie teilen nur den Besitz, und das ist gut so ... Der Kibbuz ist, denke ich, ein nobles Experiment gewesen – er hatte seine großen Momente, aber jetzt ist er ein Anachronismus ... Die Leute sind nett, und ich mag sie sehr, wenn wir uns außerhalb der Kibbuzgrenzen treffen. Das ist die ganze Geschichte, ihre und meine.«

An der Hebräischen Universität in Jerusalem, wo Bettelheim ein paar Vorträge hielt, lernte er Carl Frankenstein kennen, den Dekan der Pädagogischen Fakultät. Sie hatten vorher einige Briefe über ihre jeweiligen Veröffentlichungen gewechselt, und Frankenstein hatte einen Artikel Bettelheims über die Orthogenic School in seiner Zeitschrift *Megamot* veröffentlicht.[17] Als Doktor der Philosophie, Psychoanalytiker und vor allem als Pädagoge, der sich intensiv mit Problemen der Erziehung in kulturell benachteiligten Milieus beschäftigte, hatte Frankenstein viel mit Bettelheim gemeinsam. Er war nur ein knappes Jahr nach ihm in Berlin geboren, in einer assimilierten bürgerlichen Familie, er sprach dieselbe Sprache und hatte dieselben Bezugspunkte wie Bettelheim. Beide erlebten das Aufkommen des Nationalsozialismus als nie wieder gutzumachenden Verrat einer Kultur, die sie für die ihre gehalten hatten, als tiefe persönliche Kränkung. Frankenstein, der 1935 nach Palästina emigriert war, sah sich nicht als Zionisten, er sei nur deshalb gekommen, sagte er gern, weil er sich hier nützlich machen konnte. Trotz ihrer akademischen Qualifikationen waren beide Freigeister, die Anmaßung und Engstirnigkeit verabscheuten. Wie Bettelheim mißtraute auch Frankenstein der Religion und allen Formen der Orthodoxie. Und auch er schätzte Vaihingers »Philosophie des Als-ob«; in ihrem Briefwechsel sollten sie sich noch oft darauf beziehen, wenn sie enttäuscht waren von der Politik oder dem zeitgenössischen Denken. Allerdings wurde Frankenstein nie so konservativ wie Bettelheim.

16 Brief an Ruth Marquis, 19. März 1964.

17 »Institutional Care of Problem Children«, *Megamot* 2, Frühjahr 1951, S. 230–251.

Abgesehen von ihrem geistigen Hintergrund waren die beiden Männer sehr verschieden. Frankenstein war weniger pessimistisch und ruhte mehr in sich selbst als Bettelheim. Er hatte seinen Vater früh verloren und sich in seiner Jugend für alle möglichen hehren Ziele eingesetzt – etwa für die Unterstützung junger Künstler, die in Berlin studieren wollten. »Idealistischen Dilettantismus« warf seine Mutter ihm vor, kam aber weiter für seinen Lebensunterhalt auf. Nach dem Krieg setzte er nie wieder einen Fuß nach Deutschland und verzichtete auch auf die Wiedergutmachung, die ihm zugestanden hätte. Zwei Jahre vor der Pensionierung warf er seine gutbezahlte Stelle hin, weil er Wichtigeres zu tun hatte: Mit fünfundsechzig gab er seinen Lehrstuhl an der Hebräischen Universität auf und gründete eine Schule für benachteiligte Kinder. »Er hatte einen ganz besonderen Sinn für Geld«, sagt seine Witwe, eine ehemalige Psychiatrieschwester. »Wie Bettelheim, nur andersrum.«

Und da war noch etwas. Frankenstein war ein sehr großer, sehr schöner Mann (seine Studentinnen nannten ihn heimlich Märchenprinz), lebhaft, witzig und lebenslustig. Auch seine Frau war schön. Sie kam aus der Bukowina wie Gina, aber die unterschiedliche Herkunft und die Verachtung der deutschen Juden für ihre östlichen Verwandten waren bei diesem Paar höchstens Anlässe zärtlicher Neckerei. Wenn man die beiden auf Fotos sieht und die Anekdoten von ihren Begegnungen mit den Bettelheims hört, errät man, daß Bettelheim in Frankenstein – abgesehen von ihrem intensiven Gedankenaustausch und einer offensichtlich gegenseitigen Bewunderung – den Mann sah, der er selbst gern gewesen wäre, den Doppelgänger, der den Weg des Glücks gewählt hatte. Das wurde im Lauf der Jahre immer deutlicher, bis Frankenstein, der selbst keine Kinder hatte, ganz offen die Vaterrolle gegenüber seinem Freund einnahm, der nie Kind sein durfte, und versuchte, ihm ein wenig Lebensfreude einzuhauchen, die diesen nach und nach verließ.

1964 stand die Beziehung zwischen beiden Männern noch am Anfang. Doch die Gespräche mit Frankenstein haben sicher dazu beigetragen, daß Bettelheim auf seiner Flucht nach Jerusalem seinen inneren Frieden wiederfand, und vielleicht halfen sie ihm ein wenig bei der Klärung seiner gemischten Gefühle gegenüber Israel und dem Judentum.

Als Bettelheim Nechama Edelman mitteilte, daß er beim Seder, dem traditionellen Osteressen, nicht anwesend sein werde, starrte sie ihn ungläubig an. Wie mußte er sein Judentum verabscheuen, dachte sie, wenn er dieses Freudenfest nicht mit ihnen feiern wollte, das an das Ende der Sklaverei und den Auszug aus Ägypten erinnerte und in *Ramat Yohanan* den Beginn der Erntezeit markierte! Seine Abwesenheit wäre ein solcher Affront für die Gastgeber gewesen, daß sie ihn schließlich doch noch überzeugen konnte. Wie erstaunt aber war sie, als er bei Tisch die Gebete mitmurmelte, wenn auch mit immer noch grimmiger Miene. Als ich zu bedenken gab, wie schwer erträglich dieses religiöse Fest sein mußte für einen Atheisten, der als Kind gezwungen war, Gebete zu lernen, die für ihn und seine Eltern keine Bedeutung hatten, rief Nechama aus: »Aber Pessach ist doch kein religiöses Fest! Es ist unser Unabhängigkeitstag!«

Für Nechama, die in Israel geboren und aufgewachsen war und von Anfang an Hebräisch sprach, war der Begriff »jüdischer Selbsthaß« eine leere Worthülse. Unterdrückung war für sie etwas Äußerliches, das nur von Kolonisatoren ausgehen konnte, von Besatzern, die von anderswo kamen, man litt darunter wie die christlichen und muslimischen Nachbarn auch und stemmte sich ihnen nach Kräften entgegen, die Füße fest auf der heimischen Erde. Wie hätte sie die innere Zerrissenheit eines Menschen verstehen können, der aus Wien kam, das manchen Juden einen herausragenden Platz einräumte und gleichzeitig das Bild zerstörte, das sie von sich und ihren Vorfahren hatten, das sie aufeinander hetzte, bevor es sie auslöschte?

Bettelheim hatte sie vor seiner Ankunft nur um ein einziges Treffen gebeten, das sie arrangieren sollte: mit dem Philosophen Gershom Scholem. Nechama war eine seiner Lieblingsschülerinnen gewesen. Seine Antwort verblüffte sie: »Meine liebe Nechama«, hatte Scholem erwidert, »wenn du weiterhin mit diesem Mann verkehrst, sind wir keine Freunde mehr.« Bettelheim hätte sich denken können, daß seine Artikel über Eichmann und über das Ghettodenken Scholem mißfielen, diesem Historiker der jüdischen Mystik, der in der Assimilation die gefährlichste Falle sah. Doch für Bettelheim war Israel der vollkommene Gegensatz zum Ghetto, das Land des jüdischen Kriegers, der das Schtetl hinter sich gelassen hat, der kämpft, statt sich zu unterwerfen, der nicht den Kopf senkt, um sein kleines Leben zu schützen, sondern sogar die Wüste bezwingt, um etwas Neues zu schaffen.

Der Zypressenhain am Eingang zum Kibbuz, die von der Arbeit auf dem Feld muskulösen und braungebrannten Juden, ihr Stolz auf diese neue Welt, die sie mit ihren Händen geschaffen hatten und für die sie bereit waren zu sterben – das alles mußte einen tiefen Eindruck hinterlassen in einem alten Wiener, dessen eigene Bilder überwiegend aus dem Fundus des Antisemitismus stammten. Hier endete der Mythos vom ewigen Juden, vom umherstreifenden, heimatlosen Gesellen. Doch die geschlossene Welt des Kibbuz, in der auch nur Menschen lebten, die nicht besser und nicht schlechter waren als alle anderen und dieselben gewöhnlichen Gefühle hatten, wo das Gemeinwohl einen für Bettelheim bedrückenden Konformismus erzwang, ließ doch auch wieder die altbekannten Bilder in ihm aufsteigen: »Etwas, das ich nirgends in der Literatur gefunden habe, ist die Tatsache, daß die mangelnde Vorbereitung auf ihre Rolle als Kolonisatoren die Kibbuzniks gezwungen hat, die geschlossene Welt des Ghettos wiederaufzubauen, auf ganz andere Weise zwar, aber aus ähnlichen Gründen: um in einer grundsätzlich feindseligen Umgebung zu überleben.«[18]

Nicht nur Bilder, sondern auch die Erinnerung an Erlebnisse aus seiner Vergangenheit trübten Bettelheims Blick auf diese neue Welt, die gleichzeitig so fremd war und doch so vertraut. Als er zusammen mit Haim Hadoumi, dem Bildungsbeauftragten der Region, eine Schule außerhalb des Kibbuz besuchte, fragte ein Junge: »Bitte, was ist der Unterschied zwischen dem Leben im Kibbuz und dem Leben in einem Konzentrationslager, wenn dort auch die Kleider für alle sind?« Tagelang, so erinnert sich Leah Hadoumi, habe Bettelheim mit ihrem Mann über diese Frage diskutiert. Leider erinnert sie sich nicht mehr daran, was er zur Antwort gab.[19]

In Jerusalem hatte Bettelheim Yad Vashem besucht, das Mahnmal für die Toten des Holocaust. Taktvoll zog Nechama Edelman sich zurück, Bettelheim sollte vom Direktor geführt werden. Als er wiederkam, erschrak sie, wie sehr die Erschütterung ihn überwältigt hatte. Gleichzeitig kam er in seinen Briefen oft darauf zu sprechen, wie wenig ein Menschenleben zählte in diesem Land, das sich permanent im Belagerungszustand befand.

Zwei Wochen nach Ostern, unmittelbar vor seiner Abreise, wollte Bettelheim erneut eine Feierlichkeit umgehen und bat Nechama, ihn statt dessen zu einem letzten Interview zu begleiten. Wieder mußte er nachgeben. Es war kein religiöses Fest, sondern der Tag

18 *The Children of the Dream*, a.a.O.
19 Interview mit Haim Hadoumis Witwe Leah, London, August 1992.

des Gedenkens für die Opfer des Holocaust. Nechama war nicht die einzige, der der Ausdruck in Bettelheims Gesicht auffiel: Diesmal war es nicht die Grimasse eines zornigen kleinen Jungen, der zu etwas gezwungen wurde, worauf er keine Lust hatte - sein Gesicht war von Schmerz gepeinigt.

Wie Bettelheims Korrespondenz mit Carl Frankenstein zeigt, fiel es ihm zeitlebens schwer, sich von Israel und den Israelis ein realistisches Bild zu machen. Trotz seiner wachsenden Zuneigung zu diesem Land und seinen Bewohnern und trotz seines Bemühens, sie zu verstehen, konnte er nie ganz begreifen, daß die Erde unter ihren Füßen aus den Israelis eine neue Art von Juden gemacht hat, anders als er, aber auch anders als die Juden aus seinen Träumen, auf die er mit seinem Buchtitel anspielte. Als er für den Katalog der Ausstellung Paris-Wien im Centre Pompidou über seine Heimatstadt schreiben sollte, stellte er in einem Brief an Carl Frankenstein vom 18. Januar 1986 folgende verblüffende Frage: »Als ich mir über diese Jahre vor meiner Geburt und danach Gedanken machte, ist mir aufgefallen, in wie hohem Maße die verzweifelte Lage Wiens und Österreichs eine Verinnerlichung - oder Introspektion, wenn Du willst - des Denkens (Weininger), des Schreibens (Schnitzler), der Musik (Mahler, Schönberg usw.), der Malerei (Klimt, Schiele) hervorbrachte - und natürlich Freud. Diese Verbindungen konnte ich jetzt deutlicher sehen als früher. Daher meine Frage: Warum führt die vergleichbare Lage Israels nicht zu einer ähnlichen Introspektion? Das entspricht doch anscheinend dem jüdischen Temperament auf besondere Weise.« Und etwas über ein Jahr später, am 30. April 1987, zur Zeit des Libanonkrieges, kam Bettelheim zu dem melancholischen Schluß: »Am Ende ist Israel ein Staat geworden wie alle anderen. Es war dumm von uns, mehr zu erhoffen.«

Nachdem Bettelheim ein paar Tage früher als geplant Israel verlassen und noch eine Woche in Paris verbracht hatte, kehrte er Ende April 1964 nach Chicago zurück. Fünf Jahre später erschien sein Buch *The Children of the Dream*. Seine israelischen Freunde, die nicht wußten, daß er ein Buch schreiben wollte, warteten darauf, daß er wieder mit ihnen Kontakt aufnehmen würde. Doch er meldete sich nicht. In sicherer Entfernung von seinem Forschungsgegenstand dachte er über seine Ambivalenzen nach. Die im Gefolge des Vietnam-Krieges aufkeimende Jugendbewegung führte ihm die Vorteile der Kibbuzerziehung wieder deutlicher vor Augen. Er diskutierte darüber gelegentlich mit Haim Hadoumi, der eine Zeitlang israelischer Kulturattaché in Detroit war. Der Sechstagekrieg brachte seine Zweifel endgültig zum Verstummen. In der Zwischenzeit waren *Die Geburt des Selbst* und zahlreiche Artikel erschienen. Doch bis zum Juli 1967, als seine Rezension von *Treblinka* veröffentlicht wurde, hatte er keine Zeile mehr über Lager, Nazis oder Juden geschrieben.

Die Wiederkehr der Bilder aus seiner Jugend hat *The Children of the Dream* geprägt. In einer langen Einleitung führt Bettelheim die Verhältnisse im Kibbuz im allgemeinen und die Organisation der Kindererziehung im besonderen auf den Entschluß der Gründergeneration zurück, sich vom Ghettodenken zu lösen. Eines der Hauptmotive der Jugendbewegung sei der Wunsch gewesen, aus dem Treibhaus der autoritären Familienstrukturen auszubrechen – der Wandervogel ist ein Vogel, den es in die Ferne zieht. Und vor allem die Frauen wollten nichts mehr mit den alten Strukturen zu tun haben. Sie kamen nach Palästina, um frei zu sein, sie forderten absolute Gleichberechtigung, besonders in der Arbeitswelt, und wehrten sich gegen die Rolle der Mutter, die ihnen traditionell zugeschrieben wurde. Doch Bettelheim geht noch weiter. Unter dem Hinweis auf den besonders frauenfeindlichen Charakter der jüdischen Religion erklärt er die Weigerung der Pionierinnen, ihre Kinder selbst großzuziehen, mit dem unlösbaren Widerspruch, vor dem sie standen: »Im tiefsten Innersten des jüdischen Mädchens ist seit frühester Kindheit die Vorstellung verwurzelt, daß es nur dann ein braves Mädchen ist, wenn es später eine gute Mutter wird. Denn als Mädchen kann es die empfangene Liebe nur wettmachen, indem es seiner Mutter einen Enkelsohn schenkt. Das ist es, wogegen sie revoltierten ... Wenn sie in der Praxis auch bereit waren, die Rolle ihrer Mütter zurückzuweisen, blieben sie doch ... in ihrer Seele gezeichnet von dem unbewußten Gefühl, das sie von den Müttern mitbekommen hatten: daß man nichts gibt, wenn man nicht alles gibt.«

Während andere Autoren den Kibbuz als vollkommenen Gegensatz zum Schtetl präsentierten, zeigte Bettelheim als erster das Weiterleben überkommener Mechanismen im Unbewußten der Kibbuzniks auf. Sein Beharren auf diesem Punkt war ein Ärgernis für die, die ihn aufgenommen hatten, mehr noch für die Führer der Bewegung, insbesondere die Angehörigen von Haschomer Haza'ir. Sie sahen darin einen Angriff auf den neuen Menschen, von dem die Gründergeneration geträumt hatte. Seine Ansicht, daß man die Persönlichkeit der Menschen nicht einfach so verändern kann, machte sie wütend.

Obwohl man *The Children of the Dream* in keinem israelischen Buchladen kaufen konnte, zirkulierten hebräische Übersetzungen großer Teile davon innerhalb der Kibbuzbewegung. Und die englische Fassung wurde nach ihrem Erscheinen fast überall in Israel gelesen. Die wütenden Reaktionen hatten allerdings nur wenig mit dem Inhalt des Buches zu tun, das die Kibbuzerziehung im großen und ganzen positiv wertet und ausführlich auf die Mythologie, die Moral und historische Rolle der Kibbuzim eingeht. Man fand Bettelheims Ton zu dogmatisch, zu herablassend, und außerdem spreche er von Dingen, von denen er keine Ahnung habe. Wie konnte man nach einer Untersuchung, die bloß ein paar Wochen gedauert hatte, ein so endgültiges Urteil fällen? Außerdem habe er mit dem psychoanalytischen Erklärungsmodell Mißbrauch getrieben. Diejenigen, die von Anfang an gegen seinen Besuch gewesen waren, triumphierten. In Ramat Yohanan war die Reaktion etwas verhaltener, aber die Enttäuschung größer. Da Bettelheim alles über die Kibbuzim gelesen hatte, was er finden konnte, schienen seine Analysen eher zu den radikaleren Modellen zu passen, die öfter untersucht worden waren; doch die Anekdoten und Beispiele, die er zitierte, stammten eindeutig aus Ramat Yohanan. Viele fühlten sich verraten, selbst solche, die wie Yehuda Messinger *The Children of the Dream* für ein bedeutendes Werk mit vielen wichtigen Hinweisen hielten.

Der Großteil der Kritik bezog sich auf das, was Bettelheim über die Jugendlichen geschrieben hatte. Wie auch seine Briefe an Ruth Marquis belegen, fand er an der Erziehung der kleineren Kinder tatsächlich nichts auszusetzen, ganz im Gegenteil. Erst in seinen Gesprächen mit Halbwüchsigen erkannte er das Gewicht des Konformismus und dessen Auswirkungen. Auf sehr überzeugende Weise schildert Bettelheim das Unbehagen der Jungen. Er unterscheidet klar zwischen den Generationen und analysiert subtil die Kluft zwischen den Pionieren und ihren Kindern, die von der Aura der Eltern erdrückt würden. Diese seien sich gar nicht bewußt, welche Last sie ihren Nachkommen aufbürdeten: Während jeder neue Wolkenkratzer, jede neue Fabrik für sie ein Grund zum Stolz sei und ein Beweis dafür, daß ihr Wagnis zum Erfolg geführt habe, stellten sie für ihre Kinder eine Bedrohung der Welt dar, in der sie aufgewachsen seien, der einzigen ihnen bekannten Welt, der Welt des Kibbuz.

Und von einer Flucht wagten sie nicht zu träumen, da man ihnen eingeredet habe, die Welt draußen, »eine junge Nation im Wachstum mit all ihrer Geschäftigkeit, ihrem Wettbewerbsgeist und ihrem Expansionswillen« sei eine »Gesellschaft voller Ungerechtigkeit und Ungleichheit« oder gar »das Böse schlechthin«.

Nechama Edelman ist davon überzeugt, daß Bettelheim die Jungen richtig verstanden und ihre Gefühle richtig gedeutet hat. Als sie nach fünf Jahren überraschend das Buch in Händen hielt, studierte sie es sehr aufmerksam. An sie richteten sich auch die ersten Proteste, denn »Bettelheim, das war Nechamas Projekt«, wie mir ein anderer Zeuge sagte, der damit ungewollt bestätigte, was Bettelheim von Anfang an geahnt hatte: daß die Kibbuzniks ihre persönlichen Ambitionen zugunsten des Gemeinwohls zurückstellten, ohne auch nur darüber nachzudenken. Und was empfand Nechama, als sie das Buch gelesen hatte? »Neid«, sagt sie geradeheraus. »Wie kam er dazu, nach so kurzer Zeit so klar zu erkennen, was mir in sechzig Jahren Erziehungsarbeit nicht aufgefallen war? Und er hatte recht damit, obwohl viele von uns das nicht zugeben wollten.«

Es ist in der Tat bemerkenswert, daß selbst die damals schärfsten Kritiker des Buches mittlerweile anerkennen, daß es großenteils fundiert ist. Rahel Messinger etwa, die Bettelheims Behauptungen um so mehr schockierten, als ihr Mann entscheidend zu der großzügigen Aufnahme Bettelheims beigetragen hatte, sagt heute, die Lektüre von *The Children of the Dream* habe es ihr erlaubt, ein bestimmtes Phänomen besser zu verstehen: die besondere Beziehung zwischen den Kindern in der Krippe nämlich, die aus der ebenso spannenden wie beruhigenden Anwesenheit des Crib mate, des Babys im Bettchen nebenan, entstehe, auf das der erste Blick des Säuglings falle und das immer da sei – im Gegensatz zur Mutter oder zur *Metapelet*, die oft andere Pflichten hätten.

Eine Bemerkung Bettelheims war besonders schockierend: Er bescheinigte der im Gegensatz zu den idealistischen Pionieren pragmatischeren, realistischeren zweiten Generation einen Mangel an Sensibilität und Tiefe, sie sei im Verhältnis zu den in einer Familie aufgewachsenen Kindern »emotional flach«. Das ist allerdings nur eine Konsequenz aus seiner Analyse des Ursprungs der Kibbuzim: Die Pionierinnen hätten aus dem Gefühl heraus, ihren Kindern nicht genug geben zu können, ein System erfunden, in dem sie auch weniger zurückerwarteten, und sie hätten bekommen, was sie wollten: Die Jugendlichen entwickelten nicht mehr dieselbe Anhänglichkeit wie die Kinder in herkömmlichen Familienstrukturen; doch mit den neurotischen Aspekten dieser Beziehung seien eben auch deren dynamische Aspekte abhanden gekommen.

In seiner Einleitung hebt Bettelheim die exemplarische Rolle der Kibbuzniks im Sechstagekrieg hervor. Sie hätten nicht nur einen großen Anteil der Offiziere gestellt, sondern auch immer an vorderster Front gekämpft: Obwohl nur vier Prozent der Armee aus den Kibbuzim gekommen seien, habe deren Anteil an den Gefallenen fünfundzwanzig Prozent betragen. »Das ist das wahre Maß für ihr Heldentum, ihren Mut und ihr Pflichtgefühl«, schreibt Bettelheim. »Wieder einmal, wie bei der Besiedlung des Landes und im Befreiungskrieg, gibt die Moral des Kibbuz dem Leben der Israelis heute einen besonderen Sinn.« Privat hatte Bettelheim noch mehr zu diesem Thema zu sagen. Moshe Kerem, Pädagogikprofessor an der Universität von Haifa, erinnert sich noch lebhaft an eine Diskussion mit drei Offizieren auf einer Caféterrasse in Tel Aviv: »Seien Sie nur nicht so stolz auf sie«, mahnte Bettelheim. »Vielleicht ist das bloß eine Folge ihrer Unfähigkeit, in letzter Minute eine lebensrettende Entscheidung zu treffen« - eine Anspielung darauf, daß die Kibbuzniks eher an Gruppenentscheidungen gewöhnt sind. Die Offiziere reagierten selbstverständlich empört. Das hinderte sie aber nicht daran, bemerkt Kerem, sofort eine Untersuchung in Auftrag zu geben, ob an Bettelheims Bemerkung nicht vielleicht doch etwas dran wäre.

Moshe Kerem, der dem Establishment der Kibbuzbewegung angehört, hält viel von Bettelheims Buch und benutzt es ständig in seinen Vorlesungen. Seiner Meinung nach war es auch ein wesentlicher Anstoß für die Modifikation der Kindererziehung in den Kibbuzim (die Kinder leben heute bei ihren Eltern). Kerem hat sich oft mit Bettelheim getroffen, als dieser im Winter 1972 zum zweitenmal nach Israel kam, und ist davon überzeugt, daß die Mißverständnisse vor allem atmosphärischer Art gewesen seien. Bettelheims gönnerhafter Ton, der dem Gefühl entsprang, er habe sich aufgerieben, um der Sache der Kibbuzim zu nutzen, sei bei seinen überempfindlichen Gastgebern eben schlecht angekommen. Kerem fiel auch auf, wie tief verletzt Bettelheim durch die Ablehnung seines Buches war - wie ein Vater, dessen Geschenk von seinem Sohn zurückgewiesen wird, bloß weil er ihm noch ein paar gute Ratschläge mit auf den Weg geben wollte.

Diese Wunde blieb jenen, die sie geschlagen hatten, allerdings verborgen, Bettelheim hat nie mit ihnen darüber gesprochen. Bei seiner nächsten Reise nach Israel mied er die Welt der Kibbuzim. In Jerusalem fühlte er sich schließlich fast wie zu Hause, mit Carl Frankenstein an seiner Seite und Seymour Fox, einem ehemaligen Schüler, der ihn sogar zu ein paar Seminaren am von ihm gegründeten Milton Center for Education der Hebräischen Universität überreden konnte. Auf eine Einladung der Führer der Kibbuzbewegung, über sein eben erschienenes Buch Rede und Antwort zu stehen, hatte er nicht reagiert. Drei Jahre später allerdings ließ er sich bereitwillig auf eine Debatte im Lehrerbildungszentrum ein, an dem Rahel Messinger arbeitete. 1987 erlebte sie ihn noch einmal auf einem internationalen Kongreß über die Erziehung von Kleinkindern in einem Vorort von Tel Aviv und wunderte sich über die positive Haltung zu den Kibbuzim, die er in seinem Vortrag über die »Auswirkungen der Industrialisierung und Technologie auf die Familie« an den Tag legte.

Nechama Edelman entschloß sich während eines Besuchs in den Vereinigten Staaten im Jahre 1973, das Schweigen zwischen ihr und Bettelheim durch einen Telefonanruf zu beenden. Bruno und Trude empfingen sie mit großer Freundlichkeit, zeigten ihr Chicago und überhäuften sie mit Geschenken – für ihre Enkelkinder, denn sie selbst, sagte sie, brauche nichts.

16. Wer geht, hat unrecht

> »Auch in Ihrem Gebiet wird es langweilige Fächer geben. Sie sollten nicht versuchen, überall Einsen zu bekommen, nur weil es im Zeugnis besser aussieht. Konzentrieren Sie sich lieber auf das, was Sie wirklich interessiert, und geben Sie dort Ihr Bestes. Vergeuden Sie nicht Ihre Zeit damit, sich auf später vorzubereiten. Das Heute zählt ... Als Einstein und Freud ihr Studium aufnahmen, brachten sie auch nicht mehr mit als Sie. Ihre Stärke bestand in der Überzeugung, daß der schöpferische Geist eines einzelnen das Gebiet verändern kann, das er zu seinem gemacht hat, und damit die ganze Welt ...«
>
> Bruno Bettelheim, Rede vor der Wayland Academy, 30. Mai 1973

Im Jahr 1966 kam auf Einladung von Heinz Kohut, dem damaligen Leiter des Psychoanalytischen Instituts, Anna Freud nach Chicago. Bei dieser Gelegenheit wollte sie auch die Orthogenic School besuchen, und Bettelheim gewährte ihr das seltene Privileg, an einem Drei-Uhr-Treffen mit den Kindern teilzunehmen. Diese Treffen gab es seit Anfang der sechziger Jahre, um den Kindern den Übergang vom Unterricht zu den nachmittäglichen Aktivitäten zu erleichtern. Sie fürchteten sich ein bißchen vor dieser alten Dame, um die Dr. B. soviel Aufhebens machte und die extra aus London gekommen war, um sie kennenzulernen. Doch sie war so nett, daß sie bald gar keine Angst mehr hatten. Als sie hereinkam, saßen sie alle auf dem Boden, wie immer. Einer wollte ihr einen Stuhl holen, da zeigte sie auf das hölzerne Schaukelpferd in der Ecke und sagte: »Am liebsten würde ich da drauf sitzen, aber das ist Unsinn, dafür bin ich schon zu alt.«

Am Schluß des Treffens redete sie ein bißchen über ihren Vater und sagte ungefähr: »Wie ihr wißt, hat mein Vater nur Erwachsene behandelt. Aber er glaubte, daß auch Kinder seine Lehre verstehen könnten. Und ich hoffe, daß ihr ihm Ehre macht.« Als typische Bettelheim-geschulte Erzieherin regte sich Diana Grossman darüber ziemlich auf: »Wie kommt sie dazu, die Kinder so zu benutzen?« dachte sie. »Sie sind hier, damit es ihnen besser geht, nicht um ihrem Vater Ehre zu machen!« Kathy Lubin wiederum war von dem Ereignis sehr aufgewühlt und ganz durcheinander bei dem Gedanken, daß immer, wenn diese kleine alte Dame »mein Vater« sagte, Sigmund Freud gemeint war. Ihre abschließenden Worte hat sie noch genau im Gedächtnis: »Sein Traum war, daß die Psychoanalyse eines Tages auch Kinder heilen würde«, sagte sie. »Und heute sehe ich, daß sein Traum in Erfüllung gegangen ist.«

Nur ein Mißton störte diesen kurzen, denkwürdigen Besuch: Als Bettelheim auf dem Rundgang durch die Schule Anna Freud den legendären Wandschrank mit den Süßigkeiten zeigen wollte, war dieser – zum erstenmal seit zwanzig Jahren – zugesperrt. Bettelheim war außer sich und ließ seinem Ärger, kaum daß der Besuch das Haus verlassen hatte, freien Lauf.

Dieser Zwischenfall – zweifellos wollte eine übereifrige Erzieherin oder Putzfrau damit nur sicherstellen, daß der berühmteste Schrank der Schule in tadellosem Zustand war, wenn der lang erhoffte Besuch kam – ist typisch für die Atmosphäre der letzten Jahre. Alles war ein wenig übertrieben, und der Eindruck drängte sich auf, daß Bettelheim lustlos war und sich nur schlecht unter Kontrolle hatte. Materiell gesehen, war die Schule Ende der sechziger Jahre auf ihrem Höhepunkt: Es gab ein Wasserbecken, in dem sich zeitgenössische Skulpturen spiegelten – zum Anschauen für die Besucher, nicht zum Baden für die Kinder, wie Diana Grossman an einem sehr heißen Tag unmißverständlich klargemacht wurde –, feines Porzellan, Kristallgläser, Designermöbel – die Umgebung der Kinder wirkte ziemlich luxuriös.[1]

Im Oktober 1966 wurde an der Schule ein großer Empfang zur Einweihung des Adolescent Unit gegeben. Das Jugendhaus sollte

1 Nach dem *Directory for Exceptional Children*, 5. Ausg. 1965, kostete die Unterbringung eines Kindes 1965 7200 bis 8000 Dollar pro Jahr, das war, gemessen an anderen vergleichbaren Einrichtungen, ein moderater Preis. Im Kinderkrankenhaus der Menninger-Stiftung etwa kostete die Unterbringung im selben Jahr 21 900 Dollar.

den Übergang aus der behütenden Atmosphäre der Schule in die Welt draußen erleichtern. Der Plan dazu war schon fünf Jahre alt, aber je länger es gedauert hatte, ihn umzusetzen, desto ambitionierter war das Projekt geworden. Durch einen langen Gang vom Rest der Schule getrennt, strahlte der neue Flügel mit seinen Statuen, der indirekten Beleuchtung und den mönchischen Einzelzimmern eine kalte Eleganz aus. »Bruno hat sich ein Mausoleum gebaut«, spottete Morris Janowitz am Einweihungsabend. Selbstironisch griff Bettelheim diesen Ausdruck wenig später auf, als sich die teure Erweiterung als Fiasko erwies - sie war unpraktisch und machte den Kindern angst. Vielleicht auch, weil mit den Jahren dieses »draußen« im Munde Dr. Bs. einen immer bedrohlicheren Klang angenommen hatte. Bald wurden die Trennwände zwischen den klösterlichen Zellen eingerissen und neue Schlafsäle gebaut.

Bruno Bettelheim war immer reizbarer, unberechenbarer, aufbrausender geworden, sein Lehrstil immer rigider. Ruth Nedelsky kann das bezeugen. Sie war nach Chicago zurückgekehrt und wollte noch einmal seine Vorlesung über die Theorie der Psychoanalyse besuchen, die ihr schon in den vierziger Jahren so gut gefallen hatte. Doch Bettelheim war ganz anders, als sie ihn in Erinnerung hatte. »Ich war so enttäuscht«, sagt sie. »Er war ausgelaugt, er investierte nichts mehr in seine Lehrveranstaltungen.« Seine Art, Fehler der Studenten zu Lehrbeispielen umzufunktionieren, war nicht mehr spannend, sondern nur noch unangenehm. »Sieht er denn nicht, daß er genau das tut, was er eigentlich entlarven wollte?« fragte sich seine alte Bewunderin enttäuscht. Er, der es so hervorragend verstanden hatte, die Mechanismen der Macht vorzuführen, hatte sich mittlerweile selbst darin eingerichtet. Auch wie er jetzt mit Trude umging, störte Ruth Nedelsky. Sie hätte nie gedacht, daß jemand sich so verändern könnte.

Ruth Nedelskys Aussage ist deshalb wichtig, weil nur wenige Menschen diesen Wandel Bettelheims so unmittelbar wie sie erfahren haben. Das sollte aber nicht vergessen lassen, daß viele von denen, die Bettelheim erst später kennenlernten, in ihm dennoch einen außergewöhnlichen Lehrer gefunden haben. Zum Beispiel Geneviève Jurgensen, die von 1970 bis 1972 bei ihm studierte: »Es fällt mir schwer, diesen Unterricht zu beschreiben, von dem ich doch so tief beeindruckt war. Das liegt sicher daran, daß er keiner Methode im engeren Sinne folgte; je nachdem, welcher Tag gerade war, je nach Laune, Gesprächspartner und der Atmosphäre im Hörsaal behandelte er das eine Thema oder das andere. Es wäre einfach, seine Bonmots aufzulisten oder zu zeigen, wie er auf unsere Kosten Punkte machte, kurz, mich mit seinem Stil zu beschäftigen. Aber das hieße, ihn nicht ernst zu nehmen. Und es war ihm ernst. Auch wenn seine Vorlesungen manchmal die Form von Duellen zwischen Dozent und Studenten annahmen, waren sie doch von so fundamentalem Interesse wie das Leben selbst. Und darum ging es auch.«[2]

Dieser Widerspruch erklärt die Verlegenheit der letzten Erzieher und Studenten Bettelheims, wenn sie nach seinem Selbstmord über ihn sprechen sollten. Auch Ruth Nedelsky konnte ich den Zwiespalt noch anmerken, als ich sie 1993 kennenlernte. Bruno Bettelheim war immer noch Bruno Bettelheim, aber Ende der sechziger Jahre war er selbst für diejenigen, die von ihm soviel lernten, kaum zu ertragen. Das war dann eben der Preis, den sie für diese einzigartige Erfahrung zu zahlen hatten.

Bettelheim spielte zunehmend mit den Grenzen, deren Notwendigkeit er stets betonte. So nahm er Charles Pekow an die Schule auf, den Enkel eines der ersten und treuesten Sponsoren, dessen Name bald das Adolescent Unit schmücken sollte. Eine gefährliche Vermischung der Rollen, denn welche Gründe für die Aufnahme des Jungen auch ausschlaggebend gewesen sein mögen – er fühlte sich stets mehr als Nachkomme seines Großvaters denn als Patient des Dr. B. Er fand, daß er nicht an die Schule gehörte, und lehnte sich gegen Bettelheims Macht auf, um so mehr, als seine Familie, davon war er überzeugt, ihm niemals glauben würde, wenn er erzählte, was in der Schule vor sich gehe. Und so ist es sicher kein Zufall, daß der kleine Pekow seinen Mitschülern als derjenige im Gedächtnis geblieben ist, der sich als erster traute, zurückzuschlagen.

Es war beim Mittagessen an einem Montag im Jahr 1968. Der Erzieher machte sich Sorgen, weil Pekow fast sieben Kilo abgenommen hatte; er habe keine Lust mehr gehabt auf das Anstaltsessen, sagt Pekow. Es war eine politisch bewegte Zeit, draußen wurde heftig agitiert. Die Gespräche drehten sich um die politischen Morde an Martin Luther King und Robert Kennedy. Charles Pekow war damals vierzehn. Er sympathisierte mit der Linken und mit den Palästinensern und konnte es nicht ausstehen, wenn er nicht ernst genommen wurde. Bettelheim kam zu seinem Tisch, ermahnte ihn zum Essen und erklärte dem Erzieher, der Junge sei wohl eifersüchtig auf ein

|2 Geneviève Jurgensen, *La Folie des autres*, Paris, 1973.

paar anorektische Mädchen. Das bestritt dieser energisch. Daraufhin, sagt Pekow, setzte es Ohrfeigen (bis zu diesem Zeitpunkt, fügt er hinzu, sei er allerdings selten geschlagen worden). Er wirbelte herum und erwischte Bettelheim mit der Faust am Kinn. Bettelheim, offensichtlich verblüfft, packte ihn mit einer Hand bei den Haaren und fuhr fort, ihn mit der anderen zu ohrfeigen, bis der Junge sich an seinen Armen festhalten konnte und begann, ihn zu treten; er traf ihn am Bein und in der Leiste, und Bettelheim schrie vor Schmerz auf. Er habe ihm mehrmals angeboten aufzuhören, sagt Pekow, wenn er auch aufhören würde. Bettelheim jedoch habe nur gesagt, er solle seine Arme loslassen. Schließlich gab Pekow nach, und der Kampf endete. Später wurde Bettelheim gefragt, warum er danach nichts unternommen habe. Er sei zu wütend gewesen, antwortete er.

Als Bettelheim Ende April 1964 nach Chicago zurückgekehrt war, hatte er aus seinem Aufenthalt in Israel trotz allem neue Kraft geschöpft. Bevor er sich jedoch damit auseinandersetzen konnte, was er mit seinen Beobachtungen im Kibbuz anfangen wollte, mußte er unbedingt *Die Geburt des Selbst* zu Ende bringen, an dem er seit Jahren arbeitete. Das Buch war zwar fast fertig, aber er war unzufrieden damit und kam nicht zum Schluß. In der Praxis hatte er sich damit abgefunden, daß Autismus nicht so einfach zu heilen war, wie er geglaubt hatte, und die Abstände zwischen den Neuzugängen wurden immer länger. Aber es fiel ihm offenbar schwer, seine Ohnmacht in dem Buch zuzugeben. Seine öffentlichen Bekundungen über die Heilungschancen bei Autisten waren sicherlich übertrieben, doch die Kritiker vertraten seiner Meinung nach lächerliche, ja gefährliche Thesen. Sie hielten Autismus für genetisch oder organisch bedingt und behandelten die Kinder mit Medikamenten oder Dressur, das heißt, sie konditionierten sie durch Belohnung und Bestrafung. Wo doch seine Erfahrung bewies, daß ein Therapeut in Wirklichkeit nicht mit Geistes- oder Verhaltensstörungen zu tun hatte, sondern mit Kindern, die in Schwierigkeiten steckten. Und diese Ansicht mußte er unbedingt durchsetzen. Die bisher an der Schule erzielten Fortschritte waren aber nicht überzeugend genug, um seine Gegner zum Schweigen zu bringen. Es fehlten unanzweifelbare Erfolge. Bettelheim war schlechtgelaunt und wütend auf sich selbst, daß es ihm immer noch nicht gelungen war, endlich den schlagenden Beweis zu finden, der ihm recht geben und alle Welt zwingen würde, diese Kinder endlich zu respektieren.

Die Fälle, auf die er sich in seinem Buch bezog, sind auf etwa fünfzig Karteikarten notiert, die mir im Zuge meiner Recherche eher zufällig in die Hände fielen.[3] Sie lassen erahnen, wie sehr Bettelheim während des Schreibens mit dem Gefühl des Betrugs zu kämpfen hatte. Zwar behandelt die Kartei von den sechsundvierzig Kindern, von denen im Buch die Rede ist, auch das intellektuelle Niveau der Eltern wie die Heilungsrate entsprechend den Angaben. Das Problem ist nur, daß Bettelheim, um auf diese Rate zu kommen, Kinder dazugenommen hat, die nie autistisch waren.

Im März 1965 bat ihn Bernard Rimland, selbst Vater eines autistischen Kindes und einer seiner erbittertsten Gegner, der jede psychologische Herangehensweise an diese Störung vehement ablehnte, um Ergebnisse, die er in einer eigenen Veröffentlichung zitieren könnte. Bettelheim lehnte dieses Ansinnen rundweg ab und verwies Rimland auf sein in Kürze erscheinendes Buch, er wolle nicht zu einer »schlecht konzipierten und auf irrigen und parteiischen Urteilen beruhenden Untersuchung« beitragen. Ein Jahr später war *Die Geburt des Selbst* immer noch nicht veröffentlicht, und Rimland meldete sich erneut. Er war sich seiner Sache so sicher, daß er Bettelheim fünf Seiten zur Verfügung stellen wollte, auf denen er ihm ohne Einschränkung widersprechen könnte – vorausgesetzt, Bettelheim räume ihm dasselbe Recht ein. Rimland war sehr stolz auf seine Idee und fand, Karl Marx hätte es ebenso machen sollen. Jeder andere wäre entwaffnet gewesen von soviel Naivität. Nicht so Bettelheim. Er ließ ihn abermals abblitzen und setzte verächtlich hinzu, Rimlands Vorschlag beweise nur, wie wenig er überhaupt von menschlichen Gefühlen begriffen habe. Damit hatte er vermutlich recht, aber der Ton verrät die Verlegenheit, in der er sich befand.

Doch das war nur oberflächliches Geplänkel. Im Grunde, in den entscheidenden Fragen, spielte Bettelheim ehrlich. Da er kein Patentrezept zur Heilung von Autisten anbieten konnte, mußte er seine Methode offenlegen, um zu beweisen, daß Rimland und seinesgleichen unrecht hatten: »In der neueren Psychologie wird heute vielfach versucht, über andere etwas in Erfahrung zu bringen, ohne sich m. E. im selben Maße mit dem Selbst auseinanderzusetzen«, schrieb er in der *Geburt des Selbst*. »Ich glaube indes, daß die Er-

3 Die Kartei befand sich im Mai 1993 unter anderen Dokumenten in der Regenstein Library. Wahrscheinlich ist sie inzwischen aus Gründen des Persönlichkeitsschutzes heute nicht mehr zugänglich, denn die Kinder sind darin mit ihren richtigen Namen aufgeführt.

fahrung, das Kennenlernen des anderen – das sich vom Bescheidwissen über den anderen unterscheidet – nur durch Kenntnis des Selbst möglich ist.«[4]

Um in dem verrückten Verhalten der Kinder den Sinn zu erkennen und eine Antwort darauf zu finden, die sie besänftigt, ohne sie zum Schweigen zu bringen, braucht der Therapeut keine Testbatterien oder Wertetabellen. Er kann nur seiner Kenntnis des Selbst[5] vertrauen, und dieses Wissen muß bis zu den tiefstliegenden, archaischsten Mechanismen vorgedrungen sein, die sich allerdings erst zeigen, wenn Abwehr und Rationalisierung zusammengebrochen und alle Anpassungsversuche fehlgeschlagen sind. Bettelheim hatte diese schmerzhafte Erfahrung zweimal machen müssen: in seiner Analyse und im Lager. Zum erstenmal erkannte er, wie seine Festung aufgebaut war, die ihn zwar vor den Ängsten seiner Kindheit schützte, aber ihm auch den Zugang zur Selbstverwirklichung und zur Liebe versperrte. Als er gerade anfing, sich freizumachen, wurde er von den Nazis mit äußerster Brutalität in die Welt des Todes und des Hasses zurückgestoßen. Sie verkauften ihm sogar die verhängnisvolle Armbinde, die ihn trotz einiger kläglicher Erleichterungen fast zum Aufgeben zwang. Deshalb konnte er später den Autismus »von innen« verstehen und beschreiben. Doch er begehrte auf, verweigerte den illusorischen Schutz, nahm den Kampf ums Überleben auf und blieb dabei er selbst. Die Autisten ähneln den »Muselmännern« im Lager: Sie haben sich aufgegeben. Mit Medikamenten oder Zuckerbrot und Peitsche ist dem nicht beizukommen. Wer aber beide Verfassungen kennt, wer die Brücke in beide Richtungen überschritten hat, kann vielleicht mit Geduld und Beharrlichkeit einen Weg finden, sie zum Aufbegehren zu bringen.

4 Dieses und die folgenden Zitate in diesem Abschnitt stammen, sofern nicht anders angegeben, aus Bruno Bettelheim, *Die Geburt des Selbst*, a.a.O.

5 In den ersten Kapiteln der *Geburt des Selbst* untersucht Bettelheim nicht die Entwicklung des Ich, sondern die des Selbst, das das Ich, das Es und das Überich umfaßt. Dabei handelt es sich um ein postfreudianisches Modell, das je nach Autor unterschiedlich verwendet wird (Winnicott etwa spricht vom »falschen Selbst«, das der Säugling zum Schutz gegen eine Mutter entwickelt, die nicht »gut genug« ist). Als Bruno Bettelheim an seinem Buch schrieb, stand das Selbst am Beginn seiner Karriere in Amerika, wo es zu einer Art Bindeglied zwischen der Ichpsychologie und der Freudschen Psychoanalyse wurde. Der Haupttheoretiker des Selbst, Heinz Kohut, auch er ein Wiener Emigrant und zur damaligen Zeit ein einflußreiches Mitglied des Chicagoer Psychoanalytischen Instituts, war mit Bettelheim befreundet.

In *Die Geburt des Selbst* erzählt Bettelheim davon, wie ein autonomes menschliches Wesen langsam aus seiner Festung auf die Welt, zu den anderen kommt. Von der entscheidenden Bedeutung der nach und nach gewonnenen Erkenntnis, daß man durch Handeln diese Welt, diese anderen beeinflussen kann. Von der Beziehung des Säuglings zur Mutter und wie dieser durch sie zu der Überzeugung gelangt, sein Leben sei lebenswert - oder nicht. Von den Abschnitten und kritischen Phasen in dieser Entwicklung. Von den Entgleisungen, dem Rückzug auf sich selbst und dem Verfall des Selbst ... Die ersten Seiten dieses Buchs sind so reich an ungewöhnlichen Beobachtungen und bemerkenswerten Schlußfolgerungen, daß sich der englische Psychoanalytiker Donald Winnicott zu der etwas ärgerlichen Feststellung veranlaßt sah: »Ich finde (Bettelheim) schwer zu lesen, einfach weil er alles sagt und nichts zu sagen bleibt, von dem man sicher sein kann, daß er es nicht schon gesagt hat. Aber man muß ihn lesen, weil er recht haben könnte oder zumindest mehr recht haben könnte als die anderen. Das trifft besonders auf die ersten Kapitel der *Geburt des Selbst* zu.«[6]

Bettelheim veranschaulicht seine Methode an den ebenso aufregenden wie anrührenden Geschichten von »Laurie«, »Marcia« und »Joey«. Beispiele, an denen wir sehen können, wie selbst die schlimmsten klinischen Erscheinungsbilder veränderbar und verbesserungsfähig sind. Geschichten, die den entmutigten Therapeuten neue Hoffnung schöpfen lassen. Doch Bettelheim war noch nicht zufrieden. Nach seiner Rückkehr aus Israel stürzte er sich von neuem auf die Literatur. Unterstützt von Ruth Marquis, studierte er alle Autoren, die etwas zur kindlichen Seele oder zum Autismus zu sagen hatten, von Piaget bis zu den jüngsten Untersuchungen, korrespondierte mit Wissenschaftlern auf der ganzen Welt und suchte in allen Richtungen verzweifelt nach der schlüssigen, unumstößlichen Antwort, die die klinische Arbeit nicht erbracht hatte. Und dann, eines Tages, beendete er abrupt diese Arbeit (die den dritten Teil seines Buchs abgeben sollte).

6 Fußnote zu »The Use of an Object in the Context of *Moses and Monotheism*«, 16.1.1969, in: D. Winnicott, *Psychoanalytic Explorations*, London 1989. Zit. nach »Bruno Bettelheim's Unrecognized Contribution to Psychoanalytic Thought«, in *The Psychoanalytic Review*, New York, Herbst 1994, von Elio Fratteroli, einem Psychoanalytiker, der von 1970 bis 1973 an der Orthogenic School arbeitete.

Mitte der sechziger Jahre fanden große Umstellungen im Personal der Orthogenic School statt. Die Erzieher der »zweiten Generation«, die in der Expansionsphase angefangen hatten, wurden von jüngeren abgelöst, die nach dem Krieg geboren waren, als Bettelheim seine ersten Mütterberatungen abhielt und die Lehren des Dr. Spock Furore machten. Nur die Besten konnten sich halten; das System war inzwischen gut etabliert, und wer sich nicht schnell einfügte, war gleich wieder draußen. Auch unter den Neuen hatte Bettelheim seine Lieblinge, Kathy Lubin zum Beispiel, und solche, auf die er sich stützte, wie Diana Grossman, die von Inge Fleischmann und Jacquelyn Sanders die Verwaltungsaufgaben übernommen hatte. Sie waren die einzigen, die er noch in Einzelsitzungen empfing, ein halbes Dutzend vielleicht. Es gab Vorwürfe, er habe ein Klassensystem innerhalb des Teams errichtet und sich eine Prätorianergarde geschaffen.

Bettelheim war mittlerweile über sechzig, er war sehr berühmt und verteilte Ratschläge in Form von Sentenzen, die er gern mit den Worten eröffnete: »Es gibt drei Dinge, die ich weiß …« Der erste lautete etwa: »The end is in the beginning« – das Ende ist im Anfang, das war einer seiner Lieblingssätze, ein doppeldeutiger Schlüssel zu seinem Denken. Er erinnerte daran, daß die psychische Struktur des Erwachsenen ihre Wurzeln in frühester Kindheit hat, und er bedeutete vor allem, daß der erste Kontakt mit dem Patienten – auch wenn es lange dauert, das herauszufinden – bereits das Ergebnis der Therapie enthält. Aus dieser Erkenntnis heraus, einer Frucht jahrelanger Erfahrung, empfahl Bettelheim den Psychologen in seinen Seminaren wie den Erziehern an der Orthogenic School stets, sie sollten die Akte eines Patienten erst zu Rate ziehen, nachdem sie ihn persönlich kennengelernt hatten.[7] Ansonsten hat jeder der Angesprochenen seine speziellen Maximen behalten: »Wenn jemand etwas tut, dann, weil er das Bedürfnis hat, es zu tun« (Karen Zelan). »Der Patient hat immer recht« (Diana Grossman Kahn). »Besser eine schlechte Entscheidung, als in seinen Widersprüchen gefangen zu bleiben« (Maurie Formigoni); bei Karen Zelan wurde daraus: »Keine Angst vor Fehlern!« Beliebt war auch Bettelheims Aristoteles-Para-

7 Bettelheim war fest davon überzeugt, daß Übertragung und Gegenübertragung von der ersten Begegnung an wirksam seien und daß alles, was der Therapeut vorher über seinen Patienten gelesen habe, nur seine intuitive Erkenntnis trüben könne. Siehe dazu besonders Alvin A. Rosenfeld und Bruno Bettelheim, *Kinder brauchen Liebe*, a.a.O.

phrase: »Alles mit Maß!« Einige warteten vergeblich auf die versprochene dritte Weisheit. »Die erfahren Sie erst, wenn Sie lange genug an der Schule sind«, sagte Dr. B. dann.

Der Weggang eines Erziehers, besonders eines guten, war immer eine problematische Angelegenheit - vor allem natürlich für die Kinder. Im Team entstand eine Lücke, die mühsam austariert werden mußte, bis wieder ein neues Gleichgewicht gefunden war. Und Bettelheim konnte den Verlust von Menschen, auf die er zählte und die für ihn zählten, immer weniger ertragen. Das Problem war unlösbar. Es gab ein paar Vorsichtsmaßnahmen, etwa daß man seinen Weggang höchstens einen Monat vorher ankündigte, um die Angst der Kinder in Grenzen zu halten. Doch die Kinder, sagte Bettelheim, merken immer, wenn man etwas vor ihnen verbergen will. Und die Zöglinge der Orthogenic School waren besonders sensible und genaue Beobachter.

Ein Nichts genügte, um ein Drama auszulösen. Zwei Wochen nach dem Weggang Karen Zelans begann die zehnjährige »Vivienne« plötzlich zu schreien und mit dem Kopf gegen die Wand zu schlagen. Maurie Formigoni, die eigentlich eine ganz gute Beziehung zu Karens ehemaliger Patientin aufgebaut hatte, wußte sich nicht anders zu helfen und schickte nach Dr. B. Nachdem er das Kind beruhigt hatte, fragte er nach der Ursache der Krise. Maurie konnte sich das nicht erklären. Es war Schlafenszeit, alles war gut gelaufen, und sie hatte den Kindern eine Gutenachtgeschichte vorgelesen. »Welche Geschichte?« fragte Bettelheim. »Nichts Aufregendes«, sagte Maurie, ein arabisches Märchen, das im Persischen Golf spielt, auf der Insel ... Karan« - was sich im Englischen, auf der ersten Silbe betont, genauso anhört wie der Vorname von Viviennes verlorener Lieblingserzieherin.

Im Laufe der Jahre hatte sich so allmählich eine Tradition herausgebildet: Wer ging, wurde zum *Bad guy*, zum Bösewicht, zum Sündenbock, an dem die Kinder - wie auch, in geringerem Maße, die Erzieher - ihre Wut auslassen konnten. Dahinter stand die Idee, daß die Kinder ein solches Ereignis nicht gegen sich wenden sollten, im Sinne von »Ich bin dran schuld, daß er weggeht«, oder, noch unvermittelter: »Wenn sie nicht mehr da ist, heißt das, ich habe sie getötet.« Die Kinder vor ihren selbstzerstörerischen Tendenzen zu bewahren war immer noch das oberste Ziel. Um das zu begründen, griff Bettelheim manchmal auf Freud zurück, der die gegen das Subjekt gerichtete Aggression, die eigentlich dem verlorenen Liebesobjekt gilt, als Quelle der Melancholie ansah, das heißt der tiefsten, tödlichen Depression. »Wir haben den Patienten dabei zu helfen, daß sie ihre Wut zulassen können«, sollte Bettelheim später in seinen Seminaren an der Universität von Stanford lehren.

Sündenböcke hatten kein leichtes Leben. Bettelheim ließ sie das als erster spüren, besonders in den Erzieherkonferenzen. Alles, was sie sagten, war plötzlich dumm und uninteressant. Das war um so auffallender, als es oft gerade die ehemaligen Lieblinge traf. Und um so grausamer, weil es diesen Erziehern, die meist viele Jahre ihres Lebens an der Orthogenic School verbracht hatten, besonders schwer fiel, zu gehen. Die Kinder im Stich zu lassen, die sie so sehr brauchten und denen sie soviel gegeben hatten, war ein schmerzhafter Prozeß, der große Schuldgefühle hervorrief. Manche Erzieher nahmen die schlechte Behandlung daher als notwendigen Übergangsritus hin. Andere rebellierten dagegen, wie Karen Zelan. Nach der ersten Besprechung, in der eine Bemerkung Bettelheims die veränderte Situation deutlich gemacht hatte, ging sie zu ihm hinunter. Als sie die Tür öffnete, sah sie ihn in zahllose Filmstreifen verwickelt – er versuchte gerade, den Film über »Marcia« zu schneiden, und jammerte ununterbrochen: »Ich kann das nicht! Ich kann das nicht!« Sie bemühte sich, das Komische der Situation zu übersehen. »Wollen Sie mit mir jetzt dasselbe machen wie mit den anderen?« fragte sie. Bettelheim entgegnete im Psychoton: »Beschreiben Sie doch einmal Ihre Gefühle!« – »Sie wissen ganz genau, wovon ich rede«, schrie Karen Zelan, jetzt wirklich wütend, und knallte die Tür hinter sich zu. Von da an blieb sie von seinen Angriffen verschont.

Berichte über dieses Abschiedsritual, besonders in Bettelheims letzten Jahren, sind Legion. Manche bestreiten allerdings energisch, daß es so etwas überhaupt gegeben hat, Kathy Lubin oder Diana Grossman etwa. Weder seien sie selbst dieser Behandlung ausgesetzt gewesen, noch hätten sie das bei anderen erlebt. Kann sein, daß sie zu sehr mit dem schwierigen Prozeß des Abschiednehmens beschäftigt waren, um etwas davon zu bemerken. Jedenfalls verraten die Unterschiede in den Aussagen einiges über die Ambivalenz der Wahrnehmung. Alle, die sich daran erinnern, sind gespalten zwischen ihrem Verständnis für den Zweck und ihrem Groll über die Grausamkeit dieses Vorgehens. Und diese Ambivalenz führt zum Kern von Bettelheims widersprüchlichem Verhalten: In seinen letzten Jahren scheint er keine klare Grenze mehr gezogen zu haben zwischen dem Wohl der Kinder, das er zum Gesetz der Schule erhoben hatte, und seinem eigenen. Als hätte er durch sein Bemühen, die Kinder »von innen« zu begreifen, nach und nach die Herrschaft über das Kind in sich selbst verloren. Er wußte, daß er die Erzieher gehen lassen mußte, aber es gelang ihm nicht. Er respektierte, wenn sie zu ihrer Entscheidung standen, aber er ließ sie dafür bezahlen. Zum Wohl der Kinder natürlich, aber nicht nur. Und er setzte all seine Verführungskünste ein, um andere vom Gehen abzuhalten.

Nonnie schaffte es nie. Im Frühjahr 1969 war sie schon dreizehn Jahre an der Schule. Nonnie war ein seltsames Geschöpf, gescheit und empfindsam, groß, blond und dünn, ein wenig ätherisch. Sie hätte eine Schönheit sein können. Aber da sie immer ein wenig gebückt ging und sich nicht um ihr Aussehen kümmerte, sah sie doppelt so alt aus, wie sie war, und erweckte dauernd den Eindruck, als wollte sie sich für ihre Anwesenheit entschuldigen. Dr. B. hatte zu ihr eine ganz besondere Beziehung. Sie gefiel ihm nicht, aber sie rührte ihn mit ihrer Verzweiflung und ihrem glühenden Wunsch, die Leiden der Kinder zu mildern. Später sagte er, von allen Menschen, die er kenne, sei sie diejenige, die einer Heiligen am nächsten komme. Das war nicht unbedingt als Kompliment gemeint. Bettelheim spielte damit auf Nonnies Opferbereitschaft an: Sie wollte lange Zeit kein Gehalt für ihre Arbeit, ihre persönlichen Fortschritte waren ihr Lohn genug, und als Bettelheim sie endlich überredet hatte, die Schecks zur Bank zu bringen, spendete sie das Geld prompt einer Wohltätigkeitsorganisation.

Nonnies unglückliche Kindheit, ihr Wille zur Wiedergutmachung einer imaginären Schuld, ihre Abwehr gegen alles, was mit ihrem Körper zu tun hatte, ihre große Intelligenz und ausgeprägte Sensibilität – es gab genügend Anhaltspunkte für Bettelheim, sich in ihr wiederzufinden. Wichtiger noch: Als sie kam, war Nonnie in einem Zustand, der auch ihre Aufnahme als Patientin gerechtfertigt hätte; sie scheint die erste Erzieherin gewesen zu sein, von der Bettelheim dachte, er könnte sie heilen, während sie gleichzeitig die Kinder heilte. Nicht alle waren darüber glücklich. Karen Zelan etwa erinnert sich, wie Nonnie einmal krank war. Die anderen Erzieher mußten nicht nur ihre Arbeit übernehmen, sondern ihr außerdem Gesellschaft leisten, weil Dr. B. es so wollte. Karen Zelan hatte bald genug davon. Aufgebracht beschwerte sie sich, sie habe keine Lust mehr, sich von Nonnie auch noch anhören zu müssen, wie sie nach ihrer Genesung ihre Ferien genießen würde – und erntete Vorwürfe: »Wenn die Schule nicht einmal in der Lage ist, eine Nonnie zu verkraften, dann frage ich mich, wozu sie überhaupt gut ist«, fuhr Bettelheim sie an. »Von besseren Zeiten zu träumen ist der einzige Weg zur Besserung – haben Sie das noch nicht begriffen?« Andererseits sprang Bettelheim ziemlich rüde mit Nonnie um. Sie war bei ihm in Therapie, aber er ersparte ihr nichts und führte sie in den Konferenzen öfter vor als andere. Mit der Zeit wurde sie zu einer sehr guten Erzieherin mit einem besonderen Verständnis für schwerstgestörte Kinder. Sie träumte davon, eine Schule nur für Autisten zu gründen – eine Idee, von der Bettelheim überhaupt nichts hielt, seiner Meinung nach brauchten Autisten weniger kranke Kinder, um aus ihrer Isolation herauszufinden.

Im Sommer 1969 fuhr Nonnie mit einem Kollegen auf Urlaub. Bettelheim war damit nicht einverstanden, der Freund war seiner Meinung nach für Nonnie nicht gut genug (das dachte er meistens, wenn eine seiner Lieblingserzieherinnen sich für ein männliches Mitglied des Teams interessierte). Auf der Rückfahrt ereignete sich ein Unfall, bei dem Nonnie ums Leben kam. Ihr Freund, der das Auto gefahren hatte, überlebte. Trauer, Schuldgefühle, Wut – schwer zu sagen, welches dieser Gefühle bei Bettelheim die Oberhand hatte. Zuallererst jedenfalls rief er Nonnies Freund an, um ihm mitzuteilen, er dürfe die Schule nie wieder betreten: »Die Kinder könnten Sie umbringen.« – »Und nicht nur die«, ergänzt Geneviève Jurgensen, die ein Jahr später an die Schule kam. Dieser Unfall stellte in der Tat einen Wendepunkt in Bettelheims Leben dar. Es gelang ihm offensichtlich nicht, ihn einfach als Unglücksfall anzusehen. Selbst den Kindern gegenüber ließ er gelegentlich durchblicken, der Erzieher habe Nonnie vorsätzlich getötet. Anläßlich eines Fernsehinterviews zu seinem Buch *The Children of the Dream* beklagte er die Gleichgültigkeit der anderen Erzieher; im Kibbuz würde die ganze Gemeinschaft um die Tote trauern. Sehr viel später, als er schon in Kalifornien lebte, gestand er Karen Zelan, er habe mit Nonnie eine neue Methode erproben wollen; daraufhin konnte diese besser verstehen, wieso Nonnies Tod ihn so niedergeschmettert hatte.

Nonnies Tod fiel in eine bewegte Zeit. Seit seinem sechzigsten Geburtstag dachte Bettelheim über seine Nachfolge nach. Er war immer ein Hypochonder gewesen, aber mittlerweile hatte er ernsthafte Gesundheitsprobleme, vor allem Durchblutungsstörungen in den Beinen. 1966 mußte er am Star operiert werden. Unmittelbar vor der Operation nahm er einige Erzieherinnen einzeln beiseite, kündigte seinen Selbstmord an für den Fall, daß er danach überhaupt nicht mehr sehen könnte (was durchaus möglich war), und fragte, ob er für die Übergangszeit, die die Schule dann durchlaufen würde, auf sie zählen könnte.

Auch die politische Situation beunruhigte ihn. Israels Blitzsieg im Sechstagekrieg hatte zwar endgültig den Mythos vom wehrlosen Juden zerschlagen, aber er hatte das Land auch noch stärker isoliert. In den Vereinigten Staaten wurde der Protest gegen den Vietnamkrieg immer lauter. Der Demokratische Konvent in Chicago, auf dem Hubert Humphrey zum Präsidentschaftskandidaten gegen den Republikaner Nixon gewählt wurde, mobilisierte das gesamte Spektrum der Protestbewegung, Vietnam-Gegner, Black Panthers, Hippies und so weiter, und die gewaltsamen Zusammenstöße zwischen Jugend und Polizei versetzten Amerika einen Schock.

Die Epidemie, die nach und nach alle amerikanischen Universitäten befiel, schien die elitäre U of C, die außerdem weitab vom Schuß lag, eine Zeitlang zu verschonen. Doch fünf Monate nach den Auseinandersetzungen in Chicago, im Januar 1969, griff sie doch noch auf den Campus über und brach ausgerechnet am soziologischen Institut aus, das zu dieser Zeit unter der Leitung von Morris Janowitz stand. Der Vertrag einer jungen Assistentin war nicht verlängert worden, der einzigen Frau am Institut, die außerdem für ihre radikalen Ideen bekannt war. Das führte zum Sit-in einer Gruppe von Studenten im Hörsaal. Morris Janowitz verhandelte die ganze Nacht mit ihnen, doch es kam zu keiner Einigung. Bald wurde auch das Verwaltungsgebäude besetzt - so etwas hatte es in der gesamten Geschichte der Universität noch nicht gegeben. Erst nach zwei Wochen war die Krise beigelegt, einige Studenten wurden relegiert, doch kein einziges Mal hatte Rektor Edward Levy die Polizei gerufen - worauf viele Mitglieder des Kollegiums heute noch stolz sind.

Bettelheim war von diesen Auseinandersetzungen nicht unmittelbar betroffen, weder an der Orthogenic School noch in seinen Vorlesungen. Dennoch stürzte er sich vom ersten Tag an unüberhörbar ins Gefecht. Auf einer Pressekonferenz bescheinigte er den streikendenden Studenten eine ausgewachsene Paranoia und verglich sie gar mit der Hitlerjugend, die zu der Zeit, als er noch in Wien war, die deutschen Universitäten stürmte. Bis dahin hatten die Protestierenden nicht einmal seinen Namen erwähnt. Von nun an war er ihre wichtigste Zielscheibe.

Warum stellte sich Bettelheim freiwillig an die Spitze der Reaktion, und warum fuhr er so schweres Geschütz auf gegen eine Handvoll Studenten, deren Forderungen nicht einmal den akademischen Rahmen sprengten? Dafür gibt es mehrere Gründe. Daß sein Freund Morris Janowitz unter Beschuß stand, war sicher einer davon. Ein anderer waren seine Erinnerungen. Er wollte nicht dulden, daß dieses Land, diese Universität angegriffen wurden, die ihm das Leben gerettet und die Verwirklichung seiner Kindheitsträume ermöglicht hatten. Vielleicht hatte er auch wirklich Angst. »Das wird alles schlecht für die Juden ausgehen«, ließ er ein paar Monate später während eines Besuchs in Cambridge, Massachusetts, fallen.[8] Er war nicht der einzige Intellektuelle, den die Ereignisse erschreckten. Auch andere Überlebende reagierten auf die Tumulte, die die großen Demokratien erschütterten, zunächst irrational und aus dem Bauch heraus. Der französische Soziologe Raymond Aron etwa gab später zu, der Pariser Mai 1968 habe ihm angst gemacht.

Auf jeden Fall erscheint mir Bettelheims völlig überzogene Reaktion auf diesen harmlosen Vorfall kennzeichnend für den Zustand, in dem er sich zu dieser Zeit befand: Er war von einer großen Angst beherrscht, die jedoch, wenn er sie nüchtern betrachtete, im Keim bereits alle Themen seiner Arbeit nach der Orthogenic School bilden und sein großes Werk über die Kindererziehung, *Ein Leben für Kinder*, prägen sollten.

Als sich der Sturm über dem Campus gelegt hatte, erläuterte Bettelheim am 16. Februar 1969 seine Haltung in einem Interview mit der *Chicago Sun-Times*. Die Wut der Studenten, meinte er, resultiere aus ihrem Selbsthaß: »Sie sind unfähig, auf die Welt zuzugehen, und sehen daher ihre einzige Chance in der Zerstörung dieser Welt. So wird das Chaos der äußeren Welt dem der inneren Welt vergleichbar.« Die Revolte sei »ein extremes Abwehrmanöver, um den totalen Bruch mit der Realität zu vermeiden«. Diese in ihrer Maßlosigkeit schockierenden Behauptungen leiten jedoch nur zu dem Punkt über, auf den es ihm eigentlich ankommt, der ihn wirklich empört: die Abdankung der Erwachsenen. Die Jugendlichen seien von ihren überforderten Eltern zwar verwöhnt, aber zu wenig geliebt worden. Das war, jenseits der Ereignisse in Chicago, der Kern aller Statements, die er in den folgenden drei oder vier Jahren zu dem Thema abgab, in Zeitungen, im Fernsehen, auf Konferenzen und vor den

8 Erinnerung von Mark, Kathy Lubins Mann.

vielen Kommissionen zur Lösung dieses Problems, die von beiden Häusern des Kongresses in immer größerer Zahl gebildet wurden.

Daß die Führer der Studentenbewegung ihn an die faschistischen Studenten aus seiner Jugendzeit erinnerten, rühre daher, daß sie das »Establishment« ebenso pauschal verdammten, wie ihre Vorgänger gegen das »System« gewettert hätten. Er sei entsetzt, daß fünfunddreißig Jahre danach in Berlin wieder Bücher verbrannt würden. Eine weitere Gemeinsamkeit der Bewegungen seien ihre Intellektuellenfeindlichkeit und ihr »moralischer Absolutismus«, die unerschütterliche Überzeugung, daß nur sie im Recht seien. Die Jugendlichen damals wie heute seien unreif, sie hätten nicht aufgrund ihrer Überlegungen eine vernünftige Wahl getroffen, sondern verhielten sich, ungeachtet ihrer unterschiedlichen Ziele, wie »zutiefst Gläubige«. Die Folge ist klar: »Eine Revolution ohne klares Bild von dem, was danach kommen soll, kann nur zur Entstehung begründeter Angst führen.«

Das Ganze sei die Revolte einer Jugend, die sich überflüssig vorkomme und das Gefühl habe, von der technologischen Gesellschaft nicht mehr gebraucht zu werden. »Es ist unnatürlich, junge Leute von zwanzig Jahren noch in Abhängigkeit zu halten. Das kann, denke ich, nur ein Weg für eine kleine Elite sein, die auch in der Vergangenheit die Universität besuchen konnte. Früher führte die große Mehrheit der jungen Menschen auf der Höhe ihrer körperlichen Kraft – und das ist mit zwanzig – ein aktives Leben, um sich als Erwachsene zu beweisen ... Heute bezahlen wir sie alle dafür, daß sie zur Schule gehen. Das macht sie abhängig, wenn sie, psychologisch gesprochen, unabhängig sein sollten. Und das ist sehr schwer zu verkraften.« Angeblich sei diese Nachkriegsjugend in einer liberalen und toleranten Umgebung aufgewachsen, doch das sei eine Illusion, in Wahrheit habe die Nachsichtigkeit der Eltern nur deren eigener Bequemlichkeit gedient. Und sie habe auch ihren Preis gehabt, die stillschweigende Voraussetzung habe nämlich gelautet: »Dafür, daß ich dir jetzt einiges nachsehe, daß ich dir die Flasche gegeben habe, wann immer du wolltest, mußt du später der Beste und der Klügste sein.« Das Verblüffende an den Führern der Studentenbewegung – das auch ihre Professoren oft vor ein Rätsel stelle – sei die Kluft zwischen ihrem überentwickelten Intellekt und dem Mangel an emotionaler Reife. Viele seien im Trotzalter steckengeblieben. Die Gründe für diese Unreife und die Unzufriedenheit mit der Gesellschaft seien verdrängte Triebe, der Mangel an starken Rollenmodellen – die Väter arbeiteten weit entfernt von zu Hause, und wenn sie da seien, verschanzten sie sich hinter der Zeitung oder vor dem Fernseher – und die Unfähigkeit der Autoritätsfiguren, ihre Autorität auch wahrzunehmen. Weil sie ihre Kinder nicht repressiv erziehen wollten, hätten die Eltern verabsäumt, ihnen die Beherrschung ihrer Triebe und ihrer Aggressionen beizubringen. Um die Mißbilligung ihrer Kinder zu vermeiden, hätten sie nicht streng genug auf die Einhaltung ihrer Vorschriften geachtet. Die viktorianische Erziehung sei wenigstens konsequent gewesen, während die heutige ständig mit ihren Widersprüchen zu kämpfen habe. Und, was am schlimmsten sei: Der Mangel an Repression diene nicht den Interessen des Kindes, sondern denen der Eltern.

Auf der politischen Ebene war Bettelheim endgültig ins Lager der Konservativen übergelaufen. Er verteidigte das amerikanische Engagement in Vietnam, empörte sich über die Watergate-Affäre und den Rücktritt Richard Nixons und unterstützte später aktiv die Wahl Ronald Reagans. In fast allen wichtigen politischen Fragen stand Bettelheim also im Gegensatz zu jenen, die von seinen Schriften beeindruckt waren. Dieser Widerspruch ist auffällig. Doch Bettelheims politische Ansichten haben mit einem zentralen Punkt seines Denkens zu tun.

Nachdem er ein Vierteljahrhundert lang versucht hatte, diejenigen zu heilen, an denen die modernen, von schlecht verdautem Freudianismus gespeisten liberalen Erziehungsmethoden der amerikanischen Mittelschicht versagt hatten, war Bruno Bettelheim davon überzeugt, daß gute Eltern dem Kind gegenüber die Rolle des Erwachsenen übernehmen müssen. Das heißt, sie lassen ihr Kind Kind sein und zwingen es nicht, zu denken, wenn es spielen sollte, und sich mit den Problemen der Erwachsenenwelt herumzuschlagen, wenn es noch nicht reif dazu ist. Sie belasten es nicht mit ihren eigenen Schwierigkeiten und verlangen nicht, daß es sie versteht oder tröstet. Die Rolle des Kindes ist es, zu wachsen und seine Kindheit zu nutzen, um durch sein Spiel das Leben zu lernen und ein starkes Individuum zu werden. Die Rolle der Eltern, eine Umgebung zu schaffen, die diesen Prozeß begünstigt, und mittels ihrer Autorität Grenzen zu setzen. Und schließlich: für alles ein Happy-End zu finden, das das Kind darin bestärkt, zu leben und zu wachsen.

Diese Vorstellung, die so einfach erscheint und so schwer umzusetzen ist, bildet den Kern der Bettelheimschen Erziehungsphilosophie. Die Eltern haben dabei eine undankbare Rolle. Bettelheim spricht ihnen das Recht ab, sich ihren Kindern gegenüber selbst wie Kinder zu benehmen, das heißt, Verständnis und Nachsicht von ihnen zu fordern. Das läßt sich auf Dauer gar nicht durchhalten. Auch Eltern sind nur Menschen, die manchmal von ihren Gefühlen überwältigt werden und sich wie Kinder aufführen. Daß Bettelheim diese Tatsache einfach übergeht, daß er seine zweifellos richtige Botschaft so gnadenlos hart formuliert, spiegelt möglicherweise seinen inneren Kampf wider, sein aufgebrachter, verbitterter Ton könnte Ausdruck seines Leidens an dem Teufelskreis sein, in dem er selbst gefangen war.

Denn diese unerfüllbare Erwachsenenrolle hatte ihm seine Familie seit frühester Kindheit aufgezwungen, und er war sie nie wieder losgeworden. Es war die Rolle, die er am besten beherrschte, deshalb hatte er sie auch den streikenden Studenten gegenüber angenommen, während viele seiner Kollegen sich lieber schweigend an die Seite der Protestierenden stellten. Es war die Rolle, der er nie entfliehen konnte - außer bei Trude. Niemals erlaubte Bettelheim dem Kind in ihm, zu Wort zu kommen, nur manchmal war es leise zu hören, wenn er über seine Krankheiten jammerte. Doch nun, Ende der sechziger Jahre, schien er unter der Last der Verantwortung und der Ehrungen - fünfundzwanzigjähriges Jubiläum seiner Übernahme der Orthogenic School, alle möglichen Ernennungen und Ehrentitel - zusammenzubrechen. Es war, als sei das unter großen Opfern aufrechterhaltene Gleichgewicht zwischen dem verantwortungsbewußten Erwachsenen und dem inneren Kind aus der Balance geraten, als habe nun das lange unterdrückte Kind zeitweise die Herrschaft übernommen, herausfordernd, größenwahnsinnig und wild entschlossen, alle Grenzen zu übertreten.

Als Bettelheim von Nonnies Tod erfuhr, war praktisch niemand in der Orthogenic School. Kathy Lubin, die seit ihrer Hochzeit nicht mehr in der Schule wohnte, hatte den Großteil der Erzieherinnen auf ein Fest zu Ehren Dianas eingeladen, die ebenfalls heiraten wollte.[9] Die Neue, die erst vor ein paar Tagen angefangen hatte, Candace Hilldrup, war nicht dabei. Sie war ein ungewöhnliches Mädchen, hübsch, klug und liebenswert, doch hinter ihrem schein-

9 Es handelte sich um die traditionelle »bridal shower«, eine Art Weiber-Polterabend mit Geschenken für den zukünftigen Haushalt der Braut (A.d.Ü.).

bar so zugänglichen Wesen verbarg sich eine verschwiegene Persönlichkeit. Die langen roten Haare steckten, wenn sie bei den Kindern war, unter einem Barrett, sonst fielen sie ihr bis über die Hüften, und die zierliche Gestalt mit dem wiegenden Schritt wirkte dann wie eine Mischung aus Ophelia und einem kleinen Waldtier.

Als sie Dr. B. zum erstenmal sah, fühlte sie sich an Mr. Magoo erinnert, eine verhutzelte, sehr kurzsichtige und ausgesprochen häßliche Comic-Figur aus ihren Kindertagen. »Doch wenn er ins Zimmer kam«, sagt sie, »war es ganz von seiner Gegenwart erfüllt.« Sie hatte eine vielversprechende Tanzkarriere aufgegeben, nachdem sie ein Professor an der Universität von Virginia, wo sie außerdem Psychologie studierte, auf ein Stellenangebot der Orthogenic School aufmerksam gemacht hatte. Denn weder das Tanzen noch das Studium hatten ihr dabei helfen können, ihr Leben in den Griff zu kriegen. Candy, wie sie allgemein genannt wurde, war nach ihrem Paß einundzwanzig, innerlich fühlte sie sich wie fünfzehn. Sie kam vom Land, aus bescheidenen Verhältnissen, war sehr naiv und sehr allein und wurde nicht fertig mit den heftigen, widersprüchlichen Gefühlen, die das lange, qualvolle Sterben ihrer Mutter ausgelöst hatte. Als sie *Liebe allein genügt nicht* und noch zwei andere Bücher Bettelheims las, hatte sie das Gefühl, ihre innere Leere würde gefüllt, und eine Tür habe sich unerwartet geöffnet.[10] In dem kurzen Lebenslauf, den sie ihrer Bewerbung anfügte, beschrieb sie mit vollkommener Offenheit den Gefühlswirrwarr, der ihr das Leben so schwer machte.

Kathy Lubin meint, es lag daran, daß Candy in seinem Büro war, als er von Nonnies Tod erfuhr. Oder lag es vielleicht an ihrer unbestreitbaren Ähnlichkeit mit Bettelheims erster Frau Gina? Oder daran, daß sie ein wenig an Karen Zelan erinnerte, wie manche glauben? War es, weil sie Tänzerin war, weil sie so unbekümmert fragen konnte, wenn sie etwas beschäftigte, oder wegen ihres großen Einfühlungsvermögens? Oder vielleicht alles zusammen? Jedenfalls entstand zwischen Bruno Bettelheim und diesem Mädchen, das solche Probleme mit dem Leben hatte und dabei gleichzeitig so stolz, lebhaft und lustig war, eine außergewöhnliche Beziehung. Daß sie ihn brauchte, war offensichtlich. »Ich hätte nicht als Erzieherin hierher kommen sollen, sondern als Schülerin«, dachte sie oft. Er nahm sich ihrer an, wie er sich Nonnies angenommen hatte, um ihr Achtung

10 Hier wie im folgenden Interview mit Candace Hilldrup, Februar 1991.

vor sich selbst beizubringen, während sie sich um die Kinder kümmerte. Aber diesmal sollte es ihm gelingen. Mit ihr war es anders, sie rührte ihn, sie amüsierte ihn ... Sie liebte er.

Candy wurde sein Baby, sein liebstes Kind. Sie hatte eine Begabung zur Imitation und brachte ihn zum Lachen, indem sie den Tonfall oder die Mimik von Leuten aus ihrer gemeinsamen Umgebung nachmachte. Beide schwärmten für das Mittelalter und erzählten einander wunderbare Geschichten von Prinzessinnen, Rittern und Drachen. Sie überraschten einander mit kleinen Geschenken, hinterließen sich gegenseitig Zettel mit Botschaften ... Böse Zungen munkelten, da passierten noch ganz andere Dinge, wenn Candy nach der letzten Besprechung in Bettelheims Zimmer zur Therapie kam. Jeden Abend ging sie zu ihm, oft in dem Baumwollanzug, den sie auch als Pyjama trug, ohne die schrägen Blicke der anderen Erzieherinnen zu bemerken, die nur einmal wöchentlich ein Rendezvous mit Dr. B. hatten. Aber das war ein totales Mißverständnis ihrer Beziehung oder, besser, eine Projektion von Phantasien, die mit dieser Beziehung überhaupt nichts zu tun hatten. Bettelheim spürte, daß Candy die Regression brauchte, um zur Quelle ihrer Probleme vorzudringen. Und sie war bereit dazu, wild und fest entschlossen. Sie hatte blindes Vertrauen in ihren »Poppa«, wie sie ihn nannte. Und er konnte, auch wenn er das Unternehmen umsichtig leitete, darin endlich die Befriedigung seiner eigenen kindlichen Bedürfnisse finden. Candace Hilldrup, die heute selbst Analytikerin ist, faßt die Situation folgendermaßen zusammen: »Die Beziehung zwischen uns war reiner Affekt. Keine Rationalisierung – also auch kein Widerstand. Solche Beziehungen hatte Dr. B. manchmal zu Kindern, meist Mädchen, die er mit der Hand fütterte und in den Armen wiegte.«

Als Direktor der Orthogenic School verlor Bruno Bettelheim allerdings das Wohl der Kinder nie aus den Augen. Candy war ihnen total ergeben. Ihr Leben hatte zu dieser Zeit nur ein Epizentrum, Bettelheim, und zwei Bereiche, die Kinder und ihre Therapie. Die erste Zeit war hart für sie, wie für Karen Zelan oder Geneviève Jurgensen: »Die Kinder an der Orthogenic School fanden immer bei allen Beachtung und waren emotional so überfüttert, daß sie Neuankömmlinge arrogant, geradezu verächtlich behandelten und das auch verbalisierten. Sie brauchten dich nicht, und du mußtest beweisen, daß du etwas anzubieten hast, bevor sie zu dir kamen. Das konnte Monate dauern.« Candy hatte recht schnell enge Kontakte zu einer Mädchengruppe hergestellt. Nicht zu Kathys, der Bettelheim sie zugeteilt hatte, sondern zu der daneben, in der die Kinder jünger waren und schwerere Störungen aufwiesen. Nach ein paar Wochen durfte sie die Gruppe wechseln. Und das war nicht das einzige Mal, daß für Candy die Regeln geändert wurden. Sie hatte auch ihren Namen behalten dürfen, der im Englischen »Bonbon« bedeutet. Eigentlich hätte sie ihn ändern müssen, weil er zu symbolbeladen war. Aber sie wollte nicht, und Bettelheim gab nach.

Das Essen spielte übrigens eine wichtige Rolle in ihren Beziehungen. Als Bettelheim sie nach ihren ersten Eindrücken befragte, antwortete sie spontan: »Das ist der essenste Ort, den ich kenne.«[11] Das war in der Tat das erste, was ihr einfiel. Jeden Tag gab es drei vollständige Mahlzeiten mit den Kindern plus drei Snacks und einen letzten Imbiß mit den Erziehern. Beim Mittagessen saß sie einmal neben einem magersüchtigen Mädchen und sah, wie ein anderes sich in den Teller erbrach und sich dann daranmachte, das Erbrochene wieder aufzuessen. Für Candy, die selbst zur Anorexie neigte, keine einfache Situation. Aber weil sie tapfer sein wollte und das Essen an der Schule auch verblüffend gut schmeckte, aß sie weiter und nahm sich sogar noch ein Stück Schokoladenkuchen. »Wenn sie mich nicht behalten«, dachte sie und würgte den Kuchen in großen Bissen hinunter, »habe ich wenigstens das mitgenommen.«[12]

Bettelheim war von ihrer Wortschöpfung entzückt. »Das ist ein gutes Zeichen«, meinte er. Er selbst aß gern und hatte eine Schwäche für Süßigkeiten, wenn er auch eitel genug war, auf sein Gewicht zu achten. »Als ich ein Baby war«, erklärte er Candy eines Tages, »legte mir die Amme zum Einschlafen immer ein Stückchen Schokolade unter die Zunge.« Probleme mit der Oralität interessierten ihn, und er hatte ein Händchen für Anorektikerinnen. Deren Wunsch nach totaler Beherrschung ihres Körpers rührte etwas in ihm an, und oft war er der einzige, der die richtigen Worte oder Gesten finden konnte, sie von ihrem lebensgefährlichen Hungern abzubringen.

Candy hatte ein paar magersüchtige Mädchen in ihrer Gruppe und kam (wie Karen Zelan und andere von Bettelheims Lieblingserzieherinnen) gut mit ihnen zurecht. Sie hatte die Art von Intuition,

11 »It's the eatingest place I've seen.«

12 Der Kuchen hieß übrigens »German chocolate cake« – das heißt, die Neue stopfte sich vor allem mit Dr. B. voll.

der Bettelheim den höchsten Wert beimaß, die sich gestisch, affektiv, unbewußt artikuliert und den Geist, das vernünftige Denken, kurzschlüssig umgeht. Kurz bevor Candy angefangen hatte, war »Erin« an die Schule gekommen, und Candy war bald die einzige, die sie beruhigen konnte, wenn sie zu schreien, zu beißen und um sich zu schlagen begann. Nach und nach entwickelte das autistische Mädchen ein Interesse für die äußere Welt, lernte Lesen und Schreiben. Aber nur Candy durfte es anfassen.

Bettelheim war sicher, daß Candy das Zeug zur wirklich großen Erzieherin hatte. Die Zuneigung zu ihr machte ihn blind für das Klima, das die exklusive Beziehung zu ihr um sie herum schuf. Aber er hätte ihr nie soviel Energie gewidmet, wenn er nicht überzeugt gewesen wäre, daß sie einen guten Einfluß auf die Kinder hatte. Vor Jahren hatte er einmal eine israelische Dichterin mitgebracht, an der ihm offenbar sehr viel lag. Aber ihre Exaltiertheit wirkte sich verheerend auf die Kinder aus. Bettelheims Pflichtgefühl siegte, und kurze Zeit später hatte sie die Schule wieder verlassen.

Candy zerriß sich geradezu für ihre Mädchen. Nach einem Jahr betreute sie außer »Erin« noch zwei andere in Einzelsitzungen. Und fand auch noch Zeit für ein paar Mädchen, die nicht zu ihrer Gruppe gehörten. Bettelheim bat sie, den Kindern Tanzunterricht zu geben. Ein paar Jungen, besonders Charles Pekow und Ronald Angres, fanden das entwürdigend. Doch Candy stürzte sich darauf, begeistert von den neuen Perspektiven, die Dr. B. ihr eröffnete. Sie teilte mit ihm auch eine Leidenschaft für Feste. Bettelheim war Weihnachten besonders wichtig, weil es das Fest einer Geburt war, der Geburt des Kindes in jedem von uns, wie er gern sagte.

An einem Montagabend befiel Candy eine schreckliche, grundlose Angst. Bettelheim war nicht in der Schule, und es gelang ihr nicht, sich zu beruhigen und das Gefühl abzuschütteln, daß etwas Schreckliches geschehen würde. Schließlich hinterließ sie in Bettelheims leerem Büro eine kleine Botschaft auf dem Schreibtisch: »Ich fürchte mich so ... Bitte sterben Sie nicht.« Am nächsten Tag sagte Bettelheim auf der Konferenz: »Wissen Sie, daß wir ein Medium unter uns haben?« Dann erzählte er, aufgebrachte Studenten hätten nachts an seiner Tür geklopft, und als er geöffnet habe, sei ihm ein Gewehr unter die Nase gehalten worden. »Im gleichen Augenblick hat diese Person gefühlt, daß mein Leben bedroht war«, schloß er geheimnisvoll. Im nächsten Sommer schrieb Candy ihm von einer Europareise eine Ansichtskarte mit dem Bild der Eva von Ernst

Fuchs. Als sie zurückkehrte, stellte sie überrascht fest, daß Bettelheim ihr aus seinem Urlaub die gleiche Karte geschickt hatte.

Ein paar Erzieherinnen mochten Candy, aber die meisten konnten sie nicht leiden. Viele waren eifersüchtig, denn Bettelheims Zuneigung zu ihr ließ sich nicht übersehen.[13] Andere mochten sie nicht, weil sie ihnen trotz ihrer Qualitäten zu instabil und hilfsbedürftig war, als daß sie den Kindern wirklich hätte guttun können. Völlig absorbiert von ihrer Beziehung zu Bettelheim und ihrer Arbeit mit den Kindern, nahm Candy die anderen einfach nicht wahr. Sie war exzessiv und exklusiv, eine wandelnde Provokation. Sie kleidete sich, wie sie sich fühlte – wie ein Schulmädchen. In den Augen anderer streiften ihre Rocklängen die Grenze zur Schamlosigkeit. Und Dr. B., der sonst so prüde war in dieser Hinsicht, sagte nie etwas. Einmal trat Candy auf dem kleinen Neujahrsfest bei den Bettelheims im Kostüm einer mittelalterlichen Prinzessin auf, mit bodenlangem Rock und einem Dirndlmieder mit vielen kleinen Herzchen, das sie extra für Bettelheim ausgesucht hatte. Alle waren schockiert. Und als sie dann auch noch, von der Konversation gelangweilt, mit Bettelheims Sohn Eric nach oben verschwand, lieferte sie den Klatschmäulern neue Nahrung. Dabei hatten sie nur im ersten Stock, auf Bettelheims Bett, Sackhüpfen und eine Kissenschlacht veranstaltet.

Leslie Cleaver kam mit zwei anderen einen Monat nach Candy an die Schule und bemerkte sofort die Spannungen, Eifersüchteleien und Intrigen, die sie abfällig »the goofy stuff« nannte. Sie hatte nichts gegen Candy, aber ihre Anwesenheit sei trotz allem, was sie für die Kinder getan habe, ein Störfaktor gewesen, der sich auch auf die Kinder ausgewirkt habe. Bettelheim glaubte in seinem damaligen »Größenwahn«, sich um alles gleichzeitig kümmern zu können, um Candy und um die Kinder, und wollte zudem auch noch die Grenzen aufrechterhalten, die er selbst ständig übertrat. Daß das Klima in dieser zu Ende gehenden Epoche doch viel von Bettelheims eigenen Ängsten und seelischen Nöten verraten habe, würde sie heute gern zugeben; damals allerdings hätten solche Gedanken an der Schule keinen Platz gehabt. Seine Rolle habe es Dr. B. nicht erlaubt, seine Privatprobleme mit dem Team zu teilen.

13 »Kommen Sie mir nicht mit Candy! Ich kann heute noch nicht unbefangen an sie denken«, gestand mir offen eine Erzieherin, die seit vier Jahren an der Schule war, als Candy kam, eine von denen, auf die Bettelheim sich stützte und die er auch in Therapie hatte.

Als Bruno Bettelheim im August 1963 sechzig wurde, kam Ruth Marquis ihn besuchen. An der Tür zu seinem Büro blieb sie wie vom Donner gerührt stehen – auf dem Schreibtisch lag kein Blatt Papier mehr. »Ich muß meine Angelegenheiten regeln«, sagte er zu ihr mit Grabesstimme. »Ich bin alt. Es wird Zeit, daß ich mich zurückziehe.«

Sechs Jahre später waren seine Angelegenheiten immer noch nicht geregelt. In der Zwischenzeit hatte er mehrere Männer, die mit ihm arbeiteten, wissen lassen, daß er sie gern als Nachfolger sehen würde. George Kaiser zum Beispiel und ein paar Psychoanalytiker, die als Berater an die Schule kamen. Als Ugo Formigoni 1964 keine Lust mehr hatte, Leintücher zu wechseln und Kinder zu Bett zu bringen, und eine Stelle antrat, die seinen Qualifikationen mehr entsprach, warf Bettelheim ihm in dem Moment, da er aus der Tür gehen wollte, die Bemerkung vor die Füße: »Und ich dachte, ich mache Sie zu meinem Nachfolger!« Bettelheim mochte den charmanten Italiener. Er hatte ihm 1962 seine hervorragende und unersetzliche Arbeit bescheinigt und auf diese Weise viel dazu beigetragen, daß Formigoni eine ständige Aufenthaltserlaubnis bekam. Außerdem war er Mediziner. Aber er zürnte ihm wegen seines Weggangs. Formigoni leitete dann einen psychiatrischen Dienst, wo Bettelheim Berater war. Diese Umkehrung der Rollen machte die Sache auch nicht besser. Formigoni hoffte wahrscheinlich auf einen Anruf, doch der kam nicht.

Dann gab es noch Lou Harper, der seit zwanzig Jahren an der Schule war und das Lehrerteam leitete. Bettelheim hatte absolutes Vertrauen zu ihm. Er war alles, was Bettelheim nicht war: groß, blond, ruhig. Mit Harper ließ sich alles auf friedliche Weise regeln. »Was wollen Sie«, sagt er, »es dauert eben, bis ich wütend werde.«[14] Auch die Kinder fühlten sich bei ihm sicher. Doch Lou Harper hatte sich nie die Zeit für sein Doktorat genommen.

Schließlich war für Bettelheim der Zeitpunkt gekommen, wo er versuchte, Ben Wright zu seiner Nachfolge zu überreden. Wright erfüllte alle Voraussetzungen: Er hatte die erforderlichen Abschlüsse, kam ausgezeichnet mit der Universitätshierarchie zurecht, kannte die Schule gut und war absolut loyal. Um ihn zu gewinnen, setzte Bettelheim alle verfügbaren Mittel ein, auch Erpressung: Die Zukunft der Schule, sagte er, stehe auf dem Spiel. Doch Ben Wright wußte, was ihn erwartete, er sah sich nicht in der Lage, Bettelheims

14 Interview mit Lou Harper, Paris, Juli 1994.

Rolle zu übernehmen, und war auch nicht bereit, sein Privatleben für die Schule zu opfern. Also beharrte er auf seiner Weigerung.

Inzwischen hatte Bert Cohler, einer der größten Erfolge der Orthogenic School, an der Harvard University sein Doktorat in Klinischer Psychologie abgelegt. Das wußte Bettelheim, weil Cohler regelmäßig in die Schule zu Besuch kam. 1969, Cohler war neunundzwanzig Jahre alt, und die Yale University hatte ihm gerade eine Assistentenstelle angeboten, traf er Bettelheim auf einer Konferenz in Boston. Er begleitete ihn zum Flughafen, wo Bettelheim ihm mit düsterer Miene eröffnete, wenn er nicht seine Nachfolge übernehme, müßte die Schule schließen. Bert Cohler zögerte nicht lange. Ein Leben als Professor an der renommierten Universität in Connecticut versprach zwar bei weitem größere Annehmlichkeiten, das war ihm klar. Aber seine Verbundenheit mit Dr. B. und der Orthogenic School war stärker. Und seine Frau war auch einverstanden.

Ende 1969 kehrten die Cohlers nach Chicago zurück. Zu Beginn hatte Bert Cohler eine merkwürdige Stellung an der Orthogenic School. Er wurde zwar im Universitätsjahrbuch und in der Lohnabrechnung als Stellvertretender Direktor geführt, doch Bettelheim hatte den Erziehern nichts davon gesagt. Er nahm Cohler überallhin mit und führte ihn in die Verwaltungsaufgaben ein, aber er erwartete offensichtlich, daß er sich selbst Autorität verschaffte. Vielleicht wollte er ihn auch testen. Jedenfalls war es schließlich Cohler selbst, der das Team über seine Funktion in Kenntnis setzte. Nach und nach zog Bettelheim sich zurück und überließ seinem Stellvertreter alle größeren Entscheidungen, auch wenn er sie noch selbst vorbereitete. Geneviève Jurgensen wurde im Dezember 1970 offiziell von Cohler eingestellt. Doch Bettelheim hatte sie an der Universität angesprochen und gefragt, ob sie an der Schule arbeiten wollte.

Bei Meinungsverschiedenheiten hatte Cohler das letzte Wort. So nahm er gegen den Rat Bettelheims ein autistisches Mädchen auf, um das Geneviève Jurgensen sich kümmern sollte. Bettelheim war der Ansicht, daß sein Nachfolger sich zunächst mit leichteren Fällen begnügen sollte, um rasch Erfolge vorzeigen zu können. Und um Sicherheit zu gewinnen. Das sagte er ihm auch auf einer Erzieherkonferenz. Doch Cohler wollte es natürlich genauso gut machen wie sein Mentor und von Anfang an genauso schwierige Aufgaben übernehmen. Ohne sich zu fragen, ob er dem auch gewachsen war. Schließlich hatte Bettelheim ihn doch zu Hilfe gerufen und ihm versichert, er sei seine letzte Hoffnung.

So stand die Falle schon, noch bevor Bruno Bettelheim nach Kalifornien ging, wo er auf Einladung des Center for the Advanced Study of Behavioral Sciences in Palo Alto ein Sabbatjahr verbringen sollte. Bettelheim hatte sie nicht absichtlich aufgestellt, wie manche später behaupteten; er war zwar ein großer Manipulator, aber kein Machiavellist. Und obwohl es ihm, wie er in seinen Briefen immer wieder betonte, so schwer fiel, sein »Lebenswerk« aus der Hand zu geben, wollte er sicher nicht, daß es unterging, ganz im Gegenteil. Gerade in dieser Zeit, wo die Psychoanalyse in den Vereinigten Staaten zunehmend an Boden verlor und seine eigene Autorität tagtäglich in Frage gestellt wurde von Leuten, die noch vor ein paar Jahren begeistert gewesen wären von allem, was er sagte, war es ihm ein vordringliches Anliegen, daß die Orthogenic School ein für allemal in die Ränge der unantastbaren und unangetasteten akademischen Institutionen aufstieg. Und dafür mußte jemand anderer sorgen. Er hatte sie berühmt gemacht und sie mit bedeutenden finanziellen Mitteln ausgestattet. Aber er war nicht in der Lage, ihr die Aura der Legitimität zu verleihen. Jedenfalls dürfte er das so gesehen haben.

Drei Monate nach Bert Cohlers Rückkehr berichtete Bettelheim ihm von einer Titelgeschichte des *New York Times Magazine* über ihn, »Dr No, the anti-Dr Spock«, die im Januar erscheinen sollte. Er war sehr aufgeregt, sprach von einem »dunklen Geheimnis« und daß man ihn von der Schule jagen würde, vielleicht sogar aus dem Land. Vielleicht stellt Berts Gedächtnis die ganze Angelegenheit tatsächlich etwas dramatischer dar, als sie war, das Gespräch hat ihn mit Sicherheit zutiefst beunruhigt. Nimmt man aber zu diesem Ereignis noch die anderen Zwischenfälle hinzu, die darauf hindeuten, wie verstört Bettelheim damals war, könnte man auf die Idee kommen, daß das Gespenst des Betrugs ihn wieder einmal eingeholt hatte. Dabei stand in dem Artikel auch nicht mehr als die alten Geschichten über seine Analyse, Patsy und Eleanor Roosevelt. Nur daß dieses verlogene Bild just in dem Moment um die Welt gehen sollte, als Bettelheim sich definitiv aus dem Heiligtum zurückziehen wollte, das er in den letzten fünfundzwanzig Jahren geschaffen hatte – als Zuflucht für gequälte Kinder, aber auch als Zuflucht für sich selbst. Ein Heiligtum, auch der Autor des Artikels verwendete diesen Begriff, das er nur jemandem anvertrauen konnte, der es von innen kannte, denn auch dieses Heiligtum barg Geheimnisse.

Bert Cohler, der seine Abschlüsse an den renommiertesten amerikanischen Universitäten erworben und außerdem eine ordentliche Psychoanalyse abgeschlossen hatte, war für Bettelheim keineswegs zweite Wahl, wie er selbst heute noch zu glauben scheint, noch wurde er zum Beweis für die Unersetzlichkeit des Dr. B. als Sündenbock geopfert. Das kühne, aber grandiose Vorhaben, die Leitung der Schule einem ihrer ehemaligen Schüler zu übergeben, zeugt im Gegenteil von Bettelheims maßlosem Ehrgeiz. Ein Erfolg des Experiments hätte nicht nur gezeigt, daß Bruno Bettelheim ein großartiger Therapeut war, sondern auch, daß er mit seiner Analyse psychischer Störungen recht gehabt hatte. Auf diese Weise wären all seine Träume wahr geworden. Der Kreislauf hätte sich geschlossen. Er hätte seine Mission weit über alle Erwartungen hinaus erfüllt. Es wäre das perfekte Happy-End gewesen.[15]

Bettelheim hätte wissen müssen, daß Bert Cohler zu jung war. Er war frisch von der Universität gekommen und hatte weder seine Erfahrung noch seine Autorität, um das Personal so führen zu können wie er. Aber die Entwicklung seines ehemaligen Schülers, sowohl an der Universität als auch im Privatleben, hatte Bettelheim beeindruckt. Er schien ihm als Nachfolger hervorragend geeignet. Er war sehr gescheit, loyal und gut. Die Philosophie der Schule kannte er fast so gut wie er selbst. Die ständige Sorge um die Kinder, die Verpflichtung, ihnen das Gefühl zu geben, sie könnten handelnd auf die äußere Welt einwirken, die Empathie als Mittel der Kommunikation - all das war Bert Cohler vertraut, damit war er aufgewachsen, so war er zum Mann geworden. Auf ihn konnte Bettelheim sich verlassen. Sicher, er war ziemlich jung, aber das war ja vielleicht ein Vorzug, er könnte der Schule ein zeitgemäßeres Image geben. Und mit der Zeit würde er seinen Stil schon finden und sich den nötigen Respekt verschaffen.

Diese Überlegungen, die Bettelheim einigen seiner Freunde anvertraute, änderten nichts daran, daß es ihm nicht leicht fiel, die Schule einem anderen zu überlassen. Die Ambivalenz seiner Gefühle äußerte sich aber weniger in seinen Handlungen als in der Beziehung zu seinem designierten Nachfolger. Wie er ihn einführte und ihm nach und nach die Verantwortung übergab, war ohne Fehl und Tadel, er tat, was notwendig war, und weit mehr, als er für Berts

15 Diese Interpretation der Ereignisse findet übrigens auch in dem Briefwechsel Bestätigung, den Bettelheim damals mit Toms Lyons' Mutter führte. Wenn Cohler Direktor würde, schrieb er, ginge für ihn ein Traum in Erfüllung. Und als Cohler sein Angebot annahm, war er voll aufrichtiger Freude (Interview mit Augusta Wallace Lyons, Paris, September 1992).

Nachfolgerin tun sollte. Doch schon als Kind hatte Cohler sich damit abfinden müssen, daß er nicht zu Dr. Bs. Lieblingen zählte, vielleicht war er nicht hübsch oder nicht krank genug, in seiner Gruppe jedenfalls war der große, blonde, eingebildete Sandy Lewis der Star gewesen. Bert hatte gelernt, mit dieser Kränkung zu leben. Aber daß Bettelheim ihm ausgerechnet in dem Moment, wo er sich beweisen sollte, das Gefühl gab, er sei nur die zweite Wahl, eine Notlösung, mußte ihm den Boden unter den Füßen wegziehen.

1970, während Bert Cohler sich mit seiner neuen Rolle anfreundete, war Bettelheim ständig unterwegs zu Vorträgen oder auf Reisen. Er gab Interviews über die Studentenrevolte und über sein neues Buch, *The Children of the Dream. Die Geburt des Selbst*, mittlerweile in französischer Übersetzung erschienen, feierte Triumphe. Er wurde mit Ehrentiteln und Einladungen aus allen Teilen des Landes geradezu überhäuft. Das befreite ihn aber noch lange nicht von allen Verpflichtungen, Konflikten und Ärgernissen. Eben hatte er von der Existenz des Manuskripts von Tom Lyons erfahren, es aber noch nicht gesehen. Schließlich war er immer noch Direktor der Schule, wenn er wieder in Chicago war, dann hielt er auch seine Vorlesungen und empfing alle drei Wochen eine Müttergruppe. Die Erzieherkonferenzen wurden zwar von seinem Stellvertreter geleitet, aber immer noch hatte er das letzte Wort, mußte er die schwierigen Fragen beantworten und die vertrackten Probleme lösen.

Bert Cohler hatte die Regeln der Schule verändert, um sie seinem Führungsstil anzupassen. Im Januar 1970 verfügte er, daß nie wieder jemand die Hand gegen ein Kind erheben dürfte: »Die Kontrolle muß verbal bleiben.« Etwas später, auch diesmal während Bettelheims Abwesenheit, war Schluß mit den Tränen auf Besprechungen: »Solche Demonstrationen sind unter verantwortungsbewußten Erwachsenen unnötig.« Im Juli 1970 übergab Bettelheim ihm offiziell die Führung. Ein Jahr später, am Abend des 27. Juni 1971, verließ er die Schule wie jeden Tag, kam aber am nächsten Morgen nicht mehr wieder.

Eine gute Woche später erhielt Candy eine Ansichtskarte, die ihr Bettelheim aus Paris geschickt hatte: »Zu meinem ersten Leben zurückzukehren ist in gewisser Weise das einzige Mittel, mit meinem zweiten zu brechen«, schrieb er. »Unglücklicherweise bin ich auch in Europa nicht mehr zu Hause.« Auch wenn er es sich bisher nicht eingestanden hatte: Sein endlich beschlossener Rückzug machte ihm große Angst. Er war nun aller Verpflichtungen ledig, die so schwer auf ihm gelastet hatten – keine Kinder mehr zu betreuen, keine Erzieher mehr zu formen. Er mußte es sich nur noch gutgehen lassen. Daß Trude bei ihm war, die für die Öffentlichkeit praktisch nicht existiert hatte, aber in seinem Privatleben eine um so wichtigere Rolle spielte, bedeutete eine große Erleichterung für ihn. Von Frankreich aus reisten sie durch Zentraleuropa und kamen dann für ein paar Tage nach Wien zu einem Kongreß. »Das Leben ist hier viel friedlicher als in den Vereinigten Staaten«, schrieb er Candy am 29. Juli. »Unglücklicherweise ist es eine sterbende Stadt, die nur noch von ihrer ruhmreichen Vergangenheit lebt ... Fremd zu sein und sich auch so zu fühlen, wo man mehr als die Hälfte seines Lebens verbracht hat, ist für mich eine um so schwierigere Erfahrung, als die amerikanischen Analytiker um mich herum in totale Verzückung geraten vor dieser Stadt, die mich vertrieben und beraubt hat.« Dann fuhren sie, nach einem kleinen Abstecher zu den Salzburger Festwochen, Emmi und Bertel von Radanowicz in der Schweiz besuchen und machten anschließend eine Safari in Kenia, die Trude sich gewünscht hatte und Bruno besser gefiel als erwartet. Alles in allem war es die längste Reise, die sie je zusammen unternommen hatten.

Als Bettelheim Anfang September nach Palo Alto kommt, ist er deutlich besserer Laune. Er hat sich erholt und ist sogar mit dem Haus auf dem Campus von Stanford einverstanden, allerdings nicht ohne wieder einmal an der amerikanischen Lebensart herumzumäkeln: »In Europa schaffen es sogar arme Leute, sich wohnlich einzurichten. In dem Haus, das wir gemietet haben, gibt es keinen einzigen bequemen Sessel, und das Licht ist so schlecht, daß man kaum sehen kann, was man ißt, vom Lesen ganz zu schweigen. Die einzigen Räume mit anständiger Beleuchtung (und dann auch noch Neon, was ich nicht ausstehen kann) sind Küche und Büro, also die Orte, an denen gearbeitet wird.«[16] Trude ist ganz begeistert von dem Garten. Auf der Stelle entläßt sie den japanischen Gärtner und macht sich selbst mit Hacke und Spaten zu schaffen.

Weit genug vom ewigen Nebel über San Francisco und noch weiter von der Hitze und dem Smog in Los Angeles entfernt, bietet Palo Alto dem gestreßten Wissenschaftler aus der Großstadt die ideale Umgebung, in der er während eines Sabbatjahrs geistige Energie

16 Brief an C. Hilldrup, 29. Juli 1971.

tanken und seine Batterien wieder aufladen kann. Nicht einmal Bruno Bettelheim war immun gegen den ländlichen Zauber dieses kleinen Paradieses zwischen dem Pazifik und der Bucht von San Francisco, dessen Klima sich wohltuend auf seine kleinen Malaisen auswirkte.

Außerdem war er hier nicht allein, ein paar von seinen alten Kollegen und Studenten unterrichteten in Stanford, ein paar andere waren vor ihm schon dagewesen, Fritz Redl etwa und Morris Janowitz. Janowitz hatte auch die offizielle Patenschaft für Bettelheim übernommen, aber das war eine reine Formalität, denn dieser Thinktank war 1954 von Ralph Tyler mit Geldern aus einem Programm der Ford Foundation gegründet worden, von dem auch die Orthogenic School profitiert hatte. In dem Zentrum auf einem kleinen bewaldeten Hügel hoch über dem Campus trafen sich jedes Jahr rund fünfzig Gäste, »Fellows« genannt, aus verschiedenen Bereichen. Sie sollten einander ergänzen und im interdisziplinären Austausch die Sache der Wissenschaft insgesamt voranbringen. Sie mußten sich um nichts kümmern, sie sollten, von allen materiellen Zwängen befreit, ausschließlich denken, ihre Aufenthaltskosten wurden bezahlt, es gab Sekretärinnen und Assistenten für die Datenerhebung. Deshalb gab es auch keine Telefone in ihren kleinen Zellen, worüber sich Bettelheim in seinen Briefen oft bitter beklagte. Die einzige Verpflichtung der Wissenschaftler bestand in einem Bericht über ihren Aufenthalt, und Ralph Tyler war sehr stolz auf die vielen Bücher, die ganz oder teilweise im Center entstanden waren.

»Seit ich hier bin und nichts anderes zu tun habe, als zu schreiben, ist es mir fast unmöglich, auch nur ein Wort zu Papier zu bringen. Jetzt wird mir auch klar, wie stark mein Schreiben mit der täglichen klinischen Erfahrung verknüpft war. Plötzlich fällt mir nichts mehr ein«, schreibt Bettelheim im September 1971 an Ruth Marquis. Nach einer Woche im Center, fern der Schule, ist ihm vollends bewußt geworden, daß er sich nun im Ruhestand befindet. Ursprünglich hatte er die Absicht, den dritten Band seiner Trilogie über die Schule schreiben: Nach *Liebe allein genügt nicht*, das von den Grundlagen handelte, und *So können sie nicht leben*, wo es um die Kinder ging, wollte er von den Erziehern sprechen und davon, wie ihnen das Verständnis ihrer eigenen Probleme bei der Behandlung der Kinder half. Bevor er Chicago verließ, hatte er alle Notizen und Texte zu diesem Thema zusammengesucht und darum gebeten, sie ihm nachzuschicken, expreß und eingeschrieben. Aber seine Anordnungen wurden nicht befolgt, und das Paket ging verloren.

Mittlerweile war er mit einem anderen Vorhaben beschäftigt: »Was ich wirklich gerne machen würde«, fährt er in seinem Brief an Ruth Marquis fort, »ist das Buch über Kinder und ihre Erziehung. Ich glaube immer mehr an die Notwendigkeit, so etwas zu schreiben, besonders, wenn man dabei das Kind im Kontakt (oder, wenn Sie so wollen, im emotionalen Austausch) mit den Eltern betrachtet. Aber das ist unglaublich schwierig, auch wenn es mir theoretisch völlig klar ist. Wir wissen ziemlich genau, wie Kinder funktionieren, aber fast nichts darüber, was das bei den Eltern auslöst, obwohl das den größten Einfluß auf das Kind hat. Die Psychoanalytiker haben, so scheint es, die Erwachsenen ausschließlich als Kinder studiert, nie als Eltern, und wenn, dann nur im Hinblick auf Kindheitsreste. Aber auch in der Haltung der Eltern zu ihrem Kind liegt ein großes Stück Wirklichkeit, und mehr als je, weil die Eltern so verunsichert sind ihren Kindern gegenüber, obwohl sie sie soviel besser verstehen als frühere Generationen. Und das ist genau das Problem: Wir wissen soviel mehr darüber, wie sie funktionieren, und können soviel weniger mit ihnen leben.«

Da Bettelheim über das Thema, das er hier anschneidet, schon öfter mit seiner alten Freundin und ehemaligen Lektorin gesprochen hat, skizziert er in dem Brief nur flüchtig, worauf er hinauswill. Es ist dennoch zu erkennen, daß er mit diesen viel zu selten gestellten Fragen in die Grauzone der Psychoanalyse gerät. Ob ihn die Nähe des Mental Research Institute von Palo Alto dazu angeregt hat, der Wiege der Familientherapie? Oder begann er jetzt, da er seine Schule nicht mehr hatte, über sein Verhältnis zu seinen eigenen Kindern nachzugrübeln? Das Buch, an dem er noch zwölf Jahre arbeiten sollte und das 1987 unter dem Titel *A Good Enough Parent* (dt.: *Ein Leben für Kinder*) erschien, gibt keine expliziten Antworten auf die oben aufgeworfenen Fragen, aber es macht wieder einmal Bettelheims Bestreben deutlich, auf seiner Suche nach dem Verständnis menschlicher Beziehungen auf unbekanntes Terrain vorzustoßen, unbekümmert um Etiketten und Fächergrenzen.

Kaum in ihr neues Haus eingezogen, besuchen die Bettelheims ihre zahllosen Freunde in der Gegend um San Francisco. Manche sind noch aktiv, andere im Ruhestand, zwei hatten einen Schlaganfall und können nicht mehr schreiben. Das bringt Bruno Bettelheim, dem immer noch nichts Richtiges eingefallen ist, auf eine neue Idee: Er will jetzt sein »literarisches Haus bestellen«, schreibt er drei Wochen später, am 27. September, an Ruth Marquis, und eine Sammlung seiner Aufsätze veröffentlichen. »Ich habe noch nicht allzu viel über die Auswahl nachgedacht, aber es sind einige darunter, die ich gut fand, als ich sie schrieb ... Vielleicht ist das ein Versuch, mich aus der Affäre zu ziehen. Aber das muß ja nicht unbedingt etwas Schlechtes sein.« Das klingt, als müßte er sich erst selbst Mut machen. Die Auswahl, die er getroffen hat, ist ziemlich willkürlich und läßt einen roten Faden vermissen; allerdings ist darin schon ein Großteil der Essays enthalten, aus denen *Erziehung zum Überleben* zusammengestellt ist. Bis es soweit war, sollten allerdings noch sechs Jahre vergehen. Die größte Schwierigkeit in der Arbeit an einem Buch bestand für Bettelheim offenbar immer darin, eine Ordnung zu finden, um den Teilen einen Sinn zu geben, dazu brauchte er am längsten, und das wird hier auch deutlich. Die Fähigkeit, um die ihn alle beneideten, die intuitive Erfassung einer Situation, seinen Laserblick für menschliche Beziehungen, fand er dagegen ganz »natürlich«[17], so etwas war für ihn keine Arbeit.

Schließlich kam er doch wieder auf seinen ursprünglichen Plan zurück, das letzte Buch über die Schule, das unter dem Titel *A Home for the Heart*[18] erschienen ist. Bettelheim beschränkte sich darin allerdings nicht auf die Erzieher, sondern reflektierte sein gesamtes Wirken als Pädagoge und Therapeut. Vielleicht war das seine Antwort auf die Fragen, die er in dem Brief an Ruth Marquis aufgeworfen hatte, vielleicht versuchte er, sich über seine Elternrolle gegenüber Kindern und Erziehern an der Orthogenic School klarzuwerden. Ein Bedürfnis nach Kohärenz, nach Ordnung wird spürbar, das an seinen allerersten Artikel über die Lager erinnert. In der Einleitung, die später gekürzt wurde, ließ er alles, was er bisher geschrieben hatte, Revue passieren und analysierte seine Bücher über die Schule, *Aufstand gegen die Masse* und *Die Geburt des Selbst* als Ganzes, als verschiedene Etappen auf seinem Weg, der ihn von seinen persönlichen Erfahrungen zum immer tiefergehenden Verständnis seelischer Erkrankungen geführt hatte. Hier lieferte er auch eine Erklärung für seine Schwierigkeiten mit der *Geburt des Selbst*: Da der Autismus die schwerste Form psychischer Krankheit

17 Brief an Madeleine Chapsal, 24. Juni 1977; vgl. das Motto von Kap. 14.
18 Dt.: *Der Weg aus dem Labyrinth*, Stuttgart 1975.

ohne organische Ursachen sei, »würde ein Erfolg in der Behandlung autistischer Kinder mehr als alles andere die Gültigkeit der Philosophie und der Methoden der Orthogenic School beweisen«.[19]

Die Philosophie der Schule, die materiellen Voraussetzungen, die Methoden, das Team – alles mußte behandelt werden, Bettelheim wollte Bilanz ziehen aus der Arbeit eines Vierteljahrhunderts: »Ein Buch dieser Art, das von einer abgeschlossenen Arbeit berichtet, ist ebenso für einen selbst gedacht wie für den Leser«, schrieb er, strich diese Bemerkung aber später wieder. Seine Arbeit sollte, wie immer, anderen zugute kommen, Lehren mußten gezogen werden: »Die Seele einer Institution ist nicht in ihrer Moral zu finden ... sondern in deren Anwendung durch das Personal« – das galt es nun zu beweisen.

Doch für die Trauerarbeit, die dieses Vorhaben auch erforderte, fehlte ihm die nötige Gelassenheit. Ende September kam er für einige Tage nach Chicago. Candy war verzweifelt, sie hatte das Gefühl, Bert wolle die Schule ihres »Poppa« zerstören, es gebe keinen Schutz mehr für sie und die Kinder. Jetzt, wo er weg war, bekam sie die Rache der Zukurzgekommenen zu spüren. Ihre Angst wirkte ansteckend, sie brachte Bettelheims Ambivalenz wieder zum Vorschein und weckte geradezu paranoische Vorstellungen in ihm. Als er wieder in Kalifornien war, blieb er mit Candy und einigen anderen seiner Lieblingserzieherinnen in ständigem telefonischem Kontakt. Er mischte sich in alles ein, kritisierte Cohlers Entscheidungen, widerrief aus der Ferne dessen Anordnungen. Bald wurde die Situation unerträglich. Im Dezember 1971 stellte Cohler die Universitätsleitung vor die Wahl zwischen ihm und Bettelheim. Als er keine klare Antwort bekam, bot er seinen Rücktritt an, erklärte sich aber bereit, bis zum Ende des Studienjahres weiter die Geschäfte zu führen.

Bettelheims Briefe an Candy beweisen, daß er sich gegen die Versuchung wehrte, in die innerschulischen Angelegenheiten einzugreifen: »Ich denke, vieles von dem, was mit Dir und um Dich herum geschieht, hat mit dem Gefühl zu tun, daß ich nicht wirklich weg bin und eines Tages wiederkommen könnte. Aber mit der Zeit werden sie begreifen, daß die Tage meiner Herrschaft an der Schule endgültig vorbei sind, und das, wogegen sie heute kämpfen, wird

19 Zit. nach dem Manuskript, das Bettelheim Candace Hilldrup schenkte. Es ist nicht datiert, und der dritte Teil des Buches ist nicht darin enthalten.

zur Erinnerung an die gute alte Zeit.« Bettelheim war sich Candys selbstzerstörerischer Ängste sehr wohl bewußt und fühlte sich wohl auch schuldig, sie zu früh allein gelassen zu haben. Er unternahm alle möglichen Anstrengungen, um sie zu beruhigen, und versicherte ihr immer wieder, Bert würde schon noch den richtigen Weg finden.

Im Januar 1972 war es der Universitätsleitung gelungen, Bettelheim noch für mindestens ein Jahr zu verpflichten, so lange, bis ein anderer Nachfolger gefunden wäre. In einem langen, schönen Brief warnte er Candy vor der Hoffnung, er würde länger bleiben. Ausnahmsweise sprach er darin von sich selbst: »Ein Vierteljahrhundert lang lebte ich nur für die Schule, in der Praxis bedeutete das, für eine Gruppe von Menschen, Kinder und Erwachsene – nicht für alle gleich, für manche, wie zum Beispiel für Dich, mehr als für andere –, aber ich habe nicht gelebt, nicht mein eigenes Leben gelebt. Plötzlich habe ich entdeckt, daß es dieses Leben gibt, daß ich es leben will, und, was fast ebenso wichtig ist, daß ich es, wenn ich das nicht tue, verlieren werde, wie es mir im letzten Winter fast passiert ist.«[20]

Bettelheim hatte sich in dem halben Jahr, seit er die Schule verlassen hatte, verändert. Nun war er ein alter Mann, er hatte noch einiges vor, auch Wichtiges. Aber er war sich bewußt geworden, daß er nicht mehr so weitermachen konnte wie bisher. Er brauchte jetzt sein Mittagsschläfchen. Inzwischen tat es ihm leid, daß er früher nicht mehr auf seine Gesundheit geachtet hatte, und er gestand sich ein, daß er sich vor seinem Ausscheiden aus der Schule im Zustand einer alarmierenden körperlichen, aber auch geistigen Erschöpfung befunden hatte. Das wollte er nicht noch einmal durchmachen. »Die Schule ist mir immer noch sehr wichtig, aber anders. Früher sagte ich mir: ›Ich muß durchhalten, auch wenn es mich umbringt.‹ Aber nun will ich noch ein bißchen länger leben und noch ein paar Dinge erledigen. Ich will nicht mehr mein Leben dafür geben, daß die Schule noch ein bißchen weiter läuft, denn die Erfahrung lehrt, daß sie früher oder später doch ohne mich auskommen muß oder zu etwas ganz anderem wird.«

Und so kam es auch. Im Juli 1972 gab Bruno Bettelheim bekannt, Jacquelyn Sanders werde im kommenden Schuljahr die Geschäfte übernehmen. Nachdem das Wagnis, die Schule einem seiner Söhne

20 Da wurde er am Bein operiert; Brief an Candace Hilldrup vom 19. Januar 1972.

zu übergeben, gescheitert war, hatte er sich dafür entschieden, sie einer Mutter anzuvertrauen. Jacquelyn Sanders lebte nach einer kurzen Ehe allein mit ihrem Sohn in Kalifornien, und nach einem weiteren vergeblichen Versuch, Ben Wright doch noch zu überreden, hatte Bettelheim bei ihr angerufen. Die Wahl war nicht berauschend, aber sicher, so schien es ihm zumindest. Jacquelyn Seevak Sanders hatte 1952 an der Schule angefangen und vierzehn Jahre dort gearbeitet. Sie war die Jüngste aus einer großen russischen Einwandererfamilie und hatte dank eines Stipendiums in Radcliffe studieren können, der Harvard University für Frauen sozusagen. Auftreten, Lebenslauf, Bostoner Akzent – alles tadellos. Als sie Bettelheim kennenlernte, monierte er, daß sie zu leise spreche und ihrem Foto nicht ähnlich sehe. Es gab nur eine Sache, die ihm an ihr gefiel: daß sie keine rot lackierten Nägel hatte – das sagte sie jedenfalls auf der Trauerfeier für Bettelheim in der Rockefeller-Kapelle der University of Chicago. Er bat sie darum, sich für den nächsten Tag etwas schlichter zu kleiden, und sie gehorchte. Sie gehorchte immer und verstand es auch, anderen Gehorsam beizubringen.[21] So hatte sie sich nach und nach einen besonderen Platz an der Seite Bettelheims erworben. Sie betreute eine Jungengruppe, und ihr Einsatz für die Kinder war allgemein anerkannt. Karen Zelan erinnert sich, wie sie während ihrer Ausbildungszeit daran verzweifelte, jemals an Jacquis Fähigkeit heranzukommen, schweigsam und regungslos drei oder vier Stunden zu warten, bis ein Kind eingeschlafen war. Nach ein paar Wochen war es allerdings umgekehrt, da beneidete Jacqui dann Karen darum, daß sie größere Erfolge bei den autistischen Kindern hatte, obwohl sie weniger streng und nicht so überlegt vorging. Außerdem war Dr. B. ganz offensichtlich für ihre Reize empfänglich. Jacquelyn Sanders war nie einer seiner Lieblinge, also hatte sie beschlossen, sich unentbehrlich zu machen. Wenn er nicht da war, sorgte sie für Recht und Ordnung. Wenn er da war, zog sie sich loyal und ergeben auf den zweiten Platz zurück, dann war sie seine rechte Hand, manchmal auch seine Spionin, »die Petze« nannten einige sie heimlich. Ihr Machtstreben war damals schon unübersehbar. Aber sie stellte es völlig in den Dienst Dr. Bs. und war sich auch nicht zu schade, ihm um elf Uhr nachts noch ein Sandwich zu machen. Mit ihrer Intelli-

21 Ugo Formigoni erinnert sich noch daran, wie sie ihn seinen ersten Bericht siebenmal umschreiben ließ, bis Dr. B. ihn dann zu wenig spontan fand. Es war der erste und der letzte Bericht Formigonis.

genz, ihrer Geschäftstüchtigkeit und ihrem Arbeitseifer wies sie außerdem alle Voraussetzungen auf, um Bettelheim über die materielle Zukunft der Schule zu beruhigen.

Was den Rest anbelangt, ist es schwer, sich über sie eine Meinung zu bilden. Obwohl ich vier Jahre lang alle möglichen Leute interviewte, die sie kannten - vor und nach der Ära Bettelheim -, und sie selbst zweimal getroffen habe, ist sie für mich eines der großen Rätsel der Orthogenic School geblieben. Alles an ihr schien im Widerspruch zu dem zu stehen, was ich in Bettelheims Büchern gelesen hatte, und so ging es mir von der ersten Begegnung an.

Nachdem sie mir im Laufschritt die Schule gezeigt hatte, führte sie mich zu einer Unterredung in ihr Büro. Sie tat das nur widerwillig und ließ es mich spüren. Ein paar Tage vorher hatte ich Ronald Angres in Washington getroffen, einen der schärfsten Kritiker Bettelheims. Jacquelyn Sanders war sieben Jahre lang seine Erzieherin gewesen, und er hatte mir ihre Doktorarbeit über ihn[22] gezeigt. Ich fragte sie: »Würden Sie heute immer noch sagen, daß Ronald ein Autist war?« - »Natürlich nicht«, antwortete sie spontan, besann sich dann aber sofort und fügte hinzu: »Ich hätte Ihnen das nicht sagen dürfen.« Verblüfft fragte ich sie nach dem Grund. »Ich habe Sie doch vorgewarnt, daß ich nicht über die Kinder spreche.« - »Keine Sorge«, erwiderte ich, »Ronald hat mir Ihre Doktorarbeit selbst gezeigt. Er würde es Ihnen sicher nicht übelnehmen, wenn Sie mit mir darüber reden.« Sie überlegte eine Weile. Dann sagte sie langsam und sehr konzentriert: »Wenn Ronald mich darum bittet - aber nur, wenn er mich darum bittet -, erlaube ich Ihnen, daß Sie das veröffentlichen, was ich eben gesagt habe.« Während sie das sagte, schoß mir durch den Kopf, was ich alles über Empathie und die privilegierte Beziehung zwischen einem Kind und einem speziellen Erwachsenen an der Orthogenic School gelesen hatte. »Sie wollen doch nicht behaupten, Sie, seine wichtigste Erzieherin in sieben Jahren, könnten auch nur einen Augenblick daran zweifeln, daß Ronald dieses Etikett loswerden will, das seit dreißig Jahren wie ein Schandmal an ihm hängt?« Ich mußte an den großen, klugen Jungen denken, den ich in Washington getroffen hatte. Er fühlte sich so unwohl in seiner Haut, und kaum hatte er das Wort »autistisch« über die Lippen gebracht, wischte er, beschämt und verächtlich gleichermaßen, diese schreck-

22 Jacquelyn Seevak, »A case study of a brilliant autistic boy with total reading disability«, a.a.O.

liche Kränkung mit einem Strom brillanter Rationalisierungen gleich wieder vom Tisch. Jacquelyn Sanders, verblüfft von meiner empörten Reaktion, starrte mich ein paar Sekunden an und sagte dann im Tonfall eines kleinen Mädchens, das sich ertappt fühlt: »Man kann sich doch mal irren!« Es war nicht herauszufinden, ob sie die ursprüngliche Diagnose meinte oder ihre vorangegangenen Äußerungen. Danach war unser Gespräch schnell beendet.

Die Machtübergabe nahm wenig Zeit in Anspruch, Jacquelyn Sanders wußte, was zu tun war. Nach seiner Rückkehr aus Kalifornien hatte Bettelheim die Führung ohne Rücksicht auf Bert Cohler sofort an sich gerissen. Er machte einen Großteil der Reformen rückgängig, besonders die Staffelung der Gehälter, die sein Nachfolger eingeführt hatte. »Wenn Sie einen Freund brauchen, einen Analytiker oder eine Wohnung, gehören Sie nicht hierher«, fauchte er Leslie Cleaver an, als er dahinterkam, daß sie bei Al Flarsheim in Analyse war. Und die Gelder, die Cohler bereitgestellt hatte, um den Erziehern eine Therapie außerhalb der Schule zu ermöglichen, wurden sofort gestrichen.

Die folgende Anekdote zeigt, wie sehr Bettelheim durch die erzwungene Rückkehr an die Schule aus dem Gleichgewicht geworfen wurde. Nachdem er Flarsheim die weitere Ausbildung untersagt hatte, schrieben einige Erzieher, darunter Leslie, Flarsheim einen Brief mit der Bitte, er solle versuchen, Bettelheim umzustimmen. Flarsheim versuchte es, sagte aber nicht, auf wessen Veranlassung. »Unter uns sind Verräter, die alles daran setzen, die Schule zu vernichten«, tobte Bettelheim auf der nächsten Erzieherkonferenz. »Dr. Flarsheim hat einen anonymen Brief erhalten …« Er drohte, »die Schuldigen« zu ermitteln und vor die Tür zu setzen. Daraufhin rief Leslie Cleaver Flarsheim an und bat ihn, irgend etwas zu unternehmen. Am nächsten Tag brachte ein Bote von Marshall Fields, einem großen Kaufhaus in Chicago, ein Paket mit einer Auswahl feinster Bonbons und anderer Leckereien in die Orthogenic School. Es enthielt eine Karte von Flarsheim, auf der er sich bei den Erziehern, wieder ohne Namen zu nennen, für ihren Brief bedankte und ankündigte, er wolle mit Dr. B. darüber reden. Der elegante Schachzug zeitigte die erhoffte Wirkung und besänftigte die Gemüter, insbesondere Bettelheims, der nie wieder auf dieses Thema zu sprechen kam.

Nach Jacquelyn Sanders' Antritt im September zog Bettelheim sich nach und nach zurück. Er hielt seine Vorlesungen ab und arbeitete weiter in seinem Büro, überließ die täglichen Geschäfte aber seiner Stellvertreterin. Viele Erzieher nahmen ihm sein despotisches und unberechenbares Vorgehen nach seiner Rückkehr übel und mieden ihn. Er litt darunter und fühlte sich im Stich gelassen. Er wußte, daß er die Schule jetzt wirklich loslassen mußte, einen zweiten Fehlschlag konnte er sich nicht leisten. Und wie um den Bruch zu beschleunigen, schrieb er nun wie besessen an seinem Buch. Im Dezember wollte er die erste Fassung Ruth Marquis übergeben, wenn sie in Chicago vorbeikäme. Er hatte das Gefühl, er habe zu hastig gearbeitet, »mehr um mich selbst zu befreien, als um mit anderen zu kommunizieren«[23]. Er bedauerte, daß er mit Ruths Nachfolgerin nicht so gut diskutieren konnte: »Ich brauche jemanden, der meine Ideen in Frage stellt.« Doch Ruth wollte nur einen Titel für sein Buch suchen. Er schickte ihr das Inhaltsverzeichnis und, »weil das Ende im Anfang ist und das Ende das Ende«[24], die erste und die letzten beiden Seiten.

Anfang Januar fuhr Bettelheim wieder nach Israel, diesmal mit Trude. Seymour Fox, einer seiner ehemaligen Schüler, baute an der Hebräischen Universität ein Bildungsforschungszentrum auf und bat ihn, ein dreimonatiges Seminar über Lehrerbildung abzuhalten. Wieder fühlte sich Bettelheim durch seinen Aufenthalt in Israel gestärkt: »Israel ist aufregend, spannend, verwirrend und überwältigend wie das erste Mal«[25], schrieb er an Ruth Marquis. »Vieles hat sich verändert, und nicht immer zum Guten, obwohl es den Leuten viel besser geht als vorher. Ich habe noch einmal einen Tag in Ramat Yohanan verbracht, und ich glaube immer noch, daß der Kibbuz das Aufregendste in diesem Land ist.«

Ungeachtet der Kontroverse um sein Buch *The Children of the Dream* wurde er herzlich empfangen. Und er war glücklich, Carl Frankenstein wiederzusehen, der ebenfalls an Fox' Projekt mitarbeitete. Er war erschöpft von den sechs Monaten in Chicago und schlief die erste Zeit jede Nacht vierzehn Stunden. Aber nach zwei Wochen interessierte er sich schon wieder für Frankensteins neugegründete Schule, gemeinsam verglichen sie die Probleme seiner Kinder, die meist aus arabischen Ländern kamen, mit denen in den amerikanischen Ghettos und dachten darüber nach, wie man die Psychoanalyse am besten im Unterricht einsetzen könnte. Diskus-

23 Brief an Ruth Marquis, Januar 1973.
24 Brief an Ruth Marquis, März 1973.
25 Brief an Ruth Marquis, Januar 1973.

sionen, Vorträge, Besichtigungen und das Gefühl, zu etwas nütze zu sein – mehr brauchte es nicht, und Bettelheim war wieder im Lot.

Als Daniel Karlin, der gerade *Die Geburt des Selbst* gelesen hatte, Bettelheim in Jerusalem anrief und um ein längeres Gespräch bat, willigte er sofort ein, sich im April mit ihm zu treffen. Karlin wollte in der Orthogenic School drehen und schlug vor, Bettelheim eine seiner früheren Fernsehsendungen zukommen zu lassen, damit er sich ein Bild von seiner Arbeit machen könne. Doch zu seinem großen Erstaunen winkte Bettelheim ab: »Nicht nötig«, sagte er. »Ich weiß, Sie sind ein Guter.«[26]

An der Orthogenic School festigte Jacquelyn Sanders derweil ihre Macht. Sie hatte zunächst versucht, Candy auf ihre Seite zu ziehen, und eine Weile lang dachte sie auch, es sei ihr gelungen. Doch Ende Februar entschied sie sich plötzlich anders und setzte Candy vor die Tür. Candy war nicht unter Kontrolle zu bringen, und Jacquelyn Sanders zog die Konsequenz aus den Erfahrungen Bert Cohlers. Wahrscheinlich konnte sie auch den Blick nicht ertragen, mit dem Candy ihren Führungsstil betrachtete. Von einem Tag auf den anderen mußte Candy ihre Sachen packen und von den Kindern Abschied nehmen. Für ein paar Tage konnte sie bei Adrian Kuyper unterkommen. Sie war vollkommen verzweifelt, mit einem Schlag hatte sie alles verloren, was ihr Leben ausmachte. Von Jerusalem aus konnte Bettelheim nicht allzu viel tun – außer sich selbst zu quälen. Er versuchte sie zu beruhigen, telefonisch und per Post. Er zählte ihr all ihre Vorzüge auf, alle inneren Ressourcen, auf die sie sich stützen konnte, versuchte zu erklären, wie ihre zu hohen Erwartungen andere oft verschreckten, und erinnerte sie daran, wieviel sie ihm bedeutete. Doch er hatte inzwischen begriffen, wie er ein paar Monate später Geneviève Jurgensen gestehen sollte, daß Candy ohne ihn an der Schule wahrscheinlich nicht mehr glücklich werden konnte.

Als Bettelheim Ende März nach Chicago zurückkehrte, hatte er ein anderes Problem: Bald würde Daniel Karlin mit seinem Team kommen. Jacquelyn Sanders und ein Großteil der Erzieher standen dem Projekt ablehnend gegenüber. Für sie war das nur Bettelheims neueste Extravaganz, früher hätte er selbst so etwas niemals geduldet. Außerdem waren die Kinder ohnehin schon genug verunsichert durch all die Veränderungen und Umbrüche an der Schule. Bis zum letzten Moment war nicht klar, ob Karlin drehen durfte.

26 Siehe Daniel Karlin, *Un autre regard sur la folie*, a.a.O.

Schließlich mußte Jacquelyn Sanders einsehen, welch enorme Bedeutung Bettelheim nun, da er die Schule endgültig verließ, der Verewigung seines Lebenswerks beimaß, und gab nach. Aber sie machte strenge Auflagen: Die Drehzeit sollte möglichst kurz sein, aufgenommen werden sollten nur diejenigen, die das ausdrücklich wünschten (bei Kindern nur nach schriftlicher Genehmigung der Eltern), außerdem müßte Karlin dafür sorgen, daß die Persönlichkeitsrechte gewahrt blieben und der Film weder in den USA noch in Kanada ausgestrahlt würde.

Sie hatten eine Woche Zeit zum Drehen und drei Wochen, um sich mit den Räumlichkeiten und deren Bewohnern vertraut zu machen. Die Anwesenheit der Franzosen führte zu heftigen Kontroversen, aber selbst die erbittertsten Kritiker gaben später zu, daß sie den Kindern auf längere Sicht nicht geschadet habe. Am meisten setzte das Ganze wohl Bettelheim selbst zu. Diese neue Störung nach so vielen anderen stand in absolutem Widerspruch zu allem, was er seinen Mitarbeitern immer beizubringen versucht hatte. Er war innerlich zerrissen. Einerseits fühlte er sich schuldig, andererseits war dieses Projekt für ihn eine willkommene Zerstreuung in dieser schwierigen Zeit. Im Vorwort zu Karlins Buch schrieb er später, wenn dieser ihn in Chicago angesprochen hätte statt in Jerusalem, hätte er sein Ansinnen abgelehnt. In Israel aber sei ihm wieder zu Bewußtsein gekommen, wie radikal die Nazis sein erstes Leben ausgelöscht hätten. »Der Vorschlag, die Wiederholung einer solchen Vernichtung durch eine Aufzeichnung meiner Arbeit zu verhindern, von jemandem, der so aufrichtig wie möglich an die Sache heranzugehen schien, kam mir mit einemmal sehr anziehend vor.«[27]

Diese Aussage ist, denke ich, einerseits sehr wahr, andererseits irreführend, weil sie die komplizierteren Zusammenhänge ausspart. Wahr ist sie insofern, als es bei der Begegnung zwischen Bruno Bettelheim und Daniel Karlin, einem Juden und Enkel eines Deportierten, ebenso um den Nationalsozialismus ging wie um die Orthogenic School. Komplizierter wird das Ganze im Zusammenhang mit dem Menschen Karlin, einem erklärten Marxisten, der vor dem Film über die Orthogenic School mit seinem Team noch eine Reportage im Reservat von Wounded Knee über den Kampf der Sioux gegen die Polizei gedreht hatte. Dieser langhaarige Junge bot dem alten

27 Ebd.

Direktor vor dem Ruhestand eine einzigartige Gelegenheit, mit sich selbst ins reine zu kommen.

Anders als Karlin anscheinend dachte, verlor Bettelheim nie aus den Augen, daß er es mit einem Kommunisten zu tun hatte, das wird aus seiner Korrespondenz ganz deutlich. Er vermutete, daß Karlin in einer Krise steckte und deshalb von Anfang an eine so intensive Beziehung zu ihm suchte. Daß es ihm ebenso ging, erwähnte er nicht, aber Karlin ahnte es – »Le Roi se meurt«, hatte Bettelheim auf französisch zu ihm gesagt, »Der König stirbt«, um die Grenzen seiner Macht anzudeuten, die Karlin sehr wohl bemerkt hatte. Die Ankunft des Filmemachers, der den seit Jahren aus der Ferne analysierten Führern der Protestbewegung so ähnlich war und doch wieder ganz anders, erlaubte Bettelheim, seine Hypothesen über die Jugend in vivo (und in situ, schließlich fand das Ganze ja im Rahmen der Orthogenic School statt) zu überprüfen. Bettelheim war sich seiner Macht über Karlin bewußt, und es war kein Zufall, daß er ihm gewährte, was er allen amerikanischen Fernsehstationen bisher verweigert hatte. Er war zwar konservativ geworden, aber die Ideale des Franzosen waren ihm vertraut. Und wenn er gegen die Linken und Liberalen wetterte, die die Nixon-Regierung angriffen, verkannte er doch nicht, daß sein Diskurs über den Wahnsinn besser verstanden wurde von Menschen, die die Gesellschaft in Frage stellten.

Bettelheim hatte gerade seine Trilogie über die Schule fertiggestellt. Sie sollte die endgültige Zusammenfassung seines Lebenswerks sein, aber er war nicht recht zufrieden damit. Da lief ihm dieser gescheite junge Mann über den Weg, der seine Bücher so gut verstanden hatte, daß er vielleicht auch in der Lage wäre, in Bilder zu fassen, was Bettelheim hatte sagen wollen. Außerdem kam er aus Frankreich, einem Land, dessen Kultur Bettelheim bewunderte und in dem *Die Geburt des Selbst* gefeiert wurde. Karlin war unbeeinflußt von den Kontroversen, die Bettelheim seit Jahren das Leben schwermachten, er hatte ein offenes Ohr und würde das Wichtige heraushören.

Als Bettelheim ein Jahr später den Film sah, schrieb er darüber: »Es steht außer Zweifel, daß kein amerikanischer Fernsehmann etwas Vergleichbares hätte produzieren können. Er hat viel von sich hineingelegt, das sieht man ... Was er in den wenigen Tagen gesehen, gefilmt und verstanden hat, ist unglaublich.«[28]

Ich habe mich oft gefragt, was Karlins Filme so anders macht als

28 Brief an Candace Hilldrup, 27. März 1974.

die anderen, so »magisch«. Bettelheim scheint in sich selbst zu ruhen, er ist weder dogmatisch noch aggressiv, er wirkt fast glücklich in diesen Interviews, so, wie man ihn selten sieht. Darauf habe ich bis heute nur eine Antwort gefunden: Dieses Gespräch mit dem Enkel eines Deportierten, der selbst nach dem Sinn in den Dingen suchte, war eine Wiedergutmachung. Veranschaulicht in den Bildern von kranken Kindern, die auf dem Weg zur Genesung sind – und auch darüber reden. Es ist der lebendige Beweis, daß die Menschlichkeit Auschwitz überlebt hat, daß wir auch weiterhin ein Recht haben auf Leben und Hoffnung.

Es war sein Testament.

Wenn wir versuchen, Bettelheims Werk insgesamt einzuschätzen, dann drängt sich immer wieder dieselbe Frage auf: Wie ist dieser Psychoanalytiker mit der strengen Sprache, der gesellschaftliche Pflichten verabscheute und Moden verachtete, zu einem so entscheidenden Bezugspunkt geworden – so daß er nach seinem Tod nicht nur ins unvermeidliche Fegefeuer, sondern gleich zur Hölle geschickt wurde? Wie ist es ihm gelungen, das Denken so vieler Menschen in so vielen Ländern anzusprechen und sich darin als Gerechter einzuschreiben, unanzweifelbar und unangreifbar?

Seine Kritiker würden sagen, er wäre niemals so berühmt geworden, wenn er nicht ein so idealisiertes Bild von seiner Schule entworfen hätte. Aber das beantwortet die Frage keineswegs. Wenn es genügte, sich gut zu verkaufen, um die Bewunderung, ja die Liebe des Publikums zu gewinnen, dann wäre die Liste der Idole unendlich. Und selbst die geistreiche Bemerkung Kurt Eisslers: »Bettelheim hatte alle äußeren Merkmale des Genies, ohne eines zu sein«[29], reicht meiner Meinung nach nicht aus, um dieses Rätsel zu lösen. Nicht jeder, der sich als Magier ausgibt, wird schon deshalb als solcher anerkannt. Da kam ein Mann ohne besondere Qualifikation – außer daß er in derselben Stadt wie Freud geboren war –, der weder eine medizinische Ausbildung hatte noch sich auf die Unterstützung der etablierten Psychoanalyse berufen konnte, und sagte: »Ich werde Menschen heilen, die bisher als unheilbar galten. Ohne Medikamente, ohne Zwangsjacke, ohne Elektroschock. Ich werde sie heilen, indem ich ihnen zuhöre und zeige, daß ich sie liebe.« Und man glaubte ihm.

29 Interview mit Kurt Eissler in New York, 3. August 1991.

Die Antwort darauf habe ich paradoxerweise in Bettelheims Haltung zur Protestbewegung gefunden. Daß sich mir diese Frage unmittelbar stellte, weil ich dazugehörte, ist naheliegend. Wie konnte dieser Mann, dessen Gedanken zum Wahnsinn, aber auch zum Ghettodenken und zur individuellen Autonomie uns so anziehend erschienen und unseren Forderungen so nahe standen, unsere Revolte so verdammen? War er so heuchlerisch, so neurotisch oder so inkonsequent, daß er sich nicht mehr erinnern konnte, was er vor zwanzig Jahren gesagt hatte? Als Mark Lubin seine Äußerung zitierte, daß das Ganze »schlecht für die Juden ausgehen« würde, diesen typischen Ghetto-Satz, über den er sich so gewundert hatte, ahnte ich, daß noch etwas anderes dahinterstecken mußte. Und daß es etwas mit der Frage zu tun haben mußte: Was ist ein Jude?, die Bettelheim sein ganzes Leben lang verfolgte, die für ihn Erniedrigung, Enteignung und fast den Tod bedeutete und die er immer wieder zu beantworten suchte.

Es gibt zwei Formen des Juden. Die eine ist durch den Glauben, die religiöse Praxis und eine bestimmte Lebensweise definiert, die andere, wie Sartre[30] gezeigt hat, durch den Blick des Antisemiten. Dieser Jude kann tun, was er will (den Sabbat feiern, seine Söhne beschneiden lassen, koscher essen, in die Synagoge gehen), oder es lassen, er wird seinen Stern in Generationen nicht loswerden. Auch wenn er konvertiert und er und seine Söhne Nichtjüdinnen heiraten, werden seine Enkel immer noch zu hören bekommen (oder auch nur zu spüren, was schlimmer ist), daß sie geldgierige jüdische Emporkömmlinge sind und so weiter. Und als Gipfel der Infamie wird man ihnen auch noch den Vorwurf machen, sie schämten sich ihrer Herkunft, so daß sie sich (wenigstens vor sich selbst) auch noch rechtfertigen müssen, selbst wenn sie nicht die geringste Ahnung haben, wofür sie sich eigentlich schämen sollten. Selbst in Südafrika unter der Apartheid war es leichter, Rassengrenzen zu überwinden: Wenn der Teint hell und die Haare glatt genug waren und man ein paar vom Gesetz vorgesehene Prüfungen bestand, konnte man sich vom Schwarzen zum Weißen umgruppieren lassen. In unseren demokratischen Gesellschaften dagegen bleibt auch der Nachkomme konvertierter Juden für immer Jude.

Dieser Jude, der nicht in die Synagoge geht, das haben viele Autoren gezeigt, ruft eben deshalb, weil er sich von seiner Umgebung

30 J.-P. Sartre, *Betrachtungen zur Judenfrage*, Zürich 1948.

in nichts unterscheidet, den wildesten Haß hervor.[31] Er ist der »innere Feind«, ein Wahnbild – des Antisemiten zunächst, aber bald auch all derer, die ihm auf den Leim gehen –, dem man alles anhängen kann, was man an sich selbst fürchtet oder verabscheut. Bettelheim ist nicht der erste, der das erkannt hat, obwohl er die äußerste Grenze des Antisemitismus aufzeigt, an der das Wahnbild zur Wirklichkeit wird – den Haß der Nazis gegen die Juden im Lager.

Nach der Entdeckung der Todeslager konnte man sich eine Weile lang in dem Glauben wiegen, dieses Kapitel sei nun abgeschlossen, nach diesem Exzeß der Unmenschlichkeit wüßten die Menschen, wo die Grenzen seien. Es herrschte die naive Vermutung, damit sei nun auch das Ende des wahnhaften Antisemitismus gekommen, die Juden würden zu einer Minderheit unter anderen und hätten von da an nichts anderes mehr zu befürchten als den ganz normalen Rassismus.

Der Holocaust hat ein Tabu geschaffen. Es gab bestimmte Dinge, bestimmte Vorstellungen, die man nicht mehr öffentlich äußerte. So erlebten die ersten Generationen nach dem Krieg eine »beschützte« Kindheit. Es mag Zufall sein oder nicht, jedenfalls waren sie es, die Ende der sechziger Jahre auf die Straße gingen und »Alles!« wollten, und zwar sofort! Ihre Forderung lautete überall ein bißchen anders, in Frankreich, einstmals Hort der Kollaboration, wurde daraus eines Tages: »Wir sind alle deutsche Juden!«, als Daniel Cohn-Bendit, einer der Führer der Bewegung, des Landes verwiesen werden sollte. Aber der Hunger nach dem Absoluten, nach Gerechtigkeit und Wahrheit war überall derselbe, in Chicago und Berlin, Mailand oder Prag. Und überall waren die Stimmen der Juden, der Halbjuden oder »Judenfreunde« besonders hörbar.

Genau an diesem Punkt gab Bettelheim seinen tiefen Pessimismus zu erkennen. Er wandte sich gegen Herbert Marcuse, Jean-Paul Sartre und viele seiner gelehrten Kollegen und griff die Führer der Bewegung frontal an. Und was sagte er im Grunde? Daß sie zu sehr verwöhnt worden seien! Dieser Liebhaber Goethes und des deutschen Expressionismus, der sich vor nicht allzu langer Zeit glücklich schätzen mußte, daß er Kübel mit Exkrementen schleppen durfte, um die Gärten der SS-Offiziere zu düngen, hatte sofort das Gefühl: Das kann nicht gutgehen! Eine solche Gier nach Freiheit, Gleichheit und Wahrheit kann den Juden nur schlecht bekommen!

31 Hitler ist diesbezüglich sehr deutlich in *Mein Kampf*.

Daß sie verwöhnt waren, diese jungen Leute, bedeutete vor allem eines: Sie waren unter dem Schweigen des Antisemitismus aufgewachsen. Sie wußten, ohne zu wissen, ohne wirklich zu verstehen, was geschehen war. Und sie forderten, daß man ihnen alles sagte – in dem irrigen Glauben, daß die Gesetze, die Gerichtshöfe, die internationalen Institutionen sie vor einer Wiederkehr des Vergangenen bewahren würden, das sie für tot und begraben hielten.

Diese verwöhnten Kinder, denen Auschwitz paradoxerweise Schutz geboten hatte vor den Auswüchsen des Hasses und, sofern sie Juden waren, des Selbsthasses, mochten Bettelheim. Recht betrachtet, hatten sie jetzt, nachdem Frieden eingetreten war und es den Staat Israel gab, wirklich die Chance auf eine erfolgreiche Assimilation. Sie hörten es gern, wenn ein Jude erhobenen Hauptes von der Pflicht sprach, sich und die Seinen zu schützen. Da war es nicht so wichtig, ob er selbst den Mut besessen hatte, nach seinen Worten zu handeln; was zählte, war der Ton. Der Ton eines Menschen, der nicht darauf wartete, daß Gott sein Schicksal in die Hand nahm.

Und sie fanden es gut, wie er die sogenannten Geisteskranken behandelte. Irgendwie schien es eine Ähnlichkeit zu geben zwischen seiner Art von Therapie und ihrer Art von Politik. In beiden Fällen erschien der (aufrichtige) Wunsch nach Wiedergutmachung ausreichend, um die Wirklichkeit zu verändern. Man mußte nur laut genug schreien: »Make love, not war!« oder »Unter dem Pflaster liegt der Strand!« – und schon wurden die Träume wahr, wie durch Zauberei. Was Marguerite Duras zu ihrem schönen, berühmten »Seien wir realistisch – verlangen wir das Unmögliche!« veranlaßte.

Das war aber ein Mißverständnis. Bettelheim sprach als Psychoanalytiker ja nicht davon, den Wahnsinn abzuschaffen, sondern davon, daß dieser ein wenig in uns allen stecke. Und daß die versteinerten Verhältnisse in der herkömmlichen Psychiatrie und ihren Anstalten Gefängnisse seien für Menschen, deren einziges Verbrechen das Leiden sei. Diesen Diskurs auf die Ebene der politischen und gesellschaftlichen Wirklichkeit zu verpflanzen hieß allein schon, ihn zu entstellen. Doch dafür gab es eine Rechtfertigung: Der Ort, von dem aus Bettelheim sprach, war so real, daß er von der Analyse nicht mehr erfaßt werden konnte. Kaum hatte Bettelheim die Parallele gezogen zwischen seiner Erfahrung in den Lagern und seiner Arbeit in der Schule, begann diese Verbindung im Kopf seiner Leser zu leben und führte letztlich zu seiner herausragenden Position, die weit über die eines Psychoanalytikers hinausging.

Einem, dem das Schlimmste widerfahren war, was die menschliche Natur je hervorgebracht hatte, stand auch das Recht zu, das Beste zu fordern – und zu versprechen –, was sie geben konnte. Er würde das eine Unrecht wiedergutmachen, das man ihm angetan hatte, indem er den Feind mit seinen eigenen Waffen schlüge und das andere, ebenso willkürliche Unrecht tilgte: den Wahnsinn der Kinder. Das war ein gutes, ein gerechtes Unterfangen. Nachdem der Friede wieder eingekehrt war und mit ihm all die kleinen Kompromisse und Vergeßlichkeiten (»Das Leben geht weiter«), kam von dem Magier Bettelheim eine Verheißung, die in ihrer Kühnheit und Maßlosigkeit dem unermeßlichen Verbrechen angemessen schien. Wenn aus den Schrecken des Holocaust ein Weg zum Heil dieser Kinder führen sollte, dann war Gott in Auschwitz nicht getötet worden. Das war die Botschaft, die alle vernommen hatten, die Bettelheim auszeichnete. Die »verwöhnte« Jugend forderte bloß von allen Erwachsenen, was jedermann von ihm erwartete (ohne zu bedenken, daß er auch nur ein Mensch mit Fehlern war wie alle anderen, aber tiefer verwundet als die meisten).

Nach seinem Tod verlangte man Rechenschaft von ihm. Das Fehlen handgreiflicher Beweise für sein therapeutisches Wirken nährte das Mißtrauen. Als ob man solche Dinge objektiv erfassen könnte! Schulleistungen lassen sich messen, Verhalten kann man evaluieren, aber nur das betroffene Subjekt kann eine Synthese bilden und die einzig wirklich interessante Frage beantworten, die lautet: »Bin ich glücklicher als vorher?«, das heißt: Kann ich meine Kraft besser nutzen, um der Mensch zu sein, der ich sein möchte, und meine Ziele erreichen?

Die Frage nach Bettelheims Leistungen können also nur diejenigen beantworten, die selbst an der Orthogenic School waren. Mit etwa fünfzig von ihnen habe ich gesprochen, zwei Drittel waren ehemalige Lehrer und Erzieher. Als ehemaliger Patient aus der Anonymität herauszutreten und zu sagen: »Ich war an der Orthogenic School«, erfordert großen Mut oder großes Leid, wenn man einmal im »normalen Leben« etabliert ist und womöglich eine Familie hat. Die Gespräche fanden zwischen November 1990 und Dezember 1994 statt, einige traf ich öfter, und bei manchen konnte ich über die Zeit eine Veränderung feststellen. Von denjenigen, die zum Team gehört hatten, war nur ein einziger Bettelheim wirklich feindlich gesonnen. Zwei andere würdigten zwar, was sie bei ihm gelernt hatten, meinten aber, in den letzten Jahren habe er in einer für die

Kinder schädlichen Weise gehandelt. Alle anderen sind überzeugt, daß gelegentliche Fehler von dem Guten, das er für die Kinder getan habe, bei weitem aufgewogen worden seien. Und der Großteil glaubt, auch heute noch gebe es auf der ganzen Welt kaum einen Ort, an dem kranke Kinder so große Chancen hätten wie an der Orthogenic School unter Bettelheim.

Unter den früheren Zöglingen der Schule sind die Ansichten gemischter, die Ambivalenzen spürbarer, entscheidende Erfahrungen oft mit zwiespältigen Gefühlen verbunden. Fünf von denen, mit denen ich gesprochen habe, äußerten Zorn gegen Bettelheim, zwei Haß. Aber auch hier sagen die meisten von denen, die nicht überhaupt bestreiten, jemals diese Schule besucht zu haben, daß sie ihnen dabei geholfen habe, einige ihrer Probleme zu überwinden. Manche waren dort sogar glücklich. Viele sprechen von Bettelheim mit tiefer Zuneigung, manche nicht. Und die, die ihn ablehnen, waren bis auf eine Ausnahme zu der Zeit an der Schule, als er ging. Das erinnert ein wenig an das Bad-guy-Ritual, daran, daß der, der ging, auf jeden Fall unrecht hatte, aber das ist nur eine Seite der Geschichte.

Wir müssen diese Aussagen so nehmen, wie sie sind, ohne dahinter immer etwas Unausgesprochenes zu vermuten. Niemand lügt gern, und im großen und ganzen werden die erwähnten Ereignisse von niemandem bestritten, nur daß dasselbe Ereignis oft nicht wiederzuerkennen ist, wenn zwei verschiedene Leute darüber berichten. So hat mir ein halbes Dutzend Zeugen von dem Vorfall mit Alida Jatitch[32] erzählt, darunter zwei Zimmerkameradinnen. Er verlor dadurch ein paar seiner schockierendsten Aspekte. Und doch haben alle recht. Im seelischen Bereich – denn darum geht es hier – sind keine Punkte zu verteilen, sondern nur Gefühle wiederzufinden.

Der Sechsundfünfzigjährige, der mir mit belegter Stimme versichert: »Dr. B. hat mir das Leben gerettet. Ohne ihn hätte ich es nicht bis zum Erwachsensein geschafft«, weiß sicher besser, was er sagt, als der alte Erzieher, der voller Haß auf Bettelheim die Achseln zuckt und erklärt: »Der Junge war nur ein bißchen schwierig. Er war nicht verrückter als Sie oder ich.« Das Leben, von dem der ehemalige Zögling spricht, ist eines, zu dem andere nur gelegentlich Zugang finden, durch Intuition oder Empathie. Es ist das Leben mit Gespenstern, Kellern voller Leichen und Träumen, die man nieman-

32 Siehe den Prolog.

dem verraten darf. Das Leben, das Sigmund Freud entdeckte: das Seelenleben. Das die Verhaltenstherapeuten mit konditionierten Reflexen knebeln wollen.

Daher kommen die meisten Mißverständnisse und Zweifel an der Arbeit Bruno Bettelheims. Er wollte die unglücklichen Kinder nicht an die gesellschaftlichen Normen des Milieus anpassen, aus dem sie kamen, er wollte ihnen nicht beibringen, sich gut zu benehmen. Er hatte nicht einmal vor, sie glücklich zu machen. Sein einziges Ziel war es, sie Schritt für Schritt an das Verständnis heranzuführen, daß selbst das unglücklichste Leben (auch das Leben eines Juden in den Händen der Nazis, wie er sagte) einen Wert hat, wenn es gelingt, ihm einen Sinn zu geben – denn diese Erkenntnis hatte ihm einmal das Leben gerettet. Das bedeutete für ihn Heilung: daß man den Wert seines Lebens anerkennt. Und um das zu erreichen, arbeitete er immer mit dem Seelenleben derer, die ihn umgaben. Denn entgegen dem Anschein ist das das einzige Leben, das für den Menschen zählt, das einzige, das Sinn schafft.

»Er hat mir das Leben gerettet.« Das ist der Satz, den ich am häufigsten gehört habe, von ehemaligen Erziehern genauso wie von ehemaligen Patienten. Es braucht eine Weile, bis man das versteht. So lange, bis man die Existenz dieses Seelenlebens eingesehen hat, das dem äußeren nicht parallel läuft, sondern dessen Grundlage bildet, dessen Stoff webt. Bis man sein eigenes Seelenleben entdeckt hat – die Zeit der Psychoanalyse – und das der anderen respektiert. Die ersten paar Male – mit einem Mikro bewaffnet und, wie ich dachte, mit beiden Beinen fest im »wirklichen Leben« stehend – interpretierte ich diesen Satz als einen übertriebenen Ausdruck der unbegrenzten Loyalität von Sektenangehörigen. Aber ich habe ihn zu oft gehört, aus zu vielen verschiedenen Mündern und immer in einem Ton, der Achtung forderte. Die diesen Satz gebrauchten, wußten, was sie damit sagen wollten: daß nämlich, ungeachtet ihres Verhaltens, die Gespenster, mit denen sie sich schlagen mußten, mörderisch waren. Bettelheim hat ihnen geholfen, diese Gespenster unschädlich zu machen, wie er selbst sich einst die Blindenarmbinde abriß. Sie unschädlich zu machen, das heißt, sie an ihren Platz in der Vergangenheit zurückzuschicken, damit sie Erinnerung werden können und aufhören, die Gegenwart aufzufressen.

»Alles an Ihren Filmen ist vollkommen«, sagte Bettelheim zu Karlin, als der sie ihm Ende März 1974 zeigte, »außer diesem schrecklichen alten Direktor.«[33] Das war keine Koketterie. Mittlerweile siebzig geworden und im Ruhestand, betrachtete Bettelheim sich selbst mit einem so gnadenlosen Blick wie nie zuvor. Seit sechs Monaten lebte er in Kalifornien, endgültig, und versuchte, sich von seiner verlorenen Schule zu lösen. Ein paar Monate vorher, am 29. Juni 1973 – es war der Tag, an dem er sich von den Kindern verabschiedete –, hatte er Candy mit den Worten getröstet: »Daß Dir das alles heute unwirklich vorkommt, ist gut – die Einsicht, daß es wahr war und heute nicht mehr ist, wäre zu schmerzlich ... Das ist Teil eines Trennungsprozesses, in dessen Verlauf sich alles in Schatten verwandeln muß, damit wir es hinnehmen können.« Dieser Rat, den er Freud und seinen eigenen Erfahrungen verdankte, war allerdings weniger an Candy als an ihn selbst gerichtet.

Kurz nach der Vorführung der Filme mußte Bettelheim für einen zweimonatigen Kurs, den sein Vertrag mit der Universität vorsah, nach Chicago fahren. Düstere Vorahnungen quälten ihn. Als er da war, wurde er von dem Gefühl des Verlustes, des Verlassenseins schier überwältigt. Für ihn gab es keinen Platz mehr an der Schule. Wenn er vorbeischaute, spürte er, daß viele ihn mieden. Er verstand, daß sie jetzt alleine zurechtkommen mußten, ohne ihn, aber er litt darunter. Dennoch freute er sich, wenn er seine alten Kollegen oder die Kinder auf dem Campus traf, es war schön, wieder in dieser anderen Welt zu sein. Und er freute sich auch auf seine Vorlesungen. Im folgenden Jahr hatte er eigentlich gar keine Lust mehr, wiederzukommen. Trotz der Eingewöhnungsschwierigkeiten hatte er sich an sein aktives Pensionistenleben unter der kalifornischen Sonne gewöhnt. *Kinder brauchen Märchen* war gerade fertig geworden, und die Aussicht, seine Vergangenheit wiederzutreffen, hatte nichts Anziehendes für ihn. Nach der Hälfte der Zeit fuhr er für eine Woche nach Kalifornien, um sich zu erholen. Und als er im Jahr 1976 zum letztenmal in Chicago unterrichtete, war das eine Fron, der er sich nur noch aus finanziellen Gründen unterzog. Er haßte es, im Hotel übernachten zu müssen – in der Stadt, in der er so lange gelebt hatte –, und das extrem schwüle Klima in diesem Frühjahr machte ihm zu schaffen. Ein halbes Jahr zuvor hatte er auf einer Frankreichreise einen leichten Herzanfall erlitten und lange gebraucht, um sich davon zu erholen. Außerdem wollte er nun endgültig nichts mehr wissen von seiner früheren Arbeit. Candy, die

33 Siehe *Un autre regard sur la folie*, a.a.O.

mittlerweile in Paris lebte, hatte ihm ihre Erinnerungen an die Zeit an der Orthogenic School geschickt, rund siebenhundert Seiten. Seine Kommentare und Anregungen dazu umfaßten sieben Seiten. »Ich freue mich, das zu lesen, weil es eine Kommunikation mit Dir ist«, schrieb er zurück. »Aber ansonsten möchte ich von der Schule nichts mehr hören. Für mich ist das vorbei. Ich habe es gemacht, wir haben es gemacht, jetzt ist es nicht mehr meins. Sie sollen es haben, aber sie sollen mich nicht damit behelligen, wo es nicht mehr meins ist.«[34]

Dieser Wunsch sollte sich in einem Ausmaß erfüllen, von dem er noch nichts ahnen konnte. Das Verhältnis zu Jacquelyn Sanders nach seinem Rücktritt war freundlich, obwohl sehr bald klar war, daß die Art und Weise, wie sie die Schule zu führen gedachte, nichts mehr mit dem zu tun hatte, was er einmal aufgebaut hatte. Kritikern der neuen Direktorin erklärte er, er habe Vertrauen zu ihr, und es sei ja schließlich normal, daß sie die Institution an ihre eigenen Möglichkeiten anpaßte. »Ohne Jacqui«, schrieb er beispielsweise an Candy, »wäre die Schule gleich den Behavioristen in die Hände gefallen.« Seine Texte wurden von einer Sekretärin der Schule getippt, und Jacquelyn Sanders kümmerte sich um die Bücher, die er brauchte. Bis 1975 fragte sie ihn regelmäßig nach seiner Meinung zu den Neuaufnahmen. Doch nach und nach wurden die Beziehungen frostiger. Als Bettelheim im April 1982 einen Blitzbesuch in Chicago machen wollte, weigerte sich Jacquelyn Sanders, ihn zu sehen. Er interpretierte das als definitiven Hinauswurf aus der Schule. Trotz der ungeheuren Kränkung verkraftete er den Schock zunächst ganz gut, da seine Aufmerksamkeit völlig von Trudes Krankheit in Anspruch genommen war. Doch im Laufe der Jahre schmerzte ihn dieser Verlust immer mehr und verstärkte noch all die anderen, die zunehmend an seinem Leben zehrten.

Weder Bettelheim noch Jacquelyn Sanders selbst wußten damals genau, wieviel Ressentiment hinter ihrer Aufopferung für die Schule steckte. Gleich nach Bettelheims Rückzug wählte sie ausgerechnet den Mann zu ihrem Analytiker, vor dem er sie gewarnt hatte. Nach und nach kamen die Gründe für ihr Ressentiment heraus. Wie sie

34 Brief an Candace Hilldrup, 20. März 1976. In einem früheren Brief vom 12. März hatte ihr Bettelheim von der Publikation in Frankreich abgeraten, weil man das in der Schule gebräuchliche »You« plus Vornamen, das zwischen »Du« und »Sie« stehe, nicht übersetzen könne. Candy duzte er eindeutig, manchmal benutzte er sogar das deutsche Wort »du«.

Bettelheim später schrieb, verübelte sie ihm die Macht, die er als Direktor und Therapeut über sie gehabt hatte. Und vor allem zürnte sie ihm, daß er zuwenig für ihre Karriere getan habe; das sei ihr an Daniel Karlins Filmen deutlich geworden. Was Bettelheim darin sagte, fand sie beleidigend.

Karlin hatte Bettelheim gefragt, ob es unter allen von ihm ausgebildeten Erziehern einen gebe, von dem er sagen könnte, er sei dazu fähig, ihn eines Tages zu ersetzen. »Ja, einige«, hatte Bettelheim geantwortet. »Aber sie haben sich für ein weniger schwieriges Metier entschieden. Einer meiner besten Mitarbeiter lehrt heute als Kollege an der Universität. Ich hätte ihn gern dazu gebracht, meine Nachfolge anzutreten, aber er weigerte sich. Diese langen Stunden, jede Nacht ... Er hätte es machen können, auch wenn er nicht wollte. Ich denke, Dr. Sanders, die diese Aufgabe übernommen hat, wird sie gut bewältigen. Aber natürlich ist es immer ein persönliches Werk ...«[35]

Jacquelyn Sanders tat, was sie für das beste hielt. Sie bewahrte sehr sorgfältig den Rahmen der Schule, dessen Nützlichkeit sie in einem Buch mit dem beziehungsreichen Titel »Ein Treibhaus für die Seele«[36] begründete. Sie nahm keine Autisten mehr auf, untersagte jede Form von körperlicher Gewalt und machte Schluß mit den Therapien im Haus. Sie führte gemischte Gruppen ein und ließ die Jugendlichen allein zum Arzt gehen. Kurz, sie machte die Orthogenic School vorzeigbar und paßte sie ein wenig dem Zeitgeschmack an. Aber was wurde in dieser nun präsentablen Institution aus der Psychoanalyse? Und der Empathie? Und den Wahnbildern, Gespenstern, all diesen unansehnlichen, nicht vorzeigbaren Gefühlen, die die Insassen am Leben hinderten? Sinnlose Fragen. Seit Bruno Bettelheim weg war, wurden die Ungeheuer nicht mehr bekämpft; man versuchte sie einzuschläfern.

Da es sich hier um die Geschichte Bruno Bettelheims handelt und nicht um die der Orthogenic School, wollen wir es damit bewenden lassen. Anzumerken ist nur, daß Konformismus, der Wunsch nach Vorzeigbarkeit und auch ein spürbarer Wille zur Gerechtigkeit die weniger schönen Gefühle und Handlungen einfach zudecken kön-

35 *Un autre regard sur la folie*, a.a.O.

36 J. Seevak Sanders, *A Greenhouse for the Mind*, University of Chicago Press, 1989. Fünf Jahre zuvor war *Freud und die Seele des Menschen* (Düsseldorf 1984) erschienen, wo Bettelheim die englische Übersetzung »mind« für »Seele« als Verrat am Wesen der Psychoanalyse geißelt.

nen und daß die Abschaffung körperlicher, das heißt sichtbarer Gewalt manchmal ebenso großer, wenn auch versteckter Gewalt Vorschub leistet.

Eine Abschrift des Briefes, in dem sie Bettelheim ohne weitere Erklärung davon in Kenntnis setzte, daß in Zukunft die Kinder nicht mehr geschlagen und keine Therapien im Haus mehr stattfinden würden, machte Jacquelyn Sanders der Öffentlichkeit zugänglich, indem sie sie dem Bettelheim-Archiv der University of Chicago übergab.[37] Das ist zwar kein guter Stil, aber begreiflich, und blieb innerhalb des Rahmens ihrer Beziehungen: Mit diesem Schachzug lüftete Jacquelyn Sanders das »Geheimnis«, mit dem Bettelheim seine therapeutische Arbeit umgab, und distanzierte sich gleichzeitig von seinem Erbe.

Aber was soll man von der Rolle halten, die Jacquelyn Sanders in der »Affäre Bettelheim« spielte? Viele frühere Schützlinge Bettelheims hatten nach seinem Tod zu Jacquelyn Sanders Kontakt aufgenommen, bevor sie ihn öffentlich angriffen. »Ich wollte sie nicht daran hindern, ihrer Wirklichkeit Ausdruck zu verleihen«, erklärte sie mir gegenüber – in der offensichtlichen Überzeugung, korrekt gehandelt zu haben. Und von außen betrachtet, scheint das auch so zu sein. Warum sollten diese Menschen nicht das Recht haben, laut hinauszuschreien, daß ihre Erfahrungen an der Schule ganz anders waren, als Bettelheim sie in seinen Büchern beschrieben hatte? Doch nach vierzehn Jahren an Bettelheims Seite hätte Jacquelyn Sanders wissen müssen, welche Probleme sie damit haben würden, ihren Haß auf ihn, nun, da er tot war, öffentlich zu machen. Hieß das nicht, alles zu zerstören, was er dafür getan hatte, ihre inneren Konflikte zu besänftigen? Sie hätte seine früheren Kinder, die ihr angeblich so am Herzen lagen, nicht allein in die Arena ziehen lassen dürfen, damit sie sich dort vor den Augen eines sensationsgierigen Publikums über die Leiche des Mannes hermachten, der ihnen solange als Blitzableiter für ihre inneren Entladungen gedient hatte. Sie wußte doch, daß er nicht wieder auferstehen würde, um ihnen, und sei es laut schimpfend, zu beweisen, daß sie keine Mörder waren, daß nicht sie ihn umgebracht hatten, daß sie nicht an seinem Selbstmord schuld waren.

37 Der 1987 geschriebene Brief war ursprünglich als Versöhnungsversuch gedacht, als sie ihr eigenes Buch veröffentlichen wollte und, wie sie selbst zugibt, annehmen mußte, daß man Bettelheim um seine Meinung dazu fragen würde.

Es ist schwer, diese Fragen zu beantworten. Ich bezweifle nicht, daß Jacquelyn Sanders in gutem Glauben handelte, das heißt, in dem Moment wegsah, wo Dr. B., wenn er noch dagewesen wäre, sie aufgefordert hätte, ihren Blick auf die hinter ihrer tadellosen Haltung verborgenen Motive zu richten. Denn nichts hat mich besser gelehrt, Bettelheims therapeutisches Handeln zu verstehen, als diese Affäre. Kurz nach seinem Tod sprach ich mit einigen von denen, die ihn öffentlich angegriffen hatten; ein paar davon traf ich zwei Jahre später noch einmal, mit anderen telefonierte ich. Im Lauf der Zeit war die Kraft ihres oft triumphalen Aufbegehrens versickert und nur die Klage übriggeblieben. Und viele, viele Wörter, über die sie wieder und wieder nachgrübeln mußten. Der große böse Wolf aber war tot. Und so trafen die Wörter ins Leere und fielen ohne Widerhall auf die zurück, die sie ausgestoßen hatten, sinnlos, quälend, böse und rachsüchtig.

Doch manchmal ist auch ein Skandal zu etwas nütze. Wie die Leiche vor der Schule. Wie die ungenießbare Suppe in Buchenwald. Das zeigte mir Myles Gordon (»Paul« in *So können sie nicht leben*): »Wenn ich darüber nachdenke«, sagte er, »glaube ich, daß der Skandal mir dabei geholfen hat, meine Wut auf Dr. B. zu überwinden. Ich hatte mich im Leben noch nicht so im Stich gelassen gefühlt wie damals, als ich von seinem Selbstmord hörte. Ich war so wütend auf ihn! Dann erschienen diese häßlichen Briefe, und ich begann zurückzudenken an all die Dinge, die er für mich getan hatte. Am Ende war meine Wut verraucht.« Allerdings hatte »Paul« das Glück, sich auf einen großen Therapeuten stützen zu können – bis zu dem Tag, an dem er selbst zu der Einsicht fähig war, daß sein Leben einen Sinn hatte.

Im Mai 1986 veranstaltete die Schule eine zweitägige Konferenz zu Ehren Bruno Bettelheims. Ungeachtet ihrer Vorbehalte übernahm Jacquelyn Sanders die Organisation dieser Veranstaltung. Und sie tat ihre Pflicht, obwohl sie eigentlich ihr Sabbatjahr hatte. Das Programm war genau getimt, ein Nachmittag über die Schule, sechs ehemalige Erzieher als Redner. Sie selbst und Bert Cohler sollten als Universitätsangehörige zu anderen Themen sprechen. Denn die Ehrung galt in erster Linie dem Schriftsteller, dem Theoretiker, dem Wissenschaftler Bettelheim. Neben Bert Cohler war nur ein einziger ehemaliger Patient eingeladen, der mittlerweile eine wichtige Funktion an einer anderen Universität innehatte.

Doch das hieß, die Rechnung ohne die Gefühle zu machen. Aus allen Ecken der Vereinigten Staaten, sogar aus dem Ausland (Geneviève Jurgensen etwa kam extra aus Paris angereist) strömten Erzieher und Schüler zusammen. Spontan fanden sich die alten Gruppen wieder um die Erzieher ein und sorgten dafür, daß wenigstens im Auditorium die Atmosphäre entstand, die sich auf dem Podium nicht einstellen wollte. Auch die Zweifelnden waren vertreten. Mindestens einer von denen, die Bettelheim nach seinem Tod so heftig angreifen sollten, war ebenfalls gekommen. Kurz: Der deprimierte alte Mann, der gerade seine Frau verloren hatte, erhielt von seinen Schülern ein Stück von dem warmen, manchmal schwierigen, aber immer bewegenden, reichen Leben zum Geschenk, auf das er ihnen einmal Lust gemacht hatte.

Wieder war es Leslie Cleaver, der es gelang, der Orthogenic School unter Bruno Bettelheim in einfachen Worten etwas von der Wirklichkeit zurückzugeben, die sie jenseits aller Wahnbilder auch hatte. »Als ich darüber nachdachte, was ich hier sagen sollte, fielen mir eine Menge Anekdoten ein, die ich erst einmal ungeordnet zu Papier brachte«, sagte sie. »Am Schluß stand ein Gespräch, das ich einmal mit einem zwölfjährigen Jungen geführt hatte. Ich war damals seit sechs Jahren an der Schule, er seit zwei, und es ging um einen fünfjährigen Autisten, der gerade auf sehr komische und anrührende Weise zu sprechen lernte. Billy, der Ältere, war sehr eifersüchtig auf dieses zerbrechliche, hoffnungslos kranke Wesen, das er gleichzeitig zärtlich und beschützend umhegte. Ganz richtig ließ er (auf der Gefühlsebene, nicht auf der Handlungsebene) seine Wut und Eifersucht an mir aus. Plötzlich sagte er: ›Was mich am meisten eifersüchtig macht, ist ... Ich wollte, ich hätte in der Schule sprechen gelernt wie Jonny. Ich wollte, ich hätte sprechen gelernt, um mich auszudrücken, statt um mich zu schützen. Dann wäre mein Leben ganz anders gewesen.‹ Das zu wissen und sagen zu können, macht vielleicht nicht den ganzen Unterschied aus, aber genug für mich und Billy, daß wir die Worte finden können, um zu sagen: ›Danke, Dr. B.!‹«

Epilog

»Die moderne Technologie hat einen Mangel an Respekt für das Unbekannte und das Unerkennbare entstehen lassen, die schreckliche Arroganz der Techniker, der Mathematiker, der Vermesser, der Konsumsüchtigen, der Statushungrigen – all dieser Derwische der Rationalität und des Bewußtseinskults. Es ist ihnen wunderbar gelungen, die äußerlichen Aspekte des Lebens zum einzigen Inhalt des menschlichen Denkens zu machen. Und was diese Perversion noch schmerzlicher macht, ist die Tatsache, daß die einzige Revolution, die eine wirkliche Änderung hätte hervorrufen können, die Tiefenpsychologie, auch noch dazu beigetragen hat, die Wirklichkeit des Menschen bis zu der Lüge zu entstellen, daß es nichts Unerkennbares gäbe. Sie haben Freud falsch interpretiert, der das Unbehagen an der Kultur sehr wohl kannte. Doch Freud selbst ist nicht ganz schuldlos an den Abwegen seiner Schüler. Jedenfalls hat er nicht genug gegen den gefährlichen Aberglauben unternommen, das Unbewußte für ein potentiell Bewußtes zu halten.«

Brief von Carl Frankenstein
an Bruno Bettelheim, 31. August 1975

17. Trude und die Kinder

»Es hat Trude und mich eine lange Zeit gebraucht, um Wien abzuschütteln, und wir sind ja doch keine Amerikaner geworden, wir sind so irgendwie dazwischen, aber mehr hier als drüben, oder so kommt es mir wenigstens vor.«

Bruno Bettelheim, Brief an E. R., 10. September 1954

Welchen Doktor Bettelheim möchten Sie sprechen?« Diese Frage und mehr noch der barsche Ton, in dem sie gestellt wurde, überraschten Geneviève Jurgensen und ließen ein unangenehmes Gefühl zurück. Das war im Frühjahr 1988, *Ein Leben mit Kindern* war gerade in französischer Übersetzung herausgekommen, und sie rief aus Paris bei ihrem alten Meister an, weil sie mit ihm ein Interview führen wollte. Sie hatte ihn seit seinem Abschied nur zweimal gesehen, aber sie standen in ständigem Briefkontakt, der für Geneviève Jurgensen von großer Bedeutung war. Ihr Leben als Journalistin und Schriftstellerin hatte mit dem in Chicago zwar nicht mehr viel zu tun, und im Laufe der Jahre hatte die Korrespondenz alles Didaktische oder Philosophische verloren und war zu einem Austausch unter alten Freunden geworden, in dem es nur noch um die alltäglichen Dinge des Lebens ging. Doch besonders in schweren Zeiten fand Geneviève Jurgensen bei Bettelheim die wohltuende Mischung aus Scharfsinn und Mitgefühl wieder, die ihr schon beim Erwachsenwerden geholfen hatte. Sie hielt ihn über die Ereignisse auf dem laufenden, und seine Kommentare waren ihr oft eine große Stütze.

Als sie 1980 mit einem Schlag ihre beiden Töchter bei einem Verkehrsunfall verlor, war Bettelheim der einzige, der sie in ihrem wahnwitzigen Bedürfnis unterstützte, so schnell wie möglich wieder Mutter zu werden. Ärzte, Psychoanalytiker und alle anderen rieten ihr, zu warten und erst die Trauerarbeit für ihren Verlust zu leisten. Andernfalls würde sie das Neugeborene nicht als Person lieben können und ihm eine zu große Last aufbürden. Nur der Autor der *Geburt des Selbst*, dem so oft Ungerechtigkeit gegen die Mütter unterstellt worden war, hatte Verständnis für ihren instinktiven Wunsch, sofort wieder Leben zu schenken, nur er vertraute in ihre Fähigkeit, von neuem zu lieben und zu geben. Noch fünfzehn Jahre danach kann sie seine Briefe fast auswendig zitieren: »Ich weiß, wie ich immer um meine Kinder gezittert habe und immer noch zittere, genauso wie ich immer fürchtete, daß einem Kind der Schule etwas zustoßen könnte.«[1] Und vor allem den Satz, der alle Verwicklungen mit einem Schlag beendete: »Natürlich werden Sie Ihre Kinder in großer Angst aufziehen. Das ist unvermeidlich und vollkommen normal.«

Im April 1988 kam Geneviève Jurgensen nach Los Angeles. Bruno Bettelheim wohnte zu dieser Zeit in Santa Monica, in einem schönen Haus im Stil einer Hacienda an einer eleganten Straße, die auf einen kleinen Hügel in der Nähe des Ozeans hinaufführte, namens Adelaide Place. Er empfing sie in einer Art kleiner Bibliothek im Erdgeschoß, gleich neben dem Eingang. Sie war erschrocken, wie alt und gebrechlich er aussah. Sie entdeckte Flecken auf seinem Revers, wo er doch immer so gepflegt gewesen war. Er war abgemagert, und das Gehen fiel ihm schwer. Vor allem hatte er ständig Angst, Krach zu machen, zu stören. Sie hatte den Eindruck, er sei irgendwie kleiner geworden, und empfand ein konfuses Gefühl der Befriedigung darüber, daß ihr Besuch ihn offensichtlich ein wenig aufrichtete.

Ohne daß Geneviève Jurgensen davon wußte, fiel ihr Besuch mit einem tragischen Moment im Leben Bruno Bettelheims zusammen. Nach einer Bauchspeicheldrüsenentzündung konnte er keine feste Nahrung zu sich nehmen und war völlig ausgezehrt. Doch das Schlimmste war der endgültige, unwiderrufliche Bruch zwischen den beiden Dr. Bettelheims, das heißt, zwischen ihm und seiner Tochter Ruth, mit der er anderthalb Jahre zusammengelebt hatte. Ruth hatte sich bereits ein neues Haus gekauft, ein paar Straßen weiter, wollte ihrem Vater aber weder die Adresse noch ihre neue

| 1 Brief an Geneviève Jurgensen, 30. Juni 1980.

Telefonnummer geben. Er suchte nach einer Wohnung für sich. Die Atmosphäre in dem gemeinsamen Haus war zum Zerreißen gespannt. Die beiden wechselten kein Wort mehr miteinander. Bettelheim war überzeugt, daß Ruth seinen Tod wollte. Er fühlte sich entsetzlich allein, im Stich gelassen und gehaßt, wie seine verzweifelten Äußerungen in Briefen und Gesprächen mit engen Freunden bezeugten.

Selbst Geneviève Jurgensen gegenüber ließ er etwas von seiner Bestürzung durchblicken. Daß er sich ausgerechnet jetzt zu dem Buch äußern sollte, in dem er erklärte, wie man Kinder erzieht, stellte für den alten Mann, dessen Verhältnis zur eigenen Tochter völlig zerrüttet war, eine grausame Ironie dar. Das Gespräch mußte ihm zwangsläufig alle Fehler vor Augen führen, die er selbst als Vater seinen Kindern gegenüber begangen hatte.[2]

Geneviève Jurgensen spürte die Bitterkeit in Bettelheims Worten, konnte aber nicht ermessen, wie tief sie ging. Sie wußte nichts davon, daß ein »Fehltritt« seines Vaters ihren Lehrer einst dazu gezwungen hatte, einen ungeliebten und verachteten Beruf zu ergreifen, der alle Hoffnungen auf die ersehnte Laufbahn zunichte zu machen schien. Noch ahnte sie, wie sehr ihn das Zerwürfnis mit Ruth schmerzte, die als einzige von seinen drei Kindern den Beruf ihres Vaters gewählt hatte.

Dieses letzte Drama, von dem Bettelheim sich nicht mehr erholen sollte, scheint in der Tat eine Wiederholung aller vorangegangenen gewesen zu sein. Wie in einem Alptraum lebten darin alle Gespenster seiner Vergangenheit wieder auf. Sein Buch über Kindererziehung, in dem Moment erschienen, da sein Versagen als Vater offenbar wurde, entlarvte ihn als Betrüger. Die väterliche Impotenz spiegelte sich in seiner Unfähigkeit, der ältesten Tochter die erhoffte Stütze zu sein, als sie mit ihren zwei Kindern allein dastand. Der Despotismus des Großvaters kehrte wieder, wenn Schlaganfälle, Herzinfarkte oder andere Leiden seine Aufnahme ins Krankenhaus erzwangen. Der Familienfluch hatte ihn eingeholt. Und Trude war nicht mehr da, um ihn bei seinem Kampf gegen die Gespenster der Vergangenheit zu unterstützen. Und ihm leben zu helfen.

1973 waren Bruno und Trude Bettelheim nach Kalifornien umgezogen. Das fiel ihnen nicht leicht. Sie hatten von einem österreichi-

|2 Das Interview erschien am 16. Mai 1988 in der französischen Zeitschrift *Elle*.

schen Ingenieur ein Haus in Portola Valley gekauft, ein paar Kilometer westlich der Stanford University. Es war wie ein Adlerhorst auf dem Gipfel eines Hügel erbaut, zu dem sich eine steile, steinige Straße emporwand, die Sierra Lane, an der nur drei Häuser lagen. Ihres hatte die Nummer eins. Es stand mitten im Wald, in der Ferne konnte man den Ozean sehen. Die Einsamkeit, die üppige Vegetation - man fühlte sich wie in einer anderen Welt, es war, als ob Menschen in dieser wilden Naturlandschaft, die vielleicht ein bißchen zu wild war für den städtischen Geschmack, eigentlich nichts zu suchen hätten. Die Natur triumphierte sogar über Trudes gärtnerische Bemühungen: »Jede Nacht kommen die Hirsche und fressen ihre Blumen«, schrieb Bettelheim am 30. September an Ruth Marquis. »Und was sie übriglassen, erledigen die Kaninchen, die Erdhörnchen, die Waschbären und was weiß ich noch alles. Das einzige, an das sie nicht drangehen, sind die Kakteen - die mögen wir auch nicht.« Außer den Kakteen gab es noch roten und weißen Oleander, Rhododendren zwischen den Pinien und vor dem Haus einen Orangenbaum.

»Städter sollten nicht am Ende ihres Lebens plötzlich versuchen, am Ende der Welt zu leben, jedenfalls nicht in Kalifornien, das so gar nicht unsere Welt ist«[3], schrieb Bettelheim verärgert an Ruth Marquis. Jeder kleine Einkauf war eine größere Expedition. Es schien unvorstellbar, hier längere Zeit zu leben. Bettelheim fluchte auf sich und auf Trude, daß sie sich im letzten Jahr dazu hatten verführen lassen: »Der Unterschied zu dem Jahr im Center, der uns dazu bewegt hat, hier heraus zu ziehen, ist phantastisch, genau der Unterschied zwischen einem netten Urlaub und dem ständigen Leben und Arbeiten an einem Ferienort. Es war einfach eine verrückte Idee. Wir hätten es besser wissen sollen.«

Trotz dieser Einschränkungen hatten sich die Bettelheims nach und nach an ihren kalifornischen Ruhesitz gewöhnt, wie Bruno bei seiner ersten Reise nach Chicago feststellte. Er vermißte zwar das Flair der Stadt, doch das milde Klima und, nachdem sie sich richtig eingelebt hatten, die Einfachheit und die Annehmlichkeiten ihres

3 »City-dwellers just shouldn't suddenly try to live out in the country, least of all in California, which is less a state of the Union and much more a state of mind, and not our type of mind«, lautet diese Stelle im Original. Das schöne Wortspiel »state of the Union« (Bundesstaat) - »state of mind« (Geisteszustand) läßt sich im Deutschen leider nicht wiedergeben (A.d.Ü.). Brief an Ruth Marquis, 30. September 1973.

neuen Lebens hatten durchaus ihren Reiz. Dazu kam die Arbeit in der nahegelegenen Stanford University, einer akademischen Enklave ohne Lärm, Staub und Stau, aber mit einem großen Renommee, das Jahr für Jahr neue, interessante Menschen anzog. Er gab es zwar nur zu, wenn es ihm anderswo schlechtging, aber am Ende gefiel es Bruno Bettelheim in Kalifornien doch ganz gut.

Das Haus lag weit genug von Palo Alto entfernt, um Ruhe zu haben, aber es lebten genügend Freunde in der Gegend, um ein ausgefülltes gesellschaftliches Leben zu führen. Es gab Musikabende bei dem einen, Essenseinladungen bei anderen, manchmal auch bei den Bettelheims. Seit seiner Beinoperation sollte Bruno Bettelheim möglichst viel zu Fuß gehen. So spazierte er mit Trude täglich eine Stunde in einem der großen Nationalparks. Trude hatte sich einer Wandergruppe angeschlossen, dem Sierra Club, spielte regelmäßig Tennis und lernte sogar radfahren - auf einem Fahrrad, das Naomi ihr geschenkt hatte. Auch Bruno hatte viel zu tun, obwohl es ihm, gemessen an seinem Chicagoer Leben, kläglich vorkam: Er gab ein paar Wochenstunden Vorlesungen in Stanford, besuchte eine regelmäßige Gruppe mit Psychiatern und Psychologen, veranstaltete gelegentlich ein Müttertreffen und leitete ein Seminar an der kinderpsychiatrischen Abteilung der Stanford University Medical School. Außerdem hielt er Vorträge in den ganzen USA und im Ausland. Er reiste viel, und Trude begleitete ihn jetzt immer.

Hauptsächlich aber schrieb Bettelheim. Schon lange vor dem Ruhestand hatte er sich Sorgen über die möglichen Auswirkungen der Untätigkeit auf seinen Gemütszustand gemacht. Und nun war es soweit: »Meine Arbeit fehlt mir sehr. Ich weiß, daß ich sie aufgeben mußte, aber ich weiß auch, daß das, was für andere gut ist, für mich schlecht ist. Solange ich jeden Tag damit beschäftigt war, eine Klinik zu leiten, hatte ich keine Zeit für deprimierende Gedanken. In seiner Arbeit muß man optimistisch sein, sonst funktioniert es nicht. Nun zwingt mich nichts mehr, optimistisch zu sein, und das macht alles viel schwieriger.«[4]

Doch Bettelheim hatte vorgesorgt. Noch bevor er Chicago verließ, war sein Arbeitsplan für Portola Valley fertig. Er wollte immer noch sein Buch über Kindererziehung schreiben, von dem schon in so vielen Briefen an Ruth Marquis die Rede gewesen war. Außerdem hatte er 123 000 Dollar von der Spencer Foundation erhalten, um

4 Brief an Carl Frankenstein, 13. Januar 1975.

die Rolle des Unbewußten beim Schulunterricht zu erforschen. Dieses Projekt, für das Feldstudien erforderlich waren, sollte drei Jahre in Anspruch nehmen. Bettelheim wollte herausfinden, inwiefern die Psychoanalyse zum Unterricht beitragen könne und »was die kleinen Kinder denken, wenn sie im Klassenzimmer sitzen und lernen sollen ... Wie ihr Vorbewußtes das, was im Unterricht passiert, fördert oder behindert, und wie man sie unterrichten soll, damit ihr Vorbewußtes das Lernen fördert.«[5] Seit langem schon hatte Bettelheim die amerikanischen Schulbücher als unbrauchbar kritisiert. Seine Seminare mit Grundschullehrern in Chicago überzeugten ihn restlos davon, daß er damit recht gehabt hatte. Die Kinder waren oft bei alleinerziehenden Elternteilen aufgewachsen, in Vierteln, in denen Armut, Gewalt und Drogen herrschten. Wenn sie dann in einem Alter, wo der Hunger nach Wissen am größten ist, nicht Lesen lernten, mußte das daran liegen, daß in den Büchern nur harmlose, brave Geschichten über nette Kinder in einer heilen Welt standen, die mit ihnen nicht das geringste zu tun hatten. Denn die Lust aufs Lesen entsteht aus dem Wunsch, die Dinge zu verstehen, die um einen herum und mit einem selbst vorgehen.

Bettelheim begann also, Schulen zu besuchen und Material für diese Untersuchung zu sammeln. Er bat Jacquelyn Sanders, ihm möglichst alle amerikanischen, aber auch englische, französische und deutsche Schulbücher zu schicken, um Vergleiche anstellen zu können. In der Zwischenzeit las er – weil ihn die erste Begegnung mit dem geschriebenen Wort besonders interessierte – Märchen. Dieser Teil seiner Recherche zog ihn bald völlig in seinen Bann. In den Märchen war alles vorhanden, was in den zeitgenössischen Schulbüchern fehlte: Wut, Neid, Neugier, und diese Gefühle verschafften sich mit ihrer ganzen rohen Gewalttätigkeit Ausdruck. Die Figuren der Gebrüder Grimm geben sich, wie das Unbewußte, nicht mit Feinheiten ab. Die bösen Eltern, die verhaßten Rivalen werden getötet, oft auf grausame Weise. Diejenigen, die man liebt, werden verschlungen. Gute Mütter verschwinden und werden von bösen Stiefmüttern ersetzt. Geschwister haben grundsätzlich unrecht. Das versteht jedes Kind. Die Verhältnisse sind einfach. Wenn man nicht gut ist, ist man böse. Mit den Bösen nimmt es, sofern sie nicht bereuen, ein böses Ende. Und zum Schluß gibt es ein Happy-End, in dem alle Konflikte eine angemessene Lösung finden.

5 Brief an Ruth Marquis, 30. September 1973.

Vom Oktober 1973 an erwähnt Bettelheim die neue Lektüre auch in seiner Korrespondenz, und seine Briefe beweisen: Die zwei Jahre, in denen er sich mit den Märchen auseinandersetzte, waren die glücklichsten in der letzten Phase seines Lebens. Er war selbst erstaunt, welches Vergnügen er daran fand, den Sinn der Märchen zu entziffern, seinen Freunden gegenüber schien ihm das fast peinlich zu sein; er fragte sich, ob er wohl »eine zweite Kindheit« durchlebe. Es war ihm eine ungeheure Erleichterung, nicht mehr über Autismus oder Konzentrationslager schreiben zu müssen. Er fühlte sich wie neugeboren. Er dachte an seine Mutter zurück und bedauerte, seinen eigenen Kindern keine Märchen erzählt zu haben, »weil wir das in dieser Epoche des Rationalismus für schädlich hielten. Wie dumm doch die Menschen sind!«[6] Als Carl Frankenstein ihm ein Bändchen mit selbstverfaßten Gedichten schickte, verglich er seine Arbeit mit der des Poeten – zu der er sich gänzlich unfähig fühlte: »Es ist wirklich viel Poesie in diesen Geschichten ... Gerade bin ich mit ›Aschenbrödel‹ fertig geworden, jetzt fehlt mir nur noch eines«, schrieb er an Frankenstein im Januar 1975.

Hänsel und Gretel mit dem Lebkuchenhaus und dem kleinen Jungen, der von der Hexe gemästet wird, erklärt den ganz Kleinen, wie man das Stadium der Oralität überwindet. *Die Geschichte von den drei kleinen Schweinchen* stellt die drei Phasen der kindlichen Entwicklung dar. *Hans und die Bohnenranke* zeigt dem Jungen den Ausweg aus dem ödipalen Konflikt, *Rotkäppchen* warnt das präpubertäre Mädchen davor, zu früh mit dem Feuer der Verführung zu spielen, und *Goldilocks und die drei Bären* erzählt von seiner Suche nach Identität. *Dornröschen* schildert die Latenzphase, in der sich das Mädchen auf die Ehe vorbereitet, *Aschenbrödel* behandelt die komplexeren Probleme der Geschwisterrivalität, der Ambivalenz und des Kastrationskomplexes ...

Die Themen von *Kinder brauchen Märchen* sind bekannt. Zweifellos ist es das berühmteste Buch Bruno Bettelheims, das die meisten Menschen unmittelbar ansprach. Es kam zu den üblichen Mißverständnissen, viele lasen – bestärkt durch Bettelheims doktrinären Stil – das Buch als Erziehungsfibel (»Meine Tochter ist erst fünf, will aber schon die Geschichte vom Aschenbrödel erzählt bekommen. Das ist doch viel zu früh, oder?«). Es gab natürlich auch Kritiker. Abgesehen von denen, die den psychoanalytischen Ansatz

6 Brief an Carl Frankenstein, 13. Januar 1975.

als solchen verwarfen, kreideten sie dem Buch Längen und mangelnde Stringenz an. Einige monierten, daß Bettelheim die Märchen Hans Christian Andersens und die moderne Kinderliteratur bei seiner Analyse außer acht gelassen habe. Und fast unmittelbar danach wurde Bettelheim des Plagiats bezichtigt, zumindest habe er seine Quellen nicht korrekt angegeben.[7]

Der Vorwurf ist teilweise berechtigt. In diesem Buch, dem ersten, bei dem er ohne die Strenge und Genauigkeit von Ruth Marquis auskommen mußte, hält sich Bettelheim nicht immer an die akademischen Standards. Er nennt zwar die Namen der zitierten Autoren, aber nicht immer an der richtigen Stelle, manchmal irrt er sich sogar in den Angaben. Es stimmt auch, wie Joan Blos 1978 und Alan Dundes 1991 hervorhoben, daß eine Handvoll seiner Sätze in Form und Inhalt auffallend mit Sätzen aus einem Buch von Julius Heuscher[8] übereinstimmen, der zwar erwähnt wird, aber nur als Mittler zwischen Jungianern und Freudianern. So viele Ungenauigkeiten hinterlassen einen unsauberen, nachlässigen Eindruck.

Mehr als Ungenauigkeiten sind es aber auch nicht. Selbst Alan Dundes kommt zu dem Schluß: »All das ändert nichts daran, daß Bettelheims Buch ungleich besser ist als das von Heuscher.« In allen angeführten Fällen ging Bettelheim viel weiter als die von ihm angeblich Plagiierten. So war, wie Alison Lurie aufzeigte, Erich Fromm zwar der erste, der Rotkäppchens rotes Käppchen mit dem Menstruationsblut in Zusammenhang brachte[9], doch seine Analyse blieb im Ansatz stecken und enthüllte nicht die ganze Bandbreite der unbewußten kindlichen Wünsche und deren Ambivalenz. Es ist schwer zu entscheiden, ob Bettelheim im Verlauf seiner einsamen, fieberhaften Arbeit sich beim Exzerpieren so schlampige Notizen machte, daß er Heuschers Sätze dabei übernahm, ohne es zu bemerken, oder ob er, wie Lacan meint, einfach verwendete, was er finden konnte, weil es für ihn nicht so wichtig war, woher er eine Idee hatte, sondern was er daraus machte. Seine offensichtlichen Irrtümer bei den Quellenangaben, sein Stolz und die Dummheit dieses Verfahrens lassen mich allerdings zur ersten Hypothese neigen. Un-

7 Etwa von Alison Lurie in einer Rezension in *Harper's*, Juni 1976, Joan Blos 1978 im *Merrill-Palmer Quarterly*, oder Alan Dundes, »Bruno Bettelheim's Uses of Enchantment and Abuses of Scholarship«, *Journal of American Folklore*, 1991.

8 Julius Heuscher, *A Psychiatric Study of Fairy Tales*, New York 1963.

9 In *The Forgotten Language, an Introduction to the Understanding of Dreams, Fairy-Tales and Myths*, New York 1951.

bestreitbar ist dieses Buch jedoch, das beweist auch Bettelheims Korrespondenz in den zwei Jahren, die er dazu brauchte, die Frucht einer eigenständigen, leidenschaftlichen Gedankenarbeit.

Diese Gedankenarbeit dürfte in der Folge auch zu Bettelheims Essay *Freud und die Seele des Menschen* geführt haben, der fünf Jahre später erschien. In seinem Brief an Frankenstein, in dem er beklagt, seinen Kindern keine Märchen erzählt zu haben, fährt er fort: »Das komischste war, daß ich in meiner Ablehnung der Märchen nur den Psychoanalytikern folgte, obwohl die deren Tiefe besser hätten erkennen müssen. Aber merkwürdigerweise haben Freud und seine Schüler richtig Angst vor dem Unbewußten. Sie behaupten zwar, daß es die Hauptquelle unserer Kraft sei, schrecken aber irgendwie alle davor zurück, sogar Freud. Vor ihm wußten wir gar nicht, was das ist ... also brauchten wir uns auch nicht davor zu schützen. Freud hat uns gelehrt, wie es arbeitet, und mir scheint, statt uns zu zeigen, wie wir es gebrauchen können, brachte er uns bei, ohne es zu leben. Wie bei allen Propheten trug seine Lehre schon ihr Scheitern in sich. Was für ein Thema für ein Buch über die Psychoanalyse! Aber ich bin zu alt dafür.«[10]

Candy, die ihn um Ratschläge für ihre Lektüre gebeten hatte, empfahl er zur gleichen Zeit folgendes: »Zum Lesen: In die Listen für die Studenten habe ich vieles nur deshalb mit aufgenommen, damit sie das Gefühl haben, ihr Fach zu beherrschen. Doch Du lies nur den alten Freud, mit ihm wirst Du die Zeit sinnvoller nutzen als mit allem anderen.«[11]

Zu dieser Zeit wurde die Korrespondenz mit Carl Frankenstein regelmäßiger, sie waren Freunde geworden und verstanden einander, sie sprachen über Psychoanalyse und Politik, Vaihinger und den Jom-Kippur-Krieg, Watergate und die französischen Intellektuellen. Sie hatten die gleichen Bezugspunkte, den gleichen Spenglerschen Pessimismus, was die Entwicklung der Welt anging. Und es gab noch eine wesentliche Gemeinsamkeit: »Ich glaube, ich habe immer gewußt, woher Deine Liebe zu Kindern und Deine beharrliche Weigerung kamen, ein ›Nein‹ (oder ein anscheinendes ›Nein‹) hinzunehmen, wenn es darum ging, einem schwer mißhandelten Kind zu helfen«, schrieb Frankenstein als Antwort auf Bettelheims Überlegungen zu den Märchen am 22. Januar 1975. »Dein Zorn gegen das

10 Brief an Carl Frankenstein, 13. Januar 1975.
11 Brief an Candace Hilldrup, 19. Februar 1975.

›Erwachsenwerden um jeden Preis‹, das, wenn überhaupt, nur ein paar klägliche Reste von Aufrichtigkeit und Menschlichkeit in uns unversehrt läßt, war immer auch der meine ... Wir gehören, glaube ich, beide diesem Häuflein Verrückter an, die es geschafft haben, wenigstens ein bißchen Kind zu bleiben. Und wir sind so böse auf ›die anderen‹, wie nur Kinder auf die ›allwissenden‹ Erwachsenen sein können.« Und so war von all den »Derwischen der Rationalität« das psychoanalytische Establishment eine ihrer bevorzugten Zielscheiben geworden, weil es in ihren Augen dem »gefährlichen Aberglauben« verfallen war, »das Unbewußte für ein potentiell Bewußtes zu halten«.[12]

In Stanford fand Bruno Bettelheim ständig neue Beweise für die Richtigkeit dieser Anschuldigung. Die jungen Psychiater und Psychologen in seinen Seminaren, sosehr manche von ihnen auch an der Psychoanalyse interessiert waren, wollten »Techniken«, keine »Philosophie«, wie es Charles Walton im Juli 1991 mir gegenüber formulierte, der im übrigen viel von Bettelheim hielt. Sie erwarteten praktische Tips aus Bettelheims Erfahrung als ehemaliger Direktor der Orthogenic School, keine Überlegungen zur menschlichen Seele, die sie ohnehin für ein überholtes Modell hielten, oder gar Auskünfte über seine Arbeit an sich selbst, die es ihm doch erst ermöglicht hatte, bestimmte Techniken zu entwickeln. Bei ihnen kam seine »sokratische« Methode nicht zum Einsatz; er gab ihnen, was sie haben wollten. »In Stanford«, mäkelte er, »gibt es nur medikamentenabhängige Forschung und Therapie, und nichts darf länger dauern als die neunzig Tage, die von den Krankenkassen bezahlt werden.«[13] Seine Briefe an Carl Frankenstein wurden in dieser Zeit immer pessimistischer. Die Kontroverse mit Des Pres und Lina Wertmüllers *Sieben Schönheiten* hatte ihn gezwungen, sich noch einmal mit dem Lager auseinanderzusetzen und einen Artikel über das »Überleben« zu schreiben. Noch sprach er nicht von Selbstmord, aber seine Grübeleien über die Ohnmacht des Alters und die Vergeblichkeit der edelsten menschlichen Unternehmungen waren die eines Mannes, der sich ständig fragt: »Wozu?«

Mindestens einmal im Jahr reisten die Bettelheims nach Europa. Sie hatten sogar daran gedacht, sich in der Schweiz niederzulassen,

12 Brief Carl Frankensteins an Bruno Bettelheim, 31. August 1975.
13 Brief an Candace Hilldrup, 4. September 1980.

nachdem sie Emmi Radanowicz-Vischer und ihren Mann Bertel wiedergesehen hatten. Die beiden hatten ein bewegtes Leben hinter sich, seit sie 1935 nach Paris gegangen waren. Sie wollten nach dem Anschluß nicht in die Vereinigten Staaten emigrieren, um die Chancen österreichischer Juden auf ein Visum, die ohnehin durch restriktive Einwanderungsquoten beschränkt waren, nicht noch zusätzlich zu verringern. Aber als Bertel kurz vor Kriegsausbruch gefragt wurde, ob er die Siemens-Niederlassung in Teheran leiten wolle, waren sie froh, aus Paris wegzukommen. Abgesehen von einigen Reibereien mit der deutschen Botschaft, die nicht einsehen wollte, daß der Filialleiter eines so bedeutenden Unternehmens kein Parteigenosse war, und den traurigen Nachrichten von zu Hause konnten sie dort ziemlich unbehelligt leben, bis Hitlers Angriff auf die Sowjetunion 1941 eine sowjetisch-britische Offensive gegen den Iran auslöste. Die Sowjets verhafteten Bertel von Radanowicz, den sie für einen deutschen Spion hielten, und verschleppten ihn nach Moskau; er wurde in der Lubjanka festgehalten, gefoltert und schließlich nach Sibirien geschickt. Emmi flüchtete mit ihren drei Kindern zu ihrer Familie nach Basel. Dort lebte sie vierzehn Jahre, ohne zu wissen, was aus ihrem Mann geworden war und ob er überhaupt noch lebte. Nach dem Krieg nahm Trude wieder mit ihr Kontakt auf und half ihr, so gut sie konnte. Emmis Situation wurde dadurch erschwert, daß sie ihren Mann nicht für tot erklären lassen wollte, dann hätte sie nicht nur ihre Schweizer Staatsbürgerschaft wiederbekommen, sondern auch das Recht auf zahlreiche materielle Vergünstigungen gehabt. Doch beharrlich erklärte sie den Beamten, die einen solchen Mangel an praktischer Vernunft gar nicht fassen konnten: »Ich weiß nicht, ob er tot ist.« Und sie bekam ihren Mann zurück, nach jahrelangen unermüdlichen Bemühungen, halbverhungert, in einem schrecklichen Zustand, aber am Leben.

Bruno Bettelheim, der Emmi schon in Wien sehr anziehend gefunden hatte, auch wenn er darüber nie ein Wort verloren hatte, war tief beeindruckt von ihrem und Bertels Mut. Mit den Jahren gewann die Freundschaft zu ihr immer größere Bedeutung in seinem Leben. Und seit er im Ruhestand war, verabsäumte er es fast nie, auf seinen Reisen nach Europa einen Besuch in Basel zu machen. In Wien hatte er noch ein paar Freunde, einer seiner Schulkollegen war geblieben, ein paar andere, Ernst Federn zum Beispiel, waren nach dem Krieg zurückgekehrt, aber hier zerriß es ihn immer zwischen Nostalgie und Verbitterung. Doch mittlerweile hatte er auch zahlreiche Bekannte in Deutschland, Frankreich und Israel, die ihn häufig einluden. Und es verschaffte ihm jedesmal große Erleichterung, bei ihnen ein wenig Respekt zu finden für seine Ideen, den ihm seine derzeitige Heimat, das zum Pazifik hin gerichtete, technologiebesessene Kalifornien, so schnöde verweigerte. Er lebte gut dort, aber er fühlte sich mehr denn je im Exil. »Was sollen wir denn tun, wenn Datenbanken und andere Computer die Bücher verdrängt haben?«[14] fragte der alte Mann von seinem Adlerhorst, in dessen unmittelbarer Nähe bald darauf Silicon Valley entstehen sollte.

Ein noch größerer Kulturschock stand Bettelheim unmittelbar bevor. Im September 1976, nachdem der Artikel »Überleben« erschienen war und er sich an die Zusammenstellung der *Erziehung zum Überleben* gemacht hatte, lud ihn der japanische Erziehungsminister, Michio Nagai, für ein Jahr als Gastprofessor an eine japanische Universität ein. Nach langem Zögern stimmte Bettelheim schließlich zu, aber nur für ein Trimester, und er bestand darauf, an die Universität von Kioto zu gehen. So flog er im Herbst des ereignisreichen Jahres 1977 – das mit der Konferenz über den Holocaust in San Jose begonnen hatte und eine gescheiterte Reise nach Israel und schließlich den National Book Award für *Kinder brauchen Märchen* brachte – mit Trude nach Japan. Die fremde Kultur stellte ihn auf eine harte Probe: »Nach dem Konzentrationslager war das für mich persönlich die schwierigste Zeit meines Lebens, was die äußeren Umstände betraf«, schrieb er nach seiner Rückkehr am 28. Dezember 1977 an Carl Frankenstein. In den ersten Wochen ihres Aufenthalts wohnten sie bei einer japanischen Familie, und Bettelheim träumte jede Nacht von seinem Tod. Nach einem Monat zogen sie ins Hotel, und er wurde etwas ruhiger. Dieses Volk war ihm vollkommen unverständlich: »Bald begriff ich, daß alles, was wir darüber gehört und gelesen hatten, nur eine phantastische Wunschprojektion des Westens war.« Man merkt, daß ihm die alte Kaiserstadt mit ihren Paravents, ihren Gärten und ihren alten Bräuchen gefiel, während er es in Tokio zwar einfacher, aber auch uninteressant fand. Doch er war wie vor den Kopf gestoßen von der Unmöglichkeit, einen Kontakt mit seinen Gastgebern herzustellen: »Japan ist sehr schwer zu verstehen, trotz äußerlicher Versuche, sich dem Westen anzugleichen, ist es im tieferen Sinne hier alles ganz anders. Die Sprachstruktur – und mit ihr das Denken – ist grundle-

14 Brief an Carl Frankenstein, 21. August 1977.

gend verschieden. Das Ich, das bei uns das Zentrum des Erlebens ist, ist hier fast verboten, so sehr, daß es fast verpönt ist, je ›ich‹ zu sagen, obzwar das Wort existiert. Die Zeitworte haben weder Vergangenheit noch Zukunft, Zeitworte und Hauptworte existieren nur in einer Zahl, die beides Einzahl und Mehrzahl ist. Das ... ist ein Symbol, aber auch ein Resultat, daß die Dinge zeitlos erlebt werden. Jedes Wort hat viele Bedeutungen, die wohl verschieden geschrieben, aber genau gleich ausgesprochen werden. Die Annahme ist, daß der Andere gefühlsmäßig erfassen muß, was gemeint ist. Das ist aber faktisch unmöglich, und das Resultat ist, daß jeder ganz unsicher ist, was der andere meint, aber es nicht zugeben darf, zum Beispiel, ich hatte das Verhalten eines Kindes zu analysieren. Das wichtigste Wort, das es aussprach, war ›kami‹, das außer vielen anderen Dingen am häufigsten entweder Heer, den Geist eines Verstorbenen oder Papier bezeichnet. Der Therapeut nahm an, daß das Kind Heer meint. Anderes Material machte es mir klar, daß es den Geist eines Verstorbenen meint. Aber man darf das Kind nicht fragen, da man nie etwas in Frage stellen darf. Und das Kind, wie jeder Mensch, darf nicht ›nein‹ sagen. Das nächste zu ›nein‹, das man sagen darf, ist ›das wäre aber schwierig.‹« Um das Gesagte zu veranschaulichen, malt Bettelheim in seinen Brief das Zeichen für »Mensch«; es besteht aus zwei Strichen, die sich aufeinander stützen. »Schön, nicht wahr. Aber das heißt auch, daß ohne den anderen man gar nichts ist, daher gibt es kein Ich.«[15]

Ende Februar 1978 war Bettelheim mit *Erziehung zum Überleben* fertig. Er fühlte sich ausgelaugt und zweifelte daran, je wieder ein Buch schreiben zu können. Der ewige Sonnenschein in Kalifornien trug noch zu seiner Mißstimmung bei: »Ein rauhes Klima erfordert Kraft, um dagegen zu kämpfen und zu überleben. Ist das Wetter immer schön, verbraucht man keine Energie zum Überleben, und man ist des Gefühls beraubt, daß man schon etwas geschafft hat, indem man am Leben bleibt«, so schrieb er am 2. August des Jahres an Carl Frankenstein, der noch lehrte und mit Kindern arbeitete. Weihnachten war seine Sehnsucht nach der Schule wieder erwacht, und er träumte mehrere Nächte von ihr. Er schrieb ein kurzes Vorwort zur amerikanischen Erstausgabe von Janusz Korczaks Buch *König Hänschen der Erste*[16]. Aber er fühlte sich alt und bemerkte

15 Brief an G. R. (im Original deutsch), 26. Oktober 1977.
16 *King Matt the First*, New York 1986.

traurig: »Wenn man aufhört, Therapeut zu sein, bleibt eine Leere, die man irgendwie anders füllen muß. Ich kämpfe darum, so etwas zu finden.«[17] Seine Gesundheit machte ihm immer mehr zu schaffen: Er hatte eine Staroperation, einen leichten Herzanfall während einer Frankreichreise, Schwierigkeiten mit dem Hüftgelenk und der Halswirbelsäule (auf Rat des Arztes sollte er deshalb täglich eine Stunde schwimmen), Zahnprobleme, wieder etwas mit dem Herzen, eine Darminfektion - nichts wirklich Ernstes, aber eben dauernd irgend etwas. Außerdem neigte er diesbezüglich zum Dramatisieren; seine Tochter Naomi erinnert sich noch daran, wie er mit Panik in der Stimme aus Japan anrief und sie um Hilfe bat, weil er so schreckliche Zahnschmerzen hatte. In Briefen sprach er häufig von seinem Alter, allerdings recht gelassen, und immer öfter erwähnte er auch sein nahes Ende.

Anfang Juni 1979 wurde bei Trude Brustkrebs entdeckt. Daß seine Frau, die acht Jahre jünger war als er, vor ihm sterben könnte, darüber hatte Bruno Bettelheim nie nachgedacht. Der Tumor war nicht sehr groß, und Trude hing am Leben. Sie würde kämpfen. Stanford war führend in der Strahlentherapieforschung, und deren Leiter war mit Bettelheim befreundet. Obwohl in solchen Fällen eine Mastektomie üblich war, wollte sich Trude nicht die Brust abnehmen lassen. Sie wurde dreimal operiert und mußte nach einer Infektion zahlreiche Bestrahlungen auf sich nehmen. Doch schon vier Monate nach der Diagnose, am 12. Oktober 1979, schrieb Bettelheim an Madeleine Chapsal: »Ich freue mich, sagen zu können, daß dank dieser komplizierten Behandlung meine Frau nun vollkommen geheilt ist.« Trude war erschöpft, Bruno Bettelheim auch, sein Herz hatte sich wieder gemeldet während der langen Zeit der Ungewißheit und der vielen Krankenhausbesuche. Aber da sich keine Nebenwirkungen gezeigt hatten, kamen sie überein, daß das Schlimmste nun ausgestanden war.

In diesem Moment begann Bruno Bettelheim sich seiner Abhängigkeit von Trude bewußt zu werden, das zeigen seine Briefe. Ihr Verhältnis war nicht gerade zärtlich. Sie stritten häufig, und wenn keine Außenstehenden dabei waren, sagte Trude auch deutlich ihre Meinung. In der Öffentlichkeit behandelte Bruno seine Frau zwar höflich, aber nicht sehr zuvorkommend. Karen Zelan, die damals in

17 Brief an Carl Frankenstein, 27. Februar 1978.

Berkeley wohnte und die Bettelheims manchmal in Konzerten traf, erinnert sich, wie Bettelheim in der Pause manchmal Trude einfach sitzen ließ und neben Gina Platz nahm. Denn das Wiener Trio hatte sich in Kalifornien wieder zusammengefunden. Als Peter Weinmann zwanzig Jahre früher in Chicago gestorben war, hatten die Bettelheims Gina Unterstützung angeboten und ihr sogar vorgeschlagen, mit ihrer Tochter zu ihnen zu ziehen. Später waren sie sich in San Francisco wiederbegegnet, wo Gina sich als Psychotherapeutin niedergelassen hatte. Und nun trafen sie sich dann und wann, und Trude unternahm gelegentlich einen Ausflug mit Ginas Wandergruppe. Wenn Bruno einen Vortrag hielt, war Trude meist die erste, die schneidend und heftig seine Kritiker zurückwies, unter denen sich Gina oft besonders hervortat.

Bettelheim wollte immer noch verführen, und sei es brieflich. Er schätzte das Geplänkel und vor allem die Wortgefechte mit Gina. Doch die einzige Frau, mit der er leben konnte – und die mit ihm leben konnte –, die einzige, die ihn verstand und akzeptierte, war Trude. »Von Zeit zu Zeit bin ich des Lebens recht müde, und es wäre mir ganz recht, wenn es auch zu Ende gehen würde«, schrieb er im September 1979 an eine alte Freundin, die ihm zum Geburtstag gratuliert hatte. »Ohne die Trude würde ich es sicher nicht mehr machen oder machen wollen; aber ich möchte sie auch nicht allein lassen, also macht man weiter.« Er wunderte sich, daß er, der schon als Kind immer gekränkelt hatte, mit seinen mittlerweile sechsundsiebzig Jahren bereits länger lebte als seine Eltern und all ihre Geschwister. Kühl schildert er die Wirkung des Älterwerdens und stellt fest: »Ohne es zu wissen oder zu wollen, zieht man sich vom Leben zurück, so daß der Abschied vom Leben einem nicht zu schwer fallen wird. Bitte, das ist alles nicht schwermütig gesagt, und ich hoffe, daß Du es auch nicht so auffassen wirst. Ich bin mit dem Leben recht zufrieden, besonders jetzt auch, wo Trude endlich wieder ganz gesund ist.«

Diese hatte schnell ihr normales Leben wiederaufgenommen und wollte vor allem nichts mehr von ihrer Krankheit hören. Und Bruno stürzte sich, nachdem er die Angst um sie und das Gefühl der Leere nach der *Erziehung zum Überleben* los war, mit aller verbliebenen Kraft wieder in die Arbeit. Innerhalb von zwei Jahren schrieb er *Freud und die Seele des Menschen* und schloß endlich das Projekt über das Lesenlernen ab – allerdings nicht allein, sondern in Zusammenarbeit mit Karen Zelan. Sie hatten darüber gesprochen, als er mit der Niederschrift von *Kinder brauchen Mär-*

chen anfing. Karen Zelan erwähnte ihr Vorhaben, einen Artikel über die psychologische Bedeutung des Vorlesens bei Kindern zu schreiben. Er fragte: »Wollen wir das nicht zusammen machen?« Sie fühlte sich geschmeichelt und war sofort einverstanden. Anfangs war sie nur für die Analyse der Daten zuständig, die ein halbes Dutzend Mitarbeiter an vier Schulen in Berkeley und zweien in Massachusetts erhoben hatten. Während er an seinem Buch schrieb, trug sie den Großteil der Beobachtungen zusammen, die sie später verwenden sollten. Da ihm ihr Stil gefiel, bat er sie zunächst darum, seine Texte zu redigieren[18], dann auch, eigene Beiträge zu verfassen, und schließlich gaben sie gemeinsam ein Buch heraus; im Vorwort allerdings präzisierte Bettelheim auf Anraten seines Agenten, welche Kapitel von ihm stammten.

Obwohl er in seinen Briefen meist das Gegenteil behauptete, interessierte Bettelheim sich lebhaft für das, was in der Welt, vor allem im Nahen Osten, vorging. Er verabscheute die Carter-Regierung und nahm es seinen liberalen jüdischen Freunden übel, daß sie ihr zur Macht verholfen und über den Sturz des Israelfreundes Nixon gejubelt hatten. »Jüdischer Selbsthaß à la Lessing, wie immer«, stellt er resignierend (und auf deutsch) in einem Brief an Carl Frankenstein fest.[19] Dann regt er sich über den Begriff der »jüdischen Lobby« auf: »Die Selbstüberschätzung der Juden und die Paranoia der Antisemiten haben das Bild dieser sogenannten Lobby geschaffen. In Wahrheit sind die Juden hier so machtlos wie in Weimar. Aber wie die Leute sich über die Vorstellung freuen, daß die jüdische Lobby geschlagen wurde[20], ist eines Goebbels würdig, dessen Tagebücher jetzt auch ein beliebtes Thema in den liberalen Literaturzeitschriften sind.« Die Unterzeichnung der Verträge von Camp David kann ihn nicht beruhigen, und daß die Liberalen dem Sturz des Schahs und der Errichtung eines islamischen Regimes im Iran applaudierten, ist für ihn nur eine schreckliche, aber logische Konsequenz aus der selbstzerstörerischen Neigung des Westens, insbesondere der Amerikaner. »Es ist traurig, mitansehen zu müssen, wie eine Supermacht in die Ohnmacht taumelt, nur, weil niemand bereit ist, das kleinste Opfer zu bringen … Für ein paar fette Jahre mehr verspielen wir die

18 »Ihre Beobachtungen sind hervorragend, sie kann mich nur nicht kritisieren«, schrieb er im Januar 1973 an Ruth Marquis. »Aber wer außer Ihnen kann das schon?«

19 Brief an Carl Frankenstein, 15. Januar 1979.

20 Bettelheim meint den Verkauf von Jagdbombern an Saudi-Arabien.

Freiheit des Menschen. Aber was ist das überhaupt, die Freiheit des Menschen? Zu leben, um zu denken, um Ideen oder alles andere zu äußern, was für uns von Wert ist? Oder so bequem wie möglich zu leben – und nach uns die Sintflut? ... Carter will noch einmal für vier Jahre gewählt werden, und wenn er das erreicht, soll die Welt ruhig untergehen. Und das amerikanische Volk will noch ein paar Jahre länger Auto fahren, und wenn das den Ausverkauf an die arabischen Länder bedeutet – wen kümmert das schon?«

Solche Briefe, oft unter einem starken Gefühlseindruck und im allgemeinen nachts entstanden[21], gaben keine wohlüberlegte und für die Öffentlichkeit bestimmte Ansicht wieder. Sie unterschieden sich nach den Empfängern. Candy gegenüber etwa blieb Bettelheim stets der aufmerksame Therapeut und väterliche Freund, der sich fast ausschließlich mit ihren Problemen beschäftigte und gute Ratschläge gab. Wenn er sich über seine Gesundheit oder über sein Alter beklagte, tat er das meist in einem philosophischem Ton, der immer auch ein wenig Hoffnung beinhaltete. Frauen gegenüber war er charmant, manchmal geradezu galant. Nur Frankenstein gegenüber ließ er seinem düsteren Pessimismus freien Lauf. In gewisser Weise veranschaulichen die Briefe an seinen israelischen Freund perfekt den Rückzug, den er im Alter für unvermeidlich hielt. Immer öfter tauchten darin zwischen höchst interessanten Beobachtungen zur Psychoanalyse oder Pädagogik Grübeleien über den Antisemitismus und die Nichtigkeit des Lebens auf, die alten Obsessionen, die alten Wunden, die er in seinem Leben nicht zu heilen vermocht hatte.

Bettelheims Kinder nehmen in den Briefen einen immer größeren Platz ein. Ruth lebte seit Mitte der sechziger Jahre in der Gegend von Los Angeles. Sie hatte ein Doktorat in frühkindlicher Pädagogik abgelegt und sich nach einer langen Reise durch den Fernen Osten als Kindertherapeutin niedergelassen. 1974 heiratete sie einen gutaussehenden Stadtplaner, der den Mennoniten angehörte. Bettelheim war mit ihrer Wahl nicht einverstanden, richtete ihr aber dennoch eine prächtige kirchliche Hochzeit aus und unterstützte großzügig das junge Paar, das ein recht aufwendiges Leben führte und gerade das zweite Kind bekommen hatte. Naomi war unabhängiger. Nach ihrem Collegeabschluß lebte sie zunächst in New York,

21 Naomi Bettelheim beklagte sich, wenn sie bei ihren Eltern übernachtete, daß sie nicht schlafen konnte, weil ihr Vater in seinem Büro rumorte, das an das Gästezimmer angrenzte.

dann ein Jahr in London, wo sie dank ihres großen Zeichentalents für Thames and Hudson arbeiten konnte, einen Kunstverlag, den Walter Neurath gegründet hatte, ein alter Freund ihres Vaters. 1968 heiratete sie einen Mexikaner. Die Ehe hielt aber nicht lange, und so kehrte sie zur großen Freude ihres Vaters schon nach einem knappen Jahr wieder aus Mexico City zurück und studierte in North Carolina Stadtplanung. Dann verbrachte sie ein Jahr in Palo Alto und heiratete 1981 ein zweites Mal, diesmal einen praktizierenden Juden, der früher an der Universität von Berkeley gelehrt hatte und mittlerweile für die Regierung arbeitete. Er wurde nach London berufen, wo sich das Paar nach einer Hochzeitsreise ins Heilige Land schließlich niederließ. Eric hatte in Oxford Jura studiert und auf Drängen seines Vaters ein Jahr danach, 1976, noch einen gleichwertigen Abschluß an der University of Chicago gemacht. Eigentlich wollte er lieber in England leben, doch Bruno Bettelheim hatte ihn überzeugt, daß er sich auch in den Vereinigten Staaten eine Zukunft sichern müsse. So trat er als Referendar in eine Anwaltskanzlei in San Francisco ein. Und nicht zuletzt die Tatsache, daß zwei ihrer Kinder in der Nähe wohnen würden, hatte die Bettelheims schließlich bewogen, nach Kalifornien zu ziehen.

Sie sahen sich ziemlich oft. Ohnehin traf sich die ganze Familie, wo ihre Mitglieder auch verstreut sein mochten, jedes Jahr zum gemeinsamen Weihnachtsfest, manchmal auch zu Thanksgiving. Das Verhältnis zu den Eltern war entspannter als früher, auch wenn Bruno Bettelheim mit den Kindern gelegentlich ebenso umsprang wie mit ihrer Mutter. Einmal erzählte er ihnen zu Weihnachten, in der Nacht vor ihrer Ankunft habe er geträumt, daß die Nazis kommen würden. Er mißbilligte häufig ihre Wahl, ob es sich um den Beruf oder den Lebenspartner handelte, aber er versuchte nicht, ihnen seinen Willen aufzuzwingen. Statt dessen grübelte er über ihre Gründe nach. Während Trudes Strahlenbehandlung hatte er das Vorwort zu Claudine Veghs Buch über die Kinder von Deportierten geschrieben[22] und dachte nun über die unterschiedliche Haltung seiner Töchter zum Judentum nach. Ruths Hochzeit interpretierte er schlicht und einfach als Verleugnung, doch es wunderte ihn, daß die freigeistige, atheistische Naomi schließlich einen frommen Juden geheiratet hatte. Der mißfiel ihm übrigens nicht, er fand immer

22 Siehe Kapitel 13.

freundliche Worte, wenn er von ihm sprach. Den anderen Schwiegersohn überging er einfach. Doch seit sein Sohn sich in Kalifornien niedergelassen hatte, war überwiegend von ihm die Rede. Trudes Liebling, um den er sich früher kaum gekümmert hatte, wurde zur Quelle immer neuer Überraschungen. Der Vater staunte über die Bonmots, die sein Jüngster von sich gab, über seine Streiche, mokierte sich milde über die Gewißheiten der Jugend, und als er ihn einmal in England besucht hatte, wußte er nicht ohne Stolz zu berichten: »Eric spielt Gentleman-Student in Oxford.«[23] Einmal war er sehr betroffen, als Eric seine Ängste auf die Verfolgung seiner Eltern durch die Nazis zurückführte.

Während all dieser Jahre verlor Bettelheim nie sein Vorhaben aus den Augen, ein Buch über Kindererziehung zu schreiben. Es war ein ehrgeiziges Projekt, denn es sollte die Bilanz seiner gesamten Erfahrungen sein, deshalb lastete es so schwer auf ihm, und wenn sich etwas anderes anbot, griff er immer sofort zu und stellte es wieder hintan. Doch die Frage, was gute Eltern eigentlich ausmacht, ließ ihn nicht los. Das Beispiel seiner Töchter brachte ihn dazu, sich ausgiebiger mit der Rolle der Frau und der Rolle der Mutter auseinanderzusetzen. Als Ruth Marquis einmal bemerkte, die Psychoanalyse habe den Eltern Schuldgefühle gegenüber ihren Kindern eingeflößt, widersprach er vehement: »Daß die psychoanalytische Literatur Schuldgefühle bei den Eltern hervorgerufen hat, kann ich nicht akzeptieren. Sicher, sie hat dazu beigetragen und ihnen Substanz gegeben. Doch die Schuldgefühle kommen, wenn, dann von weit her, von tief innen. Wenn du deiner sicher bist, kann nichts, was ein anderer geschrieben hat, dich dazu bringen, dich schuldig zu fühlen. Dich zu beunruhigen. Ja, alle Eltern machen sich Sorgen um ihre Kinder, aber Schuldgefühle sind etwas ganz anderes ... Seit Jahren sage ich wieder und wieder, daß nichts schlimmer ist, als sich seinem Kind gegenüber schuldig zu fühlen. Denn damit gibt man ihnen eine so verführerische Waffe in die Hand, mit der sie all ihre ödipalen Ressentiments ausspielen können, daß sie sie einsetzen müssen. Dann sind sie unglücklich, daß sie es getan haben, dabei sind sie doch dazu verführt worden. Und jetzt mache ich den Eltern wieder Schuldgefühle. Das hört nie auf.«[24]

In dem Jahr, als Trude Krebs bekam, war auch Bruno Bettelheim

23 Brief an Ruth Marquis, 30. September 1973.
24 Brief an Ruth Marquis, März 1973.

ständig krank. Durch die Anästhesie bei seiner ersten Operation erlitt er einen schweren allergischen Schock, der ihn zwei Monate lang außer Gefecht setzte; in dieser Zeit verlor er zehn Kilo. Wenig später mußte er wegen einer Lungenentzündung behandelt werden, verursacht von einem Divertikel der Speiseröhre, das ihm den Rest seines Lebens vergällen sollte.[25] Er beschloß das Jahr mit einem Gips am rechten Bein und auf Krücken, denn er hatte sich bei einem unglücklichen Sturz auf der Treppe der Oper in San Francisco eine Sehnenzerrung zugezogen.

Im Frühjahr holte er sich in der Wiener Nationalbibliothek, wo er einst so gern gearbeitet hatte, eine böse Bronchitis. Diesmal war er offizieller Gast der österreichischen Regierung zum fünfundzwanzigjährigen Jubiläum des Staatsvertrags. Trotz aller Ehrungen war der Aufenthalt in seiner Geburtsstadt nicht sehr angenehm. Trude, die Wien seit 1938 nicht mehr gesehen hatte, war empört, wie die Österreicher ihre Vergangenheit verleugneten. Bruno mußte sich von einem Fernsehmoderator zurechtweisen lassen, weil er Hitler im Zusammenhang mit den Märchen erwähnt hatte. Dieser Name, so wurde ihm beschieden, tauge nur für Geschichtssendungen. Angenehm überrascht hingegen war er vom Stuttgarter Oberbürgermeister Manfred Rommel, der mit ihm über die Verstrickung seines Vaters in den Nationalsozialismus sprach. Insgesamt, stellte er fest, schienen die Deutschen eher bereit, sich der Vergangenheit zu stellen, als seine ehemaligen Landsleute.

Es war die Zeit, da er Freud wiederlas und sich blasphemische Fragen stellte, die er nur seinem Freund Frankenstein verriet. Allerdings hatten andere solche Fragen auch schon öffentlich gestellt. »Ich beginne zu erkennen«, schrieb er Frankenstein am 10. Mai 1981, »in welchem Ausmaß Freuds Werk eine Abwehr gegen seine Pathologie war. Das Werk eines wirklichen Genies, aber gleichzeitig voller Antworten auf seine eigene Pathologie. Und ich denke, daß die Psychoanalyse erst ihre Möglichkeiten entfalten kann, wenn diese beiden Elemente getrennt werden.« Und am 10. Juli: »Wird die Psychoanalyse die Juden überleben? ... Vielleicht bedarf es jahrtau-

25 Dieses langsam fortschreitende Leiden hatte sich schon Jahre vorher als Geschwulst im Hals bemerkbar gemacht, die ihn beim Essen störte. Das Divertikel wuchs und drückte schließlich auf die Lunge, was Schleimabsonderungen und Entzündungen zur Folge hatte. Dennoch rieten die Ärzte von einer Operation ab, denn da die Geschwulst hinter den Stimmbändern lag, hätte ihn das die Stimme kosten können.

sendelanger Verfolgung, um ein so tiefes Mitgefühl mit dem Elend des Menschen zu entwickeln, daß man ein guter Analytiker wird, ich weiß es nicht. Aber in der letzten Zeit meiner Arbeit war ich immer erschrocken, wie die Amerikaner immer mehr eine Therapie der Zurichtung und Anpassung daraus machen und die Engländer darin bloß eine sehr zweifelhafte Methode sehen ... Sie sind davon überzeugt, daß ein anständiger Engländer keine solchen unappetitlichen Probleme hat. Damit kommen wir wieder darauf zurück, daß wohl nur die Juden so schmutzige Gedanken haben.«

1981 waren die Bettelheims einen Monat in Europa und besuchten Naomi in London. »England ist in einem kläglichen Zustand«, schrieb Bruno Bettelheim am 14. Oktober an Carl Frankenstein, »aber zweifellos immer noch das zivilisierteste Land der Welt.« Er hatte Schnitzlers *Weg ins Freie* wiedergelesen und war erneut fasziniert von dessen Tiefe und moderner Auffassung der menschlichen Beziehungen. Da es ihm und auch Trude besser ging, planten sie für das folgende Frühjahr eine Reise nach Israel.

Mitte Oktober brach Trude plötzlich zusammen und konnte sich nicht mehr rühren. Seit einiger Zeit hatte sie schon über Rückenschmerzen geklagt. Nun stellten die Ärzte fest, daß Trudes Krebs nicht geheilt war, sondern Metastasen gebildet hatte; einer ihrer Wirbel war eingebrochen. Mit Bestrahlungen und permanenter Chemotherapie würde sie vielleicht noch ein paar Jahre leben. Kurz vor Weihnachten wurde sie nach Hause entlassen. Sie konnte ein paar Minuten lang sitzen, und die Ärzte hatten versprochen, daß sie in zwei Monaten auch wieder gehen könnte, wenn auch nur mit einem Gehwagen. Doch sie litt solche Schmerzen, daß sie ständig Analgetika nehmen mußte.

Anfang März schrieb Bruno Bettelheim: »Trotz allem sind wir recht guten Mutes. Der erste Monat war so schrecklich, daß alles seither als Verbesserung erscheint (sowenig es das, objektiv gesehen, auch ist), für die wir dankbar sind. In den letzten beiden Wochen sind wir sogar ein paarmal zum Essen ausgegangen ... Ich arbeite ein wenig, wir hören Musik und sehen ein bißchen fern, so gehen die Tage vorüber. Letzte Woche konnten wir Trude in ein geheiztes Schwimmbad bringen, was ihr sehr gut tat. Seither konnte sie im Haus ein paar Schritte ohne Stock oder Hilfe gehen. Wie sie sagt: Ihre Fortschritte bemessen sich wie die eines Babys.«[26]

26 Brief an Candace Hilldrup, 2. März 1982.

Die nächsten drei Jahre waren ausgefüllt von Trudes tapferem Kampf gegen den Schmerz, manchmal erschwert durch Brunos aggressive Ausbrüche, die Ausdruck seiner Panik waren, sie zu verlieren. Doch auch wenn diese Auftritte sie zum Weinen brachten, ließ sie sich nichts anmerken. Trudes Tapferkeit ist Legende geworden bei allen, die sie kannten. Und eine Spur davon ist noch auf den drei Kassetten zu finden, auf die sie, von den Kindern darum gebeten, ihr Leben sprach, als sie erfahren hatte, daß ihre Tage gezählt waren.

Ihr Bericht ist herzergreifend in seiner Klarheit und Genauigkeit. Ihre Familie, das Studium und das Leben eines jungen Mädchens im Wien ihrer Zeit schildert sie mit einer Fülle von Einzelheiten in anschaulichen, packenden Bildern. Über Gefühle äußert sie sich etwas zurückhaltender, aber durch den sachlichen Ton hindurch ist ein lebendiger Mensch voller Emotionen zu spüren. Obwohl sie todkrank war, ist kein Zaudern, kein Stocken zu hören. Wenn ihr die Stimme versagte, hielt sie offensichtlich das Band an, um wieder zu Kräften zu kommen. Sie muß die Kassetten Hunderte Male vor und zurück gespult haben, um zu solcher Klarheit zu gelangen. Man merkt, daß sie eine Mission zu erfüllen hatte: den Kindern, die in einer ganz anderen Welt lebten als ihre Vorfahren, etwas von der Erinnerung zu hinterlassen, die mit ihr untergehen würde. Und daß sie diese Aufgabe unbedingt bewältigen wollte, so schwer es ihr auch fiele. Das ist ihr gelungen.

Als Naomi vom Rückfall ihrer Mutter erfuhr, kam sie für ein paar Wochen aus London nach Portola Valley. Das Leben auf dem Hügel stellte sich nun als sehr schwierig heraus, um so mehr, als Bruno Bettelheim zu jeder Art von Hausarbeit völlig unbrauchbar war. Um eine Haushaltshilfe unterbringen zu können, hatte er ein zusätzliches Zimmer eingerichtet. Aber nachdem sie endlich eine Kandidatin gefunden hatten, die ihren Vorstellungen entsprach, erwies sich das Zusammenleben mit einer Fremden nach kürzester Zeit als unmöglich. Eric kam jedes Wochenende aus San Francisco, um ein wenig auszuhelfen. Beide Töchter hatten vorgeschlagen, die Eltern bei sich aufzunehmen. Doch die hatten Angst, deren Familienleben zu stören, und lehnten ab. Außerdem wollten sie unabhängig bleiben, solange es ging. Bruno erkundigte sich nach Altersheimen in der Umgebung, aber es gab nichts Passendes. Für das eine war er zu alt, für das andere war Trude zu krank, und das dritte hatte eine Warteliste von fünf Jahren.

Das Jahr 1982 war ziemlich ausgefüllt. Kaum ging es Trude etwas besser, nahm Bettelheim seine Arbeit wieder auf. *Kinder brauchen Bücher* und sein Essay über Freud waren im Abstand von zwei Monaten erschienen, ständig wurde er zu Interviews und Vorträgen eingeladen. Weil Eric ihn dazu drängte, hatte er sich zu einem kurzen Auftritt in Woody Allens Film *Zelig* überreden lassen. Und schon im Januar machte er sich ernsthaft an sein Buch über Kindererziehung – nicht, um Eltern Ratschläge zu erteilen, sondern »im Gegenteil: um sie davor zu warnen, solche zu erwarten und anzunehmen. Um ihnen zu zeigen, daß sie jede Situation analysieren können und sollen, wie sie kommt«, schrieb er am 28. des Monats an Carl Frankenstein. Im April war er für ein paar Tage in Chicago – das erste Mal, ohne einen Fuß in die Orthogenic School zu setzen. Im Juni war erst einmal Schluß mit der Arbeit. Wegen einer Netzhautablösung mußte Bettelheim am Auge operiert werden. Danach kam es zu einer Prostatahypertrophie, die einen zweiten Eingriff wenige Tage später erforderte. Der dauerte sieben Stunden und machte ihm noch lange zu schaffen. »Erst jetzt, zwei Monate nachher, habe ich mich halbwegs erholt. Zehn Minuten kann ich schon wieder ohne Schmerzen gehen, allerdings im Schneckentempo ... Wir sind jetzt mehr oder weniger behindert, Trude und ich. Wir schaffen es zwar, füreinander und für uns selbst zu sorgen, aber unser Leben und was wir tun können, ist schon arg beschränkt. Aber es geht, und wir hoffen nur, daß es noch eine Weile so bleibt«, berichtete er am 12. August Gayle Janowitz.

Etwa zu dieser Zeit nahm Bruno Bettelheim zum erstenmal Kontakt mit der Hemlock Society auf, einer Sterbehilfegesellschaft, die zwei Jahre zuvor von einem Briten namens Derek Humphry in Los Angeles gegründet worden war. Sie kämpfte für ein Sterben in Würde und leistete auch Beihilfe zum Selbstmord. Trude und er stimmten überein, daß keiner von ihnen jemals gezwungen sein wollte, hilflos und aller Möglichkeiten zu selbständigem Handeln beraubt dahinzuvegetieren. Das hatten sie schon bei zu vielen Freunden mitansehen müssen. Bruno Bettelheim konnte sich bei aller Zuneigung nicht einmal überwinden, seinen Freund Fritz Redl zu besuchen, der nach einem Schlaganfall seit einigen Monaten schwer behindert war.

Das verblüffendste an dieser Zeit ist, wie schnell die Bettelheims immer wieder hochkamen, kaum daß die Umklammerung der Krankheit etwas nachgelassen hatte. Denn trotz seiner Neigung, gesundheitliche Probleme zu dramatisieren, erwies sich auch Bruno

Bettelheim als ziemlich tapfer, wie seine Briefe zeigen. In dem Ausmaß, in dem ihn seine Kräfte verließen und jede alltägliche Handlung zur Plage wurde, wiederholte sich immer öfter derselbe Zyklus: Mutlosigkeit und Verbitterung, ziemlich bald gefolgt von dem Versuch, die veränderte Situation zu akzeptieren und sich vor Augen zu führen, daß es noch viel schlimmer hätte kommen können, und schließlich die Überwindung durch eine neue, interessante Aufgabe oder Tätigkeit.

In diesem Jahr entdeckte Bettelheim nach einem Besuch von Naomi und ihrem Mann, einem leidenschaftlichen Schachspieler, das Vergnügen, gegen den Computer zu spielen – »Er hat überhaupt kein Mitgefühl; er schlägt mich die ganze Zeit!« –, und staunte über seine Fortschritte, wo er doch seit seiner Jugend nicht mehr Schach gespielt hatte. Er freute sich wieder an den Romanen von Jane Austen und Anthony Trollope. »Ihre leise Ironie und ihre gelassene Annahme menschlicher Schwächen berühren mich mehr als die Qualitäten aller anderen Schriftsteller«, schrieb er am 28. Dezember an Ruth Marquis.

Als Anna Freud im Oktober gestorben war, hatte er das *Tagebuch einer heimlichen Symmetrie* gelesen, Aldo Carotenutos Buch über die Psychoanalytikerin Sabina Spielrein, die bei C. G. Jung in Analyse war, bevor sie zu seiner Geliebten wurde, und schließlich in einen Dialog mit Freud eintrat, der diesem Anstöße gab zur Entwicklung seines Konzepts vom Todestrieb. Diese bislang unbekannte Seite der Geschichte einer berühmten Analytikerin, die auch Piaget zu ihren Analysanden zählen konnte, von Aldo Carotenuto aus Sabina Spielreins Briefen rekonstruiert, veranlaßte Bruno Bettelheim zu einem langen Essay über die beiden Giganten, zu denen sie in Beziehung stand. Darin werden einige seiner Gedanken über Freuds Schwächen – und also dessen Menschlichkeit – sichtbar, und seine Abneigung gegen C. G. Jung: »Ich würde Jung niemals trauen, wenn er über Freud erzählt. Unglücklicherweise ... war keiner von beiden offen zum anderen, beide heuchelten, Jung am schlimmsten. Die Freundschaft mit Jung ist ein trauriges Kapitel in Freuds Entwicklung, während Jung offen lügt.«[27] *Atlantic Monthly*, die Zeitschrift, die den Artikel bestellt hatte, weigerte sich, ihn zu drucken. Das wunderte Bettelheim gar nicht: »Seit das intellektuelle Establishment New Yorks entweder zu den Jungianern oder zu den Freudia-

27 Brief an Ruth Marquis, 28. Dezember 1982.

nern gehört, kann man nur noch auf eine Veröffentlichung hoffen, wenn man die Partei des einen gegen den anderen ergreift – nicht aber, wenn man beide kritisiert.«[28] Drei Monate später mußte er dieses Verdikt relativieren, denn sein Essay wurde doch noch gedruckt – und zwar ausgerechnet in der *New York Review of Books*. Die Aufnahme allerdings, die *Freud und die Seele des Menschen* in Analytikerkreisen fand – auch wenn natürlich vorauszusehen war, daß ein Artikel, der ihr Verhältnis zum Meister in Frage stellte, nicht ihre ungeteilte Zustimmung finden würde –, rechtfertigte Bettelheims pessimistische Einschätzung voll und ganz. Die allgemeine Kritik hinderte wiederum den Freud-Verlag Hogarth Press keineswegs, Bettelheim ein paar Monate später um Verbesserungsvorschläge für die Freud-Übersetzungen zu bitten.

Am 22. März wurde Bettelheim zu seiner großen Freude in San Francisco die Goethe-Medaille für Verdienste um die deutsche Kultur verliehen. Seinen Freunden gegenüber erwähnte er in diesem Zusammenhang stets Freuds Stolz auf seinen Goethe-Preis. »Es ist aber nicht dasselbe«, fügte er dann der Genauigkeit halber hinzu. Trotz allem war ihm jedoch nicht entgangen, daß der Direktor des Goethe-Instituts ein Nachkomme Bismarcks war.

Ihr gemeinsamer Wunsch, das Leben bis zum Ende auszukosten, verführte die Bettelheims Ende August 1983 zu einer Europareise, die über Trudes Kräfte ging. »Ein paar Tage New York zur Auflockerung, dann eine gute Woche in London, eine in Venedig und ein paar Tage bei Freunden in Basel, das ist alles«[29], gab sich Bettelheim vor dem Aufbruch bescheiden. Außerdem wollten sie, was er seinem Freund verschwiegen hatte, seinen achtzigsten Geburtstag auf dem Atlantik feiern, an Bord der *Queen Elizabeth II*, um den sonst unvermeidlichen gesellschaftlichen Verpflichtungen zu entgehen. Naomi hatte ihnen eine Sachertorte zur Verpflegung an Bord nach New York mitgebracht. Das war auch das einzige, was sie hinunterbekamen während der Überfahrt, auf der sie von einem heftigen Gewitter heimgesucht wurden. Es war eine Tortur für Trude, doch nach ein paar Tagen in London, wo sie ihren geliebten Sohn wiedersah, war sie schon wieder auf den Beinen. Als sie nach einer Woche Venedig in Basel eintrafen, war Emmi entsetzt über Trudes verzweifelte Anstrengung, um jeden Preis mitzuhalten, um nur ja ihren

28 Brief an Carl Frankenstein, 10. Februar 1983.
29 Brief an Carl Frankenstein, 24. August 1983.

Mann nicht zu enttäuschen. Sie fuhren nach Zürich, um Emmis Tochter zu besuchen, und wollten anschließend noch ins Kino. Im Taxi brach Trude mit einer Herzschwäche zusammen und mußte ins Krankenhaus. Auf die Frage des Arztes: »Sie sind gegen lebensverlängernde Maßnahmen, glaube ich?«, antwortete Bruno nach kurzem Zögern mit Ja. Das wird er noch bereuen, dachte Emmi, die sofort aus Basel herbeigeeilt war, bei sich. Bettelheim war verzweifelt und fühlte sich vollends verloren. Er brauchte Hilfe bei allem und jedem, während Trude mit dem Tod kämpfte. Die Kinder trafen alle zur selben Zeit ein; sie waren einander auf dem Flughafen begegnet, obwohl sie aus drei verschiedenen Richtungen gekommen waren. Emmi staunte über die Verwandlung, die mit Trude vorging, als Eric an ihr Bett trat: Unvermittelt richtete sie sich auf und fand sogar ihr Lächeln wieder, so daß ein Außenstehender nicht einmal erahnen konnte, was sie durchgemacht hatte.

Etwa ein Jahr zuvor hatte Sandy Lewis mit Bruno Bettelheim Kontakt aufgenommen. Er war einer seiner Lieblinge an der Orthogenic School gewesen, hatte inzwischen an der Wall Street ein Vermögen gemacht und seinem alten Direktor jede erdenkliche Unterstützung angeboten. Nun kam Bettelheim darauf zurück. Lewis wollte ein Privatflugzeug schicken, das Trude in die USA zurückbringen sollte. Doch die Schweizer Behörden stellten sich quer, und so wurde Trude neun Tage nach ihrem Zusammenbruch erst von einer Rotkreuzmaschine nach Frankfurt und vor dort aus nach San Francisco transportiert. Auf einer Trage, von ihrem Mann, ihrem Sohn und einer Krankenschwester begleitet, kam sie sofort ins Universitätskrankenhaus von Stanford, und nach ein paar Tagen war sie wieder zu Hause. Einen Monat später verkündete Bruno Bettelheim seinen Freunden, Trude sei wieder bei Kräften und voller Zuversicht. »Wir sind entschlossen, so gut zu leben, wie wir können, und versuchen, uns von den Ereignissen nicht unterkriegen zu lassen«, schrieb er am 4. Oktober an Carl Frankenstein.

»Trude wollte nie glauben, wie krank sie wirklich war, das ist bei Krebskranken oft so«, erinnert sich Emmi Radanowicz-Vischer.[30] »Drei Monate vor ihrem Tod erzählte sie mir noch von einer Reise nach New York: Viermal war sie im Theater, einkaufen ist sie gegangen und so fort. Auch Bruno machte sich Illusionen. Nach Zürich dachte er, sie würde noch zwei Jahre leben.« Doch es kam anders.

|30 Gespräch im November 1990.

Trude blieb nur noch ein Jahr, in dem sie von Herzanfällen und schrecklichen Schmerzen gequält wurde. Die Momente, wo sie auf der Terrasse ein wenig die Sonne genießen konnte, wurden immer seltener. Die Kinder kamen abwechselnd zu Besuch. Im April flogen Trude und Bruno auf eine Stippvisite nach New York, um sich von Naomi zu verabschieden, deren Mann für vier Jahre nach Wien versetzt wurde. Im Theater konnten sie kein Stück bis zum Ende sehen, da Trude das lange Sitzen nicht ertrug. Etwas später fuhren sie für eine Woche ans Meer. Bettelheim arbeitete an seinem Buch über die Kindererziehung und schrieb Briefe. Er hatte ebenfalls versucht, seine Lebenserinnerungen auf Band zu sprechen, aber mittendrin abgebrochen. Er schaffte es nicht, mit Trude über ihren nahen Tod zu reden und was dann mit ihm werden sollte. Er hatte nichts an seinem Testament und seinen Plänen geändert. Sie beruhten immer noch auf der Annahme, er würde vor ihr sterben. Doch Trude blockte alle Versuche ab, das Thema anzuschneiden.

Mitte September mußte Trude sich wieder einer Reihe von Bestrahlungen unterziehen; der Krebs hatte sich weiter ausgebreitet und außer dem Rücken noch einen Fuß befallen. Sie litt permanent unter Schmerzen. Bruno schüttete einer alten Freundin sein Herz aus, die er anschließend bat: »Bitte behalte für Dich, was ich Dir eben geschrieben habe, aber ich habe fast niemanden, mit dem ich darüber sprechen kann, denn erstens haben wir hier keine engen Freunde, was alles viel schwerer macht, und auch wenn welche da wären, würde ich nicht mit ihnen sprechen, damit Trude nicht erfährt, wie schlecht es ihr wirklich geht.«[31] Am Donnerstag, dem 25. Oktober, wurde Trude dreiundsiebzig, und Eric kam für drei Tage zu Besuch. Am Sonntagabend nach seiner Abreise spielten sie Scrabble, aber Trude wurde schlecht, und sie mußte sich hinlegen, bevor die Partie zu Ende war. Kurz darauf hatte sie einen neuerlichen Herzanfall, und Bruno brachte sie in die Ambulanz. »Hier schmiedete sie sogar schon wieder Pläne für den nächsten Morgen. Ein paar Stunden später ist sie gestorben. Das Ende war relativ leicht und schmerzlos, und dafür muß man dankbar sein.«[32]

Sobald er die Kraft dazu fand, schrieb er an seinen Freund Carl Frankenstein: »Wir liebten uns fünfzig Jahre lang. Wir hatten ein sehr gutes Leben, wenn man unsere schrecklichen Erfahrungen un-

31 Brief an E. R., 10. September 1984.
32 Brief an Carl Frankenstein, 10. November 1984.

ter Hitler beiseite läßt. Doch davon abgesehen, entwickelte es sich viel besser, als wir jemals hätten hoffen dürfen. Ich verdanke ihr alles, was ich bin. Sie hat mich schließlich dazu überredet, meinen Doktor zu machen, und das hat mir dabei geholfen, meine latente Depression zu überwinden und hier in den Vereinigten Staaten Erfolg zu haben. Sie war eine wundervolle Frau und Mutter. Ich weiß nicht, wie ich es schaffen soll, ohne sie weiterzumachen … aber ich werde es versuchen, sie hätte es auch so gewollt.«[33] Und an Candy, der gegenüber er Trude nur selten erwähnt hatte: »Wir waren füreinander das Lebenszentrum, mehr als irgend jemand wußte, denn wir behielten unsere gemeinsamen Erlebnisse für uns.«[34]

Anders als ihr Mann wollte Trude Bettelheim nicht eingeäschert werden. Sie hatte sich den Friedhof in Half Moon Bay ausgesucht, auf dem sie beide begraben sind. Der Skylawn Memorial Park liegt etwa dreißig Kilometer nördlich von Portola Valley auf einem kleinen Hügel über dem Pazifik. Es ist ein Ort von eigenartiger Schönheit, ernst wie die Eukalyptuswälder, die ihn umgeben, so weit das Auge reicht, schroff wie der Absturz zum Meer, an dem er errichtet wurde, und doch von heiterer Gelassenheit. Hier haben die beiden Exilierten eine Bleibe gefunden, die zu ihnen paßt. Und abends, wenn die Sonne untergeht und die Nebelfinger, die so typisch sind für die Gegend, nach dem Hügel greifen, verwandelt sich diese Ecke Kaliforniens vor aller Augen in einen österreichischen Wald.

Am selben Tag, an dem Trude begraben wurde, rief Wanda Willig aus New York an. Margarethe sei völlig deprimiert. Ob Naomi, die ohnehin Zwischenstation machen würde in New York, bevor sie nach Wien zurückkehrte, nicht kurz bei ihrer Tante vorbeischauen könnte? Doch Bettelheim bestand darauf, daß Naomi direkt zu ihrem Mann fuhr, und sie wagte nicht, sich ihm zu widersetzen. Zwei Monate später kam er selbst nach New York. Margarethe hatte einen Selbstmordversuch unternommen und befand sich seither halb im Koma. Über die Weihnachtsfeiertage versuchte er, die Ärzte zu überreden, sie sterben zu lassen. Margarethe litt und klagte.

Seit ihrem Exil in den Vereinigten Staaten hatten Bruder und Schwester zwar immer Kontakt gehalten, aber die große Entfernung

33 Ebd.
34 Brief an Candace Hilldrup, 18. Dezember 1984.

und mehr noch ihre unterschiedliche Entwicklung trennten sie. Aus dieser Distanz vertrugen sie sich ganz gut, vergaßen nie, einander zum Geburtstag zu gratulieren, plauderten am Telefon miteinander, und nie verließ Bettelheim New York, ohne einmal mit seiner Schwester zu Abend gegessen zu haben. Aber er bat die Willigs oft, ihn zu ihr zu begleiten. Denn Margarethe lebte in der Vergangenheit, und das deprimierte ihn. Es war ihr nie gelungen, sich in den Vereinigten Staaten ein Leben einzurichten, wie sie es in Wien geführt hatte. Anfangs hatte sie es beim Radio probiert, aber ihr Akzent und ihr pathetischer Tonfall kamen nicht so gut an. Das verbitterte sie. Sie hatte ein angenehmes Leben mit ihrem Mann, aber sie zogen früh ins Altersheim. Und seit sie Witwe war, klagte Margarethe ständig über ihren Rheumatismus und das Leben überhaupt.

Bruno Bettelheim fühlte sich schuldig in dieser Woche, wie er so da saß und seine Schwester leiden sah ohne anderen Ausweg als den Tod. Das erzählt Wanda Willig, die ihm bei dieser neuerlichen Prüfung so kurz nach Trudes Tod zur Seite stand. Zweifellos rief er sich dabei ins Gedächtnis zurück, was Margarethe für ihn bedeutet hatte, denn er legte großen Wert darauf, es seinen Kinder gleich darauf mitzuteilen. Wie stolz er war und auch ein wenig neidisch auf ihren Erfolg als Schauspielerin, die Theatermenschen und Journalisten, mit denen sie ihn bekannt machte, wie sie ihn immer vom Roulettetisch holte, wenn er dabei war, mehr zu verlieren, als gut für ihn war ... Und natürlich ihre Bemühungen, ihn freizubekommen, als er im Lager interniert war.

Er mußte an die Geschichte seines Schwagers denken. Er war Offizier der k. u. k. Armee während des Ersten Weltkriegs. Nach dem Sturz des Kaiserreichs erschien er den Eltern seiner Braut nicht mehr als gute Partie, und sie brachen die Verlobung. In seinem Kummer beschloß er, sich zu töten. Er mietete ein Zimmer in einem Grandhotel, zog seinen Frack an und schoß sich eine Kugel ins Herz. Er hatte noch nicht das Bewußtsein verloren, als das Zimmermädchen hereinplatzte und, wie es ihn in seinem Blut liegen sah, ausrief: »Um Gottes willen! Das schöne Hemd ganz zerstört!« Das führte ihn zu der Erkenntnis, wie wenig doch ein Menschenleben wert war, und er beschloß, weiterzuleben. Später machte er zwanzig Jahre lang Margarethe den Hof und heiratete sie schließlich in den Vereinigten Staaten. 1974 erlag er einer Herzschwäche, die wahrscheinlich von der Kugel herrührte, welche nie entfernt worden war.

Am Silvesterabend kam Bettelheim zu spät zu der Party, zu der ihn Maria Kramer eingeladen hatte, eine Psychoanalytikerin, die auch bei Richard Sterba in Analyse war, bevor sie sich zunächst in Chicago und schließlich in Kalifornien niederließ. Sie war die Witwe von Dr. Paul Kramer, der einmal beratender Psychiater der Orthogenic School war und den Bettelheim gut gekannt hatte. Das Schicksal seiner Schwester beschäftigte Bettelheim dermaßen, daß er den ganzen Abend über nichts anderes redete. Zwei Jahre vorher war seine Cousine Edith Buxbaum in Seattle gestorben, kurz nachdem sie wieder Kontakt mit ihm aufgenommen hatte. Und wenig später erlitt sein Freund Hans Willig einen schweren Herzinfarkt. Die letzten Zeugen seiner Kindheit ließen ihn im Stich.

»Jetzt sind es schon sechs Monate, seit Trude mich verlassen hat, und ich kann es immer noch nicht glauben. Aber mit der Zeit renken sich die Dinge langsam wieder ein. So traurig und unangenehm das ist, schlagen sie dann doch weniger tiefe und schmerzende Wunden. Es läuft auf ein generell deprimiertes Gefühl hinaus, daß das Leben so vollkommen sinnlos geworden ist ... Ich bin froh, daß Du schreiben kannst – und solche ketzerischen Artikel. Ich kann es immer noch nicht. Wenn ich mich hinsetze und es versuche, überwältigt mich der Kummer, und ich bin zu nichts mehr fähig. Aber man geht abends schlafen, und man steht morgens zögernd, aber immerhin doch wieder auf, obwohl man nicht weiß, wozu eigentlich. Und so gehen die Tage vorüber«, schrieb Bettelheim am 19. April 1985 an Carl Frankenstein.

Trudes Tod schien ihn mit einem Schlag seiner Fähigkeit beraubt zu haben, immer wieder aufzustehen, seine Angstanfälle und seinen Pessimismus im Zaum zu halten mit dem durch jahrelange Erfahrung erworbenen Wissen, daß sich aus jeder Katastrophe neue Kraft schöpfen läßt. Bis zu diesem Zeitpunkt hatten seine Briefe, auch wenn er völlig darniederlag, immer etwas davon durchschimmern lassen. Wahrscheinlich waren sie überhaupt die beste Gelegenheit dazu, sich das in Ruhe wieder vor Augen zu führen. Tagsüber gelang es ihm nicht immer, seine Ausbrüche im Griff zu halten, seine verletzenden Sätze zu unterdrücken, die an seinem schlechten Ruf und an seinem schlechten Gewissen schuld waren (das ihn üblicherweise dazu verführte, noch ein paar davon nachzuschieben). Doch abends, wenn er schrieb, fand er endlich die nötige Gelassenheit, um aus diesem Teufelskreis auszubrechen und in die beruhigende Welt der Gedanken und der edlen Gefühle einzutauchen.

Je mehr Zeit verstrich, desto stärker wurde sich Bettelheim der Rolle bewußt, die Trude in diesem Prozeß gespielt hatte. Ein Jahr nach ihrem Tod schrieb er: »Trude hat es soviel besser gekonnt, das Leben zu genießen, als ich, der trotz aller Analyse meine lebenslange Depression niemals voll überwinden konnte. Da ich, eigentlich spät im Leben, ihren Ursprung voll verstand und auch daß ich auf Kindheitserlebnisse mit Depression reagierte, hilft intellektuell zu bewältigen, aber nicht im tiefsten Bereich der Gefühle. Es war Trude, die am meisten geholfen hat, mich meinen Depressionen zu entreißen, und es war auch nur sie, die es mir trotz allem Selbst-Zweifel ermöglichte, das zu schaffen, was man so sein Lebenswerk nennt. (Ich versuche, weiterzuarbeiten, denn wenn ich arbeite, denke ich an nichts anderes.)«[35]

Ende 1985 war Bruno mit seinem Buch über die Kindererziehung endlich fertig. Trotz seiner Depression war er nie ganz untätig gewesen. Neben *Ein Leben mit Kindern* hatte er noch vier Artikel geschrieben, unter anderem »Das Wien Sigmund Freuds« für den Katalog der Ausstellung Paris-Wien im Centre Pompidou, den er später in *Themen meines Lebens* aufnahm. Außerdem verfaßte er ein Vorwort zur englischen Taschenbuchausgabe von *Aufstand gegen die Masse*. Dafür benutzte er eine Passage aus *Erziehung zum Überleben*, in der stand, daß der Todestrieb den Sieg davonträgt, wenn man kein Bedürfnis mehr nach den anderen hat. Und das war in der Tat Bettelheims Problem. Obwohl es ihn beruhigte, sich mit dem Denken zu beschäftigen und Dingen einen Sinn zu geben, war sein Schaffen für ihn nicht wertvoll genug, um ihn wieder Geschmack finden zu lassen am Leben. Das hatte er einmal Ruth Marquis verraten, als er sie drängte, einem Autor, dessen Buch sie bewunderte, doch ein paar Zeilen zu schreiben: »Du weißt doch, daß man es dafür macht«, sagte er.

Den August hatte Bettelheim zusammen mit Alvin Rosenfeld, der beschlossen hatte, aus den Seminaren in Stanford ein Buch zu machen, in Bellagio am Comer See verbracht. Rosenfeld war 1977 zum Leiter der kinderpsychiatrischen Ausbildung an der Stanford Medical School geworden, und er selbst hatte Bettelheim eingeladen, diese Seminare abzuhalten. Danach war er nach New York gegangen, doch seine Hochachtung vor dem alten Analytiker wurde immer größer, als ihm die Praxis in der Kinderpsychiatrie jeden Tag

35 Brief an E. R., 2. Januar 1986.

aufs neue die Nützlichkeit seiner Ratschläge bewies. Eine aufrichtige Zuneigung verband die beiden Männer, die ein Altersunterschied von zweiundvierzig Jahren trennte. Die Idee zu dem Buch kam von Rosenfeld. Bettelheim glaubte nicht an einen Erfolg und nannte als Beispiel den Mißerfolg von *Gespräche mit Müttern*. So blieb das Projekt eine Weile liegen, bis Rosenfeld von der Rockefeller Foundation die Einladung erhielt, einen Monat in der Villa Serballoni auf einer Insel im Comer See zu verbringen, die Schriftstellern einen ruhigen Ort zum Schreiben bot.

Diese Europareise tat Bettelheim gut. Auf dem Weg nach Italien machte er in London Station, wo er vierzehn Tage mit Eric verbrachte. Dann besuchte er Naomi in Wien. Er konnte es gar nicht fassen, daß sie jetzt hier lebte, und klapperte mit ihr zusammen die Orte seiner Jugend ab. »Aber kaum war ich wieder in dem leeren Haus, in dem alles mich an meinen schrecklichen Verlust erinnerte, fiel ich wieder in die Depression, vielleicht nicht so stark wie vorher, aber genug, damit alles, was ich tat, vollkommen sinnlos wurde. Immerhin versuche ich noch, beschäftigt zu bleiben«, schrieb er später, am 20. November des Jahres, an Carl Frankenstein.

Ansonsten unterrichtete er noch ein bißchen und erhielt ständig Einladungen zu Kolloquien und Seminaren. Man interviewte ihn, die Universitäten verliehen ihm der Reihe nach Ehrentitel, und er wurde ununterbrochen nach seiner Meinung gefragt. Das Hoover-Institut für Krieg, Revolution und Frieden, ein berühmter Thinktank in Stanford, in dem die Elite der konservativen Intellektuellen vertreten war, bot ihm an, als Senior Research Fellow dort zu arbeiten. Im Frühjahr flog er für eine Woche nach New York, um die Ehrendoktorwürde entgegenzunehmen und mit seinem Sohn ein Wochenende zu verbringen. Vor dort reiste er nach Neuengland, um zwei altehrwürdige Internate, die erst kurz zuvor die Koedukation eingeführt hatten, über Drogen und Sexualität zu beraten.

Das alles schmeichelte Bettelheim und zerstreute ihn. Wenn sein Rat gefordert war, tat er, was er konnte. (»Ich versuchte sie zu überzeugen, daß nur ein Disziplin-Gericht, das auch zum Teil mit Schülern besetzt wird, von den Schülern anerkannt werden kann, und daß sie sich einmal überlegen sollen, warum diese Kinder so verzweifelt sind, daß sie Rauschgift benützen.«[36]) Doch nichts konnte

36 Brief an E. R., 1. Juni 1985.

das Gefühl der Einsamkeit und Sinnlosigkeit vertreiben, gegen das er allmorgendlich kämpfen mußte.

Nur die Beratung, die er jede Woche an der kinder- und jugendpsychiatrischen Abteilung des Krankenhauses von San Jose leistete, gab ihm von Zeit zu Zeit das Gefühl, doch noch zu etwas nütze zu sein. Als er Saul Wasserman, den Leiter des Child and Adolescent Psychiatric Inpatient Unit (CAPI), kennenlernte, hielt er ihn für ziemlich unbedarft. Aber mit den Jahren entwickelte er eine Beziehung zu ihm, die der zu den früheren Erziehern an der Schule nicht unähnlich war. Diese Einrichtung, die vor Wasserman streng verhaltenstherapeutisch orientiert war, nahm viele schwer mißhandelte Kinder auf, auf die sich die Bettelheimsche Methode sehr heilsam auswirkte; das führte zu einem grundsätzlichen Umdenken in der Philosophie der CAPI[37]: »Wir hatten lauter gute Absichten und waren sicher, daß die Kinder das wüßten. Bettelheim hat uns gelehrt, mit ihren Augen zu sehen, das tiefe Mißtrauen zu verstehen, das sie allen Erwachsenen gegenüber hegten«, sagt Saul Wasserman.[38] Aber der junge Arzt brachte auch den alten Mann zum Reden, über sein Leben, die Lager, seine Jugend ...

Eine Beobachtung drängt sich auf, wenn man Bettelheims letzte Jahre Revue passieren läßt: Er, der immer von Frauen umgeben war und aus diesen Beziehungen die Lust und die Kraft schöpfte, weiterzumachen, stützte sich mittlerweile fast ausschließlich auf junge Männer, bei denen er jedoch offenbar väterliche Stärke suchte: Sandy Lewis war sein Beschützer in finanziellen Dingen, in dem sich Bettelheims Ängste am leichtesten Ausdruck verschaffen konnten; Theron Raines, sein Agent, vermittelte zwischen ihm und der literarischen Welt; Alvin Rosenfeld, Saul Wasserman und ein paar andere waren die geistigen Erben, die handeln und heilen sollten. Und dann gab es selbstverständlich noch seinen Sohn Eric.

Nach Trudes Tod suchte Bettelheim die Erinnerung an die Orthogenic School immer öfter heim, und allein konnte er das Gefühl des Verlusts und seine Wut darüber nicht mehr abwehren. Als Karen Zelan ihn einmal mit ihren Kindern besuchen kam, war sie ganz niedergeschlagen, daß es ihm überhaupt nicht gelang, von etwas

37 Eine kleine Broschüre von Saul Wasserman und Alvin Rosenfeld, *Healing the Heart*, von der Child Welfare League of America, Washington 1990, herausgegeben, faßt diese Entwicklung zusammen. Rosenfeld, der als Berater an der CAPI tätig war, hatte Bettelheim dort eingeführt.

38 Interview, Juli 1991.

anderem zu sprechen. Auf einer Reise in den Osten der Vereinigten Staaten kam er für zwei Tage nach Chicago, um dort einen Vortrag zu halten, und »weil alle wußten, daß ich kommen würde, hat mich Jacqui mehr oder weniger gezwungen, die Schule zu besuchen – hauptsächlich, um den Eindruck hervorzurufen, zwischen uns stünde alles zum besten. Es war ein Martyrium«, schrieb er Candy am 3. Juni 1985. Nur das Hauspersonal schien sich über das Wiedersehen zu freuen.

Bettelheims wachsende Unfähigkeit, seine Gefühle zu kontrollieren, schränkte auch seinen Blick auf ehemalige Zöglinge der Orthogenic School ein. Als er erfuhr, daß einige von ihnen lauthals herumposaunten, sie hätten dort gar nicht hingehört, sah Bettelheim – der das vor wenigen Jahren noch als erster für eine gesunde Reaktion gehalten hätte – darin nichts als Undank. Und nur die Wertschätzung anderer ehemaliger Patienten konnte ihn über seine Verbitterung hinwegtrösten. Und die wurde ihm immer wieder deutlich. Einer sorgte dafür, daß Bettelheim eine akademische Auszeichnung verliehen wurde, Sandy Lewis übergab der University of Chicago eine Spende, um Bettelheims Pension zu erhöhen, Myles Gordon trug mit zehntausend Dollar zur Ausrichtung der Konferenz bei, die ihm zu Ehren 1986 abgehalten wurde, eine frühere Anorektikerin kam, um ihm die Fotos ihrer Kinder zu zeigen ... Es verging kaum eine Woche, in der nicht der Anruf oder der Besuch eines seiner ehemaligen Schützlinge oder Erzieher ihm bewies, daß seine Arbeit nicht vergebens war. Wildfremde Menschen schrieben ihm aus aller Herren Länder, um ihn um Rat zu bitten oder sich zu bedanken für den segensreichen Einfluß, den eines seiner Bücher oder einer seiner Vorträge auf ihr Leben genommen hatte. Eine französische Psychologin, die er gar nicht kannte, widmete ihm sogar ein ganzes Buch[39] – was ihn, nachdem es ihn zuerst irritiert hatte, am Ende doch mächtig rührte.

Aber die besänftigende Wirkung, die solche Ereignisse auf ihn hatten, hielt immer weniger lange an. Das Sterben seiner Frau hatte ihn brutal mit den Verheerungen des Alters konfrontiert. Auf dieses Thema kam er in seinen Briefen auch Jahre später immer wieder zurück: »Also Du näherst Dich dem 80ger, und da wird alles viel schwieriger und langsamer«, schrieb er an eine Freundin.[40] Er er-

39 G. Bersihand, *Bettelheim*, Paris 1977.
40 Brief an E. R., 6. Januar 1990.

lebte all diese bisher unbeachteten Verrichtungen, die ihm jetzt plötzlich Probleme bereiteten, als eine permanente Demütigung. Schon die Zeit, bis er sich gewaschen und angezogen hatte! Und daß er sich die Schuhe nicht ordentlich zubinden konnte, weil ihm das Bücken schwerfiel. Und daß er die Treppen nicht hochkam ... Außerdem litt er unter seinem Speiseröhrendivertikel, das ihm mittlerweile die Aufnahme fester Nahrung fast unmöglich machte. Auch wenn die Nachbarn ihm halfen – Bettelheim mußte bald einsehen, daß er allein nicht länger in seinem abgelegenen, schwer zugänglichen Haus in Portola Valley bleiben konnte. Einen knappen Monat nach Trudes Tod schrieb er: »Ich habe eine ziemlich schwere Grippe hinter mir ... das hat es mir klargemacht, daß ich meine Lebensbedingungen ändern muß, zu meinem größten Leidwesen, denn ich hänge natürlich sehr an allem, was mich an unser Leben zusammen erinnert. Aber es ist hier einfach zu weit von allem.«[41]

Bettelheims Tochter Ruth wiederholte den Vorschlag, den sie ihren Eltern schon anläßlich Trudes Erkrankung unterbreitet hatte. Das Grundstück um ihr Haus in Pasadena sei groß genug, um noch ein kleines Häuschen darauf zu bauen. So könnte der Vater seine Unabhängigkeit behalten und wäre trotzdem nicht allein. Bettelheim zögerte. Er mochte Los Angeles nicht und war sich bewußt, daß er für seine Tochter eine Last wäre. Er erwog immer noch, in ein Altersheim zu gehen, wenn auch ohne Begeisterung: »Der Prospekt dort, mit etwa 300 alten Leuten zu leben, die alle, wie dann auch ich, aufs Sterben warten, ist nicht angenehm, aber es ist sicher das Vernünftigste für mich.«[42] Er erkundigte sich bei einem Heim in Palo Alto, doch dort konnte er wegen seiner Ernährungsprobleme nicht aufgenommen werden.

Der Vorschlag seiner Tochter war auch deshalb so verführerisch, weil Ruth seit dem Tod der Mutter sich bemüht hatte, der feste Pol der Familie zu werden. Äußerlich war sie ihr übrigens nicht unähnlich. Ende Februar 1985, einige Monate nach dem Tod Trudes, entschied sich Bettelheim daher, bei ihr zu wohnen. Nicht ohne Vorbehalte allerdings. Als er seinen Freunden die Neuigkeit ankündigte, zählte er alle Angebote auf (Fellowship am Hoover Institute, Vorsitz in einer Kommission zur Beratung der Oberschulen und so fort), die es erforderlich machten, daß er in der Nähe von San Francisco lebte.

41 Brief an E. R., 4. Dezember 1984.
42 Ebd.

Währenddessen hatte der Architekt schon mit seiner Arbeit begonnen, und als Eric zu Weihnachten nach Pasadena kam (Naomi war nach ihrer Niederkunft in Wien geblieben), waren die Pläne bereits fertig. »Die Kinder haben natürlich ihre Mutter auch sehr vermißt, denn es war immer Trude, die für uns alle eine wunderschöne Weihnacht machte«, schrieb Bettelheim an seine Freundin. »Aber Ruth versucht, es ihrer Mutter gleich zu machen, und ist auch eine wunderbare Mutter für ihre Kinder – so folgt eine Generation der andern, und daran muß man sich halten, um den Mut nicht ganz zu verlieren.« Auf einmal schien Bruno Bettelheim sogar bereit zu sein, aus seiner Depression herauszukommen: »Ich schreibe Dir all das, nicht um Dich zu allen Deinen Sorgen auch noch mit meinen zu belasten, sondern im Gegenteil als Beweis, daß ich mich jetzt doch endlich mehr in der Hand habe und beginne zu versuchen, doch irgendwie weiterzuleben, vor allem um der Kinder wegen; ich kann ihnen die Mutter nicht ersetzen, aber ich kann wenigstens die Zeit verzögern, wenn sie auch den Vater verlieren werden.«[43]

Dramatische Änderung im Ton, ein Monat später: Als Bettelheim an einem Wochenende in Pasadena abstieg, um die letzten Einzelheiten des Bauplans zu besprechen, erfuhr er von Ruth, daß sie sich scheiden lassen wollte. Die Beziehung des Paares war schon seit längerer Zeit nicht mehr besonders gut gewesen, doch »ohne meinen Plan wäre die Ehe wohl noch eine Zeit weitergegangen. Aber ihr Mann, der zuerst sehr für den Plan war, hat mit der Zeit nichts mehr davon wissen wollen, wollte mich also nicht nahe haben. Das hat mit zum Zerwürfnis beigetragen, was mir sehr auf der Seele liegt ... Wenn Ruth die Scheidung bekommt und die Kinder, dann werde ich zu ihr ziehen, um ihr zu helfen.«[44] Das ist die Version Bettelheims. Mag sein Anteil an der Trennung darin auch etwas übertrieben sein, kündigt sich hier doch bereits der dritte Akt der Tragödie an: Der Vater fühlte sich beschuldigt, die Ehe seiner Tochter zerstört zu haben. Unerbittliche Logik familiärer Dramen. Diese Sicht der Dinge führte ganz selbstverständlich zu jener Lösung, deren Gefahren allen bewußt waren: Sie bot Bettelheim einen altruistischen Vorwand, nicht ins Altersheim gehen zu müssen – und Ruth ein Dach über dem Kopf, denn ihr Mann weigerte sich, das Haus in Pasadena zu räumen.

43 Brief an E. R., 2. Januar 1986.
44 Brief an E. R., 3. Februar 1986.

Alle versuchten Bettelheim davon abzubringen, mit Ruth zusammenzuleben. Vater und Tochter waren einander in ihren Bedürfnissen und ihren Forderungen zu ähnlich. Naomi und Eric konnten Bettelheim immerhin überreden, daß er nicht sofort umzog. Als er immer fester entschlossen schien, es doch zu tun, alarmierte Naomi seine alten Freunde, insbesondere Gina und Wanda Willig, damit sie ihn wieder zu Verstand brächten. »Wir wußten alle, daß das in einer Katastrophe enden würde«, sagt sie. Gina fand, daß seine Beziehung zu Ruth der ähnelte, die er früher zu seiner Schwester Margarethe gehabt hatte. Sie schlug ihm ein Altersheim in San Francisco vor, wo sie sich um ihn kümmern könnte. Er besuchte das Heim – und wurde davon nur in seiner Absicht bestärkt, mit Ruth zusammenzuziehen.

Es ging ihm jetzt etwas besser. Er war bewegt von der Geburt seines zweiten Enkels in Wien, in all seinen Briefen schreibt er darüber. Und er war froh, daß Eric sich verlobt hatte. Seiner festen Überzeugung nach waren diese Ereignisse ebenso wie Ruths Scheidung nicht zufällig eingetreten: »Der Tod eines der Eltern bringt eine psychische Revolution in den Kindern hervor. Dazu muß man wohl auch rechnen, daß Naomi, die so lange ein Kind haben wollte, erst nach dem Tod ihrer Mutter schwanger geworden ist. So seltsam sind die Leben der Kinder mit denen der Eltern verflochten.«[45] Er hatte noch einen anderen, handfesteren Grund, zufrieden zu sein: den weißen Mercedes, den ihm Sandy Lewis zu Weihnachten geschenkt hatte. Da konnte er noch so sehr den Gleichgültigen spielen, sein Stolz auf dieses Auto war unübersehbar.

Während er darauf wartete, daß Ruths Scheidung ausgesprochen würde und er nach Los Angeles übersiedeln könnte, hatte er ziemlich viel zu tun. Im April reiste er nach Europa. Vier Tage London, wo die BBC eine Debatte »Für und Wider die Psychoanalyse« zwischen Bettelheim und dem Schriftsteller George Steiner organisiert hatte. Das Ergebnis war niederschmetternd: »Steiners Argumente gegen die Psychoanalyse waren einfach dumm. Er schämte sich nicht einmal zu behaupten, die Ödipus-Theorie könne nicht stimmen, da er noch nie ein sexuelles Verlangen nach seiner Mutter verspürt habe! Das habe ich seit dem Ersten Weltkrieg nicht mehr gehört. Er hat so offensichtlich tödliche Angst davor, sein Unbewußtes zu entdecken, daß man eigentlich nur Mitleid haben kann mit seiner enormen Neurose – wenn er nicht so arrogant intellektuell

45 Ebd.

täte. Ich finde es bedauerlich, daß sich die Debatte auf einem derart niedrigen Niveau abspielte.«[46] Bettelheim war zwar noch im Vollbesitz seiner geistigen Kräfte, hatte aber etwas von seiner Gewandtheit im Umgang mit Gegnern eingebüßt; er konnte schlechter Abstand halten und regte sich zu schnell auf.

Am nächsten Tag sollte er auf Einladung der Robert-Bosch-Stiftung in Stuttgart einen Vortrag halten. Immer noch verärgert von der Diskussion und außerdem von einer Darmgrippe befallen, nahm er davor zu viele Medikamente, erlitt während des Vortrags einen Schwächeanfall und mußte unterbrechen. Es war nichts Ernstes, aber dieser Zwischenfall erschreckte ihn sehr. Dann reiste er nach Wien. Die Erinnerung an Trude und die Wahlplakate für Kurt Waldheim schmälerten ein wenig das Vergnügen, seinen Enkelsohn kennenzulernen, der, wie er gern erzählte, von seinem Vater Immanuel genannt wurde - nach Kant.

Im Mai begab sich Bettelheim nach Chicago, wo die Universitätskonferenz zu seinen Ehren stattfand. Trotz der Spannungen mit Jacquelyn Sanders wärmte ihm das Wiedersehen mit all jenen, mit denen er dreißig Jahre lang sein Leben geteilt hatte, das Herz. Aber er konnte es nicht zum Ausdruck bringen. Adrian Kuypers, die ein kleines Fest für ihn veranstaltet hatte, blieb den ganzen Abend an seiner Seite und bemerkte, daß es ihm nicht gelang, die Distanz zu überwinden, die ihn von den anderen trennte. Sie kamen voll überschwenglicher Freude auf ihn zu, sprachen eine Weile mit ihm und gingen dann wieder. Er stand nicht einmal auf, um seinen alten Freund George Perkins zu begrüßen, den langjährigen psychiatrischen Berater der Schule, der nach einem Schlaganfall halbseitig gelähmt im Rollstuhl saß. Alle waren sie gekommen, um Dr. B. wiederzusehen, aber sie hatten nicht das Verhältnis zu ihm, das ihnen erlaubt hätte, seine tiefe Niedergeschlagenheit zu erkennen. Zu lange hatte er für sie die Funktion des Vaters, der Autoritätsfigur, des Wissenden übernommen, als daß sie die Dinge hätten andersherum sehen können. So ahnten sie nichts von seiner Verzweiflung, seinem Gefühl der Einsamkeit und des Verlusts und der nagenden Angst vor dem körperlichen Verfall, vor dieser Erniedrigung des Körpers, die irgendwann auch den Geist unterjocht. Er ertrug diese Hilflosigkeit nicht, die er auch an George Perkins in seinem Rollstuhl wahrnahm. Und als er sah, wie Morris Janowitz mit siebenundsechzig im End-

46 Brief an Carl Frankenstein, 6. Mai 1986.

stadium der Parkinsonschen Krankheit vor sich hindelirierte, konnte er zu Gayle nur immer wieder sagen: »Das darf nicht sein ... Er ist zu jung. Ich bin derjenige, der sterben müßte, nicht er.«

Wieder in Kalifornien, begann Bettelheim, seine Sachen für den Umzug zu sortieren und auszuwählen, und das stürzte ihn wieder in düstere Grübeleien. »Mit jedem Blatt Papier, das man wegwirft, geht auch ein Stück Leben unter, so fühlt es sich zumindest an«, klagte er am 26. Juni in einem Brief an Carl Frankenstein. Er fürchtete, in seinem neuen Domizil mit zu vielen fremden Menschen konfrontiert zu sein: »Wahre Freunde findet man nur relativ früh im Leben, am ehesten wohl vor und während der Adoleszenz. Die Dinge scheinen nach der Pubertät einzufrieren, zumindest emotional, was dazu führt, daß man nicht mehr so viel von sich geben oder von dem anderen bekommen kann, wie eine wahre Freundschaft erfordert.«[47] Die paar Bekannten, die er noch in Palo Alto hatte, verdankte er Trude, dessen war er sich ganz sicher. Seine Überlegungen, wie er seine Besitztümer unter den Kindern aufteilen könnte, verraten die Angst, die ihm die Aussicht auf das Zusammenleben mit seiner ältesten Tochter in Los Angeles einflößte, in einer Stadt, deren Klima er fürchtete und die er für oberflächlich und materialistisch hielt: »Ruth will nichts haben, was nicht im dishwasher gewaschen werden kann«, schrieb er.[48] Gleichzeitig korrigierte er das Manuskript seines Buches über die Erziehung, *Ein Leben mit Kindern*, und las die Fahnen von Robert Jay Liftons Untersuchung über die Naziärzte, die er für die *New York Times* rezensieren sollte.

Mitte Juni besichtigte er das Haus, das Ruth in Santa Monica gefunden hatte. Es war beeindruckend, von Bäumen umstanden, mit einem unverbaubaren Blick auf den Ozean. Mit seinem Ziegeldach, den Sprossenfenstern in den großen Fensterbögen und der schönen, aus rötlichem Holz geschnitzten Eingangstür sah es allerdings eher wie das Domizil eines mexikanischen Edelmanns aus als wie das eines alten Wiener Psychoanalytikers. Die riesige Eingangshalle mit der breiten Treppe hätte jedem Rock- oder Filmstar Ehre gemacht. Kurz, das Haus war »eigentlich gar nicht gemütlich«, wie Bettelheim später zugab, »zuviel auf Schau und nicht fürs bequeme Leben, ganz Californien, übertrieben«.[49] Und natürlich war es zu

47 Brief an Carl Frankenstein, 11. März 1985.
48 Brief an E. R., 3. August 1986.
49 Ebd.

teuer, viel teurer, als Bettelheim vorgesehen hatte. Und er mußte es auch noch allein bezahlen, denn Ruth konnte ihr Haus in Pasadena nicht verkaufen, solange ihr Exmann es okkupierte.

Das finanzielle Hickhack, das nun folgte, sollte Bettelheims Beziehungen zu zweien seiner Kinder vergiften – Naomi hielt sich heraus und versuchte nur von Zeit zu Zeit, zerbrochenes Porzellan zu kitten, wie sie sich schon als Kind geweigert hatte, mit ihrer Schwester um die Aufmerksamkeit des Vaters zu buhlen. Wir wollen uns damit nicht näher auseinandersetzen, Bettelheim selbst hat oft genug gesagt und geschrieben, daß Streitereien um Geld immer Ausdruck eines tieferliegenden Konflikts sind. Er sah es auch in diesem Falle so und führte die Warnungen seines Sohnes, sein Geld in das Haus zu stecken, auf dessen Eifersucht zurück, daß er mit seiner Tochter zusammenziehen wollte. Aber es war ohnehin schon zu spät, um einen Rückzieher zu machen. Nun mußte er für die Zeit, die er früher seinen Kindern vorenthalten hatte, bezahlen, in Dollars und Cents. Jedes war überzeugt, um seinen Anteil betrogen worden zu sein, und forderte, was der alte Mann längst nicht mehr geben konnte.

Was Bettelheim anscheinend weniger gut durchschaut hat, wenn man nach seinen Briefen urteilt, ist sein eigenes kompliziertes Verhältnis zum Geld, ganz ungeachtet seiner legendären Großzügigkeit. Als Jugendlicher mußte er mit ansehen, wie der Geldmangel seine schöne Stadt ruinierte. Als junger Mann mußte er dem Geld seine hochfliegenden Pläne opfern. Ohne Geld wäre er wahrscheinlich im Lager umgekommen. Und der Familienfluch lautete, daß man eines Tages um sein Geld betrogen wird. Er verachtete das Geld, aber er fürchtete immer, daß es ihm ausgehen könnte. Sein ganzes Leben lang hatte er versucht, das Geld zu beherrschen, das heißt, sich nicht von ihm beherrschen zu lassen, weil er seine zerstörerische Macht nur zu gut kannte.

Zu dieser Zeit, wo es mit seiner Gesundheit nicht zum besten bestellt war, und in einem Land, in dem Krankheit den finanziellen Ruin bedeuten konnte, hatte Bettelheim offensichtlich Angst, sein ganzes Geld in dieses riesige Haus zu stecken, von dem er ahnte, daß es nicht für ihn war. Dazu kam, daß der Käufer seines Hauses in Portola Valley, ein Kollege vom Hoover Institute, Schwierigkeiten hatte, die Kaufsumme aufzubringen. Ist es verwunderlich, daß Eric, von Bettelheim außerdem mit der Überwachung seiner finanziellen Sicherheit beauftragt, ihm dringend von dem Kauf abriet? Doch

Bettelheim warf ihm nur Egoismus vor und unterschrieb den Vertrag.

Ende September übersiedelte er schließlich nach Adelaide Place. Zwei Wochen vorher hatte er noch geschrieben: »Ich habe natürlich eine gewisse Angst, wie der Umzug ausgehen wird und wie es mit Ruth zu leben gehen wird. Sie hat natürlich auch ihre Ängste. Aber wir wollen beide versuchen, es für uns möglich zu machen. Es wird nicht leicht sein, aber nach menschlicher Voraussicht wird es ja nicht für lange Zeit sein.«[50] Doch schon am Tag seines Einzugs merkte er, daß es noch schwieriger werden würde als gedacht. Ruth und ihre beiden Kinder hatten sich schon seit einem Monat in dem Haus eingerichtet, für ihn blieben nur zwei kleine Zimmer im Erdgeschoß übrig, da Ruth den größten Raum im ersten Stock bereits in Beschlag genommen hatte. Es war fast wie in den alten Tagen in Chicago. Nur daß Ruth nicht Trude war und ihre Kinder nicht seine. Noch schwerer wog allerdings, daß er nicht mehr in die Schule gehen konnte, um dort seine Tage mit Arbeit zu verbringen.

»Ruth bemüht sich wirklich, aber es besteht kein Zweifel daran, daß sie mich als Belastung in ihrem Leben ansieht«, schrieb Bettelheim an Gayle Janowitz, zwei Wochen nach seinem Einzug. Von da an wird der Ton seiner Briefe immer herzzerreißender. Sie erlauben keine Schlüsse darauf, was wirklich vorging zwischen Bettelheim und seiner Tochter, sie zeugen einfach von seinem unwiderruflichen Versinken in die tiefste Depression. Es war sicher kein Zufall, daß er gerade in dieser Zeit Frankenstein einen ausführlichen Brief über die Wurzeln seines Leidens am Leben schrieb, wobei er implizit die Syphilis seines Vaters erwähnte und ihm eingestand, wie sehr Trudes Sterben seine Ängste wiederbelebt hatten.

Nie spricht Bettelheim schlecht von seiner Tochter, im Gegenteil. Anrührend schildert er ihr schweres Leben, das sie sich nach einem langwierigen Scheidungsverfahren völlig neu aufbauen müsse, und die Mühe, die sie sich um ihn gebe. Doch: »Es war ein Mißverständnis vom ersten Tage an«, schrieb er später an Candy. »Ruth dachte, ihr Vater würde für sie sorgen, und dann kam ein gebrechlicher alter Mann, der selbst der Sorge bedurfte.« Er fühlte sich als Eindringling in seinem eigenen Haus. Seine Enkel, dachte er, gaben ihm die Schuld an der Scheidung ihrer Eltern. Das tat ihm leid, aber sie waren ihm auch fremd, zu laut und zu aufdringlich. Er fand keinen

|50 Brief an E. R., 1. September 1986.

Platz, um in Ruhe zu arbeiten. Die beiden Zimmerchen im Erdgeschoß, die seine Tochter für ihn vorgesehen hatte, lagen zu beiden Seiten der Eingangstür und waren nur durch schwere Vorhänge zu schließen. Ruth beklagte sich, daß er ihre Patienten erschreckte, und er hatte ständig Angst zu stören, wenn er von einem Zimmer ins andere ging.

Da wir Ruth Bettelheims Version der Ereignisse nicht kennen, wäre es unredlich, eine detailliertere Darstellung der Auseinandersetzungen zu geben. Man kann sich leicht vorstellen, daß das Leben mit Bettelheim auch nicht gerade einfach war. Und wie beide zerrissen waren zwischen Zuneigung und enttäuschter Hoffnung, sich verraten und geprellt fühlten, überzeugt, sie hätten alles für den anderen getan und ernteten nur Undank als Lohn.

Zwanzig Monate blieb Bettelheim in Adelaide Place – mit Höhen und schrecklichen Tiefen, vielen Krankheiten, einigen Reisen und seltenen Momenten, in denen er dachte, das Arrangement könnte vielleicht doch noch funktionieren. Ungeachtet seiner Abneigung gegen Los Angeles hatte er hier viele Bekannte und sogar Freunde gefunden. Ein paar Monate nach seinem Umzug leitete er schon ein wöchentliches Ausbildungsseminar an einer Klinik für psychotische Kinder. Dann lud ihn Seymour Feshback, Psychologieprofessor an der University of California in Los Angeles (UCLA) ein, im Rahmen seiner Lehrveranstaltung zwei- bis dreimal im Monat über Psychoanalyse zu sprechen. Auch von anderen Universitäten aus der Gegend kamen regelmäßig Anfragen. Bis zum Schluß hielt er Vorträge, leitete Workshops und antwortete auf Dutzende von den Hilferufen, die er Monat um Monat erhielt.[51]

Zu Weihnachten kam Eric, um die Feiertage mit seinem Vater zu verbringen. Er half ihm, seine Zimmer wohnlich zu gestalten, und räumte die Bücher und Papiere ein, die sich noch in den Umzugskartons befanden. Sie diskutierten über Politik, Kunst und Literatur, und Bettelheim war glücklich darüber, wie gut er sich mit seinem Sohn verstand. Und noch eine gute Nachricht gab es: Naomi und ihr Mann wollten zurückkommen und sich in Washington niederlassen. Aber es half alles nichts. Bettelheim hatte sich damit abgefunden, daß sein Leben zu Ende war.

51 »Die Verzweiflung von Eltern ist wirklich schrecklich, wenn man nichts machen kann, um ihnen zu helfen. Fast meine ganze Zeit war damit beschäftigt, ihnen zu schreiben, so daß sie doch wenigstens das Gefühl haben, daß man mit ihnen mitfühlt.« Brief an E. R., 22. Februar 1987.

Bettelheim begann sich nun ernsthaft darüber Gedanken zu machen, wie er sein Leben beenden könnte, bevor es zu spät wäre, das heißt, bevor eine Krankheit oder ein Hirnschlag ihn der Hilflosigkeit preisgab, die er am meisten fürchtete. Die Erinnerung an den Vater plagte ihn immer öfter, und er wollte seinen Kindern, wie er einmal seinem Schwiegersohn gestand, eine solche Prüfung um jeden Preis ersparen. Anfangs sprach er darüber nur mit Menschen, die ihn verstanden. Mit der Psychoanalytikerin Hedda Bolgar zum Beispiel, einer Wienerin, die er in Chicago kennengelernt hatte und mit der er in Los Angeles gelegentlich ausging. »Er war sehr vernünftig«, sagt sie. »Er wollte nur wissen, was er tun mußte, wenn es soweit war. Das Verblüffende daran war, daß er gar keine Lust hatte zu sterben. Er war deprimiert, aber nicht suizidal. Wenn ihm jemand fest versprochen hätte, er würde im entscheidenden Moment dasein und ihm dabei helfen, zu gehen, ohne zu leiden, hätte er sich, glaube ich, nicht umgebracht.«[52] Seinerzeit hatte sich Al Flarsheim verpflichtet, Bettelheim diesen Freundschaftsdienst zu erweisen. Doch Flarsheim hatte 1980 Selbstmord begangen. Nun war der alte Mann auf sich allein gestellt.

Wegen seiner Eßprobleme wurde jede kleine Erkrankung zu einem gravierenden Problem. Im Februar 1987 fesselten ihn eine Grippe, die durch eine Bronchitis kompliziert wurde, und ein unglücklicher Sturz auf die Hüfte zwei Monate lang ans Bett. Immerhin: »Diese Erkrankung hat es mir klargemacht, daß es richtig war, hierherzuziehen, denn Ruth hat ihr bestes getan, um mich während dieser Krankheit zu betreuen.«[53] Er mußte eine Reihe von Untersuchungen über sich ergehen lassen, und einer seiner Ärzte drängte ihn jetzt dazu, sich an der Speiseröhre operieren zu lassen. Doch er nahm seine Reise- und Vortragstätigkeit wieder auf. Im Juni war er der Hauptredner auf einem Galadiner zur Feier des neunzigsten Geburtstags von Richard Sterba in Detroit. Im Juli nahm er an einer Konferenz über »Die Kindheit im technologischen Zeitalter« in Ramat Gan teil, einem Vorort von Tel Aviv, wo er, unbekümmert um Sexismusvorwürfe, die Rolle der Krippen in der kindlichen Entwicklung hinterfragte.

Der Waffenstillstand mit Ruth war nur von kurzer Dauer. Jedesmal wenn er heimkehrte in das Haus, »das ich wohl mein Zuhause nennen muß, obwohl ich es nicht so empfinde«[54], überwältigte ihn von

52 Gespräch mit Hedda Bolgar, Dezember 1990.
53 Brief an E. R., 9. März 1987.
54 Brief an C. Hilldrup, 18. März 1987.

neuem das Gefühl, für nichts und niemanden mehr von Nutzen zu sein. Überall wurde er mit Auszeichnungen, Achtungsbekundungen und Danksagungen überhäuft, zu Hause erwartete ihn die große Leere. Doch er brauchte immer länger, um sich von seinen Reisen zu erholen. Als er aus Israel zurückkam, mußte er gar wegen einer schweren Magen-Darm-Erkrankung ins Krankenhaus und wurde vier Tage lang intravenös ernährt.

Im Oktober war er schon wieder unterwegs. Diesmal führte ihn seine lange, anstrengende Reise quer durch die Vereinigten Staaten, wo er ein Dutzend Vorträge hielt. Anschließend flog er nach Wien zu der großen Veranstaltung »Fünfzig Jahre Exil«, die zahlreiche berühmte Exilösterreicher aller wissenschaftlichen und künstlerischen Disziplinen zusammenführte. Er sprach über den Kulturtransfer von Österreich in die Vereinigten Staaten, und da zwei Teilnehmer, die noch älter waren als er, die Ehre abgelehnt hatten, antwortete Bettelheim im Namen aller auf die Ansprache des Kanzlers. Bei dieser Gelegenheit wurde ihm das Ehrenkreuz zum fünfzigsten Jahrestag seines Doktorats überreicht. Schließlich lud ihn die Sigmund-Freud-Gesellschaft ein, vor ihren Mitgliedern zu sprechen. Dazu war ein kleiner Saal im Rathaus angemietet worden, doch der Name Bettelheim hatte so viele Leute angezogen, daß man einen Amtsdiener holen mußte, um den Festsaal zu öffnen. So kam es, daß Bettelheim, ohne es gleich zu bemerken, das Wort unter einem großen Porträt von Karl Lueger ergriff, dem für seinen Antisemitismus berüchtigten Bürgermeister, der zur Zeit seiner Geburt Wien regiert hatte.

Von Wien aus fuhr Bettelheim auf ein Wochenende nach Tirol zu einem Analytikerseminar, anschließend flog er für drei Vorträge nach London und schließlich nach Florenz, wo er eine Woche lang einen Kurs abhielt, bevor er wieder in die USA zurückkehrte. »Es war für mich eine sehr schöne Reise. Es tut einem halt wohl, wenn man im Alter gefeiert wird, und das geschah mit mir in Wien, London und Florenz. Ich habe diese Reise wirklich genossen, das erste Mal seit Trudes Tod, daß ich mich gut gefühlt habe, wie sehr ich sie natürlich vermißt habe.«[55] Er verbrachte noch ein paar Tage bei Naomi und ihrer Familie in Washington. Gelegentlich verspürte er ein leichtes Schwindelgefühl, maß dem aber keine Bedeutung zu und fuhr weiter nach Orlando, Florida, wo er seinen letzten Vortrag

55 Brief an E. R., 8. Dezember 1987.

halten sollte. Als er dort morgens aufwachte, konnte er den rechten Arm und die rechte Hand nicht mehr bewegen – ein Schlaganfall. Nicht schlimm zwar, aber seine Angst wuchs, beim nächstenmal könnte er womöglich ganz gelähmt sein.

Wieder eilte Ruth ihrem kranken Vater zu Hilfe, und da sie niemanden gefunden hatte, der auf ihre Kinder aufpaßte, nahm sie sie auf den Nachtflug nach Orlando mit. Das war das letzte Mal, daß sie gemeinsam nach Adelaide Place zurückkehrten. Einen Monat später kam Eric aus London zum Weihnachtsfest, Naomi blieb wegen einer Risikoschwangerschaft in Washington. Die Auseinandersetzungen zwischen Ruth und Bruno Bettelheim wurden immer schlimmer, Eric griff auf Bitten seines Vaters öfter ein. Ruth hatte endlich ihr Haus in Pasadena verkauft und dachte auch aus steuerlichen Gründen darüber nach, ein neues zu kaufen. Ein paar Monate später mußte Bruno Bettelheim erneut ins Krankenhaus. Als er entlassen werden sollte, kam Ruth zwar ihrer Verpflichtung nach, den Vater abzuholen, aber erst nachmittags, während er sie schon morgens erwartet hatte. In der Zwischenzeit hatte er einen Nervenzusammenbruch erlitten, der ihn äußerst deprimiert zurückließ.

»Ja, nach großem inneren Hin und Her bin ich zur Überzeugung gekommen, daß das Leben mit Ruth einfach zu schwierig ist, für sie wie für mich«, schrieb Bettelheim am 28. Januar 1988 seiner alten Freundin. »Ich fühle mich sehr beengt und auch psychisch belastet, da ich fühle, daß ich ihr zur Last falle. Und ich bin überzeugt, daß sie viel besser dran sein wird, wenn sie unabhängig von mir lebt.« Er machte wieder gute Miene zum bösen Spiel, wie immer. Wie bei Gina, von der er sich »einvernehmlich« getrennt hatte, wie bei seiner Mutter, die ihn ja nur der Amme überlassen hatte, weil sie von ihren gesellschaftlichen Pflichten so in Anspruch genommen war.

»Ich stehe zwischen Scylla und Charybdis«, schrieb er Carl Frankenstein am Ende des Monats: Die Vorstellung, in ein Altersheim zu gehen und dort mit Menschen, die er sich nicht ausgesucht hatte, Banalitäten auszutauschen, war ihm ein Graus, aber er fürchtete sich nun auch davor, allein zu leben. Er überlegte, ob er nicht in die Nähe von Naomi ziehen sollte. Er erinnerte sich daran, wie Trude vor ihrem Tod noch gesagt hatte: »Armer Bruno!«, und es preßte ihm das Herz zusammen. Er fühlte sich schuldig, nicht genug für sie getan zu haben. Sie fehlte ihm immer mehr. »Du bist verzweifelt wegen Israel«, schrieb er Carl Frankenstein im März. »Was mich verzweifeln läßt, ist mein Fleisch, das nicht sterben will.« Dann entschuldigte er sich, er könne sich für die Ereignisse in der Welt einfach nicht mehr interessieren. Er las Primo Levi.

Schließlich zog Bettelheim Ende Mai in ein kleines, elegantes Haus an der Ocean Avenue um, das Eric für ihn gefunden hatte, fünfhundert Meter von Adelaide Place entfernt. Durch die großen Fenster seines Apartments konnte man auf das ewig blaue, von den Segeln der Surfer bunt gesprenkelte Meer sehen. Er ging kaum noch aus. Eine Krankenschwester kümmerte sich um ihn. Er war in einem furchtbaren Zustand. »Ich habe jetzt mehr Ruhe«, schrieb er Candy am 16. Juni, »aber ich habe die Lust am Leben verloren.« Seine Briefe waren kurz geworden. Was hätte er auch schreiben sollen? »Mein Leben ist meine Arbeit, Trude und die Kinder«, hatte er einmal gesagt. Nun hatte er fast alles verloren. In dieser Reihenfolge. Er wußte nicht einmal, daß Ruths Haus nur drei Straßen weiter lag.

»So eng sind der Sinn des Lebens und des Todes ineinander verwoben, daß der Selbstmord, wenn das Leben jeglichen Sinn verloren zu haben scheint, sich als unausweichliche Lösung anbietet«, heißt es am Anfang der *Erziehung zum Überleben*. »Nur sehr wenige Selbstmorde sind auf den Wunsch zurückzuführen, unerträglichen Schmerzen, die jede Freude am Leben abtöten, ein Ende zu machen. Wesentlich häufiger sind Selbstmorde die Folge der festen Überzeugung, daß das eigene Leben unwiderruflich und ganz und gar jeglichen Sinn verloren hat.« Das hatte er vor zehn Jahren geschrieben. Die Idee des Selbstmords ließ ihn nun nicht mehr los. Er sprach mit allen darüber, die ihm ihre Hilfe anboten. Mit Josette Wingo, die zu seiner Ankunft in Santa Monica ein Fest gegeben hatte, um ihm Leute vorzustellen, mit denen er vielleicht zusammen arbeiten könnte, und die nun die ganze Energie einer ehemaligen Erzieherin aufwandte, um ihn aus seiner Depression zu holen. Mit George und Cathy Kaiser, die anläßlich eines Besuchs in Los Angeles mit ihm essen waren. Und mit vielen anderen. Er fragte sogar seinen Sohn, ob er ihn, wenn es soweit wäre, in die Niederlande begleiten würde, wo er einen Arzt gefunden hatte, der ihn bei seinem Selbstmord unterstützen wollte, und brachte ihn damit in eine schwierige Situation. Schließlich konnte er die Psychotherapeutin Connie Katzenstein, die ihn oft begleitete, wenn er ausging, dazu überreden.

Sein in dieser Hinsicht am besten bewanderter Gesprächspartner war Edwin Shneidman, Professor für Thanatologie an der UCLA, ein ehemaliger Student und Freund des Harvard-Professors Henry Murray, der lange die psychologische Ambulanz in Harvard geleitet hatte. Shneidman war fünfzehn Jahre jünger als Bettelheim, Jude, konservativ, aber unkonventionell. Auch er liebte *Moby Dick*, auch er hatte sich zu Beginn seiner Laufbahn sehr für psychologische Tests, besonders den TAT, interessiert. Sein erster Patient war ein alter Soldat gewesen. Der legte ein so gewalttätiges Verhalten an den Tag, daß er lobotomisiert werden sollte, aber Shneidman konnte ihn heilen, indem er ihn überzeugte, daß er ihn respektierte. Seine wissenschaftliche Reputation hatte er sich allerdings durch die Untersuchung von ein paar hundert Anfang der fünfziger Jahre eher zufällig im Archiv eines Gerichtsmediziners entdeckten Briefen von Selbstmördern erworben. Seither war Edwin Shneidman zu einer Autorität auf dem Gebiet der Thanatologie geworden, die sich mit den psychologischen Mechanismen im Zusammenhang mit dem Tod beschäftigt. Er hatte Bettelheim, nachdem er ihn an der UCLA kennengelernt hatte, zunächst als Gastprofessor zu seinen Vorlesungen und bald auch zu seinen Mittwochsessen eingeladen, bei denen ein kleiner Kreis hochrangiger Wissenschaftler (darunter zwei ehemalige Rektoren, wie er betont) eines bestimmten Alters sich zusammenfand, um zwanglos über alle möglichen Themen zu sprechen, die ihnen am Herzen lagen. Shneidman wollte im Sinne der therapeutischen Verschwiegenheitspflicht nichts über seine Gespräche mit Bettelheim sagen.[56] Aber es ist klar, daß sie einander häufig trafen, besonders seit Bettelheim Adelaide Place verlassen hatte. Shneidman spricht mit Zuneigung und großem Respekt von ihm. Aufgefallen sei ihm das große Porträt Trudes, das über Bettelheims Bett hing.

Einer von denen, die sich am meisten Sorgen um Bettelheim machten, war wohl der Psychoanalytiker Rudolf Ekstein. Auch er kam aus Wien, war damals ein überzeugter Sozialist gewesen, aber da er zehn Jahre jünger war, hatte er Bettelheim vor dem Anschluß nicht kennengelernt, obwohl er zur gleichen Zeit wie Trude als Montessori-Erzieher ausgebildet wurde. Nach seiner Emigration im Jahr 1938 hatte er zehn Jahre für die Menninger Foundation gearbeitet, wo er Bettelheim zum erstenmal begegnete. Im Laufe der Jahre war zwischen den beiden Männern eine tiefe, wenn auch ein wenig von Rivalität durchsetzte Freundschaft entstanden. Sie tauschten ihre Artikel aus, und in Ekesteins Bibliothek stehen Bettelheims Bü-

56 Gespräch im Juli 1991.

cher unmittelbar unter seinen eigenen. »Er war mir immer ein Buch voraus«, sagte er im Dezember 1990, als ich ihn besuchte, mit belegter Stimme. Ekstein letztes Buch war gerade erschienen, und damit hatte er den Freund nach dessen Tod eingeholt. Bettelheim hatte ihn jedes Jahr in die Orthogenic School eingeladen, wo er auch an der Erzieherkonferenz teilnahm. Nachdem Bettelheim ihm das Wort erteilt hatte, lieferten sie sich oft hitzige Rededuelle. Eine ihrer Lieblingsstreitereien ging um die Frage, wer von ihnen die schönste Frau Wiens geheiratet hatte.

Ekstein war entsetzt von dem Leben, das Bettelheim in Adelaide Place führte, eingesperrt in seinen kleinen Zimmerchen, krank und unglücklich. Er holte ihn oft zum Mittagessen in einem kleinen Restaurant an der Ecke ab. Dort schlürfte Bettelheim eine Suppe, denn das war fast das einzige, was er noch zu sich nehmen konnte, Ekstein kaute an einem Sandwich, und dann redeten sie über Wien und was Amerika aus der Psychoanalyse gemacht habe, aber auch über den Tod. »Rudi ist wie ich«, sagte Bettelheim einmal, »er glaubt an Thanatos.«

Der war, von den theoretischen Diskussionen einmal abgesehen, vom Zustand seines Freundes zutiefst beunruhigt. Er sprach öfter darüber mit einem seiner ehemaligen Patienten, David James Fisher, der inzwischen ein Kollege von ihm war und sich sehr für die Geschichte der Psychoanalyse interessierte. Fisher war Doktor in europäischer Geschichte, hatte sich in Frankreich auf Ideengeschichte spezialisiert und mehrere Studien über Romain Rolland sowie eine über Jacques Lacan verfaßt. Er hatte Bettelheim kennengelernt, als er dessen Essay *Freud und die Seele des Menschen* rezensierte. Und als Bettelheim nach Los Angeles kam, hatte er ihm seine Hilfe angeboten. Er war ihn am Wochenende besuchen gekommen, und sie hatten viel geredet, Bettelheim über seine Probleme, Fisher über seine schwierigen Fälle. Einen Moment lang überlegte Fisher sogar, ob er Bettelheim bitten sollte, sein Supervisor zu werden. Später ließ sich Bettelheim fünf Stunden lang von ihm interviewen – unter der Bedingung, daß vor seinem Tod nichts davon veröffentlicht würde. Schon vor dem Bruch mit Ruth hatten Ekstein und Fisher immer wieder darüber nachgedacht, wer Bettelheim aus seiner Depression herausholen könnte. Schließlich einigten sie sich auf eine Kollegin, die bei Anna Freud in London ihre Ausbildung gemacht hatte. Bettelheim folgte dem Rat seiner Freunde und ging ein paar Monate lang regelmäßig zu ihr, ein-, zweimal die Woche, in Krisenzeiten auch noch öfter. Er kämpfte um sein seelisches Überleben. Er mochte sich so wenig und wütete so sehr gegen sich. Daß er nicht genug für Trude getan hatte. Daß er nicht so gut, so selbstlos, so tolerant war, wie er gerne gewesen wäre. Er sprach über die Frauen, die ihn begehrt hatten, solange er verheiratet war, und jetzt nichts mehr von ihm wissen wollten. Und immer wieder kam er auf seine Häßlichkeit zurück, auf diesen Körper, den er so sehr verabscheute.

Eines Tages rief Hans Bandler an. Sie hatten sich nicht gesehen, seit Bandler aus Buchenwald entlassen worden und nach Australien emigriert war. Bandler war zu einem Kongreß nach Kalifornien gekommen und brannte darauf, Bettelheim wiederzusehen. Einmal hatte er es schon in London versucht. Er war dort zu Besuch und hatte zufällig in der Zeitung gelesen, daß Bettelheim einen Vortrag halten sollte. Sofort rief er Eric an, aber es war schon zu spät. Auch diesmal hatte er kein Glück. »Es geht mir nicht gut«, sagte Bettelheim am Telefon. »Ich bin zu deprimiert, um mich mit dir zu treffen.« Doch Bandler ließ nicht locker, er wollte dem Freund, der ihm einst dabei geholfen hatte, seine menschliche Würde zu bewahren, ein wenig Trost spenden. Am nächsten Tag rief er noch einmal an. Aber es half nichts. Er hat Bettelheim nie wiedergesehen.

Mitte Juli 1988 ging es Bettelheim ein bißchen besser. Er machte jeden Tag einen kleinen Spaziergang am Strand. Abends telefonierte er immer mit Naomi, die kurz vor der Niederkunft stand. Er hatte sich endlich dazu durchgerungen, dem Rat seines Arztes zu folgen und sich an der Speiseröhre operieren zu lassen. Er nahm seine Korrespondenz wieder auf. Er arbeitete sogar ein wenig und ging mit Alvin Rosenfeld die ausgewählten Mitschriften ihrer gemeinsamen Seminare durch. Außerdem dachte er darüber nach, welche Artikel er für sein letztes, persönlichstes Buch verwenden könnte, um das ihn sein Verleger gebeten hatte.

»Wir haben den Patienten dabei zu helfen, daß sie ihre Wut zulassen können«, hatte er vor ein paar Monaten einer Gruppe von Psychologen in Stanford erklärt. Diese Therapie hatte nun offenbar auch bei ihm selbst angeschlagen. Jedenfalls bekannte er sich nun zu seinem Zorn auf Ruth, den er bisher durch Verständnis zu mäßigen versucht hatte. Man spürt diesen Zorn in seinen Briefen und auch in seinen Gesprächen mit Fisher. Meist äußerte er ihn im Zusammenhang mit seinem Haß auf Los Angeles, diese künstliche, oberflächliche Stadt. »Hier leben so viele Menschen im Reichtum und ganz zwecklos, daß es wirklich scheußlich ist, wie leer sie sind«, schrieb er am 25. Januar 1987 an seine Freundin. Und zu Fisher sagte er: »Ich habe an meiner Tochter einige Veränderungen festgestellt zwischen dem jungen Mädchen, das sie in Chicago war, und der jungen Frau, zu der sie seit ihrem Umzug nach Los Angeles geworden ist, die in meinen Augen moralisch gesehen nicht wünschenswert sind. Sicher ist das nicht die Schuld der Stadt, es lag in ihrer Persönlichkeit, die sie vielleicht sogar dazu verführt hat, sich hier niederzulassen. Ich kann das nicht auseinanderhalten, dazu bin ich ihr zu nahe. Diese ständige Beschäftigung mit dem Materiellen halte ich für sehr oberflächlich. Ich hätte es lieber gesehen, wenn sie andere Qualitäten entwickelt hätte.«[57] Einer engen Vertrauten und Freundin der Familie erzählte er Einzelheiten der Auseinandersetzung mit Ruth und fügte dann hinzu: »Ich kann und will dir nicht schildern, wie grauenhaft meine Lage war, du würdest es mir nicht glauben.« Ruth habe nicht mehr mit ihm geredet und nicht einmal nach ihm gesehen, als er todkrank darniederlag. Daraufhin habe er beschlossen, seine älteste Tochter zu enterben.

Die Operation des Speiseröhrendivertikels verlief sehr erfolgreich, die Stimmbänder blieben heil. Doch Bettelheim hatte sich im Krankenhaus eine schwere Lungenentzündung zugezogen. Als er Anfang September entlassen wurde, kündigte er der Krankenschwester, die ihn bisher gepflegt hatte, und ersetzte sie durch eine polnische Immigrantin, Wanda, die sich nun um alles kümmerte. Er fand sie ein bißchen »schrullenhaft« und meckerte über ihre Kochkünste, hatte aber das Gefühl, daß sie es gut mit ihm meinte. Da sie schlecht Deutsch und kaum Englisch sprach, rief er manchmal Wanda Willig in New York an, die dann als Dolmetscherin fungieren mußte. Noch während er im Krankenhaus war, verlieh ihm die Gruppe der Analytiker in der American Psychological Association eine Auszeichnung für herausragende Forschung, den Distinguished Scientific Award. Zahllose Einladungen flatterten ihm ins Haus, und Anfang Oktober hielt er seinen ersten Vortrag nach der Operation. Danach war er allerdings so erschöpft, daß er den ganzen nächsten Tag überhaupt nichts tun konnte.

Bettelheim war gebrechlich geworden, er hatte stark abgenommen und konnte sich nur noch mühsam am Stock fortbewegen. Zum Aufstehen, Rasieren, Waschen und Anziehen brauchte er den

57 Interview in *Society*, Bd.. 28, Nr. 3, März/April 1991.

ganzen Vormittag. Schon einen kurzen Brief auf der Maschine zu tippen, ermattete ihn. Dreimal pro Woche ging er zur Rehabilitation in die Klinik, doch das war eine große Anstrengung, und das leichte Zittern seiner rechten Hand bekam er nicht in den Griff. Nach zwei kleineren Unfällen gelangte er Anfang November zu dem Schluß, daß er seinen schönen Mercedes nicht mehr selbst fahren konnte, da sein Fuß ihm nicht schnell genug gehorchte.

Naomi kam und stellte ihm seine jüngste Enkelin vor. Die Beziehung zu seiner zweiten Tochter war einfacher und direkter als das Verhältnis zu Ruth. Als er wieder von seinem Selbstmord anfing, unterbrach Naomi ihn und sagte: »Ich kann dich nicht daran hindern, wenn du dazu entschlossen bist. Aber solange du lebst, werde ich alles tun, um dich davon abzubringen.« Sie war entsetzt, daß er Ruth enterben wollte, und versuchte ihn zu einer Änderung des Testaments zu bewegen. Sonst würde sie sich mit ihrer Schwester zusammentun und nach seinem Tod das Testament anfechten. Vergebens. Ebenso erfolglos blieben ihre Vermittlungsversuche zwischen Vater und Schwester. Nach einem Telefonat mit Bruno verbot Ruth, ihre Adresse an ihn weiterzugeben. Der war sehr enttäuscht, das merkt man an seinen Briefen, auch wenn er immer wieder hinzufügte: »Wenn sie es so will, muß es mir recht sein.«[58] In diesem Jahr war es, daß er beim Thanksgiving-Essen von Connie Katzenstein erstmals öffentlich die Syphilis seines Vaters erwähnte. Weihnachten fuhr er nach Washington zu Naomi, auch Eric war dort. Zufrieden kehrte er heim und bedauerte nur, daß Washington so weit weg war, von London ganz zu schweigen.

In den nächsten sechs Monaten fühlte er sich etwas besser, in dieser Zeit hielt er wieder ein paar Seminare und Vorlesungen und trat einige Male in der Öffentlichkeit auf. Ende März 1989 sprach er in San Francisco vor neunhundert Zuhörern, komisch, lebhaft und tiefgründig. Auch Daniel Karlin war da, mit einer kleinen Fernsehmannschaft. Bettelheim hatte selbst Kontakt zu ihm aufgenommen, um ihm ein allerletztes Interview vorzuschlagen. Das dauerte fünf Stunden, auf zwei Tage verteilt. Auch wenn der alte Mann schnell ermüdete, hatte er doch nichts von seinem Witz verloren. Als Karlin ihn fragte, warum er angesichts seines Alters und seines Zustands noch nicht Selbstmord begangen habe, wenn er so oft daran denke, erwiderte Bettelheim mit einem Lächeln: »Solange ich Dinge tun

58 Brief an E. R., 31. Dezember 1988.

kann, die mich interessieren, zum Beispiel mich mit Ihnen unterhalten, mache ich weiter.« Auch auf den Namen »Brutalheim« spielte Karlin an, der unter Bettelheims ehemaligen Schülern kursierte. »Das ist wahr«, gab Bettelheim offen zur Antwort. »Ich habe mich immer sehr über die Dummheit aufgeregt. Das ist einer meiner Fehler. Aber wenn ich brutal war zu Schülern oder Erziehern, dann immer mit der Absicht, ihnen etwas begreiflich zu machen. Es stand immer Liebe dahinter. Eine Erfahrung muß stark sein, um einen Sinn zu ergeben.« Karlin fragte nach: »Aber haben Sie nicht ein gewisses Vergnügen aus dieser Brutalität gezogen?« Bettelheim dachte eine Weile nach und sagte dann leise: »Ja. Das war sicher so. Es ist immer ein Vergnügen, jemanden geistig zu beherrschen – nicht körperlich ...« Darin, bekannte er, schwang auch Rache für die körperliche Erniedrigung mit, die ihm einst zugefügt worden war.

Im Mai 1989 hatte Bettelheim *Themen meines Lebens* abgeschlossen, und wie immer hatte er auch nach diesem, seinem letzten Buch wieder das wohlbekannte Gefühl der Leere. Nur diesmal war es schlimmer als sonst, weil er nicht wußte, was jetzt noch kommen würde. Die Einsamkeit machte ihm zu schaffen, andererseits vertrug er Wandas ständige Anwesenheit immer weniger. Er beklagte sich, daß sie ihn wie ein Baby behandelte, regte sich darüber auf, daß er sie ans Steuer seines schönen Mercedes lassen mußte, und beschuldigte sie, hinter ihm herzuspionieren. Sein alter Freund Hans Willig war gestorben. Nun war er der letzte Überlebende der drei vom Gymnasium. Die große Entfernung von seinen Kindern ängstigte ihn. Eric versuchte ihn dazu zu bringen, an die Ostküste umzuziehen, in die Nähe von Naomi. Als Anwalt hatte er fünf-, sechsmal im Jahr geschäftlich in New York zu tun und könnte ihn dann öfter sehen.

Naomi war bereit, ihrem Vater zu helfen, sosehr sie es vermochte, aber sie wollte nicht den Fehler ihrer Schwester wiederholen. Mit ihren beiden Kindern könnte sie ihm niemals soviel Zeit widmen, wie er von ihr erwartete. Also schlug sie ihm gar nicht erst vor, zu ihr zu ziehen, aber er sollte sich nach einer Wohnmöglichkeit in der Nähe erkundigen. Doch Bettelheim zauderte. Zwar nörgelte er ständig an dem ewig schönen Wetter in Kalifornien herum, wußte aber dessen wohltuende Wirkung durchaus zu schätzen. Und obwohl er bei seinen weit entfernten Briefpartnern gern den Eindruck erweckte, völlig allein zu sein, hatte er mittlerweile ein paar gute Freunde in Los Angeles. Wozu also sollte dieses neuerliche Exil gut sein? Es würde nur neue Unannehmlichkeiten mit sich bringen.

Seit seinem Einzug bei Ruth war ihm klargeworden: »Obwohl meine Tochter und ich unser Bestes gegeben haben, um das Zusammenleben möglich und erträglich zu machen, ist dies angesichts der Gefühle einer Tochter für ihren Vater und eines Vaters für seine älteste Tochter eine der schwierigsten und kompliziertesten Aufgaben. Freud und Anna ist das gelungen, weil sie seine Jüngste war und die Älteste, sein Liebling, sehr jung gestorben ist und er danach seine Gefühle auf die andere übertragen konnte.«[59] Sein Besuch in Washington hatte ihm gezeigt, wieviel Naomi zu tun hatte. Aber er war gerührt, wie sie sich trotz ihres brüsken Tons und ihrer unbeteiligten Miene um ihn kümmerte. Er war auch gern mit ihrem Mann zusammen, erlebte das Paar als harmonisch und fand die Kinder reizend – auch wenn er zu sehr mit seinen eigenen Problemen beschäftigt war, um ihnen viel Zeit zu widmen. Im Juli traf er eine Entscheidung: Er würde im Herbst nach Washington ziehen. »Es ist ein schwerer Entschluß, in ein Altersheim zu übersiedeln, aber ich kann es einfach bei mir nicht dermachen«, schrieb er seiner alten Freundin am 8. Juli. »Im Moment sind alles nur Tagträume, oder ich sollte eher sagen Alpträume.«

Wanda Willig merkte, wenn sie mit Bettelheim telefonierte, daß es ihm in Los Angeles gar nicht so schlecht ging und er auf diesen neuerlichen Umzug eigentlich keine besondere Lust hatte. Sie riet ihm lebhaft zum Bleiben, aber er antwortete: »Die Kinder wollen es so.« Auch Rudolf Ekstein wollte seinen Freund davon abbringen und bot ihm sogar an, er könnte in die Wohnung im zweiten Stock seines Hauses in Santa Monica einziehen, die er einst für seinen Vater eingerichtet hatte. Doch Bettelheim winkte ab. Im Herbst besichtigte er zwei Altersheime in Washington, die Naomi ausgesucht hatte. »Jedes hat seine Vor- und Nachteile, und keines ist ohne Schwierigkeiten«, schrieb er am 23. Oktober. »Es ist ein harter Bissen, seine Unabhängigkeit aufgeben zu müssen ... aber ich weiß natürlich nicht, wie lange ich es noch dermachen werde können ... Die Übersiedlung macht mir natürlich große Sorge, auch ob ich es nicht bereuen werde, von hier wegzugehen ... Es kommt natürlich sehr darauf an, was für ein Typus von Menschen in diesen Heimen leben und ob ich jemanden finden kann, mit dem ich mich doch etwas anfreunden kann. Meine Ansprüche in dieser Hinsicht sind sehr bescheiden geworden ... Ich hatte viel an Selbstmord gedacht, aber

59 Brief an Carl Frankenstein, 19. Oktober 1986.

wegen meiner Kinder die Idee aufgegeben und mich entschlossen, es für eine Weile in Washington zu versuchen, mich dort irgendwie einzuleben, so schwierig es auch sein wird.«[60]

Ende Oktober gewährte Bettelheim der Journalistin Celeste Fremon ein Interview.[61] Als er sie, höflich wie immer, zu ihrem Fauteuil geleitete, fielen ihr sein krummer Rücken und sein schwankender Gang auf. Die rechte Hand, die Schreibhand, zitterte ständig, manchmal zuckte sie. Doch die Klarheit seiner Gedanken war beeindruckend. Das Interview fing allerdings gar nicht gut an. Es sollte die bisher kaum bekannten Aspekte seines Lebens umfassen, seine Ehe, seine Psychoanalyse, die Freundschaft mit Wilhelm Reich. Er war nicht recht bei der Sache, beantwortete zwar die Fragen – »Ich habe nur wenige Menschen kennengelernt, die so starrsinnig waren wie Wilhelm Reich« –, aber er war mit seinen Gedanken woanders. »Als hätte ich ihn gebeten, ein völlig bedeutungslos gewordenes Reisetagebuch durchzublättern«, schrieb Celeste Fremon. Am Ende warf sie ihm entnervt und ziemlich aggressiv an den Kopf: »Haben Sie Angst vor dem Sterben?« – »Nein«, antwortete Bettelheim, »ich habe Angst vor dem Leiden. Je älter man wird, desto größer wird auch die Gefahr, daß man ohne Grund am Leben erhalten wird.« Die Journalistin, der das wiedererwachte Interesse in der Stimme des alten Mannes nicht entgangen war, bohrte nach. Bettelheim wich ihren Fragen aus. Also schaltete sie das Tonbandgerät ab und machte sich zum Gehen bereit. »Etwas sollte ich Ihnen vielleicht noch sagen«, wandte sich Bettelheim plötzlich unvermittelt an sie. »Ich plane eine Reise nach Europa, von der ich vielleicht nicht zurückkehren werde.« Das war der Beginn eines wirklichen Gesprächs. Celeste Fremon kam dreimal in die Ocean Avenue Nr. 515. Insgesamt dauerte das Interview sechs Stunden, und gut die Hälfte davon kreiste um den Tod.

Celeste Fremon war offensichtlich berührt von Bettelheims Verzweiflung und fühlte sich zerrissen zwischen tiefem Mitleiden »und dem wenig professionellen Wunsch, ihm ein Dutzend bunter Luftballons zu kaufen, in der kindischen Hoffnung, ihn damit zu trösten«, und ihrer Hochachtung vor seinen paradoxen, tiefen, stets anregenden Gedanken und seiner wohlüberlegten Entscheidung,

60 Brief an E. R., 23. Oktober 1989.

61 Ihr Artikel erschien am 27. Januar 1991, also fast ein Jahr nach Bettelheims Tod, unter dem Titel »Love and Death« in der Sonntagsbeilage der *Los Angeles Times*; im folgenden ist nach dieser Quelle zitiert.

den Zeitpunkt seines Todes selbst zu bestimmen – das ewige Dilemma all derer, die Bettelheim in seinen letzten Jahren helfen wollten.

Viele Themen wurden während dieses langen Gesprächs angeschnitten, doch immer wieder kam Bettelheim auf das Alter, die Trauer und die Depression zurück, über die er mit bemerkenswerter Offenheit sprach. »Ich habe immer feststellen müssen, daß ich Probleme besser verstand, wenn ich begann, darüber zu schreiben. Nun kann ich das nicht mehr«, sagte er. In anderen Ländern, betonte er, seien die Alten noch zu etwas nütze und würden nicht wie in den USA in Sterbehäusern abgestellt, so luxuriös die auch immer sein mochten. Aber viele Menschen fragten ihn doch noch um seinen Rat, warf Fremon ein. »Ja«, antwortete Bettelheim, »manche bitten mich um Hilfe – nicht so viele, wie mir lieb wären, vielleicht. Aber es gibt einige, für die ich wichtig bin und für die ich gelegentlich auch etwas tun kann. Das ist sicherlich das Anziehende am Leben.«

Als Celeste Fremon zum drittenmal kam, sagte der alte Mann fast fröhlich: »Reden wir nicht von meiner Depression, das ist so deprimierend!« Sein Arzt hatte ihm ein neues Antidepressivum verschrieben, das anscheinend Wunder wirkte. Doch schon nach ein paar Sätzen fielen die Namen Primo Levi und Paul Celan. »Ich glaube, daß man die Erfahrung, als Gefangener in einem deutschen Konzentrationslager gewesen zu sein, nie wirklich bewältigen kann«, sagte Bettelheim. Er versuchte, das Besondere dieser Erfahrung herauszuarbeiten, und kam am Ende zu dem Ergebnis: »Man verliert den Glauben an die Menschheit.« Dann redete er über Eros und Thanatos, aber nicht wie über psychoanalytische Konzepte, bemerkte Fremon, sondern wie über lebendige Kräfte in ihm selbst: »Ich glaube, daß Freud recht hat«, sagte er, »daß wir tatsächlich einen Lebenstrieb und einen Todestrieb haben. Solange Eros oder die Libido in der Wachstumsphase ist, das heißt zweifellos, solange wir sexuell aktiv sind und uns fortpflanzen wollen, leben wir. Aber im Alter gibt es einen Punkt, wo man bereit sein muß, die Libido von der Welt abzuziehen, weil man sonst nicht dem Tod gegenübertreten kann.« – »Der Verlust der Liebe führt also zum Rückzug des Lebens?« fragte Fremon. »Lieben und Geliebtwerden ...« setzte Bettelheim an, doch dann überwältigten ihn seine Gefühle, er wandte sich ab und sagte: »Reden wir lieber über etwas anderes.«

Im November 1989 feierte Bettelheim Thanksgiving mit seinen Kindern. Da eines der beiden Altersheime die Möglichkeit zum Probewohnen bot, hatte Bettelheim beschlossen, für die Zeit seines Besuchs in Washington dort zu übernachten. Naomi hatte alles gut vorbereitet. Sie hatte einen Wagen mit Chauffeur organisiert, der ihren Vater überall hinbringen konnte, wohin er wollte, insbesondere aus Bethesda im Norden, wo das Heim lag, zu ihrem Haus in Virginia westlich der Stadt. Sie hatte Erkundigungen über ihr Nachbarhaus eingeholt, das zu verkaufen war. Es war gut in Stand und erschien ihr ideal, alle Haupträume lagen in demselben Stockwerk, Bruno Bettelheim könnte gleichzeitig unabhängig und in ihrer Nähe sein, wie er es ursprünglich auch mit Ruth geplant hatte. Doch das Viertel gefiel ihm nicht, offenbar war es ihm zu weit außerhalb der Stadt. Sie hatte all seine Freunde kontaktiert und sogar eine Arbeit für ihn aufgetrieben: Gleich nach der Übersiedlung könnte er damit beginnen, je nach Wunsch zwei bis drei Seminare wöchentlich zur Ausbildung von Sozialarbeiterinnen für die Jewish Social Services abzuhalten.

Als er ankam, war Naomi entsetzt von seinem Zustand. Sogar seine legendäre Höflichkeit schien ihm abhanden gekommen zu sein. Als sie an einem Blumengeschäft vorbeigingen, schlug Naomi vor, einen Blumenstrauß für die Freundin von Freunden zu kaufen, die auf ihre Bitte hin innerhalb von zwei Tagen das große Galadiner zu seinen Ehren organisiert hatte, das an diesem Abend stattfinden sollte. »Unnötig«, beschied Bettelheim sie, »darüber bin ich hinaus.« Er war in düsterer Stimmung. Ein Altersheim schien ihm so schlimm wie das andere. Er redete ständig von seinem Selbstmord, sogar vor ihrem Sohn, der mittlerweile vier war. Erst mit der Drohung, sie würde ihm das Haus verbieten, wenn er so weitermachte, konnte Naomi ihn davon abbringen. Am Vorabend von Thanksgiving kamen Eric und Alvin Rosenfeld zu Besuch. Bettelheim begann wieder von seinem Selbstmord zu reden. Connie Katzenstein wollte vor ihrer endgültigen Zusicherung, ihn in die Niederlande zu begleiten, das Einverständnis seiner Kinder. Naomi forderte, Connie Katzenstein müsse zuerst bei einem Anwalt klären, daß sie damit nichts riskiere. Daraufhin wurde Bettelheim fuchsteufelswild, so daß schließlich Alvin Rosenfeld einlenkte und zu ihm sagte: »Schauen Sie, bringen Sie sich um, wenn Sie es wirklich wollen. Aber hören Sie auf damit, die Zustimmung Ihrer Kinder zu verlangen!«

Nach seiner Rückkehr aus Washington schrieb Bettelheim: »Ich habe mich jetzt entschlossen, Ende Januar in ein Altersheim in Silverspring in Maryland zu übersiedeln.«[62] Der holländische Arzt, der

62 Brief an E. R., 3. Dezember 1989.

ihm die Sterbehilfe versprochen hatte, war einem Herzschlag erlegen. Ein Grund mehr, Kalifornien zu verlassen. Er war davon überzeugt, daß seine polnische Haushälterin alles tun würde, um einen Selbstmord zu verhindern. Sie stehe sogar mitten in der Nacht auf, um ihn zu überwachen, beklagte er sich. Das hieß nicht, daß er sofort zur Tat schreiten wollte. Zunächst einmal wartete er auf das Erscheinen seines Buches und bereitete sich auf den Umzug vor. In seinen Glückwunschschreiben zum Jahresende gebrauchte er ziemlich oft das Futur: »Wir werden sehen«, hieß es da, oder: »Vielleicht wird es möglich sein«, oder: »Hoffentlich werde ich unter meiner neuen Adresse bessere Neuigkeiten von Dir zu hören bekommen!« Letzteres galt Carl Frankenstein, der mit einem Herzanfall ins Krankenhaus eingeliefert worden war. Bettelheims Brief erreichte ihn nicht mehr. Auf den angesehenen Lucas-Preis, den ihm die Tübinger Universität verleihen wollte, war Bettelheim ziemlich stolz. Einer Freundin schrieb er: »Der Lucas-Preis war eine große Überraschung und ist eine große Ehre. Aber ich glaube nicht, daß ich ihn bekommen werde, da ich dazu nach Tübingen kommen müßte, was ich für kaum möglich halte. Aber vielleicht wird mir die Übersiedlung neue Stärke geben, und ich kann es schaffen.«[63]

Weihnachten verbrachte Bettelheim mit Eric und seiner neuen Freundin, die einen sehr guten Eindruck auf ihn machte und seiner Hoffnung, vor seinem Tod noch Erics Hochzeit zu erleben, neue Nahrung gab. Anschließend ließ er sich auf Rudi Eksteins Bitte hin noch in dessen Beisein für das UCLA-Archiv zur Geschichte der Psychoanalyse interviewen. David Fisher kam mit einer Flasche Champagner zu Besuch, um das Erscheinen von Bettelheims neuem Buch zu feiern. Bettelheim wirkte glücklich. Der amerikanische Titel - *Freud's Vienna and other Essays*[64] und der Umschlag mit einer Schwarzweißfotografie der Berggasse 19 im Regen, die sich von dem darunterliegenden Braun eines Jugendstilmotivs aus dem Österreichischen Museum für Angewandte Kunst abhebt, schienen ihm zu gefallen. Fisher bemerkte, wie lange er dazu brauchte, um eine Widmung von drei Worten hineinzuschreiben. Am 19. Januar verließ Bettelheim schließlich nach unzähligen Abschiedsessen Los Angeles.

Die Möbel brauchten zwei Wochen für ihre Reise durch die Ver-

63 Brief an E. R., 6. Januar 1990. Der Lucas-Preis wurde Bettelheim postum im Zuge einer Gedenkfeier verliehen.

64 Dt.: *Themen meines Lebens*.

einigten Staaten, und so konnte Bettelheim erst am 2. Februar 1990 sein neues Heim im Charter House, Silver Spring, Maryland, beziehen. Das Apartment war geräumig und komfortabel ausgestattet, es bestand aus einem großen Wohnzimmer, zwei Schlafzimmern, einer sonnigen Terrasse, zwei Bädern und einer Küche. Naomi und ihr Mann scheuten keine Kosten, um es dem alten Mann gemütlich zu machen. Vorhänge, Teppiche, Bücherregale – alles war nach seinem Geschmack verändert oder erneuert worden. Eigenhändig hatten sie Stiche und Lithographien an den Wänden befestigt und die Bücher in die Regale geräumt. Außerdem hatten sie ihm einen neuen Computer geschenkt. Naomi hatte sichergestellt, daß ihr Vater jede ärztliche Hilfe erhielte und, sofern er im Gemeinschaftsspeisesaal aß, seine Eßprobleme berücksichtigt würden. Charter House, das Haus für gehobene Ansprüche und ein sorgenfreies drittes Lebensalter, war stolz, diesen hohen Gast bei sich empfangen zu dürfen, und veranstaltete zu seiner Ankunft ein Fest.

Er sei schrecklich enttäuscht, schrieb Bettelheim am 12. Februar an eine Freundin. Es gelang ihm nicht, einen einzigen Gesprächspartner zu finden, und er war sehr allein, noch viel mehr als in Santa Monica. Die Übersiedlung war ein Trauma für ihn, mehrere von seinen alten Möbeln waren beschädigt worden, und er bedaure es sehr, aus Kalifornien weggegangen zu sein. Die Unterschrift ist ein zittriges Gekritzel, aus dem nur noch das B etwas hervorragt; die wenigen Zeilen auf dem großen Blatt mit der neuen Adresse im Briefkopf sind voller Tippfehler – man merkt es diesem Brief an, daß der »müde alte Löwe«, wie Bettelheim sich einmal Alvin Rosenfeld gegenüber bezeichnet hatte, kaum noch Leben in sich hatte. Nur sein »schreckliches Gebrüll« war ihm geblieben.

So galt er bald als gräßlicher alter Griesgram, der an allem etwas auszusetzen hatte. Im Speisesaal konnte er keinen von denen ertragen, die bereit waren, sich an seinen Tisch zu setzen. Das Essen, der Service – nichts war ihm recht. Nachdem man zunächst alles mögliche unternommen hatte, ihn zufriedenzustellen, begann die Heimleitung zu resignieren, und die anderen Pensionäre wandten sich von ihm ab. Charter House war nicht die Orthogenic School, und niemand hatte ihnen gesagt, daß verzweifelte Alte genauso wie gestörte Kinder ihr Leiden durch unangenehmes Betragen ausdrücken.

Auch anderswo rief seine unglückliche Miene nicht immer nur Mitgefühl hervor. »Was ist Ihre Entschuldigung, hier zu sein?« fragte ihn einmal eine ihm unbekannte Dame bei einem Essen in Washington. »Ich bin vor zwei Monaten hierhergezogen«, antwortete er. – »Und wie gefällt es Ihnen hier?« – »Ich bin nicht glücklich.« – »Wie alt sind Sie eigentlich?« – »Sechsundachtzig.« – »Dann könnte ich Sie ja mit meinen Freunden von der Gesellschaft für Sterbehilfe bekanntmachen«, sagte die Dame, und um den Tisch machte sich betretenes Schweigen breit.[65]

Doch Bettelheim brauchte keinen Rat. Seit der Zeit, in der er sich mit dieser Frage auseinandergesetzt hatte, wußte er genau, was zu tun war. Die Pillen hatte er seit Trudes Tod. Da er sich nun allein behelfen mußte, galt es zu verhindern, daß er sich erbrach oder daß ihn jemand in letzter Sekunde rettete. Außerdem wollte er nicht leiden. Die Lösung dieser Probleme hatte er in den Schriften Derek Humphrys gefunden, des Gründers der Hemlock Society. Dieser hatte 1986 erklärt, wie er es selbst machen würde: Um den Prozeß zu beschleunigen und damit die Erfolgsaussichten zu verbessern, würde er sich nach der Einnahme der erforderlichen Menge von Barbituraten eine Plastiktüte über den Kopf ziehen. Als zusätzlichen Vorteil dieser Methode erwähnte er, daß das eingeatmete Kohlendioxid angeblich eine euphorisierende Wirkung habe.

Es sollte noch einen Monat dauern, bevor Bettelheim aufgab. Alles an seinem neuen Leben erschien ihm zum Verzweifeln. Er hatte die kalifornische Sonne gegen den Regen und den Nebel in Washington eingetauscht und den Ausblick über den Pazifik gegen den Anblick von ein paar zwischen Gebäuden verlorenen Bäumen. Er, der der amerikanischen Gesellschaft immer vorgeworfen hatte, wie sie sich ihrer Alten entledigte, gehörte nun selbst zu ihnen und wartete mit ihnen gemeinsam in einem Haus, das zwar gut geführt und mit ein paar Pflanzen verschönert, aber nichtsdestoweniger die letzte Station vor dem Friedhof war, auf den Tod. Zwischen Rollstühlen und Gehwagen – er, der immer solche Angst gehabt hatte vor Krankheit und Verfall. Er fand niemanden, der inmitten hohler Phrasen seine Ideen mit ihm teilte, und schriftlich konnte er sich auch nicht mehr ausdrücken.

Die wenigen Freunde, die er in Washington hatte, wohnten alle weit weg, von Naomi ganz zu schweigen. Und er hatte nicht einmal mehr Wanda, die ihn bedienen und fahren konnte – das war die Strafe für seine Jeremiaden. Aber, wie er in seinen Briefen gesagt

65 Die Anekdote stammt aus einem Artikel in der *Washington Post* vom 24. April 1990.

hatte: Er konnte nicht mehr zurück. Also versuchte er sich zu arrangieren. Er wollte auf mehreren Kolloquien auftreten, und eine Müttergruppe war in Vorbereitung. Nachdem sich herumgesprochen hatte, daß er sich in Washington aufhielt, häuften sich die Einladungen. Und als sein Agent Theron Raines ihn Ende Februar besuchte, damit er ihm aus seinem Leben erzähle, kamen sie kaum zum Reden, weil ständig das Telefon klingelte.

Bettelheim hatte sich lange Zeit geweigert, irgend jemandem die Zustimmung zu einer Biographie zu erteilen. Doch Theron Raines gab er 1984 schließlich nach. Geneviève Jurgensen, die er sehr schätzte, hatte er seine Vorbehalte gegen ein solches Unternehmen bereits zehn Jahre zuvor folgendermaßen dargelegt: »In Wahrheit bin ich ein sehr privater Mensch. Die Welt hat nur ein Anrecht darauf, meine Arbeit kennenzulernen, meine Gedanken zu Themen, über die ich mir zutraue, etwas zu sagen. Meine eigenen Kinder und der Rest meiner Familie haben schon genug unter meiner Bekanntheit gelitten ... Ich will nicht, daß sie zusätzlich darunter leiden müssen, daß ihr Vater und, soweit es meine Frau betrifft, ihr Mann auch noch als Person bekannt wird. Für sie war ich immer nur ein Vater, ein Ehemann, und das soll auch so bleiben, ich will nicht zum Eigentum der Öffentlichkeit werden. Es gibt verschiedene Seiten meiner Persönlichkeit - nichts, wofür ich mich schäme oder schämen müßte -, die Menschen, die nicht die gleiche Erfahrung gemacht haben, nicht verstehen würden, könnten, sollten. Dazu müßte man einen Roman schreiben oder ein Bild malen, und davon gibt es bereits genug. Als Mensch - nicht in meiner Arbeit - gehöre ich einer anderen Epoche, einer anderen Welt an. In meinem Leben gibt es Faktoren sehr privater Natur, die mich zu meiner Arbeit gebracht haben und auch dazu, daß ich sie gut machte. Ich möchte sie nicht veröffentlichen. Ein paar Sachen müssen privat bleiben, sonst wird man zum Schauspieler, Angeber oder Wichtigtuer. Wenn ich mich für ein Buch über mich interviewen ließe, hätte ich das Gefühl zu schwindeln, wenn ich diese Dinge, die in meinem Leben so wichtig waren, nicht erwähnte. Aber das sind Dinge, über die ich nicht sprechen möchte. Also müßte ich entweder unaufrichtig sein oder eben gar nichts sagen.«[66]

1984 lagen die Dinge anders. Bettelheims Kinder waren erwachsen und lebten weit entfernt von ihm. Trude befand sich im Endsta-

66 Brief an Geneviève Jurgensen, 20. Januar 1974.

dium ihrer Krankheit. Und Theron Raines war für Bettelheim mehr als ein Agent, er war ein treuer Freund, der seit vielen Jahren für seine Rechte und sein Werk eintrat. Also ließ er sich überreden, unter der Bedingung, daß Raines selbst der Verfasser der Biographie wäre. Er schrieb an seine Freunde und ehemalige Kollegen, daß sie Raines' Vorhaben unterstützen sollten, und begann, ihm in unregelmäßigen Abständen aus seinem Leben zu erzählen.

Da Theron Raines, offensichtlich aus Konkurrenzgründen, mir meine Fragen nicht beantworten wollte, bin ich ein letztes Mal auf die Hypothesen angewiesen, die ich in viereinhalb Jahren Recherche entwickelt habe. Das Projekt mag Bettelheim eine Zeitlang gereizt haben, doch Anfang 1990, als er in der tiefsten Depression steckte, gegen die es kein Mittel zu geben schien, wurde es für ihn vermutlich zu einer großen Belastung. Theron Raines, der ihn bedingungslos bewunderte, wäre sicher der letzte gewesen, dem er die »dunklen Geheimnisse« anvertrauen wollte, aufgrund derer er sein Leben lang versuchte, andere zu heilen. Wahrscheinlich war er davon überzeugt, er müßte Raines seine Legenden auftischen, mit Happy-Ends, die einem die Lust am Leben zurückgeben. Aber wie hätte er das machen sollen in dieser Zeit, da er selbst nur noch ans Sterben dachte? Und hätte ihn das nicht wieder einmal dem Vorwurf des Betrugs ausgeliefert, der ihn seit seiner Kindheit verfolgte? »Wie langweilig!« grummelte Bettelheim, als ihm am Sonntag, dem 11. März, wieder eine dieser Erinnerungssitzungen bevorstand.

Er hatte den Sonntag bei Naomi verbracht und war nachmittags kurz mit seinem Schwager spazierengegangen. Als sie am Nachbarhaus vorbeikamen, fragte er: »Ist es immer noch zu verkaufen?« Der Schwager verneinte, und Bettelheim kam nicht mehr darauf zurück. Später las er seiner Enkelin mehrmals ein kleines Buch mit dem Titel *Just Me and My Dad* vor, und Naomi machte ein Foto davon. Dann kehrte er nach Silver Spring zurück.

Er selbst las nur noch wenig. Er war zu deprimiert und zu leicht ablenkbar. Aber es gab Ausnahmen. *Moby Dick* zum Beispiel, dessen Eingangssatz ihn immer wieder aufs neue entzückte: »So nennt mich denn Ismael.« Diese wenigen Worte, in denen die ganze Tiefe einer Vergangenheit enthalten war, ohne daß sie erwähnt wurde, schienen ihm die Situation des Fremden, des Außenseiters vollkommen zu umfassen. Oder Goethe: *Faust* hatte für ihn nun eine ganz andere Bedeutung als in seiner Jugend. Anfang März hatte Ruth Marquis ihm ein Buch des israelischen Schriftstellers

Amos Oz geschickt, den er sehr schätzte, *Sumchi*. Es war eines von diesen Kinderbüchern, die auch Erwachsene zum Nachdenken bringen. Er hatte es in zwei Stunden gelesen, mit großem Vergnügen.

Er telefonierte oft mit Ruth Marquis. Doch bevor er sie anrief, nahm er, um sich ein wenig aufzuputschen, immer Ritalin, ein Beruhigungsmittel für Kinder (dessen Mißbrauch er oft angeprangert hatte), das bei Erwachsenen manchmal eine paradoxe Wirkung entfaltet. Er wußte, daß sie es nicht hören konnte, wenn er so deprimiert war. Wenn er sagte: »Ich bin nur ein häßlicher alter Jude«, war sie immer so konsterniert, daß sie gar nicht wußte, was sie sagen sollte. Dann spottete sie oder schimpfte, bis er wieder bei Laune war. Im Grunde verstand sie genausowenig wie alle anderen Freunde, wie dieser Mann, der immer so stark gewesen war und soviel bewirkt hatte, dem sie so viele wertvolle Ratschläge für ihr Leben verdankte, sich so klein machen konnte. Wieso er so schwierig, anspruchsvoll und unglücklich war und soviel Selbstbestätigung brauchte.

»The end is in the beginning ...«

Zwei Jahre nach Bruno Bettelheims Tod, an einem schönen Sommernachmittag auf Long Island, dachte ich darüber nach, was mir seine alte Freundin Wanda Willig über ihn erzählt hatte. Nachdem wir mit den konkreten Fragen fertig waren, hatten wir begonnen, unsere Gedanken und Beobachtungen auszutauschen. Und obwohl sie ihn so gut kannte, war Wanda ebenso neugierig wie vorsichtig mit ihren eigenen Bewertungen. Was sie bei Bettelheim nachträglich am meisten verunsicherte, war die Kluft zwischen dem anerkannten, bewunderten Menschen, als der er erscheinen wollte, und der fast peinlichen Bescheidenheit, die er manchmal zeigte. Sie sei ganz erschrocken gewesen von der kläglichen Stimme auf seinem Anrufbeantworter kurz vor seinem Tod: »He sounded so self-effacing«, sagte sie. »Er klang so demütig«, heißt das übersetzt, aber buchstäblich eben »selbstauslöschend«, und diese Bemerkung ging mir lange im Kopf herum. Denn es dauerte eine gewisse Zeit, bis ich verstanden hatte, daß Bruno Bettelheim sich auf die radikalste Weise wirklich selbst ausgelöscht hat.

Diesen Bruch im Selbstbild Bruno Bettelheims, der für alle sichtbar war, die ihn liebten, ohne ihm zu verfallen, würden einige Psychoanalytiker Scham nennen. Den Mangel an Eigenliebe, der diese gähnende Kluft aufreißt, würden sie auf eine Verletzung aus der Zeit vor der Strukturierung der Persönlichkeit zurückführen, die der enttäuschte Blick der Mutter dem Baby zufügt: Wenn sie ihr Kind zum erstenmal sieht, und es entspricht nicht ihren Träumen, wendet sie ihren Blick von ihm ab. Und da sie sich schuldig fühlt, kompensiert sie manchmal ihre unbewußte Abneigung durch eindrucksvolle Liebesbeweise.

Das Baby ist nicht schön – »Gott sei Dank, es ist ein Junge!« –, es verdient die Zuwendung seiner Mutter nicht (weniger jedenfalls als die »anderen gesellschaftlichen Verpflichtungen«, deretwegen sie den Jungen einer Amme überläßt). Und das Kind kann ihr nicht einmal böse sein deshalb, sie ist doch so liebevoll (und verbringt die ganze Nacht an seinem Bett, wenn es krank ist). Also ist es sein eigener Fehler, wenn es nicht erreicht, daß sie ihm »ihre ganze Zeit widmet«. Es ist nicht, was es sollte. Es ist offensichtlich der Liebe nicht wert, die ihm so sehr fehlt, daß es daran sterben könnte. Und dieser Mangel, diese Zweifel, diese Scham, die sich in der Seele des Kindes einnisten, bevor es die Möglichkeit hat, sie zu überwinden und daraus etwas anderes zu machen, sind nie wieder gutzumachen.

Mit dem Ödipuskomplex entdeckt das Kind die Schuld, und manchmal gelingt es ihm, seine Scham dahinter zu verbergen, das heißt, es beginnt zu hoffen, daß es etwas wiedergutzumachen gebe. Der Mangel an Liebe erscheint dem Kind nun nicht mehr als Folge dessen, was es ist, sondern als Folge dessen, was es getan (oder nicht getan) hat. Im besten Falle wird es sein Leben lang daran arbeiten, den Fluch zu durchbrechen und den Schatten in seiner Seele zu Licht zu machen. So versuchte Bruno Bettelheim, diese verhängnisvolle Spur in den Seelen seiner Kinder zu löschen, wenn sie früh genug entdeckt wurde, oder ihnen zumindest dabei zu helfen, die Scham zu Schuld zu machen, um ihnen das Leben zu erlauben.

Aber das Unternehmen war verwegen, denn die Scham zeugt Verachtung. Besonders wenn die Ziele der Wiedergutmachung unerreichbar sind. Wenn es nicht ausreicht, unheilbar Kranken zu helfen, wenn man sie unbedingt heilen muß, um den Zweifel endlich zu besänftigen. Doch die Erleichterung ist stets nur von kurzer Dauer. Um weiterzuleben und diesem Leben einen Sinn zu geben, muß man den Zweifel immer wieder von neuem zum Schweigen bringen, weil er immer wieder aufersteht, beim geringsten Fehler, bei der kleinsten Differenz zwischen dem, was man (sein) wollte, und dem, was man (tun) konnte, zwischen dem öffentlichen Bild des Magiers mit seinen Verheißungen und den manchmal enttäuschenden Ergebnissen der intensivsten Bemühungen.

Hinter dieser Differenz, in diesem »Abgrund«, wie Bettelheim sagte, lauert die Depression. Der Haß auf den Sonnenaufgang und die Unfähigkeit aufzustehen. Das Schreiben in der Dunkelheit, weil man den Grund seiner Seele nur im Schatten der Nacht, der Träume enthüllen kann, verborgen vor dem Blick der anderen, wenn alle schlafen und man nichts beweisen muß. Die Depression, die jede Lust zu leben, zu kämpfen, zu schaffen tötet.

Wir werden nicht erfahren, bis zu welchem Punkt Bruno Bettelheims Analyse diese Mechanismen enthüllen konnte. Er selbst hat gesagt, sie habe ihm erlaubt, die Gründe seiner Depression zu erkennen, nicht aber, sie zu überwinden. Die Form, die er für seinen Tod gewählt hat, scheint das zu bestätigen. Doch ob auf Richard Sterbas Couch oder in Buchenwald – er hat erkannt, was er brauchte: den Blick, der die Scham auslöscht.

Er fand ihn im Lager bei Hans Bandler und all den anderen, denen er durch Zuhören und Geschichtenerzählen Lebenslust und Menschenwürde zurückgab. Doch dort waren die Dinge paradoxerweise einfach, denn die Wirklichkeit reduzierte sich auf die Alternative zwischen Leben und Tod. Seinem »zweiten Leben« gab der Blick der Schüler, Erzieher und Leser einen Sinn. Jedes Buch und jeder Aufsatz bewiesen immer wieder von neuem, daß er ein Existenzrecht hatte, weil sein Name darin stand, schwarz auf weiß, aber auch, daß ihm seine Gedanken und beispielhaften Geschichten nicht nur Bewunderung einbrachten, sondern Liebe.

Aber es war vor allem Trude, die seine Zweifel besänftigen konnte. Daß er Ginas kritische Sicht durch Trudes beruhigenden, aufbauenden Blick ersetzte, zeigt den Instinkt des Überlebenden und beweist, daß sein Geschmack am Leben stärker war als die Anziehungskraft seines seelischen Abgrunds. Das war sicher nicht leicht. Denn die Scham, die von der »schlechten«[67] Mutter so tief in die Seele des Kindes eingeschrieben wird, läßt sich durch oberflächliche Schmeicheleien nicht löschen. Im Gegenteil, sie tragen

67 Die Mutter, die nicht »gut genug« i. S. Winnicotts ist. Es ist sicher klar, daß hier nicht die Rede davon ist, Paula Bettelheim Vorwürfe zu machen, die nach allem, was mir bekannt ist, eine beispielhafte Mutter war. Das hat ihren Sohn allerdings nicht daran gehindert, ein ganzes Buch zu schreiben, das ihn viel Zeit und Quälerei gekostet hat, um zu beweisen, daß seine Eltern immer »gut genug« waren – *A Good Enough Parent* (dt.: *Ein Leben mit Kindern*).

nur zur Verschlimmerung der Wunde bei, denn sie fügen dem Selbstzweifel noch den Vorwurf des Betrugs hinzu: »Nicht nur, daß ich ihrer Liebe nicht wert bin, sondern daß ich es auch noch geschafft habe, aus den falschen Gründen geliebt zu werden, zeigt, wie schlecht ich eigentlich bin« - abstoßend oder verrückt, je nach der speziellen Form, die dieser Zweifel, dieser Mangel an Selbstachtung annimmt. »Außerdem ist sie auch nicht mehr wert als ich, also kann ich meine Verachtung auch gegen sie richten, weil sie mein Spiel nicht durchschaut hat.«

Gina konnte Bruno Bettelheim von Anfang an vertrauen, weil die Verachtung in ihren Augen ihm nur die Verachtung widerspiegelte, die er für sich selbst hegte. Daß es Trude mit Geduld und Hartnäkkigkeit schließlich gelungen ist, Bruno die Gültigkeit ihres Blicks auf ihn aufzuzwingen, ist ein Beweis ihrer Liebe, aber vor allem ihrer großen Klugheit. Und daß Bruno so hart zu ihr war, als sie starb, lag nicht nur daran, daß er unter der Erinnerung an die Agonie seines Vaters litt, sondern vor allem an seiner Angst vor dem Verlöschen dieses Blicks, dem er schließlich mehr glaubte als seinem eigenen. Diese Angst war für ihn nicht nur unerträglich, sondern im buchstäblichen Sinne tödlich, wie er kurz vor dem Selbstmord auch seinen Kindern gestand.

Das ist der letzte Kiesel, der Bruno Bettelheim - wie Hänsel oder den kleinen Däumling - nach Hause zurückführt, wo ein guter, aber schwacher Vater sich nicht zwischen ihn und die Mutter stellen konnte. Bettelheims Mutter hat ihren Sohn nicht im dunklen Wald ausgesetzt. Im Gegenteil, sie tat alles, um ihn aus der teuflischen Welt herauszuholen, in die er eines Tages geraten war - wegen seiner Abstammung, die sie an ihn weitergegeben hatte, ohne ihn auch den Stolz darauf zu lehren. Eine Welt, in der er trotz allem gelernt hatte, aufrecht zu gehen. Wo er den Mut gefunden hatte, auf die schützende Blindheit zu verzichten, die ihn vor dem Anblick seiner Häßlichkeit bewahren sollte, vor der die Mutter sich abgewandt hatte.

Am Dienstag, den 13. März, um 8 Uhr 15 rief der Portier von Charter House in der Rezeption an, um Hilfe zu holen. Als er dank seines Generalschlüssels das Apartment Nummer 1007 geöffnet hatte, war er auf den Körper Bruno Bettelheims gestoßen. Er lag hinter der Tür auf dem Boden, den Kopf in einer Plastiktüte, die von Gummibändern um den Hals festgehalten wurde, ohne Hemd, die Brille gleich daneben auf dem grauen Teppichboden. In seiner Schreibmaschine steckte noch ein Abschiedsbrief an seine Kinder: Er könne nicht ohne ihre Mutter leben.

Kurz nach neun Uhr kamen die Polizeibeamten Laney und Wass und stellten Bruno Bettelheims Tod fest. Vermutlich war er gegen zwei Uhr nachts gestorben. Er hatte Barbiturate und etwas Alkohol eingenommen.

Am selben Tag vor fünfzig Jahren waren die Wehrmachtspanzer unter wehender Naziflagge in Wien eingefallen, und das Volk auf den Bürgersteigen schrie dazu : »Juda verrecke!« Diese Koinzidenz war zweifellos nicht beabsichtigt, davon sind jedenfalls die Kinder und alle damaligen Freunde Bruno Bettelheims überzeugt. Aber so ist das Gedächtnis des Unbewußten: Es kennt keinen Zufall.

Danksagung

Dieses Buch hat mir viel gebracht. Aber es hat auch diejenigen, die mir nahestehen, viel gekostet. Jemand, den Bettelheim liebte, sagte einmal zu mir: »Das ist eine Seelenverwandtschaft zwischen uns. Man kann Bruno Bettelheim nicht verstehen, wenn man nicht gelitten hat.« Mag sein. Doch meinen Lieben hätte ich diese Prüfung gern erspart. Ich danke ihnen, daß sie durchgehalten haben, auch wenn manchmal kein Licht am Ende des Tunnels zu sehen war.

Auch Freundschaft spielte eine wichtige Rolle – ohne die Unterstützung meiner Freunde hätte ich es nicht geschafft. Sie haben mich auf meinem ganzen Weg begleitet. Sie boten mir in den USA, in Israel, in Österreich ein Dach über dem Kopf. Sie halfen mir, schwierige Phasen zu überstehen. Sie stellten mir ihr Wissen zur Verfügung, wenn ich nicht mehr weiterwußte. Sie hörten geduldig und aufmerksam zu, wenn ich mit Selbstzweifeln und vorschnellen Urteilen zu kämpfen hatte. Manche lasen, was ich geschrieben hatte, und halfen mir, die richtigen Worte für komplizierte Gedanken zu finden. Sie waren da, wenn ich sie brauchte. Meinen allerherzlichsten Dank an Helga Abraham, Marie-Ange d'Adler, Anne Albertson, Gordon Anderson, Thérèse Binchet, Danièle Braunschweig, Jean-Michel Braunschweig, Frank Browning, Faye und Charles Carey, Marie-Pierre Carretier, Shalom Cohen, Simone Conrad-Eybesfeld, Marie-Odile Fargier, Micheline Faure, Anita Frankel, Danièle Granet, Jean-Guy Gourson, Mark und Carol Hosenball, Ronnie Koven, Catherine Lamour, Martine Ledieu, Marie-José Lepicard, Charles Lutz, Katia Lutz, Denise Mairey, René Major, Marie-Charlotte Maupas, Andrée Mazzolini, Jean-Michel Normand, Nora Pouillon, Pierre Pouillon, Renée Shiponi, Mary Sills, Michelle Slung, Noreen Taylor, Christiane Tenenhaus, Bénédicte Thiéfine, Micheline Weinstein, Paul Zimmerman.

Von denen, die ich wegen dieses Buches getroffen habe, sind einige zu Freunden geworden: Laurence Dahan-Gaida, deren Wien-Kenntnis mir sehr geholfen hat und die vor allem Bettelheims Doktorarbeit las. Danièle Lévy, mit einem ähnlichen Projekt beschäftigt und stets bereit, mir dabei zu helfen, im Labyrinth meines Zweifels den roten Faden zu finden. Und Candace Hilldrup und Geneviève Jurgensen, die von der Orthogenic School nach Paris gekommen waren.

Mein aufrichtiger Dank gilt all jenen, die Bettelheim kannten und mir zutrauten, etwas von seinem Geist zum Leben zu erwecken. Zuallererst Naomi und Eric Bettelheim, die fast alle meine Bitten erfüllten, ohne jemals etwas dafür zu erwarten. Ihre Großzügigkeit und Nichteinmischung erlaubten mir, den Respekt für ihren Vater wiederzufinden, den ich an einem bestimmten Punkt zu verlieren begann. Und allen anderen: Etti Andreani, Ronald Angres und seinen Eltern, Hans Bandler, Bill Blau, Hedda Bolgar, Heidi Braham, Stuart Brent, Heidi und Willy Brown, Jean Brown, Steve Cahodes, Madeleine Chapsal, Leslie Cleaver, Bert Cohler, Mary-Ellen Cowan, Lee Cronbach, Preston Cutler, Gayle Donovan, Ronnie Dryovage, Nechama Edelman, Eliott Eisner, Kurt Eissler, Rudi Ekstein, Alex Elsen, Ernst Federn, Seymour Feshback, David Fisher, Maurie Formigoni, Ugo Formigoni, Charlotte Fowler, Seymour Fox, Ljuba Frankenstein, Elio Fratteroli, Marylin Garner, Desy Gerard, Jakob Getzel, Gilo Goetzl, Myles Gordon, Sue Gotschall, Joelle de Gravelaine, Richard Grossman, Leah Hadoumi, Nina Helstein, Aimee Horton, Roland Humery, Katherine Isenstadt, Gayle Shulenberger Janowitz, Diana Grossman Kahn, George und Cathy Kaiser, Jeremiah Kaplan, Linda Kaplan, Daniel Karlin, Connie Katzenstein, Jerry Kavka, Moshe Kerem, Oliver Kerner, Shelton Key, Charles Kligerman, Don Kofall, Robert Koff, Maria Kramer, Adrian Kuypers, Gretel Lowinski, Kathy und Mark Lubin, Patsy Lyne, Augusta Wallace Lyons, Tom Lyons, Jacky und Alan Manne, Ruth Marquis, Rahel Messinger, Leo und Ruth Nedelsky, Bernice Neugarten, Eva Neurath, Tom Neurath, Joseph Noshpits, Julie Newman, Heather Ogilvie, Nell Pekarski, Charles Pekow, Patty Pickett McKnight, Eleonor und Gerard Piel, Maria Piers, George Pollack, Emmi Radanowicz-Vischer, Betty-Lou Pingree Rellahan, Albert Reiss Jr., Jacquelyn Sanders, Louis Shapiro, Edward Shils, Edwin Shneidman, Judy und Lee Shulman, Ada Skyles, Johanna Tabin, Ralph Tyler, Fae und Bob Tyroler, Jane Ullman, Annie Urbach, Charles Walton, Saul Wasserman, Gina Weinmann, Clifford

Wilk, Miriam Williams, Wanda Willig, Josette Wingo, Ben Wright, Luitgard Wundheiler, Richard Younker und Karen Zelan. Sie waren mehr oder weniger begeistert, mit mir zu sprechen, manche vertrauten mir sofort, andere waren vorsichtiger. Aber alle trugen dazu bei, das Bild des vielschichtigen Mannes in meinem Kopf entstehen zu lassen, den ich nie gesehen habe. Das trifft auf die, die im Bericht seines Lebens vorkamen, genauso zu wie auf alle anderen.

Ich danke auch jenen, die Bettelheim zwar nicht kannten, aber mir dabei halfen, einige Aspekte seines Lebens zu verstehen: Elisabeth Badinter, Ralph Bettelheim, Werner Bettelheim, Howard Buten, Marie Cardinal, René Diatkine, Alan Dundes, Ellen Fine, André Green, Russell Jacoby, Betty Looram, Paul Marcus, Jeffrey M. Masson, Léon Poliakov, Michael Pollack, Jean-Bertrand Pontalis, Jean Pouillon, Paul Roazen, Alan Rosenberg, Elisabeth Roudinesco, Claudine Vegh, Annette Wieviorka. Dank an Herbert Belch, Edith Buxbaums Testamentsvollstrecker, der mir Zugang zu ihren unveröffentlichten Memoiren gewährte. Dank an die vielen Dokumentationszentren und Bibliotheken, die mir immer geholfen haben, oft weit über meine Erwartungen hinaus, besonders die Regenstein Library, das Psychoanalytische Institut Chicago, das Centre de documentation juive contemporaine, die Dachau-Gedenkstätte, die Ford Foundation, das Wiener Freud-Haus, das Gymnasium Albertgasse, das Rockefeller-Archiv, die Franklin D. Roosevelt Library, die Lehmann-Sammlung der Columbia University, die Israelitische Kultusgemeinde in Wien, das Archiv der Firma Singer u.v.a.

Dank auch an meine Lektoren, Monique Nemer und Claude Durand, für ihre Geduld.

Und danke schließlich dem Centre national du livre für seine Unterstützung.[1]

Paris, 17. Juli 1995

1 Dank an die Gedenkstätten von Dachau und Buchenwald, die Wiener Sigmund-Freud-Gesellschaft, Cilly Kugelmann vom Frankfurter Jüdischen Museum und Dr. Cornelia Habich für ihre wertvollen Auskünfte (A.d.Ü.).

Bibliographie

Die Werke Bruno Bettelheims

1. Bücher

Liebe allein genügt nicht. Die Erziehung emotional gestörter Kinder, aus dem Amerikanischen von Gudrun Theusner-Stampa, Stuttgart 1971 (Originalausg.: *Love is Not Enough*, New York 1950)
Die Symbolischen Wunden. Pubertätsriten und der Neid des Mannes, aus dem Amerikanischen von Helga Triendl, München 1975 (Originalausg.: *Symbolic Wounds*, New York 1954)
So können sie nicht leben. Die Rehabilitierung emotional gestörter Kinder, aus dem Amerikanischen von Gudrun Theusner-Stampa, Stuttgart 1973 (Originalausg.: *Truants from Life. The Rehabilitation of Emotionally Disturbed Children*, New York 1955)
Aufstand gegen die Masse. Die Chance des Individuums in der modernen Gesellschaft, aus dem Amerikanischen von Hermann Schroeder und Paul Horstrup, München 1966 (Originalausg.: *The Informed Heart - Autonomy in a Mass Age*, New York 1960)
Gespräche mit Müttern, aus dem Amerikanischen von Friedrich Griese, München 1977 (Originalausg.: *Dialogues with Mothers*, New York 1962)
Die Geburt des Selbst. The Empty Fortress. Erfolgreiche Therapie autistischer Kinder, aus dem Amerikanischen von Edwin Ortmann, München 1977 (Originalausg.: *The Empty Fortress. Infantile Autism and the Birth of the Self*, New York 1967)
The Children of the Dream, New York 1969
Der Weg aus dem Labyrinth. Leben lernen als Therapie, aus dem Amerikanischen von Eva Gärtner, Stuttgart 1975 (Originalausg.: *A Home for the Heart*, New York 1974)
Kinder brauchen Märchen, aus dem Amerikanischen von Liselotte Mickel und Brigitte Weitbrecht, Stuttgart 1977 (Originalausg.: *The Uses of Enchantment*, New York 1976)
Erziehung zum Überleben. Zur Psychologie der Extremsituation, aus dem Amerikanischen von Edwin Ortmann, Rudolf Hermstein und Brigitte Weitbrecht, Stuttgart 1980 (Originalausg.: *Surviving and Other Essays*, New York 1979)

Freud und die Seele des Menschen, aus dem Amerikanischen von Karin Graf-Brücker, Düsseldorf 1984 (Originalausg.: *Freud and Man's Soul*, New York 1982)
Ein Leben für Kinder. Erziehung in unserer Zeit, aus dem Amerikanischen von Liselotte Mickel, Stuttgart 1987 (Originalausg.: *A Good Enough Parent*, New York 1987)
Themen meines Lebens. Essays über Psychoanalyse, Kindererziehung und das jüdische Schicksal, aus dem Amerikanischen von Rüdiger Hipp und Otto P. Wilck, Stuttgart 1990 (Originalausg.: *Freud's Vienna and Other Essays*, New York 1990)

In Zusammenarbeit mit
– Morris Janowitz, *Dynamics of Prejudice: A Psychological and Sociological Study of Veterans*, New York 1950; wiederabgedruckt in *Social Change and Prejudice*, New York 1964 und 1975
– Daniel Karlin, *Un autre regard sur la folie*, Paris 1975
– Karen Zelan, *Kinder brauchen Bücher. Lesen lernen durch Faszination*, aus dem Amerikanischen von Liselotte und Ernst Mickel, Stuttgart 1982 (Originalausg.: *On Learning to Read. The Child's Fascination with Meaning*, New York 1981)
– Alvin A. Rosenfeld, *Kinder brauchen Liebe. Gespräche über Psychotherapie*, aus dem Amerikanischen von Ulrike Stopfel, Stuttgart 1993 (Originalausg.: *The Art of the Obvious. Developing Insight for Psychotherapy and Everyday Life*, New York 1993)

Beiträge, Vor- und Nachworte zu anderen Büchern
»The Evaluation of the Appreciation of Art«, *Appraising and Recording Student Progress*, Bd. 3, New York 1942
»Concentration Camps, German«, *Ten Eventful Years*, Encyclopaedia Britannica, Bd. 2, Chicago 1947
»The Special School for Emotionally Disturbed Children«, Yearbook of the National Society for the Study of Education, Teil 1, Chicago 1948
»A Therapeutic Milieu«, Reed, Alexander und Tomkins, Hg., *Psychopathology, a Source Book*, Harvard University Press, 1958
Vorwort zu Miklos Nyiszli, *Auschwitz – A Doctor's Eyewitness Account*, Greenwich/Conn. 1960
»The Real Lesson of the Concentration Camp«, A. Kazin, Hg., *The Open Form: Essays for Our Time*, New York 1961
»Self-Realization for the Educated Woman«, *The Role of the Educated Woman*, Rice University Symposium, 1963
»The Commitment Required of a Woman Entering a Scientific Profession«, *Women and the Scientific Professions*, MIT Press, 1965
»How Much Can Man Change?«, Daniel Schreiber, Hg., *Profile of the School Dropout*, New York 1967
Nachwort zu Charlotte Beradt, *The Third Reich of Dreams*, Chicago 1968
»Alienation and Autonomy«, Ben Rothblatt, Hg., *Changing Perspectives on Man*, University of Chicago Press, 1968

»Autonomy and Inner Freedom, Skills of Emotional Management«, *Life Skills in School and Society*, ASCD 1969 Yearbook Committee, Washington 1969
»The Education of Emotionally and Culturally Deprived Children«, R. Ekstein und R. L. Motto, *From Learning for Love to Love of Learning*, Brunner/Mazel Inc., 1969
Vorwort zu Gerhard Bosch, *Infantile Autism*, New York 1970
»Education and the Reality Principle«, *Moral Education: Five Lectures*, Harvard University Press 1970
»About Summerhill«, *Summerhill: For and Against*, Hart Publishing Co., 1970
»Growing Up Female«, *Starting Over, A College Reader*, New York 1970
»Infantile Autism«, Silvano Arieti, Hg., *The World Biennial of Psychiatry and Psychotherapy*, Bd. 1, New York 1970
»The Chance in Woman's Role in Home and Society«, *What is Happening to American Women*, Atlanta 1970
»About the Sexual Revolution«, *Sexual Latitude: For and Against*, Hart Publishing Co., 1970
»Mental Health in Slums«, *The Social Impact of Urban Design*, University of Chicago Center for Policy Study, 1971
»The Future of Residential Treatment in the Society of the Future«, *Healing through Living*, Springfield/Ill. 1971
»The Anatomy of Academic Discontent«, Sidney Hook, Hg., *In Defense of Academic Freedom*, Pegasus, 1971
Vorwort zu William T. Kulik, *Faces of Authority*, Scott, Foresman & Co., 1972
»To Nurse and to Nurture«, L. Schwartz, *The Psychodynamics of Patient Care*, Prentice Hall, 1972
»Regression as Progress«, P. Giovacchini, Hg., *Facts and Techniques in Psychoanalytic Therapy*, Science House, 1972
»Middle-class Teacher and Lower-class Child«, H. J. Walberg, Hg., *Rethinking Urban Education*, San Francisco 1972
Vorwort zu G. Jurgensen, *La Folie des autres*, Paris 1973
Vorwort zu T. Carlier, Hg., *Les Mille et une nuits*, Paris 1978
Nachwort zu Claudine Vegh, *Je ne lui ai pas dit au revoir*, Paris 1979
»The Child's Perception of the City«, Michael C. Jaye und Ann Chalmers Watts, Hg., *Literature and the Urban Experience: Essays on the City and Literature*, New Jersey 1981
Vorwort zu Marie Cardinal, *The Words to Say It*, Cambridge/Mass. 1983
Nachwort zu Charlotte Beradt, *The Third Reich of Dreams*, Wellsborough 1985
»La Vienne de Freud«, Katalog der Ausstellung Paris–Wien im Centre Pompidou, Paris 1986
»Lionel Trilling on Literature and Psychoanalysis«, *Explorations: The Twentieth Century*, Bd. 3, University of Southwestern Louisiana, 1989

2. Artikel und Essays

1943
»Individual and Mass Behavior in Extreme Situations«, *Journal of Abnormal and Social Psychology*, Oktober

1944
»Behavior in Extreme Situations, *Politics*, 1. August
Über Bernard C. Heyl, *New Bearings in Aesthetics and Art Criticism*, *College Art Journal*, 4. November

1945
Über K. Mannheim, *Diagnosis of our Time*, *Politics*, 2. Januar
»The Helpless and the Guilty«, *Common sense*, 14. Juli
»War Trials and German Re-Education«, *Politics*, 2. Dezember

1946
»A Scientific Approach to the Problem of Prejudice«, Public Relations Workshop Summary, American Council on Race Relations, September

1947
»What Students Think About Art«, General Education in the Humanities, American Council on Education
»The Concentration Camp as a Class State«, *Modern Review*
»Self-Interpretation of Fantasy«, *American Journal of Orthopsychiatry*, Januar
»The Dynamism of Anti-Semitism in Gentile and Jew«, *Journal of Abnormal and Social Psychology*, 42, April
Mit E. Sylvester, »The Therapeutic Influence of the Group on the Individual«, *American Journal of Orthopsychiatry*, 17, Oktober

1948
»The Victim's Image of the Anti-Semite«, *Commentary*, 5. Februar
Mit E. Sylvester, »A Therapeutic Milieu«, *American Journal of Orthopsychiatry*, 18, Nr. 2, April
»Some Concomitants of Prejudice«, *Intercultural Educational News*, Juni
»Closed Institutions for Children?«, *Bulletin of the Menninger Clinic*, 12, Nr. 4, Juli
»Somatic Symptoms in SuperEgo Formation«, *American Journal of Orthopsychiatry*, 18, Nr. 4, Oktober
Über Marie Bonaparte, *Myths of War*, *American Journal of Sociology*, November
Über K. L. Pinson, *Essays on Anti-Semitism*, *American Journal of Sociology*, November
»Exodus, 1947«, *Politics*, Dezember
»The Social-Studies Teacher and the Emotional Needs of Adolescents«, *School Review*, Chicago, Dezember

1949
Mit E. Sylvester, »Physical Symptoms in Emotionally Disturbed Children«, Bde. III–IV, *Psychoanalytic Study of the Child*, International Universities Press, New York

Mit E. Sylvester, »Milieu Therapy – Indications and Illustrations, *Psychoanalytic Review*, 36, Nr. 1, Januar
»A Psychiatric School«, *Quarterly Journal of Child Behavior*, 1, Nr. 1, Januar
»Harry – A Study in Rehabilitation«, *Journal of Abnormal and Social Psychology*, 44, April
Über Kurt Lewin, *Resolving Social Conflicts: Selected Papers on Group Dynamics, American Journal of Sociology*, Mai
Mit M. Janowitz, »Ethnic Tolerance: a Function of Social and Personal Control«, *American Journal of Sociology*, 55, September
Über Alexander Mitscherlich, *Doctors of Infamy – The Story of the Nazi Medical Crimes, American Journal of Sociology*, 55, September
»On the Rehabilitation of the Offender«, *Federal Probation*, 13, Dezember

1950
Mit E. Sylvester: »Delinquency and Morality, *Psychoanalytic Study of the Child*, Bd. 5
Mit M. Janowitz: »Dynamics of Prejudice«, *Harpers*
»Przypadek Harry's Ego«, *Psychological Abstracts*, 25
Über K. R. Eissler, *Searchlights on Delinquency, American Journal of Sociology*
»Love is not Enough«, *University of Chicago Magazine*, Januar
Mit M. Janowitz: »Reactions to Fascist Propaganda – a Pilot Study«, *Public Opinion Quarterly*, Frühjahr
»The Relief of Understanding«, *University of Chicago Magazine*, 42, Juni
»The Psychoanalysis of Anti-Semitism«, über N. Ackerman und M. Johoda, *Anti-Semitism and Emotional Disorder, Complex*, 3, September
Mit M. Janowitz: »Prejudice«, *Scientific American*, Oktober
Mit E. Sylvester: »Notes on the Impact of Parental Occupations«, *American Journal of Orthopsychiatry*, 20, Oktober
Über Emil A. Gutheil, *The Autobiography of Wilhelm Stekel, American Journal of Sociology*, 56, November

1951
Über Jerome Davis, *Character Assassination, University of Chicago Law Review*, 18
Über Jules Henry, *Family Structure and Psychic Development, American Journal of Orthopsychiatry*, 21, Februar
Über David Riesman, *The Lonely Crowd, University of Chicago Magazine*, 43, März
»Institutional Care of Problem Children«, 2, *Megamot*, Jerusalem, April
»Love is not Enough«, University of Chicago Round Table, Juli
»How to Arm Our Children against Anti-Semitism«, *Commentary*, 12, September
»Does Your Child Fight Sleep?«, *Parents' Magazine*, 26, Oktober
»Helping Jewish Children to Face Prejudice«, *Jewish Affairs*, Oktober
Über Margaret L. Lambert, *Children in Conflict, Marriage and Family Living*, November
Über E. F. M. Durbin und J. Bowlby, *Personal Aggressiveness and War, American Journal of Sociology*, 57, November

Über John Dollard und Neal Miller, *Personality and Psychotherapy, Elementary School Journal*, 52, Dezember
»The Case of Michael«, Institute for Juvenile Research, Dezember

1952
»Mental Health and Current Mores«, *American Journal of Orthopsychiatry*, 22, Januar
»Schizophrenic Art: A Case Study«, *Scientific American*, April
»Mental Health and the Child«, *The Elementary School Journal*, 53, Oktober
»Remarks on the Psychological Appeal of Totalitarism«, *American Journal of Economics and Sociology*, Oktober
Über Lester Kirkendall, *Sex Education as Human Relations, Federal Probation*, 16, Dezember

1953
»Securing Our Children against Prejudice«, *Jewish Center Worker*, 14, Januar
Über S. Freud, *An Autobiographical Study, American Sociological Review*, 18, Juni
Über C. E. Moustakas, *Children in Play Therapy, Elementary School Journal*, 54, Dezember

1954
»Governor's Conference on Mental Health«, *Elementary School Journal*, 54
Über W. C. Smith, *The Step-Child, University of Chicago Magazine*, 46, April

1955
»Individual Autonomy and Mass Control«, *Frankfurter Beiträge zur Soziologie*
Über Frederic Wertham, *Seduction of the Innocent, Library Quarterly*, 25, Januar
»Don't Deny Them Discipline«, *National Parent Teachers*, 49, März
»Death Life's Purpose?«, über K. R. Eissler, *The Psychiatrist and the Dying Patient, Chicago Review*, 9, Juni
»Early Ego Development in a Mute Autistic Child«, *Bulletin of the Philadelphia Association for Psychoanalysis*, 15, September
Mit B. Wright, »Staff Development in a Treatment Institution, *American Journal of Orthopsychiatry*, 25, Oktober
»Educational News, German Schools Revisited, *Elementary School Journal*, November

1956
»Returning to Dachau«, *Commentary*, 21, Februar
»Discrimination and Science«, über Kenneth B. Clark, *Prejudice and Your Child, Commentary*, 21, April
»Childhood Schizophrenia as a Reaction to Extreme Situations«, *American Journal of Orthopsychiatry*, 26, Nr. 3, Juli
»Fathers shouldn't try to be Mothers«, *Parents' Magazine*, 31, Oktober

1957
Über Ernest Jones, *The Life and Work of Sigmund Freud, American Journal of Sociology*, 62, Nr. 4, Januar

Über *Promise of Youth: Exploring Psychiatric Research in Juvenile Delinquence, Federal Probation*, März
Mit B. Wright, »Professional Identity and Personal Rewards in Teaching«, *Elementary School Journal*, März

1958
»Psychiatric Consultation in Residential Treatment: The Doctor's View«, *American Journal of Orthopsychiatry*
»Ernest Jones' Freud: A Dissenting Opinion«, *New Leader*, 19, 19. Mai
»Segregation: New Style«, *School Review*, Herbst
»Sputnik and Segregation«, *Commentary*, 26, Oktober
»Toward a New School«, *Elementary School Journal*, 59, November

1959
Über den Film *Mortality in Infants*, von B. Mittelman, *Contemporary Psychology*, 4
»Reading the Signs of Mental Health«, *National Parent Teachers*, 53, März
»Joey: A Mechanical Boy«, *Scientific American*, 5. März
»Feral and Autistic Children«, *American Journal of Sociology*, 64, März
»Nakhes Fun Kinder«, *Reconstructionist*, 25, April
Über Erich Fromm, *Sigmund Freud's Mission, New Leader*, 42, Mai
»A Note on the Concentration Camps«, über Viktor Frankl, *From Death-Camp to Existentialism: A Psychiatrist's Path to a New Therapy, Chicago Review*, August
»Help for our Troubled Children«, *Think*, 25, November

1960
»Emotional Blocks to Learning: A Problem Learner«, *Parents' Magazine*, 35, Mai
»The Ignored Lesson of Anne Frank«, *Harpers*, November

1961
»The Decision to Fail«, *School Review*, 69
»Delusions for Moderns«, *University of Chicago Magazine*, April
»Comment«, Leserbrief zur Rezension von *The Informed Heart, Midstream*, 7, April

1962
»The Problem of Generations«, *Daedalus*, Winter
»Does Communal Education Work? The Case of the Kibbutz«, *Commentary*, 33, Februar
»Freedom from Ghetto Thinking«, *Midstream*, 8, Frühjahr
»Facing the Full-View Mirror«, *WFMT Perspective*, 11, März
»Talks with Mothers«, *Redbook*, 119, Mai
»Growing Up Female«, *Harpers*, Oktober

1963
»A Noncontribution to Educational Research«, über N. G. Haring und E. Lakin Phillips, *Educating Emotionally Disturbed Children, Harvard Educational Review*
»Conversations with Parents«, *University of Chicago Magazine*, Januar

»How to Ask the Right Question about Your Child«, *Parents' Magazine*, 38, Februar
»Roadblocks to Learning«, *NEA Journal*, 52, März
»Finding Identity in Mass Movements«, *McCormick Quarterly*, Sonderheft, Mai
»Eichmann: the System, the Victims«, *New Republic*, 15. Juni
»Class, Color and Prejudice«, *Nation*, 19. Oktober
»Parents versus Television«, *Redbook*, 122, November

1964
»Art and Art Education: A Personal Vision«, *Art*, New York
»Why Does a Man Become a Hater?«, *Life*, 7. Februar
»The Class of 84«, *Toronto Education Quarterly*, 3, April
»Speaking Out: Stop Pampering Gifted Children«, *Saturday Evening Post*, 11. April
»Sex and Violence in Books, Magazines and Television«, *Redbook*, 123, Mai
Leserbrief zu »Segregating the Gifted«, *New Republic*, 9. Mai
»What Children Learn from Play«, *Parents' Magazine*, 39, Juli
»How Much Can Man Change?«, über Benjamin Bloom, *Stability and Change in Human Characteristics*, *New York Review of Books*, September
»Women: Emancipation is Still to Come«, *New Republic*, Sonderausgabe zum 50jährigen Bestehen, 7. November

1965
»Grouping the Gifted«, *NEA Journal*, 54, März
»How Mothers-in-law Disrupt Marriages: An Old Problem in New Forms«, *Redbook*, 124, März; darauf folgte eine Erwiderung in der April-Ausgabe: »What Our Daughters-in-law Didn't Tell You«, die Bettelheim beantwortete.
Über Committee on Social Issues, *Psychiatric Aspects of the Prevention of Nuclear War, Bulletin of the Atomic Scientists*, Juni
»The Orthogenic School«, *University of Chicago Magazine*, 62, Juni
»Teaching the Disadvantaged«, *NEA Journal*, 54, September
»When Children Lie or Steal«, *Redbook*, 125, Oktober
»Young Children's Sex Behavior: Why Can't We Ignore It?«, *Ladies' Home Journal*, Oktober
»Children's Jealousy: ›We Got the Baby for You‹«, *Ladies' Home Journal*, November

1966
»Am I Ruining my Child for Life?«, *Ladies' Home Journal*, Januar
»Violence: A Neglected Mode of Behavior«, *Annals of the American Academy*, 364, März
»Why Working Mothers Feel Guilty«, *Redbook*, 126, März
»Training Child-Care Worker in a Residential Center«, *American Journal of Orthopsychiatry*, 36, Juli
»The Danger of Teaching Your Baby to Read«, *Ladies' Home Journal*, September
»Children without Parents«, über Peter B. Neubauer, Hg., *Children in Collectives – Rearing Aims and Practices in the Kibbutz*, *New York Review of Books*, 6. Oktober

1967

Über Philip E. Slater, *Microcosm: Structural, Psychological and Religious Evolution in Groups*, *American Sociological Review*, 32, Februar

»Parent and Child: Where Self Begins«, *New York Times Magazine*, 12. Februar

»Speaking Out: Children Should Learn about Violence«, *Saturday Evening Post*, 11. März

»Survival of the Jews«, über Jean-François Steiner, *Treblinka*, *New Republic*, 2. Juli

1968

Antwort auf Prof. Gary Merritts Rezension von *The Empty Fortress*, *American Journal of Orthopsychiatry*, 38

»Speaking Out: The Right to Privacy is a Myth«, *Saturday Evening Post*, 27. Juli

»The High Calling of a University Student«, *Rochester Review*, 31, September

»The Ultimate Limit«, *Midway*, Herbst

1969

Über Robert Jay Lifton, *Death in Life: Survivors of Hiroshima*, *Political Science Quarterly*, 84

»Personality Formation in the Kibbutz«, *American Journal of Psychoanalysis*, 29

»The Anatomy of Courage«, *Barat Review*, 4, Januar

»Where Do Nightmares Come From?«, *Ladies' Home Journal*, Februar

Gespräch mit Bruno Bettelheim: »How Can Elementary Schools Help Boys«, *Instructor*, März

Diskussion des Beitrags von Al Flarsheim, *Bulletin of the Chicago Society for Adolescent Psychiatry*, 2, April

»Too Many Misfits in College«, Auszüge aus der Stellungnahme vor dem Erziehungsunterausschuß der Regierung, *US News & World Report*, 7. April

»Children Must Learn to Fear«, *New York Times Magazine*, 13. April

»The Anatomy of Academic Discontent«, *Change – In Higher Education*, Mai

»On Campus Rebellion: A New and Potentially Dangerous Rite of Manhood«, *Chicago Tribune Magazine*, 4. Mai

»Portnoy Psychoanalyzed«, *Midstream*, Juni

»Psychoanalysis and Education«, *School Review*, 77, Juni

»Obsolete Youth – Towards a Psychograph of Adolescent Rebellion«, *Encounter*, 33, 3. September

»Psychoanalysis and Education«, *Education Digest*, Oktober

»Deviancy in Children«, *Boston University Journal*, 17, Dezember

1970

»The Kibbutz: Dream and Reality«, *Histradut Round Table Series*, 1

»Young People who Hate the Police«, *Ladies' Home Journal*, Februar

»Knitting: Its Role in the Life of Dr. Bruno Bettelheim«, Leserbrief, *New York Times Magazine*, 8. Februar

»It Wasn't Me who Wet«, *Ladies' Home Journal*, März

»The Perils of Overexposing Youth to College«, *Education Digest*, 35, April

»What Sleepwalking Means«, *Ladies' Home Journal*, April

»Oldest, Middle, Youngest Child – Which is Better Off?«, *Ladies' Home Journal*, Mai

»Why Working Mothers Have Happier Children«, *Ladies' Home Journal*, Juni
»Why Parents Should Take a Firm Stand«, *Ladies' Home Journal*, Juli
»How to Say No Without Guilt«, *Ladies' Home Journal*, August
»Meddling Grandmothers«, *Ladies' Home Journal*, September
»What Adoption Means to a Child«, *Ladies' Home Journal*, Oktober
»Mothers and Daughters«, *Ladies' Home Journal*, November
»What Psychoanalysis Can Do for Education, *The Critic*, November
»Redundant Youth«, *Realities*, Dezember

1971
»What Does Independence Really Mean?«, *Ladies' Home Journal*, Januar
»Expressing Anger – The Right and Wrong Way to Discipline Children«, *Ladies' Home Journal*, Februar
»The Roots of Radicalism«, *Playboy*, März
»When Should Parents Push? – ›I Can't Do It‹«, *Ladies' Home Journal*, März
»Learning Blocks«, *Ladies' Home Journal*, April
»What's Happening to the Family«, *Ladies' Home Journal*, Mai
»Why School Lunch Fails«, *Family Health*, September
»The Need for Roots«, *Ladies' Home Journal*, Oktober
»The Meaning of Play«, *Ladies' Home Journal*, November
»Ten Who Don't Belong«, *Critic*, November
»Should Parents Encourage their Children to Believe in Santa Claus?«, *Ladies' Home Journal*, Dezember

1972
»The Impatient Treatment of Psychotics«, *Science and Psychoanalysis*, 20
»Psychotherapy and Psychopaedagogy«, *Psychotherapy and Psychosomatics*, 20
»Our Children's Friends«, *Ladies' Home Journal*, Januar
»Divorce«, *Ladies' Home Journal*, Februar
»Teaching Your Child to Tell the Truth«, *Ladies' Home Journal*, März
»Why School Lunch Fails«, *School Foodservice Journal*, März
»Sibling Rivalry«, *Ladies' Home Journal*, April
»Bed-wetting«, *Ladies' Home Journal*, Mai
»When Should Parents Seek Professional Psychiatric Help for their Child?«, *Ladies' Home Journal*, Juli
»Some Unexpected Problems Between Mothers and Daughters in These Days of Women's Lib', *Ladies' Home Journal*, August
»Helping the Handicapped Child«, *Ladies' Home Journal*, September
»Misplaced Anger and How to Deal with It«, *Ladies' Home Journal*, Oktober
»Teaching Children How to Make Decisions«, *Ladies' Home Journal*, November
»Play and Education«, *School Review*, 81, November
»Teaching Self-Control to a Screaming Two-Year-Old«, *Ladies' Home Journal*, Dezember

1973
»Reading Problems and Dyslexia«, *Ladies' Home Journal*, Januar
»The Hyperactive Child«, *Ladies' Home Journal*, Februar
»Advice on Raising Children of Divorce«, *Ladies' Home Journal*, März

»A Look into Your Future: Child Raising«, *Today's Health*, 51, April
Über Bücher zur Therapie psychotischer Kinder, *Journal of Child Psychiatry*, 12, April
»Who's afraid of the Big Bad Wolf – And Why?«, *Ladies' Home Journal*, April
»Does your Child Throw Screaming Tantrums in Public?«, *Ladies' Home Journal*, Mai
»Teaching Children that Males and Females Should be Complementary, Not Competitive, Often Means that the Parents Have to Learn the Lesson First Themselves«, *Ladies' Home Journal*, Juni
»Teaching Children to Make Decisions: When Should You Let Them Choose?«, *Ladies' Home Journal*, Juli
»Child Identification at Age Four. When Child's Parents are at Odds About Basic Beliefs«, *Ladies' Home Journal*, August
»Children Succeeding – Difference Between Encouraging and Pressuring a Child«, *Ladies' Home Journal*, September
»In Praise of Fairytales«, *Ladies' Home Journal*, Oktober
»What Can such Fairytales as Hansel and Gretel and Little Red Riding Hood Teach Children about the Real World«, *Ladies' Home Journal*, November

1974
»Janet and Mark and the New Illiteracy – Reading and the Emotions«, *Encounter*, 43, November

1975
»Some Further Thoughts on the Doll Corner«, *School Review*, 83, Februar
»Reflections: The Uses of Enchantment«, *New Yorker*, 8. Dezember

1976
»Reflections: Surviving«, *New Yorker*, 2. August
»Untying the Family«, *Center Magazine*, 9, September
»Recreating Family Life: the Means are in Our Hands«, *Parents' Magazine*, 51, Oktober

1977
»Where Psychoanalysis was Born«, über *Sigmund Freud's Home and Offices: the Photographs of Edmund Engelman*, *New York Times Book Review*, 2. Januar

1978
»Learning to Read: a Primer for Literacy«, *Harpers*, April
»The Holocaust, a Generation later«, *Encounter*, 51, Dezember
»Lessons for Life: the Uses of Enchantment«, *Opera News*, 43, 23. Dezember

1980
»Children, Curiosity and Museums«, *Child Today*, 9, 2. Januar
»The Child's Perception of the City«, *Humanities*, 8. Juli

1981
»The Art of Motion Pictures – Man, Superman and Myth«, *Harpers*, Oktober
Mit Karen Zelan: »Why Children Don't Like to Read«, *Education Digest*, 47, und *Atlantic Monthly*, 248, November

1982
»Freud and Man's Soul«, *New Yorker*, März
»Scandal in the Family«, *New York Review of Books*, 13. Mai

1983
»Scandal in the Family« (Forts.), *New York Review of Books*, 30. Juni

1985
»A Child's Garden of Fantasy«, *Channels Commun*, 5, 10. September
»TV Stereotypes ›Devastating‹ to Young Minds«, *US News & World Report*, 28. Oktober
»Punishment versus Discipline; a Child Can be Expected to Behave Well Only if his Parents Live by the Value They Teach«, *Atlantic Monthly*, November

1986
»The Illustrated Fable«, *Advocate*
»Their Specialty was Murder«, *New York Times* Book Review, 5. Oktober

1987
»The Importance of Play«, *Atlantic Monthly*, März
»A Return to the Land of Fairy Tales«, *New York Times*, 12. Juli

1988
»Les livres essentiels de Bruno Bettelheim«, *Le Temps Stratégique*, Genf, Winter und Frühjahr
»The Holocaust in the Undermind of the West«, *Dimension*, 4

1989
»Lionel Trilling on Literature and Psychoanalysis«, *Explorations*, 3, Sommer

1990
»The Birthplace of Psychoanalysis«, *Wilson Quarterly*, 14, Frühjahr

Namenregister